Toward a Global Community of Historians

The International Historical Congresses and the International Committee of Historical Sciences 1898-2000

国际历史科学大会百年历程

(1898—2000)

【德】卡尔·迪特里希·埃德曼 著

【德】于尔根·科卡 【德】沃尔夫冈·J.蒙森 修订

【美】阿兰·诺特纳格 德译英

　　　山东大学课题组 英译汉

中国社会科学出版社

图字　01－2014－0356

图书在版编目（CIP）数据

国际历史科学大会百年历程：1898~2000 ／［德］埃德曼著；山东大学课题组译.
—北京：中国社会科学出版社，2015.8

书名原文：*Toward A Global Community of Historians：The International Historical Congresses and the International Committee of Historical Sciences，1898—2000*

ISBN 978－7－5161－6808－0

Ⅰ.①国…　Ⅱ.①埃…②山…　Ⅲ.①史学—学术团体—概况—1898~2000　Ⅳ.①K－2

中国版本图书馆 CIP 数据核字（2015）第 191364 号

出 版 人　赵剑英
策划编辑　郭沂纹
责任编辑　吴丽平
责任校对　朱妍洁
责任印制　李寡寡

出　　版　中国社会科学出版社
社　　址　北京鼓楼西大街甲 158 号
邮　　编　100720
网　　址　http://www.csspw.cn
发 行 部　010－84083685
门 市 部　010－84029450
经　　销　新华书店及其他书店

印刷装订　三河市君旺印务有限公司
版　　次　2015 年 8 月第 1 版
印　　次　2015 年 8 月第 1 次印刷

开　　本　710×1000　1/16
印　　张　37.75
插　　页　2
字　　数　640 千字
定　　价　128.00 元

凡购买中国社会科学出版社图书，如有质量问题请与本社营销中心联系调换
电话：010－84083683

Toward a Global Community of Historians

The International Historical Congresses and
the International Committee of Historical Sciences, 1898 – 2000

Written by Karl Dietrich Erdmann

Edited by Jürgen Kocka and Wolfgang J. Mommsen

In Collaboration with Agnes Blänsdorf

Translated by Alan Nothnagle

Published in 2005 by

Berghahn Books

根据 Berghahn Books 2005 年版译出

中译本序

  原书是著名德国史学家、前国际历史科学委员会主席卡尔·迪特里希·埃德曼所撰的一部史学史著作，记载了国际历史科学大会及其组织架构自草创至 20 世纪 80 年代的历史，其书名为《历史学家的全球共同体》（*Die Ökumeme der Historiker*）。[①] 20 世纪 90 年代，国际历史科学委员会执行局成员沃尔夫冈·蒙森和娜塔莉·泽蒙·戴维斯提议将本书从德文译成英文。在阿格内斯·布伦斯多芙的协助下，科卡和蒙森对原书做了编订，蒙森撰写"补遗"一章，记录了大会从 80 年代到 2000 年奥斯陆大会的发展历程，最后由阿兰·诺特纳格[②]翻译成英文。[③] 中译本即由此英译本转译。

  英文版主要编订者于尔根·科卡和沃尔夫冈·蒙森都是著名的德国史学家；埃德曼和科卡长期为国际历史科学委员会的事业效劳，为构建一个"史学家的全球共同体"做出了卓越贡献。可以说，这部著作凝结了积极参与国际历史科学委员会事务的两代学者的心血，无疑是中国学人进一步了解国际历史科学大会的一个窗口，也让课题组在翻译过程

---

  ① 本书英文版书名可以直译为《历史学家的全球共同体：国际历史科学大会暨国际历史科学委员会（1898—2000）》，为简明起见，中译本书名译为《国际历史科学大会百年历程（1898—2000）》——译者注

  ② 曾在法兰克福一所大学任职，后辞去教职并开设翻译事务所，从事各类翻译工作。

  ③ K. D. Erdmann, *Toward a Global Community of Historians: The International Historical Congresses and the International Committee of Historical Sciences, 1898 - 2000*, edited by J. Kocka, W. J. Mommsen and Agnes Blänsdorf, translated by Alan Nothnagle（New York：Berghahn Books, 2004），ix - xii.

中获益良多。现谨撰此序言，谈一谈翻译过程中的心得体会。

埃德曼原书记载了国际历史科学大会及国际历史科学委员会发展历史上的两大主题。其一，是在 20 世纪早期动荡的国际局势中为创建国际性的史学家交流平台、克服狭隘的民族主义所做的努力；其二，是在"二战"后，尤其是冷战期间为促进东西方史学交流、弥合意识形态鸿沟所做的尝试。蒙森在"补遗"一章中对这两大主题做了精炼的概括。① 大会从 1990 年至 2000 年的发展又体现了一些新的特色，即史学研究与大会活动组织数字化、参与成员年龄结构年轻化和研究旨趣的大众化。在这个新发展时期，大会也从其过去的历程中继承并发扬了两大优良传统，一是对理论与方法论的深入反思，二是其国际化和普世化使参会者及话题覆盖到尽可能广的地理范围。

本书的核心思想是"历史学家的全球共同体"（the ecumenical community of historians），其具体内涵是在史学研究中超越国界、种族和意识形态带来的偏见，促进全世界史学家在研究旨趣、方法论乃至个人政见上的相互理解与包容；同时，不论在研究人员还是话题上都尽可能广地拓展史学研究所覆盖的地理范围。这也是一代又一代史学大会人为之不懈奋斗的理想。从 20 世纪初活跃在大会舞台上的加布里埃尔·莫诺、亨利·皮雷纳和亨利·贝尔，到两次世界大战间为国际历史科学委员会草创付出艰辛努力的哈尔夫丹·科特、瓦尔多·利兰和汉斯·纳布霍尔茨等人，国际历史科学大会的先驱们一直在为超越民族主义、超越狭隘的国别史视角奋斗。国际历史科学委员会在"二战"后完成组织重建并进入冷战时代后，以米歇尔·弗朗索瓦、玛丽亚·潘克拉托娃和卡尔·埃德曼等人为代表的一批东西方史学家也为克服政治摩擦的不良影响并促进不同理论视角的互动付出了艰苦卓绝的努力。冷战后的新发展也继承了这个"普世"的趋势，即促进研究地域的拓展、不同理论方法论的沟通以及学术精英与普罗大众的交流。

理论与方法论的讨论是大会一贯的传统。从 20 世纪初的"方法论

---

① 　Erdmann, et al, *Toward a Global Community of Historians*, pp. 313 – 315.

之争"、关于普遍与个别的讨论，[①] 到"二战"后新史学、马克思主义
和传统的历史主义等各种史学思潮的角力，大会关于理论与方法论的探
讨取得了丰硕的成果，也在相当程度上反映了国际史学界方法论思考的
大势。[②] 我们需要细心留意的一点是，大会上方法论话题的演变并不是
一个简单的新陈代谢的过程，而是一个新旧史学思想在相互竞争中取长
补短、相互交融的过程。在20世纪50年代，历史叙事以及"事件的历
史"曾受到年鉴学派等新思潮的强力挑战，布罗代尔甚至不屑一顾地
把前者称作"老爹的历史学"，[③] 暗批其过时。但传统史学不仅没有消
亡，反而在与其他的研究视角取长补短后在巴黎大会"大放异彩"，[④]
并在此后历届大会中延续了它的生命；在1990年马德里大会上，在传
统史学中具有重要意义的"叙事"又成为一个重要的方法论话题。[⑤] 另
外，一些学术理念可能十分先锋，然而它要等到几十年后才能大规模地
开花结果。早在20世纪初，法国人亨利·贝尔就十分高瞻远瞩地提出
了"综合"的概念，希望融多种新旧史学方法为一体，用更全面的视
角考察历史；[⑥] 他在早期的国际史学大会上最重要的活动，就是推广这
种学术理念。然而，历史学各个分支领域打破藩篱、相互交融，历史学
与其他学科相互借鉴，直到最近40年才逐渐兴盛并产出大量成果。以
英国近代早期的史学研究为例，直至20世纪80年代以后，学者们才越
来越多地关注政治史、文化史的融合[⑦]以及历史学与其他学科的互动，[⑧]

---

① Erdmann, et al, *Toward a Global Community of Historians*, chs. 2, 3, 5.

② Ibid., chs. 13, 17.

③ Ibid., p. 279.

④ 埃德曼语。Ibid., p. 214.

⑤ Ibid., pp. 323, 336.

⑥ Ibid., pp. 18 – 19.

⑦ 比如关于大众政治或政治文化的研究，例如 David Underdown, *Revel, Riot and Rebellion: Popular Politics and Culture in England, 1603 – 1660* (Cambridge, 1985); Peter Lake and Kevin Sharpe (eds.), *Culture and Politics in Early Modern England* (Stanford, 1993).

⑧ 例如 Kevin Sharpe and Steven Zwicker (eds.), *Politics of Discourse: The Literature and History of Seventeenth – Century England* (Berkeley, 1987); idems., *Refiguring Revolutions: Aesthetics and Politics from the English Revolution to the Romantic Revolution* (Berkeley, 1998).

又或是以更宽广的地理视角考察历史①。

国际历史科学大会是一个不同的经典史学思想相互碰撞、交流的舞台。大会上并非没有对具体的局部问题的探讨，但由于大会是一个综合性的史学交流平台，小问题的新突破往往在此难以觅得。相反，我们往往能在大会上见到史学大家的代表性观点——这些思考虽不是针对具体问题，却必定是多年治学的精华。比如，我们一定不会在第十三章、第十四章和第十七章中，错过布罗代尔等年鉴学派领军人物为结构史学阐发的代表性观点。另一个例子是著名美国史学家罗伯特·R. 帕尔默。他在 1960 年斯德哥尔摩大会的讨论中说，以叶甫根尼·朱可夫为代表的苏联马克思主义史学家从人类开展经济生产的"必要性"（necessity）中探寻人类历史发展的问题，然而探讨此问题也可以从人的"能力"（capacity）这一视角入手。② 与苏联马克思主义史学有所区别的是，同样是探讨经济基础与上层建筑的问题，帕尔默以人为中心，逆向思考。这是帕尔默史学思想的重要一环。他曾在著名教科书《现代世界史》的导论《地理与历史》中写道：

> 如果说气候与环境不仅为人类的活动设下了限制，也提供了机会，那么所谓地理决定论是站不住脚的。地理绝非天命。历史上会发生什么，取决于人在具体时间、具体地点、具体环境中如何运用自己的知识与各种能力。③

帕尔默的《现代世界史》已成为现代化史学的一面旗帜，其导言虽简，却包含了一位史学家长年治史的结晶。而他在史学大会上对朱可

---

① 例如 Jonathan Scott, *England's Troubles: Seventeenth – Century English Political Instability in European Context* (Cambridge, 2000); Kenneth Morgan, *Slavery, Atlantic Trade and the British Economy, 1660 – 1800* (Cambridge, 2000).

② Erdmann, et al, *Toward a Global Community of Historians*, p. 301.

③ ［美］R. R. 帕尔默、乔·科尔顿、劳埃德·克莱默：《现代世界史》（影印第 10 版），世界图书出版公司北京公司 2014 年版，第 7 页。文本由译者从英文译为中文。

夫的评论和上面这段话本质上表达的是同一个意思。由此可见，一些著名史学家在国际历史科学大会上的发言——哪怕是评论——也是长期思索的思想精华。

可以说，埃德曼的这部著作（包括科卡等人编订的英译本）不仅凝结了两代学者梳理史学大会历程的心血，也十分提纲挈领地勾勒了20 世纪国际学界史学思想变动的大势，极有助于我们在更具体的史学史背景中理解每一种史学思想以及这种思想与其他理论的互动。20 世纪是一个巨变的世纪，既有世纪初民族主义的泛滥与两次世界大战，又有 50 年代后的东西方冷战，还有两极格局瓦解后世界各国重新携手的历程。这样一个巨变的世纪为国际上的史学研究带来了巨大考验，既有历史影射政治、政治操纵史学的遗憾，也有东西方许多仁人志士为公正和学术真理呼喊的身影，很值得我们不断反思。有言道，学术乃天下之公器，阅读这样一部史学史，也能让我们更深刻地体会历代史学先驱追寻史德、捍卫史德的良苦用心。

翻译一部外文著作的过程，也是课题组学习、思考的过程，上述若干体会，希望能够为读者了解、阅读这部著作提供一些便利。

山东大学课题组

2015 年 8 月 15 日

英文版前言

国际历史科学委员会（ICHS，法语：Comité International des Sci-ix ences Historique，CISH）成立于 1926 年，目前[*]由来自 54 个国家的史学会和 28 个附属专题委员会组成。本书记述了自 1898 年至 2000 年 20 届国际历史科学大会及其委员会的沿革，勾勒了史学家之间跨国联系日渐凸显的历史，也展现了 20 世纪史学研究的全球性方法逐步形成的过程。

国际历史科学委员会的发展历经三个阶段。两次世界大战期间，它的主要职责是超越民族主义，弥合在第一次世界大战中相互厮杀的各民族史学家间的鸿沟。自 1950 年至 1990 年，委员会及其所组织的国际历史科学大会为东方社会主义阵营与西方资本主义阵营的史学家们提供了会晤、交换意见和讨论争议性话题的重要平台。20 世纪 90年代到 21 世纪初期，国际历史科学委员会的工作则反映了当前的全球化趋势。它鼓励探索跨国历史研究的新方法，并努力包容全世界更多来自非西方地区的史学家。在日益全球化和普世化的过程中，历史学科的研究主题、研究方法、提出的问题及对问题的回应等方面都在不断变化。

本书全面记载了从 1898 年（海牙）到 2000 年（奥斯陆）于各地召开的国际历史科学大会的议题、大事和争论，从这个角度说，它呈现了 20 世纪史学史的发展脉络。史学领域中不断变化的研究主题、研究

---

[*] 2005 年。——译者注

视角和研究方法，为本书提供了十分丰富的资料；它也清楚地告诉世
人，这一时代的核心问题与争论究竟对史学家的工作产生了多大的影

X　响。它揭示了历史学科与政治的相互关系，也呈现了本学科的从业人员
与学科组织者间精巧互动的新细节。他们都在尝试跨越国家的界限，努
力在世界范围内搭建起沟通的桥梁，以超越由不同国家、意识形态和文
化所造成的鸿沟；其中很多人力图建立一个史学家的全球共同体。在某
种意义上他们成功了，但在很多方面，他们却未能如愿。本书讲述的就
是他们的故事。

　　本书原以德语写成，出版于 1987 年，英文版在原著的基础上略有
增删。原著作者是德国杰出的史学家卡尔·迪特里希·埃德曼（Karl
Dietrich Erdmann，1910—1990），他的著作主要关注的是欧洲背景下的
20 世纪德国史。同时，他也对欧洲以外的历史有着浓厚的兴趣，积极
参与学者间的国际合作。他在 1970 年至 1990 年曾是国际历史科学委员
会执行委员会的成员，并于 1975 年至 1980 年担任主席。① 为了撰写这
部著作，他广泛使用了国际历史科学委员会的档案材料和其他史料，既
有已刊材料，也有未刊材料。他把自己的著作命名为《历史学家的全
球共同体》（德文 *Die Ökumene der Historiker*，英文 *The Ecumene of Histori-
ans，*）书名的选择显示出他的匠心之处。他深信，历史学是一门具有普

---

　　① 　关于埃德曼，参见 H. Boockmann and K. Jürgensen, eds., Nachdenken über Geschichte：
Beiträge aus der Ökumene der Historiker in memoriam Karl Dietrich Erdmann（Neumünster, 1991），
including obituaries and personal remembrances（pp. 11 – 54）by E. Jäckel（Stuttgart, reprint of his
obituary in Historische Zeitschrift 252, 1991, pp. 529 – 539），E. Engelberg（Berlin），Th. Barker
（London），J. – B. Duroselle（Paris），Hélène Ahrweiler（Paris, ICHS secretary – general），
G. Susini（Bologna），H. Olszewski and J. Topolski（Poznań），D. Berindei（Bucharest），Masaki
Miyake（Tokyo），Wei Hsiung（Beijing），and a bibliography of his publication by A. Blänsdorf
（pp. 659 – 677）。在过去的几年间，关于纳粹统治时期埃德曼的态度一直存在争议，参见
（with bibliographical references）W. J. Mommsen, " 'Gestürzte Denkmäler'? Die 'Fälle' Aubin,
Conze, Erdmann und Schieder," in J. Elvert and S. Kruß, eds., *Historische Debatten und Kontrovers-
en im 19. und 20. Jahrhundert*：*Jubiläumstagung der Ranke – Gesellschaft in Essen*, 2001（HMRG His-
torische Mitteilungen im Auftrag der Ranke Gesellschaft, vol. 46, Stuttgart, 2003），pp. 96 – 109,
here pp. 107 – 109。

世含义的科学，因此他也十分热衷于使这一学科更加"普世"（ecumenical）。埃德曼对国家、民族间的差异与冲突有着深刻的理解，并在书中有所记述；尽管如此，他仍对历史学为促进不同民族、意识形态和文化间相互理解的作用持谨慎乐观的态度。20世纪80年代他在写作这本书时，东西方对抗是当时国际关系格局中最重要的因素，并且也深深地影响了史学研究和历史书写。作为国际历史科学委员会主席和本书的作者，他把搭建两大阵营的沟通桥梁视作自己的使命。此外，他也对本学科中方法论的争论有着浓厚的兴趣，尤其关注社会科学导向和叙事史导向之间的论战——他喜欢把后者称作"历史主义"或"新历史主义"，并对其颇为赞同。*

　　这本书就是秉承这一精神创作的，英译本的读者们必定能察觉作者的担当、要旨以及要帮助改变他所研究的时代的雄心。如今时代已经改变：我们的关切与期待可能都与以往不一样了。这恰恰证明了卡尔·迪特里希·埃尔德曼的杰出专业素养——对于史学家们在近二十年后的今天所关注的问题，本书已有重要的洞见和诠释。

　　已故的杜塞尔多夫大学史学家、伦敦德国史研究所**长期担任所长的沃尔夫冈·J. 蒙森（Wolfgang J. Mommsen）为本书增补了"补遗"一章。在坚持卡尔·迪特里希·埃尔德曼的"普世"精神的同时，蒙森把这部历史续写到了2000年召开于奥斯陆的第十九届国际历史科学大会（大会的官方届次把1898年的第一届大会视作一次先导性的会议，xi而非第一届大会）。他把大会的历史同21世纪初所提出并讨论的问题联系到了一起。

---

　　* 原句比较对象不一致。"social science-oriented historians"是"社会科学导向的历史学家"，所指是人；而"more narrative approaches"所指的是一种方法论；"historicist"和"neohistoricist"则是形容词。为使译文符合汉语语法规范，译者对句中的人和形容词统一做"物化"处理，把"social science-oriented historians"译作"社会科学中心论"；"historicist"和"neohistoricist"转为名词，译作"历史主义"和"新历史主义"。——译者注

　　** 德国史研究会是分设于罗马、伦敦、华盛顿、华沙和莫斯科的五个独立研究机构；另在巴黎、贝鲁特、伊斯坦布尔和东京还有分支协会。德国史研究会的研究重心是德国与研究会所处国家的关系。——译者注

　　与德文原版相比，英译本有所删节。原著有大量注释，在此有所删减。特别要指出的是，最后几章与 20 世纪七八十年代的争论与问题紧密联系，相比于现在的读者，它们对时人的吸引力更大。我们十分谨慎地删去了这些章节中的某些细节；但本书的论据、主旨和基本内容都仔细地保留了下来。删去的内容通过编者注指明了德文版的相关页码。每章标题为编者所加。附录显示了国际历史科学委员会和大会的发展历程，我们对此扩充，以涵盖 1985 年至 2000 年的历史；对德文版的参考文献则依照贝尔格哈恩书系的格式予以修订。最后，新近有一些著作与本书讨论的史学著作和历史思想等主要问题有一定关系，故加入参考文献中。

　　在 20 世纪 90 年代，身为国际历史科学委员会执行委员会成员的沃尔夫冈·J. 蒙森和娜塔莉·泽蒙·戴维斯（Natalie Zemon Davis）就已经考虑和执行委员会合作，把本书译成英文。在斯蒂芬妮·默克尼希（Stephanie Merkenich）的协助和大众汽车基金会的资助下，沃尔夫冈·J. 蒙森为英文翻译准备了缩减本，并把前两章译出。但由于当时没能联系上美国或英国的出版社，此项工作只好搁置下来，直到我在 2000 年当选国际历史科学委员会主席后，我才让它重新启动。沃尔夫冈·J. 蒙森撰写了补遗。阿兰·诺特纳格（Alan Xlothnagle，柏林）翻译了全书。非常感谢科勒基金会（英文 Köhler Foundation，德文 Köhler-Stiftung im Stifterverband für die Deutsche Wissenschaft）为本书出版提供了必要的经济支持。尤其感谢基尔大学（Kiel）的史学家阿格内斯·布伦斯多芙（Agnes Blänsdorf），她曾是卡尔·迪特里希·埃德曼写作这本书的合著者，因而对本书的写作十分了解。她在本书的缩写、改订和文本编辑方面承担甚多，有着多方面的贡献，起到了至关重要的作用。我很感激格奥尔格·G. 伊格尔斯（Georg G. Iggers）、理查德·范（Richard Vann）、伊尔姆林·费特－布劳斯（Irmline Veit-Brause）和鲁道夫·费尔豪斯（Rudolf Vierhaus）这几位历史学家，他们在必要时对这项工作给予了鼓励，也阅读了各章译文，这为翻译工作提供了帮助；感谢海德伦·迪克森（Heidrun Dickson）润饰了文本；感谢 1987 年出版该书的哥廷根范登霍耶克－鲁普列希特出版社以及卡尔·迪特里希·埃德曼的亲属霍尔斯特·菲尔柯（Horst Firker），他们均未就把本书译为英文一事表示反对。我也想向出版商马里昂·贝尔格哈恩（Marion Berghahn）表示感谢，他在向英语读者提供历史学和相关学科的德语文献方面付出甚多；也向沃尔克·贝尔格哈恩（Volker Berghahn）一并表示感谢。最后，我也要向长年支持这项工作的国际历史科学委员会执行委员会的同事们表达我的谢意，尤其是秘书长让－克劳德·罗贝尔（Jean-Claude Robert，蒙特利尔大学）和司库皮埃尔·杜克利（Pierre Ducrey，洛桑大学）。让－克劳德·罗贝尔帮助我们更新了附录，他和伊凡·T. 贝伦德（I-van T. Berend）通读了补遗部分。

　　沃尔夫冈·J. 蒙森（生于 1930 年）是一位杰出的历史学家，也是一位有着国际声誉的公共知识分子。他是一位研究马克斯·韦伯（Max Weber）的重要专家，曾共同编订了韦伯的选集。沃尔夫冈·蒙森有一种世界主义的精神，对历史学科的跨国特性十分关注，在多个国际性场合上都是德国史学的代表。他多次与国际历史科学委员会紧密合作。2004 年夏天我们完成了本书的绝大部分编订工作，但他不能参与最后阶段的工作，也不能阅读他所撰写的补遗的修订本并对它提出建议了。8 月 11 日，他在波罗的海游泳时不幸溺亡。他的意外离世让我们深感震惊，国际历史学界都对他深表缅怀。

——于尔根·科卡（Jürgen Kocka）

作者自序

历史学只能通过语言来处理其研究对象。它要有条不紊地探究那^{xiii}些存于往昔但现已消逝的事物，也要关照那些将至而未至的事物；所以，不管它的研究对象本质如何，它都能通过叙述把当下的现实与它所关注的问题结合起来。书面语言和口头语言都是为了问答——换言之，都是为了对话设计的。历史对话不仅是自发的，而且在诸如研讨会、研究院、大学，在19世纪和20世纪史学研究飞速发展的进程中，又或是在地方、区域、国家乃至国际等层级的历史学会中，发展出一定的、便于历史学家展开讨论的规则和组织形式。这些规则和组织形式的目的就是为此类讨论创造有利的条件。我们要在这本书中详细考察的，就是在过去六十年中，作为这些讨论的组织者、支持者的国际历史科学委员会（ICHS）和定期举办的国际历史科学大会。

本书是一部史学史。历史学在反思其本身的成果与历史时，探索了包括传记、思想史与社会史、历史哲学、认识论与方法论以及制度史。后文关注的是史学家国际对话机制的发展与本质特征。考察上述问题，原因有三：（1）国际历史科学大会和国际历史科学委员会的内外框架，即它们机构的历史；（2）影响并决定了史学家国际对话的外部政治局势和内在政治动向；（3）反映在理论、方法论研究和大会主题中的史学研究的自我界定。在这些互动的因素中，本研究主要关注的是史学研究的自我认识。各届历史科学大会绝非经验研究、理论研究或方法论研究的工作坊。大会意义在于，与史学思想和历史书写相

xiv 关的不同观点在这里相互碰撞、交换意见，并因此反思它们的相互关系。所以，这样的大会把对"超越国界的史学对话是否可能"这一问题的探讨化作了现实行动。国际历史科学大会为史学讨论创造了机会，而其前提条件则是下述广受认可的原则：不管参与对话的史学家在语言和历史文化上有无从属关系、在理论观念上有何不同、他们的政治和社会观念是否一致，所有的对话机会都应该为科学研究服务。

史学家们在上述诸方面越是不一致，就越有必要努力形成一种基本的思想共识；如果没有这样的共识，机制化的讨论就会失去意义。当这样的努力成功实现以后，其成果就是一个"历史学家的全球共同体"（an "ecumenical community of historians"）——它并非没有任何思想冲突，但从理想上说，它却是一个能够在我们这个分裂的世界里实现思想自由、包容和理解的讨论平台。

本书依据的最重要史料是大会纪要，包括删节后的参会文稿，通常也包括有关大会讨论内容的详尽报告。这些材料涉及范围极不相同，质量也参差不齐。由各届大会秘书长编纂的《公报》（Bulletins），对了解自 1926 年以来成立的国际历史科学委员会（ICHS）的历史，十分重要。此外，许多未刊史料也很有价值。有很多材料都保存在国际历史科学委员会的档案馆中，其中一部分保存在洛桑、另一部分保存在巴黎。更多材料则保存在洛克菲勒文献中心、各国委员会和各附属委员会的档案馆中。一批私人文献也提供了大量信息，在涉及史学大会和国际历史科学委员会的内部运作方面更是如此。各国期刊对大会的报道和评论也有一定价值，因为有关理论和方法的讨论有时不能只依靠与大会有关的史料来研究，还需要参考同时期的相关文献。但是，本书主要关注的依然是历届大会和大会主办方国际历史科学委员会的发展历程。今天，已有大量的国家委员会和专门国际组织从属于国际历史科学委员会，但它们各自的历史已经超出了本书的研究范围，如果把它们都囊括进这本书里，那么这项研究的主题就不再鲜明了。

迄今为止，只有少数几部简要的研究关注过史学大会的历史。哈尔夫丹·科特（Halvdan Koht）作为国际历史科学委员会的创始人之一曾记述过其草创之初的历史。① 长期担任委员会秘书长的米歇尔·弗朗索瓦（Michel François）在委员会创立 50 周年时简要勾勒了它的发展历程。② 我作为委员会执行委员会成员和主席也多次在专题演讲和论文中探讨了史学大会和委员会的历史。③ 由于苏联对史学大会的贡献多与其政治和意识形态相关，所以民主德国、苏联和意大利的学者在这方面也有几项颇有价值的研究。④

直到最近，史学界仍有一些保守的精英分子以一种鄙夷的心态将国际史学大会视作"庸人之会"。尽管史学大会有着这样那样的问题，它依然是一门具有生命力的科学不可或缺的一部分，并且，它长久以来一直吸引着全世界数以千计的参会者。所以，这本书尝试从理论和方法论的高度揭示史学大会的学术意义。

---

① H. Koht, *The Origin and Beginnings of the International Committee of Historical Sciences: Personal Remembrances* (Lausanne, 1962).

② M. François, "Cinquante ans d'Histoire du Comité International des Sciences Historiques", in Comité International des Sciences Historiques, *Bulletin d'information*, ed. Michel François, secretary-general of the ICHS [hereafter: ICHS, *Bulletin d'information*], no. 10 (1976).

③ K. D. Erdmann, "Fünfzig Jahre ' Comité International des Sciences Historiques': Erfahrungen und Perspektiven", *Geschichte in Wissenschaft und Unterricht* 27 (1976): 524 - 537; "Die Ökumene der Historiker: Rede des Präsidenten des Comité International des Sciences Historiques zur Eröffnung des 15. Internationalen Historikerkongresses in Bukarest", *Geschichte in Wissenschaft und Unterricht* 31 (1980): 657 - 666, French text in *XVe Congrès International des Sciences Historiques, Bucarest, 10 - 17 août 1980: Acts*, 2 vols. (Bucharest, 1982), vol. 1; "Il contributo della storiografia italiana ai Congressi Internazionali di Scienze Storiche nella prima metà del XX secolo," in B. Vigezzi, ed., *Federico Chabod e la "Nuova Storiografia" italiana* (Milan, 1984); "A History of the International Historical Congresses: Work in Progress," *Storia della Storiografia* 8 (1985): 3 - 23, German translation: "Zur Geschichte der Internationalen Historikerkongresse: Ein Werkstattbericht," *Geschichte in Wissenschaft und Unterricht* 36 (1985): 535 - 553; "Genèse et débuts du Comité International des Sciences Historiques, fondé le 15 mai 1926," in ICHS, *Bulletin d'information*, no. 13 (1986).

④ L. D. Behrendt, "Die internationalen Beziehungen der sowjestischen Historiker 1917 bis Mitte der dreißiger Jahre: Zur internationalen Wirksamkeit der sowjetischen Geschichtewissenschaften in ihr erersten Entwicklungsphase" (Ph. D. diss., University of Leipzig, 1977); E. A. Dudzinskaja, *Meždunarodnye naučnye svjazi sovjetskich istorikov* [International scientific relations of Soviet historians] (Moscow, 1978); C. Castelli, "Internazionalismo e Storia: Gli Storici Sovietici ai Congressi Internazionali di Scienze Storiche 1928 - 36", *Storia Contemporanea* 12 (1981): 908 - 926.

　　尽管作者尽力尝试客观地记叙史事，但因个人立场的影响，这本著作仍难免主观色彩。如果我们在看待一届大会时认为它在其议程和召开过程中呈现了科学、政治与个人因素相互交织的复杂网络，而非不同人的集会，那么我们以一个整体的视角考察历届大会时则更应如此。只有专注于经过必要选择的、作者有能力驾驭的一系列特定问题，这项研究的主题才会足够鲜明。作为一名德国的观察者，我认为有一点特别需要引起关注，那就是德国人在大会历史进程中所起到的作用。19世纪的德国经典史学对于历史学科意义重大，因此，不论同意还是批评，在史学理论和方法的讨论中，它都是一个重要的参照点。我希望读者能够理解这一点。但是，由于两次世界大战以及德国历史上与之相伴而生的种种灾难，史学研究的国际协作先后被摧毁，又两次面临着重建的任务。两次重建都取得了成功，而这对今天的德国史学研究而言有着重大意义。

　　没有众人的鼎力相助，这本书不可能写成。在过去20年里，在我为史学大会奔走及探讨其历史的过程中，我的妻子一直陪伴。本书中对史学大会历史的记载，正来自于我们的邂逅、相知和相互体贴。她也做了大量翻译工作，使我能够读到来自俄国期刊的文献材料。多罗特娅·尼切（Dorothea Nitsche）也十分善解人意地替我翻译了不少波兰文献。多亏了大众汽车基金会的资助，我的合著者阿格内斯·布伦斯多芙博士可以在欧美的众多档案馆、图书馆中查阅各种资料，进而挖掘出十分丰富的史料。她承担了考订历史记载、未刊稿和各种文献的大部分工作；对这些材料从初稿至终稿的各个版本，她都做了细致的考订。托马斯·马伦霍尔茨（Thomas Mahrenholtz）、米夏埃尔·马蒂森（Michael Matthiessen）和卢茨·泽尔默（Lutz Sellmer）在准备参考文献和搜罗书籍方面提供了帮助。克利斯特尔·格克（Christel Gerke）不知疲倦地复制了各个发展阶段的文献。众多国际史学界同人给了我启发、批评和建议。在他们之中，米格尔·巴特罗里神甫（Miguel Batllori SJ*，

---

* SJ是"Society of Jesus"，即"耶稣会"的缩写。这一缩写放置在人名后，表示对有学识的耶稣会教士的尊重。——译者注

罗马、巴塞罗那）、夏尔·O. 卡波内尔（Charles O. Carbonell，蒙彼利埃）、戈登·A. 克莱格（Gordon A. Craig，斯坦福）、亚历山大·吉耶茨托尔（Aleksander Gieysztor，华沙）、多莫科斯·科萨里（Domokos Kosáry）、格里奥吉·兰基（Gryögy Ránki，布达佩斯）、比安卡·瓦罗 ⅹⅵ 塔（Bianca Valota，米兰）、伊尔姆林·费特－布劳斯（Irm Line Veit-Brause，墨尔本）在 1985 年斯图加特史学大会的一次特别会议上阅读了本书文稿并提出了建议。

我曾有机会在匈牙利科学院历史研究所和哥廷根科学院汇报我的研究框架及成果。几位哥廷根史学家的名字也与国际历史科学委员会的历史紧密联系在一起。委员会的第一次全体会议也是在这座城市召开的。所以，在哥廷根科学院的文库里发表这部关于国际历史科学大会的史著不仅是一个恰当的决定，也会广受欢迎。我要感谢所有在我从 1975 年担任国际历史科学委员会主席一职起向我提出建议、提供帮助，使我能够完成这部有关 20 世纪史学史的著作的人们。许多人和作者一道，一直热衷于探索建立一个史学家世界联盟，并因此充实了自己的见闻——谨将这部著作献给多年来一直投身于史学对话的学界同人。

——卡尔·迪特里希·埃德曼

目　　录

第 一 章

帝国主义年代的学者联系

帝国主义时期，国际格局的特点是两股相对的潮流并存。一股潮流 1
是各国对权力与扩张的狂热追逐，这是主流，并诱发了灾难性的第一次
世界大战；另一股潮流则是经贸与文化、科技发展对国际合作的需求，
它与前者相对立而存在。无论是马克思主义者还是自由主义或保守主义
理论家，大多对这一时期的国际关系持此看法。只不过在对时代问题
的广泛回应中，有的更强调合作的重要性，而有的则更强调冲突的重
要性。列宁在其对资本主义的著名论述中认为，尽管资本主义世界存
在许多利益联系，但战争仍然是其内部经济利益冲突的必然结果。然
而，马克思主义理论家卡尔·考茨基（Karl Kautsky）反对经济因素
必然导致战争的推断。德国前总理贝特曼·霍尔韦格（Bethmann
Hollweg）的密友、经济学家、史学家、哲学家库尔特·里茨勒（Kurt
Riezler）在 1914 年第一次世界大战前夕出版的《现代世界政治概况》
中也持类似看法。竞富逐强的各国存在盘根错节的利益关系，这种利益
关系更易导致战争还是阻止战争，里茨勒并未提出明确的意见。他认
为，做一个简单的成本收益分析可以发现，现代军事科技的精密设计与
巨大破坏力使战争无利可图。另外，资本集中、劳工运动、国际法和出
于人道而谴责战争的普遍文化理想，也使"世界主义"的潮流日益受
到重视。

翻开这一时期的法国文献，身为史学家兼外交部专员的勒内·拉沃
雷（René Lavollée）撰写的一篇关于"国际联盟"的文章很值得注意，

2 因为他以相似的思路讨论了民族主义与世界主义并存这一标志性的双重现象。该文发表在 1887 年的《外交史》上。同年，法国国防部长布朗热（General Boulanger）将军表明了武力威胁的立场；德国右翼政党联盟也在大选中获胜，同意大幅增加军事预算。《外交史》创办于 1886 年，是外交史协会的机关刊物，正是该协会在 10 年后发起召开了第一届国际历史学大会。拉沃雷的文章似乎反映了一种特定的历史政治心态，这种心态对促进国际历史科学大会的诞生发挥了一定的作用。

尽管拉沃雷在审视这一时期的国际趋势时并不绝望，但仍带有一种怀疑主义色彩。一方面，人们对于不利和平、激化矛盾与民族怨恨的条约和破坏力更强的武器绝无好感；但另一方面，"与此形成强烈对比的是，并没有人为了共同的人道主义目标比以往付出更多努力，以拉近不同民族之间的距离"。他问道，"我们应如何看待这一双重形势？是把它视作过时的野蛮主义的最后冲动与代表着进步、和平的现代精神之间的较量呢？还是仅将其看作两面性的一种表现，而这种两面性不仅反映在我们的个体行为中，也反映在国民生活、我们的文化历史以及人类族群中，甚至我们的本性也建立在这种两面性上？"① 他接着写到，无论未来会发生什么，联合与团结的信念已在不同民族间出现，尽管在当时看来，仇恨与战争犹在。他还在文章中回顾了一些标志着这一趋势发展的重要国际协定与事件，如：1856 年签订的《航海公约》；1864 年成立的国际红十字会；1865 年成立的国际电报联盟；1878 年成立的万国邮政联盟（他在此强调了对强制性国际仲裁原则的认可）以及 1885 年签署的《知识产权国际条约》。

19 世纪末，相继发生的一系列事件反映出民族主义与世界主义的潮流：一方面是法绍达事件、美西战争、布尔战争、义和团运动以及英德海上争霸的开启；另一方面，各国议会联盟 1888 年在巴黎成立，国际和平局 1891 年在伯尔尼成立，海牙和平会议于 1899 年召开，

---

① R. Lavollée, "Les unions internationales," *Revue d'histoire diplomatique* 1（Paris, 1887）: 333 – 362, Here. 331（此处为英译本页码，见中译文边码——下同）。

1901 年也颁发了第一届诺贝尔和平奖。在科学界,世界主义的趋势也很明显。当时,有组织的国际对话促进了科学家间自发的私人交往。在世纪之交的科学界,尤其是自然科学以及医药学领域召开的国际会议、成立的国际组织日益增多。1899 年国际学术院协会的建立标志着科学界的世界主义趋势达到顶峰。① 在促进国际科学交流的、更为强大的组织不断成立之时,19 世纪后期中欧与西欧国家的科学也经历了高速的制度化发展历程;同时,现代意义上的对外文化政策的出现,也对它产生了影响。②

　　在历史科学领域,有组织的国际交流同样是在这一背景下出现的。然而,这些国际交流遇到了特殊困难,其源头是扎根于历史观念与历史书写中的民族主义。在自然科学领域,科学家们可以较容易地交流研究成果,譬如在土地、海洋、宇宙探索以及度量衡确定等领域,国际合作的成效就非常明显。相比之下,历史研究的成果在很大程度上打上了不同国家、文化和社会根源的烙印。并且,自然科学研究倾向于将研究发现提炼为简略的数学公式,而历史研究的精要则在于全面叙述历史。只有最大限度地发挥各国不同语言各自的文学潜能,史学作品才能表达出最丰富的内容。当吉本(Gibbon)、伏尔泰(Voltaire)、兰克(Ranke)和克罗齐(Croce)等杰出史学家将他们的研究与研究对象扩展至域外

---

① B. Schröder - Gudehus, "Deutsche Wissenschaft und internationale Zusammenarbeit 1914 - 1928" (Ph. D. diss. , University of Geneva, 1996),该书对 19 世纪后半叶国际科技合作状况做了概述 (pp. 35 ff.)。

② W. Keylor, *Academy and Community: The Foundation of the French Historical Profession* (Cambridge, Mass. , 1975); Ch. - O. Carbonell, *Histoire ethistoriens: Une mutation idéologiaue des historiensfrançais 1865 - 1885* (Toulouse, 1976); D. S. Goldstein, "The Professionalization of History in Britain in the Late Nineteenth and Early Twentieth Centuries," *StoriadellaStoriografia* (1983): 3 - 27。德国是第一个把历史研究制度化的国家,因而被视为其他国家的榜样,详见 G. A. Ritter, "Internationale Wissenschaftsbeziehungen und auswärtige Kulturpolitik im deutschen Kaiserreich," *Zeitschrift für Kulturausch* 31 (1981): 5 - 16; B. vom Brocke, "Der deutsch - amerikanische Professorenaustausch: Preußische Wissenschaftspolitik, internationale Wissenschaftsbeziehungen und die Anfänge einer deutschen auswärtigen Kulturpolitik vor dem ersten Weltkrieg," ibid. , pp. 128 - 182; L. Wiese - Schorn, "Karl Lamprechts Pläne zur Reform der auswärtigen Kulturpolitik," ibid. , pp. 27 - 42。

之时，此规律依然适用。世界文学是一个由各国文学的基本表达方式构成的关系网络，史学亦然。民族性与民族语言深深烙印在历史编纂中，这也是欧洲各国许多杰出的世界主义史学家对组织国际历史科学大会持强烈保留态度的原因。当然，早在有组织的会晤之前，各国史学家就以其他形式对许多共同的研究兴趣进行过深入交流。比起国际组织的会员身份或者国际大会的参会经历，学者间的师生关系［比如通过兰克、魏茨（Waitz）或蒙森（Mommsen）具有国际吸引力的研讨班建立起的关系］一定更具纪念意义。尽管国际历史科学大会在草创之时困难重重，并且历经了 20 世纪的政治兴衰，时至今日，它已成为历史学科不可或缺的一部分，对此，可作如下解释：

1. 面对着以国际合作形式开展研究的大趋势，史学家无法置身事外。国际历史科学大会的召开反映了两股相反的潮流：其一是世界主义，它将史学家间的合作与和平理念联系到一起；其二是民族主义，许多史学家将大会作为宣扬本民族意识形态的平台。两股潮流共同促进了国际历史科学大会的诞生。

2. 19 世纪末，大会在世界范围内声名鹊起，但与此同时，史学研究也经历着一场身份危机。几乎所有欧洲国家都存在着研究方法上的争论，这在早期的历次大会中也有明显表现，不过总体而言这种争论仍处于从属地位。然而，对历史学自身认识的争论已成为数十年来大会不断发展的重要推动力。关于史学理论与方法的基本共识是一个根本问题，因为这关系到在理论与意识形态冲突的情况下科学地讨论重大历史事件是否可能的问题。对这样的共识进行理论界定是符合现代技术世界的基本需要的，因为尽管这时的国际合作不断增多，但因技术发展而带来的自我毁灭的潜在威胁也在扩大。

3. 成立伊始，大会就将自身定位并组织为一个有机体。大会虽在两次大战期间中断，然而它通过不断改革逐渐形成了自身的特点与发展趋势。与会者绝不仅限于精英史学家。20 世纪以来学术民主化不断发展进步并在世界范围内扩展，召开范围不断扩大的国际史学大会就是其组成部分之一。大会发源于欧洲，早期也主要由欧洲史学家参与；随着时间的推移，亚太地区和非洲国家的历史学者也参与到大会中来。因此，其进步是非常明显的。这时，一个周期性出现而又没有简单解决方案的组织问题浮现出来。那就是，大会在逐渐民主化与全球化的进程中，如何保持一贯的学术水准，即如何在大会组织上选择学术能力过硬的组织者与参会者。史学界力图探索科学与大众社会共生的方式，在史家与大众间形成良好的互动模式；既满足少数专业史家相互交流的意愿，又满足多数普通人对历史学的兴趣。在此过程中，大会是重要的实验田。解决这一长期存在的问题并探索合理的大会议程为国际历史科学委员会的工作提供了持续发展的动力。同样，委员会自1926年成立之日起就一直支持大会的发展，并为大会的召开做了许多组织工作。因此，国际历史科学委员会及其附属的众多国际委员会与国际协会就成为史学研究的焦点。

第 二 章

1898 年海牙外交史大会

6   国际历史科学大会并非肇始于历史学界，而是源于史学界之外。此类情形在史学史上并不少见。其原因既与政治动因密切相关，也与大会的真正发起人——法国人勒内·德·莫尔德-拉·克拉维埃尔（René de Maulde-La Clavière，1848—1902）的实干精神与追求他人认可的渴望不无关系。德·莫尔德于文献学院（Écoles des Chartes）* 取得博士学位后投身行政工作，官至区长。之后，他像许多法国贵族那样，投身于贵族化的历史研究中。他出版过的著作涉及中世纪的奥尔良、阿维尼翁以及 16、17 世纪的法国。这些都能表明他对路易十二其人和外交史所抱有的特别兴趣。法国批判史学研究的先驱加布里埃尔·莫诺（Gabriel Monod），也曾赞扬过德·莫尔德博学而笔调从容的作品。①

    不过，德·莫尔德更为史学界所称道的，是他发起成立了两个新机构。1886 年他发起成立了外交史协会，时至今日，该协会仍然存在。② 1899 年前，他一直担任协会秘书长，在任期间他对协会的组织结构与特点产生了深远影响。在外交史协会的刊物刊载了拉沃雷关于"国际联盟"的文章。在相应理念的启发下，德·莫尔德建议于 1898

---

    * 即今国立文献学院（Charclcn，École Nationale des Chartes），隶属巴黎大学，专门培养史学家、文献学家和图书馆员，是一所精英学校。——译者注

    ① Obituary of R. de Maulde in *Revue historique* 80（1902）：81ff. 更多生平信息参见讣告：*Revue d'histoirediplomatique* 16（1902）：324ff.，346ff.

    ② Today：Société d'histoire générale et d'histoire diplomatique.

年在海牙召开一次国际史学大会。外交史协会的各项目标与史学和政治关系密切。在协会 10 周年庆典上，时任秘书长阿尔贝·德·布罗格里公爵（Albert Duc de Broglie）在其演讲中提到，如果只着眼于本国的史料而不考虑其他相关大国，那么外交史研究必将有失偏颇——这恰恰是外交史协会旨在消除偏见时所面临的问题。正是出于这个目的，协会努力促进各类文献在世界范围内出版。来自不同国家的外交官、史学家和档案管理员在协会中共事，如此一来，史学家就能从外交官的实践经历中获益，同时，外交官亦可得益于史学家的学识。并且，只要建立国际仲裁法庭仍是一个遥远的梦想，外交官们就需要承担维护和平的责任。探讨往日冲突的历史研究也会对这一努力有所裨益。①

　　协会的目标——将外交与史学、国家考量与国际视角相结合——体现在协会的组织结构中。协会位于法国外交部内，由一个 40 人组成的理事会督导。理事会成员包括许多外交官及法兰西学院的成员。外国人亦可进入理事会。尽管实际上一直没有他国人士进入理事会，但协会内的非法籍成员为数众多。而且，参照其他学术团体的先例，外交史协会在每个国家都有一位"通讯员"负责联系并传递研究信息。在以外交史为主题的第一届国际史学大会于 1898 年召开时，协会有 500 多位成员，分别来自 23 个国家，包括欧洲多国、俄罗斯、土耳其、埃及、秘鲁、巴西、中美洲国家以及美国。成员名单中有许多人都赫赫有名：包括国王及皇室成员②、贵族、前外交官、外国驻巴黎使馆代表乃至大使本人、各国现任或前任外长、政治家、在其他行业拥有高级头衔的史学爱好者，还有国家档案馆（比如斯图加特皇家档案馆、瑞典和俄罗斯的国家档案馆）和一些大学图书馆的馆长或高级官员。然而奇怪的是，

①　"Discours de M. le Duc de Broglie, Président de la Société, à l'Assemblée Générale du 1er juin 1897," *Revue d'histoire diplomatique* 11, no. 3（1987）：I – VI.

②　成员名单，*Revue d'histoirediplomatique* 13, no. 1（1899），列出的荣誉成员包括葡萄牙国王、丹麦和希腊王子、俄国太子、摩纳哥王子。

成员中大学教授的数量却很少。协会年会上的演讲、机关刊物的风格以及秘书长的信件无不给人这样一种印象：协会成员多是一些对历史感兴趣的显贵政要，但他们并不从事严肃的史学研究，也和历史机构无甚关联。德·莫尔德在 1898 年[①]大会期间的信件表明，他十分享受徜徉于外交史协会的名流与贵族群体中的感觉。

在 1897 年的协会 10 周年庆过后，德·莫尔德决定定期召开史学大会以使协会更加国际化。他似乎在没有与协会时任主席进一步商讨的情况下就直接着手实施这个计划。1897 年 9 月，他找到协会的一位成员——履新不久的荷兰外长威廉·德·布福尔（Willem de Beaufort），建议他在荷兰召开第一届此类国际会议。[②]德·布福尔接受了这一建议，并提议将日期定在 1898 年 9 月初，因为届时将举行威廉敏娜（Wilhelmina）公主的女王加冕礼以及群众欢庆游行。[③]为此，荷兰专门成立了一个组委会，其主席是荷兰国务委员、法学家阿塞尔（Asser）。阿塞尔是荷兰外交部官员，还是海牙国际法研究所联合发起人及其成员。与荷兰外长一样，他也是外交史协会成员。大会的最高负责者仍不确定：德·莫尔德并不希望让外交史协会成为大会的主办机构，而是敦促荷兰组委会对此负责，然而后者却认为邀请函应以协会的名义发出。由于此事悬而不决，大会的筹备工作也受到影响。另外，组委会也感到这次大会并不可靠，因为比起召开纯粹的学术会议，德·莫尔德更在意于自我表现。德·莫尔德固执地尝试说服高级别政治家与外交官员参会，或请他们接受荣誉会员的身份，这也证实了组委会的疑虑。实际上，尽管未能如愿，德·莫尔德还是通过外交渠道递送了许多请柬，应当说这是符合当时惯例的。而且，如果一个国际科学会议十分

---

① 详见档案 Ministerie van Buitenlandse Zaken，A¹；以及 Algemeen Rijksarchief，family archive Asser，148 – 149。

② Paris，14 Sep. 1897，Ministerie van Buitenlandse Zaken，A¹.

③ 参见档案 Ministerie van Buitenlandse Zaken，A¹，和 Algemeen Rijksarchief，family archive Asser，148 和 149 的文件。

重要，政府部门通常也会派遣代表参加。① 但显然，德·莫尔德的这些做法没有打消众人的疑虑。

德·莫尔德对大会议程没有过多干预。当然，对于大会的一般运作他还是提了少许意见：荷兰外长德·布福尔或他本人应担任大会全体会议的主席，与会各国都要有各自的讨论会，每位与会者也应有权利使用各自的语言。在大会档案和会务筹备中，没有迹象表明组织者曾考虑过大会的主题。大会将接受参会者提供的涉及各类主题的稿件。

大会邀请函最终没有以任何机构或个人的名义发出。显然，德·莫尔德转而邀请协会成员并邀请多国政府派代表参加会议。因此，著名的专业史学家在多大程度上对此大会的召开有所耳闻就要取决于协会成员与这些史学家的私人关系。英国史学家中应者寥寥。与英国形成鲜明对比的是，在德国，支持国际史学大会这一理念之人为数众多。德·莫尔德成功争取了德国民族史学的两位杰出代表格奥尔格·冯·贝洛夫（Georg von Below）和伯恩哈德·埃德曼斯德费尔（Bernhard Erdmannsdörffer），请他们召集德国史学家与会。法国没有著名史学家参会。其结果是，来自不同国家的与会者人数差异极大，几与各国人士随机与会无异。② 不过，将政治与史学联系起来的目标还是达成了。300多名注册与会者中，有超过 100 名现任或前任外交官以及 60 多位大学教授或档案管理员。参会者来自许多国家：法国、德国的代表团规模最大，但也有来自其他欧洲国家和美国的史学家；其他地区的参会者中，一位来自南美，几位来自日本，还有一位来自波斯。*

大会议程显示，大会的主题杂乱且相互孤立。显然，正如加布里埃尔·莫诺所见，一些非法籍与会者，比如 22 位德国历史学家〔包括埃德曼斯多费尔、冯·贝洛夫以及著名的戈泰因（Gothein）和德尔布吕

---

① 参见 Zentrales Staatsarchiv, Merseburg, Rep, 76 V c, Sect. 1, Tit. 11, Teil VI, vol. 7。

② 参见报告 R. Koser, Director of the Prussian State Archives, 20 April 1899, ibid., 以及第 10 页注释③中引用的有关会议的已出版报告；另见 *Historisk Tidsskrift*（Copenhagen, 1897/1899）：576 的简短信息。

* 1935 年以前，伊朗称波斯。——译者注

克（Delbrück）］来到海牙时所怀的心愿乃是参与一次具有普遍意义的

9　史学大会。如果许多人如莫诺所言认为大会上将有一场关于"方法论之争"——即兰普雷希特（Lamprecht）与其批评者①之间的分歧——的辩论，那么像戈泰因与贝洛夫这些讨论过此话题的史学家将会在大会上对这一论战做出自己的贡献。然而，他们的演讲都没有刊登在德·莫尔德创办于 1899 年，旨在报道本届大会及后续大会的《国际史学年鉴》上。② 根据能从《国际史学年鉴》以及其他刊物上获得的史料，历史理论以及方法论问题之于本届大会事实上无足轻重。为了成为一门真正的科学，历史学是否应多关注社会、少关注国家，多关注历史规律、少关注人的行为？对于此问题，德、英、法、意各国学界早已有论战。显然，带着讨论外交史兴趣来到海牙的史学家与史学爱好者们无意参与到这一论战中。来自贝尔格莱德的维斯尼奇（Vesnitsch）教授提出，媒体是公共舆论研究的重要资源，故应成立一个媒体档案中心。本届大会对这一提议的回应表现出它在方法论创新上谨慎乃至坚决的立场。全体会议上，就在英国政府官方代表弗雷德里克·哈里森（Frederic Harrison）提出媒体资源不能成为科学意义上的史料后，维斯尼奇的提议就被否决了。③ 另一方面，作为历史研究的经典史料，外交档案很受重视。在大会开幕式上，与会者的一系列报告皆涉及许多国家的相关出版物。此后，会议便通过了一项组织国际出版物名录的决议，④ 以期对"历史事件的研究尽可能客观公正，避免片面性"。⑤ 这一决议的理念是正确的，而且与大

---

① "Bulletin historique：France/Allemagne," *Revue historique* 68（1898）：312.

② "Underrättelser," *Historisktidskrift*（Stockholm, 1899）：175. *The Annalesinternationales d'hist oire*1899 年用 6 期篇幅刊印了海牙大会记录以及下次会议信息。1900 年刊印了巴黎大会记录。

③ *Annales internationals d'histoire：Congrès de la Haye, les 1ᵉʳ, 2, 3 septembre 1898* ［hereafter-Congress The Hague 1898：Annales］（Paris, 1899），pp. LXXXII, LXXXIVff.；T. Westrin, "Den förstadiplomatisk – historiskakongressen I Haag den 1 – 4 September 1898," *Historisktidskrift*（Stockholm, 1898）：267 – 275, here p. 271f.

④ Congress The Hague 1898：*Annales*, p. LXIX.

⑤ 参见巴登省档案保管员 1899 年 1 月 3 日提交给德国总理的请愿书：entrales Staatsar-chiv, Merseburg, Rep. 76 V c, Sect. 1. Tit. 11, Teil VI, vol. 7, pp. 211 – 213。

会促进国际合作的目标相吻合。① 为推进决议，大会组建了一个由德·莫尔德"领导"的国际局。然而，该计划因为准备不充分以及相关政府持保留态度而最终流产。②

对于本届大会，许多史学刊物尽管观点各异，但总体上态度十分积极。除了瑞典的《历史学杂志》（*Historisk tidskrift*）*③ 上的一篇详尽报道，格奥尔格·冯·贝洛夫④和加布里埃尔·莫诺⑤也分别在德国《历史杂志》（Historikertage）和法国《历史评论》（*Historische Zeitschrift*）杂志发表了正面报道文章。贝洛夫将本届大会与同期召开的、两年一度的德国史学家大会相提并论。⑥ 他甚至对国际史学大会评价更高。他认为，在德国史学家大会上，教学法问题在讨论中占了太大的比重。实际上，1893 年第一届德国史学家大会的召开正是为了讨论是否应将中学历史课程与现实局势、国家政治目的相联系的教学法问题，因为德国皇帝在 1890 年第一届全国教育政策大会上做出了这样的要求。另外，贝 10洛夫的对手卡尔·兰普雷希特非常支持第一届德国史学家大会。显然，外交史协会以及海牙国际史学大会更符合贝洛夫的保守趣味。于贝氏而言，"众多来自外交领域的成员"是"受欢迎的"，尽管他们"与专业史学研究的联系"仍待提高。与会者的文章与大会上的演讲普遍优于

---

① 由一个国际委员会来编辑外交记录的想法在"二战"后得以实现，成果是 *Akten der deutschenauswärtigen Politik 1918 – 1945*，之后这一任务又变回由各自国家编写。

② T. Westrin, W. Sjögren, and E. Wrangel, "Den internationella kongressen för jämförande historia: I Paris den 23 – 28 juli 1900," *Historis ktidskrift* (Stockholm, 1900): 309 – 328, here p. 309; report by R. Koser, 20 April 1899, Zentrales Staatsarchiv, Merseburg, Rep. 76 V c, Sect. 1, Tit. 11, Teil VI, vol. 7。

* "tidskrift" 即瑞典语的"杂志""期刊"，同德语"zeitschrift"或英语"journal"。——译者注

③ Westrin, "Kongressen i Haag," pp. 267 – 275.

④ "Notizen und Nachrichten, Vermischtes," *Historische Zeitschrift* 82 (1899): 185 – 187.

⑤ "Bulletin historique: France/Allemagne," *Revue historique* 68 (1898): 312f.

⑥ 参见 K. D. Erdmann, "Geschichte, Politik und Pädagogik: Aus den Akten des Deutschen Historikerverbandes," *Geschichte in Wissenschaft und Unterricht* 19 (1968): 2 – 21; P. Schumann, "Die deutschen Historikertage von 1893 – 1937. Die Geschichte einer fachhistorischen Institution im Spiegel der Presse" (Ph. D. diss., University of Marburg, 1974).

德国史学家大会上的文稿。后者应效仿前者，以提升自身"相对较低
的知名度"。言虽如此，贝洛夫仍认为两个大会都殊为重要，因此皆应
继续举办，尽管他的部分同事对此有所质疑。当然，也无须期望这样的
大会产出什么实质成果，因为"这种大会只提供一些个人交往以及聆
听优秀演讲的机会"。从这一角度说，他仍认为海牙大会总体上取得了
积极的成果。

　　莫诺认为，预期中的唯物史观与唯心史观的争论没能出现是一件值
得注意的事情。他积极评价外交史协会的作用，因为它为大会组织提供
了值得称许的框架。他建议，既然第一步已经迈出，未来就应扩大史学
大会的范围，而不仅局限于外交史。当然，此话题对首届大会而言的确
是一个极好的选择——因为外交礼节确保了"不同国家、语言、观点的
学者同时与会而不产生任何非学术争执"。无论如何，外交史都为"明
智而和平的共识"开了一个好头。莫诺提及这是第一届海牙和平大会，
很显然他是在"明智而和平的共识"的政治背景下提出这份报告的。
他写到，将海牙作为大会会址是一绝佳的选择，因为"如果各国间真
的需要国际仲裁，那么无论是法国人、德国人、英国人、俄国人、奥地
利人、匈牙利人，还是美国人、日本人、中国人，都可以放心，因为荷
兰人可以组织处理国际冲突的仲裁委员会。我们也将看到，荷兰在国际
外交领域能以另一种方式再度扮演其在 17 世纪的重要角色。当年，格
劳秀斯（Grotius）的著作为未来的国际法打下了基础"。从 1898 年 3 月
开始，一场关于和平与裁军的大会就在俄国外交部召开，而参加海牙外
交史大会的邀请则发布于当年 3 月 29 日，这实在是一个幸运的巧合。*

---

　　* 作者在此的寓意是，以海牙外交史大会为前身的国际历史科学大会为世界和平做出了贡
献。——译者注

第 三 章

彰显比较史学

——1900 年巴黎首届大会

海牙大会的官方名称是国际外交史大会。大会创始人意在举办一系 列定期召开的史学大会而外交史大会不过是迈出的第一步而已。在海牙大会的开幕式上，德·莫尔德宣布大会只是一个开始："今天是我们集会之日，也是首创之日。我们正在为自己创造一个对话框架。"① 此前他已经对框架的建设提出了构想。1898 年 5 月 17 日，他把一份章程草案转交给了荷兰外交部长德·布福尔；在草案的标题中，他特别强调自己的创建者地位："国际外交史大会（创建者：M. 德·莫尔德）章程。"② 从整个组织的历史来看，德·莫尔德的一个重要举措在于，他在早年就已建议设立一个国际委员会作为未来举办史学大会的主办方。章程草案中包含了一个为此"中央委员会"拟定的 18 位委员的名单。他们几乎无一例外都是外交史协会的成员，几乎半数都是外事或国家公务人员。另外三位委员与上述成员一道组成了海牙大会中央委员会和执行委员会。委员会由各国成员组成。章程草案规定，大会总部设在巴黎，法语为全体会议及官方公告的语言。地区性委员会将构成中央机构的下属部门。会议的宗旨是"以最广阔的视角"处理"各类国际史问题之异同"。

---

① Congress The Hague 1898：*Annales*, p. XXV.

② Ministerie van Buitenlandse Zaken, Den Haag, A¹.

草案似乎是在修正后才发给海牙大会的参会者的。《美国历史评论》[1] 报道，巴黎将作为下届会议的举办地，而改制后由 20 位杰出学者组成的"国际历史学会"被提议作为往后各届会议的主笔机构。然而，根据海牙大会的备忘录，章程草案并未在全体会议上讨论。因此，谁将负责组织下届大会并不清楚。与会者对德·莫尔德的提议，评价似乎很不一致。冯·贝洛夫以一种批评的语调建议，在外交史协会之外"应该有人来负责下次会议的事务"。外交史协会"在其众多来自外交界的成员中固然有受欢迎之人"，然而他们"与学术研究的联系并不紧密"。[2] 相反的是，莫诺高度赞扬了德·莫尔德和外交史协会，并称他的努力很快就会收获果实。[3] 根据已出版的备忘录，海牙大会最后一次会议通过了一项决议，宣布下次大会将在 1900 年举办，然而决议并未提到章程草案。换言之，执行委员会亦即海牙大会中央委员会，将决定下次会议的举办地。布加勒斯特、伯尔尼、维也纳和布达佩斯都在大会上得到了提名，但巴黎并不包括在内。[4] 然而，协会中一位书记的报告[5]推翻了海牙大会的议决事项——这或许是德·莫尔德授意所为。报告将大会章程形容为一个"既成事实"，并宣称（此后不仅是会址选择，而且下届大会的整个组织筹备工作都将由一个在巴黎的、以德·莫尔德为主席的中央委员会负责。）《国际史学年鉴》第一期宣布，下届大会定名为"国际比较史学大会"。除了国际关系，大会议题还包括艺术史、文学史、自然科学史、宗教史和其他领域。凭借担任外交史协会秘书长一职，德·莫尔德似乎就要实现他当初的设想了。

然而，事实并非如此。德·莫尔德刚愎自用的行事方式令他树敌众多。事实上，他甚至没有征询过他的"委员会"的成员们是否愿意加

---

①　"Notes and News," *American Historical Review* 6（1898/99）：201.

②　"Notizen und Nachrichten. Vermischtes," *Historische Zeitschrift* 82（1899）：186f.

③　"Bulletin historique：France/Allemagne," *Revue historique* 68（1898）：313.

④　Congress The Hague 1898：*Annales*, p. LXXXIII.

⑤　*Revue d'histoire diplomatique* 13（1899）：118ff.

入委员会。两位德国史学家，埃德曼斯多费尔（Erdmannsdörffer）和冯·威奇（von Weech）强调，"他们被任命为委员会成员一事并未经过他们本人同意，因此他们宣布辞职"。① 最重要的是，德·莫尔德与外交史协会之间产生了严重的分歧。后者于 1899 年否认将承担组织下届巴黎大会的任务。它甚至没有就即将到来的巴黎大会发布任何信息，并且在晚些时候宣布，它此前与国际大会没有任何关系，此后也不会与大会发生任何联系。② 据《外交史》的报道，德·莫尔德"由于种种事件"在众人劝谏之下放弃了自己的职位。因此，根据协会大会秘书的一份报告，权力斗争与权限不清"在过去不止一次地导致了"令人遗憾的结果，然而这样的问题已经消除。③ 辞职后不久，德·莫尔德便于1902 年去世了。

德·莫尔德辞职后，巴黎大会的筹备工作就走上了一条完全不同的轨道。法国官方开始介入此事，而不是把大会的筹备工作交给一个国际组织处理。《国际史学年鉴》第四期告知读者，大会将由法国政府赞 14 助，它的筹备工作也委托给了以法兰西学术院秘书长加斯东·布瓦西埃（Gaston Boissier）任主席的一个法国最高委员会。德·莫尔德一度也是筹备人员，但只是最高委员会下属的一个法国执委会的主席。德·莫尔德所召集的"中央委员会"依然保留其名称，甚至由他担任主席。但事实上，这个委员会在大会的筹备、组织和实际工作中并未扮演实质性角色。在大会的官方报告中，委员会此时包含的 23 名成员也与其余 81人一道，被列入了全部由法国人组成的组织委员会（其地位在所谓"中央委员会"之上）。

---

① H. J. Hüffer, *Lebenserinnerungen*, 2nd ed. （Berlin, 1914）, p. 292；维奇于 1899 年 6 月 22 日写给行政专员孔岑的信件（Zentrales Staatsarchiv, Mersburg, Rep. 76 V c, Sect. 1, Tit. 11, Teil VI, vol. 7）以及埃德曼斯德费尔于 1900 年 3 月 7 日写给 1900 年大会组织委员会主席的信件（Zentrales Staatsarchiv, Potsdam, Erdmannsdörffer Papers 3, no. 1）.

② "Notizen und Nachrichten," *Historische Zeitschrift* 82 （1899）: 381；协会秘书 E. Rott 和 Marquis de BarralMontferrat 的介绍信，共 2 页，见 *Revued'histoire diplomatique* 15 （1901）。

③ "Rapport des secrétaires," *Revue d'histoire diplomatique* 14 （1900）: 324.

在历经筹备期间的所有纠纷之后，大会最终在巴黎世博会的框架内举行。这并非偶然，而且组织者也一直认可这一事实。"这次一次物质的盛会"，大会主席加斯东·布瓦西埃向史学家们宣告，"也是一次精神的盛宴。"[①] 事实上，世博会包含了哲学、心理学、社会培训、人种志和其他领域的一系列会议。当时，历史学被视为最重要的科学，正如巴黎的法学学者阿代马尔·埃斯曼（Adhémar Esmein）在大会上所言，它是"科学的王后"[②]（science maitresse）。如今，在新世纪的起点上，历史学取得了如自然科学一样不可撼动的稳固地位。

比较史学大会讨论的内容十分广泛。通史与外交史如今与法律史、经济史、科学史、文学史、艺术史和音乐史等并列，只是史学研究领域中的一部分。比较方法应占据最重要的地位。这至少是大会的目标。但事实上，大会并未实现其目标。在大约 800 个注册记录中，实际只有 100—200 人参会。英、德史学家几乎悉数缺席，法国史学家也游离于大会之外，不少学术期刊都对此表示遗憾。东欧的与会者为数众多，而对南欧问题的讨论也成为大会的一大特色。

各类史学期刊对大会的关注比较有限。[③] 但是，如果将专业期刊和那些令人瞩目的大会档案卷宗中所记录的反响都综合起来看，大会显然取得了若干卓越成果。大会主题是在一个特定的方法论概念的基础上建构起来的，此概念就是比较史学。这种建构能否实现完全取决于各篇论文的论述。组委会并没有事先计划好大会的议题，相反，它对与会者提交的一切照单全收。大会的成果可谓丰富多彩。但与海牙大会所不同的

① *Congrès International d'histoire Comparèe*, tenu à Paris du 23 au 28 juillet 1900：*Procès – verbaux sommaires*［hereafter Congress Paris 1900：*Procès – verbaux*］（Paris，1901），p. 15.

② *Annales internationales d'histoire*；*Congrès de Paris 1900*，7 vols.（Paris，1900）. Reprint in 2 vols. By Kraus Reprint（Nendeln/Liechtenstein，1972）［hereafter：Congress Paris 1900：Annales］，vol. 1，2nd section，p. 8.

③ 报告全文参见"Notizen und Nachrichten，"*Historische Vierteljahrschrift* 4（1901）：155 – 157；*Revue de synthèsehistorique* 1（1900）：196 ff.；Westrin，Sjögren，and Wrangel，"Kongresseni Paris，" pp. 309 – 328，*Historische Zeitschrift*。另 *Revue historique* 完全没有记录该次大会。

是，在某些方面，世纪之交时占据了史学思想主导地位的方法论思考已有所凸显。

首先，有一种广受认可的观点在大会上反复被提及：历史学包括了社会科学的所有人文学科，也改变了这些学科的性质。大会主席布瓦西埃在开幕致辞上宣称，史学方法所取得的重大成就促进了不同学科分支 15 的交流，甚至推动了不同国家的相互理解。① 对于比较法律史讨论会主持人埃斯曼而言，由于史学的研究方法深刻地影响了与之相关的科学，因此它堪称"科学的王后"。根据布瓦西埃和埃斯曼的认识，对 19 世纪思想的"历史化"就是"历史主义"的内涵。它包含了这样一种观念：历史如实地深化了人对其民族独特性的认识。② 然而历史主义真的通过思想的民族化将一个民族同某些绝对价值联系在一起了吗？后来，德国史学理论家恩斯特·特勒尔奇（Ernst Troeltsch）在探索一种对欧洲文化的综合分析时也思考了这一问题；他预言了一条实现此目标的道路——"用历史战胜历史"。布瓦西埃在巴黎大会的开幕演说里已展望了这一方向，他说："历史可以抚平其自身所带来的创伤。"他对历史的期待来源于他对政治的乐观态度，这种态度在其多篇大会演讲中皆有反映："历史研究比其他所有事物都更能把人们联结在一起。"③ 埃斯曼在宗教史讨论会开幕时也以类似的语气说："历史使人包容而公正，使人明白未来与过去休戚相关、目标一致；在当下的艰苦奋斗过后，光明一定会到来，一如黎明必定会划破黑夜，"从这个角度说，历史能使我们"理解其他民族的精神，并理解各民族间自然生发的最终的和谐"。④

历史主义的方法论核心是对史料与记录的批判性使用。其所依据的前提在于，历史主义可以超越不同研究主体间的歧义，就具体论点之正误做出终极裁定，可以不再执念于摆脱或许在研究动机中就已存在的价

---

① *Revue de synthèse historique* 1（1900）：203f.

② A. Esmein in Congress Paris 1900：*Annales*，vol. 1，2nd section，p. 5f.

③ G. Boissier in Congress Paris 1900：*Procès - verbaux*，p. 15.

④ A. Esmein in Congress Paris 1900：*Annales*，vol. 1，2nd section，p. 5f.

值判断。在大会上，法兰西学院成员之一、大会通史与外交史讨论会主席亨利·欧萨耶（Henri Houssaye）以雄辩的语调将这种注重史实的实证主义描绘成历史主义的核心：

> 史实，史实，只有史实自身才蕴含着历史的教益与哲学。这就是真理、全部的真理、唯一的真理。啊，先生们，对文献的求索、那些花在故纸堆和尘封记录上的漫长而又短暂的日子，由此带给我们的扣人心弦的生活、发现真相的好运气，那经由一个被证实的字符所印证的假设、一个经过长期思考却从一页纸、一行字、一个词里偶然发现答案的问题——你们都知道这样的调查研究有多么吸引我们。你们都能体会这无上的快乐。在我看来，我在法国国家档案馆和战争档案馆里工作的时光真是让人心醉不已；读着那些泛黄而易碎的纸页上栩栩如生的历史，对我来说就像磁铁一样有吸引力。①

16　　与历史主义中这种注重批判方法的实证主义相比，哲学实证主义在巴黎大会的自然科学史讨论会上则受到了批评。在一篇有关奥古斯特·孔德（August Comte）的科学哲学的文稿中，蒙彼利埃大学科学史教授加斯东·米罗（Gaston Milhaud）一开始就对孔德做了这样一个论断：孔德认为对世界的科学认识很大程度上已经走到尽头，尽管这些认识依然能有所扩展，但是其本质不会改变。然而，孔德这种认识与科学的实际发展背道而驰。米罗说，这个错误能够解释孔德对社会保守而死板的认知，也能够解释为什么孔德宣称在历史的进步过程中存在着三阶段定律，* 到了科学的、"实证的"阶段，进步就会停止；孔德想象不到的是，在实证阶段之上，历史还会更进一步，走向根本不同的认知。米罗

---

① Congress Paris 1900：*Annales*，vol. 1，first section，p. 6.

* 这是指孔德社会发展观的三阶段定律（法语：loi des trois états；英语：the law of three stages），即神学阶段（l' état théologique）、形而上学阶段（l' état métaphysique）和实证阶段（l' état scientifique）。——译者注

当时担任生物学协会的秘书长一职，他引用了进化理论对生物学的影响来论证历史的进一步发展；生物学协会恰由奥古斯特·孔德的后学所创立，然而孔德本人却因为对实证主义的迷信而对历史的新发展视而不见。① 米什莱高级中学教授安德烈·拉朗德（André Lalande）② 和丹尼埃尔·贝特洛（Danniel Bethelor）撰文论证称，培根—笛卡尔体系在形而上学层面上并不正确，它并不能先验地证明自身乃是一种能够穷举事实的方法。相反，科学的进步却可以通过提出假设得以实现。"把现代科学视作一种终结、圆满、封闭的教条，且认为它没有空白、没有根本的不确定性，"是一种"荒谬的想法"。③

雅西大学校长、罗马尼亚史学家亚历山德鲁·色诺波尔（Alexandru Xenopol）呼吁，应把假设视为史学研究中不可或缺的理论要素之一。他和尼古拉·伊奥尔加（Nicolae Iorga）一道奠定了罗马尼亚现代史学研究的基础。他是所谓"达契亚—罗马延续论"* 的先锋和杰出倡导者，这一理论对罗马尼亚民族的历史与政治意识的发展起到了关键作用。色诺波尔在巴黎大会一年前问世的一本书里讨论了历史学的根本原则，该书甚至让他在罗马尼亚之外也享有历史理论家之名。④ 色诺波尔笃信一种"事实实证主义"，并坚定不移地认为科学的基础不仅存在于思想中，更存在于事实中。科学是"有关事实的知识，是一面在人类意识中反射了这个世界的现象的镜子"。⑤ 但他否认普适的历史实证主义；这种假说认为，历史学只有像自然科学那样尽力发现规范历史事件

---

① Congress Paris 1900：*Annales*，vol. 2，5th section，pp. 15ff.

② "L'interprétation de la nature dans le Valerius Terminus de Bacon，" ibid. ，pp. 1ff.

③ 关于贝特洛演讲的报告参见 "L'Histoire aux Congrès de 1900，" *Revue desynthèsehisttorique* 1（1900）：206。他的文章 "Sur l'utilité de l'histoire des sciences dans l'enseignement de la physique et de la chimie" 没有收入大会记录。

* 英文应作 "Daco-Roman"。所谓 "达契亚—罗马" 理论，是指达契亚（Dacia）地区（即今罗马尼亚一带）继承了罗马统治此地时遗留下来的历史传统。——译者注

④ A. Xenopol，*Les principesfoundamentaux de l'histoire*（Paris，1899）；下文引用第二版，第二版题目改为 *La Theóriede l'histoire*。

⑤ Ibid. ，p. 96.

的时间序列法则时，才能被称作一门科学。这就是他否认孔多塞（Condorcet）、孔德和巴克尔（Buckle）所主张的实证主义哲学传统的原因。对色诺波尔而言，把这一理论用作历史研究的认识工具并不是构建历史规律的一种尝试；在他看来，历史规律无论如何都不存在，它只是在诸多可证实的事实间做出的因果联系的假设而已。在巴黎，他用自己最喜欢的例子"达契亚—罗马延续性"论证了这个观点：不可否认，在罗马人于公元 270 年撤离前的历史中，罗马达契亚是确实存在的，而罗马尼亚人被证明在 13 世纪第一次登上历史舞台；在这两个史实的基础上，他用一系列理论做出假设，在罗马达契亚人和罗马尼亚人之间的 8、9 世纪里，两者是有延续性的；然而没有任何文献证据能说明这一时期该地区的历史发展。① 这一理论的有效性是有待讨论的，而且时至今日学者们依然为它争论不休。匈牙利的与会者，尤其是莫里斯·达瓦伊（Maurice Darvaï），强烈反对色诺波尔的观点。② 根据达瓦伊的观点，色诺波尔的历史—理论假说实际上意味着一个政治命题，这样它必然与"建立在确凿的事实和文本文献基础上的、实证的科学方法"相对立。达瓦伊参考 12—14 世纪的匈牙利文献提出了他的反面观点：延续理论是错误的，并且罗马尼亚民族的起源必须追溯到罗马化的瓦拉几亚人（Walachians）从南部进入（达契亚）* 的时候。80 年后，这一命题** 和反命题在 1980 年于布加勒斯特（Bucharest）举行的第十五届国际历史科学大会上再度产生影响。正如这次巴黎首届会议所展现的，当各种带有民族主义诉求的观点相互角逐时，克利奥（Clio）总是一位性情多变的女神。

　　大会组织者将巴黎大会的关注焦点放在比较史学，"histoire comparative"——此领域关注的是以某种方法论为指导进行比较，但巴黎的多数论文与此并无联系。然而，有一些颇具代表性的研究值得我们关注。

---

① 　Congress Paris 1900：*Annales*，vol. 1，first section，pp. 39 ff.

② 　Ibid.，pp. 107 ff.

* 　括号中的内容为译者所加。——译者注

** 　指色诺波尔的达契亚—罗马延续理论。——译者注

比较法律史讨论会主持人阿代马尔·埃斯曼将比较方法形容为一门"观察的科学"（science d'observation），它注定要使法学彻底转变为历史文献解读的一个分支。他说，比较方法不仅要用在关注现时的社会科学中，也要用在对过去的探索中。①

在比较艺术史领域，斯特拉斯堡（Strasbourg）大学教授格奥尔格·达西奥（Georg Dehio）提交了一个应用这种方法的经典案例。尽管达西奥并没有出席大会，但他递交了一篇有关 13 世纪法国艺术对德国影响的论文。他把法国对德国的影响作为历史背景，探讨了歌德所谓的"德国民族性与艺术"的独特表现——斯特拉斯堡大教堂以及班贝格、瑙姆堡的精美雕塑。达西奥的论述作为前言编入了一些至今仍未发表的研究中，这些研究对民族自我认同产生了巨大的影响。浪漫主义时代的人们学会欣赏长期受到轻视的哥特式风格后，许多民族立即宣称他们是这种风格的源头。达西奥说："在英国，哥特式风格就是英国的哥特式，在德国，它就成为德国的哥特式。今天没有人会否认哥特式 18 艺术起源于法国，然后从这里传播到其他国家。法国人说到底本应对此真相最感兴趣，但英国人和德国人却对它公开表达了更为肯定的态度——这种肯定对我们这个时代的科学精神做出了贡献。"②

达西奥对比的是一个特定时期内的两个民族，而法兰西学院成员、法国文学史家费迪南·布鲁内蒂耶（Ferdinand Brunetière）则以更广阔的视角考察了文学史。他在 1900 年 7 月 23 日的大会开幕式上做了一次关于欧洲文学延续性的精彩演讲。③ 此演讲深刻地揭示了巴黎大会背后的方法论思考。布鲁内蒂耶比较了意大利、西班牙、法国、英国和德国文学各自对欧洲文学做出的独特贡献，并将每个国家文学发展的各座高峰写入据上述国别顺序编成的年表中。如此他绘就了一幅欧洲文学的图景：这幅图景描绘了一条源自欧洲各民族文学独特的发展道路，而且

---

① Congress Paris 1900：*Annales*，vol. 1，2nd section，p. 5f.

② Congress Paris 1900：*Annales*，vol. 2，7th section，p. 140f.

③ "Lalittérature européenne," Congress Paris 1900：*Annales*，vol. 2，6th section，pp. 5ff.

这幅图景的基础并非抽象的概念。布鲁内蒂耶尝试将文学批评和历史联系在一起。他说，因为 19 世纪探索了民族文学，20 世纪就应当书写一部比较文学史。对民族独特性的敏锐体察与欧洲的团结一致并不矛盾。相反，前者是后者的真正基础。同样，国家、民族的历史只有在相互比较时才能得到人们的认可："你只能通过和他人比较来给自己定位。"①

历史比较研究是一条走向历史综合的道路。所以，为与大会宗旨保持一致，大会组织者给了法国人亨利·贝尔（Henri Berr）在比较科学史讨论会上展示他新创办的《历史综合评论》（*Revue de synthèse historique*）的机会。② 该杂志的创办在史学史上意义重大。它的宗旨是批判地研究史实，而这正是加布里埃尔·莫诺在 25 年前给法国《历史评论》杂志定下的目标。③ 同时，这份新杂志也在尝试与社会学建立联系。它所希望实现的历史综合评论主要是研究方法上的综合，一方面是诠释和比较方法，另一方面是历史编纂学和社会学。没有任何一种方法可以独立满足对历史事实的研究。这意味着在两个方向上都要划出明确界限。一方面，要和强调史实的实证主义研究划清界限："琐屑史实的尘土没有任何意义。根据一套古老的准则，没有概括就没有科学。事实的收集者不应该比邮票或贝壳收藏家获得更多的尊重。"另一方面，也要和社会学，尤其是涂尔干（Durkheim）和他创办于 1896 年的《社会学年鉴》划清界限："社会学也许有其正当性和重要性，但它19 完整地解释了历史吗？我们无法相信这一点……社会学是对历史中社会层面的探索：但什么事物都是'社会的'吗？个体的作用、历史伟人的作用，这些都能被整个地忽略掉吗？一个人对更高级的社会形式研究

---

① Congress Paris 1900：*Annales*，vol. 2，6th section，p. 36.

② 贝尔的记录未出现在大会记录中。下文引自刊印在《历史综合评论》（1900 年第 1 期）上贝尔撰写的介绍性文章《关于我们的纲领》。

③ "Avant - propos，" *Revue historique* 1（1876）：1f. 有关 19 世纪末法国史学史参见 Carbonell，*Histoire ethistoriens*，esp. pp. 295ff. 贝尔日记，参见 M. Siegel，"Henri Berr's 'Revue de synthèse historique'，" *History and Theory* 9（1970）：322 – 334。

得越多，个体的意义（对于他而言）* 也许就越大，而这恰恰是社会进步的一个结果"。贝尔说，他的杂志不应该为讨论方法论而讨论方法论。随着时间的推移，它在阐明基本问题后会为有关具体史实与历史事件的研究——结合了分析之力量与综合之精神的研究——提供空间。这番新的研究规划吁求，最终着眼于人文关怀，所以，以此构建的历史学应该做到："理想的政治家是完美的史学家。"①

其他参会者以政治的方式所展现的事物看起来却不太理想。会上有一些寻求让史学服务于明显的殖民主义的声音，甚至有法西斯主义的先声。在论文《比较法律史与法国殖民扩张》中，巴黎大学法律系的埃米尔·路易·玛丽·约贝－迪瓦尔（Émile Louis Marie Jobbé-Duval）提出，法律的比较研究应当包括"落后民族"的制度。这么做的政治实用性很明显："比较法律史可以为殖民化提供最有价值的服务。"② 他在收尾时向殖民地官员培训负责人呼吁，应当设置比较法律史的课程，使官员们不会被他们行政区内貌似独特的土著风俗所迷惑。

基督教记者联合会会长德·马洛莱（de Marolles）子爵借着出席比较社会史讨论会的机会，恳求废除民主制而提出了反犹太人的理由。他说，民主制只是在把经济生活的大门向犹太人打开的同时展开了社会主义和人吃人的斗争。③ 他的观点是，如今是回到社团主义的秩序的时候了，它会防止无政府主义，并像过去的君主制一样保证和平与繁荣。这是在宣传两年前创立的"法兰西行动"的若干行动目标。而里昂上诉法庭律师儒斯丹·戈达尔（Justin Godart）则对此表示反对。他的观点是，社团主义秩序的提出者异想天开地扭曲了革命前的社团社会。他说，行会体系一样不能防止利益冲突和社会斗争，

---

* 括号中内容为译者所加。——译者注

① Berr, "Sur notre programme," pp. 1 – 8.

② Congress Paris 1900: *Annales*, vol. 1, 2nd section, p. 118.

③ "Considérations historiques sur les bienfaits du régime corporative," Congress Paris 1900: *Annales*, vol. 1, 3rd section, pp. 13 ff.

而当前的政治、经济和社会条件不允许前革命年代的社团社会再度出现。①

从总体上审视这届大会，20 世纪之初对未来的信心令人印象深刻。史学研究在探寻新方法和对"历史学可以为进步以及各民族和谐共处服务"的坚定信念中展现了它的自信，而这种自信恰恰体现了对未来的信心。

---

① "Les corporations d'arts et métiers ont – elles créé et maintenu la paix sociale?" Ibid. , pp. 19 ff.

第 四 章

方法论的论战

——1903 年罗马大会

22   从巴黎到罗马，大会理念的发展之路并非一帆风顺。我们尚不清楚，决定将下届大会安排在永恒之城举办的人究竟是谁。巴黎和罗马方面对此问题给出了相互矛盾的解释。巴黎的官方报告记载，除了意大利，其他一些国家也在大会闭幕式上获得了提名，而且，全体会议把决定下届主办国的权力全部授予"执行委员会"（Bureau），即巴黎大会的组织者。然而根据罗马大会的报告，下届大会在意大利举行的决定是由巴黎大会的全体参会者做出的，具体地点在威尼斯和罗马二者间择一。① 此前，意大利学者便提议与全世界史学家共同庆祝新世纪的到来。那不勒斯的几位杰出史学家尤其支持这一建议。一个包括贝奈戴托·克罗齐在内的执行委员会在埃托雷·派斯（Ettore Pais）主导下成立。派斯是古代史家和那不勒斯考古博物馆馆长，也是特奥多尔·蒙森（Theodor Mommsen）的学生和朋友。他在巴黎大会举办几个月后的 1900 年 10 月发出了一份邀请，并提出了这样一个计划：响应巴黎大会上的呼吁对比较史学进行讨论；期待在大会上精简国际科学组织；而且历史学的理论和方法论在讨论中应当占据显著的地位。国际历史科学大会的价值毋庸置疑，因为当代史学研究"已超越

---

① *Atti del Congresso Internazionale di Szienze Storiche，Roma 1 – 9 aprile 1903*［hereafter Congress Rome 1903：Atti］，12 vols. （Rome，1907），vol. 1，p. 1f.

国界，并在比较中寻求最大的支持"。除古代史研究和中世纪/近代史研究两部分外，还应增加第三部分的讨论，探讨"历史学因素、种族理论、历史唯物主义与经济史，以及历史学和社会学的关系等争论激烈的问题"。①

23　　　然而，意大利史学家们在组织工作时产生了一系列分歧并导致了派斯的辞职。虽然大会邀请已经发出，但原定于 1902 年举办的大会最终被取消。派斯顽固而专权的个性或许对大会的取消产生了影响，但一些深深影响到意大利民族情感的争论才是大会取消的主要原因。这个敏感的话题就是罗马在史前及其早期历史。派斯是传统罗马史观点最激烈的批评者之一，几年前他就在《罗马史》前面几章中表达了这种观点。② 派斯曾在柏林受业于蒙森，并实践了当代人所谓"德国式"的、科学的史料批判方法。尤其值得注意的是，他从根本上挑战了意大利人关于前 3 世纪前罗马史的传统观念。罗马德国考古研究所的学者也卷入了这场公开辩论。于 1899 年在古罗马废墟＊发现的"黑色大理石"（lapis niger）＊＊及学界解读其铭文时的争议，令这场辩论更为激烈。③ 罗马大会执委会的成员之一、语言学家路易吉·塞西（Luigi Ceci）在这场论战中是派斯最有力的反对者。"黑色大理石"诠释之争平息后，派斯对那不勒斯法里西亚博物馆的重组，以及他对罗马德国考古研究所的黑尔比希（Helbig）和许尔森（Hülsen）参与国际史学大会执委会工作的许可，再度引发了意大利学者们的争执。《美国历史评论》如是写道："1902

---

①　Deutsches Historisches Institut, Rome, Reg. 68.

②　E. Pais, *Storia di Roma*. Vol. 1: *Critica della tradizione fino alla caduta del Decemvirato* (Turin, 1898), vol. 2: *Critica della tradizione dalla caduta del Decemvirato all'intervento di Pirro* (Turin, 1899).

　　＊　古罗马废墟（the Forum）位于斗兽场旁，是被公共建筑环绕的城市中心。罗马帝国时代曾是城市的宗教中心，也是世俗典礼的举办地。——译者注

　　＊＊　黑色大理石位于罗马元老院前的户外集会场（Comitium），是一块石碑，上覆黑色大理石砖。碑上铭文为已知最早的拉丁文铭文。传说黑色大理石所在处为罗慕路斯之墓。——译者注

③　有关该发现的简短说明以及不同解释，见 F. Coarelli, *Rom. Ein archäologischer Führer* (Freiburg i. Br., 1975), pp. 63 – 65。

年 1 月，执行委员会由于内部重大分歧而发表了一份宣布大会无限延期的公告。在意大利，一些道德感颇强之人认为此事给举国上下带来了难以接受的耻辱。"①

一些德国期刊就没有那么含蓄了。《国际科学、艺术与技术周刊》认为，埃托雷·派斯的同胞几乎视其为叛徒。"由于其亲德立场，派斯所受的责难也波及接下来的大会组织工作，不择手段的反对者们处处阻挠执行委员会的工作，致使委员会决定撇开派斯并将大会延期一年。"② 当派斯仍在主持大会组委会工作时，爱德华·梅耶（Eduard Meyer）曾发给德国史学会委员会一份秘密声明，声明也表现出德国古代史家对派斯的支持。梅耶建议向大会派出一支庞大的德国代表团，"因为谋求和德国紧密接触的因素，尤其是埃托雷·派斯，占据了上风（这与反德运动形成了鲜明对比，这场运动最近在考古学领域声势大噪，而且塞西在关于古罗马废墟铭文的讨论中表达了这样的思想）"。③

法国驻罗马大使认为涉及派斯的争端事关重大，于是他向外交部长德尔卡塞（Delcassè）做了如下汇报：在意大利反对者质疑派斯能否在大会上代表本国学术之后，德国的介入使事态进一步恶化。他们严重地伤害了意大利人的自尊。另一方面，大使认为有必要批评意大利考古学者将一切与其祖国的过去相关的考古发现视为个人财产的观念。"这是一种特殊的沙文主义，④ 让许多国家的考古学事业都深受其害。"

意大利政府解决了初期出现的种种问题并促成了大会的召开。首

———————

① H. N. Gay, "The International Congress of Historical Sciences," *American Historical Review* 8 (1902/03): 809–812, here p. 809.

② "Publikation der Historikerkongreß–Akten," *Internationale Wochenschrift für Wissenschaft, Kunst und Technik*1 (1907): 293。另见 Julius von Pflugk–Harttung 剪报 *Der Tag*, n. d., Delbrück Papers, 26；进一步报告见 *Allgemeine Zeitung* (Munich), 22 Nov. 1901 and 18 Feb. 1902；Germania (Berlin), 2 March 1902。

③ 通告见 1901 年 10 月 13 号德国历史学家协会理事会通知函：Historisches Archiv der Stadt Köln, Akten des deutschen Historikerverbandes。

④ Report of 9 March 1902, Archives Nationales, F^{17}, 3092^1.

先，政府将筹备和管理大会的职责交给了帕斯卡尔·维拉利（Pasquale Villari）。维拉利是罗马林赛学院*和意大利史学研究所所长。他曾任参议员，熟悉公众生活，任教育大臣期间也参与了意大利学校系统改革；此外，维氏作为研究萨沃纳罗拉（Savonarola）和马基雅维利（Machia-velli）的学者在国际上享有盛名。其次，意大利政府通过外交途径调解了有关大会的问题。① 意、德双方在柏林的一次部长级磋商中就如何处理意大利的邀请交换了意见。此后，德国决定派出五位国际知名学者作为其官方代表参会，他们是：吉尔克（Otto Gierke）、维拉莫维茨（Ulrich von Wilamowitz）、哈尔纳克（Aclolf von Harnack）、比歇勒（Bücheler）和克尔（ Paul Kehr Kehr）。② 意大利外交部利用其自身的官僚体制来处理大会的组织问题。大会控制权掌握在外交部长和部属档案馆馆长加科莫·戈里尼（Giacomo Gorrini）手中。他既精力旺盛又小心谨慎，并自称是维拉利和德国中世纪学者哈里·布列斯劳（Harry Breβlau）的学生。他是外交史协会的成员，还作为德·莫尔德永久国际委员会成员正式参与了巴黎大会的组织工作，1900 年就任大会秘书长。戈里尼写给维拉利的一些信件显示出他对大会发展方向的寄望。尽管他得到了巴黎国际委员会，即德·莫尔德的社交圈的提名，③ 但他还是呼吁对大会议程进行严格的国家控制。他认为同巴黎委员会合作很困难，"因为他们打算用种种方式毁掉我们的尊严，他们想独自揽收大会论文，在法国印刷大会报告，只留给我们需执行的事务性工作而将领导权交给他们……我们决不能在自己的房间里成为傀儡！即便我们希望热情待客，但也决不能让外国人在罗马组织大会！"④ 他对海牙

---

　　* 意大利历史最悠久的科学院，1603 年由费德里科·塞西（Federico Cesi）创立。林赛学院意译为"山猫学院"（Academy of the Lynxes），进入英语后英化为"林赛学院"（Lincean Academy）。——译者注

　① 关于这个问题，参见公共教育和艺术部长与外交部长的通信。

　② Zentrales Staatsarchiv, Merseburg, Rep. 76 V c, Sect. 1, Tit. 11, Tell VI, no. 13, vol. 1.

　③ Villari Papers, correspondence, Gorrini to Villari, 6 May 1903.

　④ Ibid. , Gorrini to Villari, 28 Aug. 1902.

和巴黎的印象不佳。他认为巴黎委员会负责的两届大会"败坏了"委员会自身的声誉。当然，此评价有失公允。然而，在意大利政府和学者们的不懈努力下，这届大会成就斐然、引人入胜，令前两届大会黯然失色。

还有哪座城市能够为史学家们的会晤提供比这更加壮美的风景？这里有卡比托利欧山（Capitoline Hill）——大会在此开幕，国王和全国的代表性人物都出席了这场盛会；这里有古罗马废墟，前往参观的古代、现代史学家络绎不绝；这里有帕拉蒂尼山上的花园和遗迹，意大利政府在此为与会者奉献了一场精彩的晚会。① 这座城市的名胜古迹，各种展览、音乐会、接待会，还有尤为诱人的车船津贴。如此种种共同造就了这样一个事实：来自18个国家的2000多名注册人员只有几百位参加了学术工作。除大会主席帕斯卡尔·维拉利本人外，意大利的贝奈戴托·克罗齐、奥地利的卢多·莫里茨·哈特曼（Ludo Moritz Hartmann）、法国的保罗·梅耶、维达尔·德·拉·白兰士（Vidal de la Blache）和加布里埃尔·莫诺、英格兰的詹姆斯·布赖斯（James Bryce）和弗雷德里克·波洛克（Frederick Pollock）等巨擘均参加了大会。德国代表团人数尤其庞大。和法国一样，德国代表团中包括了最负盛名的史学研究机构的代表，阿道夫·冯·哈尔纳克、奥托·基尔克、保罗·科尔和乌尔里希·冯·维拉莫维茨都在其中。本届大会最受瞩目的焦点是杜歇斯内神甫（Abbé Duchesne）、路德维希·冯·帕斯托尔（Ludwig von Pastor）和阿洛伊斯·舒尔特（Aloys Schulte）分别执掌的法国、奥地利和普鲁士的历史研究所以及克里斯蒂安·许尔森（Christian Hülsen）领导的德国考古研究所。

除意大利外交部长、教育部长和罗马市长外，年迈的特奥多尔·蒙森虽缺席大会，但仍被选为大会的名誉主席——这位杰出的史学家为罗马奉献了毕生精力，而这座城市在他仙逝半年前也为他献上了这份礼物。早些时候，意大利教育部长就以私人名义恳切地邀请这位

_____

① 有关社交项目，参见1903年罗马大会：*Atti*, pp. 109 ff. , 134 ff.

"德国的荣耀、因为记叙罗马的历史与遗迹而深受这座城市敬仰的元勋"参会。① 蒙森因为自己年事已高不想过早许诺与会，但他仍为有机会参加这次大会感到十分愉快。② 蒙森在致派斯的一封信中就史学家共有的伟大使命简单地表达了这样的期许："我对年轻人的期望是：用统一的视角审视当代文明，以研究逝去岁月中的文明；我想，在自己天赋所及范围内为这份不朽的事业做出贡献并非全然是梦境或幻想。"③

　　大会的举办地罗马并非只是年轻的世俗意大利民族国家的首都，同时它也是罗马天主教会的治所。奎里纳尔宫（Quirinal）* 和梵蒂冈间关系仍旧淡漠。自1870年、1871年普法战争以来，教皇便自视为囚徒；而在当时罗马作为天命注定的意大利首都被划入了意大利民族国家。梵蒂冈仍未授予意大利天主教徒参加议会选举的权利。虽然这些紧张关系总体上并未使大会偏离正轨，但它们一直笼罩着大会。无论如何，撰写了《教皇们的伟大历史》的路德维希·冯·帕斯托尔仍对这种紧张关系有所体察。他是教会忠诚的儿子，也希望撰写一部"天主教会教皇史"以取代新教徒列奥波德·冯·兰克关于文艺复兴时代教皇的经典作品。④ 他在得到维拉利的支持后以奥地利历史研究所所长的身份当选为大会第五位副主席，其余四位原定的副主席分别为哈尔纳克（柏林）、梅耶（巴黎）、布赖斯（伦敦）和莫德斯托夫（圣彼得堡）。⑤ 这是一种向奥地利表示友好的姿态。然而，这同时意味着罗马教会最忠实的仆人之一

---

① 1901年3月11日公共教育部长至罗马德国大使（英译本如此——译者注），ZentralesStaatsarchiv，Merseburg，Rep. 76 V c，Sect. 1，Tit. 11，Teil VI，no. 13，vol. 1.

② Ibid.

③ 引自 "Theodor Mommsen und der internationale Historikerkongreß in Rom"，*Berliner Neueste Nachrichten*，26 Feb. 1901.

* 奎里纳尔宫（Quirinal）建于罗马七山之一的奎里纳尔山上，当时是意大利皇宫，作者用"Quirinal"一词指代意大利皇宫，与后文用"梵蒂冈"指代罗马教廷相对，表明了意大利世俗政权和教会之间紧张的关系。——译者注

④ L. von Pastor，*1854 – 1928：Tagebücher，Briefe，Erinnerungen*，ed. W. Wühr（Heidelberg，1950），p. 3.

⑤ Ibid，p. 406；Congress Rome 1903：*Atti*，vol. 1，p. 88.

进入了一个由意大利政府赞助的大会的核心集团！在教会看来，当帕 26
斯托作为大会副主席被引见给王室时，将不可避免地发生礼仪问
题。帕斯托称，这是他所经历过的最尴尬的事情。于是他请求教皇
批准此事。曾开放梵蒂冈档案馆以支持史学研究的教皇利奥十三世
（Leo XIII）对此表示理解。"帕斯托不必表现得与众不同"，据说他如
是答道。法兰西学院院长杜歇斯内阁下（Monsignore Duchesne）也遭遇
了相似的困难。[①] 在 1955 年教皇庇护十二世（Pius XII）正式接受在罗
马举办国际大会前，梵蒂冈史学家与国际历史科学委员会开展合作仍有
很长的路要走。

本次大会的议题如巴黎大会般所涉广泛。除了有关国家、民族的
讲演外，还有关于考古学、古典语言学、法律史、经济学、哲学、宗
教和自然科学的讨论会。尽管派斯领导的那不勒斯组织委员会有意效
仿巴黎大会专注于比较史学的做法来设计主要的方法论议题，然而实
际上并未聚焦任何有关方法论的话题。只要缴纳会费，每位与会者都可
以提交一个待讨论的"议题"，或者提交一份待大会执委会批准的
论文。

大会各"主题"多是落实先期决议的结果。这些决议数量众多，
且涉及面甚广，既包括有关编辑出版参考文献的问题，也包括史料保存
的问题。戈里尼在一次演讲中表达了对各个国家加快平等开放档案材料
的期望。[②] 奥地利史学家弗兰茨·普里布拉姆（Franz Pribram）提议效
仿伦敦的皇家学会指导下的自然科学书目，出版一份关于史学研究的国
际参考文献目录。[③] 准备工作的第一步很快开展，但是这一计划最终要
由历史科学委员会实现：1930 年，委员会发布了第一卷文献目录。他
们还讨论建立国际历史学会，一个颇类似于德·莫尔德先前构想的学术

---

① Pastor, *Tagebücher*, p. 408.

② Congress Rome 1903: Atti, vol. 3, p. XXI.

③ Ibid. , p. LI.

组织。不过没有人针对该机构提出具体建议。[1] 在史学家们的愿景列表中，整理莎草纸文献出版联合索引算是相对较为现实的一项任务，但他们也有一个颇为动人但不切实际的计划：制定一套在英、法、意、德四国学校通用的拉丁文国际音标。当时仍有语言学家认为，统一世界各地的发音可能使拉丁语"再一次成为学者们和受过良好教育阶层的通用语言"。[2]

意大利与会人员对会上提出的一个问题反应激烈，该问题即业已完备的制度化研究和学者个人倡导的研究关系。意大利史学之父穆拉托里（Muratori）曾撰写《著意大利史者》，该书对意大利统一具有重要意义且广受推崇。当时，《著意大利史者》正在重印发行。该重印版由一位名叫西皮奥内·拉皮（Scipione Lapi）的出版商赞助，其学术指导是维托里奥·费奥里尼（Vittorio Fiorini）以及影响颇大的文学史家吉奥苏埃·卡尔杜奇（Giosuè Carducci）。当时，该著作已经有几卷出版面世。编者与出版商本期待获得大会的鼓励，继续承担出版的责任，并提出了相应的提议。然而他们并未周知意大利史学研究所。研究所于 20 年前为开放意大利历史文献而建立，其工作人员指出，研究所正在进行相同的项目，并且拥有出版可靠版本所必需的手稿。然而出版商的提议得到了"学院体制外对意大利历史研究所缓慢出版速度感到不满的年轻史学家"的支持。[3] 由于出版商和研究所都从政府获得资助，所以双方显然存在着竞争。历史研究所所长帕斯卡尔·维拉利动用自己作为罗马大会主席的职务之便从大会议程中删去了出版商的请求。然而，维拉利的反对者们拒绝接受他在程序规则上为此决定做出的辩护。意大利人随即

---

① G. Monod, "Bulletin historique：Italie," *Revue historique* 82 （1903）：357 - 362, here p. 358.

② Congress Rome 1903：*Atti*, vol. 2, pp. ⅩⅩⅩⅢ f. Resolutions of the Congress in *Atti*, vol. 1, pp. 188ff.

③ Aloys Schulte 主持了关于该问题的首场讨论，他的上述言论见其手写的"Berichtüber den Historikertag," 13 April 1903, Deutsches Historisches Ins titut, Rome, Reg. 1. 另见 Gay, "International Congress," pp. 809 - 812；Monod, "Bulletin historique," p. 359, 以及 *Rivistad'Italia* 6 （1903）：638ff。

展开了一场激烈的争论，而外国与会者并不愿意卷入意大利的内部事务。最终，大会投票通过了对穆拉托里著作新版本的认可，但并未提及出版商或研究所。

一些已发表的会议记录和私人信件显示，大会上并未提出真正有价值的东西。关于会议学术成果最大的质疑声音来自德国和英国，[①] 而法国学者，如加布里埃尔·莫诺，则对其学术成果持乐观态度。[②] 尽管有此分歧，所有人都认为与会者不虚此行，而且大会对组织者而言颇为成功。另外，有一观点在舆论中颇为流行，那就是：不论以准许加入还是注册为报名形式，这样的国际盛会理应成为永久性的研究机构。当然，这类会议从来都不是研究工作所必需的，任何人都能轻松地在家中阅读各种论文。然而，国际史学大会这一新现象的作用不能仅从当下产生的效果来判断，事实上，和来自世界各地的史界同人直接对话有无可置疑的好处——这一点，帕斯卡尔·维拉利已在开幕式上的演说中表述得明白无误。[③]

维拉利在民族主义时代文化发展的大背景下讨论了历史研究。他将 19 世纪意大利统一的历史视为探讨民族意识形成和民族史学间关系的经典案例。维拉利认为，如果在 20 世纪各国朝着更加复杂的国家关系和更大的国际联盟的方向发展，历史学就不能抗拒这一趋势，而应该融入这一演变。这些新的研究方法将在研究中体现得更明显。很长一段时间里，历史学家的主要精力都用在处理诸如外交关系、革命、战争等宏大的政治事件上；换言之，他们更多地思考事件的表象而不是社会运作的内在机制。但一段时期以来，他们也在尝试向深处挖掘。在历史研究领域，从描述性分析向比较性分析的转变也越来越明显。单纯了解"发生了什么"已经远远不够，更重要的是了解事件"为什么会发生"。

---

① Hsitorisches Archiv der Stadt Köln, Akten des Deutschen Historikerverbandes; Delbrück papers, 26. 另见报告：Pflugk – Harttung on the Congress in *Der Tag* (clipping in Delbrück papers, 26, no date)。

② Monod, "Bulletin historique."

③ Congress Rome 1903：*Atti*, vol. 1, pp. 97 ff.

帕斯卡尔·维拉利通过引述兰普雷希特对兰克的评论，① 呼吁齐聚在罗马的史学家探索通向知识的新道路。他说，"今天我们相信理解自己和这个社会的唯一方法是收集过去的一切。历史学是社会科学唯一的坚实基础"。② 他据此得出结论，通过其他民族认识某一民族的任务已越来越迫切。但是，尽管帕斯卡尔·维拉利宣称自己相信比较方法是一种面向世界的、面向史学家跨国合作的方法，他也没有对未来做出乐观的预测。

实际上，他的演说在欢欣的情绪之下隐藏着灰暗的语调：

> 没有人能预见任何事件的结果，没有人能预见政治家和学者们将会面临的难题，也没有人能预见什么样的新危险和新战争将会出现。目前我们的真实情况是：欢欣鼓舞而又沉静的人群正穿过一座灰暗的迷宫。然而法国大革命的先驱们同样沉静。他们基于哲学家的著作预测将会发生一次和平的社会变革。即使大地在他们脚下崩裂，他们仍希望公正、友爱与和平能够降临。然而，真相却是血流成河。托克维尔指出，革命乃最不可避免之事，它的准备最为充分，也最难以预料，这实在是一针见血。③

这种语调和三年前巴黎大会向世界宣告的乐观主义是多么不同！但是，不管未来世界将面临什么样的命运，维拉利非常确定，"历史的整体性本质"对于当代各民族而言十分重要。从这一角度来看，尽管帕斯卡尔·维拉利并未无视大会的实用性，但他确实淡化了大会的实用价值。他希望国际合作可以便利文献检索与促进史料编纂工作。维拉利在演说中也就如何评估这方面的国际合作以及国际历史科学大会的价值提出了

---

① Congress Rome 1903：*Atti*，vol. 1，p. 105. 参见 K. Lamprecht, *Deutsche Geschichte*, 2nd ed. (Berlin, 1895), "Vorwort"。

② Congress Rome 1903：*Atti*，vol. 1，p. 106.

③ Ibid. , p. 102.

一种更为恰当的方法，那就是评估与会者表达的自我认识和方法论意识。

罗马大会最重要的意义是，它充分展现了已得到有力证明的研究方法的魅力。19 世纪是一个史学思想和历史书写的伟大世纪，在这个世纪中，批判的史学研究和考古学成果造就了那些研究方法。我们将从大量的成果展示中着重介绍三个案例——考古学、思想史传和《圣经新约》考证——根据大会报告，这三个案例尤使听众印象深刻。开幕式当 29 日，一部分刚复原的《罗马地图》，即塞维鲁王朝的一幅刻在几百块大理石板上的古罗马地图，在古罗马废墟前以一种庄重的表演形式呈现在公众和国王夫妇面前。在德国考古研究所帮助下指导修复工作的鲁道夫·兰奇尼（Rodolfo Lancini）发表了一份冷静、深刻而尊重事实的报告。这篇范本式的报告主要介绍了地图的损坏状况、辛劳的碎片整理工作（只有少部分碎片被发现，可以正确拼接的就更少了），以及这个大谜团所呈现的碎片化的历史信息。①

加布里埃尔·莫诺的精彩演讲《米什莱与意大利》则代表了一种不同的史学论文形式。② 这一研究是为后来的米什莱传记做的初步研究，它结合了莫诺在创办《历史评论》时提出的方法论和文字修辞方面的要求：既精确纪录每一条事实，又兼备文采。③ 莫诺认为米什莱在意大利的经历代表了一种学术觉醒。他的思想因两位意大利伟人维吉尔（Vergil）和维科（Vico）而轰动一时。莫诺令人信服地描述了这一跨越时空的思想交流，并且做了一个在史学和人物传记领域都十分扎实的研究。他的演讲还涉及政治领域，谈到某一特定时期法国和意大利的关系。莫诺特别提到法国与意大利深厚的历史渊源，在他看来，相比其他国家，法意两国的命运更为息息相关。米什莱曾热情赞扬意大利文艺复兴对法国的影响和法国对意大利复兴运动的支持，莫诺在演讲中将这两

① Congress Rome 1903：*Atti*，vol. 1，pp. 109ff.

② "Michelet et l'Italie，" in Congress Rome 1903：*Atti*，vol. 3，pp. 131ff.

③ Monod，"Avant‐propos."

段历史视作法意民族关系的重要时刻。在描述这个历史场景时，他避免提及任何导致人们回忆起两国之间相互冲突的事情——而这些冲突仿佛由上天注定必然要发生在查理八世（Charles Ⅷ）于 1494 年入侵意大利时，法国国王和哈布斯堡王朝间发生了关于意大利统治权的世俗争端；拿破仑并未让重新统一的意大利定都罗马；而直到最近，法国和意大利之间一场长达十年的贸易战争才结束。

在 20 世纪之初的欧洲权力格局内，法意政治关系有所恢复。在 1900 年 12 月，通过相互许诺不干涉对方的行动，法、意在北非的帝国主义殖民活动达成妥协，法国领有摩洛哥，意大利领有利比亚。两年后，即 1902 年 11 月，法国宣称"在突发挑战来临之时，为了捍卫本国的荣誉和安全有权单方面宣战"，即便如此，已加入包括德国和奥地利在内的防御同盟的意大利仍向法国表示了中立。[①] 莫诺关于米什莱的演讲反映了这两个世俗国家政治力量的某种联合趋势。他引用米什莱的观点称，由古罗马发展而来的意大利与象征着大革命的法国将某种道德信条带给了世界。他说："希望这两个被米什莱以同样的热爱联结在一起的国家能够珍视他的愿景，并将这一愿景作为遗产继承下来并保持下去。"当时世界各地都使克利奥女神为政治服务，并深受国家利益和自我意识的影响——在 20 世纪初，事态的发展比 19 世纪的文明社会更加炽烈。值得注意的是，民族主义的倾向和欧洲统一的潮流是同时出现的。莫诺谈到米什莱"希望赋予法国法兰西风格的启示与信条"，同时，他认为自己不仅与他深爱的意大利人关系密切，也与所有欧洲民族都有深深的联系。莫诺写道："在德国，米什莱说，'我感受到了一种探求自己所有问题最基础层面的学术力量。德国代表强健的力量。它使我发现了康德，它使我更有英雄气概，它通过贝多芬、路德、格林（Grimm）、甘斯（Gans）、赫尔德（Herder）赋予我伟大情操'……尽

---

① 以上言论参见 1902 年 11 月 1 日意大利外交部长普里内蒂致驻罗马法国大使巴利尔的便签。参见法国政府黄皮书：*Les accords franco - italiens de 1900 - 1902*（Paris，1920），p. 8。

管米什莱有时严厉指出英国社会不公的问题，但是他也因为莎士比亚热爱着英国。他与波兰的密茨凯维奇（Mickiewicz）为友，俄国则赐他以赫尔岑（Herzen）。他像颂扬 1795 年和 1830 年的波兰殉道者们一样，称赞 1825 年的俄国殉道者们。* 他的第二任妻子，一个来自路易斯安那州的克里奥尔人（Creole）的女儿，也将他和美国联系在一起"。①

这是深受米什莱的热情所鼓舞的呼声，这是在各国敌对情绪日益激化的国际局势下发出的欧洲文化联合的呼声！在最初三届国际历史科学大会期间，这位举足轻重的法国学者**便热忱地推动设置定期的史学研究平台。他还提出，如果条件允许，应当通过一个特定的组织支持此计划。莫诺还提议下一届大会在德国举办。②

路德宗教改革之地德国是《圣经》历史考证研究的中心。文本考证方法和文本流传史从总体上促进了对历史文本的科学诠释的发展。阿道夫·冯·哈尔纳克是一位早期教会史的研究者，也是《圣经》批判研究的最有力的倡导者之一。他的身影在罗马大会上备受瞩目。当身为大会副主席的哈尔纳克当选哲学和宗教史讨论会的名誉主席时，全场起立鼓掌表示了支持。在会上，他发表了一篇《新约》源流研究的报告并得到了高度评价。③哈尔纳克从 1888 年起便在柏林大学任教。他是一位自由主义者，在很多正统路德宗信徒眼里，他也是一位在信仰上值得怀疑的神学家。因此，他在柏林大学取得教职一事在新教教会最高委员会和普鲁士政府之间引起了激烈的冲突，公众也卷入其中。正统势力试图阻止哈尔纳克获得神学系主任一职，而教育部则坚决抵制教会的干预。在俾斯麦和年轻的皇帝威廉二世（Emperor William Ⅱ）的支持下，

---

　* 1825 年的俄国殉道者们指的是发动反对沙俄专制制度起义的俄国十二月党人（Decembrist revolt）。——译者注

　① Congress Rome 1903：*Atti*, vol. 3, p. 145f.

　** 指莫诺。——译者注

　② Report Schulte, 13 April 1903, Deutsches Historisches Institut, Rome, Reg. 1.

　③ "Osservazioni storiche sulle origini del Nuovo Testamento," in Congress Rome 1903：*Atti*, vol. 11, pp. 123ff.；K. H. Neufeld, "Adolf von Harnack," in *Deutsche Historiker*, ed. H. - U. Wehler, vol. 7（Göttingen, 1980）, pp. 24 – 38.

教育部最终在这场较量中取得了胜利。对哈尔纳克的任命无异于宣布了
31 史学研究的自由，也宣告了政府有排除教会干涉以保护史学研究的责
任。这样，哈尔纳克之名遂成为某种象征。对于在罗马发表的演讲主
题——《圣经》这一神圣文本，这位史学家一直以批判的眼光保持着距
离，只是将它视作众多历史遗产之一。他也对这份文本有着敏锐洞察力，
认为文本自身不仅仅是历史对象，反映了一种历史真相。

受新教《圣经》历史考证研究影响的天主教现代主义也面临着相
同的问题。在法国和意大利，相关人士积极地尝试调和学术开放与对罗
马教会的忠诚之间的关系。尽管这并非罗马大会的中心，但仍为大会记
录所记载：一份报告揭示了现代主义中科学和信仰间的冲突。会议主题
是所谓的"《圣经》巴别塔之争"。这场辩论起源于柏林的亚述学家弗
里德里希·德里奇（Friedrich Delitzsch）的一个系列讲座，该讲座一年
前因德国皇帝的出席引发了广泛的公众反响。争论既与历史科学相关，
又与《圣经》的权威性不无联系，争论的具体内容即记载创世的《旧
约》在多大程度上依赖于巴比伦创世神话，又在多大程度上包含了属
于其自身的独特信息。[1] 在大会上，关于这一争论的发言者是颇受尊敬
的意大利希伯来研究专家萨尔瓦托·米诺奇（Salvatore Minocchi）。他
于大会期间发表了一篇关于《诗篇》传统文本问题的雄心勃勃的论文，
并在文中指责意大利曾禁止"大学研究宗教，也不允许谈论天主教"。
他自称相信"实证科学和宗教研究能够和谐共处……让我们开诚布公
探讨问题"，他总结道，"今天和以往任何时候一样，基督教的理想是
公众幸福与政治清明中所有美德的唯一源泉。我对祖国强烈而真挚的爱
使我希望，意大利应从《圣经》里再次汲取养料，使国家的前途建立
在福音的基础之上"。在接下来持续三小时的辩论中，挑剔的听众们要
求"以实证科学的名义"做出回应。此后不久，保罗·奥拉诺（Paolo

---

① 有关现代主义以及《圣经》巴比塔的辩论，参见 *Religion in Geschichte und Gegenwart*,
3rd ed.（Tübingen, 1957），尤其是 "Babylonische Tradition und das AT," pp. 822ff 的通信。

Orano）就现代天主教调和宗教与科学的企图发表了激进的反对意见。①
客观与信仰、科学的公正性与伦理、政治或宗教价值之间的冲突将在未
来一次又一次进入史学大会的讨论之中。

在当时，史学界比以往更自觉地推动了史学研究的国际化进程，维
拉利在开幕演说中就建议，在史学研究中运用比较方法，以俾补史学诠
释之不足。与比较历史进程相比，比较历史事物之间的差异（比如建
筑与美术，语言和文学）更加容易。这个现象在大会的法律史讨论会
上显而易见。弗雷德里克·波洛克爵士（Sir Frederick Pollock）在一篇
用意大利语发表的论文中讨论了"比较法律史的概念与研究"。② 他把
孟德斯鸠（Montesquieu）视为法律史的先驱。但是这位高瞻远瞩的天 32
才未能完全摆脱他那个时代不符合历史的教条主义。对于另一位 18 世
纪的伟大先驱维科而言，法律比较没有成为一种研究工具：他仅使用法
律比较来解释那些比历史事物更加抽象的普遍真理。不过，在 19 世纪
中叶，真正的比较法律史随着大学讲席的设置和相关历史学会的成立在
欧洲各国开始出现。波洛克就是牛津大学于 1869 年设立的此类讲席的
教授。波洛克对罗马大会的贡献在于，他提出在法律史和政治科学领域
中同时应用历史成因理论和比较方法以促进二者的互补。

在同一讨论会中，法国法学家萨雷里斯（Saleilles）在题为《历史
方法和法典编纂》③ 的演讲中讨论了一个历史主义的基本问题。这份演
讲是在世纪之交完成的德国民法典的启发下写成的。根据萨雷里斯的说
法，德国法学家鲁道夫·冯·耶林（Rudolf von Ihering）使法学思想实
现了关键转变，使它对法学概念的历史回溯、从《查士丁尼民法大全》
式的博学风格转变为将法律视为社会现象的现代观念。伊赫林认为法律
是利益冲突的产物。为回应达尔文"适者生存"的信条，他于 1872 年
在维也纳发表了题为《为权利而斗争》的演说，并引起了广泛的关注。

---

① Congress Rome 1903：*Atti*，vol. 11，p. XⅢ.

② "Il concetto e lo studio della storia del diritto comparato," in Congress Rome 1903：*Atti*，
vol. 9，pp. 53 ff.

③ Ibid.，pp. 3 ff.

在演说中，伊赫林并没有把法律解释为追求公正的理想教条，而是从生机论的角度阐释了法律产生的原因、目的和动机。这意味着否定在法律与历史中的一切唯心主义形而上学。伊赫林在关于罗马法的著作《罗马法之精神，1852—1865》中，将罗马法拉下崇高的宝座，并从社会利益的角度对其做了诠释——"法律不是逻辑概念，而是权力的表现""目的产生法律"以及"法律存在于斗争之中"。此类阐述令伊赫林的法律观被归为"自然主义法学"① 或者"社会达尔文主义"。②

　　萨雷里斯继承了伊赫林的思想，并在其于罗马发表的演讲中阐述了一种"历史方法的转变"。由于这位法学家以史学家的身份参会，也无法避免对法律文本做出价值判断式的诠释，他必须清楚自己将要采用何种诠释方法。诠释应该是评注的、教条的、还是"进化的"？根据萨雷里斯的看法，这意味着："是要根据文本的原始意图进行诠释，即用溯源法在历史背景中考察文本［即萨维尼（Savigny）的方法］？还是要效仿教条主义的方法，以理性先行构建一套理想标准，并以此诠释文本？又或是，调整文本以适应社会进步的需要来做诠释？实际上，从法律解释方法的意义上说，这是对史学方法唯一的正确理解。"③ 不论萨雷里斯是否理解了"社会福祉"和"公正观念的进步"，他始终认为最有生命力的解释是以这两个概念为指导的。他认为经济学、社会学和法律比较是一位法律史家实现这一目的所使用的学术工具。而这产生了学术国际化的迫切需求。他还赞许地补充道，在以德法两国法律及其注解者的研究为基础的意大利民法研究中，跨国法律比较乃是颇为典型的研究实践。

　　萨雷里斯的演讲表达了当时的自然主义倾向，这一倾向要求法律的历史解释比以往更关注利益冲突和社会经济因素。朱里奥·德·蒙特马约（Giulio de Montemayor）则走得更远。在《G. B. 维科和唯物主义对法律史的认识》这篇演说中，他十分推崇卡尔·马克思在《政治经济

---

① F. Wieacker, *Privatrechtsgeschichte der Neuzeit*, 2nd ed. （Göttingen, 1967）, p. 562f.

② H. Hattenhauer, *Die geistesgeschichtlichen Grundlagen des Rechts*, 2nd ed. （Heidelberg, 1980）, p. 205f.

③ Congress Rome 1903: *Atti*, vol. 9, p. 13f.

学批判》序言中所表达的观点。按照这种史观，历史唯物主义在当时已然不可或缺，法律不过是"定义、调解、认可和保存了既定的经济秩序"。他认为一套法律系统的理论原则可以体现"社会内部财富分配的实际调控，而所谓财富，则指物质财富和所有我们模糊地称为道德资产的事物"。[1] 蒙特马约认为维科是历史唯物主义的先行者——且不论他这种观点何等不可靠，另一事实更为有趣，那便是他在罗马首倡了马克思主义史观。朱里奥·德·蒙特马约属于那不勒斯经济法律学院的员工，该学院的法理学研究一直有着反形而上学和世纪之交的自然主义倾向。

在为中世纪和现代史而设的方法论讨论会中，反历史唯心主义的观点甚为流行。一些学者提出了截然不同的思想，用以取代被抛弃的自然法观念和唯心主义历史哲学，哈特曼和克罗齐这两位杰出的历史学家对此有所展现，他们与那不勒斯经济法律学院皆有密切的关系。

哈特曼[2]的父亲，是一位日耳曼裔的文化名人，曾积极参与过 1848 年革命。柏林的蒙森和斯特拉斯堡的舍费尔－博伊赫斯特（Scheffer-Boichorst）引领他接触了古代与中世纪史中严格的批判方法。哈特曼撰写了一部卷帙浩繁的意大利中世纪史著作，还于 1901 年在维也纳加入了社会民主党。他是《德意志史录》* 的合编者之一，编订了教皇格里高利一世（Pope Gregory I）的《敕令汇编》；他也是一位社会学家，在德国史学家中显得特立独行。哈特曼和保守派格奥尔格·冯·贝洛夫共同创立了《社会与经济史季刊》（*Vierteljahrschrift für Sozial- und Wirtschaftsgeschichte*），此刊物在学界颇受好评，在学术上也殊为先锋，34

---

① "G. B. Vico e la concezione materialistica della storia del diritto," ibid. , p. 376f.

② 生平信息参见 W. Lenel in *Historische Zeitschrift* 131（1925）: 571 – 574；St. Bauer, "Ludo Moritz Harmann," in *Neue Österreichische Biographie 1815 – 1918*, Abt. 1, vol. 3（Vienna, 1926）, pp. 197 – 209；G. Fellner, *Ludo Moritz Hartmann und die österreichische Geschichtswissenschaft*（Vienna/Salzburg, 1985）。

* 《德意志史》录（*Monumenta Germaniae Historica*）是一部一手史料汇编期刊，通常缩写为 MGH。其涵盖时间范围从罗马帝国灭亡直至 1500 年。它由施泰因男爵（Heinrich Friedrich Karl vom und zum Stein, 海因里希·弗里德里希·卡尔·冯·施泰因帝国男爵）于 1819 年创立。——译者注

它有力地证明，即便政治立场相左，成果丰硕的科学合作也可以在史实研究的坚实基础上实现。在公共教育领域，哈特曼因建立了奥地利成人教育中心而闻名。作为奥地利社会主义领袖维克托·阿德勒（Victor Adler）的朋友和多民族的奥匈帝国崩溃后前往柏林的谈判代表，他呼吁实现奥地利德语区与魏玛共和国共治。哈特曼的《意大利中世纪史》广受赞誉，他在书中把原本并不受重视的经济社会因素视做历史发展的推动力量放到显著地位上，同时也极少关注个人因素的影响。哈特曼解释自己的方法时说："我从独立的经济事实里做出尽可能完整的归纳，然后重构一个可以简洁反映当时真实生活的综合体。因此，导致了主教叙任权之争的教会改革运动*与经济发展的关系也应追溯至此。很显然，史学家要在这里面对所谓的唯物主义对历史的认识，并且必须在诸多历史现象的流变中观察个人。"[1] 在罗马大会上，哈特曼在《历史演化》这篇演讲中提出了自己的学术原则。两年后他扩充了文本，并以《历史发展论：历史社会学入门六书》［哥达（Gotha），1905］为题发表。他将达尔文主义的观念不加取舍地应用到历史研究上，不但要求把所有理论或形而上学目的论从历史解释中删除，而且不愿承认人的意志有目的性。他也否认，不论个人还是集体，都是影响历史进程的动因。在他看来，历史发展的推动力只是偶然与巧合——对于技术革命和社会组织而言，这种观点是合理的。

　　很少有科学家像哈特曼如此激进地把史学和自然科学统一起来。他反复提及的一个人物就是达尔文。生存斗争、适应环境、淘汰和自然选择是他历史的生物学解释中的关键概念。他怀疑史学家做出的每一次历史评价都是形而上的，因此都应抛弃。然而这种观点不妨碍他坚持把进步的"社会化"——所谓随机历史进化的必然趋势——抬高到一种"对社会化的责任"。哈特曼认为这种价值客观存在于历史之中，并以

---

　　* 指中世纪围绕教权、王权之争开展的一系列教会改革运动，而非近代的宗教改革（Reformation）。——译者注

　　[1]　Quoted by Bauer,"Hartmann,"p. 202.

1848 年激进运动中的博爱、工作和自由这三大理念的形式展现。

哈特曼的历史观念或许能视为唯心的社会达尔文主义的一种自相矛盾的建构。尽管马克思主义的观点没有对哈特曼的理论起到决定性作用，但确已被包含其中。因此，哈特曼的自然主义历史理论最终掩盖了他那种颇为理想主义的政治教育理论。正是这种理论促使他在罗马大会上聆 35 听了有关各国历史教育的系列讲座后提出了一项提议，尽管该提议最终未能通过。但提议要求历史教育的重点放在文明、经济和公法的发展上，并且避免"所有会激起国际仇恨的、与历史客观性相悖的史学研究"。①

贝奈戴托·克罗齐在罗马大会上发表的几篇演讲则显示出完全不同的思维方式。他来自那不勒斯——意大利接纳了马克思与黑格尔的思想后在此地形成了浓郁的学术氛围，并使克罗齐耳濡目染。他本人的哲学与历史观念来自于对马克思和黑格尔的热情。不久他就放弃了前者，并且批判地发展了黑格尔的观念。在罗马大会召开的 1903 年，第一期《文学、历史与哲学评论》杂志应运而生。通过这份与哲学家乔瓦尼·秦梯利（Giovanni Gentile）共同编辑的杂志，"意大利导师"克罗齐在数十年内——不仅在自己的国家，而且在国际上——都占据着所有哲学、史学、与思想辩论的中心。在罗马大会上，他发表了一场主题为《文学批评和文学史》的讲座，还发表了两篇论文，分别是《历史上的主观与客观》和《因果的观念》。② 这两篇文章部分地阐述了他的历史理论。这些内容随后在他的系统化著作中则有更深入的阐述。当他以罗马大会和《评论》杂志为平台登上学术舞台时，他的历史思想不同于其他当代史学理论的典型特征已呈现出清晰的轮廓。他的老师拉布里奥拉（Labriola）是第一位在罗马大学开设历史唯物主义课程的学者，他还宣称历史唯物主义代表了历史哲学的终极阶段。尽管克罗齐十分尊重

① Congress Rome 1903：*Atti*，vol. 3，p. XXVf.

② "Soggettività ed oggettività nellastoriografia," in Congress Rome 1903：*Atti*，vol. 3，pp. 613ff. 有关因果关系的文件未有刊印在 *Atti* 上，因为该文已经完整出现在 B. Croce, *Lineamenti di unalogica come scienza del concettopuro*（Naples，1905），chaps. 4 and 5；参见 Congress Rome 1903：*Atti*，vol. 3，p. XLII。

他的老师，尽管一些马克思主义者将历史唯物主义抬高到"形而上学唯物主义"的地位，但他仍撰写了针锋相对的论文说明历史唯物主义的性质并非如此。人们不能简单地用全能的理念取代全能的物质。相比恩格斯，他也不愿承认历史唯物主义是一种新的方法。

尽管克罗齐对马克思有上述批评，但是他没有否认马克思对他的影响。他曾谈到自己第一次深入钻研马克思的天才式著作时所体会到的热情。他说，当自己第一次了解到从未注意过的经济和社会问题时，就像一个目光短浅的人突然有了全新的视野。将历史唯物主义中的决定论和目的论的特征剔除，就能产生一种重要的史学方法以修正过去一统天下的哲学与意识形态。然而，马克思主义缺少真正的哲学特质，它仅包含了一些简单法则，警醒史学家不可忽视马克思主义者所谓的经济基础与阶级斗争。"历史唯物主义哲学将会重复旧的唯心主义哲学的全部错误。甚至会使这些错误愈发严重。"[1]

克罗齐是通过马克思领会黑格尔的哲学的。有一次他提到，自己与黑格尔的关系正如同卡图卢斯（Catullus）和莱斯比亚（Lesbia）* 一般：他36 痛苦地发现自己既不可能追随黑格尔，却也不能没有他。[2] 在罗马大会召开时，他正在探索这最后一个伟大的唯心主义哲学体系，其成果于三年后问世，即一本题为《黑格尔哲学中的活东西和死东西》** 的著作。[3]

---

[1] B. Croce, "Les Études relatives à la théorie de l'histoire en Italie Durant les quinze dernières années," *Revue de synthèse historique* 5（1902）：267f.；也见 Croce, *Materialismo storico ed economia marxista*（Bari, 1901）, French edition：*Matérialisme historique et économie marxiste. Essais critiques*（Paris, 1901）。

* 卡图卢斯为古罗马诗人，而莱斯比亚是其诗作中的一位女性形象。诗人在许多爱情诗中都表达了对这位佳人炽热而真挚的爱情。——译者注

[2] B. Croce, "Entstehung und Erkenntnisse meiner Philosophie," *Universitas* 7（Stuttgart, 1952）：1009–1020, here p. 1011.

** 原文如此。然而本书英译本标题通常为 *What Is Living and What Is Dead of Hegel's Philosophy*. 译者沿用商务印书馆 1959 年王衍孔译本《黑格尔哲学中的活东西和死东西》的标题。——译者注

[3] *Ciò che è vivo e ciò che è morto della filosofia di Hegel*（Bari, 1907）, German edition：*Lebendiges und Totes in Hegels Philosophie*（Heidelburg, 1909）.

　　克罗齐将黑格尔历史哲学中的形而上和目的论因素、泛理论和因果辩证法视为已经完结、没有未来的东西。黑格尔将正题、反题与合题这一组纯粹思辨的、人造的结构强加给历史进程的做法并不能令史学家克罗齐信服。然而，他认为黑格尔用辩证法考察历史是认知的永恒进步。但是克罗齐希望把辩证法建立在经验事实的基础上，在历史的发展中追寻辩证法的发展，而非将辩证法强加于历史进程、并把历史进程牵强地视作对辩证法内涵的终极解释模式。

　　对于黑格尔认为史学和哲学有同一性的观点，克罗齐表示了赞同，然而他从不把自己视为一个黑格尔的信徒或是唯心主义历史哲学的代表。在晚年，克罗齐这样回顾黑格尔对他的影响："于我而言，黑格尔永远是一位大师，在哲学领域，他是最伟大的几位导师之一。但是，如果我不抓住每一个机会去发展、修正和扩展他的理论，对他的学术大厦的结构做出更改并创造一座新的大厦，我就不配称作他的学生。站出来反对黑格尔那种终结一切的终极哲学体系并指出哲学上没有任何终结，是我的权利和责任。"[1] 黑格尔曾出于"德意志式的专制作风"而宣称"要为国家的需求，特别是普鲁士国家的需求而降低道德的准则"。——作为一个热爱自由的意大利人，克罗齐对黑格尔在其中表达的情感感到愤怒。[2]

　　克罗齐使用"绝对历史主义"一词以阐述自己的历史观念。绝对历史主义并非来自于历史主义的早期先驱者，正如迈内克（Meinecke）所言，[3] 它并非源于赫尔德、尼布尔、萨维尼和兰克。这种理论是在对马克思尤其是对黑格尔的批判研究中产生的。它在对历史的终极原因说与因果性解释之间、在形而上学与自然主义间、在唯心主义与唯物主义

　　① Croce, "Entstehung und Erkenntnisse," p. 1020.

　　② Ibid. , p. 1015.

　　③ 参见 F. Meinecke, *ZurTheorie und Philosophie der Geschichte* (Stuttgart, 1959), p. 342f。迈内克虽然敬重克罗齐，但批评了克罗齐的历史哲学思想为"强制一元论"。参见 Meinecke to Goetz, 22 March 1943, in F. Meinecke, *AusgewählterBriefwechsel*, ed. L. Dehio and P. Classen (Stuttgart, 1962), p. 215。在 1951 年 1 月 18 号致斯尔比克的信中，迈内克写道，这一发展的方向是"综合历史相对论和自然法则"。Ibid. , p. 307.

间寻找其道路。由于唯心主义在世纪之初被视作一种人云亦云的潮流，所以他将批判的矛头指向了当时的实证主义倾向：即为了证明史学的科学性，而改变其研究方法，使之服从于自然科学，继而获取某种合法性。这个问题是他在罗马大会上的两篇论文的主旨。在题为《历史学的因果原则》的评论中，克罗齐为了反击自然科学及作为其"永恒前提条件"的定律观念特别为历史学科假设了一种特定的因果关系概念。这位史学家的因果关系理念在于"将个别事实与所有个别事实的整体相联系"。这是科学吗？从自然科学的意义来说当然不是。历史学是对独特现象的理解，它与艺术领域中的直觉认知有着更紧密的联系。① 在37 这一点上，他与乔瓦尼·秦梯利是一致的。后者宣称，任何将历史学转化为定律式科学的企图注定会失败。

然而，如果把史学归为和艺术相仿的学科，那么它能否完全传递客观知识，抑或在主观和客观的不确定性中挣扎？克罗齐在罗马大会上关于主观性和客观性的演讲中设想了如下关系——作为"最坚定的客观主义者"，他反对任何由主观主义臆造的虚假的历史命题："只有在排除感受和激情的情况下才能获得真相。"因此，我们能在克罗齐的著作里反复读到对 19 世纪发展起来的对文本与史料的批判方法的绝对认同。虽然他不认为只对历史事实进行"文献学研究"是真正的学术，但是他对自己能够纯熟运用这些方法感到自豪。真正的学术不止于对真相的批判性考察。克罗齐认为，如果不通过主观思维环节的"唯心主义评判标准"，就不可能把握住历史的客观真相：例如，批判的历史研究能在起源和条件、首次出版和首次推演等方面揭示关于拉辛（Racine）的《费德尔》的所有知识。然而，只有当一个人明确地理解"何为艺术"，才有可能产生对这部戏的感受，然后再将其作为历史对象加以评判。此规则在政治哲学的领域同样适用。"如果我们不对俾斯麦的工作——1）他所追求的目标是否符合社会理想（进步还是反动，招灾引祸抑或泽

---

① 他的该思想最先出现在 B. Croce，"l'histoire ramenée au concept général de l'Art," *Academia Pontaniana*，vol. 23（1893）；参见 Croce，"La théorie de l'histoireenItalie"。

被众生）；2）他是否有能力实现这些目标——做出判断，那么，即便我们收集了关于他工作和生活的一切，也依然不能对其人其事有任何著述。"① 在这里，当真实的认知因素构成历史客体时，价值判断便呈现出来。

此前不久，新康德主义者海因里希·李凯尔特（Heinrich Rickert）才建构了这样的观念：对历史客体的认识由价值联系决定，而且这种条件使文化科学如法学研究般建立了相对于自然科学的独立性。② 克罗齐也参考了这一划时代的历史认识理论，然而他不能从"科学关注的总是普适性与必要性"这种观念中解脱出来；因此，历史学对他而言是知识而非科学，在此问题上，他并不认同李凯尔特与色诺波尔的观点。但另一方面，他又认同李凯尔特与色诺波尔对历史学与自然科学问题的区分。③ 最重要的是，和新康德主义者一样，他在罗马的演讲中没有区分"构成了历史客体的理论价值关联性"和"与对这一客体的主观态度相联系的实用价值判断"。他的"绝对历史主义"意味着维科的主要观点重获新生——该论调旨在反对"数学和其他自然科学更为优越"的判断，并且预设了历史的最高地位："真理乃人之所造"——后来，克罗齐整理了这些观点，并出版了《作为思想和行动的历史》。

克罗齐与乔瓦尼·秦梯利在罗马大会上结成了个人联盟。如果说克罗齐坚持了史学和哲学的同一性，那么秦梯利就从哲学与史学间毋庸置疑的冲突入手，然后试图证明下述观点：不论经验主义研究和历史的因果哲学间有何区别，史学和哲学之间确实存在有意义的联系。④ 他认为两者是对同一事物的两种相互独立的理解形式。秦梯利追随了唯心主义

---

① Congress Rome 1903：*Atti*, p. 615.

② H. Rickert, *Die Grenzen der naturwissenschaftlichen Begriffsbildung*, 2 vols. （Tübingen, 1896 and 1902）.

③ 参见 Croce, "Lathéorie de l'histoire en Italie"。

④ G. Gentile, "Il problema della filosofia della storia," in Congress Rome 1903：*Atti*, vol. 2, pp. 607ff.

的脚步，将历史事实给定的历史真实性定义为一种形而上学的、哲学的问题，且无论人们是否能够正确感知历史史实的存在，甚至无论人们能否感知其存在，其历史真实性都是一个形而上的问题。

所以，不论读者是否受到触动，荷马作品之美都是一个预先给定的事实。历史事实所给定的历史真实性是历史研究的基础设定，如果没有它，研究就没有意义。因此，他把偶然性和必要性归结到每一个历史事实上，而其中的标准即能否从所有过去发生的事实背景中提取出这一事实。对于秦梯利而言，对历史个体的理解与艺术相联系，这与克罗齐是一致的；但"必要之必要性"这一逻辑终究是历史哲学的关注要点。

研究加富尔（Cavour）的美国学者威廉·R. 塞耶尔（William R. Thayer）在论文中强调了传记的不可或缺性，但与前述那种把历史定位为科学的令人惊叹的尝试相比，这与其说是对历史理论的贡献，不如说它只表达了某种信念。① 当一种进化论观点把历史贬为经济因果关系并大行其道，以至于个体特征受到忽视时，塞耶尔便在"人类创造历史"这个主题上发表了许多观点。考察 20 世纪的历史文献，塞耶尔在世纪之初发出的呼声与当时的表象恰恰相反，而我们必须承认，他的呼声成功预见了传记研究的光明前途。

---

① "Biography the basis of history," in Congress Rome 1903：*Atti*, vol. 2, pp. 573 ff.

第 五 章

专业化的确立

——1908 年柏林大会

　　罗马大会代表了国际史学大会历史上第一座高峰。至此，人们才 41
能预见它将发展为一种永久的制度。然而一些人对此仍表怀疑，时至
今日，人们对国际历史科学大会是否促进了学术事业的发展依然争论
不休。但在专业期刊上，绝大多数论者认为罗马大会令人印象深刻，
意大利人成功组织了一场真正的国际论坛，与会者来自众多国家，
许多优秀的史学家积极参与其中。令人惊叹的十二卷大会纪要为这
次盛会圆满收官。

　　罗马大会通过了五年后在柏林召开新一届大会的决定。① 该提议由
法国史学家提出，而德国《历史杂志》则强调这是一个"独特而妥帖
的做法"。② 加布里埃尔·莫诺尤其支持这一计划。③ 德国人对此感到惊
讶且反应不一，但在学界极具影响力的阿道夫·冯·哈尔纳克赞成这一
提议。他与法律史教授奥托·冯·基尔克和古典学者乌尔里希·冯·默
伦多夫（Ulrich von Moellendorff）* 立即向普鲁士教育与文化部长提交了

---

　　① Congress Rome 1903：*Atti*，vol. 1，p. 126.

　　② "Notizen und Nachrichten：Vermischtes," *Historische Zeitschrift* 91（1903）：190.

　　③ Aloys Schulte，"Bericht über den Historikerongreß," Deutsches Historisches Institut，Rome，
Reg. 1.

　　* 即乌尔里希·冯·维拉莫维茨，其人姓氏为双姓，即维拉莫维茨－莫耶伦多夫（Wilam-
owitz-Moellendorff），本书时而在其姓氏中择一，时而使用双姓。——译者注

一份申请，请求政府支持此计划。根据哈尔纳克的记述，在一次筹备会议上，柏林的大部分史学家对定期举办大会持保留态度，他们认为从大会上得到的学术收获很少。然而，"包括一些历史系成员在内的多数学者"都持以下观点：

> 不论我们如何评估大会的学术价值，来自不同国家的历史科学代表建立专业上与个人的联系，对于学术与国际社会的发展而言并非一无是处。完全拒绝在罗马提出的提议，几乎无法不违背国际交往准则；尽管可能存在若干外界障碍，但在柏林组织一次成果积极的大会不但可行，而且颇为急迫。因为按照当前的趋势，大会很可能将在另一个欧洲国家的首都举办，这样一来，德国就会丧失对大会的活动范围和制度构建施加决定性影响的机会。①

以最清晰的方式向德国公众解释此类大会的意义与目的之人也是哈尔纳克。他在柏林大会的一份事先声明中写道：

> 学术事业是国际性的事业，而且尽管它在每个大国中都有自己的"秘密"，但总体而言它仍是没有秘密的。这是一种公益，是世界性的赋格＊，能够将所有不和谐都归于和谐。当各国经济仍被数不清的高墙壁垒阻隔时，学术国际化时日已久。诚然，即便没有国际大会，学术仍是国际的学术，但若没有国际大会，我们的时代就会缺少对国际学术事业的支持。这种支持之所以具有实际意义，是因为它能以即时发言和个人交流的形式对出版物和信件为主要形式

---

① Petition of 7 July 1903, Zentrales Staatsarchiv, Merseburg, Rep. 76 V c. Sect. 1, Tit. 11, Teil Ⅵ, no. 13, vol. 1, pp. 146 – 158.

＊ 赋格（fugue）是盛行于巴洛克时期的一种复调音乐体裁，以主题和对题及二者在不同声部中的轮流出现组织全曲，这里引申为强调秩序、和谐之意。——译者注

的学术交流形成有益的补充。①

哈尔纳克不仅看到了知识的实际增长，还看到了更具意义的学术合作的希望。关于这一主题，他已在数年前发表于《普鲁士年鉴》中的论文《作为一项宏大事业的科学》中阐述了自己的观点。他呼吁在柏林大学和美国的大学之间开展教授互访，但这样的呼声备受民族主义者的责难。当哈尔纳克提出了势在必行的科学"宏大事业"时，他明确地提及了国际科学大会，并对自己的信念做了一次剖白："当各民族因领土扩张的野心而摩擦日炽时，全人类与各民族间的兄弟情谊所受到的威胁比绝大多数人的想象更为严重。而专业上与个人间的学术交流以及科学工作的和平竞争，在某种意义上能够对此起到预防和修正作用！"②

然而，哈尔纳克在柏林的同事起初并未理解他的热情。在与哈氏进行一番讨论后，他们很快认识到完成大会的筹备组织工作必须占用他们的部分时间和精力。他们向普鲁士教育与文化部长提交了一份请愿书：

> 于我们而言，由于国际历史科学大会的讨论对象过于广泛，举办大会注定将是失败之举。即使将大会主题限制在严格的政治史范畴内，为此范畴预设一个适用于所有文明国家的限度，这一尝试仍 43 会使研究对象不适于以大会为形式的国际性讨论，因为历史——古代史除外——都深受政治差异与民族差异的影响，即便人们以尽可能宽广的视野认识它，也很难为国际交流创造一个共通的基础。会议可能只会翻来覆去地讨论方法论上的分歧或中立的边缘领域，却

---

① A. von Harnack, "Der vierte Internationale Kongreß für historische Wissenschaften zu Berlin," *Internationale Wochenschrift für Wissenschaft, Kunst und Technik* 2 (1908): 514–519, here p. 514.

② A. von Harnack, "Vom Großbetrib der Wissenschaft," *Preußische Jahrbücher* 119 (1905): 193–201, here p. 198. 关于背景，参见 vom Brocke, "Professorenaustausch"。

极力回避核心问题——列强间的斗争——然而这才是我们领域第一位的、最重要的问题。截至目前，这个"国际历史科学大会"留下的经验让我们对进一步朝此方向努力不抱希望。海牙和巴黎的大会都在可怜的失败中结束，即便是最近的罗马大会也不能证明这种创举的生命力。

请愿书的最后写道："考虑到承办大会需要学者投入大量工作和巨额国家财政支出，拒绝举办大会是符合公共利益的，且我国的国际形象未必会因此受损。"这份请愿书既是一份免责声明，又隐晦地表达了与大会合作的愿望。事实上，申请书的三位签字人，爱德华·梅耶（Eduard Meyer）、迈克尔·唐格（Michael Tangl）和奥托·辛策（Otto Hintze）曾说，"在目前的情况下"，举办大会已是大势所趋。[1]

这份申请书成为"一战"前德国政治史领域自我认知的典型文本。权力斗争和国际冲突是史学的焦点和中心。国际竞争对学术研究起了很大的决定作用，以致史学家们对举办一场国际会议能取得的收获不抱期望。这一论坛能够讨论的话题不过是学者们看来无价值、不重要的方法论问题，还有琐碎的"边缘领域"——他们或许指的是前两届大会受到很大关注的语言学、文学、艺术、社会和经济史。

尽管柏林的史学家们已经接受了国际大会组织工作的任务，但无论如何，他们仍在请愿书中表明了态度，拒绝《历史综合评论》在创刊时表达的重新定位历史研究的努力。*

德国的一份大报《日耳曼尼亚》评论道，举办大会更多的是出于政治需要而非科学研究。[2] 这种论调并非完全错误。迪特里希·沙菲尔

---

[1]　Petition of 31 July 1903, Zentrales Staatsarchiv, Merseburg, Rep. 76 V c, Sect, 1. Tit. 11, Teil VI, no. 13, vol. 1, pp. 140 – 143. 其他的签字人是蒙森、希施菲尔、伦茨、沙菲尔、德尔布吕克和科瑟。

*　相关内容参见第三章。——译者注

[2]　引自 *Kölnische Volkszeitung*, 28 Aug. 1908。

（Dietrich Schäfer）也以相似的语调表达了对历史科学大会成果贫乏的惋惜，他在自己的回忆录中写道，普鲁士与帝国政府只是"出于国际关系缓和的考虑"[1]才推动大会工作的开展。普鲁士教育与文化部中大学事务最重要的负责人弗里德里希·阿尔特霍夫（Friedrich Althoff）也与沙菲尔意见一致。他坚信"通过科学把各民族联系到一起"对于任何国际学术交流活动而言都是可能的。[2] 为了宣传这些观点，他于 1907 年创立了《科学、艺术与技术国际周刊》。杂志创刊号上发表了赫尔曼·迪尔斯（Hermann Diels）力荐大规模学术合作的文章，[3] 杂志还刊登了哈尔纳克关于史学研究的国际特征的一篇文章，为即将召开的柏林大会造势。

　　值得一提的是，慕尼黑的一位现代史教授里特·冯·海格尔（Ritter von Heigel），曾与柏林的史学家一样对国际史学大会不感兴趣，但他后来承认，自己在柏林大会的影响下发生了从扫罗到保罗式的[*]转变。[4] 除此之外，大会的怀疑者们不但向大会让步，接受大会的任务，而且都尽己所能使大会办得更好。因此，在大会到来之际，怀疑派代表人物，普鲁士国家档案馆馆长、腓特烈大帝传记的作者莱茵霍尔德·科泽（Reinhold Koser）接受了组委会主席一职，而此前他在海牙和巴黎两届大会期间向普鲁士总理声明自己对大会持全部保留意见。自蒙森去世（1903 年 11 月 1 日）后，柏林两位最杰出的古典研究代表——史学家爱德华·梅耶和古典语言学家乌尔里希·冯·维拉莫维

---

① D. Schäfer, *Mein Leben* (Berlin, 1926), p. 163.

② B. vom Brocke, "Hochschul – und Wissenschaftspolitik in Preußen und im Deutschen Kaiserreich 1882 – 1907: Das 'System Althoff'," in *Bildungspolitik in Preußen zur Zeit des Kaiserreichs*, e-d. P. Baumgart (Stuttgart, 1980), pp. 9 – 118, here pp. 65ff.

③ H. Diels, "Die Einbeitsbestrebungen ser Wissenschaft," *Internationale Wochenschrift für Wissenschaft*, *Kunst und Technik* 1 (1970): 3 – 10.

* 此处原文为"from a Saul to a Paul"。"Saul"为使徒保罗在未信奉基督之前的名字，"Paul"是保罗成为耶稣门徒之后的名字。从"Saul"到"Paul"的转变意指从异议者到追随者的转变。——译者注

④ Ritter v. Heigel in "Notizen und Nachrichten: Vermischtes," *Historische Zeitschrift* 101 (1908): 693.

茨－默伦多夫协助他处理事务。大会全体会议巩固了这三巨头的领导
地位。

关于大会议程的安排，柏林大会的组织者们决定采用不同于罗马的
形式。① 他们减少了讨论会和自主讨论小组的数量，涉及的领域包括语
言学、考古学、音乐和戏剧史、历史地理、自然科学史以及理论和方法
论——法国的《历史综合评论》对最后一项的取消表示了批评。某些
情况下，这些领域的话题反复出现在东方史、希腊和罗马史、中世纪和
近代政治史、中世纪和近代思想文化史、教会史、艺术史和历史学辅助
科学等八个讨论会中。值得注意的是，除了方法论这一独立的领域在大
会上被抹去，大会规程还要求各讨论会上的演讲者应当"主要关注实
证性的论文或有关方法论与学术活动的问题"。换言之，柏林的学者们
更愿意看到实际经验、方法、研究领域里的计划和学术介绍，而不愿意
进行纯粹理论的探讨。

大会在各讨论会的论文宣读环节之后设立了讨论环节。这一点也与
罗马大会不同。在罗马，讨论只局限于"主题"，而柏林大会已经完全
取消了"主题"的设置。针对各决议的投票也被取消了。毕竟官方通
常不会特别关注这种共同意愿的表现形式。根据柏林大会的报告，罗马
大会上旨在加快公开政治档案材料的决议确实产生了效果。奥地利开放
45 了1848年后的档案，普鲁士也放宽了对文件使用的限制。和罗马大会
不同，柏林每天都要召开全体大会。在这里，杰出的史学家有机会能在
更广阔的平台上展现自己的思想。② 这种每日午间讲座是大会的核心部
分，专为外国宾客设立。任何一位著名的德国史学家都没有占用午间讲

---

① *Programm des Internationalen Kongresses für historische Wissenschaften*, Berlin, *6. bis 9. August 1908* [hereafter Congress Berlin 1908：*Programm*] (Berlin, 1908).

② 柏林组委会决定反对出版演讲和讨论，认为此前出版的大会会议记录如"墓穴一般，将来几乎没有学者会进去"，更可行的做法是"每个学者在他能够找到最多读者的地方出版自己的演讲"。Harnack, "Der vierte Internationale Kongreß," p. 515. 演讲最完全的信息参见 1908 年 8 月 6—13 日出版的 *Berliner Tageblatt* 中的大会报告，还有 1908 年 8 月 5—12 日第 1 至 7 期组委会每日公告和 T. Höjer, "Den internationelle Kongressen för historiska vetenskaper i Berlin 1908," *Historisk tidskrift* (Stockholm, 1908)；145 – 169。

座的发言机会。舆论称赞这种克制是一种高贵的姿态。不过，很多远道而来的学者为讲座不能呈现德国史学的魅力而深感遗憾。于是，加布里埃尔·莫诺写道："我无意冒犯维拉莫维茨、哈尔纳克、爱德华·梅耶、科瑟和沙菲尔等著名柏林学者的情感，这种情感使他们保持着大会组织者的克制姿态，但遗憾的是他们为让来客展示才华而失去了展示自己的机会。"[1]

尽管如此，德国史学界对大会仍起关键性的影响。每场讨论会由不同的德国史学家主持，如爱德华·梅耶、沙菲尔、奥托·基尔克和阿道夫·冯·哈尔纳克。大会在每天下午都会预留几小时供与会者在各馆负责人的引导下参观柏林的各档案馆、图书馆和收藏馆。最后，德国史学家极为积极地参与了讨论环节。一半以上的宣读论文，即全部135篇中的77篇，都由德国人展示。[2] 法国社会学家弗朗索瓦·席米昂（François Simiand）说道："精悍而自信的德国学术军团依照传统的处事风格在他们的先师身后亦步亦趋。"与席米昂的评论相似，贝尔和《历史综合评论》对整个"学院派"的历史学科都持保留意见。[3]

从某种程度上说，德国人在大会上的统治地位是由国外参会者大大少于往届大会导致的。组织者预计约有3000名参会者，但是参会总人数只有大约1000人，其中还包括150名学生。外国学者的数量不超过25%。俄国、意大利、英国和瑞典派遣了数量庞大的与会代表。为了避开9月份开幕的美国学术年，大会将会期定于8月份，但尽管如此，与会的美国学者仍然很少。波兰和捷克无人参会。法国《历史评论》杂

---

① G. Monog, "Bulletin Historique: Le congrès historique de Berlin," *Revue historique* 99 (1908): 298 – 307, here p. 299.

② Ibid. , p. 298. Congress Berlin 1908: *Programm*, indicates 69. 参见 appendix III. 1。

③ F. Simiand, "Récents congrès internationaux: le Congrés historique de Berlin," *Revue de synthèse historique* 17 (1908): 222 – 223, here p. 223.

志称，他们是因为政治原因缺席的。只有少数法国人出席。① 令人尤感遗憾的是多达一半的已注册法国史学家并未出席。甚至提出大会应在柏林举办的莫诺本人也未出席。他本来承诺在全体大会上发表题为《米什莱与德国》的演讲，作为他在罗马题为《米什莱与意大利》演讲的续篇。德国国内外的专业刊物和普通日报一直在猜测为什么法国人对前往德国首都心存疑虑。个中原因是多方面的，比如 8 月份的日期不合适、柏林并非吸引人的度假胜地（尤其无法与罗马相提并论）、德国铁路票价高昂以及诸如家庭因素或疾病之类的个人原因。然而，维拉莫维茨认为一切都是借口，他引用了《圣经》的寓言："我才娶了妻，也才买了一对牛。*"② 尽管法国各期刊否定了政治动因方面的猜测，但猜测也非空穴来风。中世纪学者莫里斯·普鲁（Maurice Prou）在给亨利·皮雷纳（Henri Pirenne）的信中写道，"我不相信你提到的法国学者因所谓爱国主义的原因而缺席的说法，倘若果真如此，他们就不会注册了。我认为他们就像我一样，更愿意在宁静中享受自己的假期，在森林中漫步、在海水中沐浴。当然，总有人出于爱国情结没有出席，然而他们也没注册。他们中有人告诉我，自己不愿参加由皇帝主持的接待会。

46

———————

　　①　各国的参会人数并不确定，特别是数量很少的法国人。Monod，"Congrès de Berlin，" p. 299 记载的数量是 18 人；官方的参会者记录是 22 人；根据柏林组委会的报告，法国政府注册了由 9 名历史学者组成的代表团。但是，只是在大会结束之后进行了注册，而且只有 3 个代表出席。组委会的报告将这样低的数字与 131 名法国人参见罗马大会进行了对比，失望之情显而易见。参见 Bericht des Organisationskomitees，n. d.，Zentrales Staatsarchiv，Merseburg，Rep. 76 V c，Sect. 1，Tit. 11，Teil VI，no. 13，vol. 1. Monod，"Congrès de Berlin，" 法国与会者很少，但超过了德国以外的所有与会者，他们向大会提交了 11 篇文章。根据预报，法国与会者应为 15 人，意大利与会者应为 20 人。参见附录三（一）。事实上，只有 3 个法国人在大会发言：G. Maspéro（Cairo），"Ce qui de fait en Egypte pour sauver les monuments historiques"；I. Pèlinier（Montpellier），"Origines et caractères généraux de la tyrannie（signorla）en Italie au 14ᵉ siècle"；J. Viénot，"La correspondence de Coligny." Simiand，"Congrès historique，" p. 222 这样评论："必须指出，支持国际历史学大会以及参加大会的法国人少得可怜，法国历史学派的名流们几乎全都没有到场，以致大会组织者认为他们商量好了一起弃权。

　　*　典出《圣经·路加福音》第十四章。一人宴请宾客，有不欲赴宴者，便以"我刚娶了妻"和"我刚买了五对牛"为借口推辞了邀请。此处作者原文为"一对牛"。维拉莫维茨在此意指正文上述理由皆为借口。——译者注

　　②　U. von Wilamowitz - Moellendorff，Erinnerungen 1848 - 1914（Leipzig，1928），p. 311.

实际上，假如我一时兴起真的去参会，我也不愿参加皇帝主持的接待会。我们可以和德国人保持良好的个人关系和学术交流，但法国人和德国人仍然彼此敌对，我们双方都不会裁军。"①

事实上，这些关于裁军的言论只是轻描淡写。就像欧洲其他大国一样，法德两国正在进行军备竞赛而非裁军。在1905年至1906年，正当罗马大会和柏林大会期间，第一次摩洛哥危机导致了法德两国的尖锐冲突。于1904年订立的《英法协约》渡过了第一次大考验。通过排除英国与俄罗斯间非欧洲地区的障碍，这份协约在1907年得以延期。自1902年的条约之后，*意大利更加亲近法国。由于1907年至1908年冬季的德国第二海军法案，德国和英国的海军竞赛趋向白热化。至此，将世界拖入大战的力量逐渐成形。在德国，人们很快开始谈论包围孤立政策。

与逐渐阴暗的现实政治相反，大会的举办很成功。这种成功可以很大程度上归功于稳妥的组织工作和柏林人民的热情好客。数不清的接待会和晚宴为社交提供了绝佳的机会。柏林最具代表性的建筑可供大会随意使用：国会大厦、普鲁士议会两院、柏林爱乐大厅，以及艺术与工艺博物馆。在大会开幕时，帝国内政国务秘书和普鲁士副总理特奥巴登·冯·贝特曼·霍尔韦格（Theobald von Bethmann Hollweg）在演讲中谈到了史学家们的"伟大学术共同体"，也称赞历史是"现在的老师……它只遵循自身的法则而非其他"。② 政府清楚地意识到大会的召开为其创造了提升国际影响的机会，它也妥善地利用了这次机会。

但是，这次大会的学术成果如何？它对历史方法论的反思又如何？让我们首先留意卡尔·兰普雷希特，他是当时德国乃至世界上最著名、最具争议的史学理论评论家之一。二十年前，汉莎（Hansa）的史学家迪特里希·沙菲尔于图宾根（Tubingen）发表了题为《历史研究的真实领域》的就职演讲，这篇演讲就已涉及了与兰普雷希特的学术研究及

---

① Letter of 28 Aug. 1908, Pirenne Papers, correspondence 1908.

* 指意大利延续德、奥、意三国同盟后对法国做出的中立承诺，相关内容参见英译本第29页。——译者注

② Congress Berlin 1908：*Kongreß – Tageblatt*, p. 144f.

理论诉求相关的方法论之争。沙菲尔为彻底的政治史做了引人深思的声
47 辩，他提出，历史只有关注政治事务才能具备科学性。把历史的核心视
为人民的发展的观点是错误的，将中世纪房屋的历史等微不足道的话题
填满厚厚的书册也毫无用处。历史研究不应钻研礼仪、习俗和生活条件
等细枝末节，而应关注伟大人物和人类的政治成就，亦即国家。这种坚
定相信政治应为史学核心的宣言已大大超出了为个人研究兴趣辩白的范
畴。沙菲尔将政治视为历史本身的驱动力和最本质的内容。

爱伯哈德·戈泰因（Eberhard Gothein）是威廉·狄尔泰（Wilhelm
Dilthey）的学生，也十分敬仰雅各布·布克哈特（Jacob Burckhardt），
后者亦曾称戈泰因是他在学术上的继承人。戈氏反对上述那种只重视政
治史的论调。他在史学史中的地位由一系列成果丰硕的研究所奠定，所
涉主题涵盖经济、社会、宗教、政治和城市史，而他将这些领域归为思
想与心理史基础上的综合文化史。① 他撰写了一篇与沙菲尔针锋相对的
文章《文化史的任务》，并在文中提出，"历史学这种成长中的年轻科
学没有必要因恐惧而限制自己的研究领域"。在戈泰因看来，国家和宗
教、艺术、法律、经济一样，不过是人际关系的一种特殊形式。理解一
个历史时期的关键通常在政治领域之外。政治史的统治地位——例如在
普鲁士发生的情况——更多时候是一种非常状态。何况，沙菲尔宣称属
于政治史的个体创造因素也往往在文化史中才更容易被认识。戈泰因在
关于罗耀拉的伊纳爵（Ignatius of Loyola）的经典著作《罗耀拉的伊纳
爵与反宗教改革》中就提供了一个这样的例子。

在戈泰因（Gothein）关于文化史的论文发表几年之后，兰普雷希
特的《德国史》第一卷问世。这部著作同样为文化史声辩，但有些过
犹不及。兰普雷希特相信，如果能以"史事何以至此"代替兰克的
"史事如何发生"作为历史研究的目标，如果能用演绎的方法替代叙

---

① 包括：E. Gothein, *Politische und religiöse Volksbewegungen vor der Reformation*（Breslau,
1878）; *Der christlich - soziale Staat der Jesuitem in Paraguay*（Leipzig, 1883）; *Geschichtliche En-
twicklung der Rheinschiffahrt im 19. Jahrhundert*（Leipzip, 1903）; *Verfussungs - und Wirtschaftsge-
schichtw der Stadt Köln*（Köln, 1916）。

述、用原因分析替代描述，[1] 就能达到历史理解的更高境界。同许多为史学探寻社会学与经济学基础的学者一样，兰普雷希特希望通过引入普遍方法和自然科学方法加强历史研究的科学性。这就解释了他的新研究方向着重于大众而非个别历史精英的原因。在他早年的德国经济史研究《中世纪的德意志经济生活》和宗教研究中，他强调了经济和社会的决定因素；这使得马克思主义史学家弗兰茨·梅林（Franz Mehring）将他划归为近似历史唯物主义的史学家。[2] 在关于德国史的长篇著作《德国史》中，兰普雷希特转向了社会心理学。他试图揭示的是，德意志民 48 族的思想与心理的演化过程与其他民族一样，都遵循了心理学上特定的发展法则。他给每个阶段都冠以独特的名称：象征主义、典型主义、传统主义、个人主义、主观主义和敏感性阶段。

包括弗兰茨·梅林在内的几乎所有德国史学家都不赞同兰普雷希特那种科学化的社会心理学理论。那么他对历史研究最终要考虑集体社会因素的要求又有何反响呢？观察一下大学课程表，我们就会为社会和经济史课程的庞大数量而深感震撼。[3] 毕竟，源于默泽（Möser）和尼布尔的社会史分支对德国历史主义影响甚大。历史主义的捍卫者对兰普雷希特的学说多有责难，他们认为兰普雷希特忽视社会史的巨大影响；此外他们还认为，兰普雷希特声称兰克（Ranke）对潜在因素缺乏充分研究，而这实际上是对兰克的曲解；他把布克哈特的历史类型理论视作科学法则也是一种误解。除理论与方法论上的不一致外，更重要的是，兰普雷希特在经验研究方面功力欠佳，提观点、下结论比较草率，也常犯业已犯过的错误，这使他很容易成为学术对手的靶子。

当国际历史科学大会于 1908 年在柏林召开时，关于兰普雷希特的

---

① 这些理论诉求参见 Lamprecht, *Deutsche Geschichte*, 2nd ed., vol. 1，前言，以及大量的论文。

② H. J. Steinberg, "Karl Lamprecht," in *Deutsche Historiler*, ed. H. - U. Wehler, vol. 1 (Göttingen, 1971), pp. 58 - 68, here p. 59f.

③ 参见 G. Oestreich, "Die Fachhistorie und die Anfänge der sozialgeschichtlichen Forschung in Deutschland," *Historische Zeitschrift* 208（1969）：320 - 363.

方法论争议早已淡出公众的视野。德国的争吵并未在外国友人面前重现。一如加布里埃尔·莫诺所论，[①] 汉斯·德尔布吕克称兰普雷希特一派胡言，而兰普雷希特也认为他的对手马克斯·伦茨（Max Lenz）不过是个庸才。尽管如此，问题本身不会因人身攻击的减少而失色。史学真正的研究对象以及史学的"科学"程度等重大问题至今仍未解决。当然，兰普雷希特在柏林大会上也不乏支持者。兰普雷希特在柏林的演讲的重点是他长期感兴趣的教学问题，而非方法论和理论问题。他是少数参与筹建关注学校政策问题和历史教学的德国史学家大会的学界巨擘之一。[②] 兰普雷希特利用史学家大会这个平台寻求对改革历史学术研究的支持，最近的一次便是在柏林大会一年前，即 1907 年的海德堡史学家大会。无论在柏林还是海德堡，他真正关注的仍是他的莱比锡文化与总体史研究院及该院的学术研究。[③] 兰普雷希特原希望以文化史和世界史作为整个历史研究的基础，但他也认识到当时还不能将它们设为独立于传统史学的分支学科。在柏林，他为"发展"构想了一个社会心理框架，在柏林大会上，他将此框架作为一个细节处仍需更多经验研究的假说展示在世人面前，尽管他本人毫不怀疑其有效性。虽然兰普雷希特的研究院把诸多非欧洲文化以及包括宗教、艺术、经济史、地理及其他领域的跨学科方法纳入研究范畴中以大规模扩展研究主题，它仍保留了历史学的专业特色。尽管该院因其前卫而综合的学术理念、涉猎广泛的著作以及兰普雷希特本人的组织能力而有着不可抗拒的魅力，但对于许多其他国家的史学家而言，他们的研究机构也毫不逊色。

我们对各类史学期刊稍加留意也能了解不少信息。查尔斯·H. 哈斯金斯（Ch. H. Haskins）和 T. 霍耶尔（T. Hōjer）分别在《美国历史

---

① Monod, "Congrès de Berlin," p. 304.

② See Erdmann, " Geschichte, Politik and Pädagogik," pp. 2 ff.

③ K. Lamprecht, "Die kultur – und universalgeschichtlichen Bestrebungen an der Universität Leipzig: Vortrag gehalten auf dem Internationalen Historikerkongreß zu Berlin am 11. August 1908, *Internationale Wochenschrift für Wissenschaft, Kunst und Technik* 2 (1908): 1142 – 1150.

评论》① 与瑞典的《历史杂志》② 上发表了对大会的综合报道。在前者的报道中兰普雷希特的名字完全没有出现，后者的报道也只是简要提及了他的出席和演讲。德国《历史杂志》仅以高度赞扬的态度简要地报道了大会，而未详细介绍任何个人演说。③ 尽管保罗·赫尔（Paul Herre）没有出席大会，他仍在《史学季刊》④ 上对大会的详尽报道中引述了兰普雷希特的演说，而汉斯·黑尔莫特（Hans Helmolt）则在格雷斯学社的《史学年鉴》⑤ 中为兰普雷希特的方法论和总体史观正名。他写道，所谓"令人不安的总体史潮流在大会上获得的待遇几近无足挂齿。在诸如柏林大会这样的国际大会上""要求为世界史和方法论专门设置一个核心的讨论会以促进综合研究、防止各讨论会相互隔绝当然毫不过分"。但是这样的讨论会已被有意扼杀了。结果就是，兰普雷希特的演讲和其他类似演讲"只能在东方史或文学史讨论会寻找庇护所"。

与此相类，弗朗索瓦·席米昂在《历史综合评论》上发表的评论也颇有批判意味：

大会上很少甚至就从未关注方法论的问题，也没有涉及史学工作的导向或其意义的讨论，对大会大有裨益的、涉及此领域的论文为数极少，也都散落在大会各个讨论会中，而我们只能一一寻找它们［库尔特·布莱希格（Kurt Breysig）教授关于比较总体史的有趣的论文值得特别关注，兰普雷希特教授在他的文化史研讨会上的展示和费斯特（Fester）教授关于史学的世俗化的评论也是如此］，

---

① Ch. H. Haskins, "The International Historical Congress at Berlin," *American Historical Review* 14 (1908): 1 – 8.

② Hójer, "Kongressen i Berlin," pp. 145 – 169.

③ "Notizen und Nachrichten: Vermischtes," *Historische Zeitschrift* 101 (1908): 693.

④ P. Herre, "Bericht über den Internationalen Kongreß für historische Wissenschaften in Berlin, 6. – 12. August 1908," *Historische Vierteljahrschrift* 11 (1908): 417 – 426.

⑤ H. Helmolt, "Der Ⅳ, Internationale Kongreß für Historische Wissenschaften: Berlin, 6. – 12. August 1908," *Historisches Jahrbuch der Görresgesellschaft* 30 (1909): 218 – 222.

而各次全体会议只着力于宣读非常边缘的、内容狭窄且不能引起广泛兴趣的论文，而且还没有讨论。没有迹象表明这次大会曾重视讨论环节或是研究方法的更新，而方法的革新在其他地方的史学研究中已有体现，在我们之中更是如此。他们似乎没有注意到这一点。这样的自信无疑可以使各种不同的工作很好地组织起来，然而它也是很危险的：尽管大会的学术成果众多，但它们内容贫乏；当他处已有幸采用新的研究方法、走上新的道路时，大会已落后于这个时代了。[①]

自从这份期刊于 1900 年创刊起，兰普雷希特就与之产生了紧密的联系。他是杂志在德国的合作者。他在这份法国刊物上发表了几篇文章阐明自己的理论。他还参加了巴黎国际史学大会，并高兴地指出他的论文《德国的史学方法》已发表于《历史综合评论》的创刊号。自巴黎大会后，他和亨利·贝尔及加布里埃尔·莫诺保持着良好的关系。然而，相比于《历史综合评论》，莫诺对"总体"这种新的史学观念和德国学界开展的方法论探索持更严格的批判态度。尽管他身在法国并未与会，他仍在《历史评论》上发表了柏林大会的评论文章，并在其中提到了布莱希格与兰普雷希特。刚出版了《人类的历史》第一卷的布莱希格提到：

　　沉迷在科学上相当危险的运动中，这一运动在德国带来了大量哲学和史学方面的概括性著作而广受出版商欢迎。布莱希格先生已在《现代文化史》一书中写道，在关乎勇气的问题上，职业史学家在面对才华横溢而性格古怪的张伯伦（Chamberlain）——《二十世纪的基石》的作者——时，没有必要退却。他向颇为不悦的与会者解释说，他相信自己可以构建一部比较视角的人类世界史。但是综合布莱希格先生的学识和才华来看，目前这部作品一定会是不

---

① Simiand, "Congrès historique," p. 223.

成熟的。

兰普雷希特无法逃避"涉猎的材料太多太广，且处理材料时快而不精"的指责。不过，莫诺补充道，兰普雷希特认识到了对史学工作做出划分的重要性。莫诺也赞扬了兰普雷希特在莱比锡的研讨会上做的报告，但这是为了指出兰普雷希特在历史和哲学观点中存在的矛盾之处："尽管他拥有高超的智慧，接受广博的教育，但却是一个帝国主义者和狂热的德国民族主义者。"①

在研究国际史学大会的过程中，兰普雷希特在柏林的表现值得关注，因为大会历史上的一些杰出人物曾将他的理论和方法视为积极的挑战，并在各自的学术研究中批判地对它做了进一步发展。除贝尔、席米昂和常向《历史综合评论》投稿的一批史学家外，这些著名学者还包括比利时人亨利·皮雷纳、罗马尼亚人尼古拉·伊奥尔加（Nicolae Iorga）和后来的国际历史科学委员会首任主席、挪威人哈尔夫丹·科特（Halvdan Koht）。② 据说兰普雷希特在德国以外的其他国家更受尊敬。然而更确切地说，在史学家努力探寻历史思想与书写的新道路的过程中，兰普雷希特的社会心理集体主义批判了当时的德国政治史研究潮流，并产生了长期影响。在兰普雷希特于"一战"期间宣布他的泛日耳曼兼并主义态度前，他一直享有很高的声誉，但这一声明对他在专业

---

① Monod, "Congrès de Berlin," p. 303f.

② 科特回忆了 1898 年在莱比锡的学习经历以及与兰普雷希特的接触，强调他的老师的基本观点吸引了他和其他人，他的老师认为，"历史必须包括人类的所有生活，因此必须将其分为经济史、政治史、文学艺术史等等，是他所一直探究的人类社会所有力量之间的有力互动"。H. Koht, "Aus den Lehrjahren eines Historikers," *Die Welt als Geschichte* 13 (1953): 149 – 163，第 155 页皮雷纳的观点与之类似；参见 B. Lyon, "The letters of Henri Pirenne to Karl Lamprecht (1894 – 1915)," *Académie Royale de Belgique*, *Bulletin de la Commission Royale d'Histoire* 132 (1966): 161 – 231. 在兰普雷希特主编的系列丛书 *Geschichte der europäischen Staaten* 中，Iorga 发表了他的 *Geschichte des rumänischen Volkes* (2 vols., Gotha, 1905) 和 *Geschichte des osmanischen Reiches* (5 vols., Gotha, 1908 – 1913)。亦可参见兰普雷希特在 Universitätsbibliothek Bonn, Lamprecht papers 中与外国学者的通信。

上的旧识及友谊造成了严重影响。①

　　值得留意的是，由于柏林大会上各国史学家对各自的方法论相当自信，在理论上也颇为自得，所以兰普雷希特在大会上受到的关注相对较51　少。更值得注意的是，始于 19 世纪 80 年代的关于历史认识论的哲学论战对大会并无影响。大会既没有讨论狄尔泰关于历史理性的论文，也没有讨论新康德主义者文德尔班（Windelband）和李凯尔特的思想，他们坚称历史客体由它与价值的相关性组成，并试图以此把史学从自然科学的方法中划分出去。对于历史思想的自我认知而言，这些认识论概念与思想挑战——尤其是它们被马克斯·韦伯所继承并发扬光大后——远比对历史的过时的本体论建构更重要，无论其建构形式是实证主义、马克思主义还是社会心理学，皆是如此。

　　然而，如果说史学家忽视了狄尔泰或新康德主义也不正确。假若狄尔泰将哲学理解为历史知识的特殊工具，新康德主义认为，史学的方法与研究对象是通过与自然科学的比较得以明确的，那么这种看法恰与历史研究中主流的自我认知相似，这种史学的自我认知是通过与经济学、社会学和心理学等领域的尝试将史学转变为探讨普遍规律性的科学并使之与自然科学化相对应。尽管史学界尚未自信地在其研究中，也未在诸如国际史学大会这样的重要场合的陈述中运用新的历史认识论，但整个历史学界自认为已经确认了这种新的认识论。

　　柏林大会上有数篇演讲都清晰地表达了这种自我认识。曾任 1907 年第二次海牙和会代表的美国大使、修辞学教师和国际法学者大卫·杰因·希尔（David Jayne Hill）在开幕式上发表了题为《史学家的道德功用》的演讲。他区分了史学研究与自然科学，视前者为使用定性方法的评价性科学，而后者为使用定量方法的计量性科学。② 理查德·费斯

---

　　①　尤其适用于 Pirenne. See B. Lyon, *Henri Pirenne：A biographical and intellectual study*（Ghent, 1974），pp. 216 – 219。

　　②　德语演讲的题目是 "Vorn ethischen Beruf des Historikers"，参见 Neue Revue（Berlin, 1908）：1452ff.；英文版：D. J. Hill, "The Ethical Function of the Historian," *American Historical Review* 14（1908/09）：9 – 20。

特（Richard Fester），一位十分重视历史编纂学研究的学者，也发表了题为《史学的世俗化》的演讲，该演讲与新康德主义的认识论也有紧密联系。① 文德尔班和李凯尔特曾坚称将历史哲学下降到历史认识论的高度是必要的，在费斯特看来，这意味着历史思想世俗化进程的终结。在文艺复兴与启蒙运动后，历史思想便逐渐与形而上学和宗教分离，这是他在柏林的演讲的主题。费斯特将世俗化与两个当代事件联系在一起。第一个事件是柏林史学大会：世俗化"使国际化、跨教派的史学研究成为可能，使一场思想运动成为可能……也许在将来某日，最好的基督教史将出自一位佛教徒或穆斯林笔下，正如今日我们认为关于加尔文的最佳著作出自一位天主教徒［坎普舒尔特（Kampschulte）］的手笔，而最好的罗耀拉传记则由一位新教徒（戈泰因）所作"。第二个事件即教皇庇护十世（Pope Pius X）于 1907 年发布反现代主义敕令《哺育主之羔羊》一事；费斯特强烈谴责了敕令中对天主教现代主义的抨52击。一些仍对普鲁士 1871 年至 1875 年间的反天主教法令（"文化斗争"政策）及其相关争议耿耿于怀的评论人士立即指责了费斯特，认为他在追求与学术无关的目的。原本在费斯特的演讲后安排了相关的讨论会，听众对此也十分期待。然而不幸的是，但由于大会上的要人受到邀请参加位于波茨坦的王宫中举办的招待会，这次讨论会最终被取消了。

两位天主教学者也有类似遭遇。在政治史与教会史联席讨论会上，他们紧接着费斯特做了发言。在当时德国学术深受教会影响的背景下，他们的演讲意义重大。自宗教改革和反宗教改革以来，德国在宗教领域的分裂程度便远甚于其他国家。由于自由主义的文化斗争反对教皇庇护九世（Pius IX）《事项举要》中反启蒙的天主教思想，国家和教会间发生了矛盾；在教皇利奥十三世（Leo XIII）的逐步调解下，矛盾才得以化解。然而，柏林大会两年后，导致教皇庇护十世（Pius X）于 1910

---

① R. Fester, "Die Säkularisation der histoire," *Historische Vierteljahrschrift* 11 (1908): 441 – 459, published under separate cover Leipzig, 1909.

年迫使教士立下反现代主义誓言的现代主义争论表明：宗教与科学、教条与以理性和经验为基础的历史论断仍然关系紧张。在德国，这种紧张关系常会激起天主教学者和新教学者间的争端。在宗教改革史领域，论战尤为激烈，但其成果也是令人瞩目的。有关学术如何在冲突不断的信仰与理性二者间构筑坚实基础的问题，宗教改革研究成为经典范例。形成这种基础的最关键的动力来自路德宗教改革研究的核心文本——始于1880年的伟大的魏玛校勘版《路德全集》，也来自多明我会修士德尼弗（Denifle）与耶稣会修士格里萨（Grisar）成果丰硕而引人深思的路德研究。根据腓特烈·威廉四世（Frederick William IV）在普鲁士定下的规则，几所大学已经为历史学设立了两个教授职位，以确保不同教派在此学科有同等的代表地位。这一举措对于文化和谐和公众观念而言颇具意义。

　　然而，人们反对德国各邦在平衡各方利益上所做出的努力，认为这意味着把学术和宗教联系在一起。但是，这些努力建立在19世纪人们对科学的理解之上，尽管学者们有自己的宗教或意识形态信仰，然而大学仍服务于对真理的探索。一个颇具说服力的事例是弗莱堡大学天主教史讲师海因里希·芬克（Heinrich Finke）在柏林大会上提出，即便在宗教改革史这样有争议的领域，形成跨教派的共识仍是可能的。他的演讲是《关于宗教改革前的历史的研究现状》。我们无须关注演讲的细节，然而人们对它的一致接受却值得我们思考。于文化斗争时期为"繁荣天主教德国的学术研究"而建立的格雷斯学社的《史学年鉴》写道："我们欣喜地看到，同时也值得强调的是，人们已唤醒新教学界对天主教一方的成果的认同。正因如此，海因里希·芬克才享有很高的声誉。"①

　　当来自现代主义阵营的教士、来自维尔茨堡（Würzburg）的教会史

---

　　①　Helmolt，"Ⅳ. Internationaler Kongreß，"p. 221，Detailed report on Finke's Jecture in Höjer，"Kongressen i Berlin，"pp. 157ff.

家、特伦托会议*专家塞巴斯蒂安·默克勒（Sebastian Merkle）批判地审视"天主教徒对启蒙时代的评价"时，[①] 这一主题就变得更具爆炸性了。由于默克勒的论述十分严谨，所以其意义也更为重要。在默克勒看来，尽管天主教徒对启蒙运动的理解也促使他们积极接纳启蒙运动中涉及教会的内容，但他们仍旧不能理解启蒙运动这一错综复杂的现象。默克勒的演讲引起了大会、新闻界和专业期刊的特别关注。教会对此演讲的回应主要是消极的评论，但在某些情况下也给予了积极评价。回顾往事时，默克勒认为自己作为天主教史家的任务并非布道或为教会辩护[②]："史学家不是布道者；他不应发出谴责或引人憎恶，而应该尝试解读现象。"他将此原则与其学术热忱中的另一原则相结合："对于所有教派而言，历史事实都是唯一的，我支持下面的观点：让科学界人士探讨这些问题远胜于让天主教人士在日报上探讨这些问题。"默克勒的演讲获得了公开的赞扬。在罗马大会上仅显出冰山一角的现代性问题在柏林成为中心议题。

　　同样在罗马大会上显露的《圣经》巴别塔辩论在柏林大会上则由来自吉森（Gießen）的赫尔曼·贡克尔（Hermann Gunkel）做了深入阐述。他以"与旧约相印证的埃及文献"为题发表了演讲。[③] 来自巴尔的摩的美国亚述学者保罗·豪普特（Paul Haupt）支持了著名反犹太论者休斯顿·斯图尔特·张伯伦的观点——张伯伦散布了自己强称耶稣祖先为雅利安人的论文，借此否认《新约》起源于犹太世界的事实。在随后持续升温的讨论中，一位来自罗斯托克（Rostock）的德国神学家恩斯

---

　　* 罗马天主教会于 1545 年至 1563 年举行的普世会议，确定了天主教会一系列教义、教规。其目的是重整欧洲各国的天主教会。会议在欧洲近代基督教史上有着重大意义。——译者注

　　① 扩充之后出版：S. Merkle, *Die katholische Beureilung des Aufklärungszeitalters* (*Kultur und Leben*, vol. 16. Berlin, 1909); he responded to the attacks provoked by his Berlin papers in Merkle, *Die kirchliche Aufklärung im katholischen Deutschland: Eine Abwehr und zugleich ein Beitrag zur Charakteristik "kirchlicher" und "nichtkirchlicher" Geschichtsschreibung* (Berlin, 1910).

　　② Merkle, *Die katholische Beurteilung*, foreword.

　　③ *Berliner Tageblatt*, 8 Aug., 1908, evening edition, p. 4.

特·塞林（Ernst Sellin）和来自柏林的阿道夫·戴斯曼（Adolf Deißmann）对霍普特的观点提出了质疑。戴斯曼提出了一个不容置疑的论点——在他看来，一切和耶稣的种族起源有关的问题都与科学方法无关，而科学方法也不可能回答这些问题："就宗教层面，耶稣无疑是犹太人，毫无疑问，基督教也起源于犹太教。"[①]

默克勒的演讲给人留下深刻的印象，唯有埃里希·马克（Erich Marck）关于俾斯麦青年时代的演讲可以与之相提并论。[②] 作为心理传记艺术的大师和科利尼（Coligny）、威廉一世皇帝（Emperor William I）和英国女王伊丽莎白一世（Elizabeth I）传记的作者，马克呈现了一项尤使德国听众深感触动的研究，让这些正在思考目前国际形势的听众们愉快地回忆起德意志帝国国父们的光辉过去。

传记研究是史学研究的一种经典形式，它在柏林大会上不断得到呈现。来自不同国家的史学家们论及阿基米德、康斯坦丁大帝、征服者威廉、塞尔韦特、科利尼、古斯塔夫·阿道夫和俾斯麦等人物。但是传记问题在大会上并不占主导地位。令人意外的是，外交政策史同样没有占据重要地位。尽管柏林的史学家和大会的组织者同样将外交政策史视为核心问题，但是他们决定不探讨"国家间的激烈斗争"。相反，考古学、东方和古代史、文化史、经济史、科学史、法律史和宪政史在大会上则话题众多。一些期刊着重提到了部分演讲。例如，法国埃及国家文物处的负责人加斯东·马斯伯乐（Guston Maspéro）在全体会议上谈到尼罗河流域历史遗迹的保存问题；来自圣彼得堡的米哈伊尔·罗斯托夫采夫（Mikhail Rostovtzev）探讨了罗马殖民问题；一位伊斯兰史的作者、来自罗马的莱内·加塔尼·普林西佩·迪·蒂诺（Leone Caetani Principe di Teano）就伊斯兰史研究发表了演讲；来自伦敦的弗雷德里克·波洛克爵士发表了题为《英格兰政府和行政机构中的"委员会"特殊现

---

① *Berliner Tageblatt*, 11 Aug. 1908, evening edition, p. 4.

② Marcks's lecture "Aus Bismarcks Jugend" was adopted in his famous unfinished biography: *Bismarck: Eine Biographie*, vol. 1: *Jugend* (Stuttgart, 1909).

象》，并引起了特别的反响。① 在一场讨论会的演讲中，亨利·皮雷纳探讨了罗马—日耳曼时代勃艮第中央集权国家的构建；② 维也纳的库尔特·卡泽尔（Kurt Kaser）在比较研究的基础上探讨了中世纪晚期的现代政府形式的发展。来自吉森的费利克斯·拉赫法尔（Felix Rachfahl）则探讨了庄园的集中。③

在这些宽泛的主题之中，方法问题——历史实践的技艺而非方法论的理论问题——所占比重最大。不同的讨论会，如古代史讨论会与法律史讨论会等，都探讨了此类问题，但对其探讨最多的，仍是历史学附属学科讨论会。在这里，学者们就有关伊特鲁里亚铭文的研究现状［奥洛夫·A. 丹尼尔松（Olof A. Danielsson）、乌普拉萨（Uppsala）］、一份古版书总目［康拉德·海布勒（Konrad Haebler）］、中世纪公文中的国际关系（哈里·布列斯劳）和德意志帝国的语言版图［费迪南·弗雷德（Ferdinand Wrede）］做了讨论，同时也讨论了由罗马普鲁士历史研究院主任保罗·克尔与阿尔伯特·布拉克曼（Albert Brackmann）提出的一个重要的中世纪研究计划——《德意志宗教史》。④ 斯特拉斯堡大学现代史教授、天主教徒马丁·施潘（Martin Spahn）宣读了题为《作为近代史史料的新闻报刊及当下利用这些史料的可能性》的论文。⑤ 尽管在海牙时学者们或许还完全忽视了新闻报刊的史料价值，但柏林大会已对报刊的方法论价值及其收集问题进行了讨论。

组织者们力图举办一届严谨的历史研究著称的大会。看起来他们取

---

① German translation：F. Pollock，"DieKommissionsverwaltung in England," *Jahrbuch für Gesetzgeburg，Verwaltung und Volkswirtschaft im Deutschen Reich* 33（Leipzig，1909）：65 – 87.

② German translation：H. Pirenne，"Die Entstehung und die Verfassung des Burgundiscben Reiches im 15. Und 16. Jahrhundert," ibid.，pp. 33 – 63.

③ F. Rachfahl，"Alte und neue Landesvertretung in Deutschland," ibid.，pp. 89 – 130.

④ A. Brackmann，"Ober den Plan einer Germania sacra：Bericht über zwei Vorträge von P. Kehr und A. Brackmann gehalten auf dem Internationalen Kongreß für historische Wissenschaften in Berlin," *Historische Zeitschrift* 102（1909）：325 – 334.

⑤ Expanded textin M. Spahn，"Die Presse als Quelle der neueren Geschichte und ihre gegenwärtigen Benutzungsmöglichkeiten," *Internationale Wochenschrift für Wissenschaft，Kunst und Technik* 2（1908）：1163 – 1170，1202 – 1211.

得了成功。德国一份报告称，"大会更像是严肃的科学合作，而非只求宽泛印象的社交活动"。① 因此，一位美国与会者指出，柏林大会"完成了从十年前的业余集会到组织良好的科学大会的转变过程"。②

55　委员会收到了两份下届大会的举办申请函：一份来自希腊政府，另一份来自英国的学术机构。最后，全体大会通过表决选择了英国。22名出席大会的英国学者签署了一份支持英国申请的信件。大会主席科瑟热情洋溢地说，该信件应该作为两个相邻国家和睦友好的象征存放在国家档案馆，以作"永久的纪念"。③ 正如一位瑞典评论家所言，这种半政治性的闭幕仪式显然意在促进英德关系的缓和。④

① Herre，"Bericht，" p. 419.

② Haskins，"International Historical Congress，" p. 8.

③ *The Athenaeum*，no. 4217，22 Aug. 1908. 柏林组委会给普鲁士教育文化部的报告强调英国与会者的"谦和有礼的态度"，还有来自英格兰的高级学术代表团。参见 Bericht des Orgnisationskomitees，n. d.，*Zentrales Staatsarchiv，Merseburg*，Rep. 76 V c，Sect. 1，Tit. 11，Teil VI，no. 13，vol. 1。

④ Höjer，"Kongressen i Berlin，" p. 168.

第 六 章

大战前夜史学家的真诚理解

——1913 年伦敦大会

伦敦国际历史科学大会召开于第一次巴尔干战争即将结束之际。大会召开前两周，在 1913 年 3 月 18 日，英王妻弟、希腊国王乔治一世（George Ⅰ）在萨洛尼卡（Saloniki）被谋杀。因此，大会的赞助者爱德华七世（Edward Ⅶ）* 并不乐意私下邀请与会者前往温莎。战争与恐怖给史学家在伦敦的集会投下了一长串阴影。一次外交会议也在伦敦召开以求控制巴尔干局势，会议的主席就是英国外交大臣爱德华·格雷爵士（Sir Edward Grey）。多亏了英德联盟，欧洲列强才避免再度被拖入使得整个欧洲生灵涂炭的冲突。但尽管如此，在宿命论者不祥的观点看来，一场不可避免的大战正在酝酿之中。史学家们就是在这种阴暗的背景下召开大会的。

英国驻美大使詹姆斯·布赖斯子爵（Viscount James Bryce）的一篇演讲稿在大会开幕时被宣读，他本人因为外交事务未能到场。布赖斯此前就以撰写美国与神圣罗马帝国的历史而闻名。他在演讲中指出，历史只能被视作世界史的时代已经到来，因为现代世界已经成为全球每一个影响深远的事件都相互作用的体系。他生活在殖民时代鼎盛期，因此也明白现代世界的演化本质上是一个逐步发展的欧洲化进

---

* 原文如此。但爱德华七世在 1910 年已经去世；当时在位的是乔治五世（George Ⅴ）。——译者注

程。史学家的任务就是通过揭示世界性的联系以服务于这一发展。历
59 史研究的时间与空间范围在此前数十年都在拓展，这在史前史、早期
东方文化考古或民族学中皆有体现。但这同样意味着，除了政治史，
学者们也在以同等的兴趣研究人类的思想倾向在经济、社会和文化等其
他所有领域的活动。

　　　　作为史学家，我们知道必要的战争是何等的少，而战争所带来
的伤害相比于好处又是何等的多。作为史学家，我们知道每一个伟
大的民族都有其独特的美善与过错。没有任何一个民族是特别完美
的，每一个民族都为普遍的人性做出了它独特的贡献。我们有绝佳
的理由去了解每个人、每个民族相欠几何……我们和在物理学领域
为知识而辛勤付出的物理学者们一样跪拜在真理那威严的形象前。
我们应当成为民族间相互理解支持的纽带，帮助各民族感知并欣赏
其他民族最优秀的一面，努力探寻一条通向世界和平友好的道路。
难道不应该如此吗？①

他所宣称的信念“真理，只有真理，才是我们的目标”，仿佛就是亨
利·欧萨耶（Henri Houssaye）的呼声的回响。欧氏曾在 13 年前的巴黎
大会上说：“（我们要的是）真理，全部都是真理，也只是真理。”然
而，政治上的乐观态度已不能和这种对科学的信心相匹敌。亨利·皮雷
纳感觉到，这篇文章中对和平的动人呼唤表达了一种潜藏的恐惧。② 卡
尔·兰普雷希特甚至深为触动，并在他关于近期德国思想潮流的演讲的

---

① *International Congress of Historical Studies*，*London 1913*：*Presidential Address by the Right Hon. James Bryce with suppl. remarks by A. W. Ward*（Oxford，1913）；also in *Proceedings of the British Academy* 6，1913/14（Oxford，1920）：121 – 128.

② Opening speech of Pirenne at the Brussels Congress，1923，in *Compte rendu du Vᵉ Congrès International des Sciences Historiques*，*Bruxelles 1923*，ed. G. Des Marez and F. L. Ganshof［hereafter Congress Brussels 1923：*Compte rendu*］（Brussels，1923），p. 19.

结尾时说:"如果正像他 * 所不希望的那样,战争降临了,那么一个人应当掂量掂量,德意志民族的决心到底有多坚定。"① ——这种威胁实在颇不合时宜。

大会的工作并没有受到国际局势的影响。我们从史料中并没有找到提及伦敦大使会议和危机四伏的国际局势的材料。一如此前在柏林召开的大会,本届大会的性质也是纯粹学术的,尽管人们也没有忘记其社交层面的意义。在包括牛津大学和剑桥大学在内的诸多研究机构和大学中都举办了许多招待会和晚宴。英格兰圣公会大主教也邀请史学家们到兰贝斯宫做客。

各个国家对英国的盛情款待表达了感谢,但其中也有对大会组织状况的批评声音。各讨论会的会议室相距太远,以至于会议期间,在早上或下午都不可能从一个会场赶到另一个会场。在注册总人数约 1000 人的情况下,各讨论会总是以相互隔绝的小组的形式召开,而每个小组的人数不过二三十人。与柏林不同的是,这届大会并没有每日大会公报告知与会者所有的活动和议程的变更。每个国家的代表人数也十分不均。英国代表占到了参会者的约 2/3,接下来最大的团体是德国史学家,其中包括他们最优秀的几位史学家;所以正像在柏林时那样,英德史学家的良好关系是显而易见的。在参会者暂定名单中,除了 65 位德国史学家,还有包括波兰人在内的 30 位俄国史学家、25 位奥地利史学家、22 位法国史学家和 20 位美国史学家;荷兰与比利时史学家人数之和与此相等,而来自北欧国家的人数只占此一半。② 舆论也留意到,与会的法国史学家人数并不多,一如上届柏林大会。很显然,政治动机与此事无关。

---

* 这里应指詹姆斯·布赖斯子爵。——译者注

① 引自 *Frankfurter Zeitung*, 11 April, 1913, evening edition。

② 参见 Congress reports in " Nachrichten und Notizen," *Historische Vierteljahrschrift* 16 (1913): 588f. ; W. Michael, " Der Internationale Kongreß für Historische Wissenschaften" (under the heading " Vermischtes"), *Historische Zeitschrift* 111 (1913): 464 – 469; Ch. Bémont, " Le trosième congrès internationella kongressen för historiska studier i London 1913," *Historisk tidskrift* (Stockholm, 1913): 97 – 104; J. F. Jameson, " The International Congress of Historical Studies, held at London," *American Historical Review* 18 (1913): 679 – 691。

伦敦缺少法国面孔确实令人殊感遗憾，法国的报纸将此事归因于英法双方的信息不畅与延误问题，但也认为这其中缺少法国官方的推动。[①] 另一方面，法国公共教育部[*]则宣称法国史学家对此不感兴趣，而且包括法兰西公学院和巴黎大学在内的机构对教育部发出的邀请回应冷淡。[②] 不论原因为何，法国又一次没有提交当代理论与方法论研究的论文。

　　大会的筹备和举办是由英国国家学术院和剑桥大学彼得学院院长阿道夫·W. 沃尔德（Adolphus W. Ward）领导的。沃尔德是著名的作家和政治史家，更是世界闻名的《剑桥近代史》的编者。他仰慕兰克，并与斯塔布斯（Stubbs）和希利（Seeley）一道，成为现代英国的历史学术研究的奠基人之一。[③] 他担任执行委员会主席时，有副主席乔治·W. 普罗瑟罗（George W. Prothero）、秘书长伊斯雷尔·戈兰茨（Israel Gollancz）和"文件书记"詹姆斯·P. 惠斯尼（James P. Withney）襄理事务。《美国历史评论》简短地将伦敦大会的特点概括如下：

　　　　在英国和德国，政府在此类事务中的作用相对有限，在此条件下相应的安排自然是，英国国家学术院要通过与各大学、协会和其他对历史科学感兴趣的研究机构合作，承担起大会的组织任务。在此基础上的组织几乎不可避免地会缺乏一定的统一性和效率。大会组委会几近一百人，代表了 84 个不同的协会和研究机构；按理应当承担实际工作的执委会则有 60 人，人数显然过多。可以预见的是，英国个人主义在历史上创造了诸多辉煌成果，但它应对组织权

---

① H. Hauser, "A propos d'umcongrès," *Revue internationale de l'enseignement* 33, no. 2 (Paris, 1913)：2ff. 贝尔与奥瑟尔的批评思想一致；参见 *Revue de synthèsehistorique* 26 (1913)：282.

*　法国国家教育、高等教育暨研究部（Ministry of National Education, Youth, and Sport）的前身，可简称为"法国教育部"。——译者注

② Correspondence between Charles Bémont, co-editor of *Revue historique*, Ministère de l'Instruction publique. Archives Ntionales, F^{17}, 3092^1。

③ A. W. Ward, "The study of History at Cambridge," in Ward, *Collected Papers*, vol. 5 (Cambridge, 1921).

力做出一定让步，因为英国的组织状况确实不及其他一些国家……但尽管大会进程中有若干小争议，然而，英国人十足的热情、善意和他们希望客人在每个方面都感到舒适惬意的心愿得到了首肯，每一个国外与会者虽对若干争议感到遗憾，然而他们更对英国人的热情好客深表赞赏，无人不是如此。人们坚定地投身于一切尚未完成的组织活动中，那种关切和善意的气氛显露无遗。①

伦敦大会的日程与柏林大会相似：两次全体会议和 9 个讨论会中约有 200 次演讲。这一次又没有专为方法论设置的讨论会，方法论被划归到辅助科学的有关讨论名下的下级类目。取而代之的是为陆军与海军史新设置的一个讨论会。英国人希望该研讨能够经世致用，即海陆军的协 61 同配合而服务。有一事可见此讨论会地位相较其他讨论会更高，那就是：第一海务大臣巴滕贝格亲王（Prince Battenberg）* 主持了其中一次会议，而该次会议上提交的论文也单独成卷出版。由保罗·维诺格拉多夫（Paul Vinogradoff）主持的法律史讨论会被意大利史学家沃尔佩（Volpe）誉为整届大会令人印象最深刻的讨论会，这次讨论会上的论文也单印成册。至于其他的讨论会，尽管参会者收到了大会论文的提纲，然而大会组织者并没有将他们的演讲和讨论结集出版。②

---

① Jameson, "International Congress," p. 679f.

* 即第一代米尔福德港侯爵（1st Marquess of Milford Haven），路易斯·亚历山大·蒙巴顿（Louis Alexander Mountbatten）。原姓亚历山大，其家族为 19 世纪德国世家。他迎娶了维多利亚女王的孙女，后于 1917 年放弃在德国的巴滕贝格亲王头衔，而将 "Battenberg" 按英语拼写习惯改为 "Mountbatten"，即 "蒙巴顿"，并以此为姓。——译者注

② *Naval and Military Essays*, *being read in the Naval and Military Section of the International Congress of Historical Studies*, *1913*, ed. J. S. Cobett and H. J. Edwards（Cambridge Naval and Military Series, London, 1913）; *Essays in Legal History read before the International Congress of Historical Studies*, ed. P. Vinogradoff（London, 1913）〔hereafter: Congress London 1913: *Legal History*〕. 论文摘要以及刊印的大会程序参见 the Koht papers, Ms. fol. 3668: 3。有关该大会的完整报告见《泰晤士报》1913 年 4 月 3 日至 9 日。详尽的学术报告——该报告是我见过的有关国际历史大会最详尽最详尽的报告——见 G. Volpe in *ArchivoStoricoItaliano*, reprinted in Volpe, *Storici e Maestri*, 2nd ed.（Rome, 1966）, pp. 297 – 362。

　　很明显，在这样的大会上，主办国的历史会受到高度关注，但很显然，这种关注在伦敦已过犹不及。《美国历史评论》略带不悦地指出："大会对于那些让大多数都是英国人的听众感兴趣的主题有一种自然的偏好＊。不仅英国的论文中有 40 篇与英国史有关（这占到了与此相关的全部论文的一半以上），而且大约还有 20 篇其他国家的论文（也是如此）……在英国人提交的 100 多篇论文中，只有一篇完全关注美国这样一个占到了全球英语人口 2/3 的国家的历史，而另一篇则只有部分与此相关，一个美国人无法不认为这是一个吊诡的事实。"①而意大利的沃尔佩都对这种对英国主题的集中关注做出了很不一样的评判。②他对大量有关英国宪政和法律史的论文尤感印象深刻，因为它们都与关于英国史上盎格鲁 - 撒克逊、诺曼和罗马因素的相对重要性的论战相关联，而这是英国在历史、政治方面的自我认知的重要问题。

　　主办国赋予这届国际大会的英国特色也体现在了语言方面。正如法语在巴黎、意大利语在罗马以及德语——尽管不那么明显——在柏林占据了统治地位一样，如今在伦敦，就轮到英语大行其道了。大会有四种官方语言。2/3 的演讲都用英语主持，紧接下来是法语和德语，而第四位的意大利语已相去甚远。由于大会的进展和国际合作的扩大，就有必要讨论在各国间更平衡地分配话题和所用语言的问题。在柏林大会上，维拉莫维茨已建议把俄语纳入到大会语言中。在伦敦，来自基辅（Kiev）的巴布诺夫（Bubnov）教授代表他的院系和大学正式提出一项每人都应有权使用自己喜好的语言的动议。善意与被理解的渴望将对不测事件起到一定限制作用。③在最后一次会议上，一份提出下届会议于

　　＊　该词通常为贬义。——译者注

　　①　Jameson，"International Congress，" p. 687.

　　②　See Volpe，*Storici*，pp. 297 ff.

　　③　Jameson，"International Congress，" p. 688. 在大会上，分发了题为 *Les Titres Scientifiques de la Langue Russe pour l'Admission de la Langue Russedans les Congrès Historiques Internationaux* 的手册（Kiev，1913）。

1918 年在圣彼得堡举办的申请被接受，而把俄语纳入大会语言一事也因此敲定下来。来自基辅的这个提议对于一个史学家的共同体而言无疑是最恰当的选项，因为它是对语言帝国主义的反拨，并且保证能够满足每个人对他自己国家的情感，又不会造成使用过多语言而带来的混乱 *。在这样的背景下，《泰晤士报》上的一篇评论可以被视作对语 62言运用进行的自我批评的重要标志：它声称，在开幕式全体会议上宣读的四篇讲稿中只有一次使用英语，其余都使用德语和法语；结果，听众中英国人为数甚少。《泰晤士报》指出这个事实，并不是为了论证主办国应当对世界语言给予更多的尊重，它反而要求英国史学家应该学习外国语言。这样的呼声对于每个国家的全部史学家来说无疑都是无条件的紧急要务，也是本届大会上经常宣称的"更充分的国际理解"的基本前提。②

　　与柏林相比，提交伦敦的论文更多的是与国际关系与政治事件相关联。但在数量上，这样的主题的论文远远落后于关注宪政史、经济史、社会史和文化史等主题。读者一定会同意《美国历史评论》的观点，它对讲稿总体上质量颇高表示了赞扬，却也留意到它们中只有很少的一部分具有卓越的独创性。③ 然而仍有几个重要的名字却十分突出，后来在国际史学大会的历史上扮演了重要角色的哈罗德·泰姆普利（Harold Temperley）探讨了殖民政策的问题；④ 为欧洲大国体系的资料编辑和研究留下标志性著作的查尔斯·韦伯斯特（Charles Webster）讨论了会议

---

　　* Babelish chaos，典出《圣经·创世纪》。原初世人同操一种语言。诺亚的后人在示拿地建一座城，并建通天塔。建造通天塔之事触怒上帝，故上帝使他们语言发生变乱，不能沟通。此后，"Babel"也指因使用多种语言而造成的混乱状况或嘈杂声。——译者注

　　② 大会报告参见 1913 年 4 月 5 日《泰晤士报》。基辅决议原件以及俄罗斯彼得格勒大会早期准备情况参见 Slonimsky，"Ucastierussijskichucenych v Mezdunarodnychistorikov"［The participation of Rassianat the International Historical Congress］，*Voprosyistorii* 45，no. 7（1970）：95 - 108。

　　③ Jameson，"International Congress，" p. 687.

　　④ H. Temperley，"Some probletns of British colonial policy in the eighteenth century." Abstract in Koht papers，Ms. fol. 3668：3.

外交的问题。① 欧洲最杰出的法律史学家之一弗雷德里克·波洛克爵士考察了自然法中多变的公式化用语——"公正"一词的演进。② 他在以著名法律史家保罗·维诺格拉多夫爵士为主持人的法律史研讨会上做了发言。在此，撰写了法律史上一部旷世巨著［《阿尔图修斯与自然法意义的国家理论的发展》（*Althusius und die Entwicklung der naturrechtlichen Staatstheorien*）］的奥托·冯·基尔克为波洛克的作品起到了至关重要的推动作用，他发言讨论了《少数服从多数原则的历史》。③ 这次演讲与基尔克有关法人团体的研究《德意志团体法论》颇为一致。他在演讲中对"历史有机体"的方法做了令人印象深刻的阐述。直到世界大战爆发之时，他在德国内外都有着巨大的影响力。巴黎大会比较法律史讨论会的灵魂人物、组织者阿代马尔·埃斯曼讨论了绝对主义王权就是这样理解自身的"不受法律限制"原则。④ 圣彼得堡科学院成员之一亚历山大·拉波－达尼列夫斯基（Aleksandr Lappo-Danilevsky）对俄国的国家观念及其嬗变做了发言。⑤ 他后来成为计划在圣彼得堡召开的下届大会的俄国组委会主席。罗马尼亚史学家尼古拉·伊奥尔加致力于西欧与东欧历史统一性的研究，他在会上递交了自己在国际史学大会上发表得最早的两篇论文。它们对中世纪提出了一种统一的、泛欧洲的重新解读，这种解读不再以单个国家为基础。伊奥尔加在这里提出了他的若干深入思考之一，即要战胜中世纪学者对西欧的狭隘的关注并把注意力转移到东南欧与西欧、南欧的众多联系纽带上，它们是古代世界的后继

63

---

① Ch. Webster, "England and Europe 1815. " Abstract in Koht papers, Ms. fol. 3668：3.

② F. K. Pollock, "Transformation of equity. " Text in Congress London 1913：Legal History; cf. Pollock, "La continuité du droit naturel," in Congress Paris 1900：*Annales*, vol. 1, 2nd section, pp. 109ff. 在巴黎他概述了在伦敦探讨过的问题："还有一种非常值得关注的历史没有人研究过，这就是英国法中的自然法影响，自然法在这里有不同的名字，如自然正义，衡平，开明的良知。"

③ Text in Congress London 1913：*Legal History*.

④ A. Esmein, "La maxime 'Princeps legibus solutus est' dans l'ancien droit public français," ibid.

⑤ Text ibid.

者，延续到了东西罗马帝国。① 阿诺德·奥斯卡·梅耶（Arnold Oskar Meyer）关于"查理一世与罗马"的一项研究则以个人与心理史为基础，但同时它也对罗马教廷和英格兰圣公会的关系做了颇具启发性的分析。②

有两位史学家对中世纪经济史与社会史的不同理解，后来在很长一段时间内都成为关于古代与中世纪转型时期的延续和转变问题的研究进展的衡量标准。伦敦大会为他们提供了讨论的机会。奥地利人阿尔封斯·多普施（Alfons Dopsch）做了有关"加洛林时代的货币经济"③ 的演讲。与亨利·皮雷纳不同的是，他提出，加洛林时代绝没有衰退至原始的以物易物经济，实际上，以物易物经济和货币经济同时存在。但总体而言，经济和贸易在加洛林时代确实有所扩大。多普施和皮雷纳的直接交锋直到 15 年后的奥斯陆大会才上演。在伦敦的一次全体会议上，皮雷纳探讨了另一个在经济和社会史上讨论甚多的问题，即"资本主义社会史的几个阶段"问题，这被认为是当届大会上最出色的演讲。④

皮雷纳的演讲涉及内容广泛，遣词造句精当，提出了对诸如马克斯·韦伯，尤其是维尔纳·桑巴特（Werner Sombart）这样的德国经济史家的质疑。尽管他借用了桑巴特对资本主义的定义——"被所有人有意经由再生产而谋取利润的商品"——但他并不同意桑巴特的要旨，即资本主义只是一个现代才出现的现象。皮雷纳认为，资本主义者——利用个人能力和智慧通过贸易和投机从虚空中创造财富的

---

① N. Iorga, l. Les bases nécessaires d'une nouvelle histoire du moyen – âge. 2. La survivance byzantine dans les pays roumains（Bucharest/Paris, 1913）.

② Text in *American Historical Review* 19（1913/14）：13 – 26.

③ 在伦敦发表的该思想在下文中有更完整表述：A. Dopsch, *Die Wirtschaftsentwicklung der Karolingerzeitvornehmlich in Deutschland*, 2 vols.（Weimar, 1912, 1913）.

④ *American Historical Review* 19（1914）：494 – 515. 完整法文版参见 "Les périodes de l'histoiresociale du capitalisme," in *Bulletin de l'Académie Royale de Belgique*, *Classe des Letters*（Brussels, 1914）, reprint in *Henri Pirenne*, *Histoire économique de l'Occident Médiéval*, ed. É. Coornaert（Bruges, 1951）, pp. 15 – 50.

人——的社会历史典型从中世纪早期开始就已出现，他们从结构上有一定相似性的不同情形中产生，又反复地被土地拥有者阶层同化而消失。在这篇讲稿中，皮雷纳处理历史的特色是尝试揭示一个反复出现的过程的规律性。他对描绘个体兴趣不大，但却热衷于表现资本主义者的特征。这么做的过程中，他研究了这一群体的代表，同时也研究了那些超越此类范畴的个体。皮雷纳避免了理论化和冗长乏味的推理，而是使用了一个具体的研究案例——英国的圣徒戈德里克*——来表现联系旧方法与新方法、联系具体方法和一般方法的方式。在另外一次研讨会演讲中，皮雷纳讨论了长距离贸易与中世纪市镇经济的关系。他在演讲中断言，以往人所熟知的观点对行会的关注过多，而对资本主义的关注则太少。①

也有其他一些论文专论方法论问题。在演讲《历史学术研究的组64 织》中，兰普雷希特探讨了改革的必要性，他在柏林大会上也做了类似的探讨。其他的一些论文，例如英国人托马斯·F. 图特（Thomas F. Tout）和查尔斯·H. 弗斯（Charles H. Firth）也同样相似地强调了大学历史教育的若干短板。自从在曼彻斯特大学和牛津大学开始学术活动时起，他们就积极献身于历史研究的改良中，并在此方面取得了若干建树。但他们在伦敦展现的批判重点与兰普雷希特相比有些不同的特色。他们呼吁要在学术工作技巧上有更好的训练，同时对于附属学科，如古文书学和年代考据学要更加重视。② 英国人怀特威尔（Whitwell）提议编纂一部中世纪拉丁语的综合性词典，与会者也同意，相比过去，当下正在进行的众多史料编订工作应当更多地委托给受过训练的史学家去

＊ 芬切尔的圣戈德里克（St. Godric of Finchale，亦作 St. Goderic of Finchale），英国中世纪隐士、商人、圣徒，生于诺福克，逝于芬切尔（Finchale）。尽管他从未被封圣，但在民间被视为圣徒。——译者注

① Jameson, "International Congress," p. 685.

② C. H. Firth, "The study of modern history in Great Britain," and T. F. Tout, "The present state of medieval studies in Great Britain," both in *Proceesings of the British Academy* 6, 1913/14 (Oxford, 1920), pp. 139ff. and 151ff. 亦见 C. H. Firth, *A Plea for the Historical Teaching of History* (Inaugural Adress, Oxford, 1905）; Goldstein, "Professionalization"。

完成。

在一次追加的全体会议上，兰普雷希特就"德国最新的思潮"做了发言。① 历史研究的主题则由爱德华·梅耶在一项有关过去数十年间关于古代史著作的综述中做了探讨，② 恩斯特·伯恩海姆（Ernst Bernheim），一部有关历史方法的标志性著作的作者，也探讨了这一话题；③一位参会者评论称"我们都是他的学生"。④ 伯恩海姆以《当代视角影响下的历史解释》开始了这一系列的首场演讲。他走的是一条前人走过多次的历史相对主义的道路。⑤ 相反的是，当美国人弗雷德里克·A. 伍兹（Frederick A. Woods）在有关"计量史学"的演讲里建议用计量分析的方法来保证历史的科学性时，他指向了一个很久以后才结出丰硕果实的领域。根据德国《历史学》的评论，尽管方法论问题并没有分出一个专门的讨论会，但对它的反思在伦敦大会上占据了重要地位，不同学科的方法、人物和技术问题在不同的研讨会中都有讨论，至少在各主持人的介绍性评论里都有所涉及。⑥ 大会执行主席阿道夫·W. 沃尔德在开幕式上建议撰写一部"史学家的历史"，以回应历史研究反思其自身实践与思想的需求。他追溯了阿克顿勋爵（Lord Acton）在《英国历史评论》第一期中有关德国史学研究的论文，称赞了"与大会精神相一致的一群法国史学家"，并提到了阿克顿的学生乔治·P. 古奇（George P. Gooch）在大会开幕之际问世的著作《十九世纪的历史学和历史学家》。正是以这种方式，历史学应该包括对其自身历史的研究、反思其自身的工作与任务这样一个命题，在早期的国际史学大会中就得

---

① Congress report in *Frankfurter Zeitung*, 11 April, 1913, evening edition.

② "Alte Geschichte und historische Forschung während des letzten Menschnalters," ibid.

③ *Lehrbuch der historischen Methode und der Geschichtsphilosophie* (Munich/Leipzig 1889, 6th ed. 1908).

④ Jameson, "International Congress," p. 684.

⑤ Abstract in Koht papers, Ms. fol. 3668：3.

⑥ Michael, "Kongreß 1913," p. 465.

到了强调。①

史学界中常年不辍的卖弄学问的行为掩盖了档案记录中的真相。其实，大会上也从不缺少对这种行径的有意疏离。例如，文学评论家、政治家以及多部传记的作者，布莱克本的莫利勋爵（Lord Morley of Blackburn）在万灵学院的招待会上评论到："如今，历史科学的旨趣和潮流已远离了文献史学家所编织的夺目的花毯，而转向了乏味的粗布——对外交档案、教区记录、私人文件和所有非印刷史料的研究。正如阿克顿所言，伟大的史学家如今在厨房中进餐。"② 莫利勋爵和缺席大会的主席布赖斯子爵都可以被划归为十分贵族化的英国作家、政治家和史学家。他们不只是专业人士。维拉莫维茨－莫耶伦多夫在他的伦敦欢迎致辞中提及他们时说，相比欧洲大陆，他们表现出更大的独立性和在知识生活中的自主性。《法兰克福报》评论道，"这位伟大的德国学者"表达了"他对英国同人们的寄望，即应当保全这些伟大而遗世独立的、在相当程度上代表了英国学术声誉的业余爱好者"。③

过去曾由德·莫尔德在海牙提出、而后被莫诺继承的一种精神成为伦敦大会的精髓，而《美国历史评论》也对它再度提及，史学家在历届国际大会表现出"真诚谅解"的精神，④ 而学界应当创立一个永久性的国际机构以赋予其更强的延续性：

> 来自不同讨论会的非英籍成员大大增强了在 6 天会期中工作的执委会。在各种利益诉求——如大会作为一个机构在未来的健康发展、其实用性以及天主教群体对下届大会各项事务的更为紧迫关

---

① A. W. Ward, "Introductory words" and "Closing remarks" on the speech by J. Bryce, in *Proceedings of the British Academy* 6, 1913/14（Oxford, 1920）, pp. 113 – 121, 129 – 132.

② Congress report in *The Times*, 10 April 1913.

③ Congress report in *Frankfurter Zeitung*, 8 April 1913, eveing edition.

④ 普罗瑟罗在伦敦会议结束时使用了该准则以及"欧洲协调"理念。参见 1913 年 4 月 9 日《泰晤士报》上的大会报告。

注——的要求下，我们可以期待大会的初步组织形式至少能发展为一个由各国组成的、相对永久的顾问代表委员会，可以在每五年一次的场合与接受相应会务委托的国家级机构合作。即将到期的本届委员会就对此提出了相关的建议。朝此方向迈出一步，将会增强相关章程与政策的延续性，还可能让大会最终成为一个强大的工具，不仅能够像现在这样实现国际友谊，更能助力我们取得国际性的成就。[1]

写下这些话的《美国历史评论》编辑、哥伦比亚特区华盛顿的卡内基基金会历史研究中心主任约翰·富兰克林·詹姆森（John Franklin Jameson）在后来的战争年代里也一直拥有这样的想法。在他的帮助下，这些想法在战后成为现实。

---

[1]　Jameson, "International Congress," p. 691.

第 七 章

超越民族主义

——1923 年布鲁塞尔大会

68　　战乱摧毁了数十年建立起来的国际学术合作。学者们自然甘愿为亲爱的祖国之战争略尽绵薄之力，受此所累，学术界的理性与公允也都飘散于风中。在交战双方，知名学者为了本国的利益在各种公开宣言和声明中展开鏖战，引发了一场"心智的战争"，其影响伴随着战争带来的怨恨，将在未来回响甚久。① 1914 年 9 月，牛津的史学家出版了一本题为《我们为何参战》的宣传册。② 而在 1914 年 10 月，150 名英国学者宣称：在英国和比利时，战争是为了追求"自由与和平"。③ 法国学者和史学家发现，自日耳曼民族迁徙以来，残暴、狂妄以及对权力的渴求已经成为德国政治的标准。他们断言，德国的学术也已屈从于这种风气。④

　　德国在回复指责时，更多是针对"不讲信义的英国"和"俄国的野蛮行径"，而较少指责法国；他们也为在比利时发生的事件*和发动

---

　　① 参见 K. Schwabe, *Wissenschaft und Kriegsmoral: Die deutschen Hochschullehrer und die poli-tischen Grundfragen des Ersten Weltkriegs* (Göttingen, 1969)；Schröder – Gudehus, "Deutsche Wis-senschaft," pp. 51 ff., 详尽参考资料列表参见 H. Kellermann, ed., *Der Krieg der Geister Eine Aus-lese deutscher und ausländischer Stimmen zum Weltkriege 1914* (Dresden, 1915)。

　　② *Why we are at War: Great Britain's Case*. 由牛津大学现代历史教师撰写 (Oxford, 1914).

　　③ *The Times*, 21 Oct. 1914.

　　④ Schröder – Gudehus, "Deutsche Wissenschaft," p. 70 f.

　　* 这里是指"一战"时德国首先入侵比利时，以假道该国进攻法国。——译者注

潜艇战的行为盲目寻找借口。① 一本题为《对文化界的召唤》的小册子引起了舆论的特别关注，它由 93 位学者连署，在 1914 年 10 月 4 日以 10 种不同的语言出版。② 除了物理学家马克斯·普朗克（Max Planck）外，在书中署名的还有乌尔里希·冯·维拉莫维茨－莫耶伦多夫、阿道夫·冯·哈尔纳克、马克斯·伦茨和爱德华·梅耶等备受尊敬的学者。签署者们视其为对德国武断指责的驳斥。然而正是由于他们在宣言中表达了对德国军队和军方领导人的信任，使得国外人士即使在战后多 69 年仍然将此视为德国教育界屈从于德国恶劣的军国主义意识形态的证据。1918 年 12 月 2 日，身为政治家和数学家的保罗·潘勒维（Paul Painlevé）在法国科学院前称，德国科学界是"一个巨大的工厂，在这个工厂中充满着病态的奴性，整个民族都在为制造有史以来最恐怖的杀人机器而努力"。③ 以历史学家特奥费尔·欧莫勒（Théophile Homolle）为主席的巴黎法兰西文学院效仿了一些开除德国成员的法国学术机构的先例，以《九十三人宣言》* 为由开除了维拉莫维茨，并取消了在战前原定的关于希腊铭文的一项合作协议。④ 在 1919 年 2 月 3 日，比利时科学院人文部也以《九十三人宣言》为由，一致决定驱逐所有来自德国及其盟国的成员。他们认为所有的德国学者都与那 93 位签署宣言的学者是一丘之貉。军国主义和野蛮专制主义的唯一目的在于征服整个世界，而"德意志民族"竟为这种思潮服务，这是对学术事业的

---

① Declaration by twenty – one German scholars of international law in *Zeitschrift für Völkerrecht* 9 (1915/16)：135 – 137，430.

② See B. vocn Brocke，"Wissenschaft und Militarismus：Der Aufruf der 93 'An die Kulturwelt！' und der Zudammenbruch der internationalen Gelehrtenrepublik im Ersten Weltkrieg，" in W. M. Calder Ⅲ，H. Flashar，and Th. Lindken，eds.，*Wilamowitz nach 50 Jahren*（Darmstadt，1985）.

③ 引自 Schröder – Gudehus，"Deutsche Wissenschaft，" p. 75. 克列孟梭在去世前仍然在研究《九十三人宣言》（Manifesto of the 93），参见 G. Clemenceau，*Grandeurs et misères d'une victoire*（Paris，1930），chapter 15。

＊ 即上文的《对文化界的召唤》。——译者注

④ Wilamowitz – Moellendorff，*Erinnerungen*，p. 313.

"玷污"。①

　　然而不论是在交战国还是中立国，始终有声音认为国际合作与交流是科学进步不可或缺的前提，学界应维持这种合作交流。贝奈戴托·克罗齐就是秉持这一精神的杰出范例。② 然而只有少数史学家认同这种观点，而且鉴于交战双方的相互指责和不信任，甚至他们也对能否随时重建学术界的国际交流表示了怀疑。许多学者都怀疑总体上的学术合作的价值，也有学者预见未来将与哪些国家兵戎相见，因而拒绝与该国的学术界开展合作。相比之下，倡导合作的学者可谓寡不敌众。在此背景下，一个在战前只是偶尔提及的问题在此时凸显出来③：德国学者频频强调自己的国际性卓越成就，而他们的反对者，尤其是法国学者，则否认这种论调。因此，乌尔里希·冯·维拉莫维茨－莫耶伦多夫在战争初期写道："我们德国人不会轻视我们肩上的责任，因为我们是学术界的引领者；其他国家深知这一事实，只是不愿承认而已。"④ 恩斯特·特勒尔奇甚至在1914年声称，在紧急状况下，如果整体的国际合作不能实现，那么德国也可以独力使欧洲文明得到妥善发展。⑤ 而另一方面，法国和英国的学者也声称，德国学者也像泛日耳曼主义者那样致力于实现德国对其他国家的统治，他们利用国际会议，将国际学术置于德国的控制之下并建立德国的"垄断"。⑥

---

　　① *Académie Royale de Belgique. Bulletin de la Classe des Lettres et des Sciences Morules et Politiques 1919*（Brussels，1919）：89.

　　② B. Croce，*Randbemerkungen eines Philosophen zum Weltkriege*（Zürich/Leipzig/Wien，1922）. 更多例子见：Schröder－Gudehus，"Deutsche Wissenschaft，"pp. 70ff.

　　③ 参见 the chapter on the "challenge" of French scholarship by Germany in Carbonell，*Histoire et historiens.*

　　④ U. von Wilamowitz－Mocellendorff，"Der Krieg und die Wissenschaft，"*Internationale Monatsschrift für Wissenschaft，Kunst und Technik* 9（15 Oct. 1914）：101－106，here p. 103. Response from the Académie des Sciences，3 Nov. 1914，in Schröder－Gudehus，"Deutsch Wissenschaft，"p. 73.

　　⑤ E. Troeltsch，"Der Krieg und die Internationalität der geistigen Kultur，"*Internationale Monatsschrift für Wissenschaft，Kunst und Technik* 9（15 Oct. 1914）：51－58.

　　⑥ Schröder－Gudehus，"Deutsche Wissenschaft，"p. 87.

　　战争行将结束之际，高涨的民族主义在各方兴起。这时，学术界则努力将学术合作拉回正轨，尽管这些努力只是初步尝试。建立国际历史科学委员会的准备工作就是在这样的背景下启动的。为了说明其在建立之初的情况，我们首先来看组建于战前的国际科学院协会的演变。根据协会 1913 年在圣彼得堡召开的战前最后一次会议的决议，协会主席一职将转移到柏林的普鲁士皇家科学院。① 战争爆发后，德国方面建议将协会主席一职临时委托给一个中立国，即荷兰。英国皇家学会同意了这项提议，而巴黎科学院则表示反对，并且认为将协会主席席位转移到荷兰是迫不得已之举。由于柏林科学院与巴黎科学院难以协调一致，因此协会的未来不甚明朗。中立国家有意从中斡旋，但在美国参战后，这些努力也化为乌有。

　　战争结束时，协约国方面开始着手重建国际学术交流组织，而德国及其盟国自然被排除在外。1918 年 10 月，英国皇家学会在伦敦与法国和布鲁塞尔科学院协商，在伦敦召开了一次会议。来自英国、法国、美国、比利时、日本、塞尔维亚、巴西、葡萄牙和意大利的自然科学家出席了会议。会议决定取消同盟国在战前参加的所有国际组织的成员资格，并且建立一个包含所有自然科学学科的国际组织，而同盟国无权参加。会上通过的一份决议声称同盟国违反了国际法，破坏了人类文明，并指责它们蓄意频繁恐吓战俘和平民百姓。这些罪行不会因物质赔偿而减轻。合作需要信任，而这种信任，要求拒绝所有使同盟国犯下战争暴行的政治手段。只有同盟国再次回到"文明国家的行列"，良好的国际学术交流关系才能真正重建。②

　　在这些协议的基础上，曾经出席伦敦会议的国家于 1918 年 11 月 26 日至 29 日在巴黎再度召开会议，这一次罗马尼亚和波兰的代表团也加

---

　　① 参见 Schröder – Gudehus, "Deutsche Wissenschaft," pp. 89ff.

　　② Text extract ibid. , p. 91, note 6; a résumé of the London Conference and the exact wording of the resolution are to be found in *Acadèmie Royale de Belgique*, *Bulletin*, pp. 49 – 62.

入其中。会议决定建立国际研究委员会。针对各个学科新建立起来的检查制度和法规应严格遵守，而且，同样要强制执行对同盟国的孤立政策。最初只有 16 个国家被授权参与该组织，而其中主要是战时协约国一方的国家。新成员需要获得会议四分之三多数通过才得以加入。这些规定在 1919 年 7 月 18 日至 28 日于布鲁塞尔举行的国际研究委员会成立大会上被正式通过。

中立国并没有被自动接纳进这个组织，他们没有出席 1918 年的预备会议，很明显，他们根本没有接到会议邀请。布鲁塞尔大会采用的章程并未允许所有的中立国参会，只是提及了推荐参会的 10 个国家（包括荷兰、瑞士、西班牙和北欧各国）。在成立大会上的争论表明，与会者将中立国视为危险因素和负担：如果他们不加入，那么他们有可能会联合德国学术界重建旧的联盟；如果允许他们加入，那么反德国的前沿力量恐怕就将遭到削弱。这也就解释了为什么大会精心制定"排外条款"，并且要求所有申请进入的新成员都要获得多数票通过，而且法国和比利时带头坚定反对英国和美国，希望根据各国及其殖民地的人口规模来分配会议选票。

人文科学的发展紧随自然科学的脚步。1919 年，由协约国的科学院人文分部发起并且从一开始就囊括中立国的国际学术联盟正式成立①。和国际研究委员会一样，联盟在布鲁塞尔也有自己的总部和集会地，亨利·皮雷纳担任首任主席。联盟章程并未明确规定排除德国或是同盟国，但是毫无疑问，他们的学者不会获允参加。只有中立国才被要求入会，并且多数票通过原则适用于所有申请加入国。由皮雷纳等合著的联盟成立大会报告，以充满感情和雄心的语调宣告了一个秉持着友爱、信任、自由、博爱精神的学术组织的成立。虽然此前的学术协会存在着沦为野心勃勃的民族主义者谋求世界科学霸权之工具的危险，然而

---

① On the following, see Union *Acadèmique Internationale. Compete rendu de la Comférence préliminaire de Paris. Status proposés par le Comité des Délégués*, *15 et 17 mai 1919*（Paris, 1919）; idem, *Compte rendu de la seconde Conférence académique*, *tenue à Paris les session annuelles du Comité*, 1 – 15（Brussels, 1920 – 1934）.

新成立的联盟将成为知识上的国家联盟，旨在"使学者们真正地像人一样思考，并且心无旁骛地追求真理"。①

对此，德国学者的第一反应是通过自己的努力来重建国际学术交流。但他们取得的成果有限，总体而言他们发展了与西班牙、南美国家、波罗的海国家、俄国以及奥地利的关系，其中与奥地利的关系甚密。奥地利高校联合会、德国科学院联盟、德国科学临时学会和德国史学家协会等德国学术组织关系密切。为了表明对德国的支持，奥地利学者拒绝了1922年之后向他们敞开大门的两个西方国际学术交流组织*。自1923年起，德国与俄国就建立了规范化的合作机制。"为了团结德国盟友"，② 俄国拒绝了上述两个总部在布鲁塞尔的组织，以显示其重视与德国之间的良好关系。1925年苏联企图以旧的国际学术协会来替代布鲁塞尔的组织，但没有成功。

相当数量的德国学术群体都谴责了任何希冀与"布鲁塞尔联盟" 72 和解的行为，这从侧面反映了阻止德国学者参与国际机构和事务的种种企图。③ 包括维也纳学术院在内的德国学术院联合会拒绝与研究委员会和学术联盟合作。** 这种情况甚至直到1925年、1926年才有所改变，在那时，由于洛迦诺会议的影响以及意大利、荷兰、挪威和美国的持续努力，德国才有望获得必要的多数票加入这两个位于布鲁塞尔的组织。虽然德国最终于1935年加入了学术联盟，然而在两次世界大战期间，

① *Académie Royale de Belgique*, *Bulletin*, p. 627f.

* 应指前文的国际研究委员会与国际学术联盟。——译者注

② Schröder – Gudehus, "Deutsche Wissenschaft," p. 203f. The most detailed description of German – Russian cooperation is to be found in Behrendt, "Die internationalen Beziehungen," pp. 119ff.; 亦见 R. Stupperich, "Die Teilnahme deutscher Gelehrter am 200jährigen Jubiläum der Russischen Akademie der Wissenschaften, 1925," *Jahrbücher für Geschichte Osteuropas* 24 (1976): 218 – 229; *Mitteilungen des Verbandes der deutschen Hochschulen* (Halle 1921ff.), and the documents concerning the Union Académique Internationale in the papers of Koht, Brandi, Friis, Leland, and De Sanctis。

③ 参见 K. Düwell, *Deurschlands auswärtige Kulturpolitik 1918 – 1932: Grundlmien und Dolamente* (Köln, 1976), pp. 154ff., 232ff。

** 即国际研究委员会和国际学术联盟，参见上文。——译者注

德国与国际研究委员会没有任何合作迹象。

　　然而在个别学科，情况则稍有不同。事实上，在 20 世纪 20 年代，尽管研究受到国家政治问题的限制，史学家们也已意识到全面的国际交流乃是一批学者取得的伟大成就——他们即使身处战争年代仍然有勇气抛弃怨恨、一心寻求真正的历史学家的全球共同体。

　　在"一战"前，推动学科新发展和探索新道路的原动力并非来自传统的史学研究中心，而是来自外部。如今，哥伦比亚特区新成立的一个的私立机构掌握了主动权，它就是华盛顿的卡内基科学研究所历史研究署（后来的卡内基科学研究所历史研究中心）。自 1905 年以来，身为《美国历史评论》编辑的约翰·富兰克林·詹姆森一直担任此组织的主任。实际上这个组织正是由他倡导建立的。由于该组织对研究工作的资助——特别是对档案工作以及建立传记和文献参考书阅览室提供了支持，它成为"美国史学研究的信息交流中心"，当然，这也离不开詹姆森的资金支持和广博的人脉关系。[①] 在美国史学研究发展史上，詹姆森作为一位重要的发起者、推动者和组织者而受人铭记。然而其活动的影响范围已超越了国界。他早在 1913 年就呼吁为国际史学大会建立适当的永久机制。他也是 1918 年加入俄国筹备圣彼得堡大会筹备委员会的外国史学家之一。因此，在战争期间他不时与委员会主席亚历山大·S. 拉波－达尼列夫斯基（Aleksandr S. Lappo-Danilevsky）通信，而后者后来在俄国革命期间因饥荒而离世。詹姆森在 1917 年 7 月 16 日致达尼列夫斯基的信中写道"一个真正的世界史学家集会"不日就会实现。而且，圣彼得堡组织委员会在战后应迅速召开会议。詹姆森希望除了来自协约国和中立国方面的代表，还"可能通过巧妙处理与

---

① L. F. Stock, "Some Bryce – Jameson Correspondence," *American Historical Review* 50 (1944/45)：261 – 298，here p. 261；有关詹姆森生平请优先参照 E. Donnan and L. F. Stock, eds., *An Historian's World：Selections from the Correspondence of John Franklin Jameson*（Philadelphia, 1956）；M. D. Rothberg, "'To set a standard of workmanship and compel men to conform to it'：John Franklin Jameson as Editor of the American Historical Review," *American Historical Review* 89（1984）：957 – 975。

若干关键人物的关系而邀请一小部分来自德国和奥地利的代表，他们可能会是一些能够与德国和匈牙利史学家在二元君主制问题上和谐共处的斯拉夫—奥地利学者；或者是克尔①那样因为长期不在德国境内居 73 住而能够拥有国际思维的德国学者。"而这些努力成为推动战后和解的第一步。②

此后不久，詹姆斯通过进一步论述表达了他加强与德国学者的交流合作的愿望，他说："史学家的国际合作不应仅局限于大会成员内部。"他提出了一系列可供讨论的共同项目，例如续编《中世纪的天主教僧侣统治》、编纂一份现代欧洲各国大使与部长的名单、编订一份关于丹麦厄勒海峡通过税或 1878 年柏林大会的档案材料，等等。与此同时，詹姆森敦促他的俄国同事认识到一个摆在眼前的现实，那就是"没有德国的合作参与，我们很难做好国际史学事业"③。此种学术态度并非源于他对德国战争遭遇的同情。与此相反，从他与其美国和英国同事的通信可以看出，他并不认为这场战争是两个正义阵营的斗争，而是一场正义与非正义力量之间的较量。④

比利时同行保罗·费雷德里克（Paul Fredericq）与亨利·皮雷纳的命运令詹姆森大受触动。这两位史学家勇敢地公开反对德国成立弗莱芒根特大学，最终被德国驱逐出境。度过数月牢狱生涯后，皮雷纳被送到了耶拿的大学城，又从此地前往靠近艾森纳赫的小镇克鲁茨堡。⑤ 在那里，皮雷纳写下了他关于中世纪经济和社会史著作的初稿。在美国参战前，詹姆森想尽各种办法帮助这两位身陷囹圄的比利时人。因此他在美国组织了一次集体签名请愿活动，来支持在荷兰进行的一场类似活动，以帮助他们成为美国的客座教授。

---

① Paul Kehr，自 1903 年到战前任罗马普鲁士历史研究所所长。

② Donnan and Stock，*An Historian's World*，p. 211f.

③ 3 Aug. 1917，ibid.，p. 214f.

④ Ibid.，esp. pp. 174 and 209f.（Jameson to Bryce，12 Nov. 1914 and 18 June 1917）.

⑤ Ibid.，pp. 195ff.；参见 H. Pirenne，*Souvenirs de captivité en Allemagne*：*Mars 1916 - Novembre 1918*（Brussels，1920）；Lyon，*Pirenne*，pp. 227ff。

总体而言，重建欧洲学术联系的重任将落到美国身上，而詹姆森对此任务已有深刻认识。他在给卡内基基金会主席的信中强调道：

无论从哪一个方面说，战争对美国经济上的损害都会比其他交战国小，美国自然比任何中立国要富有。我非常希望看到我们国家能够怀着感激之情承担起这种形势带给美国的责任，尽我们所能为修复战争对科学事业带来的创伤尽一份力量。美国应担当其责，既要在保存与发展文明方面、也要在文明所依靠的研究工作上承担比以往更大的责任。如果我们愿意，我们将能够很容易地弥补战争在这一领域造成的经济损失，以饱满的热情在科学领域慷慨前行是我们对文明发展义不容辞的责任。

在詹姆森看来，当务之急就是"秉持一种普世的国际精神，作为科学 74 世界的一员对国际科学合作给予经济支持"。这项任务针对广泛意义上的所有科学，但是他专门提到了历史学，认为历史学需要在战后寻找新视角和新方法论。他建议卡内基基金会对一个致力于寻求开展切实合作的史学预备会议给予资金支持，会议地点可以选在海牙和平宫殿，并且表示"如果德国和奥地利学者有意，他们也可与会"。①

詹姆森认为，世界主义旨在消除民族主义，而这个目标如今与史学的发展紧密联系在一起，史学界应在方法论上从过去以国家与民族导向的政治史转向社会与经济发展，因为在这些领域，各国利益更为紧密交织。詹姆森用优美而颇为夸张的话语阐释了这种思想："美孚石油就像教皇一样虔诚。我常常觉得我们研究欧洲近代史的习惯总是倾向于从政治和外交方面入手，并且过分强调了民族因素在其发展过程中的存在和影响。我们总是习惯于忽略一个进程，即这个世界在许多方面已经向着一个整体社会发展。如果我们一直以来都致力于研究经济史或是文明

---

① Jameson to Woodward, 24 May 1918, in Donnan and Stock, *An Historian's World*, p. 223.

史，我们就不会如此轻易地将世界主要看作是一个个名为国家的分不同实体的组合。"①

只有耐心地独辟蹊径才能实现历史学家的全球共同体。首先，詹姆森希望能够召集来自 1913 年伦敦大会与会国的少数史学家举行会议。这次会议的任务是讨论他在之前的信件中提及的学术合作计划，并为召开战后第一次国际史学大会做准备。在他看来，请圣彼得堡大会组织委员会中的非俄成员来准备本次会议是比较适当的。因此，他求助于英国史学家乔治·W. 普罗瑟罗和查尔斯·H. 弗斯，暗示他们将会有美国的资金支持，但他并没有直接提到德国和奥地利也将参与本次会议。詹姆森对待西方学术界中排斥异己的倾向十分审慎，然而他明确提出了接纳同盟国成员②进入圣彼得堡大会组织委员会的建议。"我相信，凡是参加过伦敦大会的国家都会对其感到愉悦和满意，我甚至希望，与 1913 年起发生之种种并无关系的新大陆能够召开这样的大会。"③ 然而，两位英国史学家对此事则持截然不同的看法。当时身在巴黎的英国和谈代表团成员普罗瑟罗认为，实现这种合作的时机尚不成熟。他认为，在当时的紧张局势下，召开新的史学家大会也不过是空想。④ 时局混乱，未来则极不明朗。与此相反，弗斯则认为召开国际史学家大会的计划刻不容缓。然而，他同时也回应了詹姆森提出的问题："大多数英国史学家会拒绝与德国和奥地利的史学家合作，不论是在会议上与他们见面还 75 是参加共同的合作项目。在未来 20 年中，史学大会只能由来自协约国和中立国的史学家参加。布赖斯并不认同此观点，然而杰出的史学家们都持此看法，因此我们不得不接受这一现实。"⑤

① Jameson to Dwight W. Morrow，美国商人，18 March 1919，ibid.，p. 233.
② 委员会具体构成无从得知，但至少包括詹姆森本人和普罗瑟罗，或许还有弗斯属于这个从不作为的委员会。
③ 致弗斯信件，1919 年 3 月 19 日，in Donnan and Stock, *An Historian's World*, pp. 233ff。1919 年 2 月 28 日，致普罗瑟罗类似信件参见 Jameson papers, file 1368。
④ Prothero to Jameson，23 March 1919，Jameson papers, file 1368.
⑤ Firth to Jameson，15 April 1919，in Donnan and Stock, *An Historian's World*, p. 235.

　　詹姆森并不气馁。他并未坚持让德国和奥地利史学家参加即将召开的会议，而是搁置了这一问题。詹姆森和来自卡内基基金会的同事与伙伴肖特韦尔以及利兰一道，谨慎而又坚定地追寻着自己的目标。

　　在战争期间，詹姆斯·T. 肖特韦尔（James T. Shotwell）一直担任国家历史事业委员会主席，这是一个围绕欧洲局势而展开宣传工作的组织。他后来成为巴黎和会美国代表团的一员。1919 年他作为卡内基基金会文献项目的代表前往巴黎，并且负责《世界大战中的经济与社会史》的编纂工作。詹姆森的学生、后来在历史研究署*成为其助手的瓦尔多·G. 利兰（Waldo G. Ledand）在战争期间也曾在国家委员会**工作。在战前，利兰一直非常关注在法国存档的美国史资料。[①] 1922 年 4 月他又返回此地。他曾参加过 1908 年和 1913 年两届国际大会。1919年底，詹姆森请求肖特韦尔与时任学术联盟主席皮雷纳进行接触。由于其所处职位、战时经历和作为一名杰出史学家的声誉，皮雷纳注定要在国际历史大会的召开与否、召开的时间、地点等一系列问题上起到决定性作用。

　　詹姆森建议大会在 1923 年于布鲁塞尔召开。[②] 他将学术联盟视作一76 次良好的开端与契机。[③] 肖特韦尔敦促皇家历史学会尽快解决这一问题，而且发展并完善了詹姆森的建议。皮雷纳对此表示了浓厚兴趣，而且认为运作此事没有任何困难，然而他认为当时一切尚处起步阶段，"如果会议只限协约国与中立国参加，那么召开任何会议都没有问题。"[④] 普罗瑟罗向詹姆森说："不论出于何种原因，如果大会不能囊括所有国家"，那么他并不反对将与会国限制在协约国和中立国中。然而

　　* 即上文的"国家历史事业委员会"。——译者注

　　** 即上文的卡内基科学研究所历史研究处。——译者注

　　① W. G. Leland, *Guide to Materials for American History in the Archives and Libraries of Paris*, 2 vols. (Washington, D. C., 1932, 1943).

　　② Jameson to Shotwell, 26 Nov. 1919, Jameson papers, file 1531.

　　③ Jameson to Shotwell, 11 Dec. 1919, Jameson papers, file 1368.

　　④ Shotwell to Jameson, London, 31 Dec. 1919 and 2 Feb. 1920, Jameson papers, file 1531.

他并不排除另一种可能性，即在大会召开之前，"如果国联得以建立而且德国被接纳为这一组织的成员，或许人们会如我所愿，比现在更愿意邀请德国参加各种活动"。①

皮雷纳不再明确要求长期排除德国史学家，这对于在战后重建全面国际交流的前景而言无疑具有重大意义。然而他仍然认为，"在一开始"或"第一次会议"时，仍有必要对德国学界加以限制。②

在 1921 年末，即詹姆森提出倡议两年后，比利时皇家历史学会向比利时史学家建议，希望他们能够参与 1923 年在布鲁塞尔举办的下届国际史学大会的组织工作。比利时学者赞同这个提议并与来自法国和英国的同僚们就此问题进行了初步探讨。会议的筹备工作在主席亨利·皮雷纳、秘书长、布鲁塞尔市档案专家纪晓姆·德·马雷（Guillaume Des Marez）和组委会秘书弗朗索瓦－路易·冈绍夫（Francois-Louis Ganshof）的领导下开始了。布鲁塞尔政府对此提供了慷慨的帮助。比利时国王亲自驾临筹备现场，比利时首相在荣誉委员会中担任领导，其他很多内阁成员以及来自学界和高等学府的代表也都参与其中。比利时曾是战争中的第一个受害国，而今则已恢复独立；它将此次大会的承办看作是展示国家团结的良好时机。对于来自比利时和法国的史学家而言，其祖国是西方主战场，而战争的记忆尚且鲜活，他们很难接受在接下来的大会中与德国和奥地利人合作的想法。

因此，1922 年 5 月上旬，皮雷纳通知了在布鲁塞尔出席学术联盟会议的一些史学家，告知他们来自德国、奥地利、匈牙利和土耳其的学者们将不会受到邀请。然而在组委会审查了来自德国的申请，以确保拒绝"不受欢迎者"——签署了《九十三人宣言》的学者与会的前提下，独立提交申请的德国史学家仍获允参会。③尽管这与詹姆森和美国史学会面向未来的伟大目标有所出入，可能他们还是接受了这个既

① Prothero to Jameson, 24 Dec. 1919, Jameson papers, file 1368.

② Shotwell to Jameson, 31 Dec. 1919 and 17 March 1920, Jameson papers, file 1531.

③ 有关此次会议参见 Koht to Friis, Oslo, 3 May 1922, Friis papers, I, 1。

成事实。

詹姆森随后通报了美国方面关于参与方式的决策形成过程：

据利兰先生告诉我，有谣传说英国将弃权，我分别咨询了我认为对此问题最为感兴趣的 22 位美国史学家。我发现其中 18 位认为，在德国占领后如此短的时间内就期望比利时史学家邀请德国学者到布鲁塞尔并不合适，因此最好的办法就是将邀请权交予比利时人，并且努力推动在 1928 年召开一个完整的国际大会；而且他们都认为，为了达成这个目标，让心怀好意的人们参加会议并且沿着这个方向走下去会比原来的做法，即把选择权交予法国人、比利时人或者其他不妥协者更为妥当。另外的三位美国学者则并不这么认为，他们中的一两人拥有德国血统，但他们对此事并无激烈反应，因此也没有采取什么行动。①

将政治审查作为参加学术会议的条件之一在欧洲科学界史无前例。很快，布鲁塞尔会议的组织者们就陷入了明显的危险境地，因为这种排斥和限制行为在国际上使史学家间产生了隔阂。利兰在 1922 年 12 月就英国方面的意见致信詹姆森和肖特韦尔称，在阿尔伯特·F. 波拉德（Alber F. Pollard）的主导下，一群伦敦史学家正在撰写一份抗议书，而牛津和剑桥的学者也在采取类似的行动。② 这份请愿书写道："本文件签署人皆已受邀参加国际历史科学大会，都已知悉组委会并不打算向来自同盟国的史学家发出邀请。我们非常理解如果将邀请范围扩大，使德国人踏上比利时领土，将会极大地冒犯比利时人自然而合理的感情；尽管如此，我们仍冒昧呼吁组委会使这个会议具有完全意义上的

---

① Jameson to Friis, 4 March 1927, Jameson papers, file 584. 美国决议具体内容参见 Jameson to Leland, 23 Dec. 1920, Jameson papers, file 992。

② Leland to Jameson, 18 Dec. 1922, Jameson papers, file 992; Leland to Shotwell, 18 Dec. 1922. Leland papers, box 26. 另见波拉德致父母信件，14 and 28 Jan, 1923, Pollard papers。

国际性。我们坚信这样做符合历史科学发展的真正利益。"[1] 已签署
或者可能签署本文件的知名历史学家有厄内斯特·巴尔克（Ernest
Barker）、乔治·N. 克拉克（George N. Clark）、查尔斯·H. 弗斯、乔
治·P. 古奇、阿尔伯特·F. 波拉德、罗伯特·W. 塞顿－沃特森
（Robert W. Seton-Watson）、哈罗德·W. V. 泰姆普利（Harold W. V.
Temperley）、阿诺德·汤因比（Arnold Toynbee）、乔治·M. 屈维廉
（George M. Trevelyan）以及战前于 1913 年在伦敦召开的一次大会的主
席阿道夫·W. 沃尔德爵士。这次请愿活动很可能受到了不久前法国与
比利时军队违背英国政府意愿占领德国鲁尔区这一事件的影响。该事件
致使英国的意见向德国倾斜。利兰在此问题上则支持法国，他与詹姆森
一样，认为英国对布鲁塞尔大会的异议是对公众的误导。想要在未来实
现充分国际化的目标，就需要尽可能多的英国学者前来出席布鲁塞尔大
会。最终，大会与会者众多，可见利兰和詹姆森在英国策略高明的会议
宣传努力取得了成功。

　　意大利、[2] 瑞士德语区以及斯堪的纳维亚国家都提出了批评，北欧
的批评声尤为强烈。这些国家的史学家认为自己在布鲁塞尔会议的选
址、与会国的选择与大会的准备工作中被忽略了。甚至有传言称瑞典有
计划组织反对大会的活动。在瑞典和丹麦，学者们和众多高校都拒绝接
受会议邀请。丹麦史学家阿格·弗里斯（Aage Friis）就针对德国的歧
视政策发表了强硬的言论。他对美国同僚说，最妥帖的举措就是取消布
鲁塞尔大会。[3] 弗里斯曾尖锐批评俾斯麦和威廉时代的德国政治。现在
他批评西方力量的战后政策同样毫不留情。他尤其强烈地谴责了 1923
年占领鲁尔区的行动。当他在 1922 年末收到布鲁塞尔大会邀请的时候，
他通知弗里德里希·迈内克称自己不会参加大会，因为他认为"举办

---

① 引自莫里森致詹姆森信件，22 Jan. 1923，copy in Leland papers，box 21。

② C. Barbagallo in Corriere della Sera，19 April 1923；类似评论见 Tribuna，17 April 1923；
G. Von Below 也有引用，见 "Vermischtes," *Historische Zeitschrift* 128（1923）：556。

③ 参见致维斯特加德信件，引自利兰致詹姆森信件，9 Feb，1923，Jameson papers，file
993。

一届没有德国的国际历史科学大会"是难以接受的。他就政治方面的
审查表示，"那些限制是对德国史学家的极大侮辱"。① 然而，同时他又
尽力呼吁公众理解皮雷纳所处的境况。他寄给迈内克一份来自比利时史
学家②的书信的复件，皮雷纳在信中表明，他将会把德国、奥地利学者
在未来参与大会一事与战争造成的情感创伤分开处置，然而他感到目前
仍必须考虑战争创伤问题。皮雷纳在信中写道：

78　　　　组委会没有向来自德国和奥地利的学者发出任何邀请。此举并
　　　　非仇恨心理的反映或出于恶意，而是当今形势的自然结果。如果我
　　　　们邀请了来自德国的学者，那么我们就会见到曾签署《九十三人宣
　　　　言》的与会代表，而他们又曾发表过涉及比利时的不当言论，而这
　　　　些言论时至今日仍未收回。这一切都可能引发令人遗憾的事件。我
　　　　们想避免出现这种情况，然而同时又不至于使德国被排除在外。如
　　　　果德国人有意以个人身份单独参会，那么他们将会受到礼遇。我不
　　　　仅持如是想法，也会将其付诸行动，其必要性不容置疑。为了会议
　　　　的成功，我们必须这么做。我们必须意识到，这次大会是在布鲁塞
　　　　尔召开，而本次大会的召开地与比利时王宫仅咫尺之遥。同时我们
　　　　需要意识到一场历史科学大会与一场物理或者数学大会截然不同，
　　　　对有些特定课题的讨论很难严格控制在纯粹学术讨论的范围内。让
　　　　我们期盼第六届史学大会不会陷入这样不幸的境地中。让我重申一
　　　　下，到目前为止，采取的所有措施都是权宜之计。毫无疑问，我们
　　　　可以邀请奥地利，它没有像德国一样遭遇孤立。然而这样又会导致
　　　　德国因他国的憎恨被排除在外，并且还可能使奥地利学者的处境更
　　　　为艰难，而这些都是我们不希望发生的。

　　与阿格·弗里斯不同，挪威史学家哈尔夫丹·科特一方面拒绝布鲁

---

① Friis to Meinecke, 30 Sep. 1922, Meinecke papers, 11.

② Pirenne to Friis, 17 Sep. 1922, copy, ibid.

塞尔的对德限制，另一方面则认为不过于抗拒国际大会才是明智之举。而且，他强烈建议中立国参加此次大会，以影响史学大会的发展，从而在下届大会重建其国际性。这也是詹姆森的意愿。科特在 1909 年的美国之旅中就认识了詹姆森，在那之后二人偶有书信往来。1913 年，两人都参加了伦敦大会。所以，科特对于大会的历史和未来有自己的看法。他于 1897 年、1998 年在哥本哈根、莱比锡和巴黎的学习经历，这使他与国外的历史学家建立起了紧密而牢固的关系。① 除了政治和语言外，他对文学［易卜生、比昂松（Björnson）］和社会史——包括 19 世纪的激进农民运动（《约翰·斯维尔德鲁普》）和社会民主的发展——尤其感兴趣。

　　科特的学术旨趣与他的政治活动相呼应。在那个各种问题层出不穷的年代，科特曾是挪威社会民主党的领袖人物。他曾写过一本小书《挪威史上的和平思想》，在挪威诺贝尔研究院顾问委员会和战后的国会诺贝尔委员会都十分活跃。他是挪威的爱国者，像许多涉足政坛的史学家一样秉持人道主义与国际主义的理想，也很关注历史学对公共生活的影响。他的个人背景解释了他全身心投入到重建史学大会国际性这一事业的原因。他愿意运用政治智慧实现自己的理想——若理想现在无法实现，将来能够实现也是好的。他有意在此事上争取他那极具影响 79 力的丹麦朋友弗里斯的支持，但徒劳无功，而且事实证明弗里斯是正确的。科特曾希望弗里斯力邀德国学者以个人身份申请参加大会。② 然而弗里斯立场坚定："本届史学大会在诞生过程中根本没有就其基本框架问题与中立国进行初步协商，很明显这是一次反德运动。"③ 然而科特于奥斯陆供职的大学则对他给予了大力支持。大学任命他为赴布鲁塞尔的官方代表，并委托他申请下届大会来奥斯陆召开。如果这项申请得以通过，这意味着各方面的限制将会减少，大会的国际性亦

---

① Koht, "Lehrjahre."

② Koht to Friis, 3 May 1922 and 17 Sep. 1922, Friis papers, I. 1.

③ Friis to Koht, 2 June 1922, Koht papers, 386.

将得到全面重建。在此之前，科特已获得了挪威政府充裕的资金支持。

当科特通过邀请众人前往奥斯陆的方式努力重建史学大会的普世性时，詹姆森、肖特韦尔和利兰则通过创建国际历史科学委员会，以期达成相同的目标。委员会应该向所有国家的学者敞开大门。作为朝此方向迈出的第一步，他们有意先邀请一些对立情绪不那么严重的奥地利和匈牙利学者前往布鲁塞尔。此设想确有可能实现，因为曾有协议规定，若敌对国也是国联的成员国，那么该国学者就可以参加大会。而舆论也预计德国迟早都会加入国联。然而此规定在当时只是缓和对德歧视的权宜之计，同时也是为了缓和英国及其他地区不愿与会的史学家的不满情绪，以说服他们参加大会。利兰全身心投入到这项事业中。在与肖特韦尔以及其他人讨论过后，他致信詹姆森：

> 首先，鉴于英国的态度，我们认为美国有必要从中斡旋。肖特韦尔会努力争取大会委员会的支持，即便迟至今日，也要象征性地向包括国联在内的所有国家发出邀请。这样虽然仍会将德国排除在外，然而如此已包括了绝大部分敌对国。这将有助于减少来自英国的反对声音。其次，我们认为很重要的一点是，下一届大会的举办地不应在本届大会上决定，而应由一个永久的国际委员会决定此事。即将召开的大会上应当产生这样一个委员会，它不仅将负责安排下一届的会议，更要处理本次大会的遗留问题和从现在到下届大会召开前遇到的相关问题。这将是一个国际性的史学联盟的真正开端。[1]

如果布鲁塞尔大会的与会国能够建立这样一个国际委员会，那么我们可以想象，在下届大会举办地的问题上，"美国、英国和中立国家的得票

---

[1] Leland to Jameson, 5 Jan. 1923, Jameson papers, file 992.

数很自然将会超过法国和比利时"。① 这与利兰曾制定的下述策略是一致的："一、努力推动英国改善其态度；二、尽可能发挥美国代表的作用；三、如果可以令英国学者理性处事，我们则应与他们联手，利用我们的影响力使下一届大会在保证其广泛的参与性的前提下召开——例如，我们可以让它在国际学术合作委员会的领导下，在日内瓦或在洛桑召开。"② 80

国联的国际学术合作委员会 1922 年成立于日内瓦。它既与国联相关，又没有秉持布鲁塞尔的两个"抵制组织"的排他政策，因此利兰认为可以借助它来实现史学大会永久国际化的目标。委员会的 12 个成员并不代表他们的国家，相反，他们在选择过程中代表的是各自的文化区，其中也包括德国。委员会成员之一阿尔伯特·爱因斯坦是举世闻名的物理学家与和平主义者，然而当鲁尔区于 1923 年被占领后，他收回了对国联消极表现的批评。③ 维也纳史学家阿尔封斯·多普施任委员会通讯员。④ 利兰得到了委员会秘书、波兰史学家奥斯卡·哈列基（Oskar Halecki）的全力支持。哈列基建议，由于委员会不限制组成人员，他可以负责在布鲁塞尔大会上组织国际史学委员会。在利兰的强烈建议下，哈列基受邀成为国际学术合作委员会代表前往布鲁塞尔与会。

利兰极力与日内瓦建立密切关系有另一个原因——"英国曾批评本届大会将会是打在国联脸上的一记耳光"，而他是在有意地回应这种批评。⑤ 事实上，国联方案最后被采纳为布鲁塞尔大会的参会邀请方案。组委会在 1923 年 1 月 14 日的决议中声明"大会将向国联成员国的所有

① Leland to Westergaard, 19 Jan. 1923, Leland papers, box 28.

② Leland to Jameson, 18 Dec. 1922, Jameson papers, file 992；参见 Also Leland to Shotwell, 18 Dec. 1922, Leland papers, box 26。

③ 参见 Schröder - Gudehus, "Deutsche Wissenschaft," p. 147f., and Ph. Rank, *Einstein: Sein Leben und seine Zeit*（Munich, 1949）, p. 328f。

④ 只是"通讯员"并不是"成员"，利兰致詹姆森信件：21 Feb. 1923, Jameson papers, file 993。

⑤ Leland to Jameson, 5 Jan. 1923, Jameson papers, file 992.

知名学会和大学发出邀请。至于来自其他国家的学者，他们可以在个人审核通过的情况下参加大会"。① 因此，匈牙利和奥地利都收到了与会邀请。匈牙利派出了一个代表团，然而奥地利却因为与德国的盟友关系而拒绝参会。② 在 2 月初，多普施就曾告知哈列基："我十分担心，假如德国被排除在外，奥地利或许将无人与会。"③

布鲁塞尔大会于 4 月 9 日盛大开幕，国王、王后、政要和外交使团都出席了开幕式。开幕式上，皮雷纳致辞，向王室成员表达敬意，全场观众起立。会议于 4 月 15 日闭幕，闭幕前为 300 位嘉宾举行了盛大的宴会。一如往届大会，本届大会安排了一系列主题有趣的演讲，并围绕将来的大会形式进行了激烈的争论。会议纪要仅包括了各篇论文的摘要，然而它也反映出本届大会的议程学术化程度甚高。个别论文也发表在专业期刊上，这也与战前的伦敦大会和柏林大会相一致。这些出版物在某种程度上已列入大会报告，这带来了极大的便利。为了重现大会上 81 的史学与政治论战，我们还需要依靠其他史料，而其中最重要的是哈尔夫丹·科特致奥斯陆大学校长的秘密报告，④ 此外还有利兰致詹姆森的一封信，他在这封信中补充了自己在《美国历史评论》上撰写的会议报告。⑤

共有约 1000 名史学家注册参会，这与战前的大会规模大体相当，而活跃的与会者则有 500 位左右。除了少数例外，北欧学者并未与会。派出官方代表团的国家名单中包括了俄罗斯，有一份与会者列表则是与会的旅居国外的俄国史学家名单。像往常一样，大会官方邀请

---

① Congress Brussels 1923：*Compte rendu*，p. 8f.

② 保加利亚和土耳其分别在 1920 年和 1932 年成为国际联盟的成员国。

③ Halecki to Leland，7 Feb. 1923，Leland papers，box 19.

④ Til Det Akademiske Kollegium. Fortrolig. Kristiania 24 April 1923. Copy in Feiis papers，11，86；see also Koht，*The Origin*，pp. 3 – 5.

⑤ Leland to Jameson，Paris，20 April 1923，Jameson papers，file 993；W. G. Leland，"The International Congress of Historical Sciences，held at Brussels，" American Historical Review 28（1922/23）：639 – 655.

函被寄送到圣彼得堡科学院——即今天的列宁格勒科学院 *（即俄罗斯科学院），在当时，它仍被视作资产阶级学术研究的强大堡垒。来自这机构的史学家巴托尔德（Barthold）、塔尔列（Tarle）和奥托卡（Ottokar）参加了大会。他们都不是共产主义者。在俄国流亡海外的学术团体联合会成员中，保罗·维诺格拉多夫爵士、米哈伊尔·罗斯托夫采夫和彼得·司徒卢威（Peter Struve）都参加了大会。维诺格拉多夫因自由主义政见于 1902 年移民英国，而罗斯托夫采夫和斯特鲁夫则在布尔什维克革命前夜离开祖国。他们同样也是圣彼得堡科学院的成员。①

在决定未来如何实现大会的普世性的问题上，不同国家派出代表的相对人数就变得非常重要。注册与会学者中也有来自日本和埃及的学术机构的学者，然而这种非欧洲文明范围内的与会者在与会总人数中只占很小一部分。有意维持现有孤立政策的一派包括 422 位比利时学者、222 位法国学者和 20 位波兰学者。而力图取消限制政策的一派则包括了 137 名英国学者、35 名美国学者和 33 名荷兰学者；此外还有 34 名意大利学者、18 名西班牙学者、18 名瑞士学者和 30 名来自其他国家的学者，其中包括 3 位较迟收到邀请的匈牙利学者。利兰和科特的目标是创立一个包括所有国家的委员会，或在未来举办一届可以邀请所有学者的大会，然而这些数字表明，在实现他们的目标的道路上仍存在巨大的障碍。正如利兰所言，"美国和英国一致认为，荷兰、瑞典和丹麦学者所采取的疏离行为，不仅没能促进他们所支持的事业的发展，反而严重危及其前途"。②

在组委会的推动下，利兰拟写的一份倡议书在大会首日被分发到了所有与会者的手中。倡议书中写道：

---

* 本书德文版初版于 1987 年，当时圣彼得堡仍称列宁格勒。——译者注

① Congress Brussels 1923：*Compte rendu*，p. 38.

② Leland to Jameson，20 April 1923，in Jameson papers，file 993.

于布鲁塞尔召开的国际历史科学大会，在此要求国联学术合作委员会至迟于 1925 年 1 月 1 日前成立一个国际历史科学委员会，该委员会将由参加过 1908 年、1913 年或者 1923 年国际史学大会中一届或者多届的国家的一名代表组成，这些代表的人选将通过与各国合适的学会、团体或者其他学术组织协商决定。

委员会被提名后应适时在日内瓦召开会议，由国际学术合作委员会任命，并随后自行决定其会议地点与会议时间。在下届国际史学大会做出有关此委员会的决定前，它应持续运转。

此委员会……应特别负责组建国际历史科学联盟的计划，委员会应将此项计划及其活动报告提交下届国际大会。①

利兰在此之前就已经将该草案递交给了巴黎的历史学会，学会中有勒努万（Renouvin）和欧莫勒等众多杰出史学家，当然利兰本人也是其中一员。这些法国学者修改了草案内容，并向布鲁塞尔委员会提出了自己草拟的解决方案。他们不赞同美国提出的接纳所有曾参加史学大会的国家的方案，而提出应由国联学术合作委员会视情况自行召集此历史科学委员会的成员。后者应是临时组织，并与"各国"史学会单独磋商以决定其最终组成人员。这一方案表达的含义并不明确：这到底意指此前各届大会的所有参会国，包括德国和奥地利，都可以参加新建立的委员会，还是仅指那些组成了临时委员会的国家？"法国人的方案使局势颇不明朗"，利兰如是说。尽管法国方面略有抵触，他还是对"没有人就接纳德国人表示反对感到宽慰"。②

利兰与哈列基共同向大会提交了一份修订后的决议案，决议案的目的是使将来的国际组织具有更严格的"联盟"的形式。但无论如何，只有在完成了第一步，即创立一个国际委员会后，各方才有条件考虑此

---

① Leland papers, box 40.

② Leland to Shotwell, Paris, 6 April 1923, ibid., box 26.

问题。① 詹姆森在远方发挥影响，甚至连他都认为，这项计划在当时过于超前。他建议史学家从更实际的工作入手，比如在国际监督下重新出版年度文献集《历史科学年鉴》，并将此项目持续进行下去。这份刊物曾在德国出版，然而战争使其出版工作中断。《国际历史科学文献目录》便起源于此。

依惯例，下届大会的举办地通常由前一届大会决定。在布鲁塞尔大会上，大家都知道会址的选择将会提前决定获允与会的人选。阿姆斯特丹、雅典、奥斯陆和华沙都向大会发出了邀请，此外，哈列基和利兰还推荐了学术合作委员会驻地日内瓦。这些申请首先交由大会执行委员会处理，而执行委员会则由比利时组委会和选举产生的 7 个国家的大会主席组成，他们分别是：弗朗西斯·德·克鲁（Francis de Crue，日内瓦）、布洛尼斯拉夫·邓宾斯基（Bronislaw Dembiński，华沙）、加塔诺·德·桑克蒂斯（Gaetano De Sanctis，都灵）、特奥费尔·欧莫勒（巴黎）、詹姆斯·T. 肖特韦尔、托马斯·F. 图特（曼彻斯特）和保罗·维诺格拉多夫（牛津）。

相比于组建一个国际史学委员会，与会学者更加关心下一届大会地 83 点的选择。根据利兰记述，这成了"争取大会举办权的一场大战"。② 毕竟，奥斯陆的邀请已经提到布鲁塞尔大会的讨论桌上，它欢迎"来自所有国家"的学者！从第一天起，科特就迫切地寻求同盟。英国人一开始就偏向于奥斯陆，而美国人则更青睐日内瓦。然而在科特看来，日内瓦似乎不太合适，因为下届大会不应再度在法语国家举办。再者，法国人、瑞士人如此倾向于战争中的同盟国，使日内瓦不再是从前的中

---

① 1923 年布鲁塞尔会议 "Projet de statuts pour une Union internationale des sciences historiques" 全文见 *Compte rendu*, pp. 533ff. 另据哈列基代表波兰历史学会的发言。哈列基强调了波兰对促成国际历史学会理事会建立的贡献——通常认为只有美国对此做出过贡献，参见 "VI Międzynarodowy kongres nauk istoryczny"［The VI. International Congress of Historical Sciences］, *Przegląd Powszechny* 180（1928）：115f. 亦可参考 Halecki, "V Międzynarodowy kongres historyczny"［5th International Historical Congress］, *Kwartalnik historyczny* 37（Lvov, 1923）：262。

② Leland to Jameson, 20 April 1923, Jameson papers, file 993；另见 Koht, *The Origin*, p. 3f。

立城市。瑞士人退缩了，他们虽未发出邀请，但如有要求，他们仍十分愿意举办大会。最后，美国人改变了意见，转而支持奥斯陆。尤其重要的是，甚至最初属意日内瓦的比利时人也在后来与美国人一道支持奥斯陆。三位大会主席，比利时人皮雷纳、英国人图特、美国人肖特韦尔——用科特的话说——"都对奥斯陆与（选取会址的）国际性考量"表示了支持。

奥斯陆最大的竞争者是华沙。维也纳被排除后，波兰人邓宾斯基与负责编纂《国际文献目录》的法国人欧莫勒，都倾向于华沙。然而波兰首都并非中立城市，美国人和英国人都拒绝了这一选择。大会主席英国人维诺格拉多夫认为，奥斯陆十分具有吸引力，然而他也担忧五年后将两个敌对阵营的史学家聚集在一起是否正确。在华沙希望破灭后，法国希望雅典加入竞争。然而，此时执行委员会中奥斯陆的支持者同意来自西班牙、意大利、爱沙尼亚的学者与会，并指出要么接受挪威的邀请，要么就推迟地点选择。

由于布鲁塞尔没有就是否接受奥斯陆的邀请做出明确决定，关于下届大会举办地的争论以及大会的国际性问题将交由新的国际委员会讨论决定。利兰对此尤为关切。在与皮雷纳和图特长期讨论后，他准备修改提案，向反对派妥协，并接受热切希望挽救整个局面的意大利人加塔诺·德·桑克蒂斯提出的推迟方案。[①] 未来的委员会不应如草案中拟定的那样，由国联在日内瓦的学术合作委员会任命，而应由布鲁塞尔大会执行委员会在合作的基础上临时组成。新的委员会应仅从曾参加过大会的所有国家的代表中产生，这是利兰在动议中明确提出的条款，用以取代的条款则更为灵活：即要求尽可能使委员会能够代表所有国家。但这个建议也遭到了执行委员会的反对。美国方面就执行委员会此举可能导致的后果做了明确表态。利兰说："肖特韦尔最后说，除非采取类似举措，否则他会保留美国不参加下届大会的权利。"他继续道："此后所

① 另见 1924 年 5 月 15–16 日德·桑克蒂斯就布鲁塞尔会议给教育部长（Minister of Public Instruction）的报告：De Sanctis papers, Congresso storico internazionale.

有代表都对是否参会产生了迟疑。"① 大会最后一天，大会执行主席詹姆斯·T. 肖特韦尔展示了关于创立国际历史科学委员会的提案：

> 几份关于建立一个永久的国际科学委员会以及实行历史学的国际合作的计划，已经呈交给第五届国际历史科学大会。大会决定成立一个国际历史科学委员会。
>
> 第五届大会的国际执行委员会应临时保留，负责与各国史学会协商，以建立一个尽可能包括所有国家的委员会。
>
> 第五届大会国际执行委员会以及将要接替它而需尽快成立的委员会，负责在 1926 年 5 月 15 日之前，确定下届大会举办地。
>
> 第五届大会国际执行委员会以及将要接替它而需尽快成立的委员会，应仔细研究由第五届大会向其呈交的提议，或者它赞同的、由一些有资质的机构提出的明智的建议。②

这次会议上又出现了针对普世性原则的抵制。科特和一位荷兰观察员在报告中写道，一系列与会者，尤其是法国人与比利时人反对"邀请所有国家"的方案。然而肖特韦尔和皮雷纳"成功地平息了酝酿中的风暴"。③ 皮雷纳在采取干预手段说服反对者时既强悍有力又保持高度克制，这令科特深感震撼。最终，邀请所有国家的动议投票经以绝对优势获得通过。由此，组建国际历史科学委员会迈出了决定性的第一步。

如果要问谁的贡献最大，那么美国人詹姆森、肖特韦尔、利兰以及挪威人科特必在此列。科特和利兰贡献尤为杰出，他们在布鲁塞尔谨慎而老道地推进了他们的事业。利兰不无自豪地向詹姆森报告："皮雷纳似乎认为，美国人二月干涉的影响至深。他不断对我说：'是你拯救了

---

① Leland to Jameson, 20 April 1923, Jameson papers, file 993.
② Text in Congress Brussels 1923: *Compte rendu*, p. 470.
③ M. S. de Boer in Tijdschrift voor Geschiedenis 38 (1923): 304.

大会。'"① 亨利·皮雷纳在整个过程中一直是核心人物。这并不是因为他积极推动新发展，而是他的首肯为构建一个在国际机构基础上组织的史学大会扫清了障碍。他时常被认为是国际历史科学委员会的创始人。② 然而皮雷纳在自传中写道，直到 1927 年，他才赞同德国史学家参与下届大会。这两种说法都不准确。③ 当然，有人可能会问，他反复宣称乐于在未来（如果在布鲁塞尔大会尚未提出）邀请德国与匈牙利学者，这种表态是否只是在特定讨论中采取的策略。然而这种猜测毫无根据。显然，再也没有什么比这种强加于皮雷纳及其祖国的不公之辞更令人失望。他在回忆录中说，这种子虚乌有的传言影响了他在德国的形象，他不仅要忍受不公，还要忍受知名学者在耶拿与克鲁茨堡对他的示好行为背后所隐藏的欺骗与卑劣态度。④ 他确实动用了自己的政治、学术声望，为尽快重建国际史学大会的普世性扫清了道路。这种说法更具有说服力。然而众所周知，他对此并不愿意，所以只是在众人认识到学术国际性的必要性时，他的态度才能发挥决定性的作用。

　　战争不仅使史学家的国际合作难以进行，也强烈地冲击了史学家对自身专业及其对公众生活影响的认识。世纪之交时提出的以史学促进国际理解的期望是否已成为一种幻觉？史学家是否批判地反思了他们的方法论？皮雷纳在集中营里一直独自长久地思考这些问题。他在布鲁塞尔大会的开幕致辞《历史学中的比较方法》中回答了这些问题。⑤

　　这个构想成为此后的发展规划。它延续了巴黎史学大会以及帕斯卡尔·维拉利于 1903 年罗马大会开幕致辞的主题。皮雷纳有意识地继续战前的努力，促进历史学的全球性和科学性。他特别提到亨利·贝尔，

---

① Leland to Jameson, 20 April 1923, Jameson papers, file 993.

② M. Lhéritier, "Henri Pirenne et le Comité International des Sciences Historuques" (speech, 1932), in *Henri Pirenne, Hommages et Souvenirs*, vol. 1 (Brussels, 1938), pp. 88 – 89.

③ Lyon, *Pirenne*, p. 294.

④ Pirenne, *Souvenirs*.

⑤ "De la méthode comparative en histoire," in Congress Brussels 1923: *Compte rendu*, pp. 19 ff.

以及贝尔的《人类的演化》和《历史综合评论》。① 这次演讲成为大会上一次精彩的学术活动并不仅仅因其文采飞扬。演讲之所以影响深远、持续至今，在于皮雷纳为因战争堕落的史学界举起了一面镜子："这在良心上是一个多么大的道德困惑！这是一个多么大的思想困惑！"他呼吁一场根本性的变革，这并不仅针对他曾严厉批评的、来自从前敌对国家的史学家。他批评整个史学界都在为各自的民族利益服务，违背了公正的基本信条；他直言，学界忘记了国际史学大会成立的根本意义，即"学术无国界"，这种批评可谓一针见血。这是一位史学家曾说过的话，但如今他已成为其祖国的民族英雄，为本国同胞的利益而探索、解读、呈现历史。正如皮雷纳所说，史学家的个性与其研究课题密不可分。这既不可避免，也完全合理："如果他研究本国历史，他怎么可能忘记这86是他的祖国；如果他研究自己信仰的宗教的历史，那么这就是他信仰的源泉；如果他研究自己所属的党派的历史，这个党派怎会不要求他的忠诚？"

皮雷纳认为，这种知识上既存的利害关系是应当尽早打破的偏见。他特别坚决地批评民族主义者的种种偏见，这种偏见与种族观念相关，但他认为这些种族观念在科学和道德上都是站不住脚的。此外，这种评论直指德国在战争中的弗莱芒独立行动。② 总而言之，他反对鼓吹民族优越感和强者生存的民族达尔文主义。在他看来，在战时文献中关于"种族"的历史认识同样不可接受。根据这种观念，民族是历史发展的产物，然而一旦他们形成自身的独特性，他们就会被理解为不受外部条件影响独立发展、只遵循自身根本性法则的种族。③

这并不是说皮雷纳否定了"民族独特性"的说法。然而他是在追问人类的灵魂、本质、民族个性等集体意象背后隐藏着何种有关他们的确凿而脆弱的事实。在皮雷纳看来，比较方法的意义正在于此，它通过

---

① In a number of notes in the printed text of the speech.

② Lyon, *Pirenne*, pp. 316 ff.

③ 继兰普雷希特之后，约尔加在 1938 年苏黎世大会上阐发了种族的概念。

检视地理、经济、社会现象以及文化条件等相对普遍现象，以揭示短期的趋势、变化和独特性，也因此得以揭示各国发展的独特性。"没有普遍性就没有科学"成为了历史主义中反个性论调的常见口号。这是否意味着社会学取代了历史学？皮雷纳否定了这一观点："毫无疑问，社会学确实为历史学提供了诸多便利。目前为止，社会学提供了有用的、颇具挑战性的、成果丰硕的假设，但我们也不能忽视，除此之外，它所提供的极少，且所受制约颇大，难以作为历史学发展的基础。"

因此，即使皮雷纳把战争对史学的影响比作"世界性的大灾难"，他也不再考虑在自己的学科内践行一场革命。他在布鲁塞尔的演讲中所定义的"科学"概念，是基于分析和归纳的经典二分法，是批判地采集事实并分析因果关系。他说，前者是一个博大精深的领域，需要借助于辅助科学、史料考证和版本学，如果没有这些，历史就只能是文学的一个分支而不是一种科学。克罗齐在罗马也曾表达过类似观点，同时伯恩海姆与莫诺在就历史方法论所出版的广为流传的教科书中也提出了类似的观点。后者——因果分析、推理综合，亦即"历史建构"，在哲学与社会学中均无法获得。因此，他转而提出了"比较研究"这一颇有前景的概念。这个术语的具体含义是通过比较民族学——尤其是埃米尔·涂尔干的研究——所展现的。这在 1900 年巴黎国际史学大会的艺术史、文学史的领域上已有所表现。而且，中世纪研究，特别是皮雷纳的研究，为封建制提供了多种研究模型。在布鲁塞尔大会上，皮雷纳在演讲中展示了一个比较墨洛温时代与加洛林时代的方法，这个论点引起了多普施①与其他学者的分歧。随后这个问题在奥斯陆大会上得到了更详细的讨论。

"比较方法"的宣言所释放的热情也使人们误解了皮雷纳的思考。亨利·塞（Henri Sée）就是一例，他认为，皮雷纳的演讲证实了自己

---

① "Un contraste historique: Mérovingiens et Carokungiens," in Congress Brussels 1923: *Compte rendu*, p. 97f. 另外参见 chapter 9, note 14。

关于农业社会的年代与地理的比较研究。他认为，皮雷纳演讲的论点可
使史学成为"一门真正的科学"，并有能力解释我们社会演化的意义，
但他实际上误解了皮雷纳。① 皮雷纳认为经验主义史学研究绝不可能得
出关于历史意义的科学结论。他甚至时常认为，"将史学看作完全意义
上的科学太过天真"。② 更准确地说，若保留"科学"这一术语，他认
为史学是"观察的科学"，与"实验科学"不同。③ 任何情况下，皮雷
纳的生活与工作都与先于科学的、潜藏于其历史综合理论之下的个人道
德与政治观念取向密不可分。最好的例子莫过于他对祖国比利时的历史
的经典叙述。

考虑到方法论问题在学术研究中的重要性，大会组织委员会为"史
学方法与辅助科学"设立了特别讨论会。讨论会上，伦贝格大学教授、
杰出的波兰经济史学家弗兰奇采克·布贾克（Franziszek Bujak）在《历
史学中的综合问题》④ 一文中在更大的背景中解释了比较方法。在这篇
由他人代为宣读的文章中，他以一个后来扩展到一般性假设的论点开始
了论述。由于历史学以人类学为基础，大规模的生物、心理、经济、社
会以及政治特征有规律地反复出现。这些因素否定了所谓的历史发展的
总体规律，然而，如果能给它们做系统的定义和分类，它们就能够解释
历史事件的结构性条件，并在很大程度上能解释历史事件本身。因此有
必要就历史概念建立一个系统的目录，然后，再通过广泛的比较研究来
检验其内容。

---

① H. Sée, "Remarques sur l'application de la méthode comparative à l'histoire économique et so-
ciale," *Revue de synthèse hidtorique* 36 （1923）：37 – 46.

② 引自 1898 年 3 月 16 日法国历史学家普罗，见 B. And Mary Lyon， "Maurice Prou, ami
de Henri Pirenne," *Le Moyen Age* 71 （Brussels, 1965）：71 – 107， here p. 96。

③ Ibid. , p. 97, note 52.

④ "Le problème de lq synthèse dans l'histoire," Congress Brussels 1923；*Compte rendu*,
p. 403f. ；complete text in *La Pologne au V Congrès International des Sciences Historiques*, published by
Comité National Polonais du V Congrès d'histoire （Warsaw, 1924）［hereafter Congress Brussels 1923：
La Pologne］. On Bujak, see St. Arnold， "En Pologne：un maitre, une école," *Annales d'histoire
économique et sociale* 5 （1933）.

　　布贾克没有考虑历史概念本身的历史性，最近也有研究强调这一
点。[①] 他站在与新康德主义者尤其是海因里希·李凯尔特相反的观点上
88 构思自己的论文，他也没像新康德主义者那样在研究独特现象的社会科
学与研究普遍规律的自然科学间做出区分。他赞同法国哲学家埃米尔·
布特鲁（Emile Boutroux）与亨利·柏格森（Henri Bergson）的"世界
上所有的现象都是个别现象"的观点，认为自然科学中的独特现象并
不比人文社会科学中的要少。布贾克在反对李凯尔特的论述中并未考
虑到，对于李凯尔特而言，社会科学不同于自然科学的特征在于下述
认识，即历史对象由其与价值关系所构成。这是一个更为细化的视
角，但布贾克仍未意识到自己的理论是对已有的史学研究成果和业已
证实的研究方法的反动。布贾克本人没有立刻下判断，而是邀请其他
史学家检验自己的新方法："即使今天有人说我们是在以科学的方法
研究历史，我们仍需指出史学的科学性低于自然科学，甚至低于某些
人文科学。我们至多可以将其与林奈（Linné）之前的植物学、拉马
克（Lamarck）之前的动物学以及莱尔（Lyell）之前的地质学相提
并论。"

　　亨利·贝尔在布鲁塞尔也谈到了历史综合方法。[②] 即便这个概念并
未被视作一种有优势的方法论规则，但皮雷纳的演讲以及整个大会对此
概念的强调仍令这位《历史综合评论》的主编深感欣慰。然而，他也
认为这个术语的所指仍不精确。他认为需要指出的是，在很大程度上，
德国各大学的学者正在研究历史综合的问题，尽管这些研究是在诸如历
史实践、历史理论、史学研究概论或历史哲学等不断变化的标签下进行
的。由此，贝尔强调了德国学界对与具体内容相关的历史哲学和形式的

---

　　① 参见 R. Koselleck, Introduction to *Geschichtliche Grundbegriffe*：*Historisches Lexikon zur politisch - sozialen Sprache in Deutschland*, ed. O. Brunner, W. Conze, and R. Koselleck (Stuttgart, 1972).

　　② "La synthèse en histoire," brief abstract in Congress Brussels 1923：*Compte rendu*, p. 405; for a more thorough presentation, see H. Berr, "Le Ve Congrès International des sciences historiques (Bruxelles, 8 - 15 avril) et la synthèse en histoire," *Revue de synthèse historique* 35 (1923): 5 - 14.

历史哲学，即哲学与历史认识论之间所做的区别。即便德国人并没有参与布鲁塞尔大会，其科学上的成就也不容忽视。贝尔在自己的评论文章中批判地考察了"比较方法"这一概念。他相信此概念是合理的，但也必须具体问题具体分析。简单的比较，即探索在发展过程中不同群体与不同年代的某种相似性，是不够的。这种方法反映了一些史学上的问题，但并未就这些问题提出解决方法。他不仅思考了比较方法，也对历史中的有规律的重复做了考察："科学的综合方法主要识别出长时期影响历史的那些因素，准确界定这些因素的本质的准确定义以及二者间的联系有关。因此，我们不能把模式建构，即宽泛的论断，与对原因的探讨混为一谈"。

在贝尔看来，关键在于用一些连续的、反复出现的历史因素作为重要的解释性因素。贝尔同意布贾克的观点，并认为它指明了正确的方向。他正在构思一种"历史理论"。它既不是一个不关注具体历史事件的猜想，也不会被自然科学误导而试图在动态的过去中寻找死板的绝对规则。

波兰史学家让·斯坦尼斯拉夫·莱温斯基（Jean Stanislaw Lewinski）89 从他对经济史的研究中发展出的理论概念也指向了同一方向。① 莱温斯基提出了"经济史是否由规律决定"的问题，但他并不期待过于武断的答案。他利用对经济史进行比较研究的材料，重新回到格奥尔格·冯·贝洛夫提出的问题与方法上。② 俄国与德国的研究突出呈现了不同区域的农村与城市的历史发展阶段存在着相似性，而他对此特别感兴趣。他超越了简单对比的层面去寻找相似现象的原因，并认为许多因素，例如人口增长、土壤质量以及最低支出原则等，都在各地作为决定性因素发挥作用。他对理论与经验研究间关系的思考，可概括为这句话："建构这个理论使我们意识到比较方法和所有普遍概括的危险之

---

① J. S. Lewinsky, "L'Évolutionéconomique est – elle déterminée par des lois?," Congress Brussels 1923: *Compte rendu*, p. 288f.；1923 年布鲁塞尔会议全文参见 *La Pologne*, pp. 171ff。

② G. V. Below, *Probleme der Wirtschaftsgeschichte: Eine Einführung in das Studium der Wirtschaftsgeschichte* (Tübingen, 1920), pp. 7ff.

处。只有通过长期而耐心的经验研究，我们才能知道经济发展的基本特征是否可以总结为几个简单的因素。"

　　除了布贾克、贝尔与莱温斯基，在关于方法论的讨论会上，关于历史学的原因和理由，见仁见智，不同意见类似一个五彩斑斓的调色板。文献学院学者、参与创立并偶尔参编法国《历史学》的古斯塔夫·法格尼兹（Gustav Fagniez）表示，他对法国史学研究现状感到满意，战争最终全面反映出了史学对于国家的意义。他以明显的政治口吻评论到，战争揭示了"民主制无法改变的虚弱性"。然而，战争也让爱国主义回归到其根本原则，即保护自己的土地、家园、国家，从而使人们更加公正、公平地对待早期历史，直面"父辈"。[①]

　　与这种民族主义的历史观念不同，比利时文献与国际交流中心主任尤金·巴沙（Eugène Bacha）则支持决定论，他认为同样的政治发展历程基本会出现在所有国家，"不同国家的历史，就是由相同的发生学观点产生相同的典型事件序列。"[②] 他认为民族史的"创制法则"（law of creation）也适用于艺术史与哲学。他的辩证法颇类克罗齐，并在相关论述中将上述民族史、艺术史和哲学的基本模式描述为一种"矛盾观点的有序序列"。自这个角度出发，他认为皮雷纳对历史的解读过于唯物主义，并没有充分考虑思想动因。[③] 但这种回溯到唯心主义历史哲学的历史解读，在布鲁塞尔似乎并未收到任何值得注意的回应。

　　波兰哲学家瓦拉迪斯拉夫·M. 科茨洛夫斯基（Władysław M. Kozłowski）在题为《思想对历史的影响》的报告中呈现了另一种对历

---

　　① G. Fagniez, "Les variations de l'esprit public et les historiens en France," Congress Brussels 1923: Compte rendu, p. 399f.; 全文见 Revue Universelle (Paris, 1923)。

　　② E. Bacha, "Les multiplesévolutions politiques sont déterminées par une loi," Congress Brussels 1923: Compte rendu, p. 402f.; 更具体版本参见 E. Bacha, La Loi des Créations (Brussels/Paris, 1921)。

　　③ On Bacha's critique of Pirenne, see Lyon, Pirenne, p. 297, note 26.

史的唯心主义解读。① 他并没有以唯心主义本体论的形式展开论述。他 90
的启迪来自启蒙哲学的主观主义和自由民主派对进步的认识。在对法国
哲学家拉孔贝（Lacombe）思想的批判分析中，他宣称："思想与理想
是最重要的历史事实。它们的影响大于所有其他因素……一个能够引导
改革活动的复杂的社会历史问题，并不是对虚构的社会规则的探索，而
是对社会思想的发展与传播条件的研究。"他通过列举法国与波兰近期
历史中的事例来阐述这一观点，以此来斥责非人道的俄国革命以及德国
"野蛮行径"的黑暗时代背景。

其他与会者认为，种族观念是理解人类境况的关键。罗马尼亚人巴
隆·莱卡（Baron Lecca）显然不为皮雷纳在开幕式演讲中的警告所动，
毫不犹豫地将种族差异作为欧洲不同国家的根本。莱卡自认为已知悉从
何处寻找有价值之物，并发表了与戈比诺伯爵（Count Gobineau）的
《人种不平等论》及休斯顿·斯图尔特·张伯伦的《十九世纪的基石》
一致的观点。他说："白人才是真正的欧洲人种……是原始的、本土的
民族。"② 罗马尼亚人所属的色雷斯人种，则是白人与地中海地区的一
些人种混血而成的。

然而法兰西公学院教授乔治·布隆代尔（Georges Blondel）以及众
多德国经济社会史方面的论者都认为，"日耳曼诸民族"这种说法非常
可疑且不值得提倡。布隆代尔将此归结为这些民族的"不同自然倾
向"。他也认同兰普雷希特的观点，即应从集体心理因素解释民族史，
兰普雷希特曾经为布隆代尔所尊崇，其著作《德国史》也由布隆代尔
翻译成法语。在布鲁塞尔，布隆代尔在一篇关于德国思想状况的报告中

---

① W. M. Kozlowski, "L'action des idées en histoire," Congress Brussels 1923: *Compte rendu*, p. 402f.；全文见 Congress Brussels 1923: *La Pologne*.

② Baron Lecca, "Les anciennes races Europeénnes et le substratum des nations modernes," Congress Brussels 1923: *Compte rendu*, p. 419f.；idem, "Sur la vieille race européenne des hommes blonds," in *Bulletin de la Société royale belge de Géographie* (Brussels, 1923).

充分发挥了他的种族主义想象。[1] 他基于日耳曼人较差的民族素质，将整个德国史视为大众堕落的历史。接踵而至的"热烈讨论"所揭示的更令人不悦：到 12、13 世纪，德国哲学已有"从众特征"（herd character），归根结底，德国人只是在夸张地模仿外国哲学家的思想。比利时文献学家阿尔弗雷德·汉希（Alfred Hansy）以及荷兰史学家范·拉尔特（Van Raalte）通过比较性的点评——"帝国主义统治世界的野心并不仅存在于德国，也存在于每个足够强大的国家"——反驳了这种哲学上的夸大其辞。[2] 在一份大会报告中，一位苏格兰史学家也批评了布隆代尔针对德国的自以为是的谴责："毫无疑问，这种概括有一定的合理性，但这并不是全部事实，总结 7000 万人的心理是一个不现实的任务。另外，这样的民族主义教育在所有民族中或多或少都存在，沙文主义与军国主义并不只是'德国制造'。"[3]

91　　　哈尔夫丹·科特在考察文艺复兴的多种解释模式时正确地评论道："我们必须时常抱着怀疑的态度观察，那些宣称要从种族与民族的各个方面来解释既定历史事实的理论……把民族视为历史的主要动力比任何其他理论更能引起争端。"与其社会主义信仰相一致，科特将文艺时期的个人主义解释为中世纪后期资本主义发展的产物。[4]

　　地理学可能是历史学最重要的辅助科学，这是夏尔·佩尔加梅尼（Charles Pergameni，布鲁塞尔）报告的主题。他呼吁重视吕西安·费弗尔（Lucien Febvre）在其前沿著作《大地与人类演进》中所定义的"人文地理学"，该学科的基础是拉采尔（Ratzel）与费弗尔的老师维达尔·德·白兰士的理论。佩尔加梅尼参考费弗尔的做法，将历史的人类地理学——一个探索人与环境的互相影响的学科——与片面的强权决定论做了

---

①　"L'évolution de la mentalité allemeandeà l'époque contemporaine," Congress Brussels 1923：*Compte rendu*，p. 325f.；complete text in *Revue militaire générale*（Paris，1923）.

②　Congress Brussels 1923：*Compte rendu*，p. 326.

③　参见第 112 页注释 1。

④　H. Koht，"Le problème des origines de la Renaissance," *Revue de synthèse historique* 37 (1924)：107－116，here p. 109.

区分，关于后者的研究后来被称为地缘政治学。①

除了这些论文，在关于历史研究方法的讨论会上出现的一系列报告也涉及历史辅助科学这一传统主题。参与历史方法论讨论的学者都认为这一主题颇有价值。在哈列基的提议下，他们遵从了贝尔的建议，将在下一届大会对理论、方法论、历史综合等问题给予适当的关注。②

年鉴学派未来的两位重量级人物——吕西安·费弗尔和马克·布洛赫（Marc Bloch）在布鲁塞尔第一次登上了国际历史科学大会的舞台，这在史学史上是极其重要的一个事件。他们自 1920 年开始在斯特拉斯堡大学担任新成立的人文学系教授。他们就自己研究的一些界定清晰的题目以及方法论问题做了报告。在中世纪研究讨论会上，布洛赫研究了"什么是采邑？"的问题。他认为，法律的界定就像社会将采邑这一概念描述为"对骑士的封赏"一样无法令人满意。他认为，从经济角度说，这个词汇包含着其在中世纪晚期的用法："对封地最准确的定义似乎是：封地是借来的资产，其中也包含了附庸需履行的具体义务；一般来说，尤其是起初，这种资产是地产，尽管情况并不总是这样。"

这一解释引起了多方反对。布洛赫尖锐的回应显示了他的历史研究特点，这种特点后来便决定了他诸多大作的风格。他是否对中世纪晚期给予了过多关注，如果从头开始研究，他是否会做得更好？如果将研究范围限制在法国，是否会更加完善？不，布洛赫回应道："当下信息状况既不可能只研究一个国家——在中世纪很难划分一个国家的界限——也不可能从其源头开始我们的研究；我们必须从典型的封建主义入手来 92 追溯其源头。"③ 这意味着将对一些现象的历史发展状况做广泛分析并研究其根源，以替代传统的研究方法。这意味着国际范围内的比较研究

---

① 1923 布鲁塞尔会议：Conmpte rendu, p. 441f；全文参见 "Gépgraphie historique et géographie humaine," in *Bulletin de la Société royale belge de Géographie*（Brussels, 1923）。

② 参见 Halecki, "V Międzynarodowy kongres," p. 262。

③ Congress Brussels 1923：*Conpte rendu*, pp. 103ff.

不再限于一个国家。然而布洛赫并不将此作为方法论的金科玉律，于他而言，这个方法是他解决具体历史问题的经验总结。在 1928 年奥斯陆大会上，[1] 他进一步深化了曾在布鲁塞尔详细论述过的问题。这在他关于封建社会的经典著作中有非常充分的论述。[2] 在另一篇文章中，他对"施行圣事的诸王"这一主题做了更深入的研究，其成果后来很快出版了，成为中世纪心态史领域的拓荒之作。[3]

与布洛赫在他的演讲中讨论封地概念相似的是，吕西安·费弗尔也阐明了他在尝试定义一个具体的、历史的、有影响力的概念——普遍君主制——的过程中所遇到的方法论问题。[4] 他的演讲摘要由一系列问题构成，这些问题揭示了他尝试划分此概念的意图，它们对"理解现代世界具有重大意义"。这些问题较为关注对重大政治事件起决定性作用的"半流行、半科学的思想"，而对中世纪向现代社会转变过程中的政治理论的关注则较少。与布洛赫对"国王愈疾神力的信仰"的研究类似，这一系列问题指向了后来被称为心态史的研究领域。

一场关于一个期刊项目的生动讨论由费弗尔与布洛赫共同发起并得到了皮雷纳的支持，此后他们在斯特拉斯堡频繁的学术讲座中经常会面。费弗尔、布洛赫以及《历史综合评论》编辑亨利·贝尔都十分敬重皮雷纳，认为他为新的历史研究方法铺平了道路。在认识到历史学将迎来新的曙光以及法国对赎回的阿尔萨斯的文化责任后，这两位来自斯特拉斯堡的史学家欲以全新的期刊，与格奥尔格·冯·贝洛夫和卢多·莫里茨·哈特曼的《社会与经济史季刊》展开对话。与这份 1914 年前

---

① 参见本书页边码第 127—129 页。

② M. Bloch, *La Société féodale*, 2 vols. （Paris, 1939, 1940）.

③ "Une contamination de croyance: les rois de France, guérisseurs d'écroulles, saint Marcoul et les septièmes fils," Congress Brussels 1923: Compte rendu, p. 315ff.; M. Bloch, *Les Rois Thaumaturges* （Paris, 1924）.

④ "L'idée moderne de domination universelle," Congress Brussels 1923: *Compte rendu*, p. 328f.

一直占据领先地位的、过于传统的德国期刊相反，新的期刊应通过对新方法的讨论以及广泛、先进的研究信息，吸引年轻一代史学家。总而言之，计划中的《国际经济史研究》将"成为由不同国家学者参与的一个真正的国际性期刊"。[①] 他们希望皮雷纳担任主编，但他婉拒了这个邀请。然而创办一个真正的国际性期刊的设想终归会实现，在布鲁塞尔大会上，这一计划便成为现实。

费弗尔似乎因其战后（敌对的）心态过分曲解了《季刊》[*] 的形象，仿佛该刊对国际合作的期待仅限于"以邀请的方式，间或允许部分外国学者参与合作"。[②] 事实并非如此。自 1903 年《季刊》第一次出版直到战争爆发，刊物主编包括了好几位外国史学家，他们是乔治·埃93斯皮纳斯（Georges Espinas，巴黎）、朱塞佩·萨尔维奥利（Giuseppe Salvioli）、亨利·皮雷纳（根特）和保罗·维诺格拉多夫（牛津）。同时，它也出版了许多外文文章，虽然这种态势随着战争逼近而有所减弱。第一卷揭示了该刊意图所在。皮雷纳用法语写有关中世纪社会统计问题的导论性质的文章。此外，还有三篇来自法国、一篇来自意大利、一篇来自英国的论文，另有六篇法国与意大利的札记，都用各自语言撰写，其中两篇为法文，两篇为意大利文。的确，与战前情况相比，出版战时和战后情况，确实表现出一种退步。除了经济原因，与德国史学家合作的意愿也由于根深蒂固的保守思想而进展缓慢。因此吕西安·费弗尔希望将

① "Project de création d'une Revue internationale d'histoire économique," presented by Febvre, De Sanctis papers, Congresso storico internazionale；参见 Congress Brussels 1923：*Compte rendu*, pp. 291 – 293. 大会前与皮雷纳就该问题的通信，参见 Lyon，*Pirenne*，p. 339；关于 1928 年年鉴杂志创刊，参见 P. Leuilliot， "Aux Origines des ' Annales d' histoire économique et sociale ' (1928)：Contribution à l'historiographie française," in *Méthodologie de l'histoire et des sciences humanines. Mélanges enl'honneur de Fernand Braudel* (Toulouse, 1973)，pp. 317 – 324. 关于拟办刊物成立的政治和史学背景，参见 Ch. – O. Carbonell and G. Livet, eds., *Au Berceau des Annales*：*Le milice strasbourgeois. l'histoire en France au débutdu XX siècle* (Toulouse, 1983)。

* 即《社会与经济史季刊》——译者注

② 参见 Febvre's exposé in the economic history section of the Congress, Congress Brussels 1923：*Compte rendu*，p. 292。

期刊计划的参与者限制在国际历史大会与会国的史学家中。① 费弗尔的建议招致了在布鲁塞尔为此期刊项目而成立的专门委员会的激烈反对，委员会中的荷兰成员提出期刊应具有"一种明确而完整的国际化特点"。② 最后，委员会也确实废弃了费弗尔的限制方案，决定期刊应对所有国家的学者开放。③

然而，这个计划没有按照两位斯特拉斯堡史学家预想的成为现实。正如费弗尔所言，这是因为皮雷纳试图勾起国联各机构对这个想法的兴趣。④ 然而，"计划沉入了日内瓦海岸泥泞的海滩"。但计划将期刊与筹备中的国际历史科学委员会间建立联系起来的计划并没有在日内瓦彻底失败——相比之下，从华盛顿传来的消息更不乐观，因为国际历史科学委员会未来从洛克菲勒基金处资助的希望落空了。这是因为美国方面提出，期刊应完全以国际合作的方式编辑。⑤ 然而这一点并不符合当时的文化、政治情况，也不符合斯特拉斯堡方面的创刊目的。毕竟，皮雷纳作为《季刊》前任编辑之一以及新期刊计划的倡导者，已与德国学术界分道扬镳。⑥ 最终，在五年后的奥斯陆大会上启动并于1929年正式创刊的《年鉴》（Annales）像《季刊》一样，由一国学者编辑、面向国际的期刊，尽管二者在方法论上的关注点并不一致。

---

① 参见 Febvre's exposé in the economic history section of the Congress, Congress Brussels 1923: *Compte rendu*, p. 292.

② Congress report by M. S. De Boer, *Tijdschrift voor Geschidenis* 38 (1923): 304.

③ Congress Brussels 1923: *Compte rendu*, p. 303.

④ L. Febvre, Combats pour l'histoire (Paris, 1953), p. 398.

⑤ 这一结论根据1924年3月4日利兰致巴黎皮雷纳的信件得出，见 Leland papers, box 24。在这封信中，利兰讨论了关于资助《国际参考文献目录年鉴》《国际经济史研究》（季刊）的看法：这两个项目……我想……可以向洛克菲勒基金会的托管人以建议的形式寻求支持。但我确信，寻求支持还需要满足一些条件，其中很关键的一点是确保学术事业通过一种完全的国际合作来展开，也就是说，德国学者在学术事业的发展方向上有他们的代表。这就要求《国际经济史评论》的编委会中应该有一名德国成员。

⑥ H. Pirenne, "De l'influence allemande sur le mouvement historique contemporain," *Scientia: Rivista Internazionale di Sintesi Scientifica* (Bologna, 1923): 173 – 178.

历史研究的国际性，也意味着要努力扩展以欧洲为中心的大会议题，使之建立在普世的基础之上。布鲁塞尔大会就有这种迹象。那些拥有国际化思维的美国学者，尤其是利兰，将先前被忽视的"美洲大陆史"引入了大会。大会上还有专为"东方史"设立的讨论会，涉及古代小亚细亚、中亚、东亚和印度文化圈的问题都在这里得到了讨论。但这个讨论会还有另外一个特点，在它的 15 篇论文中，只有一篇。该文 94 对阿育王（Asoka）的敕令相关的概念进行了解读。由非欧洲人士——一位印度人提交。

最后，国际性准则也要求探索一条客观、科学地分析世界大战的道路。布鲁塞尔大会为"关于大战期间世界历史的文献资料"这一议题单独设立一个讨论会。其间，皮埃尔·勒努万、瓦尔多·利兰以及其他出席大会的学者的多篇报告以专业、客观的态度，收集、组织、鉴别并评价了与战争相关的史料。[1] 詹姆斯·T. 肖特韦尔就由卡内基基金会发起的社会经济史项目做了报告。一位比利时档案专家详尽地综述了德国关于世界大战历史的文献藏书问题提交了一份详尽的调查。

此时，战争的记忆仍然鲜活，而鲁尔区又爆发了新的冲突，* 那么聚集在布鲁塞尔的史学家们除了编纂文献信息外，是否准备好以独特的学术方法继续研究战争期间的历史呢？伯明翰的查尔斯·R. 比兹利（Charles R Beazley）试图超越盛行的心态史，对战争起源进行研究。[2] 大会纪要仅用一句话提到，他就波斯湾的利益冲突问题发表了看法。大会纪要的寥寥数笔与比兹利论文的标题的巨大差异或许能够说明，把这位英国人的论调写入大会纪要确实带来了一些尴尬的情况。来自爱丁堡的苏格兰教授詹姆斯·麦金农（James Mackinnon）就布鲁塞尔大会发

---

① Congress Brussels 1923：*Compte rendu*，pp. 425ff.

* 即"鲁尔危机"。1923 年 1 月 10 日，法比联军 10 万人以德国不能按时履行《凡尔赛条约》规定的赔款义务进占鲁尔区，由此引发危机。——译者注

② "Some clues to the origin of the war of 1914," Congress Brussels 1923：*Compte rendu*，p. 445.

表了非常积极的报告，他的言论也许更加准确。^① 他提到，比兹利曾大
胆质疑将战争只归咎于参战一方的教条：

> 战争责任问题还不能从客观角度明确加以解决，因为完整的档
> 案证据仍藏于欧洲各个法庭。但现今已有人质疑同盟国逃避责任，
> 并支持另一种论点，即战争是欧洲旧政权的军国主义体系、而非任
> 何单一大国的意愿与行为的必然结果。另外，不论德国责任大小，
> 一些假设，譬如假设法国完全无罪，假设俄国一直在协约国中，又
> 或是假设各国应当承担多少责任，都是难以令人信服的。

对研究者而言，在立足于充足史料的史学研究得出可靠的结论之
前，如何摆脱依个人经历而形成的政治观念的影响，是一大挑战。一个
好的迹象是，至少在布鲁塞尔大会上，这个问题已经被提出，会影响接
下来数十年国际学界对"一战"起因的研究，而"二战"后也提出了
类似的问题，尽管其说法已有所转变。

英国的两篇论文谈到了战争结束与国联成立的问题。论文的提交者
95 是当时在利物浦的查尔斯·韦伯斯特以及在剑桥的哈罗德·泰姆普利。
两人都出席了 1913 年的伦敦大会，并且日后在拿破仑战争以及"一
战"后欧洲外交政策的研究中取得了一定成就。他们在布鲁塞尔大会
的报告充分运用了比较研究方法，就维也纳会议与巴黎和会、神圣同盟
与国联进行了对比。^② 泰姆普利的报告反映了对历史的一种谨慎的乐观

---

① The Glasgow Herald, 16 April 1923. 麦金农提交了一篇论文，参见 Mackinnon, "The
Claim of the English Church to Jurisdiction over the Church of Scotland in the 12th Century," Congress
Brussels 1923: *Compte rendu*, pp. 215ff。

② Ch. Webster, "The Congress of Vienna and the Paris Peace Confrence: A comparison and a con-
trast"; H. Temperley, "The Congress and Conference system and its breakdown." Both in Congress Brus-
sels 1923: *Compte rendu*, pp. 142ff. 全文见 in *The Congress of Vienna 1814 – 15 and the Conference of
Paris 1919. l. A comparison of their organization and results... By Proffessor C. K. Webster. 2. Attempts at interna-
tional Government in Europe; the period of the Congress of Vienna, 1814 – 15, and the period since the Treaty of
Versailles, 1919 – 1922. By H. W. V. Temperley*, Historical Association, Leaflet no. 56 (London, 1923).

态度：他说，神圣同盟之所以失败，是因为它不符合当时的形势，但国联做到了，并且"我们相信它将成功"。

对新方法的探索、质疑和自我批评都在布鲁塞尔大会上得到了展现，但它们并没有从整体上决定大会的特征。大会的 13 个讨论会包括 350 多篇论文，绝大多数论文仍自信地追随着传统史学研究方法的脚步。当我们研究整个主题列表时会发现，一些对历史理论的挑战是十分有价值的；这些论文可分四类：（1）对若干主题明确的研究所做的综述；（2）个案研究，尤其是讨论了作者所用的方法论的论文；（3）对经典话题提出全新解读的基础扎实的论文；（4）有关未来合作的前瞻性提议。在此仅列举少数例子。菲利普·萨尼亚克（Philippe Sagnac）和阿尔封斯·奥拉尔（Alphonse Aulard）就有关法国大革命的研究做了报告，卡尔·R. 费什（Carl R. Fish）做了有关美国史研究的报告。在讨论会上提交的、后来发展成为重要著作的论文，包括已提到的布洛赫、韦伯斯特与泰姆普利的论文。一些十分具有启发性的论文包括：皮雷纳就"墨洛温时代与加洛林时代的历史差异"的解读；法国历史学家儒勒·盖伊（Jules Gay）关于霍亨斯陶芬王朝在意大利的"所谓异族统治"的论文——这是对仇德偏见的反对声音；华沙学者马尔塞利·韩德尔斯曼（Marceli Handelsman）关于东欧封建制的论文；还有由来自波尔多的路易·阿尔芬（Louis Halphen）关于亚欧由于相互影响而产生的历史整体性的论文。引发思考且带来重要成果的建议则包括：费弗尔的期刊项目以及由詹姆森和匈牙利人欧根·霍尔瓦斯（Eugen Horvath）提出的创建国际文献目录的建议，而最重要的，当属美国人倡导成立国际历史委员会的建议。

总体而言，布鲁塞尔大会广受专业史学期刊的关注。[1] 格奥尔格·冯·贝洛夫因"来自协约国发动战争时所针对国家的史学家"被排除于所谓的"第五届国际史学大会"之外而感到愤怒，并因此在德国

---

[1]　最详尽报告参见利兰，American Historical Review 28（1922/23）：639ff. , and M. S. De Boer in Tijdschrift voor Geschiedenis（1923）：303ff。

《历史杂志》上发表了批判性的短评。① 亨利·贝尔因其他原因在《历史综合评论》上发表了一篇批判性评论文章。② 他写道，他所针对的并非是组织者——他们已尽己所能——而是整个历史学科，历史学意图成为一门"科学"，但其内部情况却十分混乱，而这种混乱局面直到布鲁塞尔大会才渐趋明朗："允许每个参与者选择自己喜欢的主题，给一些学者的细微学术发现与像皮雷纳关于经济发展的宏大思考，同样分配的半小时陈述；为两个案例的讨论提供同样的可能性——或是同样的限制；不参考主题的范围而死板地安排时间——这意味着追求成功，而非研究成果。一个大会不应像学术市场一样允许每个人自由地兜售他的商品。"这是一个值得思索的论断！当然，在这样一个与对知识的多样化兴趣共同自由发展的学术组织内，对主题的限制确实是有限度的。然而，呈现少数的中心议题，仍是筹划未来大会议程安排时的基本任务。

①　"Vermischtes," *Historische Zeitschrift* 128（1923）: 555f.

②　Berr, "Le V Congrès," p. 7.

第 八 章

国际历史科学委员会的诞生

——1923—1927 年

为了实现 1923 年 4 月 15 日布鲁塞尔决议中关于建立国际历史科学 委员会的呼吁，大会执行委员会于 1924 年 5 月 15、16 日在布鲁塞尔召开会议，这两日也是国际学术联盟的会议时间。美国派出了瓦尔多·利兰取代肖特韦尔出席会议。利兰以极高的才能与无比的热情致力于重建一个具有广泛性的国际史学家共同体，从这一方面说，他为建立国际历史科学委员会做出了重大贡献。现在他正极力敦促尽快实现此计划。并非每个人都希望按照他的设想快速推进工作，所以来自卡内基基金会的支持就显得尤为重要。从利兰的通信中可见，他尽力保证自己的行动与詹姆森的指示和建议相一致。因此，他于 1923 年 11 月 16 日在巴黎向詹姆森汇报说："皮雷纳更倾向于将一切关于德国成员资格问题的决定延后，但我认为永久委员会一旦建立，德国成员就必须有一席之地。若非如此，英国人和绝大多数美国人以及所有北欧国家成员都将会在是否加入该组织的问题上摇摆不定。"①

皮雷纳的迟疑一方面在于他在战争期间产生的深深的失望之情，另一方面则在于他对比利时与法国民意的尊重。在利兰看来，这也与现阶段对德国政治前景的估计有关。法、比两国在莱茵兰建立自治州的努力

---

① Jameson papers，file 993.

似乎也即将实现。利兰说："皮雷纳认为，将德国分裂为若干部分才是
实现欧洲永久和平的唯一希望。"① 既然皮雷纳视德国分裂为理想结
局，我们便不能指望他会在即将成立的国际历史科学委员会中，为促
进实现统一德国的代表权而发声。尽管如此，利兰还是成功说服皮雷
纳额外邀请一些史学家参加 1924 年 5 月的布鲁塞尔执行委员会会议；
尽管皮雷纳更乐于看到他们参与会议最初阶段关于扩大委员会的讨
论，然而他们只是以顾问身份出席了会议。② 利兰亲自邀请的几位史
学家中包括了来自奥地利的经济史家阿尔封斯·多普施。他是著名的
维也纳经济及社会史研讨班的创始人。多普施支持古代至中世纪在经
济上存在连续性的观点，在当时的一场有关中世纪研究的重大史学论
战中也与皮雷纳是旗鼓相当的对手。由于多普施是国联学术合作委员
会奥地利分部的主席，这就注定他将在日后与国际历史科学委员会
有所合作，因为奥地利已做出了与德国相反的决定，加入了该委
员会。③

　　对于力图获得皮雷纳认同的利兰而言，多普施在此组织中享有的崇
高声誉为利兰反驳一些法国史学家指控多普施为泛日耳曼主义者指控提
供了根据。"不论如何"，利兰在给皮雷纳的信中写到，"如果一个泛日
耳曼主义者已经转变了观念，他就抵得上六个无罪的国际主义者"。而
另外一些法国学者［这里利兰提到了包括自己在内的、颇具影响力的
近代史协会，该组织新近接纳了两位奥地利学者］以及英美同僚都十

---

　　① Jameson papers, file 993. , 关于政治背景，见 J. Bariéty, *Les relations franco – allemandes
après la première guerre mondiale* (Paris, 1977)。

　　② Leland to Pirenne, 4 April 1924, Leland papers, box 24.

　　③ See "Alfons Dopsch," in S. Steinberg, ed. , *Geschichtswissenschaft der Gegenwart in Selbst-
darstellungen* (Leipzig, 1925), pp. 51 – 90. here 36f. ; O. Brunner, "Dopsch," in *Neue Deutsche
Biographie* 4 (Berlin, 1959), p. 77. 关于德国境内对国联知识分子合作委员会的抵制，以及委
员会内部关于是否有必要争取德国知识分子配合的分歧意见，参见 Schröder Gudehus, "Deute-
sche Wissenschaft," pp. 227ff. , and J. R. Von Salis, *Grenzüberschreitungen：Ein Lebensbericht. Erster
Teil 1901 – 1939* (Frankfurt a. M. , 1975), pp. 164 – 177。

分欢迎多普施的加入。① 当利兰在 1923 年 12 月与多普施偶遇于巴黎时，他更是极力劝说多普施在即将成立的国际历史委员会中与其他成员开展合作。他这样描述自己劝说多普施时的观点：

> 当时我问他，在德国受邀加入之前，甚至在承诺邀请德国之前就试图说服奥地利学者立刻参与国际委员会的工作，是否完全没有可能？我解释道，当下并不是提这些条件的最佳时机。而且德国无疑将受邀参加下届大会。我认为间接解决这一问题的可行步骤便是为大会选取一个方便邀请德国参加的会议地点，而如果现在能得到奥地利的配合，这将会对德国及早加入委员会起到实质性的帮助。我同时还向他保证，如果奥地利参会，那么英美学者所面临的情况在一定程度上其实是与奥地利学者颇为相似的，因为我们目前都不要求对未来做出何种承诺，而且我们也下定决心，直到委员会囊括了来自五湖四海的成员之时，我们才会举办下届大会。他似乎对这些话印象深刻，而我判断这也对他的同事产生了一定影响。②

利兰确实成功了。多普施在维也纳、格拉茨（Graz）和因斯布鲁克（Innsbruck）与他的同事们交换了意见，然后做出保证："我们愿意接受您的要求，代表德国参与各方的调停，但前提是他们能像以往那样受邀参会，并且德语能够在大会中得到平等的承认。"③ 利兰把这个模糊 103 的"前提"理解为一种更为具体的"设想"："如果我理解正确的话，他信中的意思是说，他们之所以愿意合作，是因为他们认为下届大会德国能够得到邀请，并且德语能够获得与其他语言平等的地位。当然，如果德国人与会，他们的语言肯定能得到平等对待。但如果德国人并未现

---

① Leland to Pirenne, 17 March 1924 and 29 April 1924, Pirenne papers, Président du Comité International des Sciences Historiques, 1923 – 1929.

② Leland to Shotwell, Paris, 4 March 1924, Leland papers, box 26.

③ Dopsch to Leland, Vienna, 28 Feb. 1924, Leland papers, box 17.

身，或说他们根本没收到邀请，那么英国、美国、北欧及瑞士的学者都不会参加，因此在我看来奥地利也不必担心什么了。"在这个初步共识的基础上，加之美国史学会承诺愿意承担往来费用，利兰便邀请了多普施参加布鲁塞尔会议。①

同时应利兰邀请与会的，还有后来成为国际历史科学委员会秘书长的米歇尔·莱里蒂埃（Michel Lhéritier）。莱里蒂埃曾做过若干小型研究，并在巴黎大学完成了以旧制度与法国大革命时代的波尔多为主题的博士论文，由此开启了他的史学家生涯。他后来将研究领域转向希腊史，②并撰写了若干颇受欢迎的法国史、希腊史研究成果，此外，他还与乔治·帕热（Georges Pages）合著了一本关于欧洲与法国历史的教科书。莱里蒂埃参与了巴黎国际学术合作研究院（1925 年建立）的筹办工作，也一直与国联的文化事业部门保持着联系。1926 年，他成为巴黎高等社会研究院的教授。他感兴趣的研究领域主要包括东欧和东南欧（希腊和匈牙利）历史、法国行政与城市史以及开明专制等问题。随后几年他撰写了大量文章——例如在《历史综合评论》中的篇章——探讨国际合作的问题，尤其是在他所关心的历史教学领域中的国际合作问题。利兰十分尊敬这位热心推进国际合作的学者，不仅因为他通晓现代各种语言，还因为他代表了那些愿意与德国合作的法国史学家，这与法国派驻国际史学执行委员会的代表欧莫勒形成了鲜明对比。

利兰接下来邀请哈尔夫丹·科特担任"顾问"，这一进展同样具有重大意义。科特十分支持利兰这种在国际范围内的努力，并邀请下一届大会在中立的奥斯陆举办。北欧史学家在 1923 年 7 月举行的一

---

① Leland to Shotwell, Paris, 4 March 1924, Leland papers, box 26; Leland to Dopsch, Paris, 10 March 1924, Dopsch papers.

② 参见他的博士论文 Tourney（1695 – 1760），2 vols，（Paris，1920）相关部分，以及他系列著作中的两卷：Histoire diplomatique de la Grèce de 1821 à nos jours：vol. 3，Le règne de Georges Ier avant le traité de Berlin，1862 – 1878（Paris，1920），and vol. 4，Suite du règne de Georges 1er jusqu' à la Révolution turque，1878 – 1908（Paris，1926）。

次会议上对科特的提议给予了坚定的支持。1924 年 5 月，科特抵达布鲁塞尔，并带来了阿格·弗里斯和瑞典国家档案馆馆长约翰·A. 阿尔姆奎斯特（Johan A. Almquist）的信，信中表明了丹麦、瑞典两国史学家的态度。[①] 1924 年 5 月，已经扩充成员的大会执行委员会于布鲁塞尔召开会议，皮雷纳、欧莫勒、德·桑克蒂斯、维诺格拉多夫（时为列宁格勒科学院成员，尽管自战前就一直在牛津学习工作，却一直被视为俄国代表）、邓宾斯基、代表图特出席的波维克（Powicke）、利兰以及其他一些受邀者立即组成了临时的国际历史科学委员会，[②] 皮雷纳任委员会主席，利兰担任秘书长。根据科特的报告，1924 年 5 月的布鲁塞尔会议表明，自 1923 年 4 月的大会以来，情况已经发生了变化。若当初法国人一时仍难以接受在战后如此短的时间内"被迫"与德国史学家会面的想法，那么现在他们显然已经适应它了。 104

　　这符合不断变化的政治形势。鲁尔区的冲突与即将发生的莱茵兰分裂促使国际谈判得以展开，这又为 1924 年制订道威斯计划共同解决赔偿问题扫清了障碍，并最终促使 1925 年《洛迦诺公约》问世。1926 年，德国便加入了国联。欧洲内部紧张局势的缓和符合美国的利益，而利兰也深谙因势利导之道。若没有美国的启动资金支持，成立一个国际史学委员会只能是天方夜谭。然而美国并不会无条件地给予财政援助。因此，利兰告诉皮雷纳，他和肖特韦尔已请求洛克菲勒基金会的支持，并极有可能获得资助。洛克菲勒基金会"乐于推动欧洲的历史和社会研究，以此促使学术界更快地重返常态"。然后他补充道："但是，我相信只有在一定条件下才能确保得到支持，而首要条件便是保证此项事

---

① Report by Koht to the Academic Collegium Oslo, 22 May 1924, Friis papers, 11, 8b；及下文相关内容。

② 这份名单来自科特的报告。执行委员会中的其他成员包括：the Belgians Delehaye SJ and Ganshof, the Swiss de Crue, the American Shotwell, the Englishman Tout, the Frenchman Mirot；ICHS, Bulletin 1：2f. 关于会议本身，另见桑克蒂斯向意大利文化与公共教育部提交的报告 De Sanctis papers, Congresso Storico Internazionale。

业在完全的国际合作下运行——换言之，德国学者应在其中拥有一席之地。"① 他在此方面特别考虑的是国际文献目录与上章提及的国际经济史评论期刊问题。

因此，能为德国的参与创造"条件"的不是奥地利人，更不是德国人，而是被皮雷纳称作"整个组织最重要的指导者"的利兰。② 然而，利兰在政治上对德国的异议并不比皮雷纳少。他曾对詹姆森写道，"很明显，从一开始德国便坚决避开《凡尔赛条约》中的条款，温和的对德手段根本无济于事。我想皮雷纳对德国的看法几乎是完全正确的"。③

在这样的条件下，临时委员会于 1924 年 5 月 15 日着手起草正式章程。委员会委托利兰草拟各种章程条例，并撰写邀请函，向那些积极参与往届大会的国家的史学家代表发出邀请。显然利兰在决定受邀人选上拥有相当的自由，而他也很好地利用了这一点。

邀请函从哥伦比亚华盛顿特区发到了 27 个欧洲国家（几乎全是欧 105 洲国家）。④ 两年后，其中 19 个国家参加了 1926 年 5 月 14、15 日在日内瓦召开的章程制订会议。⑤ 智利、芬兰、希腊、匈牙利和南斯拉夫没有回应邀请。俄国代表团方面也存在特殊问题与不确定性。利兰在一封给肖特韦尔的信中写道："我们必须与俄国本土的学者打交道，而不能妄想让旅居国外的俄裔学者代替他们。"他说，如果像维诺格拉多夫这样自 1903 年就在牛津大学任教的学者仍能在国际学术联盟里代表列宁

---

① Leland to Pirenne, Paris, 4 March 1924, Leland papers, box 24. 另见第 120 页注释⑤，以及 Leland to Jameson, Paris, 26 Feb. 1924："［I］n order to secure that support it must be completely internationalized. . . it must have a German representative." Jameson papers, file 994.

② Pirenne to Leland, 10 Feb. 1925, Jameson papers, file 994.

③ Leland to Jameson, Paris, 4 April 1924, ibid.

④ 根据 ICHS, *Bulletin* 1∶3. 这份名单包括：阿根廷、奥地利、比利时、巴西、保加利亚、智利、捷克斯洛伐克、丹麦、芬兰、法国、德国、希腊、大不列颠、匈牙利、意大利、日本、尼德兰、挪威、波兰、葡萄牙、罗马尼亚、瑞典、瑞士、西班牙、苏联、美国和南斯拉夫。

⑤ 参会者名单同上，p. 4f.

格勒科学院，进而代表"俄国"，又或是定居美国的罗斯托夫采夫在国际史学委员会中代表俄国学者的利益，都是极为荒唐的，因为他们两人也许都已在他们的新家园中乐不思蜀了。不过，利兰还是告诉皮雷纳，由于维诺格拉多夫已参加 1924 年 5 月的布鲁塞尔会议，所以他仍应以俄国代表的身份受邀参加成立大会。① 不论如何，他们已经向列宁格勒科学院发出了邀请函，但由于瑞士尚未承认苏联的合法性，所以苏联代表并未赴约。莱里蒂埃从列宁格勒科学院秘书长谢尔盖·F. 奥尔登堡（Sergei F. Oldenburg）的回信中推断，俄国史学家原则上是愿意参加成立大会的。② 阿根廷接受了邀请，但其代表却未及时得到通知。两位英国代表图特与泰姆普利由于受英格兰大罢工的影响而未能起程。

德国史学家的参与无疑是布鲁塞尔大会之后最显著的变化。在多普施的建议下，利兰向德国史学家协会发出了邀请，并附上了致赫尔曼·昂肯（Hermann Oncken）和协会主席格奥尔格·金策尔（Georg Küntzel）的信。这几封信的形式和内容打消了德国的保留态度。③ 长久以来，此前的敌对国都将德国排斥在国际合作之外，这些排斥不仅仅来自布鲁塞尔的"抵制组织"，即国际研究委员会和学术联盟，还来自为数众多的专业协会。这让德国学界颇受打击。最初德国学者们甚至不信任利兰，因为他与肖特韦尔都是"学术界反德宣传运动的狂热分子"，目前还在具有排斥意味的学术联盟中担任美国学术团体委员会的代表。推动签署了《拉巴洛条约》的德国前外长、德国驻美大使阿戈·冯·马尔赞（Ago von Maltzan）在致外交部的信函中提到了这些疑虑，

① Leland to Shotwell, 2 June 1925, Leland papers, box 26; Leland to Pirenne, 25 June 1925, Pirenne papers, Président di Comité International des Sciences Historiques, 1923 - 1929. 然而，在 1926 年 3 月 6 日写给图特和波拉德的一封信中，利兰将刚刚逝世的冈绍夫称为来自英格兰的代表。Archives CISH, dossier 1926.

② Oldenburg to Lhéritier, 6 May 1926; Lhéritier to Oldenburg, 10 June 1926. Archives CISH, dossier 1926 - 1927/Pays.

③ Hermann Reincke - Bloch, Breslau, 协会主席金策尔的继任者，见德国外交部收到的关于日内瓦大会的报告，Breslau, 6 June 1926, Politisches Archiv, Nr. 607, VI w, vol. 1. Leland to Küntzel, 8 March 1926, and to Oncken, 6 March 1926, Archives CISH, dossier 1926.

但很快这些疑虑就被打消了。此后他提议让德国史学家与来自奥地利的阿尔封斯·多普施密切合作，参与到国际历史科学委员会的事务中去。[①]

　　曾摘得诺贝尔奖桂冠的威廉大帝物理化学研究院院长弗里茨·哈伯（Fritz Haber）向德国总理路德提交了一份有关国际学术合作的详尽报告。[②]在他看来，英法两国都有极力支持重建学术联系的"大趋势"，唯一亟待解决的问题是"如何化解法德矛盾"。法国已经显现出一些积极的迹象。最重要的是，随着德国即将加入国联，恢复学术交往的问题将提上议程，但这不应以先满足某些条约规定为前提。然而德奥学术院联合会的一项决议就提出了类似的要求，他们表示，只有满足以下条件德国才会加入布鲁塞尔的两个组织："以德国满意的方式消除对德国学界的联合抵制；组织必须永久放弃政治倾向；德语享有平等地位；如此等等。"[③]哈伯审时度势，他表示："在科学界这样的小社会里，以恢复曾经的地位，作为与过去战争中的敌人和解的前提，就好比德国官方在外交大世界中，要求将《洛迦诺公约》作为达成协定的条件，并通过媒体参与的方式加以要挟。两者一样会导致不可收拾的局面。"德国史学家的忧虑得以消除，要特别归功于利兰致赫尔曼·昂肯的信。利兰表示，尽管他是布鲁塞尔学术联盟的成员，但该组织和未来的国际历史科学委员会不会有任何联系。[④]

　　国际历史科学委员会的成功建立离不开参与者们的善意。美国人在各个方面都是中坚力量，瓦尔多·利兰尤其如此。他们既为组织的成立做了大量准备工作，又积极寻求财政支持。劳拉·斯佩尔曼·洛克菲勒

---

①　Maltzan to the Grman Foreign Office, Washington, D. C., 20 Jan. 1926. Politisches Archiv, Nr. 607, Ⅵ w, vol. 1.

②　Haber to the German Chancellor, Berlin, 8 Dec. 1925, Bundesarchiv, R 43/I, 817, vol. 1.

③　1926 年 1 月 13 日德国内务部关于国际学术联盟集会的相关报告，Bundesarchiv, R 73/19.

④　见第 131 页注③。

纪念基金会批准为美国史学会提供 25000 美元资助作为启动资金。而这还不是全部的数额。洛克菲勒基金会的文件显示，在 1926 年至 1940 年间，国际历史科学委员会共收到超过 96000 美元的财政资助。① 为什么史学界能够获得如此慷慨的资助呢？其实资助得以批准的基础，是美国史学会发出的正式申请中的一些构想，它们展示了美国人的周密考虑和期许，并表明欧洲的财政困难并非美国出手相助的主要原因。

　　战争带来的精神创伤，比历史及社会科学领域中合作的停止更加令人担忧。而使罅隙得以弥补的一丝希望似乎首先出现在史学领域。这一点意义重大。美国史学会理事会意识到，此次重启国际合作的重任将落到我们肩上。我们认为，这从史学工作的角度来看意义重大。但我们更对这次尝试感到责任重大，因为它能够给其他所有的社会科学组织指明道路。目前，这些组织正因地缘分割而无法开展研究合作，也无法共同探讨社会、经济以及政治等全球性问题。②

　　基金会的关于资助申请的一份内部声明又重提了这一观点："我们 107 有必要支持第一个尝试修复战争裂痕、真正在国际基础上开展合作的社会科学（或其他科学）组织。"③

作为时任卡内基国际和平基金会经济学与史学分部主任，肖特韦尔随后在其力所能及的范围内支持了由利兰负责的一次后续申请，但他断言：史学界只有以相应的国际机构为支撑，才能完成当前的国际任务：

---

① Rockefeller Archive, RFA, box 88, series 100 R, F816.

② Rockefeller Archive, LSRM, Series Ⅲ, Sub. 6. "Memorandum on the needs of theInternational Committee of Historical Sciences, submitted to the Laura Spelman Rockefeller Memorial Foundation by the Executive Council of the American Historical Association," Washington, D. C., 26 March 1925.

③ 盖伊·福特签署的文件，1 April 1925, Rockefeller Archive, LSRM, Series Ⅲ, Sub. 6。

　　五年一届的国际史学大会有着良好的基础。但这些大会的组织工作也受到了严厉的批评。每一届大会都由主办国的史学家组织，既没有对过于注重民族主义的趋势有所预防、矫正，也无法保证客观科学工作的优长不受短暂或流行趋势的影响。国家间的嫉妒与偏见影响了史学工作，也已造成了很多令人悲伤的结局。因此，利兰先生为建立国际委员会在战后欧洲的腹地取得的成果就显得格外重要；不同国家的代表在组织执行委员会的过程中的通力合作则显得比一开始更有意义。在接下来五年中继续坚持这项工作是重振欧洲社会科学的重要环节。否则，学者们只能带着战后的心态回到战前的状况，倘若这种局面发生，那将是欧洲史学界的一场灾难。[1]

利兰期望国际史学委员会的建立能够对史学研究方法的发展产生积极影响，他说："有了经济资助，我深信国际委员会很快就会投入工作并产出十分有价值的成果。然而，委员会可能对史学工作的视角产生的影响或许更为重要。我相信历史比较研究将会在接下来半个世纪中成为主流。大家将会从国际视角开展历史研究，即研究在众多国家中普遍存在的制度以及生活的各个方面，而不是以民族主义的视角来研究各个国家的制度。"[2]

　　1926 年 5 月 14 日，时任临时委员会主席的皮雷纳主持了日内瓦成立大会的开幕式。这次会议的经费以及与会者的大部分差旅费都由美国史学会资助。瓦尔多·利兰在莱里蒂埃的支持下成为本次会议的组织者和秘书长。皮雷纳在开幕致辞中承诺，他支持组织一个无限制的史学家"国际同盟"，这为这场友好集会拉开了序幕。他不无骄傲却又大方有礼地指出，这一次史学家没有落后于事件，而是真正成为先

---

　　[1]　Shorwell to Dr. Edmund E. Day, Laura Spelman Rockefeller Memorial Foundation, New York, 1 May 1928, ibid.

　　[2]　Leland to Jameson, Paris, 9 April 1924, Jameson papers, file 994.

锋："如今我们在日内瓦重建了史学家的联盟，这甚至比国联的创立更 108
快也更为完整。"① 大会首先讨论章程草案。利兰将草案事先交给与会
者以征求他们的意见。在提交草案前，利兰顾及德国和奥地利的情感，
放弃了与布鲁塞尔学术联盟和国际学术合作委员会开展合作的建议。②
会议地点定于日内瓦小王宫博物馆＊，会议室是向艺术协会借用的，这
也许是个好兆头。人们或许还记得，国际红十字会就是于 1863 年在这
里成立的。

当时所确定的组织建制虽已历经一系列改变，但大体沿用至今，它
包括：集体组织方拥有会员资格，虽然当时只接纳国家委员会而不接受
专于某史学领域的国际机构；所有成员会费相同；执行委员会（执行
委员会）由一位主席、两位副主席、一位司库、一位秘书长和四位
（后改为六位）评审委员组成，主席与委员会部分成员的换届每五年举
行一次。根据德国方面的建议，章程第二条规定，非主权国诸如自治
领、保护国、殖民地和托管领地也能够在国际历史科学委员会中拥有一
席之地与投票权。提议的发起者最初考虑的是但泽自由市。＊＊ 随后加拿
大和阿尔及利亚也表达了类似的意愿。③

国际历史科学委员会的成立对各国历史学科的组织有显著的影响。
在美国和德国等国家，业已存在的以独立成员资格为基础的史学会承担
了章程规定的国家委员会的职能。其他国家，诸如法国、英国、意大利
和丹麦等国，其史学研究的全国性代表组织在国际历史科学委员会的促

---

① ICHS, *Bulletin* 1：7.

② Preliminary draft by Leland, Leland papers, box 40；report by Reincke – Bloch to the German Foreign Office, 6 June 1926, Politisches Archiv, Nr. 607, VI w, vol. 1.

＊ 日内瓦小王宫博物馆即日内瓦现代艺术博物馆，全称为 Musée Petit Palais（Art moderne），成立于 1862 年，坐落于日内瓦市中心。——译者注

＊＊ 即今波兰格但斯克。根据 1919 年《凡尔赛条约》，但泽成立自由市，受国联保护。波兰虽根据地理、历史理由提出对但泽的主权要求，然而但泽市内绝大多数人口为德裔，最终各方博弈的结果就是成立但泽自由市。"二战"期间但泽被纳粹德国占领，"二战"后由波兰收回。——译者注

③ ICHS, *Bulletin* 1：112 and 195.

进下才告诞生。在法国，有许多关注历史传承、史学研究和历史教学等方面的地方性、区域性和全国性的史学机构，这些机构都并入国家委员会。而在英国、意大利和丹麦，人们往往成立松散的国家委员会，或者将国家代表权委托给一个已经存在的机构。①

　　国际历史科学委员会的选址问题也引发了一些讨论。位于巴黎的国联学术合作委员会将确定历史科学委员会驻地的任务交给了莱里蒂埃——利兰心目中的秘书长人选。② 利兰认为国际历史科学委员会被一个与国联相关的机构给予"组织上的提升"无可厚非。③ 然而，德国方面并不同意因此就将国际历史科学委员会的驻地选在巴黎。不过这些反对并不针对莱里蒂埃本人，因为莱里蒂埃一开始就已与委员会中的德国成员成功建立了互信关系。这些反对也不是针对委员会与秘书处的工作安排。德国之所以对学术合作委员会有所保留，是因为此前德国申请加入国际联盟时，该机构的表态令德国不满，而布兰迪（Karl Brandi）则敦促德国外交部放下这一成见。④ 由于当时情形仍受战争恩怨笼罩，为避免这种情况的影响，美国哥伦比亚华盛顿特区被选为临时总部，其职能涵盖委员会的法规执行、管理、财务核算和存档等方面。由于当时利兰有望成为司库，而国际历史科学委员会的早期发展又主要依赖美国方面的资金支持，所以这种安排看起来颇为可行。

　　更为紧迫的是决定下届大会举办地的问题。是选择中立国还是参战国呢？与会者一致同意大会的选址直接决定第一届主席的人选。奥斯陆申请成为主办城市，北欧国家、美国和德国对此十分支持，而法国则有相当的保留意见；⑤ 华沙也参与到竞争中来。由于没有希腊代表到场支

---

　　① 参见 "Enquêten sur l'organisation des historiens," ibid. , pp. 55 – 77，197 – 216，362 –
400。

　　② Leland to Lhéritier, 6 March 1926, Archives CISH, dossier 1926.

　　③ Leland to Shotwell, 2 June 1926, Leland papers, box 26；Leland to Pirenne, 6 March
1926，Archives CISH, dossier 1926.

　　④ Brandi to Geheimrat Soehring, 15 July 1926, Politisches Archiv, Nr. 607，VI w, vol. 1.

　　⑤ "Oslo est rejeté par les Français, Varsovie par les Anglais et les Américains. " Pirenne to
Glotz, 17 July 1925, Archives Nationales, 70 AJ 159.

持选址雅典的倡议，所以意大利和法国极力支持的雅典最终落选。代表们认为华沙应当撤回 1928 年举办大会的申请，其原因或许是毕苏斯基将军的军事政变①。此后，代表们一致投票通过奥斯陆为下届大会举办地。与此同时，在科特的提议下，会议决定将华沙选作 1933 年大会的举办地，而德国在投票中弃权。② 一如利兰的众多决定帮助国际历史科学委员会走上正轨，这个原本困难的问题能有如此圆满的结局，也应归功于利兰的努力。一年前利兰在致皮雷纳的信中提到，法国明显支持华沙，而美国学者则坚持认为应由"一个真正中立的国家"承办 1928 年的大会，因此可以考虑让华沙在 1933 年承办大会。如果 1928 年的大会在华沙举行，那么与会国可能只有比利时、法国以及法国的东欧盟国，而来自美国的财政支持也只拨给能包括世界各国的大会。③

当敲定奥斯陆为会址后，哈尔夫丹·科特随即当选为大会主席。这是国际历史科学委员会有史以来第一次也是唯一一次出现大会举办地和委员会主席国籍相同的情况。在北欧国家的举荐和阿格·弗里斯的介绍下，皮雷纳和多普施成为副主席，利兰任司库，而被皮雷纳称为"另一个利兰"④ 的莱里蒂埃任秘书长。迈内克（德国）、泰姆普利（英国）、德·桑克蒂斯（意大利）和邓宾斯基（波兰）则被选为执行委员会评审员。迈内克婉拒邀请后，他的职位由卡尔·布兰迪接任。

科特任主席后，很快领导委员会开始对布鲁塞尔大会委托的两项出版任务进行讨论。其中之一为国际文献目录，莱里蒂埃为其准备了全面的备忘录；另外一个则是根据吕西安·费弗尔和马克·布洛赫在布鲁塞尔会议上的推荐而出版的经济史国际期刊。

国际文献目录的出版始于詹姆森的建议。洛克菲勒基金会在其尚未

---

① Koht, *The Origin*, p. 10.

② Report by Reincke – Bloch to the German Foreign Office, 6 June 1926, Politisches Archiv, Nr. 607, Ⅵ w, vol. 1.

③ Leland to Pirenne, 17 March 1925, Pirenne papers, Président du Comité International des Sciences Historiques, 1923 – 1929.

④ ICHS, *Bulletin* 1：8.

形成一个清晰的概念时就对其给予了经济支持。它意在取代在战争期间
已经停刊的德国《史学研究年鉴》。德国在日内瓦会议上宣布，《史学
研究年鉴》将以《德国史年鉴》为名再度发行，但范围仅限于德国史。
这就产生了一个普遍的问题：如何区分计划出版的国际文献目录与各国
自己的文献目录？国际文献目录是应发表各国文献目录中的选集，还是
应涉及目前研究不多的领域？国际关系、国际组织及跨学科领域（如
社会经济史）等话题被纳入了考虑范围。法国档案馆档案专家皮埃
尔·卡隆（Pierre Caron）担任在日内瓦全会上成立的国际文献目录委
员会的秘书，他提出将历史比较研究作为指导原则。原本考虑从国家文
献目录中遴选部分条目出版的国际文献目录委员会主席阿格·弗里斯总
结了1927年的讨论成果："我们国际委员会有责任确保让优秀的国家文
献为每个国家所共享。然而我们现在想做一些不同的事情，以达到推进
史学研究的目的。"①

　　最终国际文献目录与国家文献目录的区分既不明确，也不令人信
服。时至今日，《国际文献目录》已陆续出版数十年。尽管对于那些本
国没有全面文献工具的国家有特别的参考意义，但它并没有成为史学研
究必不可少的工具。然而值得一提的是，在关于启动此项计划的讨论会
上，此项目已被视为一种标志，象征着国际历史科学委员会不断努力，
使史学思想及知识超越民族偏见与狭隘的意识形态。正是在这种精神的
指引下，日后的委员会主席夏博德（Federico Chabod）才将《国际文献
目录》称为国际历史科学委员会的旗帜。

　　第二个任务是创办一本国际性的经济史期刊，皮雷纳就此递交了一
份报告，声明期刊并非意在成为德国《社会与经济史季刊》的竞争对
手。新期刊主要出版基于文献批评的文章，其编辑工作不应由国际历史
科学委员会承担，而应在委员会的指导下进行。利兰早先提出的关于编

---

① Friis in General Assembly Göttingen，13 May 1927，ICHS，*Bulletin* 1：321；另见1926年
成立大会的报告，ibid.，pp. 32 – 39，45 – 48；目录学委员会集会 Paris，21 – 22 Oct. 1926，
ibid.，pp. 128 – 157。莱茵克·布洛赫给德国外交部的报告者为德国年度报告进行了辩护，6
June 1926，Politisches Archiv，Nr. 607. VI w，vol. 1。

写外交代表名录的建议也获得了批准。所有这些任务都移交给执行委员会或是特殊委员会以开展进一步的工作。外交官名录及文献目录的出版工作最终成为现实。① 然而期刊却以《经济与社会史年鉴》为名成为独立自主的出版物，其编辑在 1928 年奥斯陆大会上对其进行了介绍。

　　章程规定了国际历史科学委员会的两大任务，第一是"以国际合作促进历史科学研究"；第二是组织召开国际史学大会。从日后的发展情况看，国际历史科学委员会一直把工作重点放在史学大会上。各届大会对历史学科的发展意义重大，因为它们显示了当时史学界的自我认识。III 国际历史科学委员自身的出版物仅仅在技术层面上起到了一定的辅助作用。尽管委员会希望将史学研究的各个分支整合起来，但它只采取了单一的方式来实现此目标，那就是逐步合并那些拥有自身出版物的、独立的专业性国际组织。②

　　与会者对日内瓦成立全会最深刻的印象是：那些来自敌对国家的史学家在史学研究的目标下又走到了一起。在一份向洛克菲勒基金会递交的报告中，利兰恰如其分地强调说："友好、和睦的精神"已经主导了日内瓦全会。"与会代表展现出了正确的态度，这自是人们对有教养的绅士的期待，然而代表们更展现了真正的同理心、彼此相互尊重，进而能使得讨论与交流变得富有活力，形成了互信与友好的氛围。我们有理由相信，我们已经踏出了意义重大的一步，其影响之深远不容小觑。"③

　　共同的学术旨趣是否会因为个人因素而受到影响？这种影响程度如何？德法与会者之间的关系成为共同学术旨趣的试金石。布兰迪说，双方的关系给人留下了"令人愉快的印象"。德国史学家协会主席莱恩克－布洛赫（Reincke-Bloch）在写给德国外交部的报告中表达了矛盾的

---

①　见 here p. 403f. 中的 ICHS 出版书目。

②　见附录二（2）中列出的附属国际组织名单。对其 1940 年以前活动与出版情况的整理见 ICHS 在 1927—1939 年期间的历次全体大会备忘录；1953 年以来的情况见 ICHS, *Bulletin d'information*，特别见 in no. 12（1985）.

③　Report by Leland, "Organization of the International Committee of Historical Sciences, Geneva, May 14－15, 1926," Rockefeller Archive, LSRM, series Ⅲ, sub. 6.

情绪。一方面，他称赞了全会对德国的通融态度；另一方面，他又认为
"一切对德国史学研究的吹捧很明显都是为了将其融入与法国建立文化
关系的框架中"。[①] 虽然日内瓦全会给德国方面留下了极佳的印象，但
德国人一直无法信任法方，对其有所保留。

　　另一方则是古斯塔夫·格罗茨（Gustave Glotz）和莱里蒂埃的例子。
前者为巴黎大学教授、法兰西学院院士及法国国家委员会主席。后者为
法国国家委员会秘书长，同时担任国际历史科学委员会秘书长。莱里蒂
埃的书信显示，格罗茨前往日内瓦时存有很深的疑虑和保留态度。莱里
蒂埃写道，法国国家委员会起初只想邀请德国史学家作为来宾——这样
的身份与 1924 年 5 月筹备委员会会议上多普施的顾问角色类似。他们
与德国方面一样感到十分矛盾。莱里蒂埃在信中写道："毋庸置疑，只
有准许德国加入，我们的国际委员会才可以称得上是真正的国际化。然
而，也只有当委员会仅关注纯粹公正的史学研究，而不为德国或其他国
家做宣传时，它才能称得上真正的国际化……我们必须将历史学提升到
一个新高度，使之超越偏见与狂热。"[②] 日内瓦全会似乎做到了这一点。
第一天谈判结束后，格罗茨表示，"理智之人共聚一堂，没有感情用
事，而是用理性和判断力克制了行为。"[③] 布兰迪也欣慰地记录道，格
罗茨的发言表明，这是一场"属于理性的胜利"。[④]

　　除利兰外，科特也为确保谈判如同默契的同事相互合作般顺利进行
做出了重要贡献。他还力促语言的使用与大会国际化的特点保持一致。
大会官方用语为德语、英语、法语、意大利语和西班牙语。法语因为有

①　Report by Reincke - Bloch to the German Foreign Office, 6 June 1926, Politisches Archiv,
Nr. 607, Ⅵ w, vol. 1.

②　Lhéritier to Leland, 27 July 1925, Leland papers, box 22.

③　Report by Leland, "Organization of the International Committee of Historical Sciences, Gene-
va, May 14 - 15, 1926," Rockefeller Archive, LSRM, series Ⅲ, sub, 6.

④　K. Brandi, "Aus 77 Jahren, Lebensgeschichte und wissenschaftliche Entwicklung," p. 162
（打字稿由布兰迪家族收藏）。

为数众多的代表使用而占主要地位。① 科特记录到："值得注意的是，大会第一天所有的事务处理都以法语进行。然而，我个人很期盼看到最初确定的官方语言都能投入实际运用。因此，大会第二天，我在一段时间内将主席职权交给多普施，请他以德语主持讨论会。后来，在担任委员会主席期间，我时常在不同语言间转换。"而执行委员会会议的语言使用则采纳了另一种方案。科特写道："在开始处理具体事务之前，我就执行委员会会议提了两个实际问题。第一是讨论中使用何种语言的问题。我认为必须做到会议中无需翻译，因此我询问成员们能理解和使用何种语言。结果发现只有法语能便利所有成员。于是，法语成为执行委员会所使用的语言。"②

　　莱里蒂埃使用了一个现成的术语来描述国际历史科学委员会成立全会的精神。在致莱恩克－布洛赫的信中，他将日内瓦全会称为"史学界的洛迦诺会议"。③ 国联秘书长之一、国际历史科学委员会的日本代表新渡户博士（Dr. Nitobe）于国联大厦举行了一场招待会。招待会上，委员会的奠基者有幸目睹了神圣的《洛迦诺公约》的原件。④ 在白里安－施特雷泽曼时代，莱茵河两岸所有有志于和平的人都对《洛迦诺条约》精神与重建法德友好关系的尝试寄予厚望。我们必须以这种普遍的情感为背景来考察国际历史科学委员会从建立到 1928 年奥斯陆大会期间的发展历程。1926 年，在法国国家委员会邀请下，第一届委员会执行委员会会议在巴黎召开。1927 年，第一次全体会议在哥廷根举行。⑤ 法德两国分别为执行委员会会议与委员会全会的首个举办国，这一事实凸显了组织工作开始时的友善精神。

---

　　① Report by Reincke – Bloch to the German Foreign Office, 6 June 1926, Politisches Archiv, Nr. 607, VI w, vol. 1.

　　② Koht, *The Origin*, pp. 11 and 12.

　　③ Lhéritier to Reincke – Bloch, n. d. ［1926］, Archives CISH, dossier 1926 – 1927；也在 the daily *l'Oeuvre*, 30 June 1926（clipping ibid.）.

　　④ Brandi, "Aus 77 Jahren"（typescript, Brandl family）, pp. 162ff.

　　⑤ Minutes of the Paris and Göttingen meetings in ICHS, Bulletin 1：159ff., 297ff.；report by Brandi to arnbassador Freytag, 14 May 1927, Brandi papers, 51.

　　哥廷根全会起到了法德和解会的作用。巴黎执行委员会决定将在这座古老的德国大学城举办第一届全体会议。布兰迪在开幕演讲中将此决定形容为"我们怀着感恩之心而接受的好意"。德国政界并没有派人出席全会，但无论在学术上还是私人交往上，哥廷根全会都体现出了真挚热忱的好客之情。美国、比利时、法国和意大利的代表在妻子的陪同下前来，受到了哥廷根诸教授的款待。在由哥廷根科学院举办的招待会上，哲学和历史部秘书长、精通多国语言的考古学家赫尔曼·蒂尔施（Hermann Thiersch）在演讲中用到了德语、法语、英语以及意大利语四国语言。他追忆了在汉诺威被法国人所占领的拿破仑时代，哥廷根何以免受战争冲击的历史：

　　　　听一听战争大臣贝尔蒂埃（Berthier）对共和十一年统领法军占领汉诺威选帝侯领地的马尔蒂埃（Martier）将军说的话："作为面向普通公民的哥廷根大学一直为自然科学和人文科学做出了杰出的贡献。而法兰西国家学会*也通过接纳这所大学的一名成员以示对其的尊敬和褒奖。第一执政**希望您为其科研设施和人员提供特殊的保护，让他们知道武器的交锋并不会影响他们安静的研究，让他们知道法兰西民族尊重所有国家的学者和科学家。"

蒂尔施接着说道："在我们这座小城的土地上，法兰西民族曾以其贵族般的宽宏大量尊重我们。今天，我们有望再一次在此找到同样的公正、尊重、理解、慷慨的高尚情怀和广阔的思维。"这些话得到了与会者的理解，他们也自发地相互传达这样的意思。其中给予回应的一位与会者便是德高望重的法国古代史家古斯塔夫·格罗茨。身为法兰西铭文与美文学术院院长的格罗茨起初对与莱茵河对岸的邻邦开展合作深感怀疑。如今，在一篇感情真挚的演讲中，他列出了大量来自哥廷根的学者的姓

---

　*　法兰西学院的前身。——译者注

　**　即拿破仑。——译者注

名，这些学者在历史上都曾在法国各学术机构中工作。①

莱里蒂埃将国际历史科学委员会未来发展的希望寄托在德法史学家的相互理解上。② 在致蒂尔施的信中，他说道：

我们法国人身处德国，却没有匆匆过客般的感觉，反而像受邀的客人，感到非常自在，这在最初令我们颇感惊讶，甚至十分感动。5 月 13 日在大学图书馆哥特式穹顶下那种别致的环境里，我们被成千上万的书籍环绕，瞻仰你们文化中的伟大人物的塑像，身边被你的同事们以及鲜花所簇拥——在这样的环境中聆听您的演讲，我们的欣慰和满意实在溢于言表。正如我在致信布兰迪先生时所言：那时，法国向德国走近；格罗茨先生也向您走近，亲爱的蒂尔施先生。在此，我们必须表示对您的谢意，感谢您在此时期理解并营造出一种直接的、众所期待的、必要的和解氛围。③

在给德国史学家协会主席的一封信中，莱里蒂埃说道："虽然我们分别是德国人和法国人，但我想，从现在开始，只要您同意，两国学者可以彼此成为朋友……于我而言，最美好的时光莫过于在图书馆举行的招待会上聆听那些热诚的演讲。格罗茨先生十分热情。"④ 在文献目录委员会的巴黎会议结束后，利兰对正在发展中的德法合作评论道："德国人与法国人共处得极为愉快。"⑤

尽管这种情形在国际历史科学委员会中真实发生着，但别处的形势 114 并非一样乐观。例如要克服心理障碍，接纳德国进入学术联盟便是不可

① 两份讲话文稿见 ICHS, *Bulletin* 1：328ff。

② Lhéritier to Brandi, 29 Aug. 1927, Brandi papers, 42.

③ Lhéritier to Thierach, 10 June 1927, Archives CISH, dossier 1927.

④ Lhéritier to Reincke – Bloch, undated letter draft, Archives CISH, dossier 1926 – 1927/ Pays.

⑤ Leland to Jameson, 26 Oct, 1926, Jameson papers, file 1007.

能的。于是，在哥廷根全体大会的间隙，科特、利兰以及来自荷兰的科伦布兰德（Colenbrander）承担起了调解的任务。他们代表着各自的国家，意图呼吁学术联盟授予德国成员国的资格。此问题在一次会议中得到讨论，柏林、维也纳及哥廷根各学术组织的代表［包括维拉莫维茨（Wilamowitz）、多普施和布兰迪］均参加了此次会议。联盟主席、意大利人德·桑克蒂斯也出席了会议，他和科特、利兰一样，在国际历史科学委员会中举足轻重，也从一开始就坚定地支持德国加入联盟。[1] 在学术合作的实际问题上达成一致并不困难。联盟不会干涉正在柏林开展的《古代铭文全集》的编纂工作；联盟成员也就德国的《拉丁文词典》和《中古与晚近拉丁语词表》*之间研究领域的划分达成统一意见。然而，在民族的情感与仇恨方面仍存在不可逾越的障碍。令德国和奥地利史学家感到愤慨的是，学术联盟章程规定，联盟总部永久设于布鲁塞尔。他们希望"以一种令我们满意的方式解除对同盟国的排斥"，[2] 会议地址应定期变换；此外，德语要同法语一样，得到平等的认可，成为官方使用语言。然而，反对方并不准备接受这些要求作为德国进入联盟的条件。失望之下，利兰在给科特的信中说，德国更感兴趣的似乎是政治名誉，而不是学术合作。[3] 科特清醒地认识到，对于双方而言，战争导致的痛苦仍然是国际学术合作的障碍。[4] 科特、利兰和皮雷纳皆认为：如

---

[1]　Minutes of the discussion in Göttingen, 14 May 1927, in Brandi papers, 51. Participants: Koht（Oslo）; Leland（Washington. D. C. ）; Colenbrander（Leiden）; Baxter（St. Andrews）; De Sanctis（Turin）; Ussani（Pisa）; Wilamowitz, Lüders, Norden（Berlin）; Reisch, Dopsch（Vienna）; Stille, Thiersch, Brandi, Reitrenstein, Pohlenz（Göttingen）. 许多与德国成员相关的信件见 the Koht, Leland, Brandi, and De Sanctis papers。

*《中古与晚近拉丁语词表》全称 Glossarium mediae et infimae latinitatis，由法国学者、语言学家迪康热（Charles du Frense, sieur du Cange）等编纂。根据巴黎大学的介绍，该书非一般性词典（dictionary），而是"词表"（glossary），仅用拉丁文写成，没有语法介绍，对每个词的内涵有详细解释。——译者注

[2]　The Karteli of the German and Usrian Academies 的声明，引自 Dopsch to Koht, 11 Jan. 1926, Koht papers, Ms. Fol. 3722: 1 – 6。

[3]　Leland to Koht, 18 May 1928, ibid.

[4]　Correspondence between Koht and Dopsch, Thiersch, Pirenne, 1925 – 1931, ibid.

今主动权在德国手上。但是在语言和会议地点问题解决前，德国不打算申请加入联盟。尽管如此，作为国际历史科学委员会奥地利和德国执行委员会的成员，多普施与布兰迪还是期待德国和奥地利的学术组织能为学术合作改变他们的做法，两人希望学术合作能为解决政治问题提供新的平台。①

　　另一个政治问题是俄国在国际历史科学委员会中的成员资格问题。难道在苏联对历史研究的理解中，史学只是政党和国家的工具，注定要为政治体制与意识形态宣传正名吗？在哥廷根会议期间，苏联是否加入国际历史科学委员会一事仍悬而未决。列宁格勒科学院之前收到了邀请，但是苏联代表没有参加大会。1926 年 10 月 28 日，奥尔登堡和塔尔列（Tarle）出人意料地在与巴黎执行委员会会议同时召开的国际文献目录委员会会议上露面，但之后国际历史科学委员会与列宁格勒科学院的联系再度中断。② 一系列的问题都亟待解决：旅居西方的俄国史学家应何去何从？列宁格勒科学院这个依旧包含了资产阶级史学传统的组织将在苏维埃代表团中获得什么样的地位？莫斯科科学院作为苏维埃马克思主义学术研究的核心又将处于何种地位？据布兰迪称，波兰的邓宾斯基指出，在 1926 年 10 月的巴黎执行委员会会议上，旅居国外的俄裔史学家与苏联本国史学家之间可能将出现紧张局面。他曾尝试"阻止邀请苏维埃共和国参加奥斯陆大会"，或者至少尝试让大家关注"两个俄国"（指苏维埃代表和真正反映俄国学术的流亡者相遇）的局面所带来的忧虑。布兰迪补充道："我个人判断，主席与执行委员会其他八位成员都会毫不犹豫地认为，在如今的国际交往中只有一个俄国，那就是

115

---

　　①　Brandi to Marcks, n. d. , Brandi papers, 42："Denkschriftüber den Beitritt der Deutschen Akademien zu Union und Conseil," Brandi papers, 51. Cf. Also M. Rothbarth, "Die deutschen Gelehrten und die internationalen Wissenschaftsorganisationen," in H. Konen and J. P. Steffes, eds. , *Volkstum und Kulturpolitik* (Festschrift for Georg Schreiber), (Cologne, 1932), pp. 143 – 157.

　　②　Archives CISH, dossier 1926 – 1927/Pays.

苏维埃俄国。"① 作为国际历史科学委员会主席，科特通过莫斯科的负责苏联对外科学合作的协会寻求与苏俄官方学界的沟通。② 然而，直到奥斯陆大会开幕之际，他仍不确定苏俄学界是否已自视为国际历史科学委员会的一员。③ 在奥斯陆大会上，苏联史学界派出了共产主义者和一两位"资产阶级"史学家代表出席会议，会后俄国史学新学派的领军人物米哈伊尔·N. 波克罗夫斯基（Mikhai N. Pokrovsky）才告知秘书长：苏联史学家希望参与国际历史科学委员会的活动。而除了他之外，来自列宁格勒科学院的奥尔登堡教授也被任命为正式代表。④

由奥托·赫奇（Otto Hoetzsch）领导的德国东欧研究会发起的德苏会议于 1928 年 7 月 7 日到 14 日在柏林召开，会上苏联正式加入史学研究的国际合作。⑤ 苏联历史学科在海外首次揭开面纱便表现出了多元化的特点。除了米哈伊尔·N. 波克罗夫斯基、伊萨克·I. 敏茨（Isaac I. Mints）和谢尔盖·M. 杜布罗夫斯基（Sergei M. Dubrovsky）等马克思主义史学家外，谢尔盖·F. 普拉托诺夫（Sergei F. Platonov）和德米特里·N. 艾格洛夫（Dmitrii N. Egorov）等活跃在革命前的学术界中的学者也得以发声。这与波克罗夫斯基的观点契合，他确信资本主义和马克思主义社会科学的共存是有利的，只有两者不断交锋，后者才能最终取得胜利。他仍相信，资产阶级史学家将自发转向新兴的马克思主义思想

---

① Brandi to Geheimrat Terdenge（German ministry of the interior），6 June 1928，Brandi papers，51.

② Koht to Lhéritier，11 Sep. 1927，Archives CISH，dossier 1927.

③ Koht to Lhéritier，1 July 1927，Archives CISH，dossier 1928.

④ Pokrovsky to Lhéritier，20 Aug. 1928，ibid. 关于合作决议，见 M. N. Pokrovsky，"Doklad o poezdke v Oslo"［Report on the trip to Oslo］，in *Vestnik Kammunisticeskoj Akademii*［Bulletin of the Communist Academy］30，no. 6［Moscow，1928］：231 – 237，here p. 234。

⑤ 参见 Castelli，"Internazionalismo e Storia，" p. 908f. ；Behrendt，"Die internationalen Beziehungen，" pp. 153ff. ；H. Jonas， "Die russische Historikerwoche und die Ausstellung 'Geschichtswissenschaft in Sowjetrußland 1917 – 1927' in Berlin，" Osteuropa 3（1927/28）；G. M. Enteen，"Matxists versus Non – Marxists：Soviet Historiography in the 1920s，" *Slavic Review* 35（1976）：91 – 110；I. I. Mints，"Marksisty na istoričeskoj nedele v Berline i VI Meždunarodnom kongresse istorikov v Norvegii"［Marxists at the historical week in Berlin and on the VIth International Historical Congress in Norway］，*Istorik Marksist* 9（Moscow，1928）：84 – 85。

和研究的阵营中。在波克罗夫斯基看来，资产阶级史学，尤其是德国史学为苏式马克思主义学术的发展奠定了十分重要的基础。敏茨在关于柏林和奥斯陆的报告中宣称，尽管马克思主义在俄国占主导地位，但它并不会狭隘地压制其他观点。苏联表现出的相对开放性似乎有利于将来西方与苏联史学家进行交流讨论，从即将召开的国际大会的角度看尤其 116 如此。

　　来自相互敌对国家、意识形态不同的史学家究竟能否共聚一堂参与学术讨论？如果可能，又应如何实现它呢？此外，国际历史科学委员会普世的自我定位使其不得不承担以下任务：在未来的大会中，更多地将非欧洲历史加入到欧洲现代史学研究的主题目录中；邀请非欧洲史学家积极参加大会。然而，在哥廷根举行的第一次全体会议只有来自欧洲和美国的史学家，即来自德国、奥地利、比利时、保加利亚、丹麦、西班牙、美国、芬兰、法国、英国、希腊、匈牙利、意大利、挪威、荷兰、波兰、葡萄牙、瑞典、瑞士、捷克斯洛伐克和南斯拉夫的学者参加。虽然阿根廷、巴西和日本已是组织成员，但他们未派代表出席。实现全球化合作的理想仍有很长的路要走。

　　在过去的战争敌对国间、不同意识形态的社会间进行和平的学术合作所带来的共同利益，对即将召开的奥斯陆大会的筹备有何影响？奥斯陆大会是首个在国际监督下组织起来的大会。毋庸置疑，在巴黎和哥廷根举行的执行委员会会议和全体会议成功地确定了大会的细节。为了不破坏众所希冀的和谐，会议决定避免有关政治冲突的主题，尤其是战争罪恶问题，尽管各国为数不少的史学家都已在这方面开展了研究。这种保护措施表明，委员会对学界就有争议的历史、政治问题进行客观讨论的学术能力没有足够的信心。然而，对于一心追求圆满的奥斯陆大会来说，这种保护措施或许是恰当的。

　　将"报告"和"论文"区分开来是大会的一项积极创新。"论文"主要用以展示作者本人的研究成果或历史解释，由几个松散的部分构成；"报告"则必须符合大会的国际化特征。莱里蒂埃提出并说服执行委员会接受了这一观点，他这样解释道："报告与论文篇幅相当，但内容完全不同。报告假定自身阐述的问题已为人熟知，它限定报告者提供最重要的参考文献，概括当下的研究情况，包括已被接受的研究结果、尚未解决的问题及其解决方法。"① 报告的主题由国家委员会推荐；相比于之前的大会，执行委员会应在报告内容的选择和协调上比组织委员会发挥更大的领导作用。② 莱里蒂埃本欲在奥斯陆发出的大会邀请中添加一个关于"报告"的清晰阐述，他对科特写道："这样与会者就能明白什么是'报告'；他们会乐于提供这样的报告，并且这可能将是大会最富成果的创新——对有普遍性的、清晰的、定义明确的问题进行系统性的研究，以此取代效率低下、局面混乱的讨论会——要知道，在历届大会中，哪怕是组织得最好的大会都效率低下且局面混乱。"③ 不幸的是，奥斯陆大会的邀请中并没有对"报告"做相应的定义。尽管如此，大会本身还是收到了几份突出的报告范本，而这主要归功于法国、波兰方面以及主席本人。

　　然而，国际历史科学委员会的本职工作真的是筹备和举办大会吗？美国的委员会创始人和财政资助者认为，国际历史科学委员会同样也应在国际性的出版和研究工作中发挥积极作用。读过巴黎和哥廷根会议报告的人不难发现，与对各种研究计划的讨论相比，奥斯陆大会的组织和议程在报告中占用的篇幅较小。在日内瓦全会和奥斯陆大会期间，委员会不仅讨论了外交官名录和国际文献目录的出版问题，还讨论了以下项目：创办一份国际期刊、编订一份图文并茂的文献资料、收集宪法文本、编纂世界编年史、整理外交档案的出版索引，并发行新版的博塔斯特（Potthast）《中世纪历史文献集》。委员会《公报》第一期发布了关于各国史学组织、历史地图册和历史参考文献的综述。这正好与利兰在大会章程的初稿中为国际历史科学委员会定下的目标相契合。章程第一条中规定："委员会应提倡和鼓励史学研究与出版活动；应在史学编纂

---

①　Lhéritier to Brandi, 29 Aug. 1927, Brandi papers, 42.

②　Bureau meeting, Paris, 25 Nov. 1926, ICHS, *Bulletin* 1：169.

③　Lhéritier to Koht, 9 Sep. 1927, Archives CISH, dossier 1926 – 1927.

中提供新的帮助，如参考文献、信息宣传册等。"① 秘书长莱里蒂埃一直寻求有趣味的项目计划。对于有些人而言，这就有些过犹不及了。

于是，英国和德国学者公开反对成立越来越多的学术小组和委员会。② 皮雷纳特意警告委员会不要过分操心。他不希望国际历史科学委员会在史学研究领域与各学术组织进行竞争。但莱里蒂埃恰恰有意如此。他曾致信科特："我绝不赞同皮雷纳对委员会角色的看法。按照皮雷纳的观点，我们只能从事短期研究，而大型研究计划则交予各研究机构。然而我认为，历史研究领域的大小项目都应由国际委员会管理。文献目录和外交官名录的出版都绝非小型任务，而我们都已经承担下来。一旦我们知道如何获得资金……我们就能承担重要的出版工作。历史研究不应仅由各研究院负责。"研究机构的任务应在跨学科综合研究的领域，而史学研究则应由委员会全权负责。③ 阿格·弗里斯持中立的观点。他认为各学术组织比国际历史科学委员会更加适宜文献经典版本的出版。④ 而科特也认为，由于在项目计划建议上准备不足，"哥廷根会议在某种程度上不算成功"。⑤ 因此，莱里蒂埃只能更多地倾向于寻求利兰的支持。"如果没有你，没有你的积极参与"，他恳切地对利兰说，"我们的委员会便失去存在的根基。就我个人而言，正是你的帮助才使我坚持下来"。⑥

---

① "Project de statuts," ICHS, *Bulletin* 1：9.

② Tout to Lhéritier, 11 Oct. 1927, Archives CISH, dossier 1927；Reincke – Bloch to Lhéritier, 21 March 1927, Archives CISH, dossier 1926 – 27/Pays.

③ Lhéritier to Koht, 22 May 1927 中的书信草稿，Archives CISH, dossier 1927。

④ Friis to Lhéritier, 2 Oct. 1927；Lhéritier to Friis, 7 Oct. 1927, Archives CISH, dossier 1927. 弗里斯在关于哥廷根会议的报告中记录了皮雷纳与莱里蒂埃围绕一份国际期刊而爆发的冲突，Friis papers, II, Sa, Lag 1。

⑤ Koht to Lhéritier, 18 May 1927, Archives CISH, dossier 1927.

⑥ Lhéritier to Leland, 8 Dec, 1927, ibid.

第九章

分歧与友善

——1928 年"奥斯陆精神"

　　国际历史科学委员会成立于 1926 年。是年，诺贝尔和平奖授予了 [122]
法国外长白里安（Briand）、英国外交大臣张伯伦（Chamberlain）、美国
副总统道威斯（Dawes）与德国外长斯特雷泽曼（Stresemann）四位政
治家。他们因奉行理性与国际调停的政策而获此殊荣。1928 年 8 月，
由国际历史科学委员会组织的第一届大会在挪威首都奥斯陆召开。当
月，《凯洛格—白里安公约》在巴黎签订。公约严正反对将战争作为解
决国家政治问题的工具，由此带来的大环境有利于来自此前相互敌对的
国家的史学家开展交流会晤。正如日内瓦全会后法德两国史学家重新和
解的进程，巴黎、哥廷根也已为奥斯陆大会铺平了道路，因此，莱茵河
两岸的史学家组成大规模代表团来到挪威首都参加大会。①

---

　　①　关于筹备"奥斯陆会议"的材料，见 ICHS，*Bulletin* 1：409 – 434；会议开幕式上的报告
内容见 "VIᵉ Congrès International des Sciences Historiques，Oslo 1928：Rapports présentés au Congrès，"
ICHS，*Bulletin* 1：559 – 753［hereafter Congress Oslo 1928："Rapports"］；其他论文摘要见 *VIᵉ Congrès
International des Sciences Historiques*，*Oslo 1928*：*Résumés des Communications présentés au Congrès*（Oslo，
1928）［hereafter Congress Oslo 1928：Communications］；关于斯堪的纳维亚历史的题目见 *Rapports
présentés au Congrès International des Sciences Historiques*，*pibliés par Historisk Tidsskrift*（Oslo，1928）；会
议报告见 "Organisation du VIᵉ Congrès International des Sciences Historiques，" ICHS，*Bulletin* 2：5 –
21，and "Compte rendu du VIᵉ Congrès International des Sciences Historiques"［hereafter Congress Oslo
1928："Compte rendu"］，ICHS，*Bulletin* 2：25 –211。关于波兰史和"民族性与历史"版块论文集
的单独发表，见第 152 页注释①。参会者名单中涵盖了来自 38 个国家的 950 位活跃学者，其中 132
人来自法国，121 人来自德国（另有 5 人来自但泽地区）。见下文附录 III. 2。

到此时为止，法国史学家向大会提交的报告与论文数量最多。[①] 这无疑表明，法国对于在这一新成立的国际组织中取得文化代表权有着强烈兴趣。莱里蒂埃曾骄傲地强调，众议院极不寻常地表现出为委员会批准一笔大额财政补贴的意愿。[②] 由此来看，莱里蒂埃兼任国际历史科学委员会秘书长与法国国家委员会秘书长一事也极为重要。正如他致信法国总统时所写："此前议会从未针对学术研究会议批准财政补贴，而如今我们已经取得了补贴。这是我们第一次有了自己的组织。情况再也不像战前那样了。"[③] 法国在奥斯陆大会的语言使用方面也极具代表性。至少52%的报告与论文使用法文撰写。相比之下，德文占27%，英文占14.7%，而意大利文仅占5.5%。

毋庸置疑，大会上最主要的人物是挪威人哈尔夫丹·科特。他以卓越的学术贡献、高超的语言能力给他的同行留下了深刻印象，而最重要的是他的人格魅力。他希望史学家能够相互理解。这正是由赫尔曼·昂肯在大会开幕时首次提出的"奥斯陆精神"。[④] 从挪威王室到奥斯陆城，[123] 从大学到专科院校，整个国家竭尽所能以慷慨大方与热情友好的态度彰显了这种精神。诚然，根深蒂固的政治与学术的成见在与会者之间依然存在，且根据学术期刊与新闻媒体有关奥斯陆大会的报道，大会并没有消除这些分歧。然而，很多代表已然察觉到，各国史学家间的关系在大会期间经历了一次转变。起初，他们彼此心存疑虑，畏首畏尾。来自于此前相互敌对国家的成员将自己假想为"谈判代表团"，并认为可以把大会视为自己代表国家利益的平台。法西斯国家与苏联的史学家尤为强调代表团内部的组织纪律性。然而对绝大多数与会者而言，最重要的仍是体验学术交流的感染力。因此，当最具争议性的问题出现利益纠葛时，因非学术因素产生的分歧总是次要的。

---

① 307篇提交论文中的77篇，见下文附录三（一）。

② Lhéritier to Koht, 31 March 1928, Koht papers, 386.

③ Ibid.

④ 参见 Koht, *The Origin*，特别见第18页。除文献价值外，这部作品生动地诠释了这种"奥斯陆精神"。

而促使这次讨论开展起来的仍是皮雷纳的一次演讲。该演讲关注的只是一个纯粹的、与政治无涉的科学问题，但它对理解欧洲历史的延续性有着重大意义。在大会开幕期间，皮雷纳就伊斯兰文明的扩张与中世纪的发端问题展开了论述。早在布鲁塞尔大会期间，他就讨论过这一问题，而现在他又增加了许多细节描述。这以后成为他的几部重要遗作的主题之一。这些著作对于那些关注欧洲从古代向中世纪转型期的年代划分问题的史学家而言，都十分重要。[①] 在向奥斯陆大会呈交的学术论文总结中，皮雷纳简洁而系统地阐述了他的观点：

> 直到 8 世纪初期，整个欧洲文明的主要特点是其地中海特性。日耳曼人的入侵并没有改变这一事实。在此前后，西方世界仍如罗马帝国时一样，其文明成果皆发源于地中海。这在社会经济和思想道德方面均可得到证明。直到第勒尼安海（Tyrrhenian Sea）的霸权为穆斯林所掌控后，围绕地中海形成的整体欧洲世界才遭毁灭。当时，与拜占庭的联系被切断，欧洲的重心逐渐北移，贸易与城市的重要性急剧衰退，而日耳曼人的影响才开始起重要作用。这些转变逐渐显现时，加洛林时代也拉开了序幕。所以，我们也应以后者为中世纪的开端。[②]

会议在组织方面有个小失误，即当日中世纪讨论会的其他发言者均未出席，但这给那些对皮雷纳的演讲感兴趣的人提供了没有限制的讨论时间。此正所谓"塞翁失马，焉知非福"，多普施、哈列基、伊奥尔

---

① 1923 年的布鲁塞尔讲座："Un contraste historique：Mérovingiens et Carolingiens," in Congress Brussels 1923：*Compte rendu*, p. 97f. I 它 以 一 篇 论 文 " Un contrate économique：Mérovingiens et Carolingiens," *Revue belge d'histoire* 2（Brussels, 1923）：223 – 235 为基础。奥斯陆讲座的摘要 "L'expansion de l'Islam et le commencement du Moyen – Age," in Congress Oslo 1928：*Communications*, p. 4f. 全文见 Pirenne, *Histoire économique*；concluding formulation of these preliminary studies in H. Pirenne, *Mahomet et Charlemagne*（Brussels, 1927）, posthumous。

② Congress Oslo 1928：*Communications*, p. 5.

加、韩德尔斯曼和马克·布洛赫等著名史学家都就这次讨论撰写了引人深思的简短报告。[①] 奥斯卡·哈列基认为这是整个大会中最有意思的一次讨论。[②] 多年后，吕西安·费弗尔仍热情洋溢地回忆道："到了晚上，世界上最杰出的史学家们自发地聚在一起，就这位比利时大师的演讲内容进行热烈的讨论。在当时的环境下，那实在是独一无二之事。在那之前，我们从未有过这样的体验；在那之后，也再没有相似的经历了。"[③] 皮雷纳提出，阿拉伯人在地中海地区的扩张在欧洲历史进程中有着重大意义。此观点得到了学界主流的认同。但是，他的批评者对他的"断 127 裂说"提出了质疑，他们指出，地中海区域从古代到日耳曼—罗马时代是存在延续性因素的。因此韩德尔斯曼才提出了这样的反对意见："阿拉伯人的入侵不是一种断裂，而是一次改变欧洲发展的重要事件。"另一方面，皮雷纳这种在经济史基础上演绎出的历史分期遭到了尼古拉·伊奥尔加的反对。伊奥尔加断言，教会与国家关系的转变才是划分古代和中世纪的要点："中世纪时代始于基督教会成为罗马帝国教会之时。"最重要的是，阿尔封斯·多普施对皮雷纳在经济史与地中海贸易领域内的研究成果做了纠正。多普施坚定地认为，日耳曼人的移民是划分古代与中世纪的历史界限，同时他提出，在文化方面，墨洛温和加洛林时代之间并无转折点。[④] 马克·布洛赫也明确反对皮雷纳的观点："他指出，自罗马帝国覆灭后，贸易日渐衰落，当时西方在东西方贸易中处于劣势。阿拉伯人扩张后，贸易确实进一步下滑了，但多瑙河流域的贸易路线从未被切断，日耳曼人在阿拉伯人入侵后依然在地中海航

---

① Congress Oslo 1928: "Compte rendu," pp. 61 – 64.

② Congress Oslo 1928: *La Pologne*, p. 80. See also Halecki, " Ⅵ Międzynarodowy kongres," p. 119f.

③ "Un maitre de l'histoire vivante," in *Les Nouvelles Littéraires*, 9 Nov. 1935, 引自 Lyon, *Pirenne*, p. 327, note 26。

④ 多普施已在两部重要著作中陈述了自己的观点：*Die Wirtschaftsentwicklung der Karolingerzeit, vornehmlich in Deutschland*, 2 vols. (Weimar, 1912, 1913); *Wirtschaftliche und soziale Grundlagen der europäischen Kulturentwicklung aus der Zeit von Cäsar bis auf Karl den Großen*, 2 vols. (Vienna, 1918, 1920)。

行。至于城市生活，它在伊斯兰文明兴起前很久便已衰颓了。"①

　　在方法论讨论会上，马克·布洛赫再次讨论了同一问题。和皮雷纳一样，他也发现墨洛温时代的社会与加洛林时代的社会间有着显著的区别。但与皮雷纳不同的是，他并没有关心伊斯兰文明统治地中海区域所带来的经济影响，而是对教会与世俗国王间的关系转变关注有加。"墨洛温时代的君主们对将权力交付教会不以为意，而在加洛林时期，情况就大不相同了。君主视神职人员如上学的孩童，并利用他们的长处服务于政治目的，而且，他们显然认为自己得到了上帝的召唤，在尘世间施行其律法。他们的立法导向本质上是为了弘扬宗教、促进道德。"除此之外，马克·布洛赫也提到了社会的转型：在墨洛温王朝统治时期，提供安全保障的个人关系已经在社会中起了重要的作用，然而法律中却少有提及。相反，加洛林时期的人不仅承认而且鼓励这种关系的存在。但两个时代都对附庸离开封君的各种情形做了定义，并限制此类事情发生。两个时代的人都十分重视利用这种个人关系来保障治安。布洛赫引用了公元810年加洛林王朝颁布的法典中的一句话，并视其为加洛林时代社会政策的一条简明的宣言："封君当对从属施加权威，以使他们学会服从，并乐于接受帝王的指示。"②

　　布洛赫是对皮雷纳深怀敬意的学者之一。我们已经了解到，此前布洛赫就已设法邀请皮雷纳参与由他本人以及他在斯特拉斯堡的同事兼好友吕西安·费弗尔共同策划新学术期刊的编辑工作。皮雷纳起初婉拒了主编的职位，但他还是加入了编委会。如今，这份期刊在奥斯陆大会上宣布发行。大会纪要只是简要地记述到，布洛赫在社会与经济史讨论会上发表关于中世纪农业史③的演讲前，将《经济与社会史年鉴》1929

　　①　Congress Oslo 1928："Compte rendu，" p. 63.

　　②　M. Bloch，"Pour une histoire comparée des sociétés médiévales，" in Congress Oslo 1928：Communications，pp. 119 ff.：全文："Pour une histoire comparée des sociétés européennes，" Revue de synthèse historique 46（1928）：15 – 50，here p. 24 f.。

　　③　M. Bloch，"Le problème des systèmes agraires envisagès particulièrement en France，" Congress Oslo 1928：Communications，p. 264 f.

年 1 月创刊号的内容简介发给了参会者，并对期刊做了若干点评。在接下来的会谈中本来安排了讨论环节，然而由于对新期刊最感兴趣的学者都已缺席，这样的安排并未成为现实。[①] 因此，史学史上最重要的事件之一就在无人问津的情况下草草收场了。

据大会纪要与期刊的报道，尽管布洛赫呼吁对中世纪社会开展比较史学方面的研究，尽管这样的呼吁对比较方法的专门化有着重要意义，但他关于中世纪的报告还是没有引起与会者的深层讨论。[②] 布洛赫并非有意宣布新的研究计划；相反，他想展现的是，如果人们将比较方法视为可以高效利用、并能带来积极成果的技术工具，如果人们"不是将其理解为哲学史或普通社会学 * 中的一个环节，不是把它视作研究者因看待事物视角不同而有时褒扬、有时报以怀疑一笑的思想流派（但他们却通常避免实践这样的流派与方法）"，比较方法会取得怎样的成果。布洛赫在奥斯陆大会上的演讲之所以重要，是因为它证实了一种方法的可行性：他比较了中世纪社会史中的数据资料，并补充了相应的理论反思，密切留意观察到的进程中的每一步，并检验它可能带来的认知结果。这一演讲信息极为丰富，读者甚至还可以把它扩展为一本历史比较法方面的参考著作！

这一方法论从中世纪史开始，引领布洛赫批判地思考了民族的概念并得出了下述结论：无论地理界限划分出的各个区域在语言或社会历史背景方面是否一致，这些地理界限都不可能与现代的民族界限完全相同。布洛赫给出了下述事例：

> 研究城市复兴时期的法国中世纪城市，意味着将两个除了名字

---

① Congress Oslo 1928："Compte rendu，" p. 105f.

② Bloch，"Histoire comparée."

* 美国社会学家斯默（Albion W. Small）曾指出，"普通社会学"是研究社会中的物质与精神条件、各种因素、形式、动力、进程、结果以及社会现象对人类社会的影响的学科。参见 Albion W. Small，"General Sociology，" *American Journal of Sociology*，Vol. 18，No. 2（Sep.，1912），p. 200。——译者注

以外完全不同的研究对象融合在一起：其一是"市镇"，即地中海地区的古代城市、传统农业生活的中心——统治阶层，即领主和骑士，都长居于此；其二是法国其他地区的城市，它们生机勃勃，都是商人的聚居地。我们如何能将后一种城市类型与德国莱茵河沿岸的类似城镇区分开来呢？最后是中世纪法国的"庄园"：当一位（法国的）史学家通过阅读奥克语（langue d'oc）文本来研究卢瓦尔河流域北部的封建主义时，这相比研读来自埃诺地区（Hennegau）或摩泽尔河流域（Moselle）的文献是否使他更有身处异域之感？如果要避免武断之举，我们必须为欧洲社会史的各个方面及其发展的各阶段寻找合适的地理框架。[①]

129　　发表了上述评论后，布洛赫又表达了对奥斯陆精神的怀疑态度。他所指的并非奥斯陆精神本身，而是其实现机会渺茫且基础脆弱的问题：

> 我相信很多人都将在这届大会上讨论各民族借助历史取得和解这一话题。请勿担心：我无意对这个微妙的问题发表一场即兴演讲。在我看来，比较史学是一个纯粹的科学话题，它关注知识，但与实际运用无涉。然而，如果要在我们的术语使用和提问方式上达成某种一致，你们又有什么看法呢？……总之，在没有理解各国的历史之前，我们最好还是不要对它们的历史品头论足。目前的情况就像是两个聋哑人的对话，双方都答非所问。这是一种古老的逗乐把戏，如果要使那些希望愉情悦性的听众们发笑，这再合适不过，然而对于知识分子而言，这并不是什么合适的活动。[②]

这种疑虑再正当不过了。然而，对社会历史联系的反思难以战胜源于历史的个体化倾向与敌意，也难以战胜民族情绪的恶意。这就是奥斯陆精

---

① Bloch, "Histoire comparée," p. 44f.

② Ibid., p. 49f.

神作为一种要求限制极端民族主义的呼声，对于时代所面临的机遇与任务而言都十分重要的原因。这有些伊曼努尔·康德的意味——这位哲人曾说，和平并非人与人之间的自然状态，而是人类创造的产物。

报道了奥斯陆大会的学术期刊反复提到了两个名字，（除了皮雷纳的报告之外）他们的报告也都给听众留下了深刻印象：一位是卡尔·布兰迪，另一位是阿尔封斯·多普施。和皮雷纳一样，这两位学者都提交了对自己正在进行的研究的临时性评价，而几年后，这些研究的成果都成为颇为重要的著作。

在大会开幕的全体会议上，布兰迪发表了题为《查理五世对帝国的统治》①的演讲。这一话题也与皮雷纳的研究相似，着眼于两个重要历史时期的转折点。它关注了中世纪与近代之间的这一新旧历史时期相互重叠的阶段，并以传记的形式呈现其风貌。布兰迪的报告涉及许多方面：分散于欧洲各档案馆的查理五世政府档案的命运；许多学者共同努力重新收集的书信集；查理五世设立的大法官法庭的运作方式的再现以及其个人信件与政治声明日益增长的重要性。这些都是与经典的史料研究方法相关的问题，它们所涉及的学科也有重大的国际意义，在国际大会上讨论也很相宜。中世纪"皇帝"源于无所不能的教会观念再一次——也是最后一次——在一种建立大帝国的王朝野心中成形，但最后，其中所包含的向多种国家形式发展的固有趋势抵制了那种支配一切的帝国理念，并将它推向了衰落的命运。布兰迪在奥斯陆呈现的是一种广义上的传记研究的初步成果，它对后来的研究有着重要的意义，尽管这些后来者对查理五世时代的诠释与布兰迪不尽相同。② 130

---

① Congress Oslo 1928：*Communications*，p. 3f. 全文见 *Preußische Jahrbücher* 214（1928）：23 - 31；后一部著作：*Kaiser Karl V.*，2 vols.（Munich，1937，1941）。

② 例如，P. Rassow，*Die Kaiseridce Karls V：Dargestellt an der Politik der Jahre 1528 - 1540*（Berlin，1932）。

奥斯陆大会上只有其他少数几篇论文是传记研究。① 相比之下，关于广义的社会史、经济史的论文则重要得多。这些论文中就包括了阿尔封斯·多普施在闭幕全会上发表的题为《世界史上的物物交换经济与货币经济》的报告。② 多普施称其方法"统观全局"，因为他努力将各相关学科的研究成果——从人种学、史前史研究到语言学，都囊括到他的研究中。这就是布洛赫所谓"长时段比较法"的典范——这是一种以从世界各地收集相关证据为基础的研究。③ 当时所有的经济发展阶段理论都假设，在经济活动的各种不同的社会形式中，存在着一个系统的演化序列，而多普施则对这些理论做了批判性的研究。为此，他从当时的历史认识的各个领域中搜集大量材料论证自己的观点：实物支付经济与货币经济一直共存，且有不同程度的互动。此观点直接挑战了德国政治经济学的经典作家，如布歇和桑巴特；但更确切地说，他反对的是皮雷纳那种认为在墨洛温时代和加洛林时代间存在断裂性的观点。有这两位学者来到奥斯陆大会——一位在开幕全会、另一位在闭幕全会上发言——当代史学的一大争论就这样在一场国际大会上呈现在世人面前。④

---

① 300 场讲座中有 12 场是研究欧洲统治者（马其顿的腓力二世、德意志皇帝腓特烈二世、西班牙国王腓力二世、法王路易十四、英格兰国王詹姆斯一世和拿破仑）、中世纪神学家（鲁伊斯布罗克、布拉德瓦尔丁的托马斯）、史学家（米什莱、西斯蒙第）、画家丢勒和作曲家圣萨恩斯的。

② Congress Oslo 1928: *Communications*, p. 6f.; 全文见 A. Dopsch, "Naturalwirtschaft und Geldwirtschaft in der Weltgeschichte," *Archiv für Rechts – und Wirtschaftsphilosophie* 22/23 (1929), 重印于 Dopsch, *Beiträge zur Sozialgeschichte: Gesammelte Aufsätze, zweite Reihe* (Vienna, 1938), pp. 85 – 94. 整部著作: *Naturalwirtschaft und Geldwirtschaft* (Vienna, 1930)。

③ Bloch, "Histoire comparée," p. 18f.

④ 对这场时空范围极广的大争论中主要论文的出色汇编，参见 Paul Egon Hübinger ed., the series *Wege der Forschung*, published by Wissenschaftliche Buchgesellschaft Darmstadt: *Bedeutung und Rolle des Islam beim Übergang vom Altertum zum Mittelalter* (1968); *Kulturbruch oder Kulturkontinuität im Übergang von der Antike zum Mittelalter* (1968); *Zur Frage der Periodengrenze zwischen Altertum und Mittelalter* (1969); *Spätantike und frühes Mittelalter: Ein Problem historischer Periodenbildung* (1972)。

奥斯陆大会像以后各届大会一样也提到了大会议程安排是否合理的老问题，这并不出奇。亨利·贝尔认为，就学术层面而言，这届大会和布鲁塞尔大会一样呈现了太多互不相关的话题。他要求将来的大会在开幕式与闭幕式上应为历史综合评论安排更多时间，因为包括史学在内的所有科学的科学性只存在于对普遍性、而非独特性的探索中。"如果我们各自为战"，贝尔问道，

> 我们如何能走到一起呢？我们是否总能够在史学大会上看到这样的情景：与会者兴致勃勃地穿过一个又一个会堂，有时经过一幢幢大楼，得以聆听大部分报告，错过的只不过是其开头或结尾？还是说，他们因为四五场自己颇感兴趣的讨论会同时举行而沮丧地挠头？奥斯陆大会上这种常规安排相当讽刺。只要自己有意，每一位与会者都有权利参加所有会议。但前提是，他必须想方设法避免支离破碎的议程安排带来的不便！诉诸全会可能是一种解决方法，然而，全体会议只不过是依照礼仪规范举行的若干官方活动，并不展示关心人们更感兴趣的科学问题。[1]

这样的说法并不公允。尽管要求对理论与方法论问题给予更多关注的呼声无可非议，但这样的说法忽略了皮雷纳、布洛赫、布兰迪、多普施和其他人的思想火花。

在我看来，奥斯陆大会之所以独树一帜，就在于它为史学家充分阐释自己思想的"伟大演讲"提供了空间。因此，反对贝尔的声音也不少见。譬如，曾任布鲁塞尔大会秘书、在奥斯陆大会上探讨了极为精专的中世纪司法系统问题的比利时中世纪史专家弗朗索瓦·L. 冈绍夫（François L. Ganshof）就发出了这样的声音。他认为他的老师皮雷纳的报告和随后的讨论是大会上最激动人心的成果之一。冈绍夫也高度赞扬

---

[1]　H. Berr, "Quelques réflexions sur le VIᵉ Congrès International des Sciences Historiques," *Revue de synthèse historique* 46 (1928): 8f.

了布兰迪和多普施的论文。至于众多内容相异的论文，他相信这些文章体现了大会的真正生命力。他警告说：

> 历史"理论家"们已成为威胁到下一届大会的新危险。于我们而言，质疑他们的学术作用和重要性乃是头等大事。作为理论家们最具代表性、最令人喜爱的代表，亨利·贝尔先生从过去到现在一直对历史学做出了重要贡献。这是众所周知而无需强调的。然而我们听说"理论家"们——那些对历史分期、历史话语以及历史与时间、空间的关系有着浓厚兴趣的学者，梦想着为他们的讨论会争取某种特权地位。还有传言说，他们当中有人意图在理论家们举行他们那些极其重要的会议时中止其他的一些讨论会，以便所有人都能够参与到他们的工作中去。在理论家们看来，他们的工作简直独占历史科学之鳌头。然而，恐怕多数与会者反而会乐意用这种打断会议的方式来驱散那种卡巴莱歌舞表演*吧！史学不应该脱离事实，在扎根于事实的前提下，讨论方法论还是既有用又有趣的。当报告与讨论都打上了哲学色彩时，我们就会感到索然无味。无论如何，大多数史学家都持这样的态度。①

奥斯陆大会上，史学家们遇到了新的挑战，那就是他们接触到了作为马克思主义特殊变体的苏联史学研究。上一章提到，1903 年罗马大会上，马克思主义历史研究方法已经成为方法论思考的主题。让我们重

---

* 卡巴莱歌舞表演是在小餐馆、小俱乐部表演的业余水平的短节目或讽刺剧；冈绍夫以此为喻暗含贬义。另外，在英语中，"cabaret"既可指小餐馆中的歌舞表演，也可指提供这种表演的小餐馆或俱乐部。英国的卡巴莱后来逐渐发展成杂耍剧场，美国的卡巴莱后来逐渐发展成夜总会。——译者注

① F. L. Ganshof, "L'évolution du Mallus en France au Xᵉ siècle," in Congress Oslo 1928: *Communications*, p. 243f. ; Ganshof, "Le Congrès historique international d'Oslo," *Revue belge de philologie et d'histoire 7* （Brussels, 1928）: 1685 – 1692, here p. 1691.

温一下那不勒斯法律经济学院以及拉布里奥拉（Labriola）、克罗齐和哈特曼。但是那最初的讨论仅是一个小片段。从我们能收集到的国际大会的史料来看，当时的史学家并不认为马克思主义是一种严峻的思想挑战。如今，它作为一种意识形态登上了奥斯陆大会的舞台，为正在崛起的苏联提供了历史正当性，并且对其他全部带有"资本主义"标签的史学研究方向形成了挑战。

　　苏联史学家与"资本主义"史学家的论战将在"二战"后成为国际大会上的重要问题。然而苏联史学家的初次登台只带来了大会议程方面的挑战，因为他们的稿件并没有彰显什么史学研究的新模式。尽管俄国代表团的领导是苏联马克思主义史学的杰出代表人物米哈伊尔·波克罗夫斯基，但莫斯科方面向奥斯陆派出的并不只是马克思主义史学家。在科学自由理念的指引下，哈尔夫丹·科特代表国际历史科学委员会执行委员会特别强调，苏联史学家应当向大会提交具体的论文。他也告知苏联史学家："我们有必要也有责任尽可能接纳我们的俄国同行，以实现史学家的国际合作。"科特本人也计划做一场题为《现代史中阶级斗争的重要性》的报告，并大声疾呼："你们能在这个问题上给我们多少教益呢！"[1] 科特自称是马克思主义者，而苏联人却对此表示讽刺，阶级斗争在挪威的缓慢发展让"自由的资本主义者也能奢侈地摆弄马克思主义"。[2] 波克罗夫斯基在给共产主义的莫斯科科学院递交的报告中以一种更宽容的方式表达了自己的观点。他写道，从共产主义者的角度看，科特能否被视作一个真正的马克思主义者尚且存疑，但毫无疑问的是，他是仅剩的正在消亡中的资产阶级激进派，是一个正直的民主人士。无论如何，波克罗夫斯基都希望苏联方面能够加强国际历史科学委

¹³² (margin)

---

　　① Letter of 21 Dec, 1927 and 5 April 1928, quoted in Behrendt, "Die internationalen Beziehungen," p. 196f. 科特演讲的简短摘要见 Congress Oslo 1928: *Communications*, p. 145。全文见 *Journal of Modern History* 1 (Chicago, 1929): 353 – 360; discussion in Congress Oslo 1928: "Compte rendu," p. 75。

　　② Mints, "Marksisty," p. 95.

员会的左翼势力，并且也表现出了颇为积极的态度。^①

在大会闭幕会议上，波克罗夫斯基以马克思主义的视角就俄国绝对主义的起源发表了演讲。演讲的提纲也收录到奥斯陆的官方论文集中。^② 它的开篇论点就是，"资产阶级史学家"看待一切事物的视角都是错误的。具体而言，俄国专制主义绝非一种凌驾于阶级之上的军事独裁，因为它无须防备大草原的游牧民族。它更像是贸易资本在东欧与亚洲争夺市场的代言人。这种解释值得深思。波克罗夫斯基的论文也关注了莱里蒂埃曾研究过的开明专制的问题。波氏本人也参与到演讲后的热烈讨论中。学者们在讨论中投票决定成立一个特别委员会以进一步研究此问题。^③

苏联学者的其他论文大多是专门化的实证主义史学研究。这里仅列举少量论文：弗拉基米尔·V. 阿多拉茨基（Vladimir V. Adoratzky）的《苏维埃俄国联邦社会主义共和国的中央档案馆》；波里斯·L. 博加耶斯基（Boris L. Bogaesky）的《克里特文明陶器上的诸神》和叶甫根尼·A. 科斯敏斯基（Evgenii A. Kozminsky）的《中世纪时期的英格兰村落》。^④ 某些论文也带有意识形态色彩，比如谢尔盖·M. 杜布罗夫斯基的《二十世纪俄国的农民运动》和维亚切斯拉夫·P. 沃尔金（Vyacheslav P. Volgin）的《社会理论史中的社会主义与平等主义》。^⑤

工作会议中没有出现激烈的争论。然而，大会的旁观者却发生了激烈的观点碰撞。波克罗夫斯基在开幕大会上当选为大会主席之一后，曾于革命爆发后移居国外、如今又从美国来到奥斯陆的古代史家罗斯托夫

---

① Pokrovsky, "Doklad," p. 234.

② "Les origines de l'absolutisme russe au point de vue du matérialisme historique," in Congress Oslo 1928：Communications, p. 7f.

③ M. Lhéritier, "Le rôle historique du despotisme éclairé, particulièrement au XVIIIᵉ siècle," in Congress Oslo 1928："Rapports," pp. 601 – 612；discussion in Congress Oslo 1928："Compte rendu," p. 71f.

④ Congress Oslo 1928：Communications, pp. 19f. , 80f. , 270f.

⑤ Ibid. , pp. 144 and 289f.

采夫就苏联史学家参会一事接受了挪威报纸《晚间邮报》（*Aftenposten*）* 的采访。罗斯托夫采夫表示，从政治角度而言，此番邀请颇为可取。但从学术方面说，邀请苏联学者与会是一个错误。将波克罗夫斯基选入大会主席团不可理解，毕竟，他曾参与驱逐俄国非布尔什维克学者的行动。罗斯托夫采夫继续说道，学术的目的是找寻真相，然而苏联史学家从一开始就自认为寻得了真理。因此，他们追求的不是研究而是神学。① 这种批评使罗斯托夫采夫被列宁格勒科学院正式开除。这次采访两天后，《晚间邮报》刊印了波克罗夫斯基的回应。他坚称，在苏联没有人因政治观点而受到迫害。在奥斯陆大会和此前的柏林大会上，苏联学者既有马克思主义代表，也有一些资产阶级代表。当然，一些学者遭到开除是事实，但这是由于他们的政治立场问题。若干年前他也遭受了相同的经历：他曾在沙俄时期被流放，但流放的原因在于政治，而不在于他的学术研究。无论如何，"在无产阶级专政的苏联，包括历史研究在内的科学研究都是完全自由的"。②

　　访谈的自由气息掩盖了苏联的真实情况：在选择奥斯陆大会代表团的成员时，波克罗夫斯基尽其所能地排斥了列宁格勒科学院中的资产阶

---

　　* 挪威最大、最知名的新闻报纸之一。——译者注

　　① "Professor Rostovtzeff om bolsjevikenes deltagelse i historiker – kongressen," *Aftenposten*, 15 Aug. 1928.

　　② "Professor Pokrovsky uttaler sig til 'Aftenposten,'" *Aftenposten*, 17 Aug. 1928. 很难断定名单上的 15 名苏联历史学家中有多少 "资产阶级" 或 "马克思主义者"。相关论著中包含着彼此矛盾的信息。例如，根据 K. F. Shteppa, *Russian Historians and the Soviet State* (New Brunswick, 1962), p. 43, "旧史家" 和 "新史家" 之间的比例是基本平衡的 (5 : 6)。然而，较晚的一部马克思主义著作宣称："奥斯陆会议上的 11 名苏联代表几乎都是马克思主义者，只有一人例外。（在柏林会议上，四位资产阶级史学家仍在十名苏联代表之列）（In Berlin four bourgeois historians were still among the ten Soviet participants. ）……由于队伍结构趋于统一，奥斯陆会议上的苏联代表们比在柏林更清晰地展示了俄罗斯史学研究的新面貌。" L. – D. Behrendt, "Zu den internationalen Beziehungen der sowjetischen Historiker in den zwanziger und dreißiger Jahren," in E. Donnert, H. – T. Krause and W. Schaaf, eds., *Die sowjetische Geschichtswissenschaft : Leistungen und internationale Wirksamkeit*, part 4 (Halle, 1979), pp. 29 – 37, here p. 33. Behrendt, "Die internationalen Beziehungen," pp. 198 and 206f.：非党员几乎一律被视为 "本职工作领域里的马克思主义者"。

级史学家。在苏联，"旧"史学遗老能够得到容忍的时间已经不多了。而对于组织日益严密的马克思主义学术而言，参与奥斯陆大会不过是它为确立自身绝对权威而日益强化的斗争。科特试图淡化此事的影响。他说，罗斯托夫采夫的言论仅是他个人的观点。波克罗夫斯基对此心领神会。他后来在共产主义的科学院 * 前表示，罗斯托夫采夫也为苏联代表团做了必要的贡献。"因为我们近乎完全沉默，所以我们也没有受到什么关注。但在随后的访谈中，人们谈到了我们。"[1] 波克罗夫斯基认为，苏联代表团在很多方面都可以有所改善。代表团规模太小，许多演讲在修辞方面水平欠佳。他告知学院一件颇为不幸的事，那就是有些讨论会上一名苏联代表也没有。然而，更不幸的是，这些仅有的苏联代表还固执地保持沉默。"要知道我们来自第一个无产阶级专政国家。我们来到这，坐下，然后一言不发。这是我们的一大错误，最大的错误。当然了，不论一个人是否发表演讲，他的决定都应得到尊重。但是无论如何，撰写两三篇有分量的论文并做好准备在自己的研究领域里抛头露面一会儿也是必要的。我两次站起来发言，也没有太咄咄逼人，但其他同志却完全沉默。"[2]

伊萨克·I. 敏茨对苏联在奥斯陆大会上的言行则有一番完全不同的描述。他并不是专业的史学家，因此也不是苏联代表团的官方成员。敏茨发布了充满着战斗与胜利气息的新闻："我们代表团不仅发表了演讲，也发表用于讨论的论文。马克思主义那种生机勃勃、果实累累的方法让我们的论文与了无生趣的唯心主义历史解读形成了鲜明的对比。"[3] 这种新的论调给观者留下了这样的印象：史学大会似乎不太关注学术，反而更看重对地位与名望的争夺。

---

*　即莫斯科科学院。——译者注

[1]　Pokrovsky, "Doklad," p. 234.

[2]　Ibid. , p. 233.

[3]　Mints, "Marksisty," p. 95. 类似的报告见 N. Lukin in Pravda, 15 Sep. 1928，大段摘录参见 S. N. Harper, "A comunist view of historical studies," *Journal of Modern History* 1 (Chicago, 1929): 77 - 84, here pp. 78 - 84.

像苏联马克思主义者一样，意大利法西斯主义者在国际史学大会上也是不为人熟知的新成员。人们都认为苏联与意大利的代表团纪律严明而自我封闭，但这不过是一种幻想而非现实。曾参与法西斯主义运动的著名中世纪史专家、社会史家乔阿奇诺·沃尔佩（Gioacchino Volpe）也在报告中对自己的同事表达了与波克罗夫斯基类似的批评论调。沃尔佩表示，德国、波兰和法国的史学家，尤其是法国史学家"军团"，只与少数意大利史学家打过照面；而这些意大利史学家中，积极参与大会活动的就更少了。在将来，只有在卓有成效的长期准备后才能再向大会派出代表团。^① 同样，大会只收到了 16 份来自意大利的论文。它们大体上都与政治保持了距离，坚持走传统的考古学、谱系学、文学与艺术史或科学史的路线。还有若干论文讨论了意大利史的一些具体问题，如意大利统一前的历史。大会中只有一份带有鲜明法西斯主义色彩的论文，那是一位来自意大利海军部代表的论文；文章为意大利对非洲蛮族开展殖民扩张和文化使命做了辩护，将其视为英雄壮举。^② 沃尔佩本人就意大利各城邦议会文件的出版问题提交了一份颇具教益的报告。此外，他还提交了一份号称被所有人"毫无保留地"接受的综述，介绍了过去 50 年间有关意大利复兴运动的研究，^③ 并卑躬屈膝地向"新的意大利国家"献媚。然而，大会上最尖锐的冲突却出现在沃尔佩与国际历史科学委员会秘书长米歇尔·莱里蒂埃之间，他们因为一个政治与历史问题发生了激烈的摩擦。

"一战"过后，史学界发起了多种努力以促进历史教学为和平服务。莱里蒂埃是这项事业的热心支持者。在他的建议下，国际历史科

---

① Volpe to the president of the Italian House of Deputies, 1 Sep. 1928, Archivio Centrale dello Stato, Rome: Presidenza del Consiglio dei Ministri, 1929, Facs. 14/3, no. 3432.

② A. Tosti, "L'opera civile della Marina Italiana in favore della colonizzazione africana," Congress Oslo 1928: *Communications*, p. 175f.

③ G. Volpe, "Gli Atti dei Parlamenti Italiani anteriori all'Unità e la loro recente pubblicazione." ibid., p. 255f.; Volpe, "Il risorgimento italiano negli dell'ultimo cinquantennio," ibid., p. 142f.

学委员会及其执行委员会成立了一个历史教育委员会。它主要关注的是教科书的修订工作。① 在奥斯陆大会的历史教育讨论会上，莱里蒂埃提纲挈领地表达了他的设想，大会也安排了时间讨论这项提议。沃尔佩在报告中写道："莱里蒂埃希望将历史教育转变为国际主义与和平的宣传工具。"② 在讨论中，他强烈反对莱里蒂埃的意见并对和平理想提出了严厉质疑："毫无疑问，教育者教授和平，但是如有必要，他们也教授战争……有序或无序、和平或战争，这些都与学术和历史没有关系……如果我们希望推进或宣扬和平，我们大可以在学校引入一套全新的《教理问答》。* 但是我们不应该在此事中牵涉科学与历史……历史极尽所能地教育我们真相，但我们应特别注意，不能因为这种真相可以通过不同方式获致就拒绝它；教育努力……使人类养成行善的能力，它不仅教人时刻为和平做好准备，也教人时刻为战争做好准备，不仅教人伟大地活着，而如有必要，它也教人伟大地死去。"③

奥斯陆大会结束时，所有人都认为国际历史科学委员会已然经受住了考验。"即便是最固执的民族主义者"，阿格·弗里斯写道，"也在我们的国际合作的影响下开始正视他人所认定的真理。'同时，理性也在大步向前'。"④ 科特再一次当选为主席。与会者决定完成 1926 年日内瓦国际历史科学委员会成立大会的设想，于 1933 年在华沙举行下一届史学大会。奥地利史学家多普施被批准担任副主席，同时担任此职位的还有

---

① 编者注（英译本——译者注）：关于 ICSH 内部和奥斯陆会议上针对该主题的相关详细讨论，见本书德文版，pp. 183 – 188.

② Volpe to the president of the Italian House of Deputies, 1 Sep. 1928, Archivio Centrale dello Stato: Presidenza del Consiglio dei Ministri, 1929, Facs. 14/3, no. 3432.

* 《教理问答》是一种宗教教育手册。这种手册通常采用问答形式，以教育儿童、劝人信教并申明信仰。这里有暗讽莱里蒂埃强求一致之意。——译者注

③ Congress Oslo 1928, "Compte rendu," p. 145.

④ Friis to Koht, 1 Sep. 1928, Koht papers, 386. 弗里斯于 1928 年 11 月 2 日向皇家科学院提交了关于奥斯陆会议的详细报告。他提出的批评意见（与他写给科特的信件内容一致）中特别强调了以偏概全的倾向。他主要批评了法国与意大利史学家们，但认为这种趋势也在一定程度上存在于德国史家中。Friis papers, II 8b.

接替已辞职的皮雷纳的波兰史学家邓宾斯基。邓宾斯基以波兰政府与其同事的名义递交了邀请。他以友好的姿态接过昂肯的话，保证"奥斯陆精神"也会在华沙盛行。[1]

---

① General Assembly, 18 Aug. 1928. ICHS, *Bulletin* 2：366.

第十章

新的政治挑战

——1933 年华沙大会

邓宾斯基履行了他的诺言。法国《历史评论》中这样写道："大 ¹³⁹
会的国际氛围甚佳也许还要超越五年前的奥斯陆大会。"各团体间、
各与会者间都保持了友好真挚的关系。大会结束前，但泽*的德国史
学家在大会上邀请与会者到但泽和索波特（Zoppot）做客，大会上仿佛
奏响了一首和谐的终曲。① 正如弗里斯在大会感想中所总结的那样，布
兰迪从德国方面为大会定下了基调，因此"一切进行得都很顺利"。②
德国的报道强调，波兰与德国分别在华沙和克拉科夫（Cracow）开展
了对话，其间还谈及科学与人才交流的问题。③ 尽管论者发表文章的
期刊、使用的语言都不尽相同，但每个人都对会议氛围给予了高度
赞扬。

---

* 即今波兰格但斯克。——译者注

① R. Lisbonne, "Congrès internationaux." Revue historique 172（1933）：405.

② Friis to Leland, 5 Sep. 1933, Leland papers, box 40.

③ 布兰迪给德国外交办公室的报告，"Vertraulicher Bericht das Comité International des Sciences Historiques und über die Tätigkeit der deutschen Delegation auf dem VII. Internationalen Historikerkongreß zu Warschau und Krakau, 21.－29. August 1933," Zentrales Staatsarchiv, Merseburg, Rep. V c, Sect. 1, Tit. 11, Teil VI, no. 13, vol. 3。布兰迪赞扬了波兰教授对德国同事的行为。类似的评论参见华沙的德国大使写的大会报告，还有 Brackmann to Meinecke, 30 Aug. 1933, Brackmann papers 1/21。

同时，这种普遍认可的褒奖也是一种释然和惊奇的表现。毕竟，奥斯陆大会后国际形势的发展使这次不仅旨在探讨专业学术问题、还意在促进相互交流的史学家集会不容乐观。美国的经济危机已经给欧洲带来了金融冲击、经济衰退和大规模失业。危机在经济方面令贸易保护主义倾向抬头，在社会方面使阶级斗争加剧，在政治方面则掀起了保守主义和革命性的民族主义的浪潮，这在德国尤甚。在这种环境下，白里安于1929 年至 1930 年间试图联合离心离德的欧洲各国的最后一搏仍以失败告终。此外，德法关系在 1931 年日趋紧张，法国反对德国和奥地利达成的关于关税联盟的协议，而德国则对法国的反对不满。这使海牙欧洲法庭以 8 票对 7 票否决了德奥组织关税联盟的决定。最终，在 1933 年 1 月，亦即华沙大会前夜，国家社会主义在德国获得了胜利。

在一些成员国中，史学受迫屈从于专制政府的干涉。这使国际历史科学委员会面临着是应为和谐而保持沉默、还是为真理据理力争的问题。1925 年，贝奈戴托·克罗齐的故友与合作者、自由党脱党分子乔瓦尼·秦梯利，发表了一份法西斯知识分子宣言。克罗齐以一份与此相反的宣言作为回应并得到广泛认同。为了对此做出回应并联合持法西斯主义教育目标的异见者，意大利的教授们又一次在秦梯利的煽动下，以公务人员（civil servants）的身份发誓效忠法西斯，"要教育人民忠诚地献身于法西斯政权"。有 12 名教授拒绝宣誓，其中就包括了国际历史科学委员会联合创始人、前执行委员会成员加塔诺·德·桑克蒂斯。此事之后，德·桑克蒂斯被迫辞去了在罗马的教授职位和在国际组织中的职务。①

国际历史科学委员会如何回应他的退出呢？科特打算表明他的立场，并建议全体会议明确谴责法西斯政府对学术自由的侵犯："我们不能不对这种压迫表示谴责；否则我们自己也应承担一部分责任。"② 然

①　De Sanctis to Koht, 2 Jan. 1932, in G. De Sanctis, *Ricordi della mia vita*, ed. Silvio Accame (Florence, 1970), p. 242.

②　Koht to Lhéritier, 10 Jan. 1932, Archives CISH, dossier 1932.

而莱里蒂埃认为，如果对德·桑克蒂斯离职一事明确表示谴责，那么国际历史科学委员会与意大利国家委员会、意大利史学研究中心和中心主席费德勒（Fedele）的关系就会面临巨大压力，而这是不可取的。他甚至建议，德·桑克蒂斯的辞职信不应按其实际措辞交至国际历史科学委员会的成员手中。相反，委员会应就此事起草一份言辞委婉的通告，随后立即接纳费德勒作为德·桑克蒂斯的继任者进入执行委员会。[1] 瓦尔多·利兰对此也持相同意见。他致信莱里蒂埃说，解雇12名教授是专制主义的行为，然而"意欲以抗议来改善或扭转局面绝无可能。"[2] 最后，他简短补充道，"我们中大多数人认为这些拒绝宣誓的教授也许过于墨守成规了"。[3] 到头来，德·桑克蒂斯竟因严肃对待法西斯宣誓一事而受到批评！让我们重温他给阿格·弗里斯写的信，看看他如何回应弗里斯的同情："把学者和教师的工作置于某个政党或政权利益之下的史学家不配拥有'学者'这个称号。"[4]

在同一时间，科特从俄国和法国得到苏联"文化革命"及其对苏联史学研究之影响的相关消息，这令他深感不安。苏联的一些非马克思主义史学家曾获允参加柏林和奥斯陆大会，这被当作俄国科学自由的证据大加宣扬，但如今，他们不仅被排除在学术生活之外，而且还遭到了迫害。这里仅举几个例子：普拉托诺夫被驱逐出科学院；奥尔登堡失去了科学院秘书长的职位并不再担任苏联驻国际历史科学委员会代表；塔尔列则被控卷入了一场国际阴谋，也因此和另几位史学家被罚驱逐出境。[5] 在奥斯陆大会后不久，波克罗夫斯基在《真理报》上发文称苏联内外的反马克思主义势力已经纠集起来，因此苏联的史学家同样有责任

---

① Lhéritier to Koht, 7 Jan. 1932, ibid.

② Leland to Lhéritier, 26 Jan. 1932, Archives CIHS, coorespondence Koht/Leland.

③ Leland to Lhéritier, 20 April 1932, Archives CIHS, dossier 1932.

④ De Sanctis to Friis, 19 March 1932, in De Sanctis, *Ricordi*, p. 255.

⑤ 此方面的详细信息参见 Shteppa, *Russian Historians*, and Castelli, "Internazionalismo e Storia"。

将这种斗争上升到国际层次。① 其所指主要针对的就是国际历史科学委员会与史学大会。

苏联史学家反思了奥斯陆大会上得到的经验，并对将来在大会上采取的一些策略达成共识。其中某些"在后来决定了苏联学者在大会中的（行为），并且至今仍起作用"的策略总结如下：（1）"各分会中的讨论稿同报告一起准备，并且要表现出相当的语言能力"；（2）"在内部保持团结一致"，因为不同的意见很快就会被敌人利用，以达到分裂苏联学术界的目的；（3）摘下"资产阶级"史学家"客观的光环"，这需要"扎实掌握学术研究的各种技巧"；（4）为"凝聚马克思主义及其周围的力量"而不懈努力——在此前的奥斯陆大会上，这样的努力是失败了的；（5）寻找"同盟"，集合斯拉夫国家史学家的力量，尤其要对保加利亚和南斯拉夫给予特别的关注；（6）将历史教育委员会和社会运动史委员会（成立于1930年，由苏联发起）作为阶级斗争意识形态的前沿阵地。②

苏联人还就学术研究形势做出了与这一系列策略性应对行为相对应的战略评估，它包含两个相互矛盾的方面。首先，"资产阶级"史学研究已没有出路："昨天它还被当作是科学，但今天它已不再是科学，不过它仍是一种为科学所做的准备，是一种收集资料的方式。"③ 波克罗夫斯基的这种阐述很容易令人想起亨利·贝尔④以及西方新史学倡导者的相似论调。其次，"资产阶级"历史学家正以历史"综合"的名义积极为反马克思主义阴谋集结力量。西方史学内部的一些力量正在探寻某

---

① M. N. Pokrovsky, "Klassovaja borba i ideologiveskij front"［Class Struggle and the Ideological Front］, *Pravda*, 7 Nov. 1928, 转引自 Castelli, "Internazionalismo e Storia," p. 904。

② Behrendt, "Die internationalen Beziehungen," pp. 209ff. 贝伦特得到许可对波克罗夫斯基的文章和其他苏联文件作出评价。

③ M. N. Pokrovsky, "Institut istorii i zadaci istorikov – marksistov"［The Institute for History and the Tasks of Marxist Historians］, *Istorik Marksist* 14（1929）：3, cited in Enteen, "Marxists versus Non – Marxists," p. 108. 恩特恩写道，波克罗夫斯基的解读变化不大，成为"标准的苏联版本"。这种假定常常得到历史大会的认同。

④ 参见 Cf. P. 18 above.

些新道路。亨利·贝尔尤其被视为对马克思主义的真正挑战者，这样的
情形在华沙大会上一目了然。

因此人们预计，相比奥斯陆大会，国际上的史学同人将在华沙大会
上面对组织更为严密、也更为好斗的苏联史学家代表团。但是从某些特
定事件可以表明，两次大会之间更值得注意的是苏联反对"资产阶级"
史学所采取的行动，尽管这些行动并不易察觉。

从科特、莱里蒂埃、利兰和新近成为法国国家委员会书记的皮埃
尔·勒努万（Pierre Renouvin）的来往书信中可见，国际历史科学委员
会执行委员会逐渐确信，发表对苏联方面的官方抗议对学者个人以及国
际合作均弊大于利，无论如何，他们都不愿国际合作受到负面影响。因
此，委员会只是发表了一份《原则声明》以自我宽慰，并且没有直接
提及苏联大清洗或意大利法西斯宣誓。莱里蒂埃原本甚至希望避免这一
举动。该宣言的阐述有着相当的安抚色彩，以至于法西斯分子和苏联代
表都在 1932 年 7 月 6 日的海牙全会上同意这份宣言。尽管宣言并未直
接发出控诉，却也明确代表了受到极权主义挑战的学术自由人士。若国
际历史科学委员会无意自暴自弃，它便需要为国际历史科学大会维护此
原则。鉴于这份《国际史学大会章程》——我想如此称呼这份文
件——的重要性，我将在下面引述海牙全会纪要中最关键的一段文字。
1932 年 7 月 4 日，主席哈尔夫丹·科特在开幕致辞中宣布：

> 自由是国际亲善和国际合作的一个重要条件。这在会议开始前
> 需再次重申。遗憾的是，在我们这个时代，我们周围的政治、社会
> 和国内斗争限制了学术自由——对我们而言，它最为宝贵，代表了
> 我们所有活动的基本条件，它是进行学术研究和发表经自身学术研
> 究而被证实的真理的自由。现在，我们必须坦率地高声疾呼，如果
> 没有这种自由，那么不同国家的学者间的关系，以及对于学术问题
> 的思考的交流，将会失去它们的大部分价值，我们一直都会明确
> 地、无条件地要求：每位态度严肃的学者必须有机会在不受政治因

素干扰的前提下自由地开展研究、展示成果。①

1932 年 7 月 6 日关于原则宣言的决议获得通过，会议报告对此这样描述道：

> 国际历史科学委员会主席科特先生宣读了已经由执行委员会批准的提议宣言，并介绍了该宣言的目的："在开幕致辞中，我提到了似乎是由当代政治、社会和经济斗争引起的危险，这些危险在欧洲内外的不同国家都有所反映。"
>
> 执行委员会认为，对任何破坏学术自由的行为表示抗议，是国际历史科学委员会中来自世界各地的学者的道德义务，执行委员会敦促你们就下述表达了所有史学家期望的宣言做出决议："国际历史科学委员会确信，在上世纪就已确立的十足的研究自由原则是科学和学术不断进步的必要条件。并且，考虑到当今政治、经济和社会斗争可能会限制这种自由，此原则要求所有文明国家的政府最大限度地保障研究与研究者的自由，并且相信，真理——学术研究的最高目标——只有通过不同学者多样的研究才能达致。"这一宣言被与会者一致采纳。②

在科特的提议下，该倡议被送至所有的国家委员会，并要求各委员会转呈各自政府。

在筹备华沙会议期间，国际历史科学委员会对德国给予了相当的关注。一个对公众而言毫不起眼的事件，使德国史学家与国际历史科学委员会间的关系趋于紧张。德国史学家协会曾发起一次会议，会议原定于 1931 年 10 月在科布伦茨（Koblenz）和波恩（Bonn）召开，但由于资金困难而流产。这次会议的选址乃是德国学界民族主义情绪的一种表

---

① ICHS, *Bulletin*. 5：817.

② Ibid. , p. 823f.

达。这是战后史学家们首次在莱茵兰集会。1930年，当最后一批法国军队撤出后，莱茵兰终于重获自由——这比《凡尔赛条约》中所规定的时限提早5年。莱茵兰的提前解放是施特雷泽曼和白里安的洛迦诺政策迟来的结果。曾在日内瓦庆祝"史学家的洛迦诺会议"的莱里蒂埃希望参加此次在德国举行的会议——这再合乎常理不过，然而他却横遭拒绝。前不久刚就任德国史学家协会主席的国际历史科学委员会文献目录委员会主席罗伯特·霍尔茨曼（Robert Holtzmann）致信莱里蒂埃，建议他最好不参加会议，"至少先不要参加科布伦茨会议"——科布伦茨曾是法国占领军的总部——"这种庆祝自由的氛围自然会让一个外国人颇不自在"。① 鉴于会议的几个官方演讲为这一事件定下的基调，即它们完全没有提及法国的让步，霍尔茨曼此举或许不无道理。然而，冷落国际历史科学委员会秘书长确实是一种冒犯，毕竟他为德法历史学家的和解与合作付出了比任何人都大的努力。

　　然而，国际合作氛围的日益恶化不能完全归咎于一方。法国学者也又一次处心积虑地阻止国际学术联盟做出允许德国人加入联盟的让步。科特认为，法国此时对学术联盟的存在已构成危害。他告知皮雷纳，奥斯陆科学院与哥本哈根科学院正认真考虑从联盟中退出，因为联盟已"太过法国化了"。② 弗里斯也致信利兰："我感到联盟的状况一直很不乐观，我与一些法国成员交谈过后更有此感。依我所见，我们丹麦人、或许还有其他成员，都不得不放弃与他们合作。如果法国成员和他们在联盟中的追随者仍执着于他们战后的意识形态，那么是时候采取一些行动了。"③ 利兰担心这可能导致德国人拒绝参加华沙大会。④ 这种担忧的

---

　　① Holtzmann to Lhéritier, 28 June 1931, Archives CISH, dossier 1931. 霍尔茨曼在半年之后辞去了书目委员会主席，因为在意大利人的煽动下，因斯布鲁克历史学家斯托尔茨的一篇期刊文章被《国际书目》撤稿。这篇文章是关于南蒂罗尔的德语学校的历史。参见 Holtzmann to Lhéritier, 26 and 31 Jan. 1932, Archives CISH, dossier 1932。

　　② Koht to Pirenne, 31 May 1931, Koht papers, 386.

　　③ Friis to Leland, 5 June 1931, Friis papers, 386.

　　④ Leland to Lhéritier, 19 Aug. 1931, Archives CISH, dossier 1931.

原因在于他收到了布兰迪的一封来信："你知道我们现在的经济状况，德国缴纳的款项可能是给我们国际历史科学委员会缴纳的最后一次会费了，对此我感到很遗憾。因为我担心，无论从道义还是事实上说，我们*将来或许都不可能再留下来。德国为和平所付出的所有努力，以及我们形成的所有对于国际交流与科学合作的共识，在法国的政策和公众舆论下都无济于事。我们对自身的工作已尽了最大努力，我多么希望能够把我们的成果保留下来。然而我认为，所有德国史学家都感受到了同样的苦恼和深刻的失望。"读罢布兰迪的信，利兰在感动的同时也备感失望，他回信说，"取消与德国的合作会给委员会带来巨大的打击"，也会让过去十年的心血付诸东流。①

　　1931 年 8 月 1 日，布兰迪在给秘书长的信中写道，"如今政治环境如此压抑，以至于我们的所有成果都受到了威胁，华沙大会的筹备工作也日益艰难"。② 对此，莱里蒂埃劝慰道："我认为不同国家对当前形势的解读并不一致，并且我相信，我们国际委员会及其组织的大会，比如华沙大会，必须不受各种观点的干扰。作为委员会成员，我相信无论是你我还是我们的同道都不会屈从于政治。"③ 最终，在一番踌躇之后，德国史学家在 1932 年 8 月 2 日至 5 日于哥廷根举行的协会会议上通过一项决议，决定一年后参加华沙大会。和之前的大会相比，此次德国参会的特点是成立了全德史学家委员会，并与内政部保持密切合作。④ 该委员会包括最重要的史学机构派来的代表，如德国国家史学委员会、巴伐利亚科学院历史委员会、格雷斯学社，以及德国史学家协会。在很多方面，这些学会和新成立的全德史学家委员会之间的职权划分是不明确的。这与德国史学家的意见并不一致——他们声称委员会各成员

---

　*　这里指德国学者。——译者注
　①　Brandi to Leland, 16 July 1931, Brandi papers, 46；Leland to Brandi, 24 July 1931, ibid., 44.
　②　Brandito Lhéritier, 1 Aug. 1931, Arichives CISH, dossier 1931.
　③　Lhéritier to Brandi, 3 Aug. 1931, Brandi papers, 46.
　④　1931 年 11 月 17 日成立会议以及之后的记录参见布兰迪文件的 46 页。

组织"完全和谐一致"，"给德国与会者一个独立的代表团甚为可取，这一团体与奥斯陆大会上意大利学者的法西斯组织在形式上是颇为相似的"。①

　　与以往含有政治意图的大会相比，这样的组织将使德国史学家在本届华沙大会上筑起更团结一致的防线。德国与会者为在凡尔赛提及的德波边界争议及其历史背景的讨论做了准备。大会议程中并没有出现此话题，但是人们预计它会不可避免地出现在大会的其他环节中。为此，德国参会者用问答的形式编写了一本"手册"。② 普鲁士国家档案馆馆长阿尔伯特·布拉克曼（Albert Brackman）把这份培训材料作为"个人保密资料"发给每位参会的德国史学家。经过这位颇具声望的中世纪史家的编辑，以及德国多位知名中东欧史专家的努力，一本关于"德国与波兰"的详尽的学术论文集出版了。作者除布拉克曼本人外，还包括赫尔曼·奥宾（Hermann Aubin）、约瑟夫·纳德勒（Josef Nadler）、卡尔·布兰迪、罗伯特·霍尔茨曼、奥托·霍尔奇（Otto Hoetzsch）、格尔哈德·里特（Gerhard Ritter）、赫尔曼·昂肯（Hermann Oncken）、弗里茨·哈尔图恩（Fritz Hartung）和汉斯·罗特费尔斯（Hans Rothfels）。③ 一如布拉克曼在 1932 年至 1933 年间给合著者的函件中所写，他编写此文集的初心"既非为争论，也非为辩护"。该书"应当与我们德国史学的特性相一致……如果我们试图坚持对事物的普遍观点，那么就要采用高于民族斗争的视角"。④

　　在时隔半个多世纪后的今天，如果人们对着已面目全非的东欧地图

----

　　① 1931 年 6 月 19 - 20 日的 Allgemeiner Historikerausschuß 会议报告，参见布兰迪文件，第 51 页；1933 年 6 月 10 - 11 日在爱森纳赫举行的 Ausschuß des Verbands Deutscher Historiker 会议记录，参见布拉克曼文件，III/87。

　　② "Vademecun für die historisch - politische Auseinandersetzung zwischen Polen und Deutschland," published by Publikationsstelle des Preußischen Geheimen Staatsarchivs, Berlin, Bundesarchiv, R 153/723.

　　③ A. Brackmann, ed., *Deutschland und Polen*: *Beiträge zu ihren geschichtlichen* Beziehungen（Munich, 1933）.

　　④ Oncken papers, 50.

重新翻开这部著作，将不得不承认这本论文集在学术的基础上审视了两个相邻民族的历史，并试图避免当时的修正主义倾向。当时，波兰的期刊对其反应强烈，几乎尽是批评声音，然而他们对其学术意图非常尊重。奥斯卡·哈列基曾在1932年华沙大会就波兰民族国家历史发表了观点，他赞扬里特、昂肯和哈尔图恩的文章是"一个公正的学术性讨论的起点"。① 文集讨论了许多颇具争议性的话题，例如德国人与波兰人居住地区的早期移民史、位居波兰和德意志第二帝国之间的西里西亚的地位、19世纪的民族斗争（ethnic struggle）等。然而，由于对"民族"概念能否适用于德国及其东部邻国间的、地处中东欧地区的边境区域尚存异议，双方也就产生了不同的看法。德国史学家探讨了德国和波兰的聚居地混杂的情况，认为力促国家与种族认同的西欧民族观念并不适用于德波边境地区。在他们看来，新成立的波兰国家并不是一个民族国家，而是一个多民族国家，从这个角度看，它与之前的哈布斯堡帝国颇为类似。然而波兰学者认为，即使波兰边境上有一些少数民族，这样一个复兴的国家仍意味着他们自分裂以来终于实现了建立一个独立民族国家的理想。

希特勒掌权后，德国史学家尽管有所保留，但仍对新政权表示了忠诚，然而他们的态度究竟如何仍存有许多疑问。丹麦史学家阿格·弗里斯自国际委员会成立以来一直对德国人殊为友好，他记录了华沙会议上一些私人的交谈。他的笔记显示，在看似热情友好、彬彬有礼的大会气氛之下，隐藏着狐疑和不安的预兆。弗里斯与布兰迪、蒙森、罗特尔斯和布拉克曼私下进行了深入交谈，他还与霍尔茨曼和布兰登堡（Bran- denburg）有过简短的交流。当弗里斯告诉霍尔茨曼丹麦人对德国学术研究的状况非常担忧时，霍尔茨曼傲慢地回复称"根本无须担心。希

---

① O. Halecki, La Pologne de 963 à 1914: Essai de synthèse historique (Paris, 1932). 法国也有名为 Problèmes politiques de la Pologne contemporaine (Paris, 1931 – 1933) 的系列丛书，受到了德国历史学者的尖锐批评，是德国出版文集的动因之一；参见 Holtzmann, "Ein Wort zur geistigen Auseinandersetzung zwischen Deutschland und Polen," Geistige Arbeit Zeitung aus der wissenschaftlichen Welt, no. 5, 5 March 1934。

特勒已明确表示不会限制科学自由，而且不必担心他不履行该承诺。而后，我以沉默表达了抗议"。弗里斯继续道："然而布兰登堡对于所发生的一切感到震撼，很明显他不忍提起这些。他的语言里流露的震惊与痛苦再明显不过，并且他坚持自己的民主原则和观点。"德国学者对希特勒政权的态度"既卑微又软弱"，这令弗里斯深感失望。他们试图解释已发生的一切，但应者寥寥。"他们的主要观点是，尽管事态严峻，然而即便持民主立场，也应看到事情积极的一面。"例如，"德国统一就是一个很大的进步，而且德国既不会回到容克与资本家的统治之下，也不会回到普鲁士式的官僚体制国家"。在社会领域，帝国劳工部推动了青年团体的发展，这代表着德国正迈向一个"真正的统一的民族共同体"，这是巨大的民主进步。弗里斯对席卷整个德国教育系统的民族主义所做的评论并未得到人们的重视。弗里斯说："德国整套体制，包括全面反犹、反他国人士、废除法治等，都背离了人类最基本的权利观念、背离了一个文明社会所取得的最基本的成果。他们都吞吞吐吐地承认这是事实，并为发生的许多悲剧感到遗憾，但很快，他们又宣称，这些现象已经得到遏制，并且必然会逐渐消亡。自然，在犹太人问题上，他们都尝试指出那些众所周知的不幸事件，但他们自然无法回避问题的核心，也就是既愚蠢又充满了罪恶的种族仇恨。"

　　要说我对德国民族主义的定义，它事实上是一种邪恶的文化倒退，是对欧洲未来的明显威胁，然而我这种定义却总是被人以各种希望或幻想驳斥。布拉克曼（他发表了绝大多数积极的调解声明）就学术研究的处境解释说，他们已向希特勒正式发出要求——尽管我们尚且不知发出要求者是谁，他究竟代表了柏林大学还是柏林科学院，但他就人们居然能容忍科学自由受到侵犯一事表达了震惊之情。从布拉克曼和布兰迪的声辩中可见，他们确实采取了一些努力去解救一位又一位学者，并为身处危险境地的研究者们打点前后诸事，而且在某些情况下，他们还是成功了的。①

147　　布兰迪关于这些大会边缘问题的讨论记录表明，在保守、错误的幻想的干扰下，人们对德国形势的理解可谓当局者迷，旁观者清。布兰迪写道："意大利人像以前一样，在政治问题上给自己竖起了层层防卫，并且他们显然对德国的事态漠不关心。相反，我们的北欧朋友与英国朋友对德国更有兴趣，但并不理解德国的实际状况。"他们已经从"民主的视角"解释了"民族共同体"的概念。

人们尽可能遵循德国社会主义的目标对其加以理解，但是他们否认德国能够实现这一目标，并且坚持认为德国会像法西斯意大利或布尔什维克的俄国那样，陷入党国体制。他们发现，原来在党外也有人对党内的观点产生了如此强烈的共鸣，最重要的是，党的信念在大学教授中间也如此流行……在我们的教育工作者中，由于普鲁士教育系统的迅速批准，所以来自布雷斯劳的科布纳（Koebner）教授作为发言者与来自哥尼斯堡的罗特费尔斯教授作为讨论参与者得以与会，且在我们中间备受尊崇。这倒是令人印象深刻的好事，因为这表明，非日耳曼族裔的演讲者实际上所受影响甚微。②

尽管德国史学家对国家如此宣誓效忠，华沙大会还是给布兰迪个人造成了政治影响，这让人们对新政权的真实面目的所有错误幻想都烟消云散。1934 年 1 月 18 日，古代史学家乌尔里希·卡尔斯泰特

①　Optegnelse om tyske Historikeres Stilling til Hitlerregimentet, after Indtryk under Histo-rikerkongressen i Warschau August 1933. Friis papers, II, 8 b.

②　K. Brandi, "Vertraulicher Berichtüber das Comité International des Sciences Historiques und über die Tatigkeit der deutschen Delegation auf dem VII. Internationalen Historikerkongreß zu Warschau und Krakau, 21. – 29. August 1933," Zentrals Staatsarchiv, Merseburg, Rep. V c, Sect. 1, Tit. 11, Teil VI, no. 13, vol. 3.

（Ulrich Kahrstedt）在哥廷根大学做了纪念大德意志帝国成立的学术演讲。他利用这次机会，无所不用其极地攻击了所有参与国际合作的史学家。他不仅严重背离了兰克"如实直述"的治史原则，还教唆哥廷根文化研究院抛弃"为研究而研究"的"国际学术研究"和"国际学术界"。此后，哥廷根大学校长向布兰迪表示了歉意，德国内政部长弗里克（Frick）也向他致信，这使布兰迪感到自己多少恢复了一些名誉。他还获允在大学理事会上发言。然而，布兰迪在信中用逆来顺受的口吻写道："尽管理事会记录了所发生的一切，但是没有采取进一步行动，而且透露给公众和学者的消息也极其有限。"①

弗里斯和布兰迪在华沙大会上提及的政治对话都是他们的私人记录。在大会的官方工作方面，组织者回避了所有关于现今问题的讨论——这样的讨论，往往可能激起政治狂热。首先是战争罪责问题，这在奥斯陆会议上就已被禁止讨论。因此，柯普施便代表奥地利史学家建议在这届大会上讨论战争罪责问题，不过这一提议被组织者们否决了。莱里蒂埃在致利兰的一份详细备忘录中写道，法国国家委员会与科特、利兰一道，坚决反对奥地利史学家的建议。② 备忘录提出了两个反对在华沙会议上讨论战争罪责问题的论点。第一，这种讨论并不公允，在科学上也不成熟——关于此问题的讨论不可避免地会带有政治意味，因此有失公允，并且会破坏大会的气氛。"这无疑会成为国际大会的末日。"科特与利兰也表示了同样的担忧。30 年后，在 1965 年于维也纳召开的国际历史科学大会上，关于战争罪责问题的讨论才在德国

148

---

① Brandi, "Aus 77 Jahren." typescript, Brandi family, p. 173f. 卡尔斯泰演说的全文参见 *Göttinger Tageblatt*, 19 Jan. 1934；亦见 W. Petke, "Karl Brandi und die Geschichtswissenschaft," in H. Boockmann and H. Wellenreuther, eds., *Geschichtswissenschaft in Göttingen*（Göttingen, 1987）, pp. 287 – 320; C. Wegeler, "Wir sagen ab der internationalen Gelehrtenrepublik"（Vienna, 1996）, pp. 147 – 162 [revised ed. of Ph. D. diss., University of Vienna, 1985].

② Koht to Lhéritier, 23 March 1931, and Leland to Lhéritier, 6 April 1931, Archives CISH, dossier 1931. Text of the memorandum: "La Discussion au Congrès de la Kriegsschuldfrage," n. d., ibid.

史学家的论战中成为现实。第二，事态的发展还没有成熟到必须做缜密研究的程度。毕竟很多文件仍不为人所知。在这种情况下，人们如何能够对战争原因得出精确而属实的结论，又如何能对更加敏感的战争责任问题做出判断呢？然而，这并不能阻止法国史学家与他们的德国同僚一道参加双边会议，以修订历史教科书，并根据现有文件提供的证据一起制定未来的规划。华沙大会召开两年后，史学家们就平衡双方意见的历史教学方针达成共识，方针中的学术价值全部得到了保留。[1]

奥地利史学家看到他们的建议被如此改动，只能放弃在华沙大会的议程中加入战争罪责问题。也许是因为奉行法西斯极权主义的奥地利陶尔斐斯政权和德国希特勒政权之间的紧张关系，除极个别的史学家外，他们最终都没有参加大会。[2] 不过，他们就大会议程提出要求，如果不能讨论战争罪责问题，那么其他极具争议的政治问题也应回避，包括革命。[3] 他们在这方面取得了成功。这就是取消勒努万关于全体成员国合作的演讲的原因。当然，从长期来看，排除与革命相关联的历史问题是不可能的。此前，苏联史学家就曾提议应建立一个国际委员会，处理社会运动，尤其是工农无产阶级社会运动的历史。[4] 1930 年 4 月 28 日至 5 月 3 日，苏联史学家在递交给国际历史科学大会全体会议的申请中如是表达了他们对政治和历史的基本关注点："人类当今的历史，过去十年的历史其发展一直伴随着种种社会问题的征兆。战争与战后的时代用一

---

① "Accord franco – allemand pour les manuels d'histoire," in ICHS, Bulletin 9 （1937）：405 – 408，and vol. 10 （1938）：142 – 144，738f. 与之相反，1934 年德波互不侵犯条约之后，波兰人指出，从 1936 年到 1938 年，德波两国对历史教科书的商讨没有结果。20 世纪 70 年代后半期，两国重新进行商讨工作。

② Friis to Leland，5 Sep. 1933，Friis papers I，1. 奥地利政府没有支付旅行补贴。德国向一些奥地利历史学家提供补贴，但是他们无法接受。Steinacker to Brandi，7 Aug. 1933，Brandi papers，44.

③ Bittner （director of the Austrian Haus －，Hof － und Staatsarchiv and secretary of theICHS Commission for the list of diplomats） to Lhéritier，17 July 1931，Archives CISH，dossier 1931.

④ Lukin to Lhéritier，30 April 1930，Archives CISH，dossier 1930.

种新的巨大力量证明了社会问题的重要性，证明了劳动人民在各国的生活中扮演了日益重要的角色，更证明了他们能在未来的建设中扮演重要角色。"① 这个委员会在科特的主持下于华沙成立，在几年中蓬勃发展起来。②

因此，大会也未雨绸缪，以防一波波的政治动荡如潮水般压过学术会议的平静氛围。绝大多数参会者所表现出的友好意愿也有很大帮助。对于如何安排这次大型集会，组织者根据大会议程和框架苦心策划了许久。组织者为此召开了多次会议，包括 1929 年在威尼斯、1930 年在伦敦、1931 年在布达佩斯以及 1932 年在海牙召开的执行委员会会议和国际历史科学委员会全体会议。这些会议的会议纪要都体现出组织者的良苦用心。他们在发给科特和莱里蒂埃领导的国家委员会的函件以及 1933 年 8 月 15 日发表在月刊《波兰文学》（*La Pologne Littéraire*）的有关史学大会的增刊中，表达出自己的想法。同一期中还有组委会主席布隆尼斯拉夫·邓宾斯基、他的助手塔德乌茨·曼图费尔（Tadeusz Man-teuffel）、华沙大学哲学系主任马尔塞利·韩德尔斯曼和米歇尔·莱里蒂埃的文章。奥斯陆大会的议程基本上由主办国史学家安排，但在华沙会议的准备工作中，一些非波兰史学家，包括莱里蒂埃和奥斯陆大会的秘书维甘德（Vigander），也入选了波兰委员会；而国际历史科学委员会对大会议程的影响也比以往更大。大会上的"报告"尤其体现出了这一点。与"论文"和"发言"相比，"报告"受到了更大的重视。它会提前宣布，但是不必以书面形式提交。莱里蒂埃说，这是"报告的胜利"；他也利用国际历史科学委员会的平台发表了总共近 500 页的报告。波兰历史学家发表了两册"论文"摘要，共 500 多页，外加三册所有波兰史学家的论文集，共 1000 余页。大会的会议纪要最终以一卷

---

① "Project d'une commission pour l'histoire des mouvements sociaux," ICHS, *Bulletin* 3：249f.

② ICHS, *Bulletin* 5：901.

《公报》（*the Bulletin*）的形式发表。① 那是一份极为严谨的文献资料。

相较奥斯陆大会，华沙大会的另一个创新是，国家委员会在大会的筹备工作上承担了更大的责任。原则上，所有文件必须经委员会同意才能通过。然而特例亦不在少数。论文接收的最终决定权以及如何在草案基础上安排大会议程都取决于组织委员会，而非国际历史科学委员会。这样的安排不可避免地导致了组织委员会的波兰成员与像莱里蒂埃这种精力充沛之人的冲突。后者有意"将大会在未来的组织工作都掌控在国际委员会手中"。② 韩德尔斯曼在致邓宾斯基的信中表达了对此事的关切。他认为，"若要对莱里蒂埃的举动提出反对意见，应当审慎而周全地行事"。一些附属的国际委员会，也应主动参与大会议程的制定——这是它们日后作为平等成员加入国际历史科学大会的第一步。这一举措是正确的，尽管各方反对的批评声不断。由法国人贝尔和布洛赫领导的一方，通过他们颇具影响力的杂志，表达了强化组织与计划的愿望。另一方，如曾组织布鲁塞尔会议的比利时史学家冈绍夫，则对进一步的管制表示怀疑。正因如此，冈绍夫才拒绝加入华沙大会组委会，其理由是"唯恐某一组织影响过大"。③ 有两种观点值得注意，其一是布兰迪的建议——大会应该提供"聆听大师演讲"的机会；其二是皮雷纳所坚持的观点，即大会应保持"思想的节日"的特点。④

150

---

① "VIIᵉ Congrès International des Sciences Historiques: Rapports présentés au Congrès dearsovie," ICHS, *Bulletin* 5 [hereafter Congress Warsaw 1933: "Rapports"]; *VIIᵉ Congrès International des Sciences Historiques: Résumés des Communications présentées au Congrès*, *Varsovie 1933*, ed. for the Organizing Committee by T. Manteuffel, 2 vols. (Warsaw, 1933) [hereafter Congress Waraw 1933: *Communications*]; *La Pologne au VIIᵉ Congrès International des Sciences Historiques*, *Varsovie 1933*, ed. for the Société Polonaise d'histoire by O. Halecki, 3 vols. (Warsaw/Lvov, 1933) [hereafter Congress Warsaw 1933: *La Pologne*]; "Procès – Verbal du Septième Congrès International des Sciences Historiques, Varsovie 1933," ICHS, *Bulletin* 8: 361 ff. [hereafter Congress Warsaw 1933: "Procès – Verbal"].

② Handelsman to Dembinski, 12 Feb. 1930, Handelsman papers, t. 249.

③ Ganshof, Assemblèe Gènèrale London, 2 May 1930, ICHS, Bulletin 3: 198; Ganshof to Lhéritier, 4 Dec. 1931, Archives CISH, dossier 1931.

④ Both in Assemblèe Gènèrale London, 2 May 1930, ICHS, *Bulletin* 3: 197.

　　在某种程度上，这些观点针对的是莱里蒂埃和他狂热的组织风格。除了传统的、几乎一成不变的议程外，这次大会加入了一个特殊的东欧史讨论会，这与奥斯陆会议上北欧史讨论会颇为相似。此外，为了回应《历史综合评论》的提议，组织者将历史理论纳入了方法论讨论会——议程中包括了一系列关于此类特殊话题的讨论会。和奥斯陆大会相比，华沙大会有如下异同：人口、历史地理学在奥斯陆大会和华沙大会上皆有所提及；"历史与民族"在华沙大会上则无涉及；取而代之的是一些新话题——开明专制、伟大的旅程和发现、殖民史、银行与汇票的历史、社会运动、封建制度、人道主义、犹太人史和东方史。这个框架包括 286 篇个人展示的"报告"和"论文"（奥斯陆大会中有 307 篇）。尽管世界经济形势并不乐观，仍有许多学者积极参会，与会人数达到了1031 人（奥斯陆大会是 950 人），包括 542 位波兰人。外国注册者中大多是法国人（108）、意大利人（86）、德国人（59）和英国人（51）。在欧洲以外的国家中，只有美国派来了众多的参会者（47 人，非常遗憾的是①利兰没有到场），此外还有少数南美洲的个人参会者。有三名参会者来自土耳其；英属印度的代表也参加了会议。关于东方史的特别讨论会未能组织起来。②尽管大会从地理角度看远未达到"全球共同体"的目标，但它仍朝实现世界范围的理想——即建设一个尽可能全面地包容对世界和人类生活的不同诠释的体制——更进了一步。苏联马克思主义史学在奥斯陆会议上出现后，两名梵蒂冈代表参加了华沙会议。华沙的大主教哥德列夫斯基（Godlewski）阁下带来了教皇庇护十一世（Pope Pius XI）的问候，回顾了利奥十三世开放梵蒂冈档案馆一事，并宣布教会永远忠实于历史真相。③

　　总体而言，大会具有明显的中东欧色彩。尽管大会在政治方面有所限制，并且回避了时事，但人们还是对波兰表示敬意；而这个为本国历

---

①　汉德尔斯曼的报告中有统计附录，Assemblèe Gènèrale Paris 1934，ICHS，*Bulletin* 7：136ff.

②　参见 ICHS 中的报告，*Bulletin* 8：580.

③　Congress Warsaw 1933："Procès - Verbal," p. 371.

史深感自豪并在数世纪的分裂后重归统一的国度，国家最高代表出席大会给予了客人们入时而慷慨的接待。

　　有关波兰史的话题在大会议程中所占比重最大，波兰史学家在此方面提交了 41 份稿件，非波兰史学家则提交了 39 份稿件。主办国历史问题如此受重视有两个原因。波兰历史上长期被瓜分，没有形成民族国家，但人民一直保持着强烈的历史意识，也因此保证了整个民族的延续，这使波兰成为了历史记忆研究中一个引人入胜的独特话题。另一个原因是战争与革命带来的深刻变化引起了人们对东欧史的兴趣，而此前东欧史通常是学术研究的边缘领域。亚罗斯拉夫·彼得洛（Jaroslav Bidlo，布拉格）在广大听众面前考察了"何为东欧史？"的问题。① 他本人的回答是，此问题只局限于拜占庭与东正教文化的范畴内。随后热烈的讨论开始了，因为很多史学家认为此标准仅立足于思想史和教会史，未免有些片面。② "二战"后，此问题再度出现在意识形态分裂的欧洲，其表现形式即中东欧国家的文化、历史认同以及这些国家在东西两大阵营内部的联盟问题。在华沙大会上，人们对来自波兰［W. 塞姆科维茨（W. Semkoviez）］、比利时（F. L. 冈绍夫）和德国［F. 库尔奇曼（F. Curschmann）］等史学家带来的历史地图展示给予了很高的评价，这也反映出人们对东欧的浓厚兴趣。③

　　在华沙大会上展示了有关波兰史论文的与会者中，包括三名为大会筹备和召开殚精竭虑，并且代表了波兰史学和国际历史科学委员会间联系的史学家：奥斯卡·哈列基、布隆尼斯拉夫·邓宾斯基和马尔塞利·韩德尔斯曼。在一篇关于波兰与东方关系问题的文章中，哈列基生动地

　　① Congress Warsaw 1933: *Communications*, vol. 2, pp. 197 ff.

　　② 与此相关的几个波兰会议报告: Ks. St. Bednarski, "VII Miedzynarodowy Kongres Nauk Historycznych" ［VIIth International Congress of Historical Sciences］, *Przegla̜d Powszechny* 190 (1933); K. Tymieniecki, "VII Miedzynarodowy kongres historyczny" ［VIIth International Historical Congress］, *Roczniki Historyczne* 9 (1933)。

　　③ 参见 ICHS, *Catalogus mapparum geographicarum ad historiam pertinentium Varsoviae 1933 expositarum* (The Hague, 1934)。

描述了波兰在欧洲抵抗土耳其侵略的过程中所扮演的英雄般的角色。邓宾斯基描绘了一幅波兰末代君主波尼亚托夫斯基（Poniatowski）的形象：他热爱艺术与文学，其于 1791 年颁布的宪法是为巩固正在挣扎的国家所做的最后一次努力，却也得到了柏克的赏识，然而这位国王缺少捍卫国家所必须的领袖气魄。韩德尔斯曼提交了一篇关于亚当·恰尔托雷斯基大公（Prince Adam Czartoryski）的通信与行迹的严谨的报告，报告中称这位大公是"波兰的秘密国王"，在 1830 年波兰起义后长居巴黎。他曾致力于为多瑙河流域各国的民族独立以及抵抗俄国统治的国民革命运动奋斗。因此在 1848 年至 1849 年间，他便考虑将科苏特领导的匈牙利转变为一个各民族拥有平等权利的联邦国家。[①]

　　民族问题仍是华沙大会史学讨论所关注的焦点。一如奥斯陆大会，此问题也在华沙大会上单独构成一个讨论会。此外，它作为大会主题之一被与会者们不断提及。这在来自意大利的论文中体现得尤其明显。费德里科·夏博德和乔阿奇诺·沃尔佩（Gioacchino Volpe）就意大利复兴运动研究提交了重要论文，皮耶特罗·费德勒（Pietro Fedele）讨论了罗马元老院在中世纪的延续。乔治·帕热（巴黎）提交了关于拿破仑三世外交政策的一手史料，并向听众阐明，若要对其外交政策背后的真实意图做一可靠论断绝非易事。同样来自巴黎的路易·艾森曼讨论了"一战"前多民族的奥匈帝国的民族性问题。埃里希·布兰登堡（Erich Brandenburg，莱比锡）展示了他关于帝国主义的论文，并引发了关于帝国主义与民族主义间关系的热烈讨论。格尔哈德·里特（弗莱堡）试图解释德国思想史与西欧思想史各自的发展，并探寻欧洲宗教改革，尤其是马丁·路德宗教改革的产生原因。来自罗马尼亚的尼古拉·伊奥尔加在大会开幕式上就东南欧的民族观念发表了演讲，演讲中就各类法西斯主义变体中泛滥的民族主义提出了下述重要点评："人一旦民族化

---

①　O. Haleckim, "La Pologne et la question d'Orient de Casimir le Grand à Jean Sobieski," in Congress Warsaw 1933, *La Pologne*, vol. 1; B. Dembiński, "Stanislas – Auguste et ses relations intellectuelles avec l'étranger," ibid.; M. Handelsman, "Le Prince Czartoryski et la Roumanie 1834 – 1850," ibid., vol. 2.

后，似乎就变得野蛮了。"[①]

对民族问题的思考还包括大会中关于犹太民族史的特别讨论会。[②]讨论的关键问题是采用何种方法理解犹太人大流散的历史。史学家就民族对自身利益的维护、社会环境及宗教等因素做了针对性的研究。拉斐尔·马勒（Rafael Mahler，华沙）的论文《犹太史学中的犹太文化发展理论》强调外部环境条件，并引发了颇具争议的讨论。F. 弗里德曼（F. Friedmann，罗兹）因为马勒支持历史唯物主义而对他特别提出了批评，并称这种理论迄今仍未对犹太人史做出令人满意的诠释。他总结道，相比于社会经济因素，文化和宗教对于犹太历史的发展而言更为重要。[③]

组织者还为"社会运动史"开设了特别讨论会。会议共收到 3 篇论文，作者全部来自苏联。[④] 讨论会主题与苏联发起的、现驻华沙的一个国际委员会相呼应。苏联希望将此委员会作为一个特殊平台，在历史研究领域推行马克思主义研究方法。此外，在关于经济和社会历史的讨论会中，安娜·米哈伊洛夫娜·潘克拉托娃（Anna Mikhailovna Pankratova）题为《苏联工厂史》的报告反响很大。一位捷克学者批评说，除了定量化和意识形态方面，报告和之前其他国家的相关研究相比并无创新之处，尽管如此，报告还是使人们对苏联政府支持的一系列研究印象深刻。[⑤]

此外，还有一些史学家撰写了社会经济方面的论文。其中，比利时史学家埃米尔·鲁斯（Émile Lousse）的论文值得一提，因为它促进了日后研究的发展。鲁斯研究了庄园的产生与集中的问题。从研究的状

---

① Congress Warsaw 1933：*Communications*，vol. 2，p. 270.

② Ibid.，pp. 453 – 472.

③ Congress Warsaw 1933："Procès – Verbal，" p. 578f.

④ G. S. Zaidel，"Bakounine et Marx à l'époque de la Révolution de 1848"；N. Lukin，"L'Internationale et la Commune de Paris"；S. M. Dubrovsky，"Die Bauernbewegung in der Revolution der Jahre 1905 bis 1907," in Congress Warsaw 1933："Rapports," pp. 645 – 684.

⑤ Ibid.，pp. 153 ff.；discussion in Congress Warsaw 1933："Procès – Verbal，" p. 451f.

况、可获致的史料和期望取得的成果这三方面看，他的报告堪称大会上
的范本。报告所引发的激烈讨论，推动成立了一个专门研究庄园起源的
永久性国际委员会。[①]

153 　　此研究项目以历史比较为基础。皮雷纳曾在布鲁塞尔大会上极力推
行这种研究方法。在华沙大会上，"比较方法"是一个屡见不鲜的关键
词。赫尔曼·奥宾用它讨论了日耳曼人和阿拉伯人对古代世界的入侵，
哈尔夫丹·科特用它重估了典型的中世纪联合王国现象，格尔哈德·里
特则利用它探寻了德国和西欧文化分化的起源。在欧洲各国的开明专制
与人口发展比较研究这两个专题讨论会中，比较方法也得到了应用。自
1900 年巴黎大会将"比较史学"作为其纲领后，比较方法与未被打破
并且仍占有重要位置的文献批判与阐释学传统一起，成为从未受到挑战
且运用最为广泛的史学研究方法。

　　从狭义上说，关于方法论的讨论，即对研究方法和研究步骤的思考
在华沙大会上很少见。在大会开幕式上，邓宾斯基对当时流行的方法论
观念深信不疑，他引用了福斯特尔·德·库朗日（Fustel de Coulanges）
的话表明其态度："总有一天人们会需要综合分析的方法"，他继续道，
"这是我们的命运，也是我们的财富"。[②]

　　在亨利·贝尔的指导下，史学家们在"史学方法与历史理论"讨
论会上探讨了"综合"这个被广泛引用的概念。这次讨论使西方史学
家与苏联史学家出现了明显的观点分歧。美国史学家弗雷德·莫罗·弗
林（Fred Morrow Fling）在题为《历史综合》的论文中指出[③]："只有综
合研究的创造者才是史学家。那些收集、编纂资料、评注一手史料或厘
清史实［编年史家（Jahrbücher）］的学者，并不能称为史学家。他们

　　① 　E. Lousse, "La formation des Etats dans la société européenne du moyen – àge et l'apparition
des assmblées d'Etats: Questions de faits et de méthodes," in Congress Warsaw 1933: "Rapports,"
p. 85 f.；讨论参见 Congress Warsaw 1933: "Procès – Verbal," pp. 431 ff.；关于委员会的历史，
参见 ICHS, *Bulletin 8*: 595, and ICHS, *Bulletin d' information*, no 11: 96 ff.

　　② 　Congress Warsaw 1933: "Procès – Verbal," p. 366.

　　③ 　Congress Warsaw 1933: *Communications*, vol. 2, pp. 168 ff.

是帮助艺术家获取并准备材料的助手，一如朗格洛瓦（Langlois）所言，乃博学之人。"但如果史料评注和博学并不是历史知识不可或缺的一部分，我们会问道，什么是历史呢？它是否如威廉·冯·洪堡（Wilhelm von Humboldt）所构想，与艺术有关？还是说，它如克罗齐所言，是一种哲学？弗林说，无论如何史学与社会学是完全不同的，"并且二者不会有交集"。早在30年前，关于从社会学角度研究新史学的讨论就已在美国兴起，当时弗林就在《美国历史评论》第九卷（1903）上发表过一篇题为《历史综合》的论文。他在文章中提到了新康德主义对普遍方法和具体方法的区分；他并不否定确定社会进化规律的可能性，然而他断言历史规律是不存在的。弗林说，李凯尔特已揭示出"从自然科学角度观察社会是可能的，人们甚至可以总结社会发展的规律——然而这些规律绝不是历史规律，它们不是一个独特的系列。历史规律是一个关于曾发生然而永远不会再次发生的事件的规律，它只是一个自相矛盾的说法"。对于弗林而言，历史研究的对象由价值关系（Wertbezug）组 154 成。在华沙会议上，他利用价值观念构建了自己的历史综合观念。他借用了鲁道夫·奥伊肯（Rudolf Eucken）（《为生命的精神内容而战》）的"生命哲学"这一唯心主义概念："历史综合所关切的是，人类关系在一套价值体系中的发展和运用……从最底层的经济制度到最上层的神秘主义和人类个性，史学家将其研究所涉的价值构建成一个价值层级加以研究。这个价值层级以人们对所谓的人类从动物进化为有思想的个体的重大意义的理解为基础。如果一个人丢失了自己的灵魂，那么纵使他拥有整个世界，于他又有何益呢？"显然，从皮雷纳的经验主义比较法到弗林关于价值层级的历史形而上学，"归纳综合"涵盖了很多不同的历史观念与方法。

奥斯陆大学经济史讲师威廉·凯尔豪（Wilhelm Keilhau）宣读了题为《历史唯物主义还是综合分析？》的论文后，这个问题又有了转变。①对凯尔豪而言，综合分析意味着选择一种特定的方法，而非历史过程中

---

① Congress Warsaw 1933：*Communications*，vol. 2，pp. 166 – 168.

的哲学或经济猜想。他建议将心理学作为综合分析的基础。一个对历史过程的全面的因果解释，还需将人性中的全部欲望——从最原始的自我保护本能到"与梦境相关的超验驱动力"——都考虑在内。他对历史综合的认识和历史唯物主义完全相反；然而他对后者的理解是完全错误的。凯尔豪犯了一个普遍性的错误，即把历史唯物主义视为一种经济决定论。他引用了自己对历史唯物主义的评论，即经济现象本身由"现象的复杂整体构成……这需要精确的分析。因此，人类的决定在经济因果链中十分重要。然而，在人类的决定中我们还认识到了一个不取决于'原因'而取决于动机的过程，并且在经济领域的决定通常受政治、宗教或纯粹的人性的影响……在发展的经济因素与非经济因素之间，存在一种持续的互动"。此论断并不能视作对马克思的批判，其所指充其量只是庸俗或教条的马克思主义。

因此，马克思主义史学家反驳凯尔豪的理论并不困难。由于此争论于往后数届大会中一再出现，我们引录历史主义理论家叶甫根尼·A. 普列欧布拉岑斯基（Evgenli A. Preobrazhensky）在莫斯科大会上的回应：

> 凯尔豪先生认为历史唯物主义将历史的所有推动力量归因于经济事实。我们可以称其为经济主义，但是它并不是历史唯物主义。凯尔豪先生正确地指出了这种经济主义不能解释根本的历史难题，因为经济本身是一个需要分析的多维度现象。奇怪的是，凯尔豪先生并没有在马克思主义中发现这种分析。同样奇怪的是凯尔豪先生关于历史唯物主义的评论，他甚至没有提及基本的概念——生产力……马克思没有把各种经济现象作为历史变化过程的基础，而是特别将生产力作为历史变化过程的基础。[①]

然而，普列欧布拉岑斯基假定各种人类欲望，如对统治地位和社交活动

---

①　Congress Warsaw 1933："Procès – Verbal," p. 494.

的欲望，并不源于基本的人类学条件，而是源于社会发展，即次级现象的产物；如此，他同样偏离了历史学与人类学经验论的领域。

另两位史学家更激烈地批驳了西方的历史综合观念。尼古拉·M. 鲁金（Nikolai M. Lukin）审视了曾被文德尔班和李凯尔特所概述的新康德主义对自然科学和人文学科所做的区分。文德尔班和李凯尔特这两位史学家曾将自然科学定义为与规律有关的科学，而将人文学科与价值联系起来。鲁金将这种认识与马克思的"历史主义"相对比；而后者在区分了社会规律和自然规律的同时，也认为，这两种规律都意味着发展是"必然而不可避免的"。鲁金批判了机械决定论和自然决定论，但他坚信历史受有规律的进程所掌控。他说，这样的一套规律系统的存在，使人们发现了对资本主义社会的若干预测在现实中得到了"惊人的验证"。在当时资本主义经济与"资产阶级"社会危机的映衬下，马克思历史主义在大会上还是颇有些优越感的，而且有时候还以一种尖刻的方式展现这种优越感。例如，鲁金来自列宁格勒的同事维亚切斯拉夫·P. 沃尔琴评价弗林的价值递进层次理论（progressive hierarchy of values）时就说，如果要依该理论的逻辑得出某种结论，就需要神的存在。沃尔琴继续道："作为历史唯物主义者，我们为不需要这种假设而感到骄傲……在 20 世纪如果有人意欲通过它寻求庇护，那么我们说，这是对科学的反动的表现，它反映了不同社会阶级的反动情绪。"这否定了一个基本事实，即无神论和有神论的信仰都不以科学为基础，而且，把两种对立的世界历史观之间的冲突扭曲为政治歧视，并不符合史学界的学术话语体系。然而，沃尔琴在华沙大会上有一点论断却是非常准确的，即"对当今许多史学家而言，综合已经成为反抗历史唯物主义的一面旗帜"。① 但他没有对综合的方法论价值提出什么疑义。他在闭幕会议上解释说，马克思主义本身就源自"一种综合，这种综合的基础是乌

① Congress Warsaw 1933："Procès – Verbal," p. 496f.

托邦思想、英国资产阶级政治经济学和德国哲学的发现"。[1]

　　那么，作为"综合分析"的先驱和方法论讨论会的主持人，亨利·贝尔如何回应沃尔琴的质疑呢？大会纪要只记录了他如何定义"综合"的短文中的几个关键词，并无其他记录。既然人们认为综合是一种假设，那么贝尔就为这种假设赋予了不可或缺的方法论价值，并认为没有假设为指导的分析会变得十分盲目，最终只能在黑暗中摸索。这就是各领域都需要综合分析法的原因。贝尔强调了国际史学大会最根本的宽容精神与史学中思想的力量，也抓住了大会的要旨：

　　　　我们是要民族主义的史学还是国际主义的史学？要"资产阶级"史学还是"无产阶级"史学？要唯心主义史学还是唯物主义史学？真理既无偏见，也不专断。要唯物主义还是唯心主义？我们不应如此看待问题。我们要的是唯物主义和唯心主义！诚然，在当今世界，经济因素有时给我们带来了深刻的影响，它的重要性已深深植入我们的思想，因为波兰已经克服了这些巨大的困难，并且将来还要克服更多困难。然而，在波兰复兴的奇迹中，人们怎么能忽略另一个因素呢？重新唤醒波兰的并不是经济利益。在波兰分裂的苦难时期，使波兰保持精神统一的不是经济利益，而是精神力量。[2]

　　在华沙大会上，很多关于史学理论和东欧史的问题吸引了大批听众，尤其是年轻的史学家。《历史唯物主义还是综合分析》这一演讲吸引了大批听众，甚至有人打趣道，它引发了一次真正的"民族大迁移"。[3] 因此，当大会宣布由于两位苏联历史学家尼古拉·I. 布哈林（Nikolai I. Bukharin）和阿纳托利·卢那察尔斯基（Anatolii V. Lunacharsky）未能到场而

---

[1] 　V. P. Volgin, "De Babeufà Marx," in Congress Warsaw 1933: *Communications*, vol. 2, p. 406.

[2] 　Revue de synthèse 3 (1933): 202.

[3] 　Thus Bednarski, "VII Miedzynarodowy Kongres."

取消他们的演讲时，人们深感失望。这两位史学家都在科学和文化上成就等身，并且在苏联政治体制中有着重要地位。布哈林在1929年以前一直是政治局成员，也是第三国际主席和《真理报》（Pravda）编辑；他与斯大林发生冲突后，被免去了所有职务。他从1933年起一直受到监视，并在1938年苏联大清洗中被判死刑。布哈林曾希望在华沙大会上作为一位经济理论家就《历史认识的方法论》发表演讲。遗憾的是，他只能提交一份简略的提纲。提纲表明，布哈林试图讨论马克斯·韦伯的思想——尽管韦伯的思想对历史理论有重大意义，但是它一直被史学大会所忽略。①

瑞士史学家汉斯·纳布霍尔茨（Hans Nabholz）关于方法论问题的出色报告也没有引起人们的讨论，日后他将在下届1938年苏黎世国际历史大会上承担主要的组织工作，并且在最艰难的"二战"时期担任国际历史科学委员会主席。在大会于克拉科夫举行的最后一次会议上，他发表了题为《论政治史与经济史的关系》②的演讲，探讨了此关系的原理。他的结论是：二者相互影响，正如"目标与手段一般。经济为主，政治为辅"。因此，他反对注重政治进程的史学研究方法。诚然，历史的推动力包括人类思想；他说，洪堡和兰克为强调思想的重要性做出了贡献。然而，他们并没有考虑思想的起源，而仅将其思想视为预设条件。纳布霍尔茨则认为，思想可以追溯到经济条件与经济原因，这听 157 起来颇有马克思主义的意味。但是，他并不希望如是理解他的思想。纳布霍尔茨坚信，除物质因素外，"思想与心理因素"也是人类最原始的需求。这是他认为自己不同于马克思主义者的原因。纳布霍尔茨关于马克思主义的认识是否正确尚待探讨，但无论如何，他和当时很多"资产阶级"史学家，如国际历史科学委员会首任主席哈尔夫丹·科特一样，都赞同马克思主义的历史解释。纳布霍尔茨就他和马克思主义的亲

① Congress Warsaw 1933：Communications, vol. 2, p. 165f. Lunacharsky's papers, "La méthode du matérialisme historique dans l'histoire de la littérature," in Congress Warsaw 1933："Rapports," pp. 388 ff.

② Congress Warsaw 1933："Rapports," pp. 430 ff.

疏问题提到了神学家和历史主义评论家恩斯特·特勒尔奇，并引述了后者以下这段论述：

> 事实是，社会经济基础作为最坚实、最持久的底层结构，实际上是所有历史发展的基础。它最难变动，并且一旦变动就会引起其他事物的革命性变化。——抓住这种社会经济底层结构的特点，可以最精确地解释文化史鼎盛时期的时代风貌。如果我们能证明这种底层结构的基础已经包括了其所对应的文化领域中的某种特定的心态，而且这种心态已经赋予最基本的生活方式以特定的思想特质与未来的发展趋势；或者，如果我们能证明特定的经济动荡只能从伴随而生的心理态度中取得其意义与动力，那么，这种以底层结构描述文化史的方式就会有更坚实的基础。①

在日后的国际历史科学大会上，即便对立的观点永不可能达成一致，在"资产阶级"历史学与"马克思主义"历史学间似乎也能架起相互理解的桥梁。这真的可能吗？

架起理解的桥梁——对于此问题，纳布霍尔茨只留意到了语言的障碍。事实上，知识分子间没有共同的通用语言已经妨碍了国际历史科学大会的学术交流，且在未来仍将如此。对于使用地域颇为有限的语言，改进沟通方式非常必要。在欧洲，北欧诸国语言、波兰语、匈牙利语以及其他语言皆有此需求。即便这些国家的史学家通晓多种语言的才能已令他们的国外同人印象深刻，然而用他们本国语言撰写的大部分历史文献仍不为人知。改善信息交流、增进理解是符合国际史学共同体的逻辑的。因此，在1931年布达佩斯国际历史科学委员会全体会议——委员会首次于东欧国家举办的会议——上，纳布霍尔茨提出以下动议：委员

---

① Ibid. , p. 442, 引自 E. Troeltsch, *Über den historischen Entwicklungsbegriff und die Universalgeschichte*, *Gesammelte Schriften* vol. 3（1st ed. 1933, new ed. Aalen, 1961）, p. 349f。

会应将重要作品及史学论文摘要集翻译成晓畅易懂的通用语言。①

该动议的目标是使那些使用小语种的小国融入国际合作中，而在匈牙利实施此项动议就颇为合适。当时，匈牙利史学会由亚历山大·多玛诺夫斯基（Alexander Domanovsky）领导，他当时是民族史学的旗手，158和许多波兰史学家以及纳布霍尔茨保持了亲密的个人关系。在 1933 年华沙大会和 1938 年苏黎世大会上，匈牙利史学家的人数有了大幅增长，这在他们向两届大会投递的报告与论文数量上便有所体现。考虑到多玛诺夫斯基在学界的关系，这也就毫不稀奇了。纳布霍尔茨还在布达佩斯全会上提议编写书目提要，而且若有可能，还应在国际历史科学委员会的帮助下翻译成不同语言，这一建议得到了热烈支持。由于匈牙利因《特里亚农条约》丧失了大片国土，匈牙利史学家们都怀着强烈的民族主义情感下定决心纠正国外关于匈牙利史的常见的谬论。多玛诺夫斯基学派的年轻史学家蒂博·巴拉斯（Tibor Baráth）被任命到国际历史科学委员会的巴黎秘书处任职，协助出版大会《公报》。他通过与多玛诺夫斯基的联系完成了任务。随后几年里，匈牙利、丹麦、挪威和瑞典史学家于 20 世纪 20 年代后半期撰写的大会论文摘要都在《公报》上发表。② 然而此进程时断时续，且因战火重燃而搁置。到战后，《公报》也没有在上一卷的基础上续编下去。

由相关国家出于各自的责任心自主启用的信息交流手段更具延续性，因此也更见成效。在布鲁塞尔和奥斯陆大会上，波兰史学家首先使用大会的官方用语之一出版了他们的报告与论文合集。在华沙大会上，他们也延续了这种做法。在 1931 年布达佩斯全会上，匈牙利国家委员会秘书伊姆雷·鲁金尼奇（Imre Lukinich）首次发布了有关匈牙利史学研究的材料，即关于匈牙利史料书目提要，这一做法曾在"一战"后

---

① ICHS, *Bulletin* 4：410f.

② 参见 St. Hajnal, "Über die Arbeitsgemeinschaft der Geschichtsschreibung kleiner Nationen," in I. Lukinich, ed., *Archivum Europae Centro - Orientalis*, vol. 9/10（Budapest, 1943/44）, pp. 1 - 82。

得到大力推行。①

　　这种努力促进了小国历史资料的传播，也推动了东欧历史学会联盟的成立。这一联盟最初可以追溯到1927年波兰史学家的提议。该地区几乎每个国家的协会、机构和研究院都属于这个联盟，俄国流亡者（Russian émigrés）的组织亦然。联盟成员除了使用各自的母语外，也使用法语作为通用语言。史学家们准备了两项学术任务：一是通过联盟公报发布关于东欧史研究进展的信息；二是准备出版一部有关斯拉夫古代史的参考性著作。然而最重要的是，成员们认为应当促进那些对该地区跨国问题感兴趣的史学家间的个人交流。此联盟与国际历史科学大会的组织原则不同，因为其成员有一定的地域限制。然而在承担的任务方面，两个组织相互补充、相辅相成。并且，只有把东欧史学家的会议与华沙国际大会结合在一起，才是合乎常理的。②

---

　　①　I. Likinich, *Les éditions des sources de l'histoire hongroise*, *1854 - 1930*（Budapest, 1931）. 关于这个和传播匈牙利史学研究的进一步努力，以及关于小语种问题，参见 Domokos Kosáry, *Etudes historiques hongroises publiées à l'occasion du XVIe Congrès International des Sciences Historiques*（Budapest, 1985）的前言。

　　②　参见 M. Handelsman, "Les organasations internationales dans le domaine des sciences historiques," in *La Pologne Littéraire*, 15 Aug. 1933（Warsaw）。

第十一章

危机阴云
——1938 年苏黎世大会

从华沙大会到苏黎世大会的五年间，国际政治局势完全没有向国际
史学大会中相互和解的方向发展。1935 年，意大利入侵了阿比西尼亚。
1936 年，西班牙爆发了三年内战。1937 年，"卢沟桥事变"引发了中
国与日本间的战争。1938 年，德国吞并奥地利后，4 月 30 日，希特勒
命令国防军开始为吞并捷克斯洛伐克做战前准备，同年秋，围绕苏台德
地区展开的争夺达到白热化阶段。希特勒的借口是德国需要贯彻民族自
决原则，而在 1919 年，这一原则却将波西米亚和摩拉维亚的德语区排
除在外。然而实际上，希特勒只是为他在东欧地区的地缘政治目的打下
战略基础。1938 年 8 月 27 日，苏黎世史学大会开幕前一日，德国总参
谋长贝克少将（Major General Beck）以辞职表达了对这些军事计划的抗
议。这一切都暗示着战争的降临。在这种背景下，史学家们仍尝试举办
一届大会，让它再一次成为理解与互谅的论坛，虽然日内瓦、哥廷根与
奥斯陆留下的热情早已消失殆尽。

新的执行委员会在华沙选出。作为欧洲研究外交政策的一位顶尖史
学家，哈罗德·泰姆普利（剑桥）接替哈尔夫丹·科特成为新一届主
席。通过他的努力，目前为止在大会上多少有些不起眼的英国史学东山
再起。在熟悉了主席职责与大会事务的整体情况后，泰姆普利对大会已
取得的成绩印象深刻，他坦诚道："至少，截至目前我对这些成绩的认

识仍不全面。"① 为使国际历史科学委员会的成员国不局限于欧美国家，泰姆普利付出了不懈的努力。在前往日本、中国、印度的旅途中，他努力吸纳亚洲史学家参与到国际历史科学委员会工作中来。他

163 向执行委员会报告称：他的想法得到了大力支持，但也遇到了困难。对于那些非欧洲成员而言，他们能指望从加入这样一个"不管是现在还是将来主要利益都集中在欧洲的"国际组织中获得什么好处呢？他呼吁执行委员会成员想出一种能满足非欧成员利益的合作方式——"否则现在中国与印度的激情只会逐渐消失"。② 他致力于创建一个东亚历史委员会，在这个机构中，荷属印度、法属印度支那、葡属果阿邦应与日本、中国、印度一同工作。他还建议在巴勒斯坦设立一个国家委员会，然后在下届大会申请国际历史科学委员会会员资格。③ 从德国迁出的犹太裔教授促使他提出此建议。然而，德国大肆屠杀犹太人，④ 反犹太主义在波兰大行其道（甚至像韩德尔斯曼这样的学者都受到了威胁⑤），意大利又新颁布了反犹太种族法，重重压力使得这一设想胎死腹中，这一切都使身处苏黎世的泰姆普利认识到自己的目标几乎不可能实现。

　　两位副主席——泰姆普利的左膀右臂——分别由波兰学者布隆尼斯拉夫·邓宾斯基和德国学者卡尔·布兰迪担任。这次经过深思的换届旨在证明学术合作可以独立于国家冲突而存在。瑞士史学家汉斯·纳布霍尔茨接任瓦尔多·利兰的司库一职。因此，国际历史科学委员会的官方驻地暂时从华盛顿特区迁到了苏黎世。大会的财务管理工作从美国转移到欧洲，这也暗示着在不远的将来欧洲人要为国际历史科学委员会及其

---

① Temperley to Leland, 15 Sep. 1933, Archives CISH, dossier 1933.

② 泰姆普利致执行委员会委员信，12 April 1937, Archives CISH, dossier 1937。但是 D. 科萨里则坚持国际历史科学委员会的会员应该仅限于欧洲，他反对无休止地扩大规模。参见他在苏黎世委员会上的报告，发表于 *Százndok*（Budapest, 1938）。

③ Lhéritier to Koebner（1937 年之前在莱比锡任教，之后在耶路撒冷），18 April 1937, Archives CISH, dossier 1937。

④ Temperley to Lhéritier, 12 March 1938, Archives CISH, dossier 1938.

⑤ Temperley to Lhéritier, 15 Nov. 1937, Archives CISH, dossier 1937.

活动提供更多的经济支持。除会费外，美国方面的资助仍然是委员会最主要的收入，但资助金额在逐年下降，美元的贬值也使情况更加恶化。[①] 然而国际历史科学委员会保持了自身的资金流动。它通过一点微薄的捐赠收入仍维持着由其创立或其下属的委员会的正常运转。1938年的苏黎世全会上，至少有 12 个"内部"委员会和 13 个"外部"委员会提交了他们的报告，另有 5 个委员会也在本届大会上获准成立。[②] 国际历史科学委员会的一系列著作通过其中一些委员会，或在他们帮助下得以在"二战"前出版。[③] 国际历史科学委员会的蓬勃生命力也有另一个表现，即委员会的进一步扩展。在苏黎世，中国和受蒂瑟朗教皇[*]鼓动的梵蒂冈城加入了委员会，一同加入的还有爱尔兰。爱尔兰是作为一个文化统一体获得会员资格的，政治上分裂的两个国家派出共同的史学家代表，这一点具有重要意义。

因此，在当时的时代潮流下，国际历史科学委员会仍坚持自己的普世理想。这种执着态度在委员会内部不免引起争议，而且此类争议还多

---

① 在华沙召开的全体大会上，利兰做了详实的财务报告，之后，他的职位由纳布霍尔茨接任，参见 ICHS, *Bulletin* 7（1935）：74 - 84。报告显示，洛克菲勒基金会在 1926—1933 年间提供了两次总额在 25000—30000 美元的资助。ICHS 档案中记载，还有一次提出 20000 美元的资助申请。关于洛克菲勒基金会进一步的切实资助或者有所削减的资助，参见 1938 年纳布霍尔茨在苏黎世的财务报告以及 1939 年 5 月卢森堡召开的执行委员会会议上伍德沃德的财务报告。在 1938—1939 和 1940—1941 年（从 1938 年 4 月 1 日开始），有一笔价值 16800 美元的特殊资助。ICHS, *Bulletin* 11：34 ff. & 581.

② 参见附录二（二）

③ 参见下文参考书目、ICHS 出版物以及由各学术团体出版的出版物：*Bibliographie de l'histoire coloniale, 1900 - 1930*（Paris, 1932）; J. G. Van Dillen, ed., *History of the Principal Public Banks*（The Hague, 1934）; *Répertoire chronologiquw des littératures modernes*, ed. Under the direction of P. Van Tieghem（Paris, 1935）; H. Nabholz and P. Kläui, eds., *Internationaler Archivführer*（Leipzig - Zurich, 1931）; E. Déprez, cd., *Bibliographie des grands voyages et des grandes découvertes*（Paris, 1937）; *Organisation corporative du Moyen Äge à la fin de l'Ancien Régime*, 4 vols.（Louvain, 1937）; *La Costituzione degli Stati nell' Età moderna*, ed. under the direction of G. Volpe, 2 vols.（Milan, 1933; Florence, 1938）; M. Jaryc and P. Caron, eds., *World List of Historical Periodicals and Bibliographies*（Oxford, 1939）.

* 原文如此。蒂瑟朗主教为法国籍罗马天主教皇，全名为尤金 - 加布里埃尔 - 热维 - 洛朗·蒂瑟朗（Eugène-Gabriel-Gervais-Laurent Tisserant），常作尤金·蒂瑟朗（EugèneTisserant），但其姓氏常被误作"Tisserand"。——译者注

次威胁到它的存在。会员们往往以国家或意识形态相要挟。比如罗马尼亚史学家中无可争议的领袖尼古拉·伊奥尔加就宣布，如果 1936 年的全会不在布加勒斯特举办，他就会辞去罗马尼亚国家委员会主席一职，而这一行为很可能会导致罗马尼亚退出国际历史科学委员会。然而布拉格和莫斯科也申请了此次会议的承办权，而且国际历史科学委员会多数成员也赞成在布拉格召开全会。这令伊奥尔加觉得自己颜面尽失。当时有一批杰出的史学家通过自身的学术事业发展、研究与学术讲演活动致力于为本国服务，也在国际上积累了广泛的人脉，而伊奥尔加正是其中之一。很早以前，他就与兰普雷希特的莱比锡文化与总体史研究院开展合作；同时他也定期在巴黎举行讲座，并通过他在威尼斯创立的罗马尼亚研究所，与意大利研究以及国际上的拜占庭研究保持着密切的联系。1910 年以来，他以国家民主党创始人的身份活跃在政坛，1931—1932 年更是高居总理之位。他希望通过在布加勒斯特召开国际历史科学委员会全体会议，使国际社会认可罗马尼亚以及他本人作为史学家的重要性。

但是伊奥尔加并不只有支持者。那些对他持怀疑态度的史学家包括科特、弗里斯、泰姆普利和多玛诺夫斯基——其中多玛诺夫斯基是匈牙利最具代表性的史学家，也是当时的执行委员会成员。伊奥尔加的反常行为证实了他们的怀疑。伊奥尔加利用外交手段使捷克政府和捷克国家委员会改变意见，撤回布拉格的申请，并转而支持罗马尼亚。然而捷克政府以如此尴尬的方式发布弃权声明，使国际历史科学委员会的主席和秘书长感到不得不做出一个代表全体成员的决定。莱里蒂埃虽并不支持伊奥尔加的做法，但仍倾向于罗马尼亚一方。为保证不冒什么风险，他联系了法国国家委员会。在致法国国家委员会主席科维尔（Coville）的信中，他写道："当然，这一切都是伊奥尔加先生的错，他意图先斩后奏，在没有通知我们的情况下就对捷克横加干涉。然而因为我不管是在此事、还是在大局方面一直在全力维护法国的利益——尽管一些同胞坚持把我在国际秘书处的工作称作'外事工作'——我想知道，您认为我应在多大程度上支持伊奥尔加呢?"① 莱里蒂埃的行为加深了他与泰姆普利间的隔阂。伊奥尔加甚至发出了威胁。如果大会地点不在布加勒斯特,事情将会发展到这样的地步——"屡遭轻慢的罗马尼亚将退出国际历史科学委员会。我在近几天就会向罗马尼亚国家委员会提出申请,如果大多数人对此持反对意见,我将要求辞去主席一职"。② 实际上事情完全没有走到这一步。捷克方面新发出的一份更明确的弃权声明、莱里蒂埃的热心以及一份执行委员会内部的意见调查使伊奥尔加最终实现了目的。1936年4月,全体会议在罗马尼亚首都召开。

另一方面,意大利也发出退会威胁。1935年4月,法西斯史学研究中心*主席费德勒宣布,国际历史科学委员会的各附属国际委员会中的一些意大利成员将退出或由其他人取代。这次威胁引发了国际历史科学委员会内部的讨论,即是否应容忍外界这种对委员会科学工作的干预 165 行为。③ 委员会起草了一份关于意大利请求的书面调查,且大部分成员都支持纳布霍尔茨的观点,认为只有会员本人发出辞呈方可退会,而此次事件显然不符合上述情况。然而,莱里蒂埃指出,在华沙大会上接替了德·桑克蒂斯在执行委员会职位的意大利人乌萨尼(Ussani),已经发出了意大利可能会终止与委员会合作的威胁。他说,史学中心要求,只有受其信任的史学家才能代表意大利加入国际历史科学委员会。也许是因为乌萨尼由于其他原因在1936年退出执行委员会,这一问题被暂时搁置,在接下来的执行委员会会议和全会上也基本没有进展。沃尔佩

---

① Lhéritier to Coville, 18 March 1935, Archives CISH, dossier 1935。这份文件中还包含了一些比较含糊的关于这些事件的通信,包括泰姆普利、伊奥尔加、莱里蒂埃和捷克史学家斯特卢卡尔所写的信件。最后是伊奥尔加1935—1936年书信汇编。罗马尼亚与匈牙利民族主义者的观点也发生冲突。因此,多玛诺夫斯基向泰姆普利提出,因政治原因,他不能同意大会做出的有利于罗马尼亚的决议,所谓的政治原因,就是罗马尼亚境内的匈牙利少数民族政策问题。"在当前的形势下,前往罗马尼亚是对我们这些匈牙利人极大的侮辱。"Domanovszky papers, n. d.〔19 May 1936〕。

② Iorga to Lhéritier, 23 March 1935, Archives CISH, dossier 1935.

* 即意大利国家史学研究中心。——译者注

③ 关于这个事件的通信,见 Archives CISH, dossier 1936 and 1937。

在执行委员会中接替了乌萨尼，沃尔佩一直致力于巩固意大利在国际历史科学委员会中一贯的强势地位。苏联不经讨论就频繁撤换它在国际委员会中的成员。至此，局势已经不可逆转。在某种程度上说，学者对国际机构的参与已成为政府事务——换言之，一个自由的国家委员会将会仿照意大利模式成为国家主导的研究中心——国际学术合作的自主性面临着巨大压力。

　　负责《国际文献目录》汇编的委员会也面临着同样的情况。1937年，当1935年卷即将付印之际，委员会的苏联通讯员、苏联科学院院士鲁金要求撤销书中354个苏联条目中的至少83条，并用110个新条目取而代之。负责编辑文献目录的秘书卡隆回应说："说实话，我对你们摇摆不定犹豫不决的处事方式非常恼火。为什么早在六个月前就决定收入文献目录的那些著作和文章又突然不予收录？为什么你主编的杂志中出现过的论文不再被引用？这让我怀疑里面是否有非学术因素在作祟。"① 这次回应引起的后果是，他首先是收到了苏联科学院秘书长德波林（Deborin）的一份威胁电报，电报称苏联方面决定停止与文献目录的合作。然后苏联方面又发来一封更具体的书面声明："为了防止论文入选文献目录的作者失去作为苏联史学家的权利，我们认为对书目进行一些更正是公正合理的……我们在检查1936年的书目时发现，人们把苏联史学家与法西斯主义者托洛茨基（fascist Trotsky）联系在一起——他不是史学家，而是一个罪犯——是卑鄙而可恨的罪犯。"② 当然，尽管俄国发生的一系列事件使得近年来苏联史学家的实际参与人数锐减至可以忽略不计的程度，但合作依然没有中断。尽管当前困难重重，但维持继续合作的共同利益也是广泛存在的。然而，为防止最坏的情况——源于苏联、法西斯与国家社会主义党人的政治性或宣传伪科学的著作——的出现，在泰姆普利的支持下，接下来出版的文献目录对

---

① Caron to Lukin, 20 Nov. 1937, Archives CISH, dossier 1937.

② Deborin to Lhéritier, 27 Sep. 1938, Archives CISH, dossier 1938.

1919 年以后的文献全部不予收录。①

　　然而，与德国对自由和学术的严重威胁比起来，前面所说的一切困难都微不足道。国际委员会中致力于消除冲突的著名会员如今更加感到忧虑。科特、利兰和弗里斯的信件中就反映了这种失望与憎恶。弗里斯就犹太人遭受的迫害致信利兰：“现在德国发生的事情有违正义、残忍至极，甚至在整个人类文明史上都找不到如此虚伪的事了。而且我们还无力反抗，尤其是我们丹麦人，还要在家门口直面这种兽行。但是我们必须在每件事情上勇敢地穷尽所能，奋起反抗。”② 他们尽力为遭到迫害流亡海外的犹太裔同行寻找工作机会。应几位德国同事的要求，弗里斯也特别为过去仍有机会参加华沙大会的汉斯·罗特费尔斯求情。③

　　在德·桑克蒂斯因拒绝宣誓效忠法西斯政权而遭迫害后，国际历史科学委员会就制定了一条规定以避免外界对其事务的直接干预，并宣称这样的行为将注定走向失败，而且参与其中的人将得不偿失。纳布霍尔茨为克拉科夫的斯坦尼斯拉夫·柯特（Stanislaw Kot）教授的悲剧命运而感叹，并在一封信中表露出一种束手无策的无助感。柯特曾在华沙大会上提交了一篇论文，但如纳布霍尔茨所料，他因“政治原因”被开除。“德国的例子似乎变得日益普遍”，他写道。纳布霍尔茨还补充说：“我不知道如何帮助他。我们不能干涉波兰国内的事务。”他觉得唯一的办法是以个人名义帮助柯特，为他在波兰境外的大学提供一个教职。④ 来自基辅的史学家赫鲁雪夫斯基（Hrushevsky）在奥斯陆大会曾是苏联代表团的一名注册成员，却不被允许参会，有人呼吁为他提供援

---

① Memorandun by Caron, 17 Nov. 1934, Archives CISH, dossier 1934.

② Friis to Leland, 14 Nov. 1938, Friis papers, I, 1.

③ 参见第 175 页。弗里斯在从瑞士返回途中顺道前往柏林拜访了罗特费尔斯。弗里斯对罗特费尔斯的帮助参见 Friis – Lhéritier correspondence in Archives CISH, dossier 1938；Friis papers, I, 1 and II, 8 c, Lag 1。

④ Nabholz to Temperley, 7 Oct. 1933, Archives CISH, dossier 1933.

助，然而无人响应。一位身在伦敦的乌克兰委员要求以他的名义干预此事。[①] 他们说，赫鲁雪夫斯基被开除教职并被驱逐出境。这位失明的老人现居莫斯科，疾病缠身，穷困潦倒。然而国际历史科学委员会对此毫无反应。

现在看来，唯有一件事情是有国际历史科学委员会直接介入的，但真正出面的不是执行委员会而是会员们，他们呼吁奥地利总理许士尼格（Schuschnigg）向阿尔封斯·多普施提供帮助。在 1935 年初，政府就打算令其退休，而在退职理由上含糊其辞。原因或许是国家财政困难以及多普施的年龄因素——他那时已经 68 岁了——也可能有学术竞争的因素。还有一个可能是，他的政治态度惹恼了奥地利的法西斯政权。多普施投身于一个泛德研究委员会的成立工作中，并根据泰姆普利的建议将该机构置于一个制度化的区域研究体系中。但泰姆普利却把多普施视为"大德意志主义者"，对他表现出明显的厌恶情绪。[②] 尽管如此，对泛德意志主义并无好感的执行委员会成员仍以学术原因向多普施提供了支持，而且颇为成功——尽管这种成功时间并不长。[③]

由于国际历史科学委员会发现在此类问题上无法提供有效的帮助，它唯一能做的就是强调学术自由原则，将其视为构建一个历史学家的全球共同体的关键要素，并且只要时势允许，尽力将国际历史科学大会办成一个自由开放的论坛。

---

①　29 May 1935, Archives CISH, dossier 1935.

②　Temperley to Lhéritier, 22 Feb. 1935, Archives CISH, correspondence Temperley 1932 – 1935.

③　在第一次辞退命令被搁置后，1936 年 7 月 31 日，政府又令其退休。他的助手埃尔纳·帕特采尔特敦促执行委员会为多普施争取利益，1935 年 1 月 25 日，他向阿格·弗里斯提出请求，希望他资助多普施。弗里斯马上与泰姆普利联手干预（Friis papers, I, 1）。执行委员会的匈牙利委员多玛诺夫斯基指出，多普施在维也纳主持的经济社会史研究所对匈牙利学界有重大影响（Domanovszky to Temperley, Budapest, Bulletin 7：209）。关于多普施被辞退事件，参见 R. Neck，"Alfons Dopsch und seine Schule," in *Wissenschaft und Weltbils. Festschrift für Hertha Firnberg*, ed. W. Frühauf（Vienna, 1975），p. 377；亦可参见奥地利教育部资料，本人所使用文件抄件由 Verband österreichischer Geschichtsvereine 提供。根据这些文件，多普施的学生、同事和大学均曾声援多普施，但未取得成效。

尽管时局艰难，苏黎世大会仍是相对自由而开放的。在大会议程问题上，华沙大会的经验给出了两个似乎相互矛盾的教训。一方面，国际责任扩大了。除本届主办国外，前七届大会的主办国也派出代表参加了组织委员会。① 另一方面，冈绍夫在这个组织中提出了"议题和发言者应由谁来选择"的问题。这使众人决定由瑞士国家组委会主席纳布霍尔茨承担此责任。② 这两个决定等于将秘书长排除在大会的筹备工作外。他自然十分愤懑。

在大会框架方面，华沙大会与苏黎世大会的根本区别在于后者打破了"报告"与"论文"的界限。华沙大会出版的报告在冈绍夫看来一文不值。他说，这本书就是在浪费波兰人的印刷费。③ 诚然，他对莱里蒂埃并无好感，但这种论断对莱氏并不公平；即便如此，这一论断还是得到了认同。组织委员会一致接受纳布霍尔茨的建议，即换一种方式细分论文："受到普遍关注的早间演讲是长论文，下午则安排短文。"④ 众人一致同意，长篇演讲使以个人身份参会的史学家有机会以一位研究者和演讲者的身份充分展示自我，而这些演讲将决定大会的形象；另外，它们都应被归入专题讨论组中去，并且应有数量限制。这些工作都由纳布霍尔茨负责。他怎样开展工作？而他的权威又能影响多少人？

首先，各个国家委员会需对事先拟定的讨论会目录提出建议。此外，大会的主要议题被集中起来并以文件形式传阅。有意发表演讲或论文者需通过各自的国家委员会提交主题申请，大会通过此步骤进行初步筛选。毫无疑问，申请者的数量远大于可接受稿件的数量。这就引发了一些问题。不同国家的指标分配是一个颇为棘手的问题；减少超量的申请时还要与各自的国家委员会协商，这需要坚定的立场和明智的策略。最后的结果是，采纳的论文超过了原定数量，但仍少于前两届大会：与

① 1934 年 3 月 21 - 23 日，组织委员会在巴黎召开的会员大会中产生，成员有：莱里蒂埃、乌萨尼、泰姆普利、冈绍夫、科特、汉德尔斯曼和纳布霍尔茨。ICHS, *Bulletin* 7：125.

② Zurich meeting, 7 Sep. 1934, ibid. , p. 273.

③ Ibid. , p. 296.

④ Ibid. , p. 273.

华沙的 286 份和奥斯陆的 307 份相比，苏黎世只有 248 份。①

　　然而，纳布霍尔茨并未组织对提交的论文进行主题及数量上的筛选。相反，这个皮球被踢回了各个国家委员会。大会要求它们"最终决定本国的议程"。② 然而一篇论文是被安排到时间较长的"早间报告"还是下午时间较短的"短文"环节，仍由瑞士决定。③ 因此，在本届大会上，会议事务在很大程度上是偶然决定的。很明显，这种将议程组织权力集中于一人的办事程序并非长久之计。然而瑞士方面如此重视早间讨论会的主要讲座显然对大会有益。这一点极具说服力，因为此做法使得关于同一问题的几篇论文可以联系起来。例如，在一场有关中世纪的早间报告中，法国人路易·阿尔芬（Louis Halphen）、意大利人拉菲洛·摩尔根（Raffaello Morghen）和德国人罗伯特·霍尔茨曼讨论了关于帝国的观念与神圣罗马帝国皇帝的统治。这场讨论会得到了专业期刊的高度赞扬。④

　　许多学者把目光投向了外交史研究，这也十分重要。这或许是对"二战"前夕紧张国际局势的反映。史学家们讨论了从史前史到"一战"的各种主题。勒努万、韦伯斯特、泰姆普利和弗里斯等杰出史学家也参与其中。

　　大会议程中有很多主题都与民族有关。事实证明，这个主题的重要性并未降低，对于欧洲的一些小国而言尤其如此。因此，大会上出现了有关保加利亚、匈牙利、希腊、芬兰、比利时和卢森堡等国的演讲。马

---

　　① 参见附录 III/1，2。苏黎世大会文件载 "Eighth International Congress of Historical Sciences, Zürich 1980, Scientific Reports I – II: Communications présentées au Congrés de Zurich, 1938," in ICHS, *Bulletin* 10 ［hereafter Congress Zurich 1938: "Communications"］; "VIII, Internationaler Kongreß für Geschichtswissenschaft 28. August – 4, September 1938 in Zurich unter dem Patronat des Herrn Bundespräsidenten. Protokoll," in ICHS, *Bulletin* 11（以下简称 Congress Zurich 1938: "Protokoll"）。

　　② 1937 年 10 月 7 日组织委员会秘书长 G. 霍夫曼致法国国家委员会秘书长勒努万信，Archives Nationales，70 AJ 159，dossier Zurich 1938。

　　③ Comité organisateur, Paris, 19 May 1937, ICHS, *Bulletin* 9：403.

　　④ Congress Zurich 1938: "Protokoll," pp. 315 ff.

尔塞利·韩德尔斯曼做了题为《19世纪西里西亚的再民族化》的报告，它引发了一场激烈的争论。[①] 亚历山大·多玛诺夫斯基的演讲《中世纪匈牙利的民族国家》也再次激起匈牙利人和罗马尼亚人间有关多瑙河—喀尔巴阡山脉区域（Danube-Carpathian）的历史争论。[②] 由于大会反复提及雅各布·布克哈特等来自瑞士的伟大史学家，这个多语言、多民族的联邦制国家自然也在大会中占据着重要位置。然而，老练的组织者们并未刻意凸显瑞士历史的重要性。

新社会经济史的先驱之一阿尔曼多·萨波里（Armando Sapori，佛罗伦萨）发表了一场堪称典范的学术报告，这次报告建立在他对中世纪晚期贸易史研究的基础上，令人信服地对桑巴特有关现代资本主义较晚起步的论点提出了质疑。[③] 他的论文得到了研究汉萨同盟的弗里茨·略里希（Fritz Rörig，柏林）的热烈支持。[④] 古代史讨论会也有着激烈的争论，争论的主题依然是反复出现的罗马帝国衰落问题。[⑤]

然而，与前两届大会相比有所缺憾的是，苏黎世大会上缺少了苏联史学家的身影。他们不参会的原因很难厘清。当时苏联、瑞士两国间并未建立外交关系。[⑥] 苏联的斯大林大清洗运动也影响到了史学界，且当

169

---

①　"Le procès de la renatlonallsation de la Silésle au XIXᵉ slècle," 载 Congress Zurich 1938："Communications," p. 370f. ；讨论内容载 Congress Zurich 1938："Protokoll," p. 344f. 。

②　Congress Zurich 1938： "Communications," pp. 240ff. ；Congress Zurich 1938："Protokoll," pp. 327ff.

③　"Il commercio internazionale nel medioevo," in Congress Zurich 1938："Communications," pp. 526ff.

④　Congress Zurich 1938："Protokoll," p. 387.

⑤　提交的论文包括：K. Zakrzewski（Warsaw）， "Le rôle du christianisme dans la ruine du monde ancien"；T. Walek – Czernecki（Warsaw）． "Les causes profondes de la ruine du monde antique"；A. Alföldi（Budapest，未出席），"Aspekte des Übergangs vom Altertum auf das Mittelalter"；O. Bertolini（Rome，未出席）， "Il passaggio dal mondo antico al mondo medioevale"；H. Zeiss（Munich），"Kontinuitätsproblem und Denkmälerforschung"；A. Stein（Prague），"Das Fortleben des römischen Principatsgedankens"；均载于 Congress Zurich 1938："Communications," pp. 179 – 193；讨论内容载 Congress Zurich 1938："Protokoll," pp. 298 – 307。

⑥　纳布霍尔茨将俄国团缺席的原因归结为外交纠纷。参见 Temperley to Lhéritier, 12 July 1938, Archives CISH, dossier 1938。

时仍未结束。另外也有资金支持和汇率方面的原因。从奥斯陆大会开始的这场"资产阶级史学"与苏联马克思主义史学之间的相互挑战中断了。

　　一些迁移国外的德国期刊为苏联历史学家的缺席而感到尤其遗憾，他们的批评使这一问题成为苏黎世大会饱受诟病之处。[1] 评论文章称，虽然大会在若干情况下有着很好的表现，然而它缺少了一个必须的组成部分；因为如果人们希望史学研究有助于我们理解自身所处的世界，那么苏黎世大会在这一点上恰恰失败了，原因在于苏联缺席了大会，并且大会忽略了当代史。由于一些实际或政治方面的原因，在大会上避开1914 年后的历史是权宜之计，甚至是必行之道。文献目录编辑委员会的经验就是前车之鉴。冈绍夫在解释这个结果（terminus ad quem）时说得很有道理："我们应该像躲避瘟疫一样，避开一切显然有张扬国威之嫌或是政治与社会宣传的行为。"[2] 然而，不安定因素仍然存在。

　　苏黎世大会上，意大利和德国史学家提出的学术报告不免受到两国主导意识形态的影响。曾是贝奈戴托·克罗齐友人的乔瓦尼·秦梯利以激昂的话语讲述了这个国家通过斗争和死亡争得的权利。[3] 一位来自柏林、名气并不很大的文学史家科赫（Koch）发表的观点同样没有说服力。在一场题为《德国诗歌中的机体论世界观》的演讲中，他把被完全曲解了的赫尔德颂扬为生物学思想之父，把科尔本赫耶尔（Kolben-heyer）抬高成当代最伟大的作家之一，但同时他竟未提到当时流亡国外却体现了德国灵魂的托马斯·曼（Thomas Mann）。[4]

　　意大利史学家展示了涉猎极广的演讲和论文，这证明意大利史学以灵活的方法论与卓有成效的方式在新旧研究领域中皆有建树。一个人或

---

① 大会报告由霍尔加坦撰写，载 *Zeitschrift für freie deutsche Forchung* 1，no. 2（Paris，Nov，1938）；另参照 Pariser *Tageszeitung*，6 Sep. 1938 载大会报告。

② ICHS，*Bulletin* 7：296f.

③ "Il concetto di nazione nel Mazzini," in Congress Zutich 1938： "Communications," pp. 646 ff.

④ Ibid.，pp. 623 ff.

许会效忠法西斯主义政权，但仅有这一点并不意味着他不再忠于历史真相，也不意味着他不知如何在挑剔的国际听众面前防止自己的观点滑向意识形态的教条主义或是沦为英雄主义式的夸夸其谈。因此，无论如何，意大利史学研究在欧洲仍保持领先地位。

德国参会者较多，但论文数量却十分少。[①] 这种现象的原因在于德国史学界严重的内部矛盾。[②] 华沙大会后不久，在大会上代表了德国史学家的卡尔·布兰迪和他的同事都饱受极为恶毒的毁谤。两年来，德国学界开展了一场针对"权贵派"的全面攻击，而被攻击的这些教授，不管他们是保守派、自由派还是民主派，一直都在负责德国史学界的国际合作，他们同时也是帝国史学委员会的奠基者。这一机构的地位被瓦尔特·弗兰克（Walter Frank）领导的新德意志帝国历史研究所取代，此人是纳粹党中专管意识形态灌输的官员阿尔弗雷德·罗森堡（Alfred Rosenberg）的门徒之一，而罗森堡还是反基督教的诽谤性著作《20 世纪的神话》一书的作者。帝国历史研究院是意识形态立场坚定的"年轻"一代史学家的大本营，他们追随瓦尔特·弗兰克的主张，意欲彻底终结已被他们宣告死亡的"资本主义"史学研究。这也影响到了在此方面受到怀疑的史学家与国际历史科学委员会的合作。威廉·蒙森（Wilhelm Mommsen），这位纳粹史学家眼中"臭名昭著"的民主人士，被迫放弃了印刷史委员会秘书的职位，弗里茨·库尔奇曼（Fritz Curschmann）也被撤销其在历史地理委员会中的职务。

除了那些被驱逐的犹太人和社会主义学者，最著名的受害者是赫尔曼·昂肯，正是他提出了"奥斯陆精神"这一富有启发意义的概念。他是柏林大学的支柱之一，同时也是顶尖的专业期刊国《历史杂志》的编者之一。遭受了最无耻的诋毁后，他丢掉了自己的教授与期刊编辑的职位。除弗里德里希·迈内克外，格尔哈德·里特是为数不多的几个声援他的人之一。格尔哈德要求《历史杂志》恢复昂肯的职位，在此

---

① 参见附录三。

② 后续讨论参见 Heiber, *Walter Feank*。

要求被拒绝之后，他也提出辞职。弗兰克竭力阻止里特参加苏黎世大会。事实上，里特的一个报告申请被全德史学家委员会拒绝了，这个机构在奥斯陆大会后就负责德国史学家参与大会的协调工作。① 然而里特最终仍得以参加苏黎世大会，并在讨论中以优异表现证明了自己。

　　来自基尔的史学家奥托·席尔（Otto Scheel）——他和里特一样也是一位研究宗教改革的知名学者——在宗教和教会史讨论会上做的一场题为《路德的人民概念》的报告，里特便证明了自己的实力。② 席尔强调路德政治的一面，并引用了路德关于"著名英雄与神迹缔造者"的言论，把宗教改革者理解为受神感召的革命者，有权利打破现有的法律秩序并建立一个属于人民的新秩序。这个报告对现实情况的影射再明显不过了。在讨论的时候，里特驳斥了他的这个解释。里特说，我们只能在路德传递出的宗教信息的基础上理解他。路德并不认为英雄的个人有何特殊权利。他的民族态度仅局限于从宗教角度尖锐批判德意志民族，那种宗教视角反对人类的一切自我吹嘘，而他的爱国主义情怀则与包括人文主义者在内的其他 16 世纪德国人一样，带有普世主义的色彩。

　　争论以一种温和的方式展开，引起了广泛关注；这不是全然消极的。这场争论最重要的方面就是，在史学大会这一开放平台上，一个明显亲政府的德国史学家被另一个德国人驳斥了。卡尔·布兰迪因自身的国际声誉与丰富的大会经验被选为德国代表团主席，并在犹豫再三后再

---

　　① Record of Reichsministerium für Wissenschaft, Erziehung und Volksbildung, on a conversation with Platzhoff and Schröder, 30 Nov. 1937, in Zentrales Staatsarchiv, Potsdam, 2842. 德国代表团主席仍然由布兰迪担任。但是在 1937 年初，他已经不再担任全德史学家委员会的主席，该职位转由沃尔特·普拉茨霍夫担任（Brandi to Dölger, 26 Jan.1937, and to Nabholz, 17 Feb.1937, Brandi papers, 46）。该委员会成员中包括沃尔特·弗兰克。参见布兰迪在苏黎世大会上的报告 Reichs - und Preuß. Miniter für Wissenschaft, Erziehung und Volksbildung, n. d., Brandi papers, 51。在奥地利投降德意志帝国后，奥地利史学家也被纳入帝国史学委员会，这也导致奥地利参会者仓促组团参加苏黎世大会。与此同时，奥地利史学走向萧条和没落，受到影响的学者中包括国际古钱币学会的秘书长奥古斯特·冯·洛尔和多普施的学生埃尔纳·帕特采尔特。参见 correspondence in Archives CISH, dossier 1938。

　　② O. Scheel, "Der Volksgedanke bei Luther," *Historische Zeitschrift* 161（1940）：477 - 497；讨论内容载 Congress Zurich 1938："Protokoll," p. 360f. 。

度担任此职。他出于策略上的考虑以及对里特的保护在大会报告上强调，德国史学家中这种开放自由讨论的可能性给他国与会者留下了较好的印象。① 布兰迪的这种做法使弗兰克十分不悦。弗兰克和他带来的全部年轻纳粹史学家在大会上几乎被无视了。除了科赫关于文学的演讲以外，只有两场讲座值得一提，即恩斯特·安里希（Ernst Anrich）和阿道夫·莱茵（Adolf Rein）关于德意志帝国奠基人与德国殖民政策提出者俾斯麦的报告，两篇报告都带有那个时代典型的精神特征。实际上，这两场报告也没有受到太多关注。弗兰克把不满全部发泄在格尔哈德·里特身上——他在给教育部的诉状中指责里特"有危害帝国的行为"。里特在苏黎世大会上提交的论文是"宣信会反对派与自由主义携手并进"的"无耻证明"。② 布兰迪也被牵连其中。在揭穿里特的"可耻行径"时，弗兰克说，布兰迪完全袖手旁观。虽然里特不乏到国外做学术报告的邀请，但在弗兰克的极力劝说下，他被迫在苏黎世大会后放弃这些计划。

除了里特与席尔之间的争论外，苏黎世大会上还有一篇论文引发了德国史学家间的冲突。流亡美国的乔治·W. F. 豪尔加顿（George W. F. Hallgarten）以个人名义向纳布霍尔茨申请参会，并在会上发表了题为《威廉时代德国外交政策中的银行业与工业资本的关系》的演讲。这是大会在方法论方面最精彩的报告之一。豪尔加顿并没有采取对外交政策问题的通常使用的外交史研究方法，而是分析了包括金融和工业资本在内的经济因素的影响。他把这些研究结集成书，并将手稿带到了国外，且为保险起见，把它托付给万塞讷（Vincennes）世界大战博物馆馆长与法国国家委员会秘书长皮埃尔·勒努万。③ 战后不久这本书就印

---

① Brandi to Reichs – und Preuß, Minister für Wissenschaft, Erziehung und Volksbildung, n. d., Brandi papers, 51.

② Frank to Harmjanz（Reichsministeriumfür Wissenschaft, Erziehung und Volksbildung），28 Sep. 1938, Heiber, *Walter Frank*, p. 754f. 引用。

③ Hallgarten to Nabholz, 27 Jan. 1937, Nabholz papers, 35, 以及 1937 年 1 月 9 日霍尔加坦致勒努万信件的抄件。

刷出版了，① 书中的方法和论断引起了热烈的讨论。豪尔加顿在苏黎世大会的报告同样产生了很大影响。② 汉斯·梅耶（Hans Mayer，日内瓦）视其为"社会经济史领域内的重要尝试"，它延续了法国学派尤其是亨利·奥瑟（Henri Hauser）开启的传统，后者在苏黎世大会上也讨论了政治与经济间的互动关系。③ 豪尔加顿关于经济帝国主义起源的观点得到了从德国移居伦敦的费特·法伦丁（Veit Valentin）的认可，却遭到了另一位德国流亡者、现居瑞士的德国银行中央协会前主席格奥尔格·索尔姆森（Georg Solmssen）的强烈反对。

豪尔加顿的报告及后续讨论涉及"一战"的深层政治动因，并且运用了不同的历史研究方法，以社会经济分析取代或补充个人行为和动机方面的分析。历史学和方法论中的这些分歧观点在苏黎世大会的其他论文中也越来越明显，而出现这种现象是否预示着一场史学危机呢？亨利·贝尔并不这么认为。他更倾向于将其视为一种"转变"，是将史学从小说式的叙述以及对广阔知识的罗列转变为真正的科学，而这只是一个开始。如果历史学真的存在危机，他说，那一定存在于政治倾向对史学的渗透中，存在于给历史事实加上由政治引导的诠释的实用主义中。然而，作为"科学"的史学必须保持其"解释性"特征并在此方面更加深入："历史学必定是解释性的。"④ 然而"解释"究竟意味着什么？贝尔曾称，那绝不是依循自然科学的模型把历史事件

---

① G. W. F. Hallgarten, *Imperialismus vor 1914: Theoretisches, soziologische Skizzen der außenpolitischen Entwicklung in England und Frankreich, sologische Darstellung der deutschen Außenpolitik bis zum ersten Weltkrieg*（Munich, 1951）; 2nd revised ed. 题名是 *Imperialismus vor 1914: Die soziologischen Grundlagen der Außenpolitik europäischer Großmächte vor dem ersten Weltkrieg*, 2 vols,（Munich, 1963）。

② Congress Zurich 1938："Communications," pp. 378ff. （原文）; Congress Zurich 1938："Protokoll," pp. 339ff. （讨论）。另见 Hallgarten's memoirs: *Als die Schatten fielen*（Berlin, 1969）, pp. 256ff., 以及他在苏黎世的评论报告, 载 *Zeitschrift für freie deutsche Forschung* 1, no. 2 （Paris, Nov. 1938）。相同的评论见 *Pariser Tageszeitung*, 6 Sep. 1938。

③ "Richelieu et le commerce du Levant," in Congress Zurich 1938："Communications," p. 543f.

④ Congress Zurich 1938："Protokoll," p. 417.

套进一般规律中。对于《年鉴》的史学家而言，答案在于对比较方法作深入反思后的准确应用，这在奥斯陆大会上已经得到了马克·布洛赫的证明。

尼古拉·伊奥尔加就"作为科学的历史学"这一问题给出了自己的答案。在苏黎世大会上，他发表了题为《历史中的永恒因素》的报告。[①] 他的报告通篇体现出一种浪漫主义的发展观，被众人视为实践《年鉴》的方法论的先声。[②] 多年来伊奥尔加应贝尔的请求为他的期刊撰写了很多论文。二人都认同"综合研究"才是所有历史研究的目标。这位罗马尼亚本土的教育家认为，只有在东南欧或是整个欧洲历史的情境下才能认识罗马尼亚的民族特征。自 1913 年的伦敦大会始，他在每一届大会上都发表了演讲和论文。他的全部工作都是融民族史和世界史为一体的综合研究。简单回顾他早年在大会上发表的论文，我们可以看出其历史思想的特点。在伦敦大会上，他提出一个引人深思的观点，即过去的中世纪研究是对中世纪的误解。过去，学者以一种民族国家的视角来研究那个与现在完全不同的时代，这使得他们不能理解其特征。伊奥尔加把中世纪视为民族国家出现以前的现象，受到了罗马帝国思想的持续影响。这其中，他尤其强调罗马帝国思想在拜占庭帝国的具体表现及其对中世纪的影响。他的目标是形成一个全新的总体史概念，这样东欧与东南欧就能获得他们应得的、与西欧平起平坐的位置了。

在把西欧史和东欧史视为一个互动统一体的问题上，没有人比伊奥尔加更坚定。这也是他在奥斯陆大会上的特别话题。与这个普遍的主题相对应，他讨论了东南欧罗马尼亚（罗马尼亚东部语言和文化体系中的各民族）的历史，并重点讨论了多瑙河—喀尔巴阡山脉地区。由于缺乏文字材料，他利用民间艺术作为史料，这在布鲁塞尔大会的演讲中

———————

① 简介载 Congress Zurich 1938："Communications," p. 690f.；长篇选摘载 Congress Zurich 1938："Protokoll," pp. 39ff.；全文载 *Revue historique du Sud – Est européen*（Bucharest，1938）：205 – 222。

② 比如 B. Valota Cavallotti, *Nicola Iorga*（Naples，1977）。

开拓了新的方法论基础。作为色诺波尔的研究生，伊奥尔加在国际史学大会初期令人惊艳地展示了不断进步的罗马尼亚史学研究，并继承了色诺波尔对罗马尼亚史的达契亚—罗马起源论方面的研究。对于他而言，民族是一个很晚才出现的现象，在东南欧尤其如此。而这又是他在华沙大会上的演讲主题。他说，民族不是中世纪历史中典型的组成部分。他将民族的出现定义为一种明确的历史身份意识的萌生，它标志着以普世思想为本质特征的中世纪结束了。尽管伊奥尔加有着强烈的民族认同感，但他还是在华沙大会上以一种颇为质疑的态度就民族形成与文明失落的关系留下了这样一句话："人一旦民族化后，似乎就变得野蛮了。"

对于民族概念的保留意见，也许可以解释伊奥尔加与某些坚持认为民族主义与世界主义可以和谐共存的学者显然在一定程度上保持了距离。另一个原因则可能是，在 20 世纪 20 年代末期他对历史的总体性综合研究被学术界无情忽视了。① 他在苏黎世大会由贝尔主持的一个讨论会上发表了一个关于历史中长期延续性因素的演讲，这次演讲尽管得到了一些个人的认可，但仍受到了尖锐的批评。伊奥尔加列举了三个持续性因素：地理因素、种族和思想。② 伊奥尔加自信而冷静地使用上述术语，而这只令听众对其观点的怀疑态度有增无减，因为他们受到了其他人的政治误导。伊奥尔加努力地解释自己的术语，希望能使听众从当代的曲解中走出来，但这并未使反对声有所减弱。空间＊：这一概念在强制力和由"大地母亲"，或说地理因素引发的诱惑之间摇摆，而这些地理因素，则包括了扩张或孤立所需的中立的环境、气候、土壤等自然条

---

①　N. Iorga, *Essai de synthèse de l'histoire de l' humanité*, 4 vols. （Paris, 1926 – 1929）; cf. M. Berza, "Nicolas Iorga, Historien du Moyen Äge," in *Nicolas Iorga, l' homme et l'œuvre* （Bucharest, 1972）, p. 149. 关于伊奥尔加的作为和他的史学思想，亦可参见 Valota Cavallotti, *Iorga*; 关于他对于国际历史科学大会的贡献，参见 L. Boia, "Nicole Iorga si congressele internationale de istorie," *Revista de istorie* 31 （Bucharest, 1978）: 1825ff.

②　Congress Zurich 1938: "Protokoll," p. 39f., and Congress Zurich 1938: "Communications," p. 690.

＊　即上文的"地理因素"。——译者注

件；这在某种程度上呼应了孟德斯鸠的思想，但是他的概念也接近瑞典人克耶伦（Kjellen）和德国人豪斯霍费尔（Haushofer）的地缘政治思想。种族：在伊奥尔加看来它是环境的产物，因此也是可变的。他明确地反对当时流行的种族主义，并说："现在人们大肆讨论种族和种族主义；而这恰恰迎合了一些人的政治意图。但事实上，没有一个种族的形成是一劳永逸的，人们需要与种族主义的渗透做斗争。"他明确地放弃了历史唯物主义，把观念定义为"支配一切的精神状态。在这之中，它不止一次使得一个民族走向与自身利益相悖的道路，甚至走向自我毁灭……在其中也包含一切历史事件的驱动力。"伊奥尔加设想了一种综合性的历史研究，并称其为"历史生成学"，这是他一生的 174 最高成就。但是他原先计划好的四卷著作并未完成。1940 年 11 月 27 日，由罗马尼亚铁卫团策划的一次蓄意谋杀终结了这位反法西斯主义斗士的一生。

对于伊奥尔加而言，创造一种历史综合评论的意愿和能力，是一个关乎勇气、个人责任、广泛教育和人文高度的问题。只有那些全面参与人民的政治和文化生活的史学家才能承担起解释历史的使命。史学家的活动确实与艺术、文学有关，因此必然具有主观性。伊奥尔加轻蔑地评论称，当一个史学家不敢或无力承担这种责任之时，就是"把客观性作为借口"，客观性不过是"没有能力做到主观"而已。[①] 这是一位学识深厚的史学家的自我认知的精髓。兰克是伊奥尔加最喜欢的论者之一。"二战"前的最后一次国际历史科学大会上，他表现出一种从旧的唯心主义根源中萌生的历史主义。

然而，苏黎世大会的与会者基本上不为历史研究的方法论或者理论问题所动。当时苏德台危机已到最紧张的时刻，这使大会弥漫在紧张气氛之中。尽管时政问题并不在大会议程之内，但是大量的史学论文中都包含着一种政治意味，代表人物有秦梯利和科赫、席尔、里特以及豪尔

---

① 引自 *Essai de Synthèse and Istoriologia umană* in Valota Cavallotti, *Iorga*, pp. 226 and 236。

加顿和伊奥尔加。对于大会，很多人非常重视一点，即不同语言、不同国家、不同政治信仰的史学家间自由交流思想的意愿，但是紧张的政治局势对这种意愿造成了威胁。这一点尤其适用于说明与"法西斯主义"史学家间的关系——然而在此范畴之内的并不全是来自德国和意大利的史学家——还有他们来自民主国家的同行。一份德国的流亡期刊《巴黎日报》（*Pariser Tageszeitung*）上的一篇报告揭露并尖锐地批评了当时的场景：

> 德国人，这些"历史批评的突击队员"，由于语言技巧欠佳，在社会活动中被其他与会者像真空一样隔离开来，一如所有的代表——除了那些来自明显的民主国家的以外——都以怀疑的态度面对彼此。希特勒和法西斯主义者的敬礼已成为与会者都很熟悉的一种姿势，很多在纽扣上有法西斯标志的绅士所做的报告听起来像是威尼斯宫（Palazzo Venezia）的留声机唱片——有时候甚至连发音都类似。总而言之，在新法西斯分子的野蛮行径下，即使在非法西斯国家举办的大会也成为学术事业明显衰退与停滞的征兆。①

瑞士组委会的一位成员在近四十年后描绘了来自不同政治阵营的学者间交流到底有多困难：

175　　大会开始后，我们注意到，来自不同国家阵营的史学家极少交流，他们非常冷漠地面对彼此。我们瑞士深知所肩负的协调责任，于是不断尝试建立史学家间的相互联系，但收效甚微。德国人的大多数演讲只有他们的同胞和政治伙伴捧场，这不幸的一幕还同样发生在其他国家代表的报告会与他们举办的联谊活动上。一天晚上，我和法国人皮埃尔·勒努万还有奥地利人海因里希·冯·斯尔比克

---

① 6 Sep. 1938.

（Heinrich von Srbik）坐在一起，前者于学生时代与我在巴黎相识，后者从日内瓦返回时拜访过我一次，他是国联下属的国际学术合作委员会的一员。我把他们介绍给对方，两人伸出手象征性地握了一下，十分拘谨。但是我没能开启二人的对话，尽管他们本应该有很多话要对彼此说。勒努万解释说他不会讲德语，斯尔比克则以听不懂法语为由搪塞过去（然而他却是《梅特涅传》的作者！）。如果人们相互之间不交流，来参加这个国际会议的意义何在？国际委员会的章程将组织的宗旨规定如下："通过国际合作谋求历史科学的发展。"在当时恐怖而又沉闷的战前气氛中——如果我记得没错的话——墨索里尼颁布反犹太人法令的消息犹如一声惊雷，使很大一部分意大利代表中途退出大会。在这场骚动之中，纳布霍尔茨自始至终都保持着一颗清醒的头脑；即便在最紧张的时刻他也没有表现出紧张或是疲惫。这是他的一大优点。斯尔比克经常和一些年轻的德国史学家共同出席活动，我们尖酸地将他们称作他的贴身侍卫。纳夫（Näf）和我问他，为什么迈内克悄无声息地就从德国《历史杂志》的编委会中被除名了。他支支吾吾的回应让我们大吃一惊："呃，倒不是'悄无声息'，毕竟，迈内克有一大帮犹太学生。"这所有的经历在我们心中留下了很不好的印象——我们还是太年轻了——瑞士决定不再参与下一届史学大会。[①]

大家都感受到苏黎世大会酝酿着一场危机，因为阿格·弗里斯在大会期间的笔记将德国发生的事传开了：

> 为了在罗特费尔斯的问题上获得我的帮助，下面这些人都曾经找我谈话：布兰迪、施兰姆（Schramm）、来自汉堡的莱茵（Rein），来自哥廷根的卡勒（Kähler）以及来自海德堡的格尔哈

---

① Edgar Bonjour to the author, 17 March 1976.

德·里特，最后还有斯尔比克。我答应他们无论如何会帮助罗特费尔斯，然而同时我也趁机以最尖锐的言辞向他们所有人表达了我最深的愤怒——我感到，德国文化已经威胁到世界的发展；我们对德国文化给予了如此高的评价，而如今它却以野蛮的行径对待犹太人，违背了所有的文化道德观念。对于与罗特费尔斯无甚瓜葛的斯泰因纳克（Steinacker），我以最尖锐的话语向他表达了同样的看法；我还强调，德国人在南蒂罗尔（South Tyrol）压迫同胞这样的事简直无耻至极。我告诉斯尔比克和斯泰因纳克：如今你们把成千上万的蒂罗尔人交给意大利人，还使不计其数的犹太人在德国人穷凶极恶的折磨之下挨饿至死，这甚至比布尔什维克一次性直接杀死他们的敌人还要糟糕。而且这种事情还不是发生在野蛮的东欧，而是发生在被我们视为人类文明中心的国家。①

抛开这些阴暗面，抛开一切来自外部和内部的威胁，大会还是致力于以国际友好的形式向前发展，并且保持了卓越的科学水准。在这一点上，苏黎世的环境与瑞士朴实友好的待客之道做出了非常大的贡献。特别是在恶意的集权主义威胁的时代背景下，国际历史科学委员会富有责任心的成员在反抗时代逆流时，没有放弃他们的信念，即把大会办成一个自由交流真知灼见的论坛。瓦尔多·利兰在苏黎世大会当选为主席，他以一段近乎恳求的祝愿结束了他的闭幕致辞，国际历史科学委员会比以往任何时候都更会专注于思想自由，更会抵抗住那些试图迫使科学为经济、政治或是社会目的服务的力量的诱惑，② 这段话也得到了热烈的掌声。几天后，他向日内瓦公众重申了对"知识"与"良知"充满关切的呼吁，同时他也向公众呈现了一份镌刻在国际历史科学委员会大堂入口处的献词。当年，委员会就在这里成立——那是12

---

① 弗里斯文章，II，8b，注释用丹麦语书写，对于斯尔比克和斯泰因纳克的评论则用德语书写。

② Congress Zurich 1938；"Protokoll，" p. 453.

年前，一个充满希望的年代。[①] 重建国际历史学术合作的努力，又要另一个 12 年才能成为现实，而那也将是一个比"一战"更可怖的年代之后的事情了。

---

① Congress Zurich 1938："Protokoll," p. 69f.

第十二章

毁灭与重生

——1938—1947 年

对于国际历史科学委员会而言，为历届大会这样的盛事发展出一套恰当的集会形式殊为不易。委员会在历届大会中试验，并试图评估每届大会的结果。最终，试验总是归结于同一个问题：如何能最好地"在混乱中掌控全局"。在苏黎世大会后，瑞士组委会提交了一份自我批评性的评估。会议上的演讲依然过多，以主题目录来引导议题选择的尝试收效甚微。现实也与瑞士组织者决定承担起全部会务准备职责时所期待取得的成果相去甚远。然而，为上午的长而详细的演讲安排更多时间却取得了成功。瑞士委员会对未来的建议是，安排议程的委员会应当在广泛的国际基础上召集，并为上午的演讲选定议题与合适的发言人。① 执行委员会同意了上述建议，并决定承担起组织委员会的责任。②

这种安排的成功某种程度上有赖于执行委员会的人员构成。在苏黎世，国际历史科学委员会选举利兰为主席，伊奥尔加与纳布霍尔茨任副主席。英国史学家厄内斯特·L. 伍德沃德（Ernest L. Woodward）接替纳布霍尔茨担任司库，从而使国际历史科学委员会的驻地重回牛津。莱里蒂埃担任秘书长一职。选举会议的记录中还包括了这样的声明，即他

---

① ICHS，*Bulletin* 11：470.
② 卢森堡会议，1939 年 5 月 23—24 日，ibid.，pp. 574 and 577.

会"在五年内辞去这一职位"。① 因为这条意见由当时会议上仍任主席
的泰姆普利所加,因此这被莱里蒂埃视为一项莫须有的义务和一种明显
的批评行为。利兰也认为这是多此一举。事实上,莱里蒂埃已经宣布了
退休的意向,但这只是为了回应针对他个人的与日俱增的异议。此外,
他从1935年起在第戎(Dijon)进行的专业研究令他不可能再像最初几
年那样为秘书长的职责奉献全部精力。尽管批评者认为他过于忙碌,作 181
为学者分量欠奉,其他人却肯定他作为国际历史科学委员会的"倡导
者"所付出的辛勤努力。②

对莱里蒂埃实际成就的批评集中于他特别投入的三大领域。首先是
各个国际委员会。利兰和自1926年成立起就鼎力支持国际历史科学委
员会的美国赞助者认为,永久性的国际学术事业才是它的主要关注点。
虽然有关各委员会学术活动的定期报告会在国际历史科学委员会的会议
上提交,但这些报告不能完全令人信服。舆论普遍认为,这个组织在一
波先锋浪潮中已做得太多,如今是时候"给花园清理杂草"了。其中
一个委员会尤其有争议性,而它恰是莱里蒂埃所珍视的历史教育委员
会。虽然国际历史科学委员会也为改良教科书开展了一些行之有效的工
作,但这些工作说到底还是在委员会外召集的双边会议中完成的。但
是,除了发起非义务性调查和意向性的宣言,其自身的委员会并未取得
其他成果。

更重要的是,人们对国际历史科学委员会的期刊——《公报》也
存在不满,而莱里蒂埃恰恰在此投入了最多的精力。从国际历史科学委
员会成立迄今13年来,一共有45期,收录在厚厚的11卷中,其中包
括涉及会议、全会和委员会活动的会议纪要与若干文件、调查和数据、
关于用小语种写成的历史文献的报告以及学术论文。《公报》并不算是
科学期刊——它缺少必要的个性与主题方向——同时,作为一份信息汇
总类的刊物太过卷帙浩繁、也太不实用。因此,苏黎世大会后成立了一

---

① Luxembourg meeting, 23 – 24 May 1939, ibid., p. 16.
② Friis to Lhéritier, 29 Sep. 1939, Archives CISH, dossier 1939.

个委员会单独接管《公报》。莱里蒂埃不再担任总编。他充分利用了这样的安排，形成了一种新的工作风格。他致信新任主席利兰说，"总秘书处的职责运行到 8 月 28 日就结束了。我个人在委员会中的工作也因此走到尽头。为了为您效劳……我应继续进行在总秘书处的工作，提名委员会和全体会议也希望我留任。但我会以另一种方式履行职责，那样，您就能更便利地为我选择继任者。我想，我离任的新方式应如下所述：我会低调行事，也会从容工作……作为总秘书长，我不会越俎代庖，我会让总秘书处成为主席您的决策执行部门，把所有涉及委员会职责的重大问题都留给您。"① 但事实上，莱里蒂埃并没有"低调行事"的意愿，在有关国际历史科学委员会面临日益紧张的国际局势及接下来的战争中将遇到的问题上更无此打算。莱里蒂埃甚至保有相当大的行动自由，因为在战时利兰不孚众望，并没有给国际历史科学委员会带来坚强的领导。

182   "执行委员会决定在接下来的五月下旬在布拉格再次召开全会，且沃尔佩先生收到建议向全会提出接受意大利史学家关于举办下届大会的邀请后"，② 最后一次执行委员会会议在苏黎世不欢而散。接受在捷克斯洛伐克首都举行执行委员会会议的邀请显示出对于这个处在危机中的国家的同情，这是委员会在绝境中抱有的希望。大会后的几周，这个决定就被慕尼黑方面打消了。* 甚至在德国人控制布拉格之前，捷克人就已认为他们无力再保留此邀请。莱里蒂埃另择卢森堡，而这个国家当时还不是国际历史科学委员会成员国。③ 1939 年 5 月 22 日至 24 日，在捷克斯洛伐克被占领两个月后、德国闪击波兰的三个月前，这个常以"和平福地"示人的好客小国在战争爆发前举办了最后一次执行委员会

---

①   Lhéritier to Leland，10 Sep. 1938，Leland papers，box 42.

②   ICHS，*Bulletin* 11：26.

*   这里指 1938 年 9 月，英、法、德、意在慕尼黑签订的肢解捷克斯洛伐克的《慕尼黑协定》，协定迫使捷克斯洛伐克割让苏台德地区及其他德语人口占多数的地区。——译者注

③   Correspondence in Archives CISH，doeeooers 1938 and 1939.

会议。执行委员会在这里通过了一项在法西斯主义国家意大利①首都举办下届大会的决议，尽管很多人对此持保留意见。

来自意大利的邀请在苏黎世获准使双方都陷入了难堪的境地。② 大会最后的全体会议未能作出决议，而按正常程序本应达成协定。一方面，国际历史科学委员会成员并不想拒绝——假若如此，这意味着意大利将撤回邀请，也许国际历史科学委员会也将就此完结。另一方面，一个简单的肯定回答绝不可能。首先，法西斯国家那种专制主义的自我定位与国际大会引以为根基的学术自由原则是根本对立的；其次，是否所有人能参加罗马大会也还是未知数，而这才是最根本的问题。在意大利宣布的一项基于纳粹模式的种族歧视法律使人们震惊。为使各个国家委员会能争取时间审议这些问题，委员会开展了一项书面调查。研究中心*被激怒了，但也做出了让步的保证。沃尔佩在致莱里蒂埃的一封信中写道："我可以向你保证，下一届大会如果在罗马召开，将不会再限制参会人员，不论是苏联学者还是非雅利安的外籍学者。"③ 然而，这句话中所暗含的限制已经足够清晰：只明确保证那些来自外国的"非雅利安人"参会的权利——没有对于意大利籍犹太人的相应保证。对此，国际历史科学委员会的反应如何呢？由于对这份书面调查的反馈非常少，因此连规定有效人数——成员中的 2/3 都没有达到。第二份规定必须有半数成员参加的书面调查显示，绝大多数成员都接受意大利的邀请。④

① ICHS, *Bulletin* 11：563ff.

② On the following ibid. , p. 17；Friis papers，Ⅱ，8c，Lag 1；Giunta Centrale per gli Studi Storici，Comitato Naxionale：Report on the meeting of the national committee，5 Jan. 1939；Archives CISH，dossier 1939.

* 指意大利史学研究中心（Giunta Centrale Per Gli Studi Storici），下同。——译者注

③ Volpe to Lhéritier. 16 Dec. 1938，carbon of a copy sent by Lhéritier for information，Webster papers，7/1.

④ ICHS, Bulletin 11：568. 关于细节的更多的材料，参见 Comprehensive material on the details in Achives CISH，dossier 1938－1939。

有不少国家的委员会在投票前的讨论中争议甚大。每个投赞成票的人都知道这意味着什么。他们的信件和记录可以反映出，讨论中投票者的态度分为三种。首先，这里有一种实证主义信念，即科学和政治不仅是可分的，并且二者必须分开独立。此观点常与第二种务实的考虑一致，即认为只有这种分离才能防止组织的分裂。而第三种观点与前两种相悖，即认为学术本身是讲求道德的，而这无论如何都不能放弃。

莱里蒂埃与利兰简明扼要地坚持表达了实证主义的、机构组织上的考虑。莱里蒂埃写道："如果我们不接受他们的邀请，我担心他们将退出委员会。自委员会成立以来，我已经践行了一项与苏联政府、法西斯政权及其他国家都相容的政策。在与如此多史学家达成共识后，我不相信当这个组织开始自我解体之时我还能有勇气继续留在这里……对我们而言，这不是一个听取相互对立的意识形态观点的问题。我们有更多事情要做。而我们的委员会必须超越政治而存在。"① 还有一次，莱里蒂埃说，不论是共产主义国家、法西斯国家还是民主国家，所有国家都必须一视同仁、平等对待。"只要我还是这个委员会的一员，我就会继续主张这种全体一致政策。并且，我认为政治不应干涉文化上的联系。"② 在这一点上，利兰完全同意莱里蒂埃的观点。"我承认，亲爱的米歇尔"，他致信莱里蒂埃，"在这种困难时期，我采取了你自委员会成立以来所遵循的原则，即委员会不能被政治或其他与科研工作无关的因素所影响。然而，想要维持住这样的政策越来越难，因为我们的情感早已被煽动起来了。"③ 他将此事上呈到美国史学会执委会，希望执委会批准接受罗马的邀请，但他对完全无限制的自由能否在大会上实现表示疑

① Lhéritier to Leland, 23 Oct. 1938, Archives CISH, dossier 1938.

② Lhéritier to Leland, 3 Dec. 1938, ibid.

③ Leland to Lhéritier, 31 March 1939, Archives CISH, dossier 1939. See also Leland to Webster, 18 March 1939, Webster papers, 7/1："我个人认为，与拒绝去罗马相比，我们通过在罗马举行大会，在那里自由发言，充分讨论，我们会获益更多。这种看法是出于这样一种信念，即首先要保持这些国际组织得以存在，这是非常重要的。"

虑，且对此毫不遮掩："意大利史学家向我们保证参会完全自由，'非雅利安人'和苏联的公民也不例外（然而我不了解这种自由是否适用于被逐出境的意大利人）。"尽管利兰有所保留，但他还是列举了同意的原因："集权国家的学者们对他们各自国家政府的越轨行为很不满（尽管他们不敢表示出来），我们要对他们给予道义上的支持"，而"拒绝邀请会对国际委员会造成不利影响"。[1] 美国史学会执委会中在这个问题上有分歧，最终，利兰与国际历史科学委员会中另一位美国代表肖特韦尔都获得了给他们心目中的最佳决策投票的权利。肖特韦尔反对利兰的观点并投了反对票。[2]

丹麦国家委员会主席弗里斯对于形势持有完全不同的意见。"这说到底是一个纯粹的道德问题"，他致信莱里蒂埃，"问题所在并不是政治，这本是一个相当简单的问题，即一个包括全体史学家的国际组织能否在个别史学家群体——正如我们的犹太人同人——受到污蔑的国家里 184 组织大会。我个人并不同意那种排斥个别群体的做法：这对于史学与个人而言都是一种侮辱。若执行委员会对于在意大利、德国、俄国这样的国家举办大会没有异议，那我也不再希望参与国际上的合作。"[3] 他无论如何都不同意利兰的做法：

> 对于你认为有必要把这个问题留待近期投票当天解决一事，我感到遗憾。在我看来，若要推迟提交任何涉及未来大会的决定，这算是唯一说得过去的理由了。在如此危急的时刻，有必要尽可能保持消极态度。我不能同意您关于接受意大利邀请的理由，这个观点当然意味着最终同意在德国或莫斯科举办大会这一原则。您指出的一个事实——尊重独裁国家中的公正的史学家，对我而言并无太大意义。而且，由沃尔佩等人提出的所有史学家都能自由参会的保证

①　Leland to Buck, 3 March 1939, copy, Archives CISH, dossier 1939.

②　Leland to Lhéritier, 16 March 1939, ibid.

③　Friis to Lhéritier, 29 April 1939, ibid.

也并不很关键。首先，即使您假设意大利史学家是有诚意的，您也
不能对他们有所期望；另外，这些承诺与问题本身无关。如果费雷
罗（Ferrero）去了罗马，这会为他招致什么结果呢？[①] 而且我怀疑
那些不在独裁国家的犹太裔史学家是否还有意前往罗马，毕竟他们
曾在罗马遭受过侮辱与太多太多不平之事！依现在的情况，这些承
诺对我而言完全是吹牛而已。但最终使我做出决定的是真正的道德
问题，是当今时局下我们必须遵守的问题，而现在外部环境允许我
们遵守。无论有多少犹太（或非雅利安）同行，我们无论如何都
不能邀请他们参加罗马或柏林的会议，因为在这里他们受到了极大
的侮辱。[②]

然而，丹麦国家委员会并不同意弗里斯的观点而投票支持罗马。弗里斯
承担了此事带来的后果，他放弃了国家委员会主席职位，也辞去了丹麦
在国际历史科学委员会中的代表职位。[③]

哈尔夫丹·科特对此也表达了强烈异议。他和弗里斯一样，认为利
兰处事的方式是错误的。他认为如此微妙的问题应该在国际历史科学委
员会的全会上讨论解决，而不能留给各国家委员会处置。[④] 几番考虑
后，北欧方面取得一致意见，并有条件地同意了利兰的决策。他们同意
接受邀请，但希望所有人都有权参加罗马大会。比利时国家委员会对意
大利——尤其是对它的反犹政策——也表示强烈异议。"但如果其他国
家不同意他们的保留意见"，[⑤] 他们也不打算"退出"。韦伯斯特汇报了
英国史学家的态度，他们赞同接受罗马的邀请："我们的委员会意见分
歧很大，你也一定知道，泰姆普利强烈反对接受意大利的邀请，但我坚

---

① 古耶尔莫·费列罗已从意大利移居到瑞士，他从 1930 年起就在日内瓦担任教授。

② Friis to Leland, 6 April 1939, Leland papers, box 42.

③ Friis toLhéritier, 29 March 1939, Archives CISH, dossier 1939.

④ Koht to Webster, 26 Jan. 1939, Webster papers, 7/1.

⑤ Van Kalken to Leland, 4 May 1939, Leland papers, box 42.

信我们做了正确的事情，尽管这届大会似乎永远不能召开。"① 他的唯一动机是保持国际历史科学委员会及其大会的"普世性"。② 英国国家委员会的投票结果是 5 票支持，4 票反对。③

作为法国国家委员会委员，莱里蒂埃写信给意大利史学中心秘书长杜普雷（Dupré），给罗马投赞成票并竭尽全力做出一个大体上积极的决定。这就是他很快就把法国的投票结果通知给委员会的其他成员的原因。而且莱里蒂埃远非"低调行事"，他写信请杜普雷告知中心主席，"尽管情况很困难，但当我们国际委员会的大多数中立国家声明支持你的邀请时，我想这是我担任秘书长时期最快乐的事情之一"。④ 当他确定最终结果对罗马有利时，就开始大发怜悯之情："原谅我吧，坦白说，作为一名罗马—高卢人（Gallo-Roman），即拉丁人，我对此结果非常满意。因为如果德国人和斯拉夫人都能有同族兄弟情谊，我不明白我们拉丁人为什么不能有呢？"⑤

因此众人在卢森堡决定，史学家将前往罗马，同时执行委员会将承担起大会的学术准备任务。战争使得国际历史科学委员会免于窘迫——举办一届充斥着令人不快的种族歧视的大会。* 执行委员会的指导原则是防止花费十三年心血建立起来的组织产生分裂。在 1939 年和 1940 年，利兰走遍南美，为普世性的史学联盟游说，正如泰姆普利早先在亚洲做的一样。利兰还指示莱里蒂埃开始准备罗马大会。⑥ 在战争爆发、人们的活动范围受到越来越多的限制之后，莱里蒂埃也收到了大量来自中立国和西方国家的信件，从中受到鼓励。此外还有一些信件来自匈

---

① Webster to Leland, 5 April 1939, Leland papers, box 28.

② Webster to Lhéritier, 27 March 1939, Archives CISH, dossier 1939.

③ 1939 年 2 月 2 日会议记录，韦伯斯特个人书信集，7/1。

④ Lhéritier to Duprè, 24 Jan. 1939, Giunta Centrale per gli Studi Storici, Comitato Internazionale di Scienze Storiche.

⑤ Lhéritier to Duprè, 27 March 1939, ibid.

* 这里指 1943 年罗马大会因"二战"取消，而委员会也无须再因罗马大会的诸多问题而饱受争议。——译者注

⑥ Leland – Lhéritier correspondence, Archives CISH, dossier 1939.

牙利的多玛诺夫斯基；而来自英国的韦伯斯特和伍德沃德以及来自德国史学家的信件更值得注意。他们都建议莱里蒂埃尽可能久地继续他的工作。[①] 甚至在 1940 年 3 月的"假战"[*]——即攻占波兰六个月后、德国进攻西方几周前的这段时间，作为国际历史科学委员会司库的伍德沃德仍向洛克菲勒基金会申请资助。他在申请中写道，执行委员会已决定在其职权范围内尽其所能维护委员会的完整性，"这样我们才能在战后使我们的组织发挥作用——并且是发挥重建国际合作的关键作用"。英国和德国史学家都明确支持这一举措。[②] 然而，尽管国际历史科学委员会执行委员会试图继续其学术工作，战争的第一阶段已经预示了欧洲即将面对的暴行。

　　德国空军对华沙的轰炸引起了巨大的恐慌。甚至连谨小慎微的莱里蒂埃也开始用清晰明了的字眼来描述战争时期的惨状与恐慌。1939 年 11 月，他在给执行委员会成员的通知单上写道："华沙是世界文化的中心，在这里我们举办了倒数第二次会议，因此我们与华沙关系密切。就我们而言，我们不禁为华沙所遭受的破坏感到无限痛惜。我们希望终有一日，德国史学家也能与我们一道谴责对华沙的暴行。让我们饱含深情地向这座殉难之城致意。"[③] 然而，利兰并没有放弃有朝一日与德国人继续合作的希望，他认为莱里蒂埃关于德国史学家的言论有些过激。"我认为如果那一段文字不将矛头直指德国同人会更好，因为这似乎意味着他们现在支持摧毁华沙，但他们心态转变后又会觉得如此不妥。我认为委员会成员都是心善之人，对于这种事我们都感同身受。在我们涉及委员会的通信中，我们必须要尽最大努力避免各国学者产

---

① Archives CISH, dossiers 1939 and 1940.

* 第二次世界大战前 6 个月，因这一时期无重大交战记录而得名。——译者注

② Woodward to Lhéritier, 23 Feb. 1940, Archives CISH, correspondence Woodward 1938 – 1940. Woodward to Rockefeller Foundation, 14 March 1940, copy, Archives CISH, dossier 1940. Webster to Lhéritier, 11 April 1940, Webster papers, 7/1. 德国愿意继续参与 ICHS 工作，参见 Holtzmann to Lhéritier, 5 Nov. 1940 and 26 Aug. 1941, Archives CISH, dossier 1940 – 1944。

③ Archives CISH, dossier 1939.

生分歧。"①

很多人不相信委员会在战争时期还可以继续工作，伊奥尔加便是其中一员。但他也同样不愿永远谴责德国人："国际主义这个美好的事物已经走到了尽头！即使是对于意大利，我们怎么能邀请那些来自刽子手国家的学者呢？我们必须推迟一切事务，谁知道我们有一天还会不会重新活跃起来！一个人的疯狂带来了所有这些灾难。这个幻想称霸世界的恶棍扯断了我们珍贵的纽带。对于他们国家的领导者或教唆犯以人性为代价犯下的暴行，那些像布兰迪与霍尔茨曼一样的人会感到恐惧和厌恶，对此我深信不疑。"② 然而时任英国军队上尉的伍德沃德在给莱里蒂埃的大量信件中表达了对于胜利的决心与信心。③

在这困难时期，莱里蒂埃听到了很多人的观点，而由于纳布霍尔茨在国际历史科学委员会之后的历史中扮演了颇为重要的角色，其观点值得一提。在德军进攻波兰后，他写道，"如今最坏的设想已成为现实"，"一个疯狂的罪犯正将欧洲推进深渊。各中小国家——包括瑞士——都静观其变，而英法为了试图从罪犯手中拯救欧洲，将人力物力悉数耗尽！我丝毫不为瑞士保持中立感到自豪。如今与两大民主国家并肩作战是一种道德义务"。④

中立国家与西方国家的史学家一致谴责了希特勒的德国军队，在波兰史学家悲惨命运的头版要闻影响下尤其是如此。同样，莱里蒂埃的表现从一开始也是明确的。然而，法国的沦陷与德军占领巴黎使局面出现转变。早前开展的国际学术合作似乎只有建立在横跨大西洋的基础之上，得到由英国、加拿大尤其是美国的支持，才能继续进行。这也是巴黎国

---

① Leland toLhéritier, 18 Dec. 1939, ibid.

② Iorga toLhéritier, 4 Nov. 1939, Archives CISH, correspondence Iorga.

③ 1939 年到 1940 年伍德沃德的书信，Archives CISH。随着西线战事的爆发，伍德沃德于 1940 年 5 月 16 日要求 Lhéritier 将 ICHS 的剩余资金转往英国、美国和法国进行严格限制，资金不能转往中立国，更不能转往德国。

④ Nabholz toLhéritier, 17 Sep. 1939, Archives CISH, dossier 1939.

际学术合作署署长亨利·博内特（Henri Bonnet）的意见，他在德国占
领前便逃到美国，到利兰处避难。在到达后不久，他便要肖特韦尔确保
美国会继续进行国际历史科学委员会的工作。他认为与被纳粹占领的欧
187 洲合作是不可能的了。① 利兰在战争刚开始时曾经强烈支持委员会继续
工作，甚至包括德国方面的事务。不过在比利时和法国被击败后，他彻
底改变了观点。他不再希望把洛克菲勒基金会提供的资金交由莱里蒂埃
处置，因为他只有在德国的主宰下才能继续自己的工作。相反，利兰希
望用这些基金资助那些来到美国的委员会成员，尤其是奥地利犹太人雅
里克（Jaryc）。雅里克在 1940 年前定居巴黎，此后从纳粹占领区逃走。
在巴黎时，他致力于研究《国际文献目录》，如今在美国继续这项工
作。② 作为国际历史科学委员会主席，利兰认为最好把所有牵涉委员会
的问题都暂缓至战争结束后再处置，以此避免委员会的分裂，韦伯斯特
与英国国家委员对此都很赞同。③

　　莱里蒂埃的办事处一直都在博内特的国际学术合作署，这使得他行
事的方向完全不同。和一些随博内特逃亡的国际合作署职员一样，他试
图在德国当局的帮助下挽救受托于他的组织。④ 他得到了维希政府与巴
黎新政权的支持。纳布霍尔茨告诉他，布兰迪和霍尔茨曼均渴望国际历
史科学委员会能继续存在。然而伍德沃德甚至在德国占领巴黎之前就警
告反对在战时与德国人合作："我不是对布兰迪和霍尔茨曼怀有私人敌
意。我还记得去年五月霍尔茨曼在卢森堡的境遇是多么悲惨。但事实
是，德国史学家在战争爆发之前便一直充当纳粹党的工具，如若战争之
后仿佛什么都没发生过一样允许他们继续保留国际委员会的成员资格，

---

① Bonnet to Shotwell, 28 June 1940, Shotwell papers.

② 洛克菲勒基金会马歇尔的关于 1940 年 8 月 9 人与利兰的谈话，以及 1941 年以来就同
一问题的信函和笔记，in Rockefeller Archive，RFA，Box 88，Series 100 R，F819. For 1942，参
见 Box 89，Series 100 R，F 821.

③ Leland to Webster, 28 April 1941; Webster to Leland, 14 Nov. 1942, Webster papers, 1/
22 and 1/23.

④ Archives CISH, dossier 1940 – 1944, particularly Lhéritier's activity report for 1940 – 41 from
10 May 1941.

将可能会是最大的错误……如果我们现在能举办一次国际委员大会，我会提议废除德国人的会议资格。"①

　　莱里蒂埃在巴黎最重要的联系人是新成立的德国学院（German Institute）院长卡尔·埃普廷（Karl Epting）。卡尔·埃普廷一直是德国学术交流总处驻巴黎代表，深谙巴黎文化生活。他本人也十分崇敬法国文学。他通过学院在促进德法两国文化及学术合作方面做出了很多贡献。他和朋友们把希特勒与贝当（Pétain）在蒙图瓦尔的会面视作德法可能重建友好关系的标志。但他们误解了希特勒的意图，也低估了战争爆发所造成的深度。这种裂痕是无法通过戏剧、音乐及新文学作品来弥补的。②

　　由德国学院推动的项目包括《国际历史科学委员会公报》。战争期间，莱里蒂埃主持发行了第 46 期和作为第 12 卷（1941 年和 1943 年）中第一部分和第二部分的第 47 期。③ 因为关于委员会的活动再无什么可以报道，《公报》就发表收集来的文章，其中包括一些知名作者的作品，包括法国东方学者勒内·格鲁塞（René Grousset）的《成吉思汗史学研究中的国家行为》、乌克兰史学家米哈伊洛夫·赫鲁雪夫斯基（Mikhailo Hrushevsky）的遗作《中世纪的基辅大公国》、尼古拉·伊奥尔加的遗作《塔列朗与莱因哈德：管窥古代外交》及柏林的沃尔夫冈·文德尔班（Wolfgang Windelband）的《俾斯麦的埃及政策》。莱里蒂埃也编入了一些自己的文章，包括他在巴黎大学的系列讲座的介绍，在其中涉及近现代革命的历史。在这些文章中，他表达了对纳粹德国、法国及整个欧洲的持久和平的希望，"在权力与自由、陆地与海洋、民

　　①　Woodward to Lhéritier, 16 May 1940, Archives CISH, dossier 1940.

　　②　德国学院以前的一个合作者报告了旨在改善德法关系的一些活动的范围及种类。A former collaborator of the German Institute reported on the type and scope of this promotion: G. Heller, *Un Allemand à Paris* (Paris, 1981); 关于宏观的政治和文化背景，可以参考 H. Amouroux, *La grande histoire des Français sous loccupation*, vol. 3: *Les beaux jours des collabos juin 1940 – juin 1942* (Paris, 1979)。

　　③　Politisches Archiv, Bonn, Akten der ehemaligen Deutschen Botschaft Paris; Zentrales Statsarchiv, Potsdam, 49.01, 3191, file IX/13.

族与帝国、欧洲中心与边缘地区间实现和谐"。[1] 由于莱里蒂埃的讲席得到了德国占领当局的保护，他对外国统治者也做出了令人怀疑的友好评价，且在战时自己全身心投入到德法史学家的一个大会的组织中，所以他也就被归为"通敌者"。[2]

德国占领当局对于国际历史科学委员会有何企图呢？埃普廷对莱里蒂埃及《公报》的善举，于1940年至1942年间在柏林引发了对此行为与其他国际学术组织的一系列思考。在由国家科技部及外交部文化处发起的这次讨论中，德国人普遍认为应该限制战后法国、比利时及美国的影响，但不应立即采取措施。根据历史经验，普拉茨霍夫（Platzhoff）以德国国家委员会，即全德史学家委员会领导者的身份，建议保持克制、静观事态发展并将问题推迟至战后。忠诚的国社党党员们则认为在考虑重建国际组织前就应重建德国的人文学科。[3] 在此背景下，将国际历史科学委员会总秘书处转移至德国也在考虑范围内，但并没有实现，其原因主要在于布兰迪与霍尔茨曼的干预。[4] 同样，他们并没有采取什么可以预先决定这些未来问题的行动。同时，卡尔·埃普廷和他的朋友对《公报》的支持，以及莱里蒂埃与他们合作的意愿，使莱里蒂埃在巴黎解放后离开教职3年。在战后第一次会议上，法国国家委员会讨论

---

[1]　ICHS, *Bulletin* 12：7f.

[2]　在一封致法国国家委员会秘书长的信函中，他试图为他具有爱国动机的行为进行辩护："只能对您意见的改变感到难过。就我而言，我本质上是个法国人，我关心所有国家，在目前的情况下，我并不特别地支持或反对某国。另外，由于我的头脑是历史学家的头脑，我过去不可能从政，未来也不能；我很满足于今天的政治。我认为我们当前的情况不能继续下去了，我的杂志不能无限期地停刊却不能讨论杂志。我想我们应该竭尽全力走出这种状态，就是说要支持法国生存下去。我们尤其要让我们的国家在面对德国时重新获得其地位，不管我们现在感受到的印象多么令人痛苦。" Lhéritier to Depréaux, 8 Aug. 1942, Archives Nationales, 70 AJ 159.

[3]　Record by Scurla, Reich Ministry for Science, on a meeting at the "Ausschuß für die Frage der internationalen wissenschaftlichen Organisationen," 2 Jan. 1941, Zentrales Staatsarchiv, Potsdam, 49.01, 3191；further material on this question ibid., 3190 – 3191, and in Politisches Archiv, Bonn, Akten der ehemaligen Deutschen Botschaft in Paris, 1940 – 1943.

[4]　Minutes of a discussion on this question on 12 Nov. 1940 in the science ministry, Zentrales Staatsarchiv, Potsdam, 49.01, 3191.

了"莱里蒂埃事件"，会议认为他已不再适合担任国际历史科学委员会的秘书长。[①] 英国国家委员会、美国史学会以及洛克菲勒基金会中负责国际历史科学委员会的职员同样持此观点。战争结束 4 个月后，利兰像科特一样，第一时间就对他的助手失去信心，敦促身为秘书长的莱里蒂埃离职。[②]

莱里蒂埃觉得情况不妙便辞职了。在写给科特的一封长信中，他表 189 达了对挪威人英勇抵抗的赞誉，同时强调他并不后悔："你知道我的原则。我希望史学以及史学委员会能够超越政治。"[③] 1949 年，他在教学停职期满后，在艾克斯—普罗旺斯大学任教。

尽管战时的事态发展并不尽如人意，秘书长也犯过明显的政治错误，但根据国际历史科学委员会之前的工作来看，它仍然可以独立发展，同时也对历史学科非常重要。战争结束后，它便致力于恢复原有的联系，并计划举行新一届大会。应利兰的要求，法国国家委员会秘书阿尔贝·德普鲁（Albert Depreaux）临时承担起了秘书长的责任。

---

① Minutes of the committee meeting of 11 June 1945, Archives CISH, box 31.

② 利兰 1945 年 9 月 10 日给莱里蒂埃的信；利兰在 1945 年 9 月 10 日给法国国家委员会主席佩蒂特·迪塔里斯的信；利兰给国际历史科学委员会成员纳布霍尔茨、伍德·沃德、冈绍夫、科特的信，给英国国家委员会主席韦伯斯特的信，给美国历史学会秘书长 G. S. 福特的信，1945 年 9 月 10 日给洛克菲勒基金会约翰·马歇尔的信，这些信件全都保存在纳布霍尔茨的书信文件集 29/5 中。在后一封传阅信中，利兰就他关于莱里蒂埃的决定解释如下："我不只是依据法国委员会的行动做出这一决定，尽管那已经足够了。我从一些独立的信息渠道了解到，他在危急情况下为个人谋取不当利益，而且冒天下之大不韪与德国当局保持密切合作。他没有参加抵抗运动，他在国际历史科学委员会第 46 号《公报》发表长篇社论，对希特勒及其归还拿破仑之子骨灰的政治姿态表示敬意。莱里蒂埃为讨好洛克菲勒基金会驻巴黎代表的欢心，主动向其呈递备忘录。他还企图巴结德国当局，间接但却明显地使自己被德国当局任命为国际知识分子合作组织驻巴黎的主任。他常常拜访第戎大学鼓吹德国文化的斯密特教授，尽管没有得到教授委员会的同意，他在臭名昭著的通敌者邦纳德的支持下，成功地使自己被任命为索邦大学的教员。他还应德国人的要求，同意在威斯巴登组织法德历史学家大会，利用自己作为国际委员会秘书长的身份，力图使那些在国际委员会多个附属委员会任职的法国学者与会。法国历史学家的一致拒绝使会议无法召开。关于这个问题的更多的材料，参见 Rockefeller Archive, RFA, Box 89, Series 100 R。

③ Lhéritier to Koht, 10 April 1940 and 14 Oct. 1946, Koht papers, 386.

战争期间，西方国家、中立国家以及德国史学家多次建议国际历史科学委员会应于战后尽快恢复其活动。利兰在战后 6 个月便开始带头行动。在致德普鲁、纳布霍尔茨、伍德沃德、冈绍夫及科特（但并未致信霍尔茨曼与沃尔佩）的信函中，他宣布执行委员会已经准备好开展工作。① 他提议应重新审视于 1948 年在巴黎召开大会的想法。法国国家委员会立即表示同意，并建议于 1947 年在布拉格召开委员会全体会议——重新关注在苏黎世有关接受捷克斯洛伐克发出的举办下届大会的邀请的决议。②

　　利兰在此后一年多中都保持沉默。无论是德普鲁、继伊奥尔加去世后最后一位健在的副主席纳布霍尔茨，还是国际历史科学委员会司库伍德沃德，都没有听到关于他的任何消息。直到 1946 年 11 月，他与法国国家委员会才重新建立联系。法国国家委员会的新任主席是罗贝尔·福蒂埃（Robert Fawtier）。作为抵抗派的一员，他在 1942 年被判终身监禁，而且不久前被拘留在毛特豪森集中营。战争结束后，他成为巴黎大学的一名教授。1946 年 12 月，他告知利兰法国国家委员会已任命巴黎政治科学与高等应用研究院教授夏尔·莫拉泽（Charles Morazé）为总秘书长。③ 莫拉泽属于活跃在《年鉴》上的年轻史学家中的一员。《年鉴》在战后法国享受到了广阔的机会，并且获得了由吕西安·费弗尔创建并领导的高等应用研究院第六部有力的制度支持。莫拉泽担任研究主任。莫拉泽满怀自信，并致力于为史学研究建立良好的新开端，他这样的人给国际历史科学委员会的活动带来了新气象。他是法国驻联合国教科文组织的一员，并努力利用自己与这个联合国综合性文化组织的联系以推进史学家的国际性工作。

---

① Leland, circular of 26 Oct. 1945, Nabholz papers, 29/5.

② Minutes of 15 Dec. 1945, Archives CISH, box 31.

③ 关于战后国际历史科学委员会复兴的更多资料，见 Rockefeller Archive, RFA, Box 89, Series 100 R。

利兰在接下来的行动中给予法国国家委员会便宜行事的权利。他在致福蒂埃的委托信中写道，"我的意图是想把国际历史科学委员会的管理工作交给你的委员会，因为我不可能直接控制它。你的委员会有权做一切对国际委员会的正常运转有好处的事"。① 不久，他便完全退出了委员会的相关活动。由于一些"我个人无法控制的原因"，他婉拒参加由法国国家委员会安排的有限委员会会议，这次会议于 1947 年 6 月 3 日至 5 日在巴黎附近的若约芒举行。同时，利兰递交了作为国际历史科学委员会主席的辞呈，"委员会主席由于距离原因，不能在关键时刻对其事务给予充分关注，这一点在我内心中产生了极大的震动……"② 此前他请纳布霍尔茨临时担任主席一职。若约芒会议决定直到下届大会的全体会议举行新的选举前，都由纳布霍尔茨担任主席。无人准确知道利兰辞职的原因，纳布霍尔茨更是如此。纳布霍尔茨致信友人多玛诺夫斯基道："直到下一届国际大会前，我都不得不承担起国际委员会的领导责任……这绝非我所愿。利兰没有给出任何理由就宣布辞职了。"③

此后，利兰仍偶尔参加国际历史科学委员会的行政会议，尽管他再未出席史学大会。然而他在远处观察着委员会的工作，也表达过自己内心的想法，还不时调整自己过去的观点。例如，他提议如果国际历史科学委员会仅为了保留那些真正对于学术工作有益的委员会，而打算减少日益增长的委员会数目，那么《国际文献目录》也不应幸免。即便是在战时，他也亲自推动了它的发展，但如今，他和他的美国朋友一样确信它并不值得费心。④ 关于如何处理德国、意大利和日本的问题不可避免地产生了。1945 年后期，曾在"一战"后充满激情地呼吁让此前敌国加入委员会的利兰转而同意在西方国家委员会中盛行的观点，即他先

①　Leland to Fawtier, 24 Feb. 1947, Leland papers, box 42.
②　Leland to Fawtier and Morazé, 17 May 1947, ibid.
③　Nabholz to Domanovszky, 25 Oct. 1947, Domanovszky papers.
④　Leland to Koht, 3 Jan. 1948, Leland papers, box 22.

前的想法"在任何可以预见的未来"都不可能实现。[1] 他仅对一人例外：德·桑克蒂斯。德·桑克蒂斯曾经拒绝向法西斯效忠，现在已于罗马恢复教职，并被任命为史学研究专员。然而当利兰于 1947 年 5 月宣布辞职之时，他看待事情的态度又起了变化。他现在警告道："指导原则应该符合委员会的要求——在友好、有效的合作中把全世界的史学家联合起来，应特别注意的是，现在不要做任何可能令此变得困难或无望的事情。"[2]

执行委员会与有限委员会同时处理两个问题——临时主席职责与1947 年 6 月 3 日至 5 日若约芒会议的成员名册。出席会议的史学家很少，他们分别来自比利时、丹麦、美国、法国、英国、希腊、卢森堡、瑞典以及捷克斯洛伐克。[3] 纳布霍尔茨确认将担任临时主席，莫拉泽为临时秘书长。委员会的出版物受到严厉审查。《公报》不会再继续办下去了。时不时出版的信息手册则被纳入未来出版物的考虑范围内。然而，在漫长的争论之后，《国际文献目录》被保留了下来。同样，外交官名录以及宪政研究也得以继续。

191　　关于成员资格，会议通过了一份非常宽泛的决议，宣布任何事情都应固定不变，这完全符合利兰的想法。就这样，与 1923 年布鲁塞尔的形势形成对比的是，此前的敌人并未被排除在外！德国和日本的正式回归被推迟到下届会议的全体大会。对于意大利、奥地利和西班牙的回归则没有保留意见。在苏黎世自 1947 年 10 月开始，纳布霍尔茨、冯·略尔（von Loehr）与多普施便开始筹备奥地利的回归事宜。1949 年 9 月22 日，为了立即开始与国际历史科学委员会的合作，奥地利史学会成立了。[4] 意大利方面，唯一的问题是沃尔佩。若约芒会议后，为重建与意大利国家委员会的联系，纳布霍尔茨联系了德·桑克蒂斯，强调沃尔

①　Leland to Petit – Dutaillis, 30 Nov. 1945, Leland papers, box 42.

②　Letter of 17 May 1947, ibid.

③　Compte rendu de l'Assemblée du Comité International des Sciences historiques, tenue àRoyaumont les 3 – 5 juin 1947, Nabholz papers, 29/6.

④　Mikoletzky to Nabholz, 31 Oct. 1949, Archives CISH, box 26.

佩仍应被视为执行委员会的一员。然而德·桑克蒂斯指出，虽然沃尔佩的学术成果值得尊敬，但考虑到他在 1945 年前的政治行为，意大利国家委员会并不打算接纳他为代表。①

委员会在战后短短两年内就重建完整的国际史学家联盟的决心令人叹服，要理解这种决心，就要考虑业已改变的世界局势。战时东西方组成的抗击德国及日本的联盟已经不再适用。此迹象最早出现在德国融入西方社会与欧洲从美国获得重建经济援助两件事上。最重要的日期是 1946 年 6 月 6 日，美国国务卿伯恩斯（Byrnes）发表了他那篇使联邦德国第一次重拾希望的著名演讲。1946 年 9 月 19 日，温斯顿·丘吉尔在他的苏黎世演讲中，呼吁建立一个以德法为核心的欧洲共同体。1947 年 6 月 5 日，当国际历史科学委员会在若约芒召开会议时，美国国务卿马歇尔宣布了他的经济复苏与重建计划。

这一切的主动权都掌握在西方手中。然而，有限委员会竭力使东方国家加入到国际事务中。在若约芒一次有关执行委员会新成员的讨论会上，一个座位特别被预留给"一位由苏联提名的成员"。福蒂埃通知苏联驻巴黎大使，告知他国际历史科学委员会重新开始工作的消息。然而东欧社会主义国家仍需要数年时间才愿意重新投入委员会。苏联对各种呼吁其参加的呼声充耳不闻。1948 年，尽管匈牙利、波兰和捷克斯洛伐克的史学家已表示出与国际历史科学委员会合作的强烈意愿，但委员会与这些国家的关系仍旧破裂了。② 重建一个如同在华沙时规模那么大的史学家团体，继续泰姆普利、利兰发起的吸纳东亚、拉丁美洲各国的行动，进一步吸纳非欧国家以使此团体更趋完整——将成为一项长期的任务。

重建的国际史学家组织委员会*的第一项任务是使其自身合法地代

---

① Archives CISH, box 26.

② Material in Nabholz papers；Archives Nationales, 70 AJ 160；Webster papers（CISH 1946 – 1948）；Koht papers.

* 即指国际历史科学委员会。——译者注

表各国史学家，实现此目标的途径则是通过相关法规任命其执行机构，
192 并重建其子机构与国家委员会。它也必须保证工作的经费支持并决定在
何时、何地并以何种方式举办战后首届大会。只有适时组织的全会才能
在这些问题上做出决议。若约芒做出的决议是，这次全会应在 1948 年
复活节期间于巴黎举行。关于委员会的必要资金支持问题，应由洛克菲
勒基金会与联合国教科文组织协商解决。莫拉泽也被授权建立一个总秘
书处以开展后续工作。

　　参与若约芒会议的史学家花了大量时间讨论下届大会的问题。福
蒂埃说，为纪念 1848 年革命一百周年，法国政府邀请史学家们到巴
黎集会，并已准备好提供资金支持。然而，很快有人由于日期原因提
出了异议。据会议纪要记载，韦伯斯特因为"'四八年'的政治色
彩"感到不安。伍德沃德也有相同的反应。他认为"我们战后的第一
次国际大会竟以这种方式与满是雄辩术而毫无科学性的政治宣扬联系
在一起"，① 这是极不明智的。英国人显然有意避免战后首届大会成为
革命狂欢节的危险。混乱的国际形势也引发了其他问题。等待是否是更
好的选择？最终，一些史学家指出，据以往经验，若要周全地准备好一
届大会，至少要花费两年时间。有限委员会（Comite' Restreint）的一项
投票结果如下：法国、比利时和瑞士支持在 1948 年举办大会，而其他
五个国家反对。② 尽管尚未有公开邀请，最终的决定是大会预计应于
1949 年或 1950 年在法国举行。

　　更重要的问题是，应基于已改变的国际政治局势和往届大会的经验
制定新一届大会的议程。人们都认为未来大会需与此前的大会有所不
同：大会应该更加重视方法论问题，并且应对迄今为止大量的"论文"
加以规范。

　　若约芒会议见证了人们对于新起点的愿景。夏尔·莫拉泽行事高

---

① Woodward in a report on Royaumont to Stevens, Rockefeller Foundation, 6 June 1947, Rockefeller Archive, RFA, box 89, Series 100 R, F 821.

② 法国关于 1848 年欧洲革命的会议于 1948 年在巴黎举行，来自匈牙利、波兰和捷克斯洛伐克等国的国际学者与会。

效、责任感强、年轻而充满活力，是法国史学家的代表，他开始在国际历史科学委员会发挥关键作用。他打算根据新的组织形式和方法论方面的需求打造未来的大会，这与《历史综合评论》与《年鉴》在对过去大会的批评里所表达的要求相一致。

第十三章

新史学对垒唯历史主义史学

——1950 年巴黎大会的大辩论与新起点

在 1947 年若约芒全会后，国际历史科学委员会紧接着于 1948 年召开了巴黎全会，并召开了两次执行委员会会议：第一次于 1948 年在哥本哈根召开；第二次于 1949 年在伦敦召开。1948 年 6 月 5 日、6 日，来自 18 个国家的委员会代表在法国首都召开会议。[①] 除了美国、加拿大、阿尔及利亚、突尼斯以外，此次全会也是欧洲一大盛事。它还有来自波兰、捷克斯洛伐克、匈牙利、奥地利与意大利的代表。苏联没有回应此次会议的邀请。根据若约芒全会决议，日本与德国直到下届大会才有资格重返国际历史科学委员会，因此这两国没有收到邀请。而中国由于内战和革命被排除在邀请范围外。许多前成员国，例如立陶宛、拉脱维亚和爱沙尼亚由于丧失主权所以不能参会。其他一些国家无法参会则是由于经费与交通方面的困难。出席巴黎会议的国家中有 12 个曾参加 1926 年国际历史科学委员会的成立全会。以欧美为核心的国家曾在"一战"后支持了该组织的成立；同样地，如今正值"二战"结束之时，他们也认为自己有责任恢复这一组织。

一些确立大会特色的史学家在两次世界大战期间成为法西斯恐怖的受害者。波兰地下大学的精神领袖马塞利·韩德尔斯曼在战争行将结束

---

① 1948 年 4 月 18 日爱德华·达姆斯和纳布霍尔茨谈话笔记和报告，18 April 1948，Rockefeller Archive，RFA，box 89，series 100 R，F 822。

之际被人向纳粹告发，在德国的集中营中去世。具有世界影响力的人道主义者、高瞻远瞩的东南欧史诠释者尼古拉·伊奥尔加由于短暂担任罗马尼亚政府首脑，在 1932 年被铁卫团剥夺权利，并于 1940 年 11 月被罗马尼亚军团谋杀。探寻历史研究新道路的天才马克·布洛赫在两次世界大战中皆是军官，这位抵抗运动的斗士于 1944 年 6 月落入盖世太保手中，并在饱受折磨后最终被枪杀。

1940 年 6 月法国沦陷后，马克·布洛赫立即撰写了题为《诡异的失败》① 的评论。这是这位热忱的爱国者动人的遗言，他在所有幻想破灭后沉痛地评价"自己是坏了良心的一代人"，也分析了他的祖国战败的军事、政治、社会和思想原因。在他对自己所从事的学科的考察中，有一些基本原则成为这位《年鉴》期刊创始人留给后代史学家的宝贵遗产。

看起来颇令人惊讶的是，布洛赫对当代史所提的疑义似乎有些过多了，他反对把历史学理解为一门追求艺术价值的人文学科，并要求史学应为现实行为提供借鉴。他的论点是，一位史学家假若只关注现在和刚刚过去的时代，他就会丧失描述其所生活时代的能力。如果一位史学家缺乏关于远古时代的知识，他就无法了解现在，也没有能力掌握比较观察这一广阔领域，而且他对独特事物以及历史变迁的判断力也会被削弱。出于同样的原因，布洛赫对泛滥的政治事件史提出了警示，正是这些政治史宣称自己在当下和不远的过去都是焦点事件。

从其创始人开始，年鉴学派就一直对政治史持怀疑态度，将其视为"事件史"、"唯历史主义的历史"和"叙事史"；并把它推到史学旨趣与研究的边缘。对于关切现实的历史学而言，"事件"是否仍是其中心？为了对年鉴学派的挑战做出回应，1950 年巴黎大会与 1955 年罗马

① M. Bloch, *L'Etrange Défaite*: *Témoignage écriten 1940. Avant - propos de G. Altman* (Paris, 1946). 关于其来龙去脉，参见他写于法国沦陷和抵抗时期未完成的作品，由费弗尔编辑的 *Apologie pour l'histoire ou métier d'historien* (Paris, 1949)。

大会将其视为基本的导向性问题并予以讨论。

　　与西方史学研究内部问题同时出现的还有马克思主义史学与非马克思主义史学关系的问题，它在国际史学合作的意义与目的方面变得日益重要。由于年鉴学派在西欧以及东欧，尤其是波兰与匈牙利，受到了广泛关注，引用布洛赫在遗言中涉及其本人与马克思关系的论述以简要介绍这些问题是非常值得的：

　　　　我个人对卡尔·马克思的成就表示非常钦佩。我想，他作为一个人恐怕是令人难以忍受的；毫无疑问，作为一位哲学家，他并不像很多人所愿相信的那样具有独创性；然而作为一位社会分析家，无人能比他更使人钦服。如果未来的史学家、构想中的新科学的追随者决定建造一座先贤肖像的陈列室，那么这位莱茵河畔的老预言家的大胡子半身雕像一定会在他们的小教堂里占据最重要的位置。然而他的学说在任何一个时期都能够作为各种学说的范例吗？那些整天待在实验室、并且不相信除经验外任何事物的杰出学者曾写过一些"颇具马克思主义意味的"生理学和物理学论文。接下来他们又有何权利去嘲弄"希特勒式"的数学呢？宣扬经济形态变易性的派别驱逐了那些拒绝以导师的箴言起誓的不明智者。这就仿佛从 19 世纪 60 年代发展出来、并基于当时一位学者的社会学知识的理论在 1940 年依然有效一样！[1]

　　虽然年鉴学派内各学者对历史唯物主义的态度十分不一致，但一般而言，这个学派的显著特征就是，他们与马克思保持了类似上文所述的关系——一方面对其方法论怀有高度敬意，另一方面也对僵化的历史学说持保留态度。

　　科特与纳布霍尔茨出席了 1948 年的巴黎全体大会。在利兰辞职后，纳布霍尔茨成为国际历史科学委员会主席。科特是挪威史学家的代表。

198

---

　　[1]　Bloch, *L'Étrange Défaite*, p. 170f.

他在挪威被占领前曾任挪威政府外交部长，在 1941 年赴美前，一直在伦敦的挪威流亡政府中担任此职。他们都象征了国际历史科学委员会战后的延续。法国的代表是皮埃尔·卡隆与罗贝尔·福蒂埃，卡隆常年担任文献委员会的秘书，因此他十分了解国际历史科学委员会的传统；罗贝尔·福蒂埃是法国国家委员会主席。他是一个德国集中营的长期囚犯，在战争中饱受摧残。他相信对国际历史科学委员会与大会做一个彻底的重新定位十分必要，也一直保护秘书长莫拉泽的活动免遭批评——这些批评来自下面提到的两位执行委员会成员，汉斯·纳布霍尔茨与司库厄内斯特·L. 伍德沃德。后者的保留意见一直持续到他在 1948 年巴黎国际历史科学委员会全会卸任之时，尽管这些意见并未引起什么争议。①

当时发生了什么呢？对于国际历史科学委员会未来道路的不同意见发生了碰撞。第一个危险的问题就是洛克菲勒基金会是否准备继续提供支持。该基金会的决定在某种程度上由其对国际组织的总体政策决定，它可能会随着政治环境的变化而改变。因此，关键问题是使捐赠者相信过去给史学家们的投入得到了妥善利用，并且国际历史科学委员会的未来计划值得资助。这两条论点最终都未能成功说服基金会。秘书长莱里蒂埃名列委员会的战时工资名单，但他的行为令基金会深感震惊。* 此外，利兰与莱里蒂埃的最初设想是令国际历史科学委员会转型为一个史学研究活动的国际信息交换枢纽，并且，除外交官名录与《国际文献目录》以外，也将各类有关研究与出版的长期任务委托给它；这些设想都未能实现。《国际文献目录》过去由洛克菲勒基金会定期资助。然而，甚至是这样一个国际学术合作的典范的价值也受到了怀疑。国际历史科学委员会自建立起就承载了众多希望，但问题是，它在这个时代赋予的重任前失败了吗？它在那个波及全欧的灾难中毁灭了吗？它应当向

---

① See Woodward to Marshall, 19 March 1948, Rockefeller Archive, RFA, box 89, series 100 R, F 821.

* 这里指莱里蒂埃为维持国际合作向纳粹德国委曲求全一事，见上章相关内容。——译者注

199 联合国教科文组织所提议的更有效的国际合作形式让步吗？另外，朝气
蓬勃的秘书长莫拉泽唤起了洛克菲勒基金会相关人员对重建史学研究的
新希望。1947 年夏赴威斯康星大学访学期间，他觉得基金会已经准备
提供更多支持了。①

　　莫拉泽对未来的工作方式与国际历史科学委员会的作用有何见解
呢？在与洛克菲勒基金会代表的会谈中，他对委员会过去的活动持相当
的否定态度。其中一位成员记录道："莫拉泽十分坦率地谈到了委员会
的情况。他说，在担任国际秘书前，他曾深入了解委员会的历史。莫拉
泽根据自己从中收集的信息，只能得出这样一个结论，即委员会的活动
既未经深思，也执行不力。他从大会的报告中举出一些例子，说明赋予
所有参会代表言论自由会导致怎样令人啼笑皆非的结果。最终的结果
是，与其说大会是一项严肃的事业，倒不如说它既无用且流于形式。他
相信，更多年轻人应参与到国际委员会与大会中去。"② 对于未来，他
计划让大会"真正地、严肃地思考当代史学研究的问题"。莫拉泽希望
他们提供有关史学研究进展的确切信息。与会者一致同意，莫拉泽应当
在一份备忘录中向基金会提交他的计划。莫氏于 1947 年 8 月提交了此
计划。他建议让《国际文献目录》与大会都继续下去，因为它们在各
个国家都颇受欢迎，"在研究某一特定年代的史学家中尤其如此"。未
来，国际历史科学委员会的重要性将会日益提高。"它的基本目的应是
成为全球史学工作的中心"，在国际合作上要比过去更紧密也更有规
律。莫拉泽希望争取联合国教科文组织（UNESCO）的支持以延续国际
历史科学委员会过去开创的活动。而基金会则应当促进开展一些新的、
有前瞻性的活动：

　　　　原则上，基金会的资金应被用来建立秘书处，这个秘书处应当

---

　　① 关于整个过程、委员会的概念以及来自洛克菲勒基金会的支持，有大量资料，in
Rockefeller Archive，RFA，box 89，Series 100 R，F 821 and 822，and in the Nabholz papers。

　　② 约翰·马歇尔对于 1947 年 6 月 17 日爱德华·达姆斯和莫拉泽在纽约讨论的笔记，
Rockefeller Archive，RFA，box 89，series 100 R，F 821。

被指定为世界上最大的史学信息交换枢纽。我们的目的是创办一个与《国际文献目录》有着密切联系的索引，它将是一个国际性的综合索引，提供的信息涉及各位史学家和他们的著作、方法论以及一些实用的、可以获取的资源。这个巨大的计划将要花费数年时间，而且可能需要一个比我们 1939 年的组织更为强大的组织，当然，在目前的起步阶段，我们对当前的组织还是感到满意的。我们还认为，一些全力投入此任务的人才的素质能够填补因资源稀缺造成的空缺。我们知道这一事业对全球文化发展将有重要意义，而全世界的年轻史学家一定会对它表现出极大热情并志愿协作，投身其中。①

虽然来自洛克菲勒基金会的约翰·马歇尔（John Marshall）拿到手的是一份值得怀疑而且收到许多保留意见的文件，但他还是继续前往巴黎同福蒂埃与莱里蒂埃会谈。福蒂埃只是在这个场合上才了解了莫拉泽的备忘录，他同意马歇尔的判断：它作为"洛克菲勒基金会采取行动的基础仍不够详尽"，对此，莫拉泽表示他愿意"立刻完成一份更明确 ²⁰⁰ 的陈述"。② 除了推进战前业已开始的组织大会、续编文献目录与完成出版任务等工作，第二份备忘录将如下事项列为值得国际历史科学委员会去完成的新任务：创立一份"历史研究工作者的国际索引"，"在参考文献与研究方向总目录的基础上"出版一部"有关史学方法的公报"，并参与一个联合国教科文组织提议的、人类的文化史方面的合作计划。莫拉泽的这个项目目录由纳布霍尔茨转交给了洛克菲勒基金会。这些项目涉及许多影响深远的新建议，但它们都是莫拉泽的个人想法，从未在国际历史科学委员会内部的讨论甚至决定中有所涉及，所以纳布霍尔茨在转交时附上了自己明确的批评意见。③

---

① 1947 年 9 月 18 日的英文译文，同上。
② 1947 年约翰·马歇尔在巴黎的笔记，同上。
③ 1947 年 11 月 1 日，Nabholz to Stevens，同上。

在此期间，纳布霍尔茨作为国际历史科学委员会主席完全不同意他的秘书长未经授权的行动。1947 年 10 月 11 日，他把与自己有关的工作计划与财政需求的备忘录发给了洛克菲勒基金会人文学科主任 D. H. 史蒂文斯（D. H. Stevens）。他的申请意在促进当前的出版项目，而不是依莫拉泽的意愿支持秘书处以部署那些牵涉广泛的新任务。国际历史科学委员会司库伍德沃德也批评了莫拉泽的项目，他认为此项目既不成熟也不现实，然而基金会成员认为莫拉泽代表了新思想和年轻一代史学家并对他很是尊重，他们把欧洲崩溃后的希望都放在他身上。那些执掌基金会资助决定权的人发现自己面临着艰难的抉择。谁才在国际历史科学委员会中拥有发言权，是主席还是秘书长？后者得到了颇有影响力的福蒂埃的支持，而前者的支持者伍德沃德同样广受尊敬。这件事情的结局是洛克菲勒基金会失去了继续资助的兴趣。约翰·马歇尔总结了此次商谈的结果，基金会并不倾向于向纳布霍尔茨提议的文献目录类或传记类参考书籍等"学术事业"提供资金。虽然这些"事业"无疑会成为历史学家有用的工作工具，但"我们对委员会的关注点在于，作为国际信息交换枢纽，它该如何促进并保证历史研究的发展"。国际历史科学委员似乎无法在此方面提供可靠保障。① 福蒂埃和莫拉泽特地访问美国以重申请求，但此行依然没有起到作用。② 虽然基金会通过共计 5000 美元的分期付款帮助国际历史科学委员会再次开展活动，但是所有的资助从 1950 年起都停止了。③

　　这些事件表明，国际历史科学委员会的能力与其任务是矛盾的。一些在两次大战期间对委员会有所贡献的老一辈史学家在信件中表达了他们的深切不安。冈绍夫辞职并淡出了相关活动。纳布霍尔茨强调，在科特和泰姆普利执掌下，国际历史科学委员会早先的工作相当令人满意。他之所以担任临时主席只是出于责任感，而他很乐于在巴黎全会后能够

① 1948 年 9 月 8 日，Marshall to Leland，ibid。
② 1949 年 1 月 1 日 Nobholz to Koht，Koht Papers，Ms. fol. 3928：1。
③ See Rockefeller Archive，RFA，Box 89. Series 100 R，F 822。

把职位交到别人手中。利兰退出了，伍德沃德认为无法与莫拉泽和科特共事，所以也辞职了，科特收到了此类意见，也认同其中许多实际的和 201 个人的保留意见，但他也试图用决心与才能来缓和紧张局势。

国际历史科学委员会内部的紧张局面使得莫拉泽在 1950 年巴黎国际历史科学委员会全会上辞职。他没有实现自己的计划——把人才济济、设备精良的国际历史科学委员会转变成一个国际史学研究的机构。在"一战"后，利兰与莱里蒂埃追求相似的想法，但在当时与"二战"后，国际历史科学委员会的中心任务是组织国际大会。规划与长期研究计划的实施需要强有力的制度化的支持，而这种支持只能由国家提供。因此也就不难理解，为什么以往非常乐意支持新研究趋势的洛克菲勒基金会更愿意资助第六部（Sixième Section）*而非国际历史科学委员会了。比以往更清楚的是，国际历史科学委员会的本职工作是本着使大会尽可能普世的目的把大会组织好；这也是它作为一个松散联盟与诸多利益集团的互动平台可以胜任的工作。

尽可能完善地推进文化、科学和教育领域的国际化也是联合国教科文组织的目标。联合国教科文组织是联合国建立于 1946 年的文化组织，其总部设在巴黎，这一点与国际历史科学委员会是一致的。除了毗邻的地理位置，两组织还有一些私人联系。福蒂埃与莫拉泽都曾就任于法国驻联合国教科文组织代表团。他们都试图保障国际历史科学委员会的资金流转，因为在洛克菲勒基金会撤回其资助后，这对委员会而言尤为急迫。他们获得了成功。联合国教科文组织为战后首卷《文献目录》提供了资金，也资助了 1950 年国际大会"报告"的出版。这是国际历史科学委员会后来得到联合国教科文组织长期资助的第一步，直至今日，它仍然接受来自教科文组织的资助。然而，它与联合国教科文组织的联系总是间接的：在 1948 年 4 月的全体会议上，国际历史科学委员会依联合国教科文组织的要求加入了一个包括各个人文学科协会的松散的总

---

　　* 费尔南·布罗代尔在高等应用研究院（École pratique des hautes études）中为"经济与社会科学"创立的学部。——译者注

括性组织，以确保实现厘清、协调各类研究诉求与资源分配的任务。福蒂埃担任了这个国际哲学与人文科学理事会的首任秘书长并有着相当的影响力，他和莫拉泽成功使颇为抵触的国际历史科学委员会全会相信，委员会不会因与联合国教科文组织的此种联系丧失任何独立性。[①]

　　1950 年巴黎代表大会成功与否成为有关国际历史科学委员会能力及其未来性质的试金石。福蒂埃和莫拉泽为大会的筹备与计划做出了极大贡献。他们坚持不懈、竭尽所能地促成来自东欧国家的史学家参会，以抵抗欧洲分裂和世界分为两个敌对社会政治阵营的现实。他们争取了法国外交部与在巴黎的东欧国家使馆的支持以实现他们的目标。莫斯科没有回复他们的再三邀请。直到 1954 年，苏联仍与联合国教科文组织保持着距离。波兰［J. 达布罗夫斯基（J. Dabrowski）、T. 曼图菲尔（T. Manteuffel）］、匈牙利［F. 艾克哈特（F. Eckhart）；D. 科萨里（D. Kosáry）］和捷克斯洛伐克［玛丽·胡索娃（Marie Husowa）］仍然参加了 1948 年巴黎全会，也有意参加大会，却都无法成行。南斯拉夫也在最后时刻取消了参会的决定。[②] 从 1948 年到 1950 年，这些国家经历了深刻的政治变化，成立了人民民主国家，坚定地加入了苏联领导的国际阵营。然而，波兰和匈牙利通过保持他们的会员资格表达了他们与国际历史科学委员会合作的意愿。贝尔格莱德科学院（Belgrade Academy）院长电告国际历史科学委员会，对南斯拉夫代表不能赴巴黎表示遗憾。与此相反的是，大会期间的国际历史科学委员会全会表明了他们的积极意愿：通过建立一个斯拉夫研究委员会以确保东西方之间的合作。正如福蒂埃所言，此决定"恰能表明国际历史科学委员会对斯拉夫研究的关切，并且希望看到来自东欧国家的史学家再次参加大会"。[③]

　　巴黎的 1400 名与会者名单中包括了来自 33 个国家的史学家，几乎

---

①　Minutes of General Assemblies 1947 – 1950, Archives CISH, box 26, and Nabholz papers, 28/3.

②　Correspondence in Archives CISH, box 26.

③　"Procès – Verbal 3 September 1950", 在 Giunta Centrale per gli Studi Storici, Comitato Internazionale di Scienze Storiche 的副本。

是战前最后一届大会——苏黎世大会的两倍。在大会期间召开的全会有24 个国家委员会的代表出席。此外，西班牙回归国际历史科学委员会，以色列被接纳为新成员。日本致信表达了恢复以往合作的意愿，而且一位日本史学家也参加了本届大会。①

重新接纳德国成为一个极其微妙的问题。如上所述，成员名单中从未删除德国。自若约芒全会起，准许德国在未来某日积极参与的意愿已经很清楚。现在的问题不过是，在发生了这么多事情后，谁能有足够的信誉代表德国，以及是否应立即重新接纳德国。1948 年、1949 年之交至 1952 年间，德国重返国际历史科学委员会的实际进程与德国加入联合国教科文组织同步，② 与此同时，日本也加入了国际历史科学委员会与联合国教科文组织。由于当时苏联与这两个国际组织都保持着距离，接纳新近成立的德意志民主共和国进入委员会与联邦德国融入西方世界一样有着相似的时代背景——为建立欧洲煤钢联盟而推出的"莫内计划"与朝鲜战争是 1950 年政治局势的主题。尽管政治条件有利，但接纳德国史学界重新进入国际历史科学委员会还是产生了难题。③ 可以预见的是，来自遭受战争与德国占领地区的史学家会有所担忧。但令人鼓舞的是，纳粹德国的强大对手阿格·弗里斯在战后立即寻求重新建立与德奥史学家的联系，他教导他人要做出区分，因为"许多德国人在最糟糕的情况下抵制了希特勒"。④ 然而可耻的是，一些德国史学家在德国重回史学家的国际群体的道路上布下了绊脚石。203他们向法国占领当局游说，公开指责新成立的德国史学家协会主席是政治犯，且认为学会是他的党徒组成的小团体，他们无权代表德国史学界

① 相反，François 谈及 "1100 注册"，ICHS, *Bulletin d'information*, no. 10：11。

② 联合国教科文组织的一本手册（联合国教科文组织档案），很可能由莫拉泽撰写，列出如下国家：阿尔及利亚、阿根廷、奥地利、比利时、巴西、加拿大、丹麦、埃及、芬兰、法国、英国、印度、爱尔兰、意大利、卢森堡、墨西哥、荷兰、挪威、葡萄牙、瑞典、瑞士、土耳其、美国、梵蒂冈。

③ 以下部分，完整资料保存在 Nabholz papers 36/2；Ritter papers, Rockefeller Archive, LSRM, RF, RG 2 - 1950/100；Archive Nationales, 70 AJ 160；Archive CISH, box 26。

④ Friis to Dopsch, 4 June 1947, Dopsch papers.

发言。

　　当时，重建被纳粹消灭的德国史学家协会的工作实际上是最为正确的。1948 年 10 月 12 日，两个最富传统的德国史学研究机构——巴伐利亚科学院历史委员会和《德意志史录》编辑部的成员在了解到德国重回国际历史科学委员会一事将很快提上日程后，决定在慕尼黑集会以重建史学会。他们曾被告知各方都希望恢复德国在《国际文献目录》方面的工作。参加过 1948 年 4 月巴黎全会的一位奥地利历史学家冯·略尔汇报称，国际大会将处理重新接纳德国的问题。瑞典方面，尤其是国际历史科学委员会主席汉斯·纳布霍尔茨，也持鼓励态度。[①] 1949 年，德国史学家大会在慕尼黑召开，档案专家、历史教师和来自各地方的史学家皆出席了大会。在此，这个临时决议在与会者的全力支持下得到了批准。来自苏联占领区的史学家也加入了协会。纳布霍尔茨出席德国战后首次史学家会议也证实了德国的积极性。格尔哈德·里特通过不记名投票几乎被一致推选为协会主席。在此职位上，他也将一如既往地在国际学术界中代表德国史学家。

　　里特因其学术与政治声望注定比任何人都更适合这一职位。由于他在弗赖堡的朋友关系和他个人的宣信会忠实成员身份，他与戈德勒（Goerdeler）身边的抵抗组织关系密切。里特企图暗杀希特勒，计划未遂后被逮捕，并在狱中度过了战争的最后六个月。他的同事皆未有过像他这样的经历。福蒂埃请求里特草拟一份德国史学家名录，并从中遴选一小部分人，以私人名义邀请他们参加巴黎史学大会。然而法国驻德国高级专员公署文化事务办公室的总负责人施密特莱因（Schmittlein）将军禁止福蒂埃与这位地处法占区的弗赖堡大学的教授直接交流。他认为这种行为忽视了他的权威。除此之外，他还声称里特以一种专制的方式管理德国史学家协会，并且组织一个统一的德国学术组织与法国战后最初几年所依据的联邦制观念是有所冲突的。

---

① 1948 年成立大会会议记录，在 Aubin papers，18。

施密特莱因怀疑里特有极端民族主义倾向，也怀疑里特对法国怀有 204
根深蒂固的仇恨。[1] 他手中掌握的两篇里特在战时所写的论文便是证
据。福蒂埃受命处理此事。他请皮埃尔·勒努万撰写一份专家报告。勒
努万认为，无论如何都没有理由因为涉事的两篇论文就不支持里特。[2]
然而施密特莱因仍不允许法国学者与里特接触。福蒂埃此时收到了来自
外交部的声明，声明中称："就里特博士而言，在考虑了你和勒努万先
生的意见后，高级专员署决定采取你业已了解的态度。在此情况下，你
应对任何邀请这位教授的决定承担起个人责任。"[3] 这并非某种直接禁
令，甚至连警告也算不上。此外，福蒂埃认为法国外交部并不赞成施密
特莱因对里特的态度，并且"由于弗朗索瓦－彭塞（Francois-Poncet）
已成为高级专员，而施密特莱因却无此机会"，所以很快一切都将变得
简单起来。[4] 尽管如此，在执行委员会会议与全会期间，即便有纳布霍
尔茨大力支持，福蒂埃仍没有立即回应德国要求恢复会员身份的申请。
相反的是，他决定收集更多的信息，并于会议期间在一讲堂内询问了为
此而来的德国与会者的意见。[5] 后来德国的一份关于史学家协会成立和
构成的报告表明，令其代表德国史学家参与国际历史科学委员会还是合

---

[1] See G. Ritter to R. Schmittlein, 16 June 1949, in Ritter, *Briefe*, no. 159, and Ritter to R. Fawtier, 16 June 1949, Archives Nationales, 70 AJ 160.

[2] The titles of Ritter's essays were *Zurpolitischen Psychologie des modernen Frankreich* (*Lehrbriefe der PhilosophischenFakultät der Universität Freiburg* 2, Freiburg i, Br., 1943); *Der Oberrhein in der deutschen Geschichte* (*FreiburgerUniversitatsreden* 25, Freiburg i, Br., 1937). 关于勒努万的评价，参见他于 1950 年 3 月号给福蒂埃的信，Archives Nationales, 70 AJ 160："首先……我真的不认为有什么令人不快的，我甚至觉得很多评论非常公正。这些文字写于 1940 年，但其中没有傲慢的胜利者口吻，也找不到仇恨的痕迹。当然，他指责法国在 1919—1924 年间的政策太过极端。但一个德国人跟我们的观念不一样，这点我并不奇怪！"在第二部论著中，李特论证说，莱茵河与阿尔萨斯是德国的："但您认识多少会公开发表意见的德国教授呢。如果他的文献中只有那些文本，我不知道为什么我们要排斥他。我们不是有这个想法：1919—1940 年的国际历史科学大会上，德国历史学家已经完全抛弃了民族主义吗？他们大概不会很多，也是德国'历史科学'的典型'代表'！"

[3] Archives Nationales, 70 AJ 160.

[4] Fawtier to Nabholz, 10 Aug. 1949, ibid.

[5] Hermann Heimpel，关于巴黎大会的笔记，因此次研究的缘故我能借阅。

乎法理的。① 1950 年 9 月 3 日的全体会议授权执行委员会就最终重新接纳德国入会一事收集现有材料及更多其他材料。1951 年 6 月的斯德哥尔摩执行委员会会议没有多做讨论就采纳了这一决定。②

在经历了十二年的国家社会主义以及战争对道德和物质的破坏后，德国重新加入委员会极为迅速，乃至更甚于"一战"之后，这在很大程度上要归功于福蒂埃，他以自己的宽容、睿智与执着领导了德国的重返之路。其他德国史学家尽管在此方面参与不多，③ 但从他们的个人随笔以及赫尔曼·海姆佩尔（Hermann Heimpel）的一篇报告中可以窥见此事对他们的重要意义。④ 海姆佩尔对学术交流自由在法国同胞帮助下得以恢复表达了欣喜之情，他还追忆了当初自己在巴黎大学的讲堂看见马克·布洛赫的纪念石碑时的惶恐之情，大理石碑上的铭文写道："致被德国人射杀的经济史教授马克·布洛赫。"

在罗贝尔·福蒂埃与夏尔·莫拉泽安排大会议程时，对马克·布洛赫的纪念活动以及吕西安·费弗尔、费尔南·布罗代尔（Fernand Braudel）和厄内斯特·拉布鲁斯（Ernest Labrousse）等与《年鉴》有关的史学家的出席对当时的学术氛围影响重大。⑤ 关于研究现状与历史研究中存在问题的报告应占据核心地位。这并非什么新的想法。早在 1933 年，莱里蒂埃便向华沙大会提出了类似的建议，但未产生决定性影响。

---

　　① Paris, 30 Aug. 1950, supplement to the minutes of the General Assembly of 3 Sep. 1950, Koht Papers, 3668：2, complemented by a letter from Ritter to Fawtier, 26 Oct. 1950, Archives CISH, box 26.

　　② Documents of 1950 and 1951, Archives CISH, box 26.

　　③ 来自德意志联邦共和国的十位历史学家，两位来自德国萨尔兰州，没有人来自德意志民主共和国。除了来自萨尔兰的汉德费斯特外，其他德国人没有发表演讲。

　　④ H. Heimpel, "Internationaler Historikertag in Paris", *Geschichte in Wissenschaft und Unterricht* 1 (1950)：556 - 559, here p. 557; on Heimpel's notes, see note 25 above. 亦可参考 L. Dehio, "Der internationale Historikerkongreß in Paris (IX. congrès international des sciences historiques)", *Historische Zeitschrift* 170 (1950)：671 - 673, here p. 673。

　　⑤ See "Proposition de Monsieur Fawtier pour l'organisation du IXᵉ Congrès International des Sciences Historiques", n. d., 16 p., Nabholz papers, 36/1.

执行委员会也为 1943 年的罗马大会做出了相似的安排。① 与往常一样，205
保留意见也在国际历史科学委员会的准备会议上得到了表达。发表这些
意见的一些史学家认为，年鉴学派的社会史方法并非所有历史知识的关
键，还有一部分人有意在大会上为政治史与思想史的个人研究留下一席
之地。韦伯斯特问道："为什么要改变那些业已成功之事呢？"科特认
为大会所涉应仅限于若干一般性主题，"因为福蒂埃的建议是一个至多
只能部分实现的理想化建议"。② 会议记录记载了 1948 年哥本哈根磋商
的结果："尽管在讨论中提出了质疑和忧虑，但执行委员会成员们仍在
原则上接受组织这些报告活动。然而，他们希望所涉话题不仅局限于研
究综述，也应研究并讨论一些重要历史事件的起源及其对未来的影
响。"③ 因此，执行委员会成员一致认为巴黎大会的这个议程应当成为
年鉴学派与传统主义者间的一种妥协，而法国史学家应对大会的学术框
架拥有最终话语权。可以预见的是，年鉴学派应会力图使其学说精要深
刻影响大会，以表明史学是一门关于人的科学。④ 这个想法究竟在多大
程度上可以实现呢？

巴黎大会是一场真正的工作会议。⑤ 与会者齐聚巴黎大学的演讲厅
参加早间"报告"的讨论。事实上，这一次组织者成功地把相关报告
的文本提前数周分发给了与会者。因此，演讲者只需用精简的评论来展
示自己的报告。报告会主持人大多学养深厚，其中有些人还能对讨论做
恰当的总结，即使他们与莫拉泽的理想——最好的报告人便是最好的主

---

① 1948 年 10 月 9—10 日，Nabholz 在哥本哈根局会议上指出这点，"Procès – Verbal" Archives CISH，box 26。

② Ibid.

③ Ibid.

④ 见上面注释 17 引用的联合国教科文组织手册。

⑤ 出版了两卷会议记录：*Comité International des Sciences Politiques – International Committee of historical Sciences*；*IXᵉ Congrès International des Sciences Historiques*. Vol. 1：*Rapports*（Paris，1950）；vol. 2：*Actes*（Paris，1951）（自此以后巴黎国会 1950：*Rapports*；idem：*Actes*）。他们逐字翻译"报告"并且对讨论做出总结。就"宣读论文"而言，只提到出版的题目和事件地点。参见 Congress Paris 1950：Actes，pp. 287ff。

持人——相距甚远。①

　　交际能力在巴黎大会中并不重要。巴黎大会也举办了一些官方活动和招待会，但并不似往届大会那么有吸引力。自发的、非正式的接触机会也不多。与会者在完成了一天的工作之后，往往就各奔东西了。

　　大会上的报告由作者精心撰写，学术功底扎实，一贯质量极高。作者须以近十年的文献为基础展现研究现状，并评估其成果。这么做的目的在于呈现研究方法、研究主题以及相关问题的详尽信息，从而为考察史学研究的当前状况与自我认识奠定基础。这些报告以各种各样的方式解决此问题，报告者也没有一直拘泥于自己所受到的指示。一些报告人分析了最重要的争议性问题，并给出了自己的观点。另一部分报告人着力于尽可能宽泛地介绍学术文献。第三类报告人则根据分配的任务讨论了他们各自研究领域中的一些独特的问题。

　　尽管本届大会受年鉴学派影响极深，但东欧学者的缺席并不意味着马克思主义史学研究无法通过其他方式显示其存在。大会有几篇报告涉及了苏联的史学文献，但其中只有两篇能归于马克思主义范畴。两篇文章的作者是不允许参会的波兰人。② 然而，其他参会者也会介绍马克思主义的观点，如剑桥大学国王学院的研究员埃里克·J. 霍布斯鲍姆（Eric J. Hobsbawm）与来自年鉴学派的皮埃尔·维拉尔（Pierre Vilar）。一如波兰史学家亚历山大·吉耶茨托（Aleksandr Gieysztor）在随后的评论中所言，在巴黎，"年鉴学派的精神已经挥舞着红色的旗帜了"。③

　　组织者要求根据历史研究的不同领域而非历史上的区域和年代划分大会议程。因此，大会包括了"人类学和人口统计学""观念与心态

---

① 见莫拉泽对巴黎大会的总结，参见 Congress Paris 1950：*Actes*，pp. 287 ff.。

② M. Malowist， "Histoire sociale. Époque contemporaine"，Congress Paris 1950：*Rapports*，pp. 305 ff. ； W. KULA， "Histoire des institutions, Époque contemporaine"，ibid. ， pp. 427 ff. Kula 的报告因他的冷战风格的政治声明与学术会议不符，未加讨论。参见 Congress Paris 1950：*Actes*，p. 193。

③ A. Gieysztor, "O kongressach historycznych nauk" [On the Historical Congresses], *Kwartalnik historyczny* 73（1966）：481 – 485，here p. 481.

史""经济史""社会史""文化史""制度史"等方面的讨论会，还有应韦伯斯特要求添加的"政治事件史"讨论会。组织者希望实现的，是呈现正在各专门领域实际进行着的史学研究工作，他们最终也达成了这一目标。然而，这个议程无法将一个时代、一个事件或一个人物完整地置于话题的中心。因此，对史学研究不同分支中的方法论问题与研究文献的分类划分就决定了大会的学术风格。组织者过去曾期待在未来发展出全面的、历史人类学意义上的"关于人的科学"，但这样的成果并未在大会的报告与讨论中出现。此外，大会几乎完全局限于欧洲史领域。

尽管存在这些局限，巴黎大会仍然在历史学术理论的自我认识方面迈出了重要一步。自从世纪之交"方法论之争"*时期首届正式国际史学大会召开以来，传统的历史进化论研究及其根本——文本考据、诠释学、思想史、政治、事件、个体、叙述——受到了民族学、社会学、经济学、心理学和计量方法的挑战。在它们的影响下，一种新的方法论方向寻求将历史学转变为"历史社会科学"。其支持者喜欢称其为"新史学"或"Nouvelle Histoire"，这种史学是在反对编排史料的史学或是事件史中进行自我界定的。在下文，我们将探讨巴黎大会的报告如何理解历史主义与新史学关系的问题。它们是从相互排斥、非此即彼的角度理解这两种史学思想的吗？抑或是，它们认为二者相辅相成、相互借鉴呢？这还指向了另一个问题，那就是两极化的西方史学如何看待其与历史唯物主义关系的问题。二者间产生了一些史学家所谓的"殊死搏斗"[207]吗？① 抑或是，尽管割裂世界的意识形态鸿沟确实存在，但史学家群体仍能灵活地、持久地为双方提供存在的空间？由于华约集团的缺席，巴黎大会并未涉及这一问题，但它对未来的大会而言将是一个考验。

虽然年鉴学派的史学家主导了巴黎大会，但他们并未垄断发言权。

---

　*　参见第二章、第五章。——译者注

　①　W. Hofer, "IXe Congrès International des Sciences Historiques", *Schweizer Monatshefte* 30 (1950/51); 457 – 461, here p. 461.

大约有一半的报告都来自这个学派的作者，且大多是法国人：艾马尔（Aymard）、布特鲁歇（Boutruche）、弗拉斯蒂耶（Fourastié）、弗朗卡斯泰尔（Francastel）、弗里德曼（Friedmann）、勒费弗尔（Lefebvre）、勒努阿尔（Yves Renouard）、瓦拉尼亚克（Varagnac）和沃尔夫（Wolff）、齐波拉（Cipolla，卡塔尼亚）、当特（Dhont，比利时）、波斯坦（Postan，剑桥）、德·鲁佛（de Roover，美国）和萨波里（Sapori，佛罗伦萨）。尽管这群学者一致信奉从历史主义向历史社会科学的范式转变，但他们各自的理念殊为不同。在方法论与目标方面，他们是以十分不同的方式看待"新"方法与传统方法的关系的。在他们看来，两种方法并不是非此即彼的关系，然而问题的关键在于二者的主次先后，因此，问题的本质存在于"传统"史学之中，实无新意。巴黎大会上，许多广义上的社会史论文也被委托给了年鉴学派外的史学家。其中一位就是路易·谢瓦利耶（Louis Chevalier）。谢氏对社会阶层的研究因为与人口统计学与社会史间的联系在巴黎大会上引起了广泛关注。[1] 他尖锐地批评了年鉴学派。他在大会上说："这真是人类的伟大发现！对于史学中新生的激情而言，这真是个简易的话题。但我们提出的许多保留意见都是为了从滥情的诱惑与轻率的推演中拯救研究事业，因为研究必然是严格、乏味的，而且必须在协调一致中展开。"[2] 谢瓦利耶属于"新史学"学派吗？人们对这个问题给出了不同的答案。巴黎大会上，尽管不同的史学思想与历史书写间出现了明确的范式转向，但在不同的理论间划分出明确的边界仍是错误的。

　　一些"报告"只着眼于文献与研究信息，而没有揭示出作者的方法论取向。其他的一些报告则鲜明地表明了立场。这些报告中，首先应

---

① L. Chevalier, *La formation de la population parisienne au XIXe siècle* （Paris，1950）；id.，*Classes laborieuses et classes dangereuses à Paris dans ；a première moitié du XIXe siècle* （Paris，1958）.

② Congress Paris 1950：*Rapports*，p. 108；谢瓦利耶是"人类学和人口统计学"部分的五位"报告人"之一。关于他在史学史上的地位，参见 H. Coutau - Bégarie. *Le Phénonmène "Nouvelle Histoire"；Stratégie et idéologie des nouveaux historiens* （Paris，1983）。

提及的是罗贝尔·布特鲁歇的一篇论文。① 布鲁特歇是斯特拉斯堡一位研究中世纪的学者，也是马克·布洛赫的学生。他向制度史讨论会提交了一份有关中世纪史的报告。报告具体探讨的话题为封建主义与庄园体系的关系，文章全面深入地评价了相关研究文献，并且精到地阐释了作者研究领域中的社会史问题。各方史学家都接纳了文章所呈现的观点。专业期刊评论称，该报告令人信服地证明了严格应用布洛赫的方法论是卓有成效的。

　　然而，布特鲁歇在斯特拉斯堡的同事皮埃尔·弗朗卡斯泰尔发表的一篇关于现代文化史的报告却引起了争议。弗朗卡斯泰尔将文化史视为一个新的学科，其目的在于通过综合所有关于人类历史分支学科来探索"人的思想结构"。"我们的目标是分析能够代表几代人成就的所有经济、文学、艺术和技术特征，但在分析过程中，我们不再把它们视为相互冲突的观念的证据，而应将它们视作不同的生活方式、情感、思维方式与自我表达。"② 因此，对于他而言，文化史是一部人类行为的历史。与它相比，过去的重大思想和政治问题都显得无足轻重了。

　　在讨论中，格尔哈德·里特用三个理由反驳了弗朗卡斯泰尔关于文化史的观点。首先，他认为以如此全面的方法研究这个小分支有些小题大做。里特并不否认大规模跨学科研究的重要性，然而他断言，一个新的科学应有其自身的认识论目标，这是不以人的意志为转移的。尽管如此，他依然指出，目前已有一些高水平的大范围文化史综合研究，如布克哈特的《意大利文艺复兴时期的文化》与赫伊津哈《中世纪之秋》。因此，他对文化历史综合的疑虑较多是从务实而非逻辑本质的角度提出的。

　　里特第二个反对理由更为根本。他说："但是，生活方式的真实含义到底是什么？到头来，每一个与众不同的、强壮的个体都有他自己的生活方式与行为方式。如果移除了可以代表个性的一切事物，那么所余

① 　Congress Paris 1950：*Rapports*, pp. 417ff.

② 　Ibid. , pp. 341ff. , quotation p. 355.

的共同'风格'又是什么呢？这么做丝毫没有超越'文艺复兴时代的人''巴洛克时代的人'或'浪漫主义时代的人'一类的苍白概念——而这些不过是一个纯粹的'概念上的幽灵'而已，实际上他们得不到任何有助于深入理解历史事实的事物。"① 这种保留意见源于对不同方面孰轻孰重的认识：独特性与典型的一般化特征，哪一个更具历史意义呢？这一问题的两种可能的答案都涉及历史主义的传统，也涉及诸如兰克与布克哈特等历史主义先驱。

里特的第三个反对意见是以其形而上学与路德宗信仰为基础的，根据这种观点，并非历史上的所有事物都是历史的：

人类精神最伟大的创造，例如伟大的艺术作品或哲学系统，无疑是远远高于纯粹的历史学的。历史的是短暂的，但伟大创造中所蕴含的精神却是永恒的，并且宗教也是以揭示永恒为己任的。当然，每一个伟大的思想创造也有其历史的一面：它的形式取决于它所处的时代，而且它也只有在特定的条件下才能获得发展，这是必须要用历史研究来检验的。但对于我们而言，其历史性的一面远不如其永恒的一面重要。罗马圣彼得大教堂这一杰作无疑有一段人们必须了解的建筑史，并且这段建筑史与 16 世纪罗马教廷的总体历史有着密切的联系。然而这个拥有精妙的穹顶的教堂真正想表达的内涵、使它成为一件伟大艺术品的因素，并非从其艺术与文化史中就能寻得，而应从它的建筑风格中探寻。一个不能深刻认识建筑基本法则的人，最终会错过事物本身的要义……最终，没有神学知识就不能成功地研究宗教改革史，没有受过法律哲学的思考训练就不能对诸如格劳秀斯、霍布斯和洛克那样伟大的政治思想家做成功的分析。这就是为什么哲学家、语言学家和文学家、美术和音乐家、

---

① "ZumBegriff der Kulturgeschichte; ein Diskussions beitrag", *Historische Zeitschrift* 171 (1951)：293 - 302, quotation p. 295; 在这篇文章中里特详细地写出了他对巴黎讨论的评论 (Congress Paris 1950：*Actes*, p. 264f)。

神学家和法学家以及民族经济学家在他自己的领域内是最好的文化
史家。①

或许我们应当说，更为激进的历史主义是一种将历史上所有思想艺术现
象大刀阔斧地简化为它们所处的时间、空间、社会条件的思想。也许它
对"传统主义者"里特而言无法接受，但我们却能从里特的"编年史
家"敌手弗朗卡斯泰尔那里窥得一二。

安德烈·瓦拉尼亚克的一篇关于历史人类学的报告在方法论上颇似
弗朗卡斯泰尔。② 瓦拉尼亚克着重将他的"Archéocivilisation"（古代文
明）概念介绍给考古学和人类学。1947 年，他与历史综合专家亨利·
贝尔在巴黎成立了一个以此命名的机构，并由贝尔任名誉主席。瓦拉尼
亚克像弗朗卡斯泰尔那样力求建立一个"综合学科"，在此方面，他尤
其重视史前史与人类学。这个历史分支研究的对象应该是长期的行为模
式和观念模式，因为它们存在于广大人民群众的日常生活中。他将每种
文化区分为三个层次，这很显然是受到了吕西安·费弗尔和费尔南·罗
布代尔的影响：最底层是坚实的"实际条件"，在它们之上的是生产组
织与商品交换，最后处于顶层的是精英文化。他说，史学家的真正任务
就是要揭示它们之间的互动。他还提到，苏联与东欧国家对考古学研究
的兴趣有了迅速的增长。瓦拉尼亚克认为，其原因在于马克思主义者在
真实描述人类生活条件方面付出了不懈努力，也在于通过历史强调民族
认同感的需要。他在这样的背景下指出，两大阵营保存的对历史的共同
信念对这个分裂的世界而言有着怎样的意义。同时他也指出学界新近对
前工业时代各种状况产生的兴趣对于当下的意义——他尤其重视这
一点。

这是乔治·弗里德曼关于当代文化史的论文探讨的一个方面。③ 弗

---

① Ibid. , p. 297f.

② Congress Paris 1950：, *Rapports*, pp. 38ff.

③ Ibid. , pp. 367ff.

里德曼和布罗代尔、莫拉泽以及吕西安·费弗尔一道供职于《年鉴》期刊编辑部，他在大会上的报告也在众多报告中脱颖而出。弗氏在大会上没有讨论方法论方面的话题，也没有做研究综述，而是提交了一篇关于技术与工业对文化影响的论文，文章发人深省，也令人耳目一新。主持讨论的是英国总体史家、历史哲学家阿诺德·汤因比，他精确而系统地阐述了当前的国际问题，并借此指明了弗里德曼在报告中提出的一个问题：

210 　　　　现代技术和创造出这种技术的西方资产阶级文明是什么关系？这两个事物是不可分割的还是互相分离的呢？从长远来看，拒绝个人主义而仅仅保留技术是否可能？技术的胜利实际上是否如马克思主义者坚持认为的那样，宣告了个人主义的死亡呢？现代西方文明中的科技成分在任何情况下都能成为全人类的遗产吗？如果全世界采用了统一的技术，那么全世界一定会采用同一个社会系统吗？或者说，共产主义者的科技文明和个人主义者的科技文明能够和平共存吗？[①]

据我所知，这是国际史学大会首次提到"共存"这一概念。随后的讨论殊为激烈，学者们主要就"个性丧失"提出了若干补救措施。哈列基谈及宗教，塔尔蒙（Talmon）谈及自由，瓦拉尼亚克则称应保留或恢复前工业化时代的行为模式，这些讨论都提到了诸如减少工作时间或休闲等方面的问题。一位英国学者最终将学者们普遍关注的社会疾患[*]定义为"异化"，并指出这是卡尔·马克思和马克斯·韦伯的社会学的中心问题。[②]

　　在巴黎大会的议程中，文明史与情感—思想史被划分在不同的讨论

[①]　Congress Paris 1950：*Actes*，p. 171.

[*]　ailment，小恙，意指尚可改良的社会问题。——译者注

[②]　Ibid.，p. 178.

会中。这一划分也招致了若干批评，因为在关注集体行为与思维模式的文化史中不可能排除为人类行为与意识提供导向的宗教、哲学与科学思想的历史。乔治·德·拉加德（Georges de Lagarde，巴黎）展示了一篇关于中世纪思想史研究的杰出报告。① 他在报告中强调，文化史与思想史代表的是不同的学科兴趣以及对事物不同方面的强调，而不是根本的矛盾。拉加德撰写了一部有关"世俗思想"在中世纪起源的多卷本著作。他将世俗思想视为一种现代的集体心态，并试图在政治与社会生活的背景下从 13、14 世纪的哲学家与神学家处发现它的起源。② 如今在巴黎大会上，他探讨的是中世纪哲学史，并呼吁除研究"构成中世纪社会的各群体的思想与感情"外，也应研究"真正的思想家"。③毕竟，个体的思考与他所处的社会思想环境是相互作用的。在史学方法论方面，拉加德对"理解"下了一个令人信服的定义："对于一个明智的史学家而言，不断努力使自己摆脱自己的思想世界（这种努力有时候也是痛苦的）乃是黄金法则，换言之，他应坚持理解研究对象的信仰，对他们的偏见和关切感同身受，与他们共同思考，与他们一道服从于相同的情感与恐惧，并屈服于他们思想中的集体冲动。"④在我看来，这种对"新史学"的阐释是将"理解"定义为史学家最重要的品质，而这与自赫尔德与兰克以降的历史主义观念并无太大 211不同。

　　总体而言，科学史与思想史一样，也深受社会科学思想的影响。这在亨利·奎拉克（Henry Guerlac，美国）的报告中有所体现。⑤ 一方面，他强调，这个在 1900 年的巴黎大会中首次出现的学科仍然是新

---

① Congress Paris 1950：*Rapports*, pp. 160ff.

② G. deLagarde, *La naissance de l'esprit laïque au déclin du moyen âge*, 2 vols.（Paris, 1934）; vols. 3 – 4（Vienna, 1942）; 2nd ed. 2 vols.（Paris, 1948）; new revised ed. 5 vols.（Paris, 1958 – 1963）.

③ Congress Paris 1950：*Actes*, p. 75.

④ Congress Paris 1950：*Rapports*, p. 174.

⑤ Ibid., pp. 182ff.

生且不完整的。另一方面，他认为发展"科学的社会文化史"的时机已经成熟。其他学者则反驳称，由于学界对科学的发展了解仍不深刻，发展这种学科分支为时过早。[1] 然而，参与讨论者都认为，在未来的大会中应效仿半个世纪前的巴黎大会，为科学史安排一个单独的讨论会。

在经济与社会科学讨论会上，新史学与历史主义间的区别自然是最显而易见的。在有关让·弗拉斯蒂耶（巴黎）所做报告的讨论中，有人提出了历史决定论的问题。弗拉斯蒂耶强调："一个过去的事件让我们如此感兴趣，以至它在某种程度上决定了，或至少帮助我们决定了现在与未来。我们认为，历史研究只有在努力揭示决定性的过程和因素时，才具备科学性。"[2] 弗拉斯蒂耶将这个武断而狭隘的定义限制在社会发展与经济领域中；然而，他却想将诸如遏制失业的努力之类的可预见潜在性也归于此领域中。这种历史经验主义自然认识到其自身的局限性，但对于皮埃尔·维拉尔的马克思主义理念而言，它太过狭隘，他说："每一种不能涵盖整个历史的决定论皆无意义。"[3] 另外，法兰西学院的社会科学家埃米尔·库尔纳特（Émile Coornaert）在整体上对决定论与量化方法在科学上的有效性持怀疑态度。然而，他们没有改变从前的历史研究方式，只是对它有所补充。最终是否导致史学家只注重物质对象而忽略人的危机呢？我们不能忽视表象背后的事实，例如价格的波动受到道德因素、行为习惯和思想的重要影响，此类因素皆是马克·布洛赫和吕西安·费弗尔曾重点强调的。与这次讨论中的其他参与者一样，瑞士史学家让·阿尔佩兰（Jean Halpérin）强调了"统计性文献常有的主观性特征"。[4] 而英国的迈克尔·波斯坦在他关于中世纪经济史的报告中将"长时段"这一术语用于中世纪的经济发展——从扩张直到14世纪的萎缩——后，埃米尔·库尔纳特认

---

① Congress Paris 1950：*Actes*，pp. 83 ff.

② Congress Paris 1950：*Rapports*，p. 217.

③ Congress Paris 1950：*Actes*，p. 107

④ Ibid.，p. 103 f.

为这样一个宽泛的概括不适用于中世纪。这个时期，个人因素起到了决定性作用，这也是史学家首先应研究的。[1] 在这场讨论中，身为法国新经济史方向领军人物的厄内斯特·拉布鲁斯贡献了自己全部的学术才华以调解双方的分歧。他赞同弗拉斯蒂耶的观点，然而他只承认决定性因素"有一定的可能性"。他也赞同波斯坦的观点，然而仍然认为有必要 212 就教条式的简化与"向经济理论中大量灌输史学思想"的呼声提出警示。[2]

在社会科学的讨论会中，马克思主义观念得到了更多关注。参与者在霍布斯鲍姆的指导下讨论了波兰史学家马利安·马洛维斯特（Marian Malowist）[3] 的报告。马氏就近代早期波兰贵族、农民和中产阶级的经济状况提交了一份详尽的经济史研究综述，然而本人却缺席了讨论。虽然文章宣称以马克思主义思想为指导，然而运用理论时并不教条。因此，侨居美国的哈列基称他"在论文中展示的诸史实与其他方法并无直接矛盾之处"。[4] 然而，与霍布斯鲍姆和维拉尔相反的是，他和其他与会者反对将阶级概念作为社会史的要点。来自莱顿大学的阿道夫·J. C. 吕特（Adolf J. C. Rüter）认为社会史不仅研究社会阶层与冲突，它还有更广泛的意义。他反对欧洲大陆以阶级概念为核心的社会史观念，也反对屈维廉将社会史理解为"一个民族除政治事件外的历史"。[5]

政治史和社会史的关系也是"政治事件史"讨论会的主题。会上有一篇由三位作者［马松－欧尔塞尔（Masson-Oursel）、艾马尔、帕朗基（Palanque）］共同撰写的报告探讨了古代史问题，它由安德烈·艾马尔（巴黎）在会上展示。[6] 如果政治史今天被弃置到角落里成为"史

---

① Congress Paris 1950：*Actes*，p. 113.

② Ibid.，p. 113.

③ "Histoire sociale. Époque contemporaine"，Congress Paris 1950：*Rapports*，pp. 305ff.

④ Congress Paris 1950：*Actes*，p. 150.

⑤ Congress Paris 1950：*Rapports*，p. 296.

⑥ Ibid.，pp. 510ff.

学研究中的灰姑娘"甚至是被废黜的女王，那么要感谢上帝，这一问题在古代史研究中并不明显。在这里，史学涵盖生活各方面的理想仍然坚强有力。艾马尔得到了亨利－伊雷内·马鲁（Henri-Irénée Marrou）的热烈响应，后者强烈反对随意对古代史进行划分。① 显然，"新"史学还没有找到进军古代史的方式。

中世纪的情况就截然不同了。伊夫·雷诺阿发表报告对政治史的地位做了分析，并在报告中称："政治史不过是当代史学家的目标之一，他们对此研究方向的态度最不坚定。然而政治史也是历史学最古老的形式。"② 只有几个旧式的研究院还在继续对它进行系统研究，比如巴黎文献学院（国际历史科学委员会下任秘书长将从中产生！）。政治史在当前仍很重要，然而它不能保证未来依旧如此。而今它的真正任务仅在于显示自己是一门多余的学科。雷诺阿对科学有着一套完整的实证主义理解，他提出了以下结论：

> 当王公的所有文件得以出版或编目之时，当事件、协议、国家元首和政府的时间、顺序都已确定无疑之时，当地方的、区域的和国家的历史得以用学术方法协调一致地书写之时，政治史就完成了它的任务，并为总体文化史提供最初的必要配套服务，以达成后者对它的寄望。未来的史学家们将依赖前人在此方面一锤定音的作品，而不再对此进行研究，而国际历史科学大会也可以取消这多余的部分。政治史在今日仍旧存在，这一事实会在未来帮助我们的子孙后代在历史长河中为我们定位。③

这是给政治史的一首挽歌，但唱响它仍有些为时过早！因为它带着完整的生命力返回了巴黎大会的舞台。皮埃尔·勒努万关于《当代政

213

---

① Congress Paris 1950：*Actes*, p. 229.
② Congress Paris 1950：*Rapports*, p. 541.
③ Ibid. , p. 559f.

治事件史》的报告是大会最杰出的文章之一。勒努万将他的研究综述限定在西方大国的政治选举社会学、行政史、传记文学等方面。他的展示极富教益，其恒久价值在于他在历史研究领域中定义政治史地位的方式。他站在两种史学研究方法间以一种中立的视角看待此问题，并分别用瑟诺博斯（Seignobos）和费弗尔、莫拉泽的名字来概括这两种方法论。他借鉴了瑟诺博斯《欧洲政治史》中对"深层"与"表层"两种历史现象的区分。勒努万认为，经济、社会和思想因素属于前者，政治事件属于后者。然而与瑟诺博斯不同的是，他完全将"深层动因"列入政治现象成因的研究范围之中。他赞同费弗尔和莫拉泽的观点，认为将政治事件置于比经济、社会和思想发展更为基础的地位是十分值得怀疑的。因此，研究者必须"挖掘至表层现象之下，并试图掌握瑟诺博斯所称的'深层现象'，即便此类研究往往给予假设颇大的空间"。[①] 在此，经济史与社会史的理论得以进入政治史的大门。然而勒努万在他和莫拉泽之间画了一条清晰的分界线，因为莫氏以一种"极端的形式"运用了吕西安·费弗尔的观念。[②]

　　勒努万称，莫拉泽的新史学研究方法将历史矮化为经济和社会因素。在统计研究的帮助下，史学家能够认识到经济决定一般活动，并以此方式解释人的行为——在莫拉泽的理解中，时间和事件于此方法而言"都失去了价值"。[③] 勒努万在下述评论中反驳了史学研究中对"时间与事件因素"的蔑视：

　　　　经济发展不能解释一切。例如，在法国，有着同样经济利益的社会群体仅因为信仰问题就在政治生活中采取了不同的行为，这难道还未被证明吗？在对两个国家发展史的比较研究中，人们是否注

---

① Congress Paris 1950：*Rapports*，p. 576.

② 勒努万提到了莫拉泽，*Troisessaissur histoire et culture*（*Cahier des Annales*，No. 2，1948），and Morazé，*les méthodes en histoire modern*（*Congrès historique du Centenaire de la Révolution de 1848*），（Paris，1948）.

③ Congress Paris 1950：*Rapports*，p. 575f.

意到，同类的社会力量却产生了不同的政治行为？是否可能只在经济或社会力量的基础上解释中东欧的整个少数民族运动？很显然，这些力量对一个或另一个地区产生影响确属事实。然而，难道不存在少数民族的政治抗争并不符合其物质利益的情况吗？当俾斯麦推出文化斗争政策时，当格拉斯顿（Gladstone）在对农业法投票表决后却选择支持爱尔兰自治（Home Rule）时，经济的决定性作用又在哪里呢？①

随后的讨论由本场讨论会的发起者韦伯斯特组织，关于这次讨论的报告显示，莫拉泽并未发表评论。他以秘书长的身份参加了这次大会，但显然他面临各方挑战时无法应对自如。因此，所有讨论意见语气都颇为缓和。勒努万那种介于瑟诺博斯和费弗尔/莫拉泽之间的立场总体上颇令人信服，甚至对于拉布鲁斯而言也是如此。作为"新史学"的代表，拉布鲁斯尝试将"心态"置于经济史与政治史之间，他这么做时所持观点与勒努万并无二致。讨论报告写道："拉布鲁斯明确指出，他相信新史学具有包容、调解的潜力，它并不拒绝过去的一切，然而也期待着谱写出新的篇章……于终点融合比在起点的分歧更有意义。"②

勒努万对史学研究的方法论认识将"传统"与"新式"的历史学结合在了一起，我想将如此构成的史学称为"新历史主义"。在巴黎大会中，这种"新历史主义"大放异彩。总体而言，在这场关于何为历史研究的首要对象、如何理解政治史与社会史之间的关系、历史综合可能意味着什么的讨论中，认识论方面的考量并不重要。然而也有一个例外：提交了一份古代文化史报告的巴黎大学教授、古代史晚期的专家亨利－伊雷内·马鲁。③他借用了汤因比的"古代文明"概念，并假定其

---

① Congress Paris 1950：*Rapports*，p. 576.

② Congress Paris 1950：*Actes*，p. 250.

③ Congress Paris 1950：*Rapports*，pp. 325 ff.；亦见 Marrou，*De la connaissancehistorique*（Paris，1954）。

从史前时期直至晚期罗马灭亡这段时间内一直存在，以检验此综合性通用术语的价值。他所得的结论是，这一概括并不符合史实。相反，他建议将希腊时代、希腊化时代与古代晚期区分开来，并分别命名为"Polis""Peidala"和"Theopolis"。这就意味着，他承认总体文明的历史观念无法指明唯心主义或实在主义所认识的存在。他自认为是一个唯名论者，并使用马克斯·韦伯的"理想型"概念描述这种综合的认识论功能。马鲁认为，"理想型"概念不仅与历史唯心主义以及历史实在主义相对，也与另一种观念相冲突——此观念认为，在将各类文化与社会历史学科的知识结合到一起的过程中，历史综合已经耗尽其所有学术价值。"如果文化史有其特定的研究对象，那么它一定会研究观察过去各种可能性之间的关系，即思想史、经济史、政治史、艺术史、社会问题史和宗教史之间的关系，而且如果可能，它必能揭示这些领域背后共同的促进因素，以及它们所遵循的原则。"① 但是，这种原则，例如库朗日所定义的"古代城市"，永远不能包含整个现实，而且它需要不断修正以适应史学的进步。马鲁对其历史观念中主体与客体的互动做了完善的描述，其中他也提到："唯一真正的历史知识是长期熟练掌握一个时代各种文献的结果，它能使那个时代的历史背景在一位专注、耐心且技艺出众的史学家的思考中逐渐发展，这样一位史学家将有足够的才华与那个时代的人沟通，与那种历史背景沟通，并最终既了解其所研究时代的人，也熟悉'他所处的时代'的人。"②

巴黎大会代表了评价世纪中叶的方法论讨论的关键导向，也就国际历史科学委员会的组织与人事做出了影响深远的决定。③ 为了改善地域和语言构成，执行委员会评审员的数量从 4 个增加到了 5 个。章程的进一步修订对专业化的国际组织参与国际历史科学委员会进行了规定。除

---

① Congress Paris 1950：*Rapports*，p. 326.

② Ibid. ，p. 330.

③ 见 1950 年 8 月 27 日和 9 月 3 日的联合国大会打字稿会议记录，以及 1950 年联合国秘书长莫拉泽 1950 年 8 月 27 日的报告，in Giunta Centrale per gli StudiStorici，Comitato Internazionale di Scienze Storiche。

修订章程的投票权外，这些组织都获得了与国家委员会同等的投票权。这使国际历史科学委员会有必要决定，在两次大战期间的许多内部和外部委员会中，应恢复哪些委员会并在将来维持其工作。这个改变带来了新的发展，其最终结果是，专门化的历史研究将通过日益增加的附属组织在国际历史科学委员会的工作中承担起同等的责任。这一具有深远意义的创新来自国际历史科学委员会与联合国教科文组织关系的转变，具体而言，是因为国际历史科学委员会加入了后者在人文方面的子组织国际哲学与人文科学理事会（ICPHS）。这意味着国际历史科学委员会能够不时地获得财政支持。然而，正如秘书长福蒂埃所解释的那样，国际哲学与人文科学理事会反对直接增加会员数量。因此，国际历史科学委员会获得了垄断史学研究所有分支的地位。如果其他专业的历史组织想与国际哲学和人文科学理事会取得联系，唯一的途径就是联系国际历史科学委员会。

　　章程的第三个变动与 1948 年伍德沃德在巴黎全会上辞职后瑞士人拉加德（Largiadér）当选为司库有关。虽然过去国际历史科学委员会法律意义上的总部只是临时性质的——由于利兰任司库，总部就设在华盛顿特区；后来总部迁到伦敦，是因为伍德沃德接任司库一职——至此执行委员会决定应将总部设在存放国际历史科学委员会资产的城市。这就是洛桑，一个经济稳定、传递友好的瑞士城市。照此逻辑，司库一职在未来也将委任给一位瑞士人。

　　总秘书处也固定设在巴黎。然而，当莫拉泽显然要在巴黎大会上辞职并由罗贝尔·福蒂埃继任主席后，秘书处是否设在巴黎变得极不明朗。为了避免各办事处过分集中于巴黎，福蒂耶建议将总秘书处迁往伦敦。在此情形下，副主席查尔斯·韦伯斯特爵士将总秘书处设于巴黎的呼吁就更值得注意了。他致信福蒂埃："我个人相信，如果可能，秘书处应设在巴黎。假若不设在巴黎，那么我认为布鲁塞尔也是不错的选择。关键是秘书长必须精通法语，然而你也知道，能够做到这一点的英国人太少了。"① 福蒂耶当选主席，8 月 27 日与会者鼓掌通过了执行委员会的人员构成。47 岁的法国国家档案馆副馆长、国家科学研究中心历史委员会会员米歇尔·弗朗索瓦（Michel François）当选为秘书长。他获得了福蒂埃的联合提名，然而福氏本欲挽留莫拉泽和勒努万。② 他曾在巴登—巴登法国军政府*担任了三年文学艺术总监一职，勒努万在其提名信中特别强调这段行政经历。弗朗索瓦在举世闻名的巴黎文献学院完成了档案学与历史学方面的教育，后来他于 1970 年至 1976 年间担任了文献学院院长。

在任的 30 年中，弗朗索瓦的思想、行动和目标都与国际历史科学委员会密切相关，以致这位"国际历史科学委员会先生"已成为这一组织的象征。他不像莫拉泽一样对学术和组织改革有着天马行空的热情。然而，他全心全意为组织服务，为组织贡献了不竭、专注且孜孜不倦的劳动。他没有助手，只有一个兼职的打字员来帮他处理文件。他无偿地牺牲了自己的时间和精力。在他的私人公寓的书房里立着一个沉重的铁文件柜：这是世界上管理最为妥善的国际科学组织之一的全部专用设备。他对国际历史科学委员会有着强烈的归属感，并对自己在此取得的成就深感自豪。作为一位著述集中关注中世纪晚期与近代早期的学者，米歇尔·弗朗索瓦代表了一种注重批判研究文献记录、事实与事件的"唯历史主义史学"（他的批评者创造了这一术语）。文献学院作为旧巴黎大学的一部分，被"新史学"的门徒认为是"传统史学在 20 世纪中叶的一个堡垒"。③ 弗朗索瓦有意识地坚持这一传统，尽管他的官方声明总是不偏不倚，但有时他在谈及年鉴学派时也颇不以为意。因此，对莫拉泽有崇高敬意的福蒂埃支持弗朗索瓦继任其秘书长的职位也

---

① Webster to Fawtier, 2 May 1950. Archives Nationales, 70 AJ 160.

② 勒努万作为成员，致"提名委员会"主席科特的信，1950 年 7 月 7 日。Koht papers, Ms. fol. 3668：1.

* "二战"后法国依据托管政策在此城市设立的军事管理组织。——译者注

③ J. Le Goff, "l'histoire nouvelle", in Le Goff, ed., *La Nouvelle Histoire* (Paris, 1978), 210 – 241, here p. 213.

是很值得注意的。也许福蒂埃此举并不只是一种宽容的表示，更是他深刻把握现实的一种表现，因为他的新任务是主持一个最多样的史学潮流皆于此错杂交汇的组织。这是国际历史科学委员会所做的最幸运的选择。①

---

① 见 1981 年去世的弗朗索瓦的讣告，是由联合国秘书长办公室、他的接任者阿尔维勒所写，见 ICHS, *Lettred' information*，no. 1（1982）。

第十四章

守势中的政治史

——冷战期间的 1955 年罗马大会

在巴黎，罗马和斯德哥尔摩都提出了举办下届大会的申请。早在 1943 年，国际历史科学委员会已将罗马选定为举办城市，但此安排因战争原因作罢，如今委员会把举办地确定为罗马。作为交换，下届国际历史科学大会举办地将优先考虑斯德哥尔摩。

在筹备罗马国际历史科学大会时，国际历史科学委员会执行委员会和全体会议汲取了巴黎大会的经验。新选出的执行委员会成员中包括了一位意大利评审员，该职位最初由萨尔瓦托雷利（Salvatorelli）担任，1952 年，费德里科·夏博德（Federico Chabod）又接任此职。夏博德在大会的学术筹备工作中发挥了至关重要的作用，同时，身为史学中心的成员，他也在大会的组织过程中扮演了重要角色。布鲁塞尔全会于 1952 年召开并确定了罗马大会的议程，除南斯拉夫①外，东欧国家皆未派代表出席。

由于巴黎大会深受法国史学家的影响，它也受到了一些批评，其中英国方面的批评尤多。因此，本届国际历史科学委员会的成员很重视大会的筹备工作。本届大会的国家组织委员会不再效仿巴黎大会那样决定

---

① 登记的与会者名单来自：比利时、丹麦、德国、法国、英国、爱尔兰、意大利、南斯拉夫、卢森堡、荷兰、挪威、奥地利、瑞典、瑞士、美国；拜占庭研究国际协会、斯拉夫研究国际委员会。见第 276 页注释①。

主题与报告人。① 为此，组织委员会制定了许多准则，包括：由全会制定指导方针；应就主题提出建议并由国家委员会和国际附属组织遴选处理这些主题的学者；以及由国际历史科学委员会执行委员会确定大会最终主题并由国家组织委员会加以落实——时至今日，这些准则都被沿用了下来。这不是一种简单的工作模式，相反，对本届大会负有最高责任的成员组织以及执行委员会而言，这套方案为他们应对突发情况预留了充裕的时间。

221　　　大会保留了报告与论文间的区别。根据本届大会的议程框架，国际历史科学委员会依照中世纪以及近代早期、近代晚期的时间分期划分了讨论会，此外还有关于方法论、一般问题与附属科学的讨论会。时间在此成为了历史划分的基本标准。回归传统的时间划分方式提供了很大的便利，组织者因此能将多个史学分支归纳到年代顺序中，进而破解历史碎片化的难题。就此而言，从全球史的视角看，罗马大会比巴黎大会更贴近"新史学"的要求。尽管"新史学"的倡导者——尤其是年鉴学派——并不似在巴黎大会中那般占据主导地位，但他们积极撰写有关报告、论文并参与讨论。虽如此，法国仍派出了最大的代表团：1600 名代表中有 463 名来自法国，这一数字甚至高于意大利。这显示了法国对国际历史科学大会一直以来的关注与兴趣。②

---

① 全体会议决定，除其他事项外，"CISH 的会员国和国际组织会员有责任直接参与国际史学大会的筹备。报告题材的选择，只有在与各会员国和国际组织会员协商后方可确定……向秘书长提出的建议将提交 CISH 执行委员会审查……任何联系，若非通过联系者所属的会员国和国际组织为中介提出，则不予受理"。ICHS, *Bulletin d' information* no. 1（1953）：21. 和这份 1952 年 6 月 14 - 16 日布鲁塞尔大会的缩写版报告一起的有完整的会议记录，以及 1952 年 6 月 12 - 13 日前执行委员会会议的会议记录，in Archives CISH, boxes 40 and 30。

② 来自其他国家的与会者人数：意大利 357 名；英国 260 名；德国（包括几名来自东德的与会者）206 名；美国 102 名；南斯拉夫 77 名；瑞士 67 名；日本 4 名；整个拉丁美洲 11 名；苏联 24 名；波兰 12 名；捷克 6 名。依据 D. C. Mac Kay, "Tenth International Congress of Historical Sciences," *American Historical Review* 61（1955/56）：504 - 511, here p. 504. 大会文献采用了典型的归档模式 in *Comitato Internazionale di Scienze Storiche. X Congresso Internazionale di Scienze Storiche, Roma 4 - 11 settembre 1955.* Vols. 1 - 6：*Relazioni*; vol. 7：*Riassunti delle Communicazi - oni*（Florence, ［1955］）; *Comitato Internazionale di Scienze Storiche：Atti del X Congresso Internazionale, Roma 4 - 11 settembre 1955*（Rome, ［1957］）［［hereafter Congress Rome 1955：*Relazioni*; idem：*Riassunti*; and idem：*Atti*］.

罗马大会的一大创举是根据历史发展的四个时期邀请四位享有国
际声誉的史学家回顾过去十年的学术文献并宣读他们的报告，这四位
学者分别是：负责古代史的阿纳尔·莫米利亚诺（Arnaldo Momigli-
ano，伦敦、都灵），负责中世纪的费尔南·维尔考特伦（Fernand
Vercauteren，列日），负责近代早期的格尔哈德·里特以及负责近代
晚期的皮埃尔·勒努万。然而，这一创举并未在后来几届大会中沿用
下去。这四份报告是为方法论讨论会所安排的，然而，由于手稿上交
时间较晚，有些内容无法在会议资料与之相关的第一卷中呈现，这些
资料无法在大会召开前递发到参会者手中。所以，他们无法讨论这些
报告。于是，几位报告人被要求在闭幕会上根据他们的报告撰写一份
本次大会的成果评估。① 令人遗憾的是，这些评估也未得到讨论。换言
之，这四份共计388页的报告一直无人问津。然而，它们仍可视为有
关罗马大会的重要参考文献。这四份报告一致认为，经济社会史的方
法论已走向前台，并且法国学者——尤其是年鉴学派——的研究活动
唤起了人们极大的热情。虽然历史文献中的史实仍无可争议，但随之
而来的评价与批判性解释却众说纷纭，而这些都是各个相关学科独特
性的结果。

阿纳尔·莫米利亚诺在其古代史报告中提供了一份关于研究动向与
问题的综述。他说，古代史研究注入了新鲜的血液。一个明显的特征
是，研究热点扩大到了史前史与人类早期历史领域。就这一点，他谈到
了受社会科学问题启发而逐渐增多的考古学研究，他特别强调了语言学
上的两个重大突破所带来的影响，一是线形文字 B 的释读对考察米诺
斯文化的影响，二是赫梯象形文字的解读对理解古代中东地区带来的影
响。在追寻全面的文化史的过程中，"文明"这一概念已成为象征着此 222
学术历程的词汇；但同时，政治史与制度史并未因此失色。当代的信仰

---

① 大会原文，参见 Congress Rome 1955：*Relazioni*，vol. 6；1955 年罗马大会的闭幕部分：
Atti。

危机促使人们开始探寻古代文化*衰落的原因。人们从相对不同的方向寻找答案，有的从罗马帝国晚期的社会内部状况入手，有的从外部的蛮族入侵入手，有的则将二者结合起来。在内部因素的考察中，社会史的概念与技术的应用增多了，而统计学方法和计量方法也第一次在罗纳德·塞姆（Ronald Syme）的传记研究中得到应用。莫米利亚诺反复提到三年前逝世的罗斯托夫采夫，也反复提及他从经济史和社会史的视野对古代史经典的诠释——罗氏的诠释已达到了后人难以企及的高度。一如传记研究，社会史方法在古代史研究中时常要面对因史料稀缺而导致的特殊困难。社会史研究倾向于依赖统计数据。然而莫米利亚诺指出，建立此类数据仅适用于少数领域，且多有限制。另外，文献基础扎实的传记研究也面临着史料稀缺的问题。他从这些问题中提炼出了一些针对一般方法论的意见，这些意见明确指出了"二战"结束十年后历史学——绝不仅限于古代史——研究的状况。其中一个难题是"如何区分必然事件、可能性较大的事件、可能性较小的事件与不大可能发生的事件……历史研究总是在发现新事实与解释已知事实的两极之间前进，因此，必须尽快为发掘历史与解释历史建立一套可靠的研究方法。可喜的是，像 E.比克曼（E. Bickermann）和 H. I. 马鲁（著有《历史知识论》）等严谨的历史学家正严肃地思考着历史研究的方法论问题。"[1]

如果说在大约 150 年前，古代史研究为中世纪和近代史研究提供了一套研究方法，那么今天的情况已经逆转。莫米利亚诺在大会闭幕式上这种不偏不倚的观点，后来被费尔南·维尔考特伦借用到他在1945 年至 1954 年间完成的中世纪研究的自序中。事实上，罗马大会专门为中世纪讨论会预留了最大的会议厅。相比于分析研究现状，维尔考特伦的报告更多的是为某些文献做注解。他依据史学研究的多个分支学科组织这篇报告，并沿用了巴黎大会的分类原则。对于报告中

＊ 英文版在此使用了"culture"一词，而非"civilization"，关于两个术语的异同，见〔法〕费尔南·布罗代尔《文明史：用过去解释现在》，《论历史》，刘北成、周立红译，北京大学出版社 2008 年版，第 197—205 页。——译者注

① Congress Rome 1955：*Relazioni*，vol. 6，p. 37f.

关于政治史的章节，社会学家席米昂评论称它不过是纯粹的政治史，即"事件史"，没有存在的意义。当前，政治史必须定义为民族形成与宪法的历史："政治事实将不再孤立：学者通常将它们视为社会经济生活的一部分，[1] 并将它们与宗教、道德与情感背景结合起来研究。"各类传记研究表明个体所扮演的角色并未被忽视，但是，所有这些研究都极力避免孤立地研究个人。这种共同特征所体现的就是对"总体史"的追求。

维尔考特伦未能在闭幕式上做报告。这项工作由伊夫·雷诺阿代为完成。雷诺阿曾在巴黎作过有关中世纪的研究报告，并宣告政治史即将终结。[2] 如今让他感到震惊的是，他的预言这么快就成为现实。他提醒到："在这条道路上走得太快是很危险的。我们要充分认识到目前文献资料的不足并尽力加以弥补。对于各个国家中每位国王的统治，至少应有一本专著，但我们离这项要求仍相距甚远。如果在这条道路上 *前行，我们将会被新的史著形式所吸引，在当下探讨其方法论时，我们已然热情洋溢；但在此之前，我们首先要有坚实的基础，要出版各类文章，将人物与放入编年史的框架内，为出版系统深入的著作做准备。"[3]

在报告《国际上对近代史（16—18世纪）的史学书写的成就、问题与任务》中，格尔哈德·里特首先以有关各国文献发展状况的综述开篇，并分析了社会史与国家史之间的关系。报告中有两个主要论点。第一，许多国家的出版物仍以政府指定的主题为主——对此，他举了一个典型的反例：英国的乔治·P.古奇（George P. Gooch）。跨国的知识交流与研究合作十分缺乏，不仅在东西方间如此，在西方史学家中亦然。此类合作的范例，则是里特本人为德国宗教改革史协会和美国宗教改革研究会出版的《宗教改革史文献集》。第二，里特对各国研究的综述体

---

[1] Congress Rome 1955：*Relazioni*，vol. 6，p. 78.

[2] Cf. p. 212f. above.

* 即总体史的治学道路。——译者注

[3] Congress Rome 1955：*Atti*，p. 860.

现了他对社会史的影响的评价。他指出这些研究在美国国内不断增长的影响：“以前在所谓‘约翰·霍普金斯学派’中占统治地位的单一的法律和宪政观点早已被推翻。”谈到英国，他提到了当下 17 世纪英国革命领域的“经济解释”趋势［如理查德·H. 托尼（Richard H. Tawaney）的作品］，这种趋势无疑是有争议的，也并没有削减传记在英国近代早期史学中起到的传统作用。

学界自然很关注里特对法国新史学倡导者的评价。他对吕西安·费弗尔关于拉伯雷的研究赞赏有加，对费弗尔关于路德的书则更甚。于里特而言，费弗尔比他的法国前辈展现出了“对路德的天才更精当、更深刻的理解”。[①] 然而，他对布罗代尔关于地中海的研究则有所保留。里特赞扬了布罗代尔历史分析中非凡的多样性，但是关于海上贸易与政治方面，这部著作只在海盗[*]和土耳其战争方面提供了新的信息。如果没有展现菲利普二世为了教会团结竭力与天争胜[**]的气魄，又怎能使读者了解菲利普二世时代呢？里特对厄内斯特·拉布鲁斯的质疑则更为强烈。他告诫不要高估了统计调查对理解一般历史发展进程的重要性。在他看来，新一代法国史学家对经济史充满热情的原因，在于此史学分支在法国开始得较晚，因此被视作一门新学科。

里特以一种严谨而批判的语调评价了德国的史学研究。他希望能使人们理解德国当前必须处理的整体情况：它需要接受自身在战争中的命运和战时的破坏，还要处置初步重建的问题。同时，他再次呼吁“从根本上修正德国的历史观念”，这一想法他从前就已对迈内克、达西奥等人提出。[②] 在德国误入歧途后，仅靠钻研文化史、社会史，而对研究政治史加以压制，终究无法实现对德国政治史的重新思考；如果只把政治事件的历史贬抑为叙事而不分析它们的经济、社会与思想背景，这种重新思考也无法实现。如今在罗马，里特以他在巴黎大会上的论文为基础，再次探讨

---

①　Congress Rome 1955：*Relazioni*，vol. 6，p. 189.

*　Corsar，英译本原文如此，但正确的拼写应为“corsair”。——译者注

**　典出《圣经·创世纪》雅各与天使摔跤角力的故事。——译者注

②　Ibid. ，p. 215.

了历史综合的可能性。① 他并不认同仅以年代先后顺序为据的单纯的事件史，在这一点上他与年鉴学派是一致的。他认为对此问题的争论已经过时，因为世界上没有史学家会反对"将人类生活的所有领域纳入历史观察"，也没有人会"视孤立地观察政治事件为历史研究"。② 关于如何实现历史综合这一问题，他的回答是，要将国家作为动态历史的中心，揭示其所处的文化、历史语境，并要从这一中心的视角揭示它自身与这些语境的联系。对于将历史视作一种历史社会科学的认识而言，这样的视角显然是另辟蹊径。在里特看来，抛弃政治史中的重大问题将会导致灾难性的后果。他和其他评论家一道，都认为一些震撼世界的重大问题并未在国际历史大会上得到处理，而这种情况让他很不安。史学家应当为加深对当前的思想、政治环境的理解做出贡献，而不能畏缩。一位史学家只有融入他的时代，准备好做出价值判断并选择立场，才能理解那些作为推动历史发展主要因素的思想和政治冲突。

于是，里特又回到了主观性与客观性的问题——这一问题曾由贝奈戴托·克罗齐在第一次罗马大会上提出，尼古拉·伊奥尔加又在苏黎世大会上再度涉及。* 与这两者一样，里特更多的是把这一问题视为一个认识论问题，而非科学伦理与历史经验问题。里特推崇"客观真理"的理想，并坚信学术研究的进步是可能的。他曾自称为一位扎根于传统却又批判传统的史学家和一个参与政治的当代人，在这段话中，他把科学客观性这一固有的先决条件形容为一种规范化的思想：

> 客观性只是一种对史学家的指引、一种对意志的引导：它是对绝对真理的努力追求，是对真理的无条件的爱，如果情况要求，这

---

① 参见 p. 208f. above。
② Congress Rome 1955: *Relazioni*, vol. 6, p. 298.
* 见本书第四章、第十一章。——译者注

种爱绝不畏惧任何对过去思考的修正……这恰是一位讲求科学的史学家的方法：他愿意无条件地用确凿无疑的史实与一手史料检验自己的历史观念。这样的检验或许会令人极为不悦，史料中或许会浮现出一些新的史实，如果它们与原先经极大努力形成的总体观点相冲突，甚至与观察者特定的偏见、期望与倾向产生矛盾，它们也许会令人震怒。每一位史学家，尤其是近来的史学家，都能告诉你一两个这样的故事。①

作为戈德勒传记的作者与反希特勒的抵抗运动的代表，里特补充道："让我谈谈自己最近的经历：在我为最新的著作（《卡尔·戈德勒与德国抵抗运动》）做准备工作时，一开始我总是遇到十分棘手乃至令人沮丧的文件（尽管我对这一话题以及书中的核心人物——我甚至与他有私交——非常用心）。尽管如此，我也不能隐藏、渲染或掩盖其中哪怕是很小的一部分。因为只有这样，才能避免有偏见的历史，呈现历史的客观性；只有这样，才能令人信服地呈现历史问题和一段历史时期。"②

皮埃尔·勒努万的历史观点与里特很接近，他就当代历史研究的当前趋势做了一份总体报告。这份报告是勒努万在巴黎对"政治事件"所做报告的扩展版本；与维尔考特伦一样，他在报告中探讨了历史研究的不同分支，同时也比较了每个国家的情况。在西方世界中，美国与法国一样是经济史和社会史领域研究最为集中的国家。③ 篇幅所限，此不赘述。但需要强调的是，勒努万与里特一样为方法多元论做了辩护。他并未忽视政治与个人这两种重要的历史因素，并反对任何对历史的教条化诠释。

---

① Congress Rome 1955；*Relazioni*，vol. 6，p. 325f.

② Ibid.，p. 326，n. 1.

③ Ibid.，pp. 331ff. 完整的评论，参见 P. Renouvin，"l'histoire contemporaine des relations internationales：Orientation de recherches，" *Revue historique* 211（1954）：233 – 255。

　　我个人并不认为以一种排他或占支配地位的假说为指导的历
史研究可以满足人们的要求。经济和社会方面的原因解释往往有
效，但也非适用于任何情况。史学家面对着各种可能的假说，经
济和社会假说只是其中之一。但是，如果他没有在史料中找到确 226
凿的证据，他就必须放弃这些假说。然而，我们大多数人已经预
计到他想要的结果。在这种情况下，他便很难说是在做历史研究
了。研究的乐趣正在于假说的多样性。事先做出有所偏好的选择
意味着放弃我们一直努力追求的最佳过程与结果：在这种情况
下，我们不再是在做历史研究，而仅仅是为事先设定的命题寻找
理据。任何片面的解释都会导致武断的简单化，因为在现实中，
经济和财政状况的影响、集体心理的潮流与个体的动机会相互补
充、相互渗透。让我们记住维尔纳·桑巴特的话——我们永远不
能"忽视各种动因无穷无尽的多样性，它们的作用一直呈现在历
史中"。①

　　四位总报告人都认为罗马大会证实了他们在报告中预测的趋势。事
实表明，我们并不能认为不同的方法论导向相互排斥，事实上它们是相
互补充的——尽管侧重点并不一致——因为新史学建立在传统的历史考
证方法上，并且传统考证方法的坚定支持者并不全然否定新方法。关于
这一点，罗马历史科学大会提供了丰富多彩的事例。

　　首先，大会上有三篇关于美国史学的论文颇富教益。由于四份总体
报告（general reports）都以法国史学为中心，所以在此次大会上纳入美
国历史研究相关趋势的有关材料是明智之举，此次大会收到有关美国历
史研究的论文达 24 篇，超越了以往任何一届大会。② 奥斯卡·汉德林
（Oscar Handlin，哈佛大学）提交了《美国史的中心主题》这一调查报
告。整个 19 世纪直到 20 世纪，涉及政治制度的叙事史一直依据弗里曼

---

①　Congress Rome 1955：*Atti*，p. 870.
②　见执行委员会成员马克·凯的评论，ibid.，p. 57。

（Freeman）提出的"历史就是过去的政治"的原则占据着统治地位。强调宪法与政府的发展呼应了美国民众对政治的兴趣和"美国所取得的巨大成就都与政治民主有很大关系"这样的信念乃至思潮。① 两种不同的方法对此历史传统提出了挑战。第一种来自弗雷德里克·杰克逊·特纳（Frederick Jackson Turner）关于边疆在美国历史上的意义的划时代演讲。在罗马大会上，这一话题经欧文·拉铁摩尔（Owen Lattimore，约翰·霍普金斯大学）在题为《历史上的边疆》的演讲中引用而得到广泛传播。拉铁摩尔强调，特纳把不断西移的边疆而非宪政传统定义为塑造美国历史的真正因素，由此引入了一种新的方法论来理解美利坚民族形成这一特定历史进程。在这样的背景下，地理因素以及人们面对来自边疆的挑战时给社会带去的社会心理烙印等因素是否具有决定意义，就成为一个问题。② 边疆理论已成为美国历史研究的主题，汉德林称，特纳的某些追随者过于教条而误解了他。他的真实意图是对传统错误发出警告，不要以为"美国的政治制度、经济制度和宗教信仰的发展不受欧洲影响，是自发产生的"。③ 用法语术语说，这就是对全球史的呼唤。

　　汉德林将"新史学"引为批评传统观点的第二大论调。它的支持者"最初误解了他们所支持的批评意见的内涵。真正困扰他们的并不是对政治史的过度关注，而是制度史家只看到了政治现象的表面价值，仿佛这些现象能自圆其说一样。诸如特纳这样倡导新史学的学者一直在寻求一种技艺以论证社会、文化、经济与政治事件间的关系；如果他们一开始就忽视政治史这样一门学科，那只是是因为他们坚信其他一直以来被忽视的领域需要更多关注"。④ 这是一种强调依靠而非战胜政治史的论调，与里特和勒努万的观点一致。汉德林关于美国的地区史、少数族裔史、思想史、社会史与经济史巨大成就的研究综述包含了很多批评

---

① Congress Rome 1955：*Relazioni*，vol. 1，p. 152.

② Ibid.，p. 135.

③ Ibid.，p. 155.

④ Ibid.，p. 155f.

性的保留意见。"思想史"并没有坚持抵御"只把思想视作对历史背景的反思或对利益的文饰"的诱惑。① 综合来看，"新史学"取得了大量成果，"但对历史的认知并未真正改变"。② 在讨论这份报告时，在美国讲授德国史并在德国讲授美国史的迪特里希·格尔哈德（Dietrich Gerhard）指出，"新史学"遥遥领先于欧洲的史学研究，在工业史领域尤甚——这也就是新史学在当时的一个优势了。③

关于美国的"新史学"，亨利·贝尔曾说，它是"融合"而非"综合"。④ 然而，在一份题为《历史学与社会科学》的报告中，托马斯·C. 科克兰（Thomas C. Cochran）（宾夕法尼亚大学）以有力的例证说明，史学实践通过与相邻学科的合作可以取得非凡的成果。他认为，吉本这种根据个人喜好在他孤独的研究中塑造过去世界的史学家将不可能再出现。"在努力成为一个社会科学家的过程中，史学家大多都是别人知识和假说的奴隶，只是一个卑微的、要经过理论模型检验的数据提供者。"⑤ 对历史的理解不会像柯林伍德（Collingwood）所言那般独特并可以立刻实现。科克兰从自己在工业史领域的研究中举出若干有教益的案例说明，历史学家在向临近学科的学者请教时，应当扩展所涉问题的范围，不仅应涉及经验研究，也应涉及综合性社会科学*的问题与理论模型。

罗马大会选择的主题为几乎全面抽离纯粹政治史的倾向提供了证据。对大会报告的分类可以呈现出以下结果：7 篇涉及社会经济史，5 篇涉及思想与宗教史，4 篇涉及政治制度史，2 篇涉及文化史，1 篇涉 228

---

① Congress Rome 1955：*Relazioni*，vol. 1，p. 160.

② Ibid.，p. 156.

③ Congress Rome 1955：*Atti*，p. 55.

④ 一篇关于贝尔的纪念文章，"Le cinquantenaire de la revue，" *Revue de synthèse* 21（Jan. - June 1950）：61。

⑤ Congress Rome 1955：*Relazioni*，vol. 1，p. 481.

* 意指多以理论范式指导研究的社会科学。——译者注及政治史。① 这些报告都是由各个国际团队准备的，而他们也明显以政治制度而非事件的方式来呈现政治现象。

这其中，有三篇报告尤应引起注意。其中一篇讨论的是社会与政治制度史中的一个话题，即对各类代表大会的研究综述。② 该文是国际社会阶层史委员会的成果，该委员会在 1933 年华沙大会上被首次提出，并于 1936 年正式成立（1973 年命名为"代议制与议会制度史委员会"）。在一个附属国际机构中进行持续的国际合作可以给大会带来怎样的贡献？社会阶层史委员会就是一个典型的例子。另一个例子是由布尔甘（Bourgin）、麦特隆（Maitron）和德马科（Demarco）合著的题为《19 世纪的社会问题》的论文，这是社会运动史委员会的一份研究报告。③

这份报告探讨了社会问题的历史，也探讨了为解决这些问题所付出的努力，报告在这两方面所涉很大程度上皆与产业工人阶级有关。由于厄内斯特·拉布鲁斯的倡议，社会运动史委员会的任务范围在罗马大会上进一步扩展。他认为，社会运动史从本质上说就是"社会骚动"的历史，需要以"社会结构"的历史作为背景进行阐述。应此，委员会应当更名为"社会运动与社会结构史国际委员会"。④ 拉布鲁斯在五年后的斯德哥尔摩大会上当选为该委员会的主席。此后，这个极其高产的团队将运动与结构这两个概念视为其指导原则，这种观念在新史学中非常典型。在罗马大会上，拉布鲁斯在一份关于西方中产阶级史的新研究

---

① 除了关于政治史的唯一"论文"M. Toscano，"Origine e vicende diplomatiche della seconda guerra mondiale"（Congress Rome 1955：*Relazioni*，vol. 5），以下"论文"探讨了外交政策史：B. E. Schmitt，"July 1914，Unfinished Business"（Congress Rome 1955：*Riassunti*）；V. M. Khostov，"L'alliance francorusse et sa portée historique"（同上）。

② H. M. Cam，A. Marongiu，and G. Stökl，"Recent work and present views on the origins and development of representative assemblies，"Congress Rome 1955：*Relazioni*，vol. 1.

③ "Les problèmes sociaux au XIXe siècle，"Congress Rome 1955：*Relazioni*，vol. 5.

④ Congress Rome 1955：*Atti*，p. 739f.

方法的报告中表示，他十分希望在实践中应用颇具争议的"结构"概念。① 他没有在纯理论指导下用演绎的方法创造一个一般概念，而是反其道而行之，根据职业与社会地位的多样性，在一个内部差异显著、有着众多群体与等级区分的阶级中详尽记录了种种不同。对于此类研究而言，选举名单、税务清单、人口统计学、行业统计以及公共记录等一系列此前无处施展的新研究资料如今大有用处。这种做法很显然支持了以谨慎考察差异性、独特性为基础的历史经验主义，因为对社会历史结构的研究首先以实证的事实为导向，其次才是总结一般概念。正如拉布鲁斯在巴黎大会上同勒努万讨论时所言，这种结构主义方法更多地应理解为对传统历史研究的补充，而非与之矛盾的方法。

最后，由雅克·戈德肖（Jacques Godechot，图卢兹）与罗伯特·R. 帕尔默（Robert R. Palmer，普林斯顿）联合发表的关于跨大西洋关系史②的报告引起了政治与方法论方面的极大兴趣。如果有人抱怨国际历史科学大会对当代重大问题几乎毫不关心，那么这篇报告的研究对象就颇为独树一帜了。1941 年《大西洋宪章》的发表以及 1949 年北大西洋公约组织（NATO）的成立当即在学术界引起了反响，最近的一次便是瑞典人马克斯·席贝尔施密特（Max Siberschmidt）在 1950 年巴黎大会上发表了题为《近代史的经济层面：大西洋共同体》的论文。③ 罗马大会上关于大西洋的报告则以布罗代尔关于地中海的著作为方法论典范。报告的两位作者说："布罗代尔意欲展示'历史与空间之间的持久联系'。他指出，地中海的历史与其周围大陆的历史是紧密交织的：'它的历史与其周边大陆是无法分割的，正如没有陶工的巧手，陶土便

① 经常被引用的开篇语是："界定资产阶级？我们可能不会有一致的意见。还是去现场地点认识他们吧，去城市认识市民资产阶级，去观察他们……首先要调查，首先要观察，随后我们才能考虑定义"。E. Labrousse，"Voies nouvelles vers une histoire de la Bourgeoisie occidentale aux XVIIIème et XIXème siècles（1700 – 1850），" Congress Rome 1955：*Relazioni*，vol. 4，p. 367.

② "Le problème de l'Atlantique du XVIIIème au XXème siècle，" Congress Rome 1955：*Relazioni*，vol. 5.

③ M. Silberschmidt，"Wirtschaftshistorische Aspekte der neueren Geschichte：Die atlantische Gemeinschaft，" *Historische Zeitschrift* 171（1951）：245 – 261.

无法形成陶器。'如今，高速交通工具的发展使地理距离不断地缩短，那么我们不也应该如此描述大西洋吗？难道我们不应如布罗代尔努力定义'地中海史'那样抓住'大西洋史'之精要吗？"① 然而，两位作者坚称，对于超越政治和战略共同利益的大西洋共同体是否存在，以及在多大程度上存在的问题，不能像布罗代尔对待地中海问题一样，在缺乏一手史料的情况下进行研究。因此，他们试图提出一个发散式的问题研究，向听众展示了若干论点及其反诘。此研究也因其工作坊性质激起了一场活跃的讨论。大西洋是我们现代的地中海吗？所谓大西洋文明是否存在呢？

这个帕尔默所言的"亟待解决的问题"至少被 14 位史学家讨论过，争论迭出。作为国际历史科学委员会执行委员会成员，美国的唐纳德·麦凯（Donald MacKay）曾提出，这篇报告与上一篇关于美国史学研究的报告②都坚定地认为，历史上与当今都存在着一个美欧共同体。波兰学者莱斯诺多斯基（Leśnodorski，华沙）则认为，报告中暗含了东欧与西欧间存在显著区别的观点，而这样的观点在历史上是站不住脚的。英国马克思主义者霍布斯鲍姆认为从今往后都不应在大会上讨论此话题："这是一种危险并令人费解的主张，其后果不堪设想。它的潜台词是，历史问题有'对'有'错'，且任何对错误问题的讨论都会牺牲正确的问题。我想，在此问题的实质通过个人研究或者公开争论厘清之前，我们中任何人都不能断言孰是孰非；我只希望，史学大会在将来能够公允地对此类话题敞开大门，让支持者与反对者都有平等的机会陈述他们的观点。"③ 霍氏的观点激起了强烈反响。由于显而易见的原因，苏联史学家也反对将欧洲史划分为大西洋与非大西洋两部分。④

苏联与东欧社会主义国家的史学家参会是罗马大会最重要的政治和

---

① Congress Rome 1955：*Relazioni*，vol. 5，p. 178.

② Congress Rome 1955：*Atti*，p. 566.

③ D. S. Landes，ibid.，p. 574.

④ V. M. Khvostov，ibid.，p. 573f.

学术事件。国际历史科学委员会关于罗马大会会务筹备的第一次全体会议（1952 年 6 月布鲁塞尔全会）便重申了邀请东欧国家参会的决定。[①] [230]由于注册信息提交较晚，[②] 只有少数来自"铁幕"以外国家的论文被安插进当时业已敲定的大会议程。即便如此，在大会召开之际及召开期间，两篇分别来自苏联和波兰的历史研究[③]综述与 12 篇论文都在大会《报告》上发表了。此外，苏联、波兰、匈牙利、捷克斯洛伐克、保加利亚和南斯拉夫史学家都带着各自的论文集出席了大会。东欧史学家积极参与了讨论。俄语虽只是偶尔使用，但依然成为大会官方语言之一。

　　来自东西方的与会者和专业期刊都对学术交流的最终建立表示欢迎。当时的国际形势也与这种气氛相符。一系列事件都表现出缓和的趋势。朝鲜战争已经结束，交战双方正在日内瓦协商。在欧洲，意大利与南斯拉夫间的的里雅斯特（Triest）冲突得到了解决，奥地利签署了《国家条约》，[*] 以及两德逐步纳入东西方的经济政治联盟。种种事实均表明，战后形势正在逐步巩固。斯大林去世后，"和平共处"成为众所熟知的政治语言。在罗马大会上会聚一堂的学者们认识到了在分裂世界中构建史学家沟通桥梁的政治意义。可以肯定的是，按照马克思主义的观点和赫鲁晓夫在苏共二十大上的定义，"和平共处"也意味着意识形态斗争将永远不会停止。然若史学家有意相互讨论，那么所有与会者都必须接受一些学术交流的基本原则。因此，即将离任的主席罗贝尔·福

[①] Notes in Archives CISH, box 17.

[②] 苏联的注册时间是 1954 年 12 月 16 日。

[③] A. L. Sidorov, "Hauptprobleme und einige Entwicklungsergebnisse der sowjetischen Geschichtswissenschaft"; B. Leśnodorski, "Les sciences historiques en Pologne au cours des années 1945 – 1955"; both in Congress Rome 1955: *Relazioni*, vol. 6.

[*] 全称《关于重建独立民主的奥地利的国家条约》，又称《奥地利国家条约》(Österreichischer Staatsvertrag, Austrian State Treaty)，由奥地利、美国、苏联、英国和法国于 1955 年 5 月 15 日在维也纳签订。条约旨在四国占领时期结束后在奥地利建立一个主权的民主共和国，规定了奥地利的内政外交等事项。奥地利在条约签订后宣布成为永久中立国。——译者注

蒂埃在罗马大会开幕式上强调了本次大会的"普世性"。在五年前的巴黎大会上，他曾努力使社会主义国家参会，但以失败告终。在同一场合，意大利史学研究中心主席阿尔多·费拉比诺（Aldo Ferrabino）指出，思想自由原则是科学的基本法则，不论大会出现何等冲突，都应遵守这一原则："将来我们的工作将充满争议和假设。大会将以一致的前提来处理这些问题，所有人都必须严格遵守一个准则：保证史学家的自由。"[1] 从罗马大会开始，苏联和东欧社会主义国家史学家参加了后来的每一届国际历史科学大会。是什么样的政治障碍与学术障碍阻挠了"资产阶级"史学家和"马克思主义"史学家之间的普世协作呢？这种合作能够实现吗？

罗马大会组织者面临的首要问题之一便是，是否准许从社会主义国家外迁的史学家参会。可以预料，他们的加入会引起激烈的争论，从而影响大会的和平氛围。大会筹备过程中的信函往来揭示了此类担忧。[2] 组织者采取了与"一战"后同样的处理方法：每位史学家都可以以个人身份参会，但是不接纳移居国外的学者组成代表团与会，这符合一个屡试不爽的原则——必须尊重"实际的外交状况"。[3] 就大会本身而言，旅外史家与本土史家间的关系十分疏远。据哈列基称，这也与某些自称马克思主义者但内心并不信仰马克思主义之人有关。[4] 大会上有许多针锋相对的论战，当然，它们也被官方大会报告忽视了；但大会上依然有相互接近的试探性尝试。其中之一便是哈列基的呼吁——他在其中也批评了波古斯拉夫·莱斯诺多斯基关于 1945 年后波兰史学研究的报告。他批评道，这篇报告有意避开了"一战"后几年间波兰出版的非马克

---

[1]　Congress Rome 1955：*Atti*，p. 7.

[2]　Archives CISH，box 17.

[3]　福蒂耶在 1952 年布鲁塞尔全体大会上的声明，以及弗朗索瓦在 1954 年在洛桑执行委员会上的讲话，notes in Archives CISH，box 17 and 30。也可参见夏博德对要求波兰旅居国外的学者在大会上展示他们的成果的回应："Chabod sioppose, per non irritare la delegazione dell URSS, che rappresentava la novità del Congresso." Quoted in Vigezzi, *Chabod*, p. 355。

[4]　Congress Rome 1955：*Atti*，p. 121.

思主义史学文献以及流亡史家的著作。如果报告的作者宣称"与其他国家史学家的合作是可取的",那么"与波兰史学研究中不同方向的代表开展合作"就更为可取。对此,莱斯诺多斯基回应道,不同的波兰流亡者间其实也不尽相同。人们必须把"以史学研究或类似研究为幌子以实现其政治目的之人"与从事严肃学术工作的研究者区别开来。在波兰工作的史学家"会怀着极大的兴趣与那些名副其实的流亡学者共事"。①

事实证明,在历史学辅助学科与史实考证方面的合作问题最少。在考古学领域尤其如此。在题为《罗马史学大会上的考古学问题》的报告中,亚历山大·吉耶茨托(华沙)指出了这次大会上考古学问题探讨的时间与地点。令他惋惜的是,这门学科在国际合作方面硕果累累,史学界却没有给予其更多的关注。② 至于史实研究的另一因素——文献资料的获取及出版,罗马大会上许多史学家都急切地呼吁,希望苏联允许学者们研究那些对当代史研究而言不可或缺的文献。这一呼吁特别针对 1939 年 8 月英俄协商失败的相关文件、《苏德密约》(Hitler-Starlin Pact)及其涉及在波罗的海、波兰与东南欧的共同利益范围划分的秘密附约。③ 瑞士史学家瓦特尔·霍费尔(Walther Hofer)记述道:

> 我指出,1939 年 8 月 23 日将波兰与波罗的海划分为德国和苏联势力范围的秘密协议,被苏联所谓的历史研究彻底忽视,而以这 232 种方式刻画"二战"的开端也完全扭曲了事实。我认为如此隐瞒重要文件在篡改史实方面已无出其右者,与西方对学术与客观性的

---

① Congress Rome 1955: *Atti*, pp. 122 and 126.

② "Zagadniena archeologiczne na rzymskim kongresie historików," *Kwartalnik historyczny* 63, no. 3 (1956): 221 – 227.

③ Congress Rome 1955: *Relazioni*, vol. 5, p. 30f. (M. Toscano); Congress Rome 1955: *Atti*, p. 626 (B. E. Schmitt), p. 628f. (W. L. Langer), p. 671 (G. H. N. Seton – Watson), and others.

理解完全对立。① 在西多罗夫（Sidorov）试图回避此问题后，我坚持要求苏俄代表团的负责人表态。直到第二次努力之后，西多罗夫才承认苏联史学家没有理由否定这项协议。②

此事并没有在大会纪要（*Atti*）中的官方报告里出现，或许是因为霍费尔的谴责过于严厉，以致该讨论会副主席海因里希·菲利克斯·施米德（Heinrich Felix Schmid，维也纳）不得不要求他收敛言行。③ 它的重要性在于，这份隐藏在政治秘密背后的文件在国际学术论坛中首次没有被优秀的苏联史学家否认。因此，施米德在这场冲突后这样记述道："从西多罗夫的反应来看，他还是承认了秘密条约的存在。"④ 三十年后，民主德国的一份主流史学期刊上的一篇文章揭露了这一爆炸性事件。它并未提及那场争论的真实结果，而只大事化小、小事化了地将此事概括为民主德国与联邦德国史学家间的一次"令人不悦的事件"⑤——当年，霍费尔正供职于柏林自由大学的弗里德里希·迈内克

---

① 术语"篡改"是对 1948 年苏联新闻出版社出版的一本标题为 *Geschichtsfälscher*《篡改史实者》的小册子的回应。这本小册子批评了美国的纪录文献 *National Socialist Germany and the Soviet Union 1939 - 1941: Documents from the Archive of the German Foreign Office*, ed. E. M. Carroll and F. Th. Epstein（Washington, D. C. , 1948; German edition 1948）的出版，因为该文献没有包括 1939 年夏天德国和英国之间的谈判。参见 G. von Rauch, "Der deutsch - sowjetische Nichtangrilfspakt vom August 1939 und die sowjetische Geschichtsschreibung," *Geschichte in Wissenschaft und Unterricht* 17（1966）: 472 - 482, here p. 479。

② Hofer to Thieme, quoted in K. Thieme, "Möglichkeiten und Grenzen west - östlicher Historikerbegegnung: Zu den 'Akten' des internationalen Historikerkongresses（Rom 1955）," *Geschichte in Wissenschaft und Unterricht* 8（1957）: 593 - 598, here p. 595. See also W. Hofer, "Historikerkongreß im Zeichen der Koexistenz," *Nationalzeitung Basel*, 25 Sep. 1955, and Hofer, "Geschichtswissenschaft im totalitären System," *Neue Zürcher Zeitung*, 10 Aug. 1956.

③ 分会场主席是阿恩伦德（瑞典）。1960 年，施米德被选为国际历史科学大会主席。

④ 施米德回应提姆的"绥靖政策"的指责，参见 "Zum Thema: 'Möglichkeiten und Grenzen west - östlicher Historikerbegegnung,'" *Geschichte in Wissenschaft und Unterricht* 10（1959）: 114 - 119, here p. 116。

⑤ H. Haun, "Der X. Internationale Historikerkongreß 1955 in Rom und die Geschichtswissenschaft der DDR," *Zeitschrift für Geschichtswissenschaft* 34（1986）: 303 - 314, here p. 309.

研究院。

在另一事件中，一位苏联学者则对有事实根据的批评坦诚相待。安娜·米哈伊洛夫娜·潘克拉托娃（Anna Mikhailovna Pankratova）在一篇关于历史主义的短文中提到了贝奈戴托·克罗齐。① 她将克罗齐与斯宾格勒（Spengler）一道列入了她开列的文化悲观主义者名单中，并且坚持认为克罗齐的主观主义与悲观主义使他否认历史学是一门科学。而在讨论期间，意大利史学家［弗兰克·盖塔（F. Gaeta）］直言这是对克罗齐的理论的扭曲。查尔斯·韦伯斯特则称赞克罗齐为一个勇敢追求自由思想的史学家。潘克拉托娃欣然接受了他们的观点，称自己对这位伟大的意大利学者的著述仍然所知不多。②

根据卷帙浩繁的大会纪要，来自分裂世界两端的史学家虽然争议不断，但在讨论报告与论文的过程中仍一直保持着客观的态度，这一点被西欧和美国的学者们大书特书。会上几乎不存在直接的政治攻击。拉布鲁斯引用时代口号恰如其分地概括了会上的主流氛围："各代表团和学派都能和谐共存。"③ 当然，偶尔也有"庸俗的马克思主义者"的论点，例如教会是"统治阶级压制人民的工具"④ 的主张以及诸如"文艺复兴的阶级特征"这样无人问津的陈腔滥调。⑤ 与东西方史学家关系相关的根本理论问题在大会过程中，尤其是在一些研究综述中反复出现。但是，关于这些问题的深入讨论尚未成为现实。会上仅有论题与反题一类的交流，例如，主观意志与自由的问题、党派偏见与客观性的问题以及关于"马克思主义"和"资本主义"研究方法的学术特征问题。至于有关东西方历史理论的讨论，罗马大会只开启了

233

① A. Pankratova, "Le problème de l'historisme et la période contemporaine," Congress Rome 1955: *Reassunti*.

② 罗马大会 1955: *Atti*, p. 94；意大利马克思主义者坎提莫里在他的大会报告里对潘克拉托娃的论文进行了批评，参见 "Epiloghi congressuali," Società, 5 Oct. 1955，被收入 Cantimori, *Studi di Storia*（Turin, 1959）, p. 843f.

③ Congress Rome 1955: *Atti*, p. 530.

④ Ibid., p. 478.

⑤ Ibid., pp. 540 – 542.

一段前奏。

教皇庇护十二世（Pius XII）举办的招待会是大会上的一件大事，这与马克思列宁主义史学家的出席相比毫不逊色。梵蒂冈在 1938 年的苏黎世大会上宣布其加入国际历史科学委员会。从 1955 年罗马大会开始，它通过官方参与大会的全体会议以及后来在执行委员会中的合作，确认了自身的成员地位。自 1903 年罗马大会以来，形势已经发生了怎样的变化！当年，教皇与世俗的意大利政府间仍存在隔阂，而那也影响了大会。如今，教皇却向齐聚在梵蒂冈天佑宫（Aula della Benedizione）的史学家们发表了喜庆的致辞！他演讲的主题是教会对其自身历史的认识（the historical self-conception of the Church）。教皇在演讲中对宽容与思想自由表示支持，并宣布教皇卜尼法斯八世（Boniface VIII）针对教会与国家关系的神权政治理论已被推翻，这引起了极大的关注。他借用了"共存"一词，并承认"教会及其信徒与信仰不同的人民与政治力量应当共存"，同时他强调，教会"不受任何特定文化的约束"，即便是西方文化亦然；而且教会在其外在形象*的一系列历史变革中，总是坚守永恒不变的真理。教皇在这样的语境下提到了"历史主义"一词并表示反对："'历史主义'表现的是一个存在于全部思想真相中的哲学体系、它存在于所有关于真理、宗教、道德观念以及公正的知识中。然而它只看到了变革与发展，因而拒绝一切永恒的合理的事物。这样的哲学系统无疑与天主教及每种一神教在世界观上都无法调和。"① 对历史主义的这一定义使我们想起了贝奈戴托·克罗齐的"绝对历史主义"（当然，这并非对历史主义的唯一理解）。因此，克罗齐的追随者们也在大会期间批判地研究了教皇的演讲。演讲中关于短暂与永恒的区别的理论与路德宗信徒格尔哈德·里特的报告中的相关内容几乎完全一致。然而，尽管里特多次对兰克的历史唯心主义以及弗里德里希·迈内克

---

* 原文为"appearance"，这里应意指天主教会史上的诸多体制变革。——译者注

① *Osservatore Romano*, 9 Sep. 1955.

的历史主义概念表示反对，但他依然属于"德国历史主义"的学术传统。①

　　由于马克思列宁主义者的参会和教皇的演讲，国际历史科学委员会朝着建立历史学家全球共同体的目标迈出了重要一步。梵蒂冈与巴西被吸纳为新成员，日本也恢复了其成员席位。附属于国际历史科学委员会的国际史学研究机构的数量与罗马学术院联合会这一文艺复兴史家的组织的成员数都有所增长。② 国际历史科学委员会现在包含 27 个国家委员会与 5 个专业组织。格尔哈德·里特、荷兰史学家伊扎克·J. 布鲁 234格曼（Isaak. J. Brugmans）与既锐气十足又能通权达变的安娜·米哈伊洛夫娜·潘克拉托娃被选为执行委员会成员。费德里科·夏博德成为新任执行委员会主席。夏博德在那不勒斯与罗马两个史学研究机构任研究人员和主席，在意大利史学研究中占据了核心地位，并被认为是当时最重要的史学家之一。他的方法论观念不偏不倚，并无特别的偏好。与贝奈戴托·克罗齐的密切合作、与弗里德里希·迈内克在柏林的会面以及从乔阿奇诺·沃尔佩处得到的启发是他学术教育中最重要的部分。与此同时，他对意大利与法国的社会史家的工作持开放的心态。他的研究兴趣主要集中在意大利的文艺复兴及复兴运动（Risorgimento）领域。在战争的最后阶段，他在反对德国侵略者的抵抗运动中发挥了重要作用。夏博德出生于法语区的瓦莱达奥斯塔（Aosta Valley），在意大利统治下谋求本省自治，并奋力反对一切分裂行为和意大利的文化集权主义。他秉承"和而不同"（harmony in diversity）的指导原则，③ 也曾多次向国

---

　　① 关于里特的"历史主义"的概念，参见 Ritter to Meinecke, 7 Oct. 1936, in Ritter, *Briefe*, no. 73。30 年后，在斯图加特历史科学大会上，教皇历史研究委员会主席马卡罗内，提到了这次有庇护十二世举办的招待会，将其同他对教皇促进史学研究的评论联系起来，并提出为做研究进一步开放梵蒂冈档案。M. Maccarrone, "L' apertura degli archivi della Santa Sede per i pontificati di Pio X e di Benedetto XV（1903 - 1922），" *Rivista di Storia della Chiesa in Italia* 39（Rome, 1985）: 341 - 348.

　　② Unione degli Istituti d'Archeologia, di Storia e di Storia dell' Arte in Roma, Association "Humanisme et Renaissance."

　　③ A. Dupront, "Federico Chabod," *Revue historique* 85, no. 225（1961）: 261 - 294.

际史学大会提交学术论文。1952 年，夏博德成为国际历史科学委员会执行委员会成员，并参与罗马大会的组织与筹备工作。在 1960 年于斯德哥尔摩召开的下届大会上，他把继续深化东西方合作视为最重要的任务，并为之付出了全部心血。然而，在罗马大会后的一年，他和国际历史科学委员就会面临了严峻的考验。*

在历届大会中，国际专业期刊给予罗马大会最为积极的回应。水平卓越的学术报告、恰当的议程结构，以及意大利主办方优秀的组织工作，都得到毫无保留的赞美。舆论还特别留意到，共产党和教会人士都积极参与大会进程。然而，令许多评论者遗憾的是，尽管东西方史学家开展了友好的个人会晤，但他们却没能跨越意识形态的障碍开展深刻的学术交流。

苏联对大会的评价引起了人们特别的关注。罗马大会召开时，苏联正在经历意识形态的重新定位（reorientation）。自 1953 年斯大林逝世开始的不同政治派别的斗争，于划时代的 1956 年 2 月苏共二十大后结束。在当时的情况下，赫鲁晓夫（Khrushchev）宣布将"和平共处"（peaceful coexistence）作为苏联外交政策的指导方针。这意味着，苏联要努力"将目前的紧张局势转变为长久和平"，并将"进一步扩大科学文化领域的交流与合作"作为实现这一目标的手段。① 在潘克拉托娃的指导下，苏联《历史问题》（Voprosy isrorii）杂志的编辑全身心地为这项政策服务。他们要求对罗马大会做出评价，并建议采取具体措施，加强与国际历史科学委员会执行委员会的国际联系。执行委员会成员阿恩伦德（Ahnlund）、弗朗索瓦（François）、里特、施米德和韦伯斯特的回应发表在了杂志上，② 其中包括明确批评教条主义者毫无意义的冲突的文章。这些信件表达了对大会罕见的积极评价。除了史学大会，文章的

---

　　* 指 1956 年匈牙利"十月事件"及其对国际历史科学委员会产生的冲击，见本章下文。——译者注

　　① Khrushchev, *Rechenschaftsbericht des Zentralkomitees der KPdSU an den XX. Parteitag*（East Berlin, 1956）, p. 47f.

　　② *Voprosy Istorii* 31, no. 5（1956）：217 – 220.

作者们也意识到，促进东西方学术联系有如下可行途径：教授的交流、期刊文章的交流、影印档案材料的交流以及在国际会议上召开限定参会人数的史学家会议（由福蒂埃提议）。这个已在筹划的提议对于学界而言无疑是一种鼓舞。从那时起，社会主义国家的史学家与西方史学家间的双边交流关系日益紧密，国际历史科学委员会的附属专业机构之间也进行了持久而成功的合作。

除了这些信件，《历史问题》还刊载了一份国际专业期刊的评论合辑。[①] 作者 N. N. 梅里奇－塔伊卡佐夫（N. N. Melik-Taikazov）恰如其分地指出，社会主义期刊对大会的反响比西方国家更为强烈。而且值得一提的是，《历史问题》本身的反响最为强烈。该刊正确地指出了马克思列宁主义学术研究在罗马大会上遭遇的"偏见"：它被指责过于注重从经济利益与阶级斗争的角度来解释历史，而忽略了历史事实本身。《历史问题》则反诘道，绝大多数资产阶级史学家都没有合理地考察历史进程。《历史问题》重提了各社会主义期刊中的观点，极端地批评梵蒂冈史学家为"好战的反动派"，一直试图将史学研究与宗教问题联系在一起。根据《历史问题》的观点，在诸多有资产阶级倾向的文章中，格尔哈德·里特的一篇报道最为全面。[②] 他比任何人都更加强调苏联和其他社会主义国家的史学家参与大会的意义。里特指出，在很多情况下，"西方的史学思想与历史书写离真正入理的阐释和独立的判断还有很大的差距"，因此他呼吁发展新的方法论原则，然而其他资产阶级的史学家却认为这种讨论毫无意义。西方国家中，英国对大会的反应最为平淡，而意大利则正相反，该国的马克思主义史学家反应尤为强烈。对苏联史学家而言，与英国史学家就马克思主义期刊《过去与现在》开展的合作以及与意大利葛兰西研究会（the Gramsci Institute）的马克思主义者的合作一直以来都极富成效。波兰人也强调了葛兰西研究会以及

---

① *Voprosy Istorii* 31，no. 5（1956）：212 – 217.

② G. Ritter，"Der X. Internationale Historikerkongreß in Rom, 4. – 11. September," *Historische Zeitschrift* 180（1955）：657 – 663.

意大利马克思主义学者的研究对史学研究的重要意义。① 《历史问题》特别关注大会上意大利马克思主义者对东方共产主义者的表现所持的态度。该杂志引用了一篇意大利的报道说："即使他们有不少论文都因真挚的情感与强大的批判力脱颖而出，但在文章的实证部分，他们普遍倾向于讨论一些大问题，而很少提及具体的研究方向。"②

此外，《历史问题》反复提到了罗马大会上苏联学者的论文。就在大会开始前，该刊发表了一份有关前几届大会中俄国或苏联学者参会情况的简短调查，③ 大会后，它又发表了一篇关于这一届大会的报告；④ 而最后，玛丽亚·潘克拉托娃（Maria Pankratova）* 就这一主题发表了一篇总结文章。⑤ 潘氏的文章以常见的二元模型为基础。她按照"思想斗争……永远不会结束"的原则，从意识形态角度审视了罗马大会上的各篇报告。然而，与东西方对大会的评论一样，她也强调了大会在学术研究方面共识极少的问题，具体而言，就是大会上对史实与史料的关注不够的问题："当然，与资产阶级学者相比，我们采取了完全不同的方法论立场，但尽管如此，我们仍有进行学术合作的共同基础。这个基础便是史实。真正的学者应当以厘清准确的、可核实的历史真相为己任。"这样的评论，已经触及了历届大会的合法性问题。⑥

① "Niektore spostrze zenia i wniowski z X Kongresu Nauk Historycznych w Rzymie" [关于第十届罗马史学大会的一些评论和结论]，没有作者，*Kwartalnik historyczny* 63，no. 1（1956）：3 - 11，here p. 4f.。

② 引自一份报告，Paolo Alatri，*Rinascita* 13，no. 9（Rome，1955）：570。G. Manacorda 做的非常有趣的大会报告，"Le Correnti della storiografia contemporanea al decimo Congresso di scienze storiche," 同上，发表于 *Voprosy Istorii* 31，no. 2（1956），214 - 219。在一份几乎完整的翻译里，包括对苏联历史学家对待历史的批评性的评论。

③ *Voprosy Istorii* 30，no. 8（1955），pp. 230 - 233，

④ Ibid.，no. 10，pp. 179 - 180。

* 根据英文版索引，与译者所阅资料苏联史学家中并无此人，此应为安娜·米哈伊洛夫娜·潘克拉托娃之别名。——译者注

⑤ A. M. Pankratova，"Kitogam Meždunarodnova kongressa istorikov"（关于国际史学大会的结果），*Voprosy Istorii* 31，no. 5（1956）：3 - 16。

⑥ Ibid.，p. 3.

历史唯物主义史学并非统一的、同质的学术体系。应当特别提及的
是，一些马克思主义者在评论非马克思主义学术时既表现出自信力，又
具自我批判精神，因此也更容易促进将来的对话。波兰的主流史学杂志
写道：

在区分资本主义国家的各种研究方向及其支持者时，我们总是
缺乏综合的指引。另外，目前也存在着将一切事物都简化乃至矮化
为若干共同特征的倾向，有时还存在着对这些国家的史学研究的扎
实成果持否定乃至鄙夷态度的现象，这对利用他们的实际研究成果
尤其是利用史料方面的成果十分不利。这也导致了一个极为不利的
后果，那就是我们在困难重重而又不可或缺的全球思想经验交流与
研究竞赛中日渐懈怠，并且在意识形态上放松了警惕，因此也导致
了学术研究的停滞与低迷。而在另一方面，资本主义国家对他们所
关心的学术研究以及整个当代人文学科体系都加强了引导，这可以
防止出现上文提到的不良倾向，防止我们毫无批判意识地评价这些
国家的学术研究及其结果。①

马克思主义者对马克思主义史观的批评是受政治而非学术因素驱动
的。在 1956 年 2 月苏共二十大上便有人提出过此类批评。苏联重估了
斯大林的历史地位，也重估了斯大林时代苏联史学的自我认识，这产生
了何种影响并不在本书讨论之列。但是，对苏联史学家波克罗夫斯基的
重新评价直接涉及国际历史科学委员会。1928 年苏联史学家在奥斯陆
第一次参加国际历史科学大会时，波克罗夫斯基领导的代表团是苏联史
学研究无可置疑的带头人。波氏 1932 年去世时已名誉扫地，而且离世 237
多年后仍受指责。在布尔什维克革命后，波克罗夫斯基发表了一些关于
沙俄帝国主义外交政策以及沙俄在中亚的殖民主义的文章——他无情地
批判了沙俄的这些政策，并未因民族主义或爱国主义情结而有丝毫保

① "Niektore spostrzeżenia", p. 4f.

留。这种批判与斯大林主义的历史认识格格不入，因为后者要求重新对整个俄国历史做一爱国主义评判。在罗马大会上，苏联史学家仍感到要与波克罗夫斯基本人、他的"抽象的社会学倾向"（西多罗夫语）以及他那种"反映过去的政治学"（西多罗夫、潘克拉托娃语）的历史观念保持距离。

然而此后不久，苏联学界又重新思考对俄国史的认识，也重新评价波克罗夫斯基。在 1956 年 1 月的一次气氛极其热烈的会议中，《历史问题》的编辑与读者反复讨论了俄罗斯和苏联历史的相关问题，而官方的历史研究受到了相当多的批评。[①] 例如，有人对苏联史学研究时常混淆泛泛而谈与深入分析的现象提出了批评；有人批评它缺乏对经济理论和实践的理解；有人指出它由于缺乏对阶级动因的分析而没能完整描述两次俄国革命；也有人指出史学家们似乎已忘却沙俄戕害少数民族到了怎样的程度；还有人指出，不应把第二国际的历史呈现为一种机会主义的历史。至于波克罗夫斯基，《历史问题》一位执行编辑认为他的学术研究包含了一些有价值的成分。在任何情况下，人们都不应"像许多论者那样把波克罗夫斯基视为资产阶级学者"。在史学大会后的苏共二十大上，作为最杰出的史学家的玛丽亚·潘克拉托娃被点名发表一篇自我批评式的演讲。[②] 她对苏联史学研究的叙述与其本人在罗马大会上呈现的内容大不相同。在这里，她谈得更多的是过失，而非成就。

在罗马大会期间，国际历史科学委员会全会已接受苏联史学家的邀请，决定于 1957 年在莫斯科举行下次全体会议。但在罗马大会与将在苏联召开的会议期间，匈牙利的暴动以及苏联红军对匈牙利内政的干涉

---

① "Konferencija čitatelej žurnaia *Voprosy istorii*" ［Conference of the readers of the journal *Voprosy Istorii*］, *Voprosy Istorii* 31, no. 2（1956）: 199 – 213.

② "Unsere ruhmvolle Geschichte wichtige Quelle des Studiums," in *Diskussionsreden auf dem XX. Parteitag der KPdSU 14. – 25. Februar 1956*（East Berlin, 1956）, pp. 364 – 375.

令整个世界都震惊不已。* 国际历史科学委员会主席费德里科·夏博德迅速而果断地做出反应。他说，无论是出于政治伦理方面的原因，还是为了防止国际历史科学委员会成员之间的分裂，史学家都不应前往莫斯科。为了防止出现针对在莫斯科举行的全会的抗议——北欧、荷兰以及比利时史学家也确实提出了抗议——在了解执行委员会成员的意见后，主席不得不承担起自己的责任，另择开会地点。

国际历史科学委员会的驻地——瑞士洛桑有意承办此次全会。从主席夏博德、副主席韦伯斯特和秘书长弗朗索瓦之间的通信，可以看出执行委员会成员对当时形势的不同评价以及他们对政治与学术关系的看法。"如果我们前往莫斯科"，夏博德对弗朗索瓦如是写道，"那么无论在本质还是形式上，我们都会偏袒那些屠杀匈牙利人的刽子手……我个人已经下定决心，决不会去莫斯科主持会议"。① 秘书长的回应则没有这么果断。他虽然赞同夏博德对时势的基本判断，却建议夏博德先静观其变、按兵不动，并等待苏联史学家采取主动，或许他们自己会考虑到种种困难并撤回在莫斯科召开全会的邀请。

弗朗索瓦建议要保持耐心的同时，还提出了其他政治方面的考量。当苏联入侵匈牙利而举世大哗之时，英国、法国与以色列发动了对埃及的干预战争以回应埃及对苏伊士运河国有化的举措。如果执行委员会出于反对苏联干预东南欧而就会议地址重新征求意见，西欧列强的这种不合时宜的殖民主义举措很难不激起令执行委员会尴尬不已的评论。但是夏博德坚持他的观点："'观望'政策只有在极其简单的情况下，即我们不顾一切坚持在莫斯科召开会议之时才适用。怀抱希望、等待时机并在危机的高潮过去后采取原定计划在这样的情况下是有利的。但这种导向与我决心采取的行动计划完全背道而驰。我认为，全会不能在莫斯科

---

* 指 1956 年 10 月发生的匈牙利"十月事件"，匈牙利各界呼吁进行改革，最终引发了政治流血事件，此后苏联着手干预匈牙利内政。——译者注

① 1956 年 11 月 7 日，Chabod to François，CISH 档案，第 11 盒；in box 17，有关于这些事件的全部通信。

召开；目前的情况是不可逆转的。"① 他还向哈尔夫丹·科特解释了自己所做的决定："不可否认的是，此时在莫斯科召开会议具有一定的政治意味：此举孰是孰非就留给公众评判吧。在 1956 年 11 月后，第一个就此事大做文章的必定会是苏联人。"② 在给韦伯斯特的一封信中，夏博德表达了同样的态度。③ 韦伯斯特赞同弗朗索瓦的观点，认为不应询问执行委员会的意见，因为目前它甚至不知自身是否有权决定全体会议迁址的问题。直接取消 1957 年的全体会议难道不是更好吗？

夏博德也意识到了这一程序问题，因此他采取了灵活的态度回应称，在咨询执行委员会成员后，他还会征求各个国家委员会的意见。但这与副主席、秘书长以及前任主席福蒂埃的意见相左。福蒂埃为了表示对夏博德行动的抗议，甚至递交辞呈退出了执行委员会。然而夏博德仍坚持自己的观点，不再等待而单独行动起来。他甚至打算冒着苏联史学家退出国际历史科学委员会的风险坚持下去。最后，执行委员会多数人投票决定将全会改在洛桑举行。现在，一切都取决于苏联史学家了。玛丽亚·潘克拉托娃的一封信化解了危机。她非常现实地评估了目前的局势，并对继续合作的问题表示了关切，同时她告知主席，苏联国家委员会"已确定要在莫斯科举行全会，但如果执行委员会大多数成员决定在洛桑召开会议，我们也不会提出异议"。④

在此关键时刻，国际历史科学委员会主席与秘书长这两位主要领导的态度反映了两种不同的史学观念。在米歇尔·弗朗索瓦看来，"学术领域必须与政治领域明确区分开来"。⑤ 如果有谁相信，在某种程度上是科学的历史学本质上只限于对事实的批判检验，那么他就能理解弗朗索瓦的观点。此外，秘书长认为，对于那些在与西方重建关系后有意维持交流的东欧社会主义国家的史学家，自己是负有责任的。如果因为匈

---

① Chabod to François, 18 Nov. 1956, ibid.

② Chabod to Koht, 20 Dec. 1956, Koht papers, Ms. fol. 3928：1.

③ Chabod to Webster, 19 Nov. 1956, Webster papers 19/32.

④ 该沟通，参见 1957 年 2 月 5 日夏博德给科特的信，Koht papers，386。

⑤ François to Koht, 29 Dec. 1956, ibid.

牙利事件把全会从莫斯科改到洛桑举行，很有可能恶化东西方史学家间的关系，但若置匈牙利事件于不顾，坚持在莫斯科举行会议，西方史学家阵营也有分裂的危险。这就是为什么秘书长会提出"静观其变"的建议，而且此建议也得到了前任主席福蒂埃的支持。在弗朗索瓦看来，历史研究可以超越政治冲突，也应当超越政治冲突。对于夏博德而言，如此将学术与政治、思想与行动区分开来是根本不可能的。他在致米歇尔·弗朗索瓦的信中进一步阐明了自己的观点：

> 对于一个对此冲突已有明确认识的国际组织来说，这不再是一个可以不作任何决断的"政治问题"。相反，今天它的意义更加深远：它涉及人类道德的基本问题，即便我们意欲在严格的学术领域开展合作，所有关切此事的人也必须达成一个基本共识。这个问题就是，对于政见不同乃至学术观念完全冲突的人而言，尊重个人与民族选择自己想要走的道路，到底是不是他们为共同的事业开展国际合作所必须强制遵守的、不可或缺的前提。今天，我们必须用"是"或"不是"直截了当地回答这个问题。①

正如夏博德所言，知识与良知的统一体现的是一种令人向往的思想自由的传统，正因如此，克罗齐和德·桑克蒂斯的名字才能载入国际史学大会与国际历史科学委员会的史册。但国际历史科学委员会之所以没有迫于当时的政治压力而解体，很大程度上应归功于苏联史学家，因为他们尊重执行委员会的决定，同意将全会地点改为洛桑。

夏博德和弗朗索瓦也将面临一个由匈牙利事件引发的新挑战。事情的起因是，1957 年 11 月，《世界报》（*Le Monde*）的一篇报道披露了 1948 年巴黎全会的匈牙利代表之一多莫科斯·科萨里（Domokos Kosáry）被捕一事。科萨里被捕的原因是他准备了一份关于 1956 年事件的文件资料并将其私藏于大学图书馆中。预计他将被定罪并在监狱中

---

① Chabod to François, 7 Nov. 1956, Archives CISH, box 11.

长期服刑。此前思想界曾成功干预作家蒂博尔·德里（Tibor Dery）的
案件，使他的死刑改判为 9 年有期徒刑。受这一事件的鼓舞，夏博德在
福蒂埃和勒努万的支持下向卡达尔（Kadar）提出从轻处罚科萨里的请
求——由于执行委员会的苏联成员会妨碍一致决定的达成，所以执行委
员会不能被牵涉此事——因而夏博德仅以"私人信件"的名义发出了
此份请求，但他仍以国际历史科学委员会主席的身份落款。① 数月后，
他致信曾建议再度干预科萨里案的弗朗索瓦称，虽然他的呼吁没有收到
任何直接回应，但他却被告知，那封请求信使得科萨里仅被判 4 年有期
徒刑。② 后来，科萨里完全恢复了自己的名誉，如今，他已是匈牙利国
家委员会的主席了。

① 　Letter of 9 Jan. 1958, Archives CISH, box 14.

② 　Chabod to François, 12 Aug.［1958］, ibid. 科萨里监禁两年半后被释放。

第十五章

1960—1985 年大会的政治事务

　　在 1960 年至 1985 年这 25 年间共举办了六届国际历史科学大会，分别如下：

　　斯德哥尔摩　1960 年 8 月 21—28 日　第十一届国际历史科学大会

　　维也纳　1965 年 8 月 29 日—9 月 5 日　第十二届国际历史科学大会

　　莫斯科　1970 年 8 月 16—23 日　第十三届国际历史科学大会

　　旧金山　1975 年 8 月 22—29 日　第十四届国际历史科学大会

　　布加勒斯特　1980 年 8 月 10—17 日　第十五届国际历史科学大会

　　斯图加特　1985 年 8 月 25—9 月 1 日　第十六届国际历史科学大会

依照此研究的时间顺序，斯德哥尔摩大会至斯图加特大会的历史将会以简要总结的方式呈现。考虑到本书的主要内容，将从政治影响、组织结构的发展以及史学理论与方法论的相关讨论等方面做阐释。理由如下。

　　举办历史科学大会的这些年，国际关系的基础政治格局基本保持稳定。两大对立竞争的政治系统相互敌对，尽管他们也依靠合作并在历史领域中寻求合作，然而从长远角度看，敌对仍是重要的影响因素，并对历史科学大会产生了巨大影响。但同时，诸多事件表面看来是在冷战行为模式与减缓冲突间摇摆，而其间的六届大会也受到了这些事件的影响。另一个政治决定因素是两大霸权主导的两极格局下逐渐出现的五大政治力量——美国、苏联、日本、中国以及欧洲。这也与历史科学大会在这意识形态矛盾渐趋缓和的时代中明显的"普世性"演变相一致。

245　　在历史科学大会组织结构及其议程安排的理念中，大会自斯德哥尔摩后便发展出一种考虑到地方条件的形式，然而大会并没有因此发生任何根本改变。

　　自斯德哥尔摩大会至斯图加特大会这段时期，理论与方法论讨论日益受到重视，尽管讨论中学术旨趣变化颇大，讨论的水准也有相当的起伏。自巴黎大会与罗马大会以来，对于史学界的自我认知最重要的问题是两大日益激烈的论战。其一是结构史学与从历史主义传统中延续下来的历史思想、历史书写模式之间的争论；其二是"新历史主义"导向与马克思列宁历史主义之间的争论。在这六届大会过程中，有关这些问题的讨论是非常连贯统一的，因此，一种跨越单届大会的综合性分析也就显得颇为合理了。

　　以偏分析而非偏叙述的方式呈现这一阶段的历史也是由相关一手史料的性质决定的。几乎没有任何私人札记可以为撰写当时历史科学大会的历史提供资料。即使在国际历史科学委员会的档案馆里能够找到私人札记，它们与仍在委员会任职或仍参与历史科学大会的学者的相关性仍待谨慎考察。因此，要像处理大会早期历史那样呈现相关背景几乎不可能。至于已出版的大会材料与期刊文章，我们即使不必完全、也需要在相当程度上依靠它们。出于这样的考虑，这里也要集中关注对历史理论与方法论的讨论。此外，另一个事实也决定了必须如此：这些讨论是国际历史科学大会历史上公认的最有意思的部分，它们被视为对史学史的一大贡献，也被视为解释当时历史研究状况的一种尝试。

1960 年史学家在斯德哥尔摩聚集举办历史科学大会时，政治气氛比罗马国际历史科学大会紧张远甚。罗马大会上强调"和平共处"，而五年之后，政治与意识形态的敌对情绪普遍存在并成为一种时代标志。人们对 1956 年发生在匈牙利、波兰和苏伊士的事变至今记忆犹新；*同时，德国问题又使国际局势剑拔弩张。1958 年，赫鲁晓夫对美英法军发出最后通牒，要求清除西柏林并使其成为"自由城市"，此举带来了长期危机，直至 1961 年德国首都被柏林墙分割而结束。1962 年古巴导弹危机使美苏争端迅速加剧，将两国推至战争边缘。波兰史学家扎娜·科玛诺娃（Žanna Kormanowa）称，马克思主义以及关于此思想的争论之所以在斯德哥尔摩大会上占据重要地位，恰恰在于此"国际力量关系转变的历史瞬间"。[①]

大会上"关于德国的争论"极其激烈，这种情况的出现也有另一个与国际历史学科委员会相关的特殊原因。当时，德国史学家协会包括了约 40 位在当时依旧属于斯德哥尔摩大会的"资产阶级"史学家及德意志民主共和国档案专家，自 1952 年以来，国际上就承认其为德国史学研究的国家代表。但这与 1958 年在德意志民主共和国建立的德国史学会提出的声明相悖。同年 12 月，亦即柏林危机第一阶段，德国史学会主席恩斯特·恩格尔伯格（Ernst Engelberg）与秘书长对联邦德国史学界的扩张主义与军国主义企图提出了严正控告。一年后，"德意志民主共和国史学家国家委员会"向国际历史科学委员会申请会员资格，此要求恰与德意志民主共和国欲以独立国家身份得到国际认可的诉求相呼应。德国史学家协会以及身为国际历史科学委员会执行委员会成员的格尔哈德·里特拒绝了民主德国的请求。委员会主席、执行委员会和瑞典方面的大会组织者给予他们全方位的支持。执行委员会在斯德哥尔摩

---

　* 指 1956 年 10 月的匈牙利"十月事件"（见上章）；1956 年 6 月的波兰"波兹南"事件与 1956 年 7 月埃及总统纳赛尔将苏伊士运河收归国有而引发的"苏伊士危机"。——译者注

　① Ž. K［ormanowa］，"Na marginesie obrad XI Międzynarodowego Kongresu NaukHistorycznych"［第十一届国际历史科学大会以外的讨论］，*Kwartalnik historyczny* 68，no. 1（1961）：268 – 271，here p. 271。

决定不将此申请提交大会期间举行的全体会议。这是一个政治性决定。对于费德里科·夏博德与米歇尔·弗朗索瓦而言，下述考虑至关重要，德国并不是唯一分裂的国家，除德国外，还有爱尔兰、越南以及朝鲜。爱尔兰（Ireland）在国际历史科学委员会中一直有爱尔兰（Eire）与厄尔斯特（Ulster）*的联合代表团。直到那时，德国也有相似的联合代表团。为什么不继续维持现状呢？1957年，越南民主共和国与朝鲜的国家史学会向执行委员会提交了申请。然而他们被告知，由于"德国和爱尔兰的例子证明在学术界可以存在独立于政治之外的联合体"，所以他们应当包含南部地区的代表。① 这当然纯属一厢情愿，它没有考虑到，一个国家如果被分裂为两种相互竞争的社会体制，史学也会被卷入到苦涩的意识形态争论中——只要"政治条件"不允许，学术合作与理解就不会有任何的共同基础。

斯德哥尔摩大会开幕几周前，处事周全又精力充沛的主席夏博德被重病压垮。在第二副主席托瓦尔德·霍耶尔（Torvald Höjer）和大会组织者的全力支持下，大会由国际历史科学委员会第一副主席查尔斯·韦伯斯特爵士领导。他们在意识形态矛盾的大潮下尽己所能地捍卫着大会的学术品质，而一些积极进取的讨论会主持人，如美国的汉斯·科恩（Hans Kohn）也对他们表示了支持。当然，他们并不总能成功，因为相关的攻讦总是针对特定的情况或个人，并且有预谋、有组织、有规律。

与会者对历史科学大会上东西方史学家报告的回应，既表达了胜利的喜悦，也表达了屈从与失望。一位评论员称，"马克思主义在斯德哥尔摩攻击了所有的领域"，然而其"批判性干涉的形式有时并不是那么

---

　　* "Eire"指爱尔兰共和国（1921年成为爱尔兰自由邦，1937年独立建国），"厄尔斯特"（Ulster）乃爱尔兰历史上的省份名，包括今北爱尔兰与爱尔兰共和国的厄尔斯特省，此应指北爱尔兰。——译者注

　　① Minutes of Bureau meeting m Lausanne, 18 - 21 June 1957, Archives CISH, box17. 关于整个问题的丰富资料，参见 Archives CISH, Box 17, esp. correspondence Chabod - François.

合理"。① 恩斯特·恩格尔伯格以"在马克思的影子下"为题撰写了一篇有关大会的报告,论证了"马克思主义思想在国际上逐渐增强的影 247 响力"与"历史唯物主义的优越性"。② 苏联的主流专业期刊也刊发了相似的自信论调。③ 笼罩整个大会的争议性氛围令西方史学家十分不安。保罗·阿尔森(Paul Harsin)谈道:"如果这不是反科学的论辩,也是非科学的,这对未来的大会组织者而言实在不是振奋人心的言论。"④ 甚至致力于追寻和谐的米歇尔·弗朗索瓦也说意识形态冲突导致了一场"令人绝望"的争吵。⑤ 联邦德国的一篇报道称,马克思、恩格斯以及列宁"已经统治——或者,如果你更喜欢这种措辞——凌虐了斯德哥尔摩大会……对于大会本身而言,此矛盾让人回想起年代久远的宗教战争中无法调和的情感冲突……这意味着一种沉重的负担……西方史学家无法专注于他们同行对历史学的实质贡献,因为有限的时间甚至不足以防止出现大规模的争论"。⑥

此类言论还可以列举更多。当时应当做什么呢?毫无疑问,这种情况让人满怀留恋地回忆起往届历史科学大会。当初,史学家仅作为独立个体彼此针锋相对,这当然与斯德哥尔摩大会上派出发言人在会上"攻击所有领域"的"代表团"毫无关系。国际历史科学委员会应该放弃大会,而满足于到处都在规划的小型、专门的学术研讨会

---

① 捷克斯洛伐克科学院历史研究所所长 J. Macek 的评论,参见 *Literární noviny*, 29 Oct. 1960。

② *Neues Deutschland*, 16 Oct. 1960.

③ "XI Meždunarodnyj kongress istori českich nauk v Stokgol' me" [The XIth International Historical Congress in Stockholm, no author], *Voprosy istorii* 35, no. 12 (1960): 3 – 29, here p. 4. See also A. A. Guber, "Nekotorye problemy novoj i novejšej istorii na XI meždunarodnom Kongresse istorikov v Stokgol' me" [Problems of modern and recent history at the XIth International Historical Congress in Stockholm], *Novaja i Novejšaja Istorija*, no. 1 (1961).

④ *Extrait du Bulletin de l'Académie royale de Belgique (Classe des Lettres)*: *Séance du 5 décernbre 1960*, p. 679.

⑤ François to Ritter, 15 Oct. 1960, Ritter papers, 383.

⑥ E. Jäckel, "Der XI. Internationale Historikerkongreß in Stockholm," *Geschichte in Wissenschaft und Unterricht* 11 (1960): 700 – 705, here p. 703.

吗？这当然不能解决问题。毕竟，西方史学家不可能因为害怕大会可能会退化成一种公开的表演而回避与马克思列宁主义史学家的争论，这并不符合西方的多元历史思想的旨趣。然而，在过往的史学研究与评论中，已有一些言行与方法论规范证实了它们的有效性。那么对于委员会而言，假若一些学术与意识形态论战不可避免，那么要求论战双方都遵守上述规范才更符合学术讨论的旨趣。就此而言，特奥多尔·席德尔（Theodor Schieder）的观点值得一提：意识形态矛盾对大会的介入不应事先就遭到责难。然而西方学术中有一种强使自身适应另一方风格与话语的"自我异化"的危机感。除了"为每一寸历史知识战斗"并无他途可循，"应当揭露一切矛盾与变化，然后树立一种超群的科学态度、一种不断挑战并批判地证实自身原有历程的态度，并以这种态度为根本立场提出有关事实的问题"。但相信可以通过这种方式动摇意识形态系统着实是一种幻想。尽管如此，"在个案中形成更好地体现客观性并削弱教条主义的微弱希望依然存在"。①

　　以一种温文尔雅的方式发言并写作在任何情况下都是可能的——随后大会也证实了这一点。即便在斯德哥尔摩大会上，违反这一基本规则的情况也极为罕见。仅有的冲突大部分由德国内部矛盾引起，也不值得仔细回忆。无论如何，仅以政治丑闻来描述斯德哥尔摩大会是不正确的，毕竟与历史话题相关而充满政治争议的评论往往与客观事实而非个人相关。尽管上述争议集中出现在下文将要呈现的有关大会的第一个主题"方法论"的有关讨论会中，但所有按年代顺序排列的讨论会都产生了政治冲突。然而，当媒体将关注点投向大会在政治方面的笑料、丑闻而不是学术优长时，这对斯德哥尔摩大会整体而言就不公正了。有些论文有长久的价值：一些与过去的"报告"相似的论文探讨了具体的

248

---

　　① Th. Schieder, "Der XI. Internationale Historikerkongreß in Stockholm: Ein Nach - bericht," *Historische Zeitschrift* 193 (1961): 515 - 521, here p. 516f.

研究对象，也在文献和研究问题层面上提供了新的信息；① 有些论文呈现了个人独立研究项目②的成果或讨论了有争议的历史问题，并且对研究对象有着清晰而扎实的判断。③

在此基础上，在学术与政治信念上观点不一的学者间也能达成共识。一些私人信札特别提到，苏联学者与西方参会者维持了亲切热诚的关系。这在很大程度上是因为瑞典人在会议上营造了友好热情的氛围。有瑞典国王亲自主持的接待会，也有音乐会和戏剧表演，开幕式与闭幕式风格可人，大会最后参观了庄严的乌普萨拉大学（University of Uppsala）——这些都给大会营造了一种节庆的氛围。这让人很容易回想起 1928 年奥斯陆大会。哈尔夫丹·科特的名字总是与创办史学大会的热忱联系在一起，而斯德哥尔摩大会则是其出席的最后一届大会。

---

① 比如：S. Stelling – Michaud（Geneva），"l'histoire des universités au moyen âge et à la renaissance au cours des vingt – cinq dernières années," in *XIe Congrès International des Sciences Historiques, Stockholm 21 – 28 août 1960: Rapports*［hereafter Congress Stockholm 1960: *Rapports*］，5 vols.（Uppsala，1960），vol. 1；G. Le Bras（Paris），"Les problèmes des Institutions de la chrétienté médiévale," Congress Stockholm 1960: *Rapports*, vol. 3；G. Johannesson（Lund），"Die Kirchenreformation in den nordischen Ländern," Congress Stockholm 1960: *Rapports*, vol. 4；E. Sestan（Florence），"La città comunale italiana dei secoli XI – XIII nelle sue note caratteristiche rispetto al movimento comunale europeo," Congress Stockholm 1960: *Rapports*, vol. 3；Earl J. Hamilton（Chicago），"The history of prices before 1750," Congress Stockholm 1960: *Rapports*, vol. 1；F. Thistlethwaite（Cambridge），"Migration from Europe overseas in the nineteenth and twentieth centuries," Congress Stockholm 1960: *Rapports*, vol. 5；H. Haag（Louvain），"La social – démocratie allemande et la première guerre mondiale," ibid。

② 比如，A. L. Sidorov（Moscow），"Les problèmes de la structure de l'industrie à la fin du XIXe siède en Russie," in *XIe Congrès International des Sciences Historiques, Stockholm 21 – 28 août 1960: Résumés des Communications*（Uppsala，1962）［hereafter Congress Stockholm 1960: *Communications*］；V. M. Khvostov（Moscow），"La politique extérieure de l'Allemagne dans les années quatre – vingts du XIXe siède à la lumière des sources des archives russes," ibid.；W. Norman Brown（Pennsylvania），"Traditional Culture and Modern Developments in India," Congress Stockholm 1960: *Rapports*, vol. 5。

③ 比如，H. Holborn，"Power Politics and Christian Ethics in Early German Protestantism," Congress Stockholm 1960: *Communications*；H. Rothfels，"Nationalität und Grenze im späten 19. und frühen 20. Jahrhundert," ibid。

　　五年后的维也纳大会期间，意识形态的对抗仍旧激烈。波兰流亡者哈列基公然说道："妥协绝无可能！""基督教哲学强调精神的第一性，这与马克思主义的物质第一性相对。"此矛盾相比于社会主义和资本主义的矛盾更为深重。① 另一方在大会上提交的一份报告回应了此观点，该报告指出，"马克思主义史学家与资产阶级史学家间在意识形态方面不可能共存"。② 然而，如今这种情况发生了多么大的变化！第一，国际形势发生了改变，中国作为另一个潜在的共产主义世界性大国正在探索着自己的道路；北京与莫斯科关系破裂；阿尔巴尼亚继罗马尼亚后鼓起勇气发起了一系列国家自治的独特政策。苏联被迫从古巴撤离其对美国的导弹威胁。西方势力并没有抛弃西柏林，最后赫鲁晓夫也下台了。随着西方军事与经济综合实力的提升，两大对立社会体制的政治共存似乎成为永恒的形势，而不仅是一种过渡状态。史学家也在寻求一种"共存之道"，或者更准确地说是一种"行事方式"。在此方面维也纳大会代表了真正的进步。参会者避免发出严苛的道德指责并且尽己所能追求客观。东方的舆论称，维也纳大会呈现了真正的学术讨论；西方史学家则表示，共存的和缓氛围为真正的学术讨论点亮了明灯。

249　　然而维也纳大会气氛的转变不只是东西方政治关系转变的结果。另一重要因素是学术规范意识的觉醒：只将史学研究框架划分为马克思主义与资本主义已经不合理了。维也纳大会上，社会主义国家的参会者看到了一个无可辩驳的事实：他们所秉持的社会、结构研究理念以及相关理论已在西方蓬勃发展。马克思列宁主义的学术研究并没有垄断此领域，而是在各方面都遭遇了严峻挑战。对于这些挑战，最简单的回应自然是宣称：尽管西方历史书写中所有这些"进步"的发展本质上意在误导学者与公众，但它们都应当追溯到马克思主义的影响

---

　　① XIIe Congrès International des Sciences Historiques, Vienne 29 août – 5 septembre 1965: Actes [hereafter Congress Vienna 1965: Actes] (Vienna, [1968]), p. 512f.

　　② G. Becker and E. Engelberg, "Der XII. Internationale Historikerkongreß in Wien," Zeitschrift für Geschichtswissenschaft 13 (1965): 1309 – 1322, here p. 1315.

之下。因此，格尔哈德·贝克尔（Gerhard Becker）和恩斯特·恩格尔伯格评论称，"资产阶级史学"已认识到，它不得不克服自身对马克思主义史学进步带来的理论思想的敌意。然而他们也呼吁要谨慎，因为这基本上是"伪理论诡辩"，只不过是一种"用回避的方式应对历史唯物主义进攻的策略"。① 另一种回应是由苏联史学家提出的，他们指出，不仅要与"世界科学中不断进步的一派"——尤其是年鉴学派——"恢复部分交往"，而且要与"不仅在基本的方法论前提、也在对历史进程与主要事件的评价上反对马克思主义史学的潮流"，也恢复联系。②

上述那种十分极端的学术划分体系也因下述事实而存疑：在西方史学界，不少充满批判精神的、非教条的马克思主义者或社会主义者都积极地参与到大会进程中来，他们包括加斯东·马纳科达（Gastone Manacorda）、里奥·瓦利亚尼（Leo Valiani）、皮埃尔·维拉尔、阿尔贝·索布尔（Albert Soboul）、厄内斯特·拉布鲁斯以及埃里克·J. 霍布斯鲍姆。马克思主义的大厦包括了许多建筑群，人们可以在 20 世纪匈牙利共产主义史学家撰写的支持一篇苏联报告的评论中窥见这一事实。圭拉·托科迪［Gyula Tokody，德布勒森（Debrecen）］说，为了理解历史思想的现状，我们也必须考虑"马克思主义历史认识中的转变"。特别值得注意的是，"消除个人崇拜对理论的扭曲，谴责马克思主义史学家对资产阶级历史研究成果视而不见的僵化行为……在这种时候我们其实在谈论把马克思主义从近期理论僵化的状况中解放出来，而那种理论僵化状况过去也曾导致历史思想领域中理论过分肤浅的状况。即便从国际视角出发，理论净化在历史思想中也是最重要的品质；然而，如果马克

---

① G. Becker and E. Engelberg, "Der XII. Internationale Historikerkongreß in Wien," *Zeitschrift für Geschichtswissenschaft* 13 (1965): 1309 – 1322, here p. 1311.

② M. V. Nechkina, V. T. Pashuto, and E. B. Chernyak, "Evolution of historical thought in the middle of the XXth century," in *XIIe Congrès International des Sciences Historiques*, *Vienne 29 août – 5 septembre 1965*: *Rapports* ［hereafter Congress Vienna 1965: *Rapports*］, 4 vols. (Vienna, ［1965］), vol. 4, pp. 57 – 67, here p. 64.

思主义没有内部净化和发展，这种理论净化是不可想象的"。①

在欢庆维也纳歌剧院重建的开幕式上，霍纳斯总统称，拜历史与地理优势所赐，重组的奥地利共和国才能作为欧洲的一员发挥其应有的作用。在往昔哈布斯堡王朝首都召开的维也纳史学大会，无疑是史上最重大、最富有魅力的一届大会。然而，涉及主办国历史的宏大主题却并未得到关注。奥地利当代史仍然掩藏在若干只言片语里——而且，这些只言片语也被1943年10月30日《莫斯科宣言》释放出的一片半真半假的迷雾所笼罩。这并不是说大会上缺少由政治因素引起的史学问题，但是，这些激荡人心的辩论事实上起源那些影响了民族自觉的事件，而非马克思主义或"资本主义"在理论、方法论上的争议性问题。

此届大会上，美国史学家汉斯·科恩的报告《19世纪与20世纪的民族主义与国际主义》引发了最持久的讨论。② 许多发言者反对称，这篇论文的政治史与思想史导向太强，科恩没有充分思考民族和民族主义产生、发展的社会经济背景。然而，大会讨论的重点不是方法论的争论，而是来自前哈布斯堡王朝的继承国及其他东欧国家的史学家的言论。他们各自发表了各种带有民族情结的观点，并且对正当与不正当的民族主义，亦即被统治者与统治者的民族主义做了区分。然而，他们并没有为旧奥地利流下哪怕一滴眼泪。民主与联邦式的改革，例如那些奥地利马克思主义者进行的尝试，均因时间因素无一例外地以失败而告终。③ 然而一些发言者认为，奥匈帝国虽已成过眼云烟，但作为一种令人惊叹的跨民族国家形式仍值得回顾，同时也是一种政治上的挑战。科恩就引用了兰克年轻时的话语表达了这样的感受。兰克当年将奥匈帝国视为富有真正欧洲特性的一个独立国家，"在现实中它就代表了

---

① Congress Vienna 1965：*Actes*，p. 512，上面的注释16引用了这份报告的评论。意识形态的分歧也表现在以下论文：Henryk Katz（Lodz）and Josef Kowalski（Warsaw），ibid.，pp. 540，111f.

② Congress Vienna 1965：*Rapports*，vol. 1，pp. 191 – 240.

③ 尤其见讨论稿，H. Mommsen, Congress Vienna 1965：*Actes*，pp. 91 – 93.

欧洲统一性，因为它把欧洲大陆上所有种族都联合到一个国家中"。①
旅加克罗地亚史学家米利沃伊·莫斯托瓦奇（Milivoj Mostovac，渥太
华）大胆断言：如果奥匈帝国能够及时根据其内部各民族的意愿进行
改革；如果政府真正代表了各个民族……那么它本可能成为整个欧洲的
核心。②

大会主席弗里德里希·恩格尔 - 雅诺西（Friedrich Engel-Janosi）追
溯奥匈帝国的最后年代时仍激动不已。由于大会纪要（the *Actes*）并未
记载此事详情，让我们引用恩格尔 - 雅诺西的回忆片段一探究竟：

> 如果说维也纳大会比较平淡，它至少也有闪耀之处。我在关于
> 查理皇帝"一战"中所做和平努力的论文中进行的讨论便与此相
> 关。尽管在我看来皇帝的和平努力是毫无疑问的历史事实，但我并
> 没有将此事视为帝国的重大成就。然而南斯拉夫史学家对帝国或是
> 德裔奥地利人的任何和平动机都要提出质疑。根据他们的观点，所
> 有服务于奥地利军队的南斯拉夫军事力量都要用革命来结束战争。251
> 我反对后一种观点，并指出波斯尼亚军团在发动正面攻击时何等勇
> 武。这样的表述自然不易理解，而我的评论被视为对波斯尼亚军团
> 国家荣誉的危险冒犯。由于这样的言论来自大会主席，有人要求严
> 肃而得宜地报复我，即使这种报复尚且不太过分。大会剩余的三天
> 也仅能将达到沸点的争论冷却下来。③

目睹过那场景的人就会明白篇文字与现实情况相比是何等的轻描

---

① Congress Vienna 1965: *Rapports*, vol. 1, p. 211f. Cf. L. Ranke, "Aus den Papieren eines Landpfarrers" [1818], *Historische Zeitschrift* 137 (1928): 231 – 244. Reprint in Ranke, *Aus Werk und Nachlaß*, vol. 3: *Frühe Schriften*, ed. W. P. Fuchs (Munich/Vienna, 1973), pp. 467 – 483, here p. 481f.

② Congress Vienna 1965: *Actes*, p. 99.

③ F. Engel - Janosi, ··· *aber ein stolzer Bettler. Erinnerungen aus einer verlorenen Generation* (Graz, 1974), p. 283. 更多的细节见 in J. Matl, "Einige Bemerkungen zum XII. Internationalen Historikerkongreß in Wien," *Der österreichischeStandpunkt* 3, no. 2 (1966): 17.

淡写。

　　同样是在关于"第一次世界大战的政治问题"的讨论会上，反对德国在 1914 年"七月危机"中的行径及其战争目的的与会者表达了他们的观点，这些人包括弗里茨·费舍尔（Fritz Fischer，汉堡）、艾格蒙特·策赫林（Egmont Zechlin，汉堡）以及暂时代替格尔哈德·里特的卡尔·迪特里希·埃德曼（Karl Dietrich Erdmann，基尔）。[①] 格尔哈德·里特就"贝特曼·霍尔韦格在'一战'中的政治角色"为题准备了一篇报告，却因病缺席大会。德国以外的国家都饶有兴趣地参与了德国问题的讨论。维也纳大会上有 800 余名听众聆听这次讨论，多于其他任何一次讨论会——这也证实了此问题的受关注程度。在德国是否为追求霸权不仅蓄谋发动了"二战"、也有意发动了"一战"这一根本问题上，学术旨趣与政治利益是相吻合的。与维也纳大会不谋而合的是，《时代周刊》（Die Zeit）也发表了一篇弗里茨·费舍尔的文章，他在文章中旗帜鲜明地讨论了这一主题。他的另一著作《争雄世界》[*]（Griff nach der Weltmacht）曾轰动一时并被翻译成多国语言，而文章则比这部著作的思想更为深入。在维也纳大会上关于此问题的讨论中，一名波兰与会者在报告中恰如其分地指出，"会上提出了不同的观点，而大部分演讲者都支持费舍尔的观点"。[②] 由于某些原因，西欧及美国的史学家没有参与此次讨论。此前数日在第戎举行的一个法德研讨会（Franco-German colloquium）上，弗里茨·费舍尔向他的法国同僚提出建议，通过删除下列语句以修改 1951 年法德就历史教育提出的提议："这份文件不允许我们将 1914 年蓄谋发动欧洲战争的主观故意归咎于任何政府或

---

　　① Congress Vienna 1965：*Actes*，pp. 717 – 748（lectures and discussion）；亦见 E. Zöllner，"Bericht über den 12. Internationalen Historikertag，" *Mitteilungen des Instituts für Österreichische Geschichtsforschung* 73（1965）：437 – 445，here p. 443；T. Jedruszczak， "Sprawy niemieckie na XII Kongresie Nauk Historycznych"［German affairs at the XIIth Historical Congress］，*Kwartalnik historyczny* 73（1966）：496 – 501。

　　* 本书汉译本为［联邦德国］费里茨·费舍尔《争雄世界：德意志帝国 1914—1918 年战争目标政策》（上、下册），商务印书馆 1987 年版。——译者注

　　② Jedruszczak，"Sprawy niemieckie，" p. 499.

个人。"尽管皮埃尔·勒努万并未出席维也纳大会，但他和让·巴普蒂斯特·杜罗塞尔（Jean Baptiste Duroselle）及雅克·杜罗茨（Jacques Droz）拒绝放弃这种平衡式的表述；这样的表述事实上支持了那种认为德国在多年前便意图发动全面战争的观点——而这一论点并未得到文献的支撑。[①]

　　史学界一致接受苏联在莫斯科举办下一届大会的申请，这将是大会首次在共产主义国家举办，也证明了马克思列宁主义史学在国际历史科学委员会以及大会上的地位已然稳固。对于这种局面带来的永久的意识形态挑战，占国际历史科学委员会多数的西方史学家也愿意接受。然而从维也纳到莫斯科的路途并不一帆风顺。1968 年 8 月 21 日发生了红军及其盟国侵略捷克以暴力镇压其改革的事件，[*] 这对西方世界和西方史学家造成了巨大冲击。此事让人回想起，1956 年国际历史科学委员会主席费德里科·夏博德以及整个执行委员会都拒绝了委员会此前接受在莫斯科举办大会的决定。人们如今应当若无其事地准备在苏联首都的大会吗？他们还可能如此吗？国际历史科学委员会在此问题上产生了意见分歧。

　　英国的立场十分明确。英国国家委员会反对在苏联举办大会，并通过一项决议要求执行委员会在另一国家举办大会，如果这不能实现，那么就径直取消大会，否则其将缺席在苏联举行的大会。[②] 英国将此项决议提交给其他 41 个国家委员会与媒体，同时也提出了一份谴责苏联的行径是"无端侵略"的声明，该声明称苏联的行为是"专门针对言论与写作自由的侵略行为"，但同时也宣布英国国家委员会既非刻意呼吁

---

　　① See K. D. Erdmann, "Internationale Schulbuchrevision zwischen Politik und Wissenschaft," *Internationale Schulbuchforschung* 4（Braunschweig, 1982）: 249 – 260.

　　* 即 1968 年的"布拉格之春"事件，捷克斯洛伐克在杜布切克领导下于当年 4 月开始政治、经济改革，8 月 21 日，苏联与华约成员国举兵入侵捷克斯洛伐克，干涉其内政。——译者注

　　② 决议于 1968 年 10 月 1 日主席沃尔莫德和名誉秘书狄更斯签署。文本参见 Institute of Historical Research, papers of the British national committee。

联合抵制大会，也非代表全体英国史学家，它承认英国史学家中也有人反对这一观点。① 美国史学会也反对在莫斯科举办大会。② 荷兰同样提出了"官方意见"，指出国际历史科学委员会的若干准则禁止大会在莫斯科举办。③ 包括法国在内的其他国家的委员会虽未提出这样的反对意见，但也持保留态度。④ 相比之下，意大利与奥地利史学家则就抵制莫斯科大会的可能后果提出了警示。⑤ 联邦德国史学家由于预料到国际历史科学委员会将接纳民主德国为新成员，因而保持克制，并未做出表态，同时他们认为联邦德国缺席莫斯科大会不符合德国的利益，"因为假若如此，民主德国史学家将成为德国史学家的唯一代表"。⑥

国际历史科学委员会第二副主席、美国人伯伊德·沙菲尔（Boyd Shafer）尽管对苏联干涉捷克斯洛伐克表示了谴责，但他仍不赞成美国史学会的观点。他写道"在我看来，恐怕现在国际历史科学委员会处在生死存亡的关头，'西方'与'东方'有可能彻底决裂，而这将是灾难性的。不管关于莫斯科大会的最终决定如何，委员会都可能会失去很多国家的支持"。因此，他呼吁执行委员会"在这次危机中发挥一定的领导作用"。⑦ 这一"领导作用"的重任落到了比利时中古史专家保罗·阿尔森肩上，他在维也纳大会被选为国际历史科学委员会的新任主席。阿尔森与弗朗索瓦观点相反，阿尔森认为执行委员会应当采取与其在十二年前的"匈牙利事件"中一样的行动，并对举办莫斯科大会的

---

① 1968 年 11 月 15 日《每日电讯》。

② Letter of the Executive Secretary of the AHA, Ward, to François, 24 Oct. 1968, confirmed by François on 12 Nov. 1968, Archives CISH, unnumbered box.

③ 1968 年 8 月 27 日弗朗索瓦关于布鲁格曼（阿姆斯特丹）的一封给阿尔森的信的通知，以及 1968 年 12 月 14 日弗朗索瓦给沙菲尔的留言。Archives CISH, unnumbered box.

④ François to Harsin, 31 Aug. 1969, and to Reinhard（Sorbonne）, 7 Sep. 1968. Archives CISH, unnumbered box.

⑤ 比如，乔瓦尼·维杜奇（G. Vitucci）和恩格尔 – 雅诺西（F. Engel – Janosi），参见 François to Harsin, 31 Aug. 1969, Archives CISH, unnumbered box。

⑥ Minutes of the meeting of the executive board and committee of the Verband der Historiker Deutschlands, Cologne, 25 Oct. 1969，材料在作者手中。

⑦ Shafer to François, 11 Oct. 1968, Archives CISH, box 73.

可能性表示怀疑。正是在此思想下，他表示曾与荷兰国家史学会有过正式会晤，也与一些法国史学家私下进行了会面。他认为有必要将此问题 253 提交执行委员会及国际历史科学委员会。① 因此他求助于苏联国家委员会主席兼国际历史科学委员会第一副主席亚历山大·古贝尔（Aleksander Guber），请求执行委员会暂时扣下致莫斯科代表团的邀请函。他打算询问委员会成员的意见并参考国际舆论的意见。② 苏联史学家也竭力阻止东西方的决裂，他们表示出和解的态度并延期发放大会第一轮邀请函。收到英国的抗议信后，古贝尔表示并不想引起冲突，他证实苏联史学家接受了英国同行于 1969 年 9 月在伦敦召开学术会议的邀请。③

　　如同在 1956 年匈牙利危机中一样，弗朗索瓦再度施展其高明的手段阻止了东西方的分裂。他笃信自己这么做是与东欧史学家的意愿相一致的。他的法国同事访问华沙后向他转达了波兰人的忧虑，他们担忧自己"会如所预见的那样"再次被西方世界遗弃。④ 出于此原因，弗朗索瓦希望能够避免出现阿尔森在致古贝尔的信中所说的"国际讨论会"。在各种争论声中，弗朗索瓦努力阻止"表明绝对化的立场"⑤ 并且推迟了调查，尽管阿尔森执意立刻开展调查。直到 12 月 10 日——英国公布其国家委员会决议一个月后，他才向执行委员会寄出通知信。在信中，他要求执行委员会成员参考各自国家委员会的意见陈述他们的立场。他们的回答以及独立成员的讨论结果清楚地表明，多数人并未打算采取任何危及莫斯科大会的行动。此外，各个国家委员会也不希望打乱各事项的常规进展。执行委员会及委员会依据弗朗索瓦在这一时期反复强调的原则行事："若无其事地继续筹备大会"。⑥ 鉴于西方势力并未对捷克斯

---

① Harsin to François, 30 Aug. 1968, Archives CISH, unnumbered box.

② Harsin to Guber, 31 Aug. 1968, Archives CISH, unnumbered box.

③ Guber to Wormald, 19 Dec. 1968, Archives CISH, unnumbered box. 也可参见 letter from François to Shafer and Harsin, 31 Aug. 1968, about his visit to Moscow, ibid。

④ François to Harsin, 5 Oct. 1968, Archives CISH, unnumbered box.

⑤ François to members of the Bureau, 7 Sep. 1968, Archives CISH, unnumbered box.

⑥ 参见 letters to H. Michel, 30 Sep. 1968, and to Biaudet, 5 Oct. 1968, Archives CISH, unnumbered box。

洛伐克局势进行干预，弗朗索瓦对自己的政策态度更为坚定。当改革运动失败、捷克斯洛伐克人除了适应新情况别无选择之后，弗朗索瓦向意大利国家委员会秘书长秘密吐露了自己的心声："一个人绝不可能比国王对王权更忠诚"，因此他"不必比向莫斯科的霸权妥协的捷克斯洛伐克人更像个捷克斯洛伐克人"。* 而在评价英国的行为时，他则补充道，他一直把政治与学术截然分开。①

　　然而从政治与学术两方面分别提出的问题仍然证明，这两个领域难以分割且相互纠缠：在舆论普遍认为莫斯科大会不应被取消的情况下，254 国际历史科学委员会是否有责任就捷克斯洛伐克事件对学术自由的影响做一个公开、明确的表态，更是个问题。因此，哲学与人文科学国际委员会主席让·端木松（Jean d'Ormesson）建议发表同情捷克斯洛伐克的声明，对大会是否在莫斯科举行公开表明态度。倘若苏联决定取消大会，他们将承担东西方决裂的责任。② 美国历史学会采取了相似的立场，倘若没有其他可行的会址，他们便会前往莫斯科，"然而同时我们也要提出我们的看法，即谴责苏联与捷克斯洛伐克对思想活动的钳制"。③ 由于众多捷克史学家因为政治原因被剥夺了职位与学术工作的权利，整个国际史学界也受到直接影响，因此，一份坚定、公开的声明看起来也就合乎情理了。

　　8月16日，约3000名史学家齐聚克里姆林宫大会堂，超越了往届大会的参会人数。保罗·阿尔森在开幕致辞上谨慎地提到，是年为列宁100周年诞辰——列宁"通过其思想和行动为近半个世界的生活环境带来了深刻变革"——同时他也提到，"1968年夏的危机"在国际历史科学委员会内引起的极大不安情绪。一些国家委员会拖延数月才承诺参

---

　　* 弗朗索瓦在这里实际上以一种私人的方式表明了自己的政治态度，尽管他坚定地推进莫斯科大会的筹备工作，但他在内心中反对苏联对捷克斯洛伐克的干涉，也不认为自己的学术举措是在向苏联妥协。——译者注

　　① François to Vitucci, 25 Nov. 1968, Archives CISH, unnumbered box.

　　② J. d'Ormesson to François, 21 Oct. 1968, Archives CISH, box 73.

　　③ Shafer to François, 21 Oct. 1968, Archives CISH, box 73.

会。"我们希望",他继续说道,"所有与会者能够理解一些国家的史学家的道德顾虑,同时也要理解,其他国家克服了重重困难才能参会。在学术领域工作的首要条件是思想自由,即在学术文章中能够自由表达批判性观点。如果不能保证个人表达其自身观点的权利,挑起来自不同国家甚至敌对政治体系的史学家之间的竞争是毫无意义的"。①

德意志联邦共和国的一位代表埃贝尔哈德·雅克尔(Eberhard Jäckel,斯图加特)就利用了这种自由。在关于恩斯特·迪尔(Ernst Diehl,德意志民主共和国)的一篇涉及十月革命的论文的讨论会上,他说:

> 当我站在你们面前发言时,我不得不请诸位把注意力转到下列有关大会的事实上:我们的许多同行在某国家(捷克斯洛伐克)正遭受政治迫害。过去的几周中,捷克斯洛伐克科学院历史研究所就有十五位成员被开除,许多在五年前维也纳大会上演讲的史界同人今年都无法参会。我相信,像我们这样的大会如果不开诚布公地讨论这些事实,那么大会就无法体面地召开。我对此*表示抗议,并希望我们在下届大会能够成功地与所有希望参会的同行对话。我想引用罗莎·卢森堡(Rosa Luxemburg)谈及十月革命的一句话总结:"自由永远是反抗者的自由。"②

此言论引起了轩然大波,风波慢慢平息后,主持这次讨论会的卡尔·迪特里希·埃德曼说,对立观点的公开对抗是大会固有的传统,这在莫斯科大会也得到了很好的证实。随后的官方评论中,苏联组织委员会成员

---

① *XIII Meždunarodnyj kongress istori českich nauk. Moskva*, *16 – 23 avgusta 1970 goda. Doklady Kongressa I* 〔hereafter Congress Moscow 1970:Doklady〕, 7 vols. (Moscow, 1973), vol. 1, p. 19.

* 指捷克斯洛伐克史学家被开除以及无法参会的事实。——译者注

② 雅克尔文章《基督与世界》(*Christ und Welt*) 36, 4 Sep. 1970. 大会讨论的正式记录没有发表。关于这次会议相对完整的报告,可见于 D. Grille, "Der XIII. Internationale Historikerkongreß in Moskau:Bericht und Kommentar eines Teilnehmers," *Deutsche Studien* 32 (Lüneburg, 1970):406 – 416。

A. O. 丘巴里扬（A. O. Chubaryan）表达了几乎相同的观点。他说"激烈争论的根源在于涉及这一话题的若干问题尚未解决。然而，对于公开的讨论——尤其是这些讨论就在莫斯科发生——苏联史学家仍感到欣喜。"[1]

苏联主办方一直努力不使矛盾加剧，他们的慎重举动是有特定政治背景的。大会开幕前数日，苏德双方在莫斯科签署了苏德条约，使德意志联邦共和国的勃兰特－谢尔政府（Brandt government）提出的新"东方政策"正式生效。这是20世纪70年代的总体缓和政策的一部分，该政策的基础是，在事实上承认当时的政治局势与因战争产生的势力范围。条约的签订影响了大会的气氛。会上各成员努力地建立联系，尽管当时局势紧张，且大会也从不缺少政治上和历史上的对抗。这样的对抗在匈牙利史学家米科洛斯·拉科（Miclos Lackó）的一次演讲中体现得尤为明显。拉科在演讲中表示，东欧的法西斯主义是正统法西斯主义的变异，因此不能严格地使用马克思主义关于法西斯主义的理论加以规范。挪威史学家托罗尔夫·拉夫托（Torolf Rafto）称共产党人应对工人运动造成的分裂与种种恶果负责，他对苏联在两次大战间的集体安全政策也颇有微词，这位挪威学者的主张引发了激烈的争论。[2]

为了避免与大会同时进行的列宁专题研讨会上的一致论调受干扰坏，大会没有邀请任何一位非马克思主义西方演讲者发言。开幕式上叶

---

① According to Grille, "Historikerkongreß in Moskau."

② 演讲稿，参见 Congress Moscow 1970: *Doklady*, vol. 6；关于讨论的报告，参见 W. Malanowski, "Das ist doch alles zu dogmatisch," *Der Spiegel* 24, no. 36 (1970)；H. Mommsen, "Der Internationale Historikertag in Moskau im Rückblick," *Geschichte in Wissenschaft und Unterricht* 22 (1971): 161 - 173；马克思主义者的观点：古贝尔（苏联大会组织委员会主席以及国际历史科学委员会的新主席），"XIII Meždumrodnyj kongress istori českich nauk v Moskve"［XIIIth International Historical Congress in Moscow］, *Voprosy istorii* 46, no. 6 (1971): 3 - 16；A. L. Narochnitsky (vice - president of the organizing committee), "K itogam XIII Meždunarodnogo kongressa istori českich nauk"［About the results of the XIIIth International Historical Congress］, *Novaja inovejšaja istoria* (1970, no. 6)；in the same vein of Marxist - Leninist judgements G. Becker, M. Krause, and D. Lange, "Der XIII. Internationale Historikerkongreß in Moskau," *Zeitschrift für Geschichtswissenschaft* 19 (East Berlin, 1971): 165 - 179；ibid., pp. 242 - 265, reports on individual sections and commissions (E. Anderle et al., "Die Sektionen und Kommissionen auf dem XIII. Historikerkongreß").

甫根尼・M. 朱可夫 (Evgenni M. Zhukov) 的演讲《列宁与历史》就为此奠定了基调。[①] 一位教会史学家评论称，此次演讲足可以收入《诸圣记》(Acta Sanctorum)[*] 中。也有其他人留意到，这是对一个历史伟人无条件的、不带任何批评的颂扬，正如"拜占庭式的庆祝仪式"一般。

由于莫斯科大会前的政治事件无异于接受"二战"遗留下的东西方关系，国际历史科学委员会决定改变先前对政治分裂的国家的立场。这种改变的动力来源于韩国在 1969 年 7 月比利时列日会议上向执行委员会提交的参会申请。于是，一个问题不可避免地出现了，即是否要让诸如德国、越南这样政治上分裂的国家向莫斯科大会上的全体会议再度提交申请。执行委员会决定，"考虑韩国国家委员会的候选资格，但 1970 年全会将在涉及所有分裂国家的原则性问题框架中考虑此问题"。这些国家的国家委员会被告知，如果他们愿意保留候选资格，他们的申请就会被纳入考虑范围内。[②] 朝鲜填写了申请，而越南则选择了放弃。因此，1970 年 8 月 15 日在莫斯 256 科举行的全体会议讨论了德意志民主共和国以及朝鲜半岛南北双方的参会资格。投票的结果如下：德意志民主共和国，26 票赞成，33 票弃权；韩国，21 票赞成，2 票反对，6 票弃权；朝鲜，27 票赞成，3 票弃权。德国史学家协会的代表卡尔・约尔丹 (Karl Jordan，基尔) 回避了投票。[**]

此事在涉及西柏林方面仍有后续。大会结束前不久，苏联按国家分组，拟定了与会者名单，并进行分发。名单中，来自"西柏林"的史学家与德意志联邦共和国的史学家被分开单独列出，其中蕴含的政治用意一目了然。[***]

---

① "Lenin i istorija," Congress Moscow 1970: Doklady, vol. 1.

* 一部记载基督教圣徒行迹的圣徒传记 (hapioppraphy)，最初由耶稣会士赫里伯特・罗斯韦德 (Heribert Rosweyde) 撰写。1629 年罗斯韦德去世后，由另一位耶稣会士让・波朗德 (Jean Bollard) 及其门徒续写，这里有暗讽朱可夫吹捧列宁的意味。——译者注

② Minutes of the Liège Bureau meeting, 16 – 17 July 1969, Archives CISH, box 79; ICHS, Bulletin d'information, no. 9: 101.

** 因德国历史学家协会代表联邦德国，所以约尔丹被要求回避以示公正。关于德国两大史学会的纷争，见本段上文。——译者注

*** 西柏林虽是联邦德国版图却地处民主德国、颇类似联邦德国在民主德国的一块飞地。苏联官方将西柏林史家与联邦德国其他史家单独列出，确有非学术因素牵涉其中。——译者注

与此相左的是德国史学家协会在国际历史科学委员会中代表德国史学家的实际方式——协会的独立会员中包含了西柏林史学家。经过了漫长的交涉后，国际历史科学委员会秘书长才同意对《大会公报》做相应的修改，[1] 之后与会者的名单得到了修正。

大会举办几个月后，新当选主席亚历山大·A. 古贝尔逝世。执行委员会对此表示了深切哀悼。古贝尔是一位备受推崇、通晓多国语言的学者，他集两种能力于一身，既有马列主义在政治及意识形态问题上的警惕性，又能真诚坦率地征求各国同行观点，这是令人颇为钦服的。由于他在短暂的任期里很好地行使了主席职权，部分执行委员会成员提议，在 1972 年国际历史科学委员会在新海尔采格（Herzeg Novi）全会上举荐一名苏联史学家作为其继任者将会很合适。然而，执行委员会内外都存在对此提议的反对声音。美国史学会同样提出，让一位苏联史学家继任主席并"不合适"。[2] 其他反对意见也出于同样的原因。为什么不能遵循夏博德（1960 年，由副主席韦伯斯特继任）和施米德（1962 年，由副主席古贝尔继任）去世后的惯例，让第一副主席在下届大会前履行其职责呢？但如果要让主席席位仍掌握在苏联人手中，那么就需要与苏联国家委员会共同商定提名若干候选人，将后续的选举粉饰成一次真正的选举。

然而，莫斯科只选定了一位候选人：在上一届大会开幕式上做了对列宁的英雄崇拜式演讲的叶甫根尼·米哈伊洛维奇·朱可夫。可以预料的是，全会将对他的唯一提名视作一种强行干预。执行委员会要求在莫斯科召开讨论会，会上第二副主席埃德曼表达了对此情况的担忧：众人自然希望此次选举能如往届选举那样以多数票乃至全票通过，但如果只有朱可夫一位候选人，这种情况恐怕未必会出现。事实证明这种担忧并非没有道理。此选举结果以简单多数的方式产生（总共 40 票，朱可夫 21 票，沙菲尔 1 票，17 张空白选票以及一张无效选票）。[3] 此外，执行

---

[1]　关于这件事以及 1974 年的类似事件的信件在作者手中。

[2]　Ward to François, 7 Feb. 1972, Archives CISH, box 80.

[3]　Minutes of the General Assembly of Herzeg Novi, 21 – 22 July 1972, ICHS, *Bulletin d'information*, no. 9: 117.

委员会任命第一副主席伯伊德・C. 沙菲尔为旧金山大会主席。这是糟
糕过程后的好结果，将莫斯科大会至旧金山大会期间的主席职位交给苏 257
联，与国际政治局势以及国际历史科学委员会内部的学术权力结构相
符，而熟稔委员会各项事务的沙菲尔将担任下一届大会主席。

尽管主席选举中存在争议，史学家国际联盟中的学术合作在国际局
势日渐缓和的有利局面下继续发展。在德意志联邦共和国的《东方条
约》（即 1970 年《莫斯科条约》）、1971 年《华沙条约》、德意志联邦
共和国 1972 年《基础条约》、1971 年柏林《四国协议》、1972 年为减
少核武器的《反弹道导弹条约》等条约签订后，旧金山大会几个月前
举办的欧洲安全与合作会议（CSCE，1975 年，赫尔辛基）将国际关系
缓和的进程推向了高潮。

旧金山大会上，国际史学界中的紧张政治气氛显然得到了进一步
缓解。东西方的评论都证实学术对话的气氛已得到明显改善。当然，
这并不意味着关于历史事实的对立政治解释不再碰撞。欧洲在两次世
界大战之间的革命或改革、人口大规模迁移的性质和原因以及两次大
战间欧洲的国际安全问题等话题依旧带来了许多矛盾与争议。[①] 旧金山
大会与莫斯科大会一样，史学史中最吸引人的成果来自于理论及方法论
的研究。新格局的典型代表是一位匈牙利与会者在一次讨论中发表的评

---

① 关于旧金山大会的正式讨论至今也没有发表。至于莫斯科大会，人们必须参考期刊和
详细的新闻报道文章，比如，G. Rhode， "Historiker am Pazifik—ganz unter sich，" *Geschichte in
Wissenschafi und Unterricht* 27（1976）：420 – 435；H. A. Winkler， "Kein Historiker entrinnt seiner
Gegenwart. Ost – West – Dialoge auf dem Weltkongreß der Geschìchtswissenschaft in San Franzisko，"
Frankfurter Allge – meine Zeitung，3 Sep. 1975；A. Bauerfeind et al.， " Der XIV. Internationale
Historikerkongreß in San Francisco，" *Zeitschrift für Geschichtswissenschaft* 24（1976）：442 – 467；
A. M. Sakharov and S. S. Khromov， "XIV Meždunarodnyi kongress istori českich nauk"（第十四届国
际历史科学大会），*Voprosyistorii* 51，no. 3（1976）：14 – 32；A. M. Sakharov， "O nekotorych
metodologi českich voprosach na XIV Meždunarodnom kongresse istorikov：zametke delegate"（论第十
四届国际历史科学大会的一些方法论问题：一位代表的注释），*Vestnik Universiteta Moskovskovo*，
no. 3（1976）：3 – 22；S. L. Tikhvinsky and V. A. Tishkov， "Problemy novoj i novejšej istorii na XIV
Meždunarodnom kongresse istori českich nauk"（第十四届国际历史科学大会有关近现代史的问
题），*Novaja i Novejšaja Istoria* 20，no. 1（1976）。

论，他"公开表示马克思主义不是一个封闭系统，而仅是一种科学方法；它不是对历史的一种总结式答案，而是一种提出问题的特殊途径"。①

　　旧金山大会是第一届不在欧洲举办的国际历史科学大会。与前三届大会逐渐增加的与会者相比，本届大会与会学者人数甚少。参会的美国史学家相对较少，即便是毗邻的两所大学——加州大学伯克利分校与斯坦福大学的史学家亦如此。在同一时间，另一地正在举办美国西部各州的史学会议，而这些史学家中的许多人选择参与此会议而非史学大会。公众对待大会冷冰冰的态度令来自旧大陆*的史学家感到震惊。新闻媒体几乎没有关注在诺布山（Nob Hill）上高雅的费尔蒙酒店——历史上联合国的创建地——所发生的任何事情。当局忽略了大会存在。然而这只是一枚硬币的一面。另一方面，美国组织委员会在理查德·施拉特［罗格斯（Rutgers）］领导下开展了非同寻常的活动，他们从私人捐赠与各基金会方面募集了用于举办本届大会的全部资金；公民们自发的好客精神也带给客人们独特的经历。某晚，大会邀请所有外国与会者到美国当地人家中做客，而这些当地家庭大多与历史学没有多少专业上的联系。体验美国人民的热情好客及在以公民自由为基础建立的国家，在政治上比那些未发表的演讲更具意义。

　　也许对本届大会的冷淡可由以下事实来解释，根据斯德哥尔摩、维也纳以及莫斯科大会的经验，可以预料到大会将成为马克思列宁主义宣传平台。所以，此后苏联的史学期刊事实上表达了这样的观点也就不足为奇了。《历史问题》强调要成功构建"唯物史观的宣传平台"，同时莫斯科大学也骄傲地宣布："来自社会主义国家的学者的活动使大会转变成马克思主义历史认识论的宣传平台。"② 然而，波兰的主流历史期

---

　　①　依据 Winkler, "Kein Historiker."

　　*　原文为"the old continet"。由于美国是"新大陆"（the new world），这里英译本便以"旧大陆"代指欧洲。——译者注

　　②　Sakharov, "Metodologi českich voprosach."

刊警告称"不应超越界限，将历史讨论接近或等同于政治争论"。① 舆论对于旧金山大会总体印象是，意识形态对抗中的大规模宣传活动在数量上大幅下降，这对学术辩论是大有裨益的。

尽管被迫离职的捷克史学家只是大会的边缘话题，但他们毕竟与大会相关，与会者也想到了他们。他们在承受重压后仍在工作，而大赦国际组织则在会上发布了与此相关的信息，也提到了他们在承受政治压力后的命运。在之后的布加勒斯特大会以及斯图加特大会上，这项任务转由西欧诸国的史学同人承担。②

旧金山大会是国际历史科学委员会历史上第一次任命德国人作为大会主席，他就是卡尔·迪特里希·埃德曼（新一届执行委员会全体人员的投票结果是：27 票赞成，3 票反对，7 票弃权）。③ 此次选举以及与选举中投反对票或弃权票的国家委员会的积极合作表明，虽然 1914 年至 1945 年的历史一度成为拖累德国的负担，但在制度化的国际合作领域，它是可以减轻这些负担的。新当选的主席亦如离任主席朱可夫一样在大会的闭幕式上提到了赫尔辛基方面的政治观点。世界各国都就尊重思想自由与宽容做出了庄严承诺。这让人追忆起《联合国人权宣言》第 19 条——保证每个人不可剥夺的思想与言论自由。主席的演讲让听众想起了史学界众多被剥夺该权利的同行。在众人的期待中，他表达了一种超越时代的期冀，希望能有机会欢迎他们参与下届大会。赫尔辛基的口号在政治上不够精确，也缺乏约束力。史学家是否有属于自己的机

---

① T. Jedruszczak，"Z prac KomitetuNauk Historycznych"（From the work of the Committee of Historical Sciences），*Kwartalnik historyczny* 83（1976）：476 – 480，here p. 479（在同一标题下的其他报告在第 480—490 页继续）。

② 捷克斯洛伐克史学家收集了一些文献：*Actapersecutionis*：*Presented at the XIVth International Congress for Historical Sciences*（San Francisco，1975）；Vilém Pre čan，ed.，*Acta creationis*：*Vorgelegt dem XV. Internationalen Kongreßfür Geschichtswissenschaften*（Bucharest，1980）。它包括"捷克斯洛伐克独立的历史编纂学 1969 – 1980"的文献目录。也可参见"Une contribution tchécoslovaque：des'Acta persecutionis'aux'Acta creationis,'"*LeMonde*，14 Aug. 1980。关于斯图加特大会，两卷的论文集题为"捷克斯洛伐克独立的历史编纂学"。

③ Minutes of the General Assembly of San Francisco，21 Aug. 1975，*Bulletin d'infomiation*，no. 10：124.

会，至少在其专业领域推动一个致力于和平的历史学家全球共同体的形成呢？

　　在实现 1975 年达成的原则方面，欧安会赫尔辛基会议（The Helsinki CSCE）促进了相关各国间的信息沟通与讨论的持续发展。赫尔辛基后的第一届会议于 1977 年在贝尔格莱德举行，第二届会议于 1980 年于马德里召开，当时恰逢历史科学大会在布加勒斯特举行。关于军备限制的讨论也取得了进展。《第二号反弹道导弹条约》（SALT Ⅱ）签署于 1979 年，尽管它并未得到正式认可。

　　1979 年与 1980 年之交，苏联军队入侵了阿富汗。这是对缓和政策的重大打击，但并未对布加勒斯特大会的工作造成很大影响。国际历史科学大会已得到了其自身的内在动力，使它不断向客观迈进。新一轮军备竞赛又一次引发了国际的紧张局势，甚至谈论第二次冷战也成为可能。然而，1985 年斯图加特大会依旧向实现历史学家全球共同体的目标又迈进了一步。这当然也受外部因素的影响：尽管出现了新的军备竞赛，但国际社会对永久核僵局的认识（"应对能力"）却在不断巩固；尽管东西方存在一些政治或军事方面的干扰和威胁，双方的贸易关系依然和平发展；联邦德国和民主德国在和平方面的双边国家利益使两国关系实现了一定程度上的稳定；最后，还有国际政治力量格局的初步转化。越南战争不尽如人意的结局与"水门事件"使美国遭受了挫折及剧烈的内部改组，而苏联在安哥拉、莫桑比克以及非洲之角*成功取得的基地，可以与美国军事基地体系相匹敌。更重要的是，中华人民共和国已经抛弃了持续日久的文化自我孤立政策，以一个潜在的世界性经济、政治大国的身份展现自身。从 1972 年美国总统尼克松访华开始，中国就逐渐回到了世界舞台。在数位**中国史学家参与了战前最后一届大会——1938 年苏黎世大会之后，中国学术界与外界的联系令它赢得了重返国际历史科学委员会的机会。国际历史科学委员会主席作为中国

---

　　* 即东北非或索马里半岛，包括吉布提、埃塞俄比亚、厄立特里亚和索马里。——译者注
　　** 现有资料显示，参加该届大会的中国史学家只有胡适一人。——译者注

社会科学院的嘉宾在北京、上海做了关于国际历史科学大会发展的讲座。罗马尼亚政府对中国史学家参会给予大力支持并发出邀请，于是中国代表团参加了布加勒斯特大会。中国代表团随后提出了加入国际历史科学委员会的申请。罗马尼亚推动中国参会并非巧合。在中苏关系破裂的背景下，这是罗马尼亚渴望国家自主权的明确表现。

　　与旧金山大会不同的是，布加勒斯特大会被公认是一次符合罗马尼亚国家利益的重大事件。流畅的组织工作，承办方的热情款待，政府、政党、学术界、教会代表的积极参与以及新闻媒体及时的报道，确保国际历史科学大会在一周内充实了罗马尼亚的公共生活——甚至报纸报道与访谈也意在邀请世界各地的主流史学家对罗马尼亚尊敬的总统与党的领导人尼古拉·齐奥塞斯库（Nicolae Ceauşescu）做出正面评价，以增其荣耀*。在丹·贝林代伊（Dan Berindei）的精心准备下，大会发布了令人印象深刻的五册报告。与莫斯科大会和旧金山大会不同，这份报告还包含了讨论的具体内容，以清楚记载不同史学家间矛盾的历史政治立场。东欧史成为大会"主要议题"① 之一，大会的开幕式、闭幕式上的演说②在涉及东欧的"主要议题"描绘了罗马尼亚的民族史，大会上的若干边缘事件也对它有所涉及。在过去几届大会上为人熟知的"达契亚—罗马（Dacian-Romanic）延续性"主题也以不同的形式呈现。罗马尼亚当时正在庆祝"2050 年前第一个独立的中央集权达契亚国家的建

260

---

　　* 典出耶稣会格言"ad majorem Dei gloriam"，即"to the greater glory of God"，"增添主之荣耀"。参见"ad majorem Dei gloriam, *adv.* "，OED，2014，accessed August 24, 2014，URL：http：//www.oed.com/view/Entry/247841？redirectedFrom = ad + majorem + dei + gloriam&.。——译者注

　　① St. Pascu，"La genèse du peuple roumain. L'origine et le développement historique du peuple roumain，" in *XVe Congrès International des Sciences Historiques*，Bucarest，10 – 17 août 1980：*Actes* [hereafter Congress Bucharest 1980：*Actes*]，2 vols.（Bucharest，1982），vol. 1；V. Cândea，"La place du peuple roumain dans l'histoire universelle，" *Congrès Bucarest 1980：Actes*，vol. 2.

　　② "L'Europe de l'Est，aire de convergence de civilizations." *Rapporteurs* E. A. Condurachi and R. Theodorescu（都来自罗马尼亚）；文本和补充报告，参见 *XVe Congrès International des Sciences Historiques*，Bucarest，10 – 17 août 1980：*Rapports* [hereafter Congress Bucharest 1980：：*Rapports*]，3 vols.（Bucharest，1980），vol. 1，discussion in Congress Bucharest 1980：*Actes*，vol. 1，pp. 57 – 122.

立"。在此背景下，丰富的考古学调查研究在国家层面上的意义就变得尤为显著。与此类似，保加利亚在增设的晚间会议中呈现了其国家历史，纪念了 1300 年前保加利亚国的建立。① 会议也体现出国家间的友好姿态，如罗马尼亚对待本欲取得大会主办权的邻国非常友好。这两件事都体现出了东南欧的国家对国际合作的重视。

在一份致大会的信函中，齐奥塞斯库呼吁史学家把为和平服务作为他们工作的目的，并对他们着重提出，要捍卫弱小民族的国家主权与独立。国际历史科学委员会新当选主席、波兰人亚历山大·吉耶茨托致闭幕词时也回到了上述主题，而其中影射的时政局势对听众们而言已然十分明确。此时此地，在罗马尼亚首都，这样的呼吁也许并无实际的政治功用，但仍包含具体的政治意义。然而，"史学家的国际联盟"能为促进相互理解、和解与和平做出什么样的具体贡献呢？为了探寻这个问题的答案，大会主席着力于在历史学家的全球共同体这一概念下研究大会的历史。②

和平问题是大会"主要议题"之一。③ 在以历史研究为形式历史学家把和平的总体观念融入具体的历史研究中，帝国主义、裁军、1954 年万隆会议五项原则（不干涉政策）、"正义战争"的概念、对和平乌托邦的历史建构、对战争发动原因以及重要和平条约的探讨等，都让严重对立的政治信念相互碰撞。终结"一战"的各项条约尤其引起了巨大争论。凡尔赛体系是否因为埋下了一场新战争的种子而存在根本性缺陷［弗里茨·克莱因（Fritz Klein），东柏林］，还是说，它应被视为传播理性并在相互冲突的利益集团间寻求平衡的一次尝试［弗里茨·费

---

① D. Angelov, "Das bulgarische Reich und das europäische Mittelalter," Congress Bucharest 1980: *Actes*, vol. 2.

② See pp. 307 – 309 below.

③ "Formes et problèmes de la paix dans l'histoire. 1. Moyen âge," *rapporteur* R. Manselli (Italy); "2. L'époque moderne et contemporaine," *rapporteurs* L. Diez del Corral and A. Truyol Serra (Spain). 报告和补充报告文本，参见 Congress Bucharest 1980: *Rapports*, vol. 1, 讨论参见 Congress Bucharest 1980: *Actes*, vol. 1, pp. 123 – 196。

尔纳（Fritz Fellner），萨尔茨堡〕呢？

　　大会的报道总体上重点突出实事求是的协商氛围。民主德国《历史 261
科学》杂志对此做了明确报道："马克思主义史学家与资产阶级史学家
间的争论……一般而言都非常中肯，意见交流也富有成效，"但布加勒
斯特大会清楚表明，"双方阵营在意识形态方面不可能共存"。① 苏联期
刊则对"普世"历史学家联盟概念采取时而赞成、时而批判的态度。
一些论者将此误解为呼吁"历史研究去政治化"。② 尽管主席的发言对
两大不可调和的意识形态立场之间无用的争论提出了警告，但这并
不意味着他否认历史与政治价值间的相互关系或是史学研究的政治
动机，因为"客观性与党派偏见并不相互矛盾"。然而，决定大会
交流和宗旨的问题是：在史学话语的基础方法论原则方面，自由主
义与共产主义史学家是否能够达成最低限度的共识，以实现正常的
学术对话。③

　　1985 年斯图加特大会开幕式上，德意志联邦共和国总统理查德·
冯·魏茨泽克（Richard von Weizsäcker）以"历史学家的普世共同体"
这一概念为中心做了题为《历史、政治与国家》（*History, politics and
nation*）的欢迎致辞。通晓神学思想的他探讨了"普世"的概念，指出
它原指各教会间共通的思想基础与差异，而且对于史学家相互对话的任
务而言是一个"甚为贴切的说法"；史学家在对话中就是既要存异，也
要忠于自身、忠于自己所倚靠的坚实基础。然而，对于像前人一样试图
展现其自身历史特性的德国主办方而言，所谓"坚实基础"是什么呢？

---

　　① G. Becker, "Der XV. Internationale Historikerkongreß in Bukarest 1980," *Zeitschrift für Ge-schichtswissenschaft* 29 (1981): 507 – 537, here pp. 508 and 513.

　　② I. R. Grigulevich, Z. V. Udalcova, and A. O. Chubaryan, "Problemy novoj i novejšej istorii na XV Meždunarodnom kongresse istori českich nauk"（在第十五届国际历史科学大会上的近现代史问题），*Novaja iNovejšaja Istorija* 25, no. 4 (1981): 24; similar in S. L. Tikhvinsky and V. A. Tishkov, "XV Meždunarodnyi kongress istori českich nauk"（第十五届国际历史科学大会），*Voprosy istorii* 55, no. 12 (1980): 3 – 23, here p. 5。

　　③ 见第 308 页以下。

民族这一概念在任何一个欧洲国家都没有像在德国那样名声扫地。*
如同德国史学家协会主席克里斯蒂安·迈尔（Christian Meier）在其开
幕致辞中所言："除了这里，我们还能在什么地方看到这样的情景：一
个社会除了只包含其自身四分之三的人口，还要让自身与自己过去的历
史决裂？有哪一个社会会以建国前简短的历史定义自身呢？"① 许多参
会者扪心自问，难道柏林不正是将德国历史变成现实的"坚实基础"
吗？大会一直在东道主国家的首都举行，迄今只有一个例外。** 任何情
况下，柏林都代表着德国历史上与现实中的分裂，因此它比巴登—符腾
堡州（Baden-Württemberg）首府斯图加特更有代表意义。为避免野蛮的
柏林墙进入大会视野而使政治敏感引起多余的紧张情绪，柏林没有被选
作大会的举办城市。斯图加特远离两德边界，是一个更能尊重"他者
差异性"的地方。除了少数不值一提的案例外，整个会议氛围比以往
任何时候更注重就事论事，甚至在两德史学家关系上也是如此。

与政治相关的话题被包括在"对法西斯主义的抵抗运动、国家社会
主义与日本军国主义"讨论会中，这一建议由联邦德国方面提出。此
目的是对三个国家在经济、社会、政治、思想条件与发动抵抗运动的能
力做一比较分析。② 当时尚未有此类学术研究。不幸的是，研究话题的
范围太广，因此精确的比较研究无法实现。相关论文不是重复众所周知
的信息就是停留在狭隘的民族框架中，有时它们甚至神化、夸大了民众
抵抗运动，而事实上只有少数具有奉献精神的小群体真正在抵抗纳
粹。③ 法国学者弗朗索瓦·贝达里达（François Bédarida）与捷克斯洛伐
克学者米洛斯拉夫·克罗皮拉克（Miroslav Kropilák）二人所撰的介绍

---

　　* 指德国在历史与现实中的不统一。——译者注

　　① Chr. Meier, "Zur Lage der Geschichtswissenschaft in der Bundesrepublik," *Geschichte in Wissenschaft und Unterricht* 37（1986）：71 – 73.

　　** 指本届大会在斯图加特而非西柏林举行。——译者注

　　② K. D. Erdmann in Bureau meeting（Andorra, 1981）.

　　③ *XVe Congrès International des Sciences Historiques, Stuttgart, du 25 août au 1er septembre 1985：Rapports*［hereafter Congress Stuttgart 1985：*Rapports*］, 2 vols.（Stuttgart, 1985）, vol. 1.

性报告的主要差异也在于他们对于抵抗运动的定量评价 *。贝达里达
追求概念区分，以在总体上能够更精确地处理整个问题。他也通过这种
方式对战争期间的争议焦点——德国的军事抵抗运动中的忠诚问题做出
恰当的评估。遗憾的是，对于从 1939 年至德国进攻苏联期间希特勒与
斯大林合作过程中发生在德国与捷克斯洛伐克的共产主义抵抗运动所历
经的矛盾，克罗皮拉克并未做出相应的评价。然而，两位发言人在联合
发言中彼此肯定"多元化是国际史学家共同体中必须的元素"，而不同
的解释是对这种多元化的"积极反映，也是很正常的反映"。此外，他
们也明确表示，他们对抵抗运动的评价在三个重要问题上达成了一致，
这三个问题就是：抵抗运动的目的是"保卫人类"，它是"对和平与和
谐的意愿"，也表达了"国际合作必要性"的坚定信念。①

---

* 原文如此。但据后文，疑为"qualitative appraisals"，定性。——译者注

① "Conclusion commune，"同上，第 145 页。编者注（指英译本编者——译者注）：在斯
图加特大会上，在一次圆桌会议上讨论核时代史学家的责任这一纯粹的政治主题，由齐赫文斯
基组织。见本书德文版，p. 374f。这次分会议达成呼吁裁军和和平的决议。该决议由齐赫文斯
基提出，并得到执行委员会成员 T. C. Barker（英国）和 G. A. Craig（美国）的支持。这一决议
被参与圆桌会议的 400 名人员"一致"采用。简短介绍文本，参见 "Historiker für den
Frieden，" *Zeitschrift für Geschichtswissenschaft* 34，no. 3，（1986）：23。

第十六章

1960—1985 年大会的
组织与结构发展

国际历史科学委员会全会与大会工作给人的第一印象是，积极参与 者仍以欧美学者为主。纵观历年大会举办地，再看下一届大会承办国西班牙的地理位置——北向奥斯陆，南临罗马，东面莫斯科，西望旧金山，我们就能明白个中缘由。1960 年第 11 届大会在斯德哥尔摩召开时，委员会由 6 个国际专题研究组织（即国际附属组织）以及 34 个国家委员会组成。[①] 这些组织机构大多位于欧洲或北美地区，仅有极少数例外。另外，非欧美国家中，只有日本、蒙古、土耳其和乌拉圭派代表出席了在斯德哥尔摩举办的两次全体会议。在斯德哥尔摩大会上，欧洲和北美洲史学家的绝对优势地位更加明显，从大会议题安排中的论文数量就可以窥见这一事实：在全部 159 篇论文中，只有 8 篇不是来自欧洲或北美地区（日本 4 篇、以色列 2 篇、土耳其 2 篇）。然而，从斯德哥尔摩大会到斯图加特大会的 20 年间，这一情况发生了显著变化。

斯图加特大会举办期间，在国际历史科学委员会的 47 个国家委员

---

① 1960 年 8 月 19 日斯德哥尔摩第一届大会上秘书长的报告，参见 Congress Stockholm 1960：*Actes*，p. 277。关于随后国际历史科学大会成员和参与情况的相关信息，见后文，即附表一、二、三。

会中，有 16 个来自亚洲、非洲、拉丁美洲和澳大利亚。① 其中 11 个国家都派代表出席了两次全体大会。② 另外，随着国际历史科学委员会中非欧洲成员的增多，一些国际附属组织也开始带上了一些非欧洲地区的色彩。③ 日本史学家曾在 1960 年、1965 年、1970 年以及 1985 年入选执行委员会委员，印度史学家曾在 1975 年、1980 年、1985 年三度入选，墨西哥史学家则在 1950 年和 1980 年入选执行委员会委员。1985 年，来自墨西哥的厄内斯托·德·拉·托雷·维拉尔（Ernesto de la Torre Villar）甚至担任主席一职。然而，来自近东和中东的伊斯兰国家 268 的代表至今都还不多。

下述事实反映出各大洲都积极参与斯图加特大会：大会共宣读 182 篇论文，其中 26 篇的作者来自非欧洲地区。相对于斯德哥尔摩大会（159：8）而言，这一情况有所改变，但不管在大会组织还是工作方面，欧洲和北美洲仍占据重要地位。与此对应的事实是——就历史学科而言，批判性的现代学术研究起源并发展于欧洲，随后才传入其他大洲。因此，人们必须辩证地看待"欧洲中心论"一词。如果使用得当，它不是指文化历史学术研究所扎根的地理区域，而是一种史学旨趣与观点。无论如何，国际历史科学委员会都不能效仿联合国或是联合国教科文组织，采取数量原则，并且尽可能随时随地保证各个国家均有代表出席。国际历史科学委员会的会员资格与其成员国的学术水准相联系，即该国一定要有真正的史学研究能力。同时，执行委员会的人员组成要显示出国际历史科学委员会向其他大洲开放的意识，对于拥有古代文化的亚洲和拉丁美洲尤应如此。

在大会议程的逐步发展中，我们可以发现国际性的趋势不断加强。在完全以欧洲为中心的 1950 年巴黎大会与 1955 年罗马大会上，此趋势就已萌芽。在这两届大会上，除了若干探讨中东、伊斯兰、中国与拉丁

---

① ICHS, *Bulletin d'information*, no. 12.

② 日本、韩国、蒙古、中国、印度、以色列、埃及、墨西哥、古巴、委内瑞拉和澳大利亚。

③ 拉丁美洲历史学家国际委员会；阿拉伯历史学家联合会；非洲历史学家协会。

美洲史个别问题的短篇"论文"，还有两篇专门讨论非欧洲地区发展的长篇报告。其中一篇报告考察了现代西方科学技术对亚洲的影响，另一篇则是关于阿拉伯近现代史的研究综述。[①] 这些论文的作者都来自西方世界。

斯德哥尔摩大会情况类似，会上只有两篇长篇报告讨论亚洲史方面的话题。宾夕法尼亚大学的一位美国学者汇报了其研究小组的成果，他们考察了现代印度的一个核心问题：现代主义，即印度传统文化与西方文化相互渗透的问题。[②] 第二篇报告[③]则出自一个日本研究团队，讨论了中国中古史的问题。除此之外，日本史学家还提交了另外三篇有关东亚史的短文。然而在斯德哥尔摩大会的会议记录上，这些论文仍在主流话语之外。在苏联史学家积极参与的后续讨论中，史学家们达成共识，东西比较研究在未来的大会上必须受到重视。

因此，维也纳大会设立了一场以"各大洲的历史"为主题的专门讨论会。内容包括中国古代史、[④] 去殖民化、古代中美洲文明、[⑤] 撒哈拉以南非洲史的史料问题[⑥]以及奠定拉美国家基础的西班牙行政体制问

---

① J. K. Fairbank（U. S.），"The influence of modern western science and technology on Japan and China"（哈佛大学—研究小组提交的报告）；F. Gabrieli，"La storia moderna dei popoli arabi，"均见于 Congress Rome 1955：*Relazioni*，vol. 5。

② W. N. Brown，"Traditional culture and modern developments in India，" Congress Stockholm 1960：*Rapports*，vol. 5.

③ T. Yamamoto，"From T'ang to Sung，" Congress Stockholm 1960：*Rapports*，vol. 3.

④ S. Nishijima and T. Masabuchi（Tokyo），"Characteristics of the unified states of Ch'in and Han，" and N. Niida（Tokyo），"Chinese Legal Institutions of the Sui and T'ang periods，" in Congress Vienna 1965：*Rapports*，vol. 2.

⑤ 包括：P. Kirchhoff，"The fundamentals of mesoamerican history，" W. Jiménez Moreno，"Mexico, Toltec and Mixtec History，" I. Bernal，"The classic Period in the central area，" and H. Berlin，"La historia maya，"均来自墨西哥。Congress Vienna 1965：*Rapports*，vol. 2.

⑥ H. 莫尼奥（巴黎）与欧洲另外 13 位历史学家合作："Le problème des sources de l'histoire de l'Afrique noire jusqu'à la colonisation，" Congress Vienna 1965：*Rapports*，vol. 2。

题。[①] 另外，一位蒙古史学家[②]在一次报告中谈及该国的历史研究，该报告以马克思主义史观为指导，并引发了激烈的政治争论，而苏联史学家有关去殖民化的报告同样如此。[③]

　　由于大会讨论中涉及越来越多非欧洲文化的问题，因此学者们也就提出了世界史是否存在、何以存在的问题。马克思主义者和西方史学家一致认为，全球化进程要求学界重新思考全球历史的相互关系问题。在路易·哥特沙尔克（Louis Gottschalk，芝加哥）关于世界史的研究课题与认识的报告后，学者们展开了讨论，就让我们引用讨论中的两个观点来探讨这一问题。这两种观点从不同的史学理论出发，但最终都在对问题本身的认识方面达成一致。特奥多尔·席德尔评论称："现在的情况与过去大不相同，人类的历史早已非过去的历史学所指向的模糊不定的目标，而是一种需要用历史来证明的现代经验。"若要绘出一幅史学新图景，我们必须对不同的文化做比较。"在这样的背景下，以欧洲文化为代表的西方文化只是人类诸多文化中的一支，然而它所产生的动力却将现代人类会聚到一起，形成了一个充满矛盾冲突的共同体。这方面的重要性是不容忽视的。实现此目标当然无法一蹴而就，而是需要更深入地了解、研究构成了整个人类世界史的文化单元以及它们之间的相互关系。19 世纪那种以国别史构成世界史基础的情形在今天已一去不复返，取而代之的是各大洲伟大文明的历史。"[④] 德拉霍米尔·巴塔（D. Bárta，布拉格）虽有不同的认识，但仍对此观点持支持态度，他将当今世界范围内的联系与世界之史间的关系定义如下：

---

① J. M. Ots Capdequi（Valencia），ibid.

② Sh. Bira（Ulan Bator），"Mongolian Historiography," in Congress Vienna 1965：*Rapports*, vol. 4；1965 年维也纳大会上的讨论，见 *Actes*，pp. 577 – 586。

③ A. A. Guber and A. F. Miller，"Changements politiques et économiques dans les pays d'Asie et d'Afrique au XXe siècle," in Congress Vienna 1965：*Rapports*，vol. 2；1965 年维也纳大会上的讨论，见 *Actes*，pp. 281 – 309。

④ Congress Vienna 1965：*Actes*，p. 525f.

　　如果要提出一种符合社会发展规律的进程，那应当是人类发展的整个进程……在很长一段时间内，不同的族群、国家与文化区域几乎都是独立发展，它们的相互影响微乎其微，我们也很难从中挖掘更深的知识。只有当国与国之间的交流变得更加密切和频繁，史学研究才能拓宽其范围。这些关系的发展也取决于生产、工业、交通方式、贸易以及我们当今所谓"媒体"的发展……世界市场与国际关系的发展创造了世界历史，也的确创造了世界史研究。①

　　在维也纳大会五年后的莫斯科大会上，世界历史比较研究成为主题。与之对应的是，"亚非现代化进程中的民族主义和阶级斗争"成为大会的主要议题。两位德国学者围绕这一主题分别在有关连续性与精英阶层形成的报告中证明了经验主义比较方法的有效性，两者都以研究文献为基础，并且只讨论非洲内部的发展问题。② 第三篇论文则由瑞士学者 H. 吕蒂（H. Lüthy）发表，讨论的是刚兴起不久的印度参与东非帝国主义统治的问题。③ 与这三篇精深的专题论文不同的是另三篇分别由日本、捷克和德国史学家提交的报告。④ 他们以传统马克思主义的范式展开论述，因而缺乏相应的问题意识。关于拉丁美洲近代社会史的几篇典范之作则将国际历史科学委员会促进比较研究的意图变成了现实，它

270

---

　　① Congress Vienna 1965: *Actes*, p. 527.

　　② F. Ansprenger（Cologne），"Probleme der Kontinuität afrikanischer Staaten während und nach der Periode europäischer Kolonialherrschaft"; I. Geiss（Bremen），"Die Entstehung der modernen Eliten in Afrika seit der Mitte des 18. Jahrhunderts，"均见于 1970 年莫斯科大会: *Doklady*, vol. 2。

　　③ "India and East Africa: Imperial partnership at the end of the First World War，" Congress Moscow 1970: *Doklady*, vol. 2.

　　④ S. Imahori（Japan），"Nationalism and class conflict in China"; A. Palat（Czechoslovakia），"Qualitative changes in the development of Asian countries after World War II"; W. Markov（GDR），"Wege und Formen der Staatsbildung in Asien und Afrika seit dem Zweiten Weltkrieg." Congress Moscow 1970: *Doklady*, vol. 2.

们讨论的是依附农民的社会境况、农民运动和游击战争问题。① 而对现代的世界史观念形成而言不可或缺的亚洲早期历史却少人问津，只有两位日本学者分别撰文讨论了 "日本封建主义的特点"② 和 "16、17 世纪远东地区的白银流通"。后者的主题在大会议程中也显得十分冷门。③

　　在上文提到的有关拉丁美洲的研究中，皮埃尔·维拉尔展示的一篇论文出自一项由许多学者共同参与的 18 世纪晚期农民运动的研究。④ 莫斯科大会上，同属这一研究团队的五位法国史学家提交了不同方面的研究报告，包括封建主义［阿尔贝·索布尔（A. Soboul）］、传统的农业社会［菲利普·维吉埃（Ph. Vigier）］、市场经济［皮埃尔·巴拉尔（P. Barra1）与伊夫·塔维尔尼埃（Y. Tavernier）］以及民族运动［雅克·德罗兹（J. Droz）］等。这些报告的共同点在于，尽管它们的论述从欧洲史出发，但也同样考虑其他大洲的相关现象。发起这一调查的是国际历史科学委员会下属的一个特别活跃的组织——社会运动和社会结构史国际委员会。呈现于此的成果乃是极佳的范例，展现了在解决一个需要众多史学家合作的跨洲问题时，一个跨国研究小组在两届大会间隔的五年中通过持续不断的努力可以取得怎样的成就。然而，在大会宣读报告的 45 位学者中，只有 6 位来自非欧洲地区。⑤

　　在五年后的旧金山大会上，一群日本史学家展示了他们对亚洲、非

---

　　①　M. Mörner（Sweden），"Tenant Labour in Andean South America since the eighteenth century，a preliminary report，" Congress Moscow 1970：*Doklady*，vol. 2；P. Vilar（Paris），"Mouvements paysans en Amérique latine，" Congress Moscow 1970：*Doklady*，vol. 7；G. Kahle（Cologne），"Ursprünge und Probleme lateinamerikanischer Guerillabewegungen im 19. Jahrhundert，" Congress Moscow 1970：*Doklady*，vol. 2. 关于同一主题，一些研究更多地以马克思主义经典而非研究课题为基础。见 A. H. Glinkin（USSR），"Latinskaja America i mirovoj istori českij process v XIX i XX vv"［Latin America and the worldwide historical process in the XIXth and the XXth centuries］，Congress Moscow 1970：*Doklady*，vol. 2。

　　②　H. Matsuoka，in Congress Moscow 1970：*Doklady*，vol. 4.

　　③　A. Kobata，in Congress Moscow 1970：*Doklady*，vol. 5.

　　④　"*Enquête sur les mouvanents paysans dans le monde contemporain（de la fin du XVIIIe siècle à nos jours），*" Congress Moscow 1970：*Doklady*，vol. 7.

　　⑤　Congress Moscow 1970：*Doklady*，vol. 7，p. 131f.

洲的革命事件的研究成果。这一研究成果丰硕，并且在大会历史上有着重要意义，因为它从亚洲的视角展现了世界历史，并且尝试将其应用于对西方史学的评价中。① 这份以马克思主义为指导的报告，以及由法国史学家毕仰高（Lucien Bianco）② 所著的关于中国当代史的长篇巨著，都因切中"主要议题"而安排在大会重要环节陈述。毕仰高以中国革命研究而闻名《中国革命的起源》，他以透彻的社会历史分析，探讨了作为革命运动动力的民族革命与农村社会革命因素。他高度重视民族主义者意欲使中国屹立于世界政治大国之林的理想，并认为这种理想已远远超越了简单的"解放"或"反帝国主义"。毕仰高高瞻远瞩地预测道，中国的民族主义乃是"受到外来影响的民族主义"，而它"迈向现代性的长征也永远不会追随资本主义的西方所走过的道路"。而在数年前，中国史学家决定加入史学家的国际联盟，至于他们将以何种方式阐释本国的历史，仍有待观察。另外，在大会上另有九篇以亚洲史为主题的论文，分属于各个以年代为序的讨论会，涉及高丽、贵霜帝国、明朝、奥斯曼土耳其帝国以及游牧民族等。关于游牧民族的报告来自一个人员结构合理、合作默契的团队。报告首先详细梳理了有关欧亚游牧民族文献资料［康斯坦丁·C. 吉奥列斯库（C. C. Giurescu），罗马尼亚］，其次对游牧生活和城市的关系展开了讨论［羽田昌（A. Haneda），日本］，而后谈及游牧与封建的关系［Sh. 那楚克道尔吉（Sh. Natsagdorj），蒙古］，最后以有关钦察汗国的报告［贝托尔德·施普勒（B. Spuler），德国］结束。

　　旧金山大会上，有两篇论文分别讨论了奥斯曼帝国的征服政策［塔伊布·戈克比尔金（T. Gökbilgin），土耳其］与中央集权制［约瑟夫·

---

① 　S. Kimbara, "Tradition and innovations in Asia and Africa. "被视为参与者而被提及的几个日本机构：历史科学学会、日本史学会、历史教师理事会。见 Congress San Francisco: *Reports*, vol. 1, pp. 550ff。

② 　L. Bianco, "La Révolution chinoise. " Congress San Francisco: *Reports*, vol. 1, pp. 220 – 263.

佩伦伊（J. Perényi），匈牙利]，这使土耳其成为大会的焦点之一。① 布加勒斯特大会上，一篇讨论帝国民族结构的论文 [特奥多尔·帕帕多普洛斯（Th. Papadopoulos），塞浦路斯] 再次涉及这一主题。凯末尔·阿塔图尔克（Kemal Atatürk）缔造的建国神话被追溯到了赫梯帝国时代。另外一位土耳其学者 [弗鲁赞·基纳尔（F. Kinal）] 的论文则研究了赫梯帝国的封建特征。一位日本学者的报告讨论了伊斯兰教在中国的扩张 [今永清二，（S. Imanaga）]，内切特·贾塔伊（N. Cagatay，土耳其）则对公元 9 世纪小亚细亚的理性主义进行了考察。② 和平问题是布加勒斯特大会上的"主要议题"之一，大会上有两篇涉及此主题的论文讨论了亚洲方面的问题。网野善彦（Yoshihiko Amino，日本）的报告指出，在日本也存在类似于欧洲中世纪时的庇护权。与此内容翔实的学术性报告相比，另一篇论及亚洲"人民"在维护和平时所扮演的角色的论文则更具政治倾向性，因此也被贴上了反美的标签并招致了尖锐的批评。③ 另外，在方法论讨论会上，非洲史学家也就"口述史"提交了若干成果丰硕的论文。④

布加勒斯特大会上，由国际附属组织牵头的讨论会数量达到顶峰，超越了以往任何一届大会。其中一些讨论会上也有一些关于非欧洲地区的历史的重要论文。泛美地理学与历史学研究所代表朱列莫·莫伦

---

① T. Gökbilgin, "La politique ottomane devant la réforme," in Congress San Francisco: *Reports*, vol. 2, pp. 1083 – 1102; J. Perényi, "The Ottoman Expansion and the Rise of the East – European Centralized States," ibid. , pp. 1103 – 1117.

② Th. Papadopoulos, "Le modèle ethnohistorique de l'Empire ottoman," in Congress Bucharest 1980: *Rapports*, vol. 2, pp. 258 – 271; F. Kinal, "Der hetbitische Feudalismus," ibid. , pp. 55 – 60; S. Imanaga, "The Islamites in Ch'ing Dynasty of China," ibid. , pp. 288 – 298; N. Cagatay, "Les courants de la pensée rationaliste dans le Proche – Orient au XXe siècle," ibid. , pp. 105 – 114.

③ Y. Amino, "Muen, kugay, raku: Freedom and Peace in Medieval Japan," in Congress Bucharest 1980: *Rapports*, vol. 1, pp. 187 – 190; B. Eguchi and N. Nishikawa, "Peace and People in Asia in the 20th Century," ibid. , pp. 231 – 235.

④ Boubacar Barry (Senegal), "La chronologie dans la tradition orale du Waalo—Essai d'interprétation," in Congress Bucharest 1980: *Rapports*, vol. 1, pp. 516 – 519; E. J. Alagoa (Nigeria), "Oral Tradition," ibid. , pp. 520 – 535. 参见下文 p. 290。

（Guillermo Morén，委内瑞拉）开展了一项关于美洲通史的综合性研究项目。① 在有关合法婚姻制度的讨论会上，国际法律与制度史协会展示了两项关于穆斯林 ［M. 埃尔－沙坎迪里（M. El-Shakandiri），埃及］以及中非 ［艾伊·恩古萨·扬加萨（EyiEngusaYangasa），扎伊尔］ 的研究。② 这些论文表明，附属的专门研究委员会通过个人联系以及明确主题，能够取得令人信服的成果，同时也能够使大会更为广泛地扩展其研究领域。如果在布加勒斯特大会的专题讨论会上宣读了报告的这两个阿拉伯与非洲史学家的年轻组织，在将来倘若能够对总的历史观念做一共同考察，这将会使大会的内容更为丰富。

　　正如国际历史科学大会秘书长埃琳娜·阿尔维勒（Hélène Ahrweile）所言，斯图加特大会制定了一个真正意义上的"全球化"议程。③ 这首先体现在三个"主要议题"上。撒提什·钱德拉（Satish Chandra，印度）在一个关于印度洋的国际研究项目中负责协调合作的工作，并将作为主要报告人发言。此外，此项目的论文还来自丹麦 ［尼尔斯·斯蒂恩斯加德（N. Steensgard）］、比利时 ［夏尔·韦尔兰登，（Ch. Verlinden）］、印度 ［撒赫奇达难达·巴塔沙约，（S. Bhattacharya）］、斯里兰卡 ［L. 古纳瓦尔德哈恩，（L. Goonawardhane）］ 和日本（近藤治，Osamu Kondo）。在这样的情境下，跨洲越洋的研究才真正得以实现，这

---

　　① G. Morén, "Sintesis del informe Proyecto de Historia general de America," in Congress Bucharest 1980: *Rapports*, vol. 3, pp. 21 - 32; 1980 年布加勒斯特大会上的讨论: *Actes*, vol. 2, pp. 1019 - 1021.

　　② M. El - Shakandiri, "Le mariage dans le monde islamique," in Congress Bucharest 1980: *Rapports*, vol. 3, pp. 79 - 84; Eyi Engusa Yangasa, "Le mariage africain: hier et aujourd'hui," ibid., pp. 107 - 112.

　　③ 见 I. Geiss 的详尽报告: "Außereuropäische Geschichte," in "Bericht über den 16. Internationalen Kongreß der Geschichtswissenschaften in Stuttgart (25. 8. - 1. 9. 1980)," *Geschichte in Wissenschaft und Unterricht* 37, no. 2 (1986): 105 - 115. 下面提到的所有报告均可在 1985 年斯图加特大会的《报告集》中查到: *Rapports*, vols. 1 and 2。

使人追忆起罗马大会上大西洋主题讨论的部分内容。① 第二个主要议题是"他者的形象（The Image of the Other）"，由埃琳娜·阿尔维勒主持并做发言，上沃尔特［Upper Volta*，基—策博（Ki-Zerbo）］、中国（高望之）、日本［小谷汪之（Hiroywki Kotani）、永原庆二（Keiji Nagahara）、黑田俊雄（Toshio Kuroda）］，以色列［隆·巴卡伊（R. Barkai）、E. 梅内尔松［E. Menelsohn）、S. 西蒙松（S. Simonsohn）］和其他一些国家均参与了此议题的研究。第三个主要议题为抵抗运动，此议题同样包含了来自非欧洲地区的论文［中国的华庆昭与日本的神田文人（Fumihito Kanda）］。在方法论讨论会上，德国代表提议应对考古学和历史学的关系进行思考，且尤应对中华人民共和国开展的一些成就斐然的考古学研究展开思考。** 最后，马克斯·韦伯讨论会就韦伯的世界历史观念展开了讨论；讨论会上，两位学者对韦伯关于亚洲文化的论述进行了批判性考察，一位是斯波义信（Yoshinobu Shiba）（日本），另一位则是 S. 蒙什（S. Munshi，印度）。

纵观各历史年代讨论会，许多非欧洲地区的史学家讨论了非欧洲地区历史不同方面的话题，如佛教问题［季羡林，中国；李基白（Ki-Baek Lee），韩国］、中亚游牧民族文化、新教在韩国民族主义中的地位［柳永益（Young Ick Lew），韩国］ 等。在提奥·C. 巴克尔（Theo C. Barker，伦敦）主持的有关机动化（motorization）与道路交通的讨论会中，有两篇论文分别讨论了日本［下川浩一（Koichi Shimokawa）］与扎伊尔［伊潘亚·什·楚恩多勒拉（E. Sh. Tshund'olela）、乌因达康加·马弗鲁（U. Mafulu）］的问题。与大会断代史板块的其他讨论会类似，此讨论会在工作伊始就将非欧洲历史纳入计划。其他讨论非欧洲地

---

① Geiss, "Außereuropäaische Geschichte," p. 109f. 另见 Ch. Verlinden（Belgium） 的报告："The ancient period and the middle ages," and N. Steensgard（Denmark），"The Indian Ocean network and the emerging world economy c. 1500 – c. 1750"。

* 非洲国家，今布基纳法索。——译者注

** 这里应指斯图加特大会前十余年间包括发现秦兵马俑在内的中国考古学成果。——译者注

区历史的讨论会有"发展中国家的社会变迁"讨论会，其中非欧洲地区的史学家考察了印度［古达汗·巴拉（G. S. Bhalla）、D. D. 纳鲁尔（D. D. Narul）］和拉丁美洲［爱德华多·卡德纳斯（E. Cardenas），哥伦比亚］的问题；另一个是"宗教在非洲的角色"讨论会，来自扎伊尔的库勒·塔姆比特·马肖里（K. T. Mashaury）提交了相关论文。在本届大会上，史学家以欧亚比较的视角全面地研究了绝对君主制这一经久不衰的话题。罗兰·穆斯涅（Roland Mousnier，法国）在他向前几届大会提交论文的基础上继续展开论述，有针对性地分析了欧洲与亚洲的绝对君主制是否存在根本差异的问题。印度学者［S. N. 哈桑（S. N. Hasan）］与日本学者津田秀夫（Hideo Tsuda）、佐佐木润之介（Junnosuke Sasaki）提交的论文也对此论题展开了论述。最后，日本学者小谷汪之（Hiroyuki Kotani）就主要议题"他者的形象"组织了一次圆桌讨论。在圆桌会议上，史学家们对亚洲史研究中若干不断受到批评的、墨守成规的陈旧观点展开了争论，如"亚洲专制主义"与欧洲民主制的对比；"亚洲村落社会"是否为"亚洲专制主义"的基础；亚洲社会发展停滞是否是两者共同作用的结果等问题。我们期待与此次讨论相类的思维挑战在将来的大会论及世界史问题时能够更频繁地出现。

273   过去运用多种研究方法讨论非欧洲地区历史的经验为从整体上合理设计大会议程提供了基础。事实证明，大会上成果最为丰硕的论文都是多位学者合作的成果。在此过程中，各种形式的合作与协调得到了充分发展。

首先是大会对"主要议题"的设定。大会采纳了海因里希·菲利克斯·施米德（维也纳）提出的建议。施米德曾于1961年伊斯坦布尔执行委员会会议上当选斯德哥尔摩大会的国际历史科学委员会主席。当时，他便有意安排数位研究者通过国际合作来准备报告。由于组织者已不能简单地依次安排大会日益增加的议题，大会设置了"主要议题"。早在世纪之交，已有史学家呼吁采用综合与比较的研究方法，随着历史研究领域在时间和空间上的扩展，这种方法的使用变得更为迫切。在罗马大会上，史学家们首次尝试以传统的时代分期组织长篇的研究与文献综述，并由杰出的专家宣读论文。但显然，这一试验不可能每五年就重复一次。

　　大会上不断有以个人身份出席的学者提交有关主题明确的话题的研究综述，这些报告都很有价值。然而，鉴于国际历史科学委员会的目的，以国际合作形式呈现的报告仍是最有前途的。设置"主要议题"正是为这一类型的论文提供平台。这种设想首先在维也纳大会上成为现实，然而却招来不少批评，在随后的四届大会上，情况也几乎毫无进展。大会上也有借此平台滥发政治演讲的举动，这种不端行为不仅令人震惊，也缺乏超越国家与意识形态界限的意识，但更重要的是，国际历史科学委员会是在不断发展过程中才意识到它无法回避协调之职。在选择特定主题的合作者时，大会往往依据国家委员会偶然提出的建议而非专业水平为依据。这样的结果是，有的合作者的水准过于拙劣，乃至于令国际历史科学委员会的名誉岌岌可危。而如今，执行委员会已有勇气在大会筹备阶段承担更多的责任，并要求成员负责好各自的"主要议题"——这对大会的成功而言至关重要。此程序在斯图加特大会的筹备过程中首次得到落实。这意味着，相关的执行委员会成员应负责和安排好各种不同形式和结构的报告与遴选得力合作者的任务。理论与方法论讨论会也是如此。在可以为各个研究小组安排临时会议时，此举都是卓有成效的。因此，斯图加特大会上的合作报告非常成功，合作者在同一主题上默契协作，保证了学术标准，甚至在某些引发激烈争辩的主题上也是如此。

　　自斯德哥尔摩大会以来，国际附属组织提交的论文，对大会的议题是一个有益的补充。这些附属组织都是专门史研究的代表，在两届大会间隔的五年间完成国际合作，因而也为大会提供了长久国际合作的经验。因此，大会上众多与会者形成了多个规模较小、通常互有交集的小圈子，每个小圈子的成员都通过不断的跨国与跨意识形态合作彼此逐渐熟悉。将这些国际委员会纳入大会议程仍属新近举措。在 1965 年维也纳大会上，他们首次被授权组织自己的专属讨论会。[①] 在以往历届大会

---

　　① Congress Vienna 1965：*Rapports*，vol. 3，Commissions；Congress Vienna 1965：*Actes*，pp. 351 – 507.

上，他们通常在大会开幕前一两日，或是大会召开期间举办专属研讨会和学术会议，并不在大会的官方议程之内。[1] 大会的边缘会议产生了若干最为活跃的国际委员会，在这些委员会产生一段时间后，其中个别委员会则首先以"内部委员会"的身份获得了国际历史科学委员会的成员资格。

建立国际研究小组则以两个趋势为必要的基础，一方面是学术专门化，另一方面则是在特定研究领域中开展有效的国际合作。然而，当维也纳大会为这些委员会安排专门讨论会时，很多人都持否定意见。可以理解的是，民主德国史学家的官方组织希望减少维也纳大会上过多的论文，因此建议把这些国际附属委员会从大会议程中移除。从某种程度上说，此建议确实转化为行动，尽管其持续时间很短。在 1970 年莫斯科大会上，社会运动委员会与"二战"史委员会是仅有的两个以组织身份出现在大会议程和报告册上的委员会。[2] 1975 年旧金山大会再次为"内部"与"附属"国际委员会设置专门讨论会，并且多数委员会都参与其中。但是和维也纳大会的情况类似，这些委员会的活动与其他讨论会往往频繁重复，这是颇令人不悦的。因此，1980 年布加勒斯特大会专门安排两天时间集中召开附属委员会的会议。1985 年斯图加特大会延续了此项规定。

在国际历史科学委员会的各项章程中，一项迟来的变革迎合了这一发展。1950 年，国际历史科学委员会承认了附属国际组织的成员身份，但其投票权仍然受到了限制：修改委员会章程的决定权，亦即调整国际历史科学委员会结构的权力仍由国家委员会掌管。这一限制直至 1977 年普埃尔托·德·拉·克鲁斯（Puerto de la Cruz）全体大会才被取消。[3] 附属组织对专业研究的影响持续上升，这保证了大会能够反映历史研究的不同分支与机构的学术水平。

---

[1]　关于这些活动的报告可见 1955 年罗马大会的《报告集》：*Atti*, pp. 727ff. , 及 1960 年斯德哥尔摩大会《报告集》：*Actes*, pp. 287ff. 。

[2]　Congress Moscow 1970：*Doklady*, vol. 7.

[3]　关于章程的发展，见附录 4 。

除综合性的主要议题、方法论议题，以及附属委员会的专门讨论会外，传统的年代讨论会的地位依然不可动摇。它们的地位比以往更为稳固，并能依据相关主题进行划分。主持人要分别对各自的讨论会负责。大会建立了圆桌会议制度，为个人的提议创供了施展空间。只有最大限度地将大会分为多种形式的会议，这种超过两千人参与的大型会议才有可能既科学高产，又能为参会者或参与工作者得到回报创造前提条件。

随着各大洲国家参会者人数的增加，大会出现了语言方面的问题。此问题在世纪之交时已经初见端倪。据《历史综合评论》报道，1900年巴黎大会的参会者支持大会使用一种"普遍的科学语言"。一些人提出将拉丁语作为通用语言。大会将决定权交予其他机构，即通过法兰西学会将此权力转交给国际学术联盟。① 在现存的语言中，法语首先占据了绝对统治地位。由于法国在文化上有着相当的重要性，并且它在第一届大会的筹备过程中殊为积极主动，这也就不出奇了。因此，大会在1900年规定法语为官方语言。然而，在用法语做总结报告的前提下，大会允许使用拉丁语、德语、英语、意大利语和西班牙语，以及其他语言。② 当然，单一语言难以在大会中维持下去。在巴黎大会后，所有"获允"的语言都被视为"官方"语言。在罗马、柏林与伦敦大会上，各个国家的语言都在大会上占据了显著地位。另外，如上文所述，由于计划召开的圣彼得堡大会要将俄国人纳入其中，伦敦大会便决定扩展大会的语言组合。两次战争期间，大会保留了德语、英语、法语、意大利语和西班牙语。1955 年罗马大会上允许使用俄语。然而，尽管这些语言的地位是平等的，但它们作为大会媒介却未得到平等的使用，并且官方对少数欧洲语言的偏爱与大会的普世性特征背道而驰，因此斯图加特大会决定：在他人能够理解的前提下，参会者可以根据各自的意愿选择所用语言。和历届战后大会一样，斯图加特大会上使用的语言有英语、

---

① *Revue de synthèse historique* 1 （1900）：207f.

② Congress Paris 1900：*Annales*，vol. 1，p. IV.

法语——以及主办国和各个语言区盛行的第二语言——罗马大会上的意大利语、莫斯科大会上的俄语，以及布加勒斯特与斯图加特大会上的德语；至于下一届大会，则毫无疑问将是西班牙语。这意味着，在世界历史兴起的时代，掌握至少两门外语已成为史学家的基本素养。

第十七章

20世纪60年代至80年代的
理论与方法论论战

278 　　20世纪中叶，西方史学界一度分裂为两大阵营，双方彼此质疑、互不交流，并且对对方的理论吹毛求疵。双方利害攸关的分歧在于，什么才是历史学的真谛：具体还是一般；独特还是典型；独一无二还是循环往复；关注事件还是注重体系；史学家的研究方法应注重历史解释、文本解读还是注重量化与分析；最优先、最重要的研究领域应是国家和思想的历史，还是经济与社会史？由勒努万和拉布鲁斯在1950年巴黎大会上展开的重要讨论，以及1955年莫米利亚诺、夏博德、里特、勒努万等史学家在罗马大会上的共同主张可知，纵使他们不再主持大局，但老一代的"历史主义"或"实证主义"史学传统绝不会被取代。与此同时，这两大阵营的分歧显然不在于根本的认识论冲突，而在于学术研究旨趣的不同造成的方法论的分歧。勒努万对民主与外交政策史极感兴趣，并以此为前提寻求政治与社会史的综合。在巴黎大会和罗马大会上，学者们都在探索如何才能令人信服地界定结构史与事件史、社会史与政治史之间的关系，甚至是探索二者的融合，此即我所称的"新历史主义"。接下来的历届大会也为此而不懈努力。

　　在1960年斯德哥尔摩大会上，两大阵营似乎依旧彼此漠视。而在第一届国际经济史学术研讨会上，这种对立变得更加尖锐。此次会议与附属其他国际机构的会议类似，在斯德哥尔摩独立于大会召开，并引起强

279 烈反响。大会在迈克尔·波斯坦（剑桥）的倡导下，由一个临时机构自发组织召开。众多杰出的学术同人以及三百余名与会者共同见证了这次学术盛会。[1] 此次会议主要探讨两大问题，一是"作为 1700 年后经济增长重要因素的工业化"，以及"中世纪末期以降的大农业地产"。

不仅结构史学的倡导者，与会各方都对这次学术研讨会不吝溢美之词。除了各种政治挑衅给媒体带来的吸引眼球的新闻头条，国际历史科学委员会对斯德哥尔摩大会本身的贡献似乎并不那么引人注目。正如布罗代尔在《年鉴》中所言，若非来自华约集团的各民主共和国的马克思主义者为"老爹的历史学"带来一丝新鲜空气，那么大会整体上将是过时且无聊的。布罗代尔称赞 1950 年巴黎大会是不可超越的楷模，而罗马大会于他而言似乎正与巴黎大会相反，"半世纪前僵化消逝的传统史学借着惯性的魔力又死灰复燃，于法国内外创造奇迹，并最终宣告了胜利"。[2] 尽管布罗代尔评论苛刻，但他并不否认"某些人文学科"存在的权利。对于这些学科，一些齐聚在斯德哥尔摩的经济学家，例如法国马克思主义者皮埃尔·维拉尔，做出了少有的正面评论。意大利共产主义者加斯东·马纳科达认为此事意义重大，因此他在斯德哥尔摩的一篇报告中引述了维拉尔的一段话：

> 经济学与历史学和解的必要性日益凸显，尽管开展此进程的方式仍尚不明确。这旨在使两种思维方式正视彼此而非使二者对立。经济与历史这两种分析方法本受相同的好奇心驱使，却被描绘成不同的习惯和立场。如果一个经济学家以"历史的"或是"描述性的"方法来阐述自己的学说，那么他势必会招来指责。而如果一个年轻史学家使用了"理论"方法，那他会在学界权威的鄙夷下备受打击。这种敌对，对于一种与人类社会息息相关的科学的建立而

---

[1] *Première Conférence Internationale d'histoire Économique. Août 1960*, *Stockholm*, vol. 1: *Contributions*, vol. 2: *Communications*（Paris, The Hague, 1960）.

[2] F. Braudel, "Stockholm 1960," *Annales: Économies—Sociétés – Civilisations* 16, no. 3（1961）: 497 – 500, quotation p. 498.

言，无疑是灾难性的。①

至于在斯德哥尔摩大会上出现的两个导向间的关系，西班牙史学家
J. 维森斯·比维斯（J. Vicens Vives，巴塞罗那）的一篇关于 16、17 世
纪国家行政结构的报告②值得一提。在巴黎大会的影响下，比维斯日益
投身于社会科学的研究。他在斯德哥尔摩大会上的报告正是这种转变的
成果。与此同时，他又重新审视了传统的政治史。他的报告阐述了绝对
主义的出现及其本质——这一话题在大会上频频出现，而且莱里蒂埃曾
在奥斯陆大会上建议对此进行比较研究。③ 弗里茨·哈尔图恩（Fritz
Hartung）与罗兰·穆斯涅向罗马大会呈交了一份关于“绝对主义”问
题的详细报告。④ 这份法德学者合著的论文乃是一篇佳作，其原因应特
别归结于吕西安·费弗尔，他在《年鉴》上对哈尔图恩的一篇文章进
行了激烈批评，那篇文章刊载于德国“二战”后问世的《历史学》创 280
刊号上，对“朕即国家”这一说法进行了探讨。在费弗尔看来，哈尔
图恩所采用的宪政与法律史方法已经过时。⑤ 与哈尔图恩史学观念相近
的还有穆斯涅。在法国，穆斯涅被视为以社会史视角丰富政治史研究的
革新者之一。⑥ 穆斯涅与哈尔图恩在罗马大会上的演讲围绕绝对主义制
度的自我认识以及思想史中关于它的相关理论展开，而结构主义者却认
为这种视角已陈旧过时了。然后，他们对各种类型的绝对主义统治展开

① G. Manacorda, "L'Ⅺ Congresso internazionale di scienze storiche," *Studi Storici* 1, no. 4
(Rome, 1959/1960): 877.

② J. Vicens Vives, "Estructure administrativa estatal en los siglos XVI y XVII," Congress
Stockholm 1960: *Rapports*, vol. 4, pp. 1ff.

③ 见前 132 页。关于这个问题，华沙有过一个专门会议，见 1933 年华沙大会的论文：
Rapports, pp. 701 – 804。

④ Congress Rome 1955: *Relazioni*, vol. 4.

⑤ L. Febvre, "En lisant les revues allemandes: Deux articles de l'*Historische Zeitschrift*,"
Annales: *Économies—Sociétés—Civilisations* 5 (1950): 277f.

⑥ 见 J. Glénisson, "L' historiographie française contemporaine: Tendances et réalisations," in
La recherche historique en France de 1940 à 1965，法国历史科学委员会出版（Paris, 1965），
p. XXXVIIf。

了详尽阐述。接下来是对其产生的各种思想、经济、社会、地理原因的概述。在理解绝对主义制度的过程中，这些因素的相互作用不容忽视。作者特别强调了常备军的发展以及对其给予财政支持的必要性。至于其他因素的重要性，穆斯涅则以反问的方式回应了批评，他说："在绝对君主制的形成过程中，思想因素的重要性真的低于经济社会因素吗？这是历史学的基本问题之一。一个人可以出于哲学或政治上的原因先验地得到答案，但是，纯粹的历史学术立场无法为我们提供明确的答案。"①

比维斯在他提交给斯德哥尔摩大会的论文中比哈尔图恩和穆斯涅更强调国内外战争对于绝对主义的军事与行政机构发展的重要性。相比之下，思想和制度因素在他看来却不太重要。他认为，在对绝对主义的认识中，摒弃那些基于思想史与政治史的传统观念是十分必要的。与此传统认识相反，他通过地主、地方政府的行政立法机构以及君主等途径，探寻了权力的具体实现方式。他还建议，在研究绝对主义的过程中，最重要的是要关注实现君主权力的典型手段：官僚体制。为此，他勾勒了一个兼顾经济、社会、思想等开放视角的研究项目。

根据专业期刊对斯德哥尔摩大会的报道，比维斯的报告在会上并未引起特别关注。这可能是因为他的报告由他人以西班牙语代为发表（他本人于大会召开前几周逝世），因此不易理解。当然，意识形态的尖锐对立掩盖了科学的平和语调也是个中原因。但这篇论文就像那个时代方法论领域的指南针，其价值并不会因此贬损半分：它表明，从"旧"的国家与事件的历史通往"新"的社会、结构历史，还是有路可循的。尽管此问题未能主宰斯德哥尔摩大会，但后来瑞士史学家阿兰·迪弗尔（Alain Dufour）② 在其发表的大会总结报告中，把大会的主要意义归于比维斯的报告。他认为，比维斯的报告"是斯德哥尔摩大会的核心"，"它立足于人口学史、经济史、社会史、思想史以及法律史的

---

① Congress Rome 1955: Atti, p. 431.

② A. Dufour, "XIᵉ Congrès des Sciences Historiques," *Bibliothèque d'Humanisme et Renaissance* 23 (Geneva, 1961): 157 – 169.

交会点，是极其领先的政治史研究报告。"斯德哥尔摩大会上呈现的其 281
他报告中，既有关于价格史或人口学①的"现代"论文，也有关注思想
史等史学话题的②"传统"论文。此外，还有一类研究是有长期规划的
全方位的历史文献编纂，它们被先锋主义者（avant-gardist）贬斥为因
循守旧的典型代表，却也引起了基督教史家的广泛关注。③

　　1965 年维也纳大会上，法国国家委员会秘书长让·格雷尼松在一
篇关于法国当代史学的研究报告中称，即使《年鉴》秉持先进的史学
观念并且取得了无可置疑的巨大成就④，"博学"也因其对资料版本的
重视以及对文本的严格考证，在法国东山再起。他所列举的法国"博
学派"代表包括国际历史科学委员会秘书长米歇尔·弗朗索瓦、大会
前任主席罗贝尔·福蒂埃以及后来的法国国家委员会主席罗贝尔·亨
利·波蒂埃（Robert Henri Bautier）。格雷尼松在最后的结论中称，传统
的历史研究模式从结构史学的挑战中受益匪浅。社会史提出的新问题扩
大了传统史学的范围，也更新了它的方法论。

　　这份官方报告准确地描述了当时盛行的学术思潮，使用术语精当，
给听众留下了深刻的印象。格雷尼松认为，《年鉴》把实证主义史学视
为历史研究的对立面是错误的。而在早些时候，《历史综合评论》已提
出了"唯历史主义史学"* 这一术语。历史实证主义与历史主义在此是

---

　　①　Earl J. Hamilton, "The History of Prices Before 1750"; L. Henry, "Développements récents
de l'étude de la démographie du passé," 均见于 1960 年斯德哥尔摩大会: *Rapports*, vol. 1。

　　②　F. Rothacker, "Die Wirkung der Geschichtsphilosophie auf die neueren Geschichtswissen-
schaften"; F. Gilbert, "Cultural History and its Problems," 均见于 1960 年斯德哥尔摩大会: *Rap-
ports*, vol. 1。

　　③　1960 年斯德哥尔摩大会上比较教会史国际委员会会议的报告: *Actes*, pp. 297ff., 尤其
是 Hermann Heimpel 关于"神圣日耳曼"的报告，以及 Michele Maccarrone 对 Heimpel 报告的评
论: "I lavori del XI Congresso Internazionale di Scienze Storiche," in *Rivista di Storia della Chiesa in
Italia*14（Rome, 1960）。

　　④　Glénisson, "L'historiographie française."

　　*　英译本原文如此，这里的"historicizing"意为"历史化的"，并不能与法语原词"histo-
risante"（唯历史的）完全对应，考虑到此术语由法国学术期刊提出，这里的译法仍从法文，
关于唯历史主义史学，见第 13 章。——译者注

同义词。但实证主义在这里的内涵是什么？格雷尼松就此术语所指的历史思想、实践与实证主义历史哲学间做了区分，他并不认同后者，并引用了现代历史主义倡导者柯林伍德的观点以阐述自己的认识。事实上，实证主义对历史的认识"代表了16—18世纪的博学时代的遗产。由于19世纪的思想氛围利于其传播，因此它在当时所向披靡。"① 格雷尼松的第二个观点如下。法国的"实证主义"，或更确切地说是经验主义史学，对勾勒出总体历史进程的哲学"综合"表达了极度怀疑的态度，因此他从上述评论出发，尝试解释诸如新史学领军人物亨利·贝尔等理性主义者或经验主义者的非思辨性"综合"。他得出的结论则是，应当拒绝形而上学、拒绝"理论的乌云"、拒绝先验、拒绝历史哲学，也应拒绝理想主义；相反，应重视的只是依靠比较方法"在现有认识的基础上进行概述"。贝尔最重要的成就在于他将历史综合定义为学术思想以及世界观的互补，并且它能在学术话语中实现自我发展。② 格雷尼松的论述使人们回想起托马斯·S.库恩（Thomas S. Kuhn）三年前通过历史梳理提出的激进观点；库恩当时提出，不论在人文科学还是自然科学中，真理的范畴都是由一种社会现象决定的，即特定历史条件下的科学家群体及其核心话语中所接受的思想或价值观。③

282

格雷尼松的第三个观点是，新史学完成了由事件史向结构史学的历史研究模式转变，这与对历史知识相对性的理解相一致。格雷尼松提到了《年鉴》的创刊者之一作为其本人观点的主要证据："从'历史是其所在时代的女儿'到名言'没有历史，只有历史学家'，吕西安·费弗尔创造了当今每个法国史学家都会谨记于心的准则。"④ 史学家能够意识到历史知识是有相对性的，因此他们可以自由地在时代赋予他们的不同历史解释中自由选择，甚至是提出新的历史解释。在此过程中，由兰

---

① Glénisson, "L'historiographie française," p. XI, note 1；关于"实证主义"这一术语在哲学体系和经验论史学中的含义，见前15–17页。

② Glénisson, "L'historiographie française," p. XXV.

③ Th. S. Kuhn, *The Structure of Scientific Revolutions* (Chicago, 1962).

④ Glénisson, "L'historiographie française," p. XVIII.

克与诸语言学家一脉相传下来的博学的历史批判是不可或缺的。[①]

　　格雷尼松的最后一个观点是，很长一段时间内，历史主义中的哲学与认识论革命在法国并未引起足够重视。雷蒙·阿隆（Raymond Aron）试图将狄尔泰、李凯尔特与马克斯·韦伯在德国提出的当代历史主义引入法国史学界，但战争使这种努力化为泡影。然而战后十年，随着世界形势的急剧转变和法国历史学研究取得重大突破，重新审视历史学的认识论与方法论问题成为当务之急。一些史学家［如 A. 皮加尼奥（A. Piganiol）等］已经着手研究朗格洛瓦和瑟诺博斯提出的历史实证主义方法论；一些马克思主义者认为历史学与自然科学类似，同样具有客观现实性，并以此为据反对历史学中的某些相对主义观点。格雷尼松提出，20 世纪 50 年代中叶是理论讨论的高潮时期，当时，"新史学"的若干论文向传统的理论与方法论发出了挑战，这些文章包括吕西安·费弗尔的《为历史而战》（1954）、菲利普·阿里耶斯（Philippe Ariès）的《历史的时间》（1954）与费尔南·布罗代尔的《长时段》（1958）。此时，古代史学者亨利－伊雷内·马鲁也发表了一部历史知识理论的小书《历史知识》（1954）。其思想基础是狄尔泰、韦伯、克罗齐、柯林伍德以及阿隆等人的相对主义思维模式。从这方面而言，他的著作代表了一种反对历史实证主义经典、反对朗格洛瓦与塞博尼奥斯的观点。同时，非实证主义历史观念也第一次完全地囊括进法国历史理论的大讨论中。

　　对于格雷尼松的这篇报告，雅克·戈德肖（Jacques Godechot）以法国国家委员会的名义附上了一篇个人评论。[②] 他明确区分了法国史学研究的三种发展趋势。他注意到，右翼的一些保守主义史学家致力于政治与宗教史研究，而忽略了经济和社会问题。另外，有着极高史学素养并赢得广泛关注的马克思主义者一心投入经济、社会以及阶级斗争研究中。戈德肖定义的第三种趋势介于二者之间，它把史学研究视为实现政 [283]

---

　　① Glénisson，"L'historiographie française，" p. L Ⅲ.

　　② Congress Vienna 1965：*Actes*，p. 520f.

治目标的工具，其拥护者包括"法国大学中绝大多数史学家"。在 20
世纪上半叶，学术界分裂为实证主义学派与年鉴学派（此说并不确
切），两个学派发生了激烈的交锋。如今，正如格雷尼松所言，这场论
战业已尘埃落定。第三大阵营中的史学家决定将马克思主义作为认识历
史基础结构的指导方法而加以重视。他以勒努万为例，强调其"深缓
趋势"理论在经济史、社会史、思想史以及宗教史研究中的重要性。
政治、国际关系、思想、制度以及人物的历史并未被忽略，但被置于更
大的社会发展背景下加以研究。此阵营的突出特点在于"它力图客观，
拒绝带着某种政见偏好书写历史"。这种融合趋势值得注意。如果说在
15 年前巴黎大会上它前程远大却被边缘化，那么现在，它在法国已经
普遍流行，而美国人路易斯·哥特沙尔克在维也纳大会上也指出，美国
的史学研究也有这种趋势。[①]

　　此时，如果仅因为大会上出现这种声音就推断新旧两大趋势在大会
上已经势均力敌，未免有些不妥。在许多次讨论会中，仅从讨论的话题
便知史学界对社会与结构史学产生了浓厚兴趣。[②] 本届大会的主题
"1815 年的世界"，就鲜明地反映了这一点。此主题似乎意在呼唤以政
治与事件为导向的史学方法研究 150 年前的维也纳会议。然而事与愿
违。国际历史科学委员会有意邀请英国、意大利、苏联、加拿大以及联
邦德国五国[③]史学家在大会上做报告，并宣布此事；然而大会召开前数
周，有消息称五位法国史学家已受意承担此项任务。他们都与《年鉴》
关系甚密。此变更在大会上引起了三位被替换报告人的强烈不满，他们
是杰拉德·S. 格雷厄姆（Gerald S. Graham，伦敦）、刘易斯·赫尔茨曼

---

①　Congress Vienna 1965：*Actes*，p. 518.

②　例如，"Les classes dirigeantes de l'Antiquité aux temps modernes," Congress Vienna 1965：
Rapports，vol. 1；"Structures sociales et littératures aux XIXe et XXe siècles"，"La estructura politico
- administrativa hispánica como base de las nacionalidades americanas," Congress Vienna 1965：*Rapports*，vol. 2；"Les bases économiques et sociales de l'absolutisme," "Mouvements paysans du centre
et du sud - est de l' Europe du XVe au XXe siècle"，"Problèmes économiques et sociaux de la Ière
guerre mondiale"，Congress Vienna 1965：*Rapports*，vol 4.

③　ICHS，*Bulletin d'information*（1962 - 1964）.

（Lewis Hertzman，加拿大）以及阿列克谢·L. 纳罗赫尼茨基（Aleksei L. Narochnitsky，苏联）。① 五位法国史学家发表的报告关注的则是人口史［马塞尔·莱因哈德（Marcel Reinhard）］、经济史（厄内斯特·拉布鲁斯）、制度与政治结构史（雅克·戈德肖）、社会史（阿尔贝·索布尔）与意识形态［路易·特雷纳尔（Louis Trénard）］。② 与1950年巴黎大会如出一辙的是，政治史依然被忽视了！

五份报告的方法论虽单一但令人信服，且报告协调一致，给听众留下深刻的印象，然而它们只关注法国这一"领导国""领航国"，且未就1789年至1815年的整体发展做出令人满意的评价。这些报告也没有论及一些最基本的要素。比如，革命的循环、自由向专制的演化、革命战争向征服战争的转变——自拿破仑时代以来深刻影响政治思想的政治经验与问题究竟如何？欧洲统一与民族自由、陆权与海权、和平、保守势力与革命等关系又是如何？在讨论中，一些与会者指出，这些论文都没有讨论维也纳会议本身以及战争得到和平稳妥解决的问题。苏联史学家纳罗赫尼茨基批评道，文章没有从整体上思考拿破仑政权兼具的革命与反革命性，即没有思考"正义的爱国革命战争向征服战争的转变"，而英国在欧洲经济发展中的领先地位也没有受到重视。查尔斯·W. 克罗利（Charles W. Crawley，剑桥）也持类似观点，他认为，这一时期工业发展的推动力源于英国，欧洲的自由主义分子更倾向于英美而非法国，甚至法国1814年宪法也以英国1660年宪法为导向性范本，在战后，"对于某些国家而言，新原则带来的是征服、强制征兵、重税甚至

---

① Congress Vienna 1965：*Actes*，pp. 231 and 264f. 沙菲尔（美国）给弗朗索瓦（François）的信件，1965年12月13日，Archives CISH，附其他美国史学家激烈抨击拉布鲁斯小组的"戴高乐主义"的信件复印件。1965年9月19日格雷厄姆给里特的信件："为证明我的贡献，我给拉布鲁斯写了信，此后我得知，主题的一部分"1815年总论"被抛弃了，而且直到我在维也纳时才得知，我们那组被拉布鲁斯领导下的五个法国人蛮横地取代了，对此我特别生气。我和恩格尔·雅诺什提出了抗议，但没有什么效果，我很遗憾，您没有支持我谴责我所碰到的恶劣做派中最糟糕的范例……会议期间我同委员会成员谈过，他们大多数人都认为，我们应该集体辞职。"里特的信件，354。

② Congress Vienna 1965：*Rapports*，vol. 1，pp. 451 – 573.

是掠夺"，① 而报告本应对这一系列事实给予更多关注。对于大革命时期种种事件的这番评价显示出，一种社会性、结构性的历史研究方法不足以准确评价诸如法国大革命这种划时代的历史事件。

国际历史科学委员会随后将被顶替的史学家就 1815 年这一话题所撰写的论文结集出版。② 这些论文以传统的方式研究了英国海军无可匹敌的优势（格雷厄姆，伦敦）、1815 年到 1848 年的进步与保守势力（赫尔茨曼，多伦多），以及拿破仑时代末期互相矛盾的政治与社会思想（曼弗雷德，莫斯科）。此外，此卷还收录了纳罗赫尼茨基（莫斯科）关于英国大陆封锁政策历史意义的论文，它是研究综述的范本，也精细地考量了经济、社会与政治因素的互动。另外一篇独立的论文质量上乘，它由匈牙利史学家多莫科斯·科萨里所作，③ 其内容涉及维也纳会议与梅特涅体系。他描述了民族主义与自由主义势力诠释 1815 年奠定的欧洲新格局时满怀希望的思维方式，也展现了梅特涅的形象转变——至 19 世纪下半叶，梅特涅的形象日趋正面——这是一种对日益增长的政治激进主义的反动；到 1925 年，斯尔比克（Srbik）关于梅特涅的杰出传记则彻底确立了他的正面形象；此后，但梅特涅的形象又发生了一次彻底的转变，尽管总体上学界对 1815 年确立的国际格局评价甚高——科萨里在文章的下一部分则批判地考察了学界对 1815 年国际格局的认识。

维也纳大会上的其他讨论会也表达了一种对过分单一的社会史分析方法的保留态度。与会者对关于 1815 年的大会报告颇感失望，也普遍认为基本的历史学与方法论问题仍待厘清，这或许促使国际历史科学委员会决定在 1970 年莫斯科大会上组织一次探讨"历史学与社 285

① Congress Vienna 1965: *Actes*, p. 261f.

② *XIIe Congrès International des Sciences Historiques*, *Vienne 29 août 1965. Bilan du monde en 1815*: *Rapports Conjoints*（Paris，1966）.

③ D. Kosáry, "1815: Remarques sur son historiographie," in *Nouvelles Études Historiques*, *publées à l'occasion du XIIe Congrès International des Sciences Historiques par la Commission Nationale des Historiens Hongrois*, 2 vols.（Budapest，1965），vol. 1.

会科学"关系的特别讨论会。这次讨论会上共有 7 篇论文，其中有来自匈牙利马克思主义史学家拉约什·埃列克斯（Lajos Elekes）的文章，①其余均委托给西方史学家。这也反映出西方史学界特别重视此讨论会的主题。

历史主义方法论所面临的一个彻底挑战是"量化"方法。美国学者杰克·H. 海克斯特（Jack H. Hexter）探讨了此方法在社会科学与历史学中的重要性。海克斯特做了题为《历史学、社会科学与量化方法》②的报告，它是史学诸多文献中言辞最风趣也是最具想象力的论文。海克斯特对社会科学充满了并无恶意却百般揶揄的好奇心。他不否认社会科学的实用性，但也不认为它能点石成金。海克斯特的报告的要旨在于，他要告诫史学家，切勿不加甄别地使用计算机、编写错漏百出的程序，并对模拟结果做不恰当的解释。报告结尾，他向社会学家发出有力的宣言，希望他们意识到，并不存在类似于数学与自然科学那样绝对客观的关于人的科学。史学与法学这两大人类历史最悠久的学科都是如此。即便不带价值偏见地分析任意给定的价值体系或任意由价值观决定的行为在逻辑上是可行的，海克斯特还是对韦伯的"价值无涉"持开放态度——形成并传递知识的语言不可避免地要与价值有所勾连。他提出了下述例证："当一个大国举兵 40 万对一个饱经战火的东亚小国采取军事行动时，我们应称其为'支持合法政府''政治战争'还是'帝国主义的扩张行为'呢？当不受欢迎的 60 万大军势不可当地越过一个中欧小国的边境，我们应称其为'协助同志''干涉'还是'侵略'呢？我们又要如何中立地使用诸如'政治战争''帝国主义''干涉'或'侵略'这样的词汇呢？"他的结论是，历史学是一种"文学叙述"和"人文学科的解读"。③

---

① "Connaissances historiques—conscience sociale," in Congress Moscow 1970：*Doklady*, vol. 1.

② Congress Moscow 1970：*Doklady*, vol. 1.

③ Ibid. , p. 134. 另见赫克斯特（Hexter）关于"历史学的修辞"的出色论文，该文载于 *History and Theory* 6（1967）：3 - 13。

　　塞浦路斯史学家特奥多尔·帕帕多普洛斯（Theodore Papadopoulos）在试图阐明社会科学与历史学的关系时，也谈到了量化方法的地位问题。[1] 他认为此研究方法的应用领域正在不断扩展。这种方法在人口学、经济学、社会学等领域得到了恰当的运用，但随着选举统计学以及选举社会学的运用，这一方法还会扩展到政治史领域。若干史学领域中的某些进程也由一些法则支配，而这些支配法则也是可以通过社会科学方法进行研究的。帕帕多普洛斯甚至挑战了波普尔（Popper）的观点，[2] 认为如果只考虑这些因素，就能做出历史预测。然而决定论并不能完全解释历史的连贯性。那些被决定的因素的起源及其影响，尤其是人的行为，应归属于史学方法的范畴。个人选择的自由与机会都是政治史与国际关系史中不可抹去的部分。尽管社会科学与历史学间存在着"方法论与文本诠释方面的互动"，但二者仍应被视为不同的学科。

286　　经济史家阿尔弗雷德·迪布克（Alfred Dubuc，加拿大）指出，社会科学丰富了历史学，但是他也反对一种"历史学中的新实证主义"："今天学者们尝试的是，量化一切、计算一切、测量一切、将一切装进电脑，并用每种可能的数据与机械制图手段来处理材料。"历史学是人类其他学科的起源，绝不应对社会科学亦步亦趋。他引述了狄尔泰"德国历史学派"以及克罗齐的观点，倡导一种"理解性的史学"。迪布克说，柯林伍德的"一切历史都是思想史"[3] 的主张无疑是正确的。

　　在题为《历史学与社会科学研究方法的差异》的报告中，特奥多尔·席德尔（科隆）从较实证的视角更谨慎地辨析了历史学与社会科学的异同。[4] 他在报告中主要关注社会史，而未涉及他较为擅长的政治史和思想史。席德尔师从汉斯·罗特费尔斯，在哥尼斯堡大学任教直至

---

[1] "La méthode des sciences sociales dans la recherche historique," in Congress Moscow 1970: *Doklady*, vol. 1.

[2] K. R. Popper, *The Poverty of Historicism* (London, 1957).

[3] "L'histoire au carrefour des sciences humaines," Congress Moscow 1970: *Doklady*, vol. 1. Quotations pp. 148f. and 154.

[4] Ibid., pp. 51ff. 席德尔本人并没有参加这次大会。

战争结束。他在战后被委托的第一个学术项目是全面记录东欧、东南欧与前德意志帝国东部省份的德国人口遭驱逐的历史。此项工作以社会科学研究方法为基础，包括了民意调查、访谈、批判性比较、量化研究以及数据分布等，它们都为解决此类大规模的人口与社会历史问题提供了方法。席德尔一直潜心反思结构史学与社会史的方法论问题。他的一些学术意见由他的学生做进一步的推广，并发展出了"历史社会科学"这一新研究方向。它在很大程度上受到《年鉴》以及美国新史学的影响，并与德国有关"历史主义"传统的老式历史思想与历史书写的全部内容尖锐对立。

席德尔在提交莫斯科大会的报告中试图通过与社会科学进行比较来阐明历史社会科学的特点，并通过对"模式"与"类型"，"实验"与"比较方法"等几个概念的对比，举例说明了二者的异同。历史学与社会科学两大学科在研究技术与基本的认识论问题方面都实现了融合。而在阐述认识论的问题时，他首先提到了马克斯·韦伯。过去争议已久的"解释性"与"理解性"之间的差异已失去了意义。自然科学"单一的"法则观念再也不能原封不动地应用于历史学，同时我们也不可能仅从价值关联角度或自觉行为的目的性方面用单一的诠释学方法来探寻社会行为的意义。历史学的研究领域已经扩展到精神分析学和人口学领域，而许多人士也已付诸行动。席德尔报告的精要在于："历史学和社会科学息息相关。只有将二者结合、而非孤立地使用两种方法，才能解决时代的问题。"

厄内斯托·赛斯坦（Ernesto Sestan）是意大利历史学专业领域的权威之一，同时也是费德里科·夏博德的朋友与伙伴。对于《年鉴》以及"我们这个时代的史学"，他旗帜鲜明地表达了反对意见。在莫斯科大会上，他发表了一篇题为《事件史与结构史学》的文章。五年后的旧金山大会上，他又发表了一篇题为《作为历史科学的历史学》的论文①。他虽然没有质疑布罗代尔关于地中海的"杰作"的价值，但仍批

---

① Congress Moscow 1970：*Doklady*，vol. 1；Congress San Francisco 1975：*Reports*，vol. 3.

评了这部作品。他认为，布罗代尔尝试以大量细节证明他所考察的分散的结构因素与事件史间存在着清晰的历史联系，但这种尝试并不完全成功。布罗代尔忽视了"心态结构"与事件的重要性，也忽视了二者——比如以航海为业的威尼斯的政治经济状况与威尼斯人的群体意识——对长时段结构的影响。

此外，赛斯坦还反对一般意义上带有现代主义观念的语言。他认为，"结构"是"一个非常隐秘且复杂的词语"。① 而在进一步考察后可知，"结构"并不比此前使用的"系统"和"有机体"内涵更丰富。他认为历史结构主义的浪潮及其术语终究不过是昙花一现。究其原因，"一方面可以归结为'科学性'的吸引力，另一方面也可归结为当下经济与社会思想高于政治思想的现实"。历史学的科学性并不以历史结构主义的方法或量化方法为基础，尽管这些方法确实在某些领域体现了其自身的价值。史学家谈及历史学的科学性时，常会有一种"复杂的自卑感"。这也恰恰解释了他们为什么乐于采用更科学严谨的研究方法。事实上自 20 世纪初起，学界已经反复讨论过历史学能否算作一门科学的问题。这场讨论中，自然科学作为一门关注规律的科学有着崇高而遥不可及的地位。赛斯坦认为，如今史学家是时候向自己的自卑情绪告别了。毕竟，自然科学家信守的法则与史学家遵奉的规则并没有天壤之别："自然科学遵循不确定与相对的规则。我们也应扣心自问，这是不是将各个学科联系起来的基础，无论是物理学、生物学还是包括历史学在内的研究人的各门科学。"②

在莫斯科和旧金山大会上，包括席德尔在内的几位史学家也就法则概念提出了若干评论。意大利史学家保罗·布列奇（Paolo Brezzi）在旧金山大会就"作为历史科学的历史学"这一主题撰写了论文，他在文中写道："数学化的自然科学采用的决定论原则已经死亡，主观因素、相对性的观念、对时间的不同理解、演化思想、错误与可能性理论取代

① Congress San Francisco 1975：*Reports*，vol. 3，p. 2023.

② Ibid.，p. 2018f.

了机械论与因果联系。此外，如今科学家们谈论得更多的是可操作的假设而非法则，因为它可以被证实并进一步发展。"① 布列奇也像席德尔那样提到了相互渗透，这种对法则的评论说明，历史学与社会科学的结合是可能的也是必要的，这一方面意味着坚定地告别狄尔泰、特勒尔奇、迈内克以及克罗齐所定义的基于主观因素的历史唯心主义，另一方面也意味着，我们必须意识到"对历史的确切解释"必须"具体、现实并且关注个性"。②

与会者在大会上激烈讨论历史学与社会科学的关系时，却很少提及关于一般科学理论的当代争论，只有席德尔、赛斯坦与布列奇等人的论文涉及此问题。然而事实判断与价值判断的关系如何？此外，价值中立的研究的先决条件以及政治责任，对史学家而言也是亟待厘清的问题，且如大会历史所示，此问题在变动的政治挑战中是不可避免的。那么，这样的问题又当如何认识呢？荷兰史学家安东·G. 魏勒（Anton G. Weiler）在旧金山大会上的一篇题为《史学中的价值参照系与价值判断》的报告③就阐述了这一问题。该报告相对全面地展现了当时科学理论论战中对此问题的回应。魏勒视马克斯·韦伯为榜样，于他而言，过去新康德主义者所提出的普遍性科学与特殊性科学的二元对立观念已被现代科学理论所取代。他认同分析哲学倡导者的观点，即对事实的科学判断与价值无涉。然而，魏勒认为对事实的历史论断是以多种方式与价值判断联系在一起的：（1）它是对值得了解之物与可了解之物、对"重要者"与"不重要者"的区分；（2）它是一种理论价值关系，没有这种价值关系，由动机、行为准则与价值观、目标与期望所支配的人类行为就无法理解；（3）它是对多种动机性因素的重要性的估量，这种估量依赖于史学家对人类生活的认识，"比如，当史学家认为宗教与意识形态因素相比经济与社会因素在事件中更具决定性时，他就会认为

---

① Congress San Francisco 1975：*Reports*，vol. 3，p. 2037.

② Ibid.，p. 2036f.

③ Ibid.，pp. 1975ff.

这方面的因素在历史上更为重要"；（4）当史学家在体现历史学的公共功能时，他要对自己的时代负责，这是史学家的职责，对此，魏勒指出政治伦理观是人类的"根本生存因素"，它意味着"消除战争、贫穷、国家和民族歧视，赋予人自由"。①

289　　　对"二战"以来此类史学思想发展的评论在历届大会中都有所体现，1980 年布加勒斯特大会的主席提到"新历史主义"时说：所谓"新"，在于新康德主义者极为强调规律性与个体性方法的冲突，但由于如今的历史研究已有必要囊括规律性因素，所以这种观点已被战胜，因此对于来自社会科学的冲动而言，它是极不可信的；所谓"历史主义"，则在于历史学科持续关注思想、行为与责任重大之人，因此也开始重新将时间、政治与思想摆到其研究的中心位置再做考察。但如今尚有争议的问题不在于新的学说，而在于大会上提到的所谓"趋势"，即一种"渗透"或"互相渗透"的过程，是将历史主义、实证主义与社会科学方法融入史学家的工作的过程。因此，我们可以说历史主义在社会科学的环境中完成了蜕变。另有一些史学家用"重组的历史主义"②与"分析的历史主义"③来定义这种蜕变。

　　无独有偶，1980 年布加勒斯特大会在以"史学家的语言"为主题的方法论讨论会上，史学研究所固有的修辞成分、历史叙述，以及它们语言学的源头解释在此皆有涉及。在以"史学家语言修辞的分寸"为题的报告中，卡尔－格奥尔格·法贝尔（Karl-Georg Faber）指出，这场讨论的出发点在于："一方面，有学者要求，为了获得历史的真相，科学的语言应独立于具体语境，尽管这些语言只在某些限定概念中才有意义；另一方面，一些史学家主张在历史书写中恢复历史政治性的修辞，从而完成历史学的公共任务。"在这里，卡尔－格奥尔格·法贝尔认为

---

① Congress San Francisco 1975: *Reports*, vol. 3, p. 1998, 2000 and 2005.

② Th. Nipperdey, "Historismus und Historismuskritik heute," in E. Jäckel and E. Weymar, eds., *Die Funktion der Geschichte in unserer Zeit* [Festschrift for K. D. Erdmann] (Stuttgart, 1975), pp. 82 – 95, here p. 95.

③ H. Lübbe, *Geschichtsbegriff und Geschichtsinteresse* (Basel, 1977).

双方的观点都过于片面，忽略了历史学的"双重特征"。他还说："关于此问题有两种意见，一种强调修辞学，另一种强调科学的语言，正如克罗齐所言，它们使作为思想与行动的历史面临着分解的危险，它们倾向于在知识与行动间制造一种幻象般的分离。但关键在于，应寻找一种恰当的史学观念以兼顾二者，而非不加区分地在二者间画等号。"①

史学家皮耶特罗·罗西（Pietro Rossi）探讨了"史学家的通俗语言与科学语言"，② 他提出，虽然史学研究不断从社会科学中引入新的概念、解释方法以及研究方法，但是"其中只有一小部分对史学家是有用的"。史学研究正在形成自身的理论概念结构，这与社会科学的理论概念结构是不同的。罗西指出，史学家的语言有两个典型特征：一是与事件的关联性，"历史语境就是在对事件的研究过程中有助于其分类的一系列语句"；二是"个性化趋势，即陈述某一事件独特之处的趋势"。他强调，历史书写具有叙事性，它既是一种叙述，也是一种解释；因此 290 它既利用了口语的规律、也参照了一种对历史的哲学认知或是社会科学的"法则"。历史学"当然不能以其他学科的科学标准为其自身锻造模板"。因此，对于"新实证主义提出的要将史学家的语言及其解释技巧重新统一于科学语言的整体中这一种说法"，他表示了否认，同时他也坚持历史学概念的"多元语义价值"。

史学研究多以书面材料为基础，但并非所有语言资源都能以书面的形式记载下来。历史上许多古老的历史文化资源并未经过书面记载，而是口耳相传。而且近几十年来，在现代录音设备辅助下，调查采访得以深入一些史学方法论的特殊分支。布加勒斯特大会主题之一即是此类问

---

① Congress Bucharest 1980: *Rapports*, vol. 1, pp. 421 and 422.

② Congress Bucharest 1980: *Rapports*, vol. 1, p. 403f. 布加勒斯特大会上提出了一些建议，即如何通过创立一套统一的历史术语，以"规范历史学家的语言"，例如，Jean Bearten（Belgium），Congress Bucharest 1980: *Actes*, vol. 1, p. 380; Robert Fossier（France），ibid., p. 435; Eugen Stanescu and Aron Petrie（Romania），Congress Bucharest 1980: *Rapports*, vol. 1, p. 435. 反对意见的主要代表是 Wolfgang J. Mommsen 和 Gerhard Beier（Germany），Congress Bucharest 1980: *Actes*, vol. 1, pp. 386 and 389。

题。马克林·P. 伯格（Maclyn P. Burg，美国）发表了一篇题为《口述史的问题与方法》[1] 的报告，来自塞内加尔、尼日利亚、西班牙、英国、匈牙利以及挪威的学者也就此主题提交了报告。每篇报告后都紧随着一场生动的讨论。[2] 如果说大会的使命之一是令史学家了解历史学研究的新进展，为其注入新动力，那么与会者的期望在此讨论会上便得到满足。西奥多·C. 巴克尔说，口述史并非史学研究的新领域，而是一个问题与研究结果都亟待系统研究的特殊方法。他的报告《英格兰的口述史》[3] 明确指出，社会史领域显然广泛运用了这种方法。基础广泛的调查向我们揭示了某些社会阶层并未以书面形式记录的生活经历。布加勒斯特大会上关于此主题的报告与讨论提供了关于各国口述史发展与各类相关实践的丰富信息。与此同时，一些非洲史学家也向此讨论会提交了若干有价值的论文，这也印证了史学家合作的全球性扩展。

布加勒斯特大会上，要求批判考量当前史学中相互竞争的潮流的呼声愈发高涨，这促使一个法意联合团队提出了成立"国际史学史委员会"的建议。五年后的斯图加特大会上，这一委员会作为附属机构被批准成为国际历史科学委员会的正式成员，而此前该委员会已经活跃多时。它发行了一份自创刊起便备受关注的学术期刊。[4] 1983 年，该委员会在蒙彼利埃召开了一次会议，探讨了世纪之交的"方法论之争"[5]。此后，该委员会还在米兰大学召开了"费德里科·夏博德与意大利'新史学'"学术研讨会，探讨了这位热衷政治、并在国际历史科学大会历史上做出过重要贡献的史学家的研究成果。[6] 国际史学史委员会以

---

① Congress Bucharest 1980：*Actes*，vol. 1.

② Ibid. , pp. 457ff.

③ "Oral History in Britain," Congress Bucharest 1980：*Rapports*，vol. 1.

④ *Storia della Storiografia*（Milan，1982ff.）.

⑤ 其中宣读的一篇论文是：G. G. Iggers, "The 'Methodenstreit' in International Perspective：The Reorientation of Historical Studies at the Turn from the Nineteenth to the Twentieth Century," *Storia della Storiografia*，no. 6（1984）：21 – 32。

⑥ See Vigezzi, *Chabod*.

"叙事与结构史学：过去、现在与展望"① 为题开展了其自身的研讨活动，也由此重提了斯图加特大会上的方法论。研讨的结果之一是，对历史中的各种结构的考察并非什么新事物——这并不令人惊奇。通往历史主义道路的途径是把人类的思想与行动置于史学研究旨趣的中心，而我们还应记得，有两部作品通过讨论人类生存的结构条件来解释其历史独特性，它们以侧面触及了这种途径。这两部作品是于斯图斯·默泽（Justus Möser）的《奥斯纳布吕克史》（Osnabrückische Geschichte，2 vols.，1768）以及巴托尔德·格奥尔格·尼布尔的《罗马史》（Römische Geschichte，2 vols.，1811/12，1832）。而尼布尔或许已经意识到，史学研究的最高目的在于呈现"总体状况的完整图景"，在他看来，这才是"历史事件的实际基础"。② 斯图加特大会上的这次讨论会回顾了史学史，并揭示出，史学中的记叙性与理论结构性因素总是互相渗透。《年鉴》期刊主编马克·费罗（Marc Ferro），概述了该刊方法论的要旨。而格雷尼松在一篇评论中称，很难明确指出《年鉴》的具体理论立场。据史学史委员会主席夏尔－奥利维尔·卡波内尔（Charles-Oliver Carbonell，蒙彼利埃）的观点，将《年鉴》归类于法国实证主义

①　W. J. 蒙森对之进行了介绍，见 Congress Stuttgart 1985：*Rapports*，vol. 2，pp. 839 ff. 会议记录本应在这次大会的《报告集》（*Actes*）中出版，但本书写作时该《报告集》尚付阙如。大部分论文经修改后刊于 W. J. Mommsen, ed.，"Narrative History and Structural History：Past，Present，Perspectives，" in *Storia della Storiografia*，no. 10（1986）：1 – 194. 民主德国的历史学家施莱尔、罗策克、居特勒、施米特和米伦的论文见 *Zeitschrift für Geschichtswissenschaft* 34，no. 2（1986）：99 – 132. 讨论的报告见 A. Bländsdorf，"Methodologie und Geschichte der Geschichtswissenschaft，" in "Bericht über den 16. Internationalen Kongreß für Geschichtswissenschaften in Stuttgart（25. 8. – 1. 9. 1980），" *Geschichte in Wissenschaft und Unterricht* 37，no. 2（1986）：81 – 87. 这一问题的学界背景包括 L. 斯通那篇被广泛讨论的论文：L. Stone，"The revival of narrative：reflections on a new old history，" *Past and Present* 85（1979）：3 – 24. 评论可见 E. J. Hobsbawm，"The revival of narrative：some comments，" *Past and Present* 86（1980）：3 – 8，以及斯图加特大会上提交的一篇论文，F. M. L. Thompson："The British Approach to Social History，" in Mommsen，"Narrative History，" pp. 162 – 169。

②　Quoted in Alfred Heuss，"Vom historischen Wissen，" in *Erste Verleihung des Preises des Historischen Kollegs*，published by Stiftung des Historischen Kollegs（Munich，1984），p. 35.

传统中的"回溯性的社会学"似乎更为恰当。① 而另一位法国学者埃尔维·库图－贝加里（Hervé Coutau-Bégarie）则批评了年鉴学派的霸权言论。如果《年鉴》在1950年巴黎大会上提出了挑战性的宣言，宣称可以或多或少地以一种"科学的"结构史学取代事件史，那么斯图加特大会或许就"见证了这种潮流的绝唱"。②

在此背景下，当时的史学方法论也有过考察。于尔根·科卡（Jürgen Kocka）说，"新历史主义之风"劲吹，那些以分析和理论为导向的史学家也深受影响。③ 科卡提到了国际历史科学委员会副主席戈登·A. 克莱格（Gordon A. Craig），克氏曾呼吁史学家掌握生动有趣地叙事的艺术。④ 科卡则追问了这一新要求背后的动机。他通过考察新历史主义的特定表现形式，如"日常生活史"，并列举了一系列促使学界逐渐反对结构史学并呼唤历史叙事的现象：（1）经验研究在许多方面过分依赖理论，因此科卡呼吁适当地限制理论介入，并主张寻求理论与叙述的平衡；（2）以理论为导向的历史研究似乎总是与政治联系密切。然而当时的时代环境早已不同于20世纪60年代与70年代早期。人们已不再对理论抱以特别的兴趣。然后，科卡转向了对各时代的总体评论，指出一些当代德国的典型集体心理现象：恐惧、消极、世纪末情绪以及反智主义潮流，而这种潮流在年轻一代中已经取代了以往自主的理性思考的乐观情绪。因此，一种非观念性的"底层与内部的历史"、一种"左翼的新历史主义"已经出现，但在他看来，这种幻想并不比"传统的历史主义"更具说服力；（3）为了寻求一种"我们自以为缺少的集体特征"，当代史学的批判功能已大为削弱。

---

① See Coutau－Bégarie, "*Nouvelle Histoire.*"

② Blänsdorf, "Methodologie," p. 85.

③ J. Kocka, "Theory Orientation and the New Quest for Narrative: Some Trends and Debates in West Germany," in Mommsen, "Narrative History," pp. 170－181.

④ G. A. Craig, *Der Historiker und sein Publikum* (Münster, 1982)，1982年7月在威斯特法伦的闵斯特市历史研究奖颁奖仪式上的演讲，因其作品《德国史，1866－1945》（Oxford, 1978）而获奖。

科卡在这里使用了狭隘的历史主义概念。历史主义不仅源于非理性的浪漫主义，也源于启蒙运动中的理性主义。在斯图加特大会的讨论中，一些与会者提出了更加宽泛的历史主义概念。格奥尔格·伊格尔斯（Georg Iggers，美国）说："我们必须比迈内克赋予历史主义更加宽泛的定义，此事无关个性与发展，而是如特勒尔奇与曼海姆所言，从历史的角度考察人类的现实。从这个意义上说，19世纪大多数史学家都是历史主义者，不仅仅是兰克、德罗伊森（Droysen）和狄尔泰，还有基佐（Guizot）、米什莱、库朗日、布克哈特、托克维尔（Tocqueville）、马考莱（Macaulay）以及我特别要强调的卡尔·马克思与马克斯·韦伯。并且所有历史思想至少都以一种看不见的方式受到理论假设的指引，即便兰克的思想亦然。"① 基于对历史主义的这种认识，他将新历史主义理解为"叙事史"的复兴。

而耶尔恩·吕森（Jörn Rüsen）从一个同样全面的理解出发，② 将历史主义者的发展观念与启蒙运动中的进步观念联系在一起。他引用兰克的观点说："历史主义并不是简单地反对启蒙运动中的进步观念，而是将它与一种扩展了的进步观念联系在一起，而这种进步观念肯定了往昔文化创造的固有价值。"他的关注焦点在于，要为对历史主义而言至关重要的历史观念找到其历史决定因素。他在特定的历史背景下讨论了历史主义，换言之，他指出历史主义的指导思想"自由"是由法国大革命后、现代工业社会产生前的"中产阶级生活观念"所产生的。"历史主义尝试将历史构想为人类自由的发展，这种发展所依据的规范系统则是中产阶级的解放"，但当工业化与现代资本主义以成为史学家的主

---

① G. G. Iggers, "Comment on Hans Schleier's paper," 油印稿，修改稿标题为 "Historicism (A Comment)"，见 Mommsen, "Narrative History," pp. 131 – 144；施莱尔的论文《历史主义中的叙事史和结构史》（"Narrative Geschichte und Strukturgeschichte im Historismus"），ibid.，pp. 112 – 130；以新标题 "Narrative Geschichte und strukturgeschichtliche Analyse im traditionellen Historismus,"（传统历史主义中的叙事史和结构史分析），载于 *Zeitschrift für Geschichtswissenschaft*34, no. 2（1986）：99 – 112。

② J. Rüsen, "Narrative und Strukturgeschichte im Historismus," in Mommsen, "Narrative History," pp. 145 – 152.

要经验后，"这种构想的可能性已日益降低"。历史主义史学一直在抵制对史学研究发展产生持续影响的社会科学理论与方法论，这在德国表现得尤为明显，但历史主义在过去不能"为解释历史发展详细指出各个参考标准"，如今这种抵制同样无法实现这一点。这使学界忽视了"影响了人类行为的无意识因素"。当下的史学思想与历史书写建构于"历史主义之上"，但同时，"与历史主义的遗产相对照，它们也是一种可更新的传统。"① 历史主义尝试为史学研究开列若干必要的类别，也因此"提出了一条意图超越其本身的理论道路"。能够最贴切地描述这种转变过程的术语莫过于"新历史主义"了。它既非旧历史主义的新版本，也不意味着与旧历史主义一刀两断。相反，它是一种社会科学乐于接受的方法，并且注意到了理论分析的重要性，并将自身与叙述艺术和个性化处理的传统相结合。

斯图加特大会上，拉格纳·比约克（Ragner Björk）以瑞典的若干研究为例，发表了一篇关于将结构主义研究与历史叙事相结合的途径与方式的报告。② 科卡将生活的历史界定为新历史主义，与此不同的是，F. M. L. 汤普森（F. M. L. Thompson，伦敦）并不认为此类研究排斥结构史学，至少在英国并无这种现象。在他看来，结构史学与叙事方法是相容的。③ 总体而言，即使两种方法的结合并不必要，但实现这种结合也是有极大可能的。有人或许会认为，国际史学史委员会在斯图加特大会的讨论会所产生的学理认识既不新颖也不重要。然而与"二战"后的理论与方法论讨论相比，这样的成果其实殊为喜人。它明确反映出，学界已经意识到在两极间存在着一个长期的传统，它持

---

① 他指的是 W. J. Mommsen，*Geschichtswissenschaft jenseits des Historismus*（Düsseldorf，1971）和 Nipperdey，"Historismus."另见 Lübbe，*Geschichtsbegriff*，以及吕森对吕伯"分析的历史主义"概念的批评，"Zur Kritik des Neohistorismus,"*Zeitschrift für philosophische Forschung*33（1979）：243－263。

② R. Björk，"How to narrate a Structure or how to structure a Narrative," in Mommsen，"Narrative History," pp. 182－194.

③ Thompson，"The British Approach. "

续地发展着，并且包含了方法论多元主义与多方法论相互包容的实证性认识。

　　喜人的是，斯图加特大会数日议程中突出讨论了"马克斯·韦伯与史学方法论"这一主题。选择此主题的原因是马克斯·韦伯本人及其所做的工作，独创性地将影响深远的世界史研究与极具挑战性的理论主张相结合，这也与史学研究中广泛出现的"韦伯复兴（Weber Renaissance）"相对应。① 此外，这也是为了弥补此前各届大会对韦伯的忽视，在各届大会上，只有若干论文偶尔提及韦伯。当然，此前的大会之所以忽视韦伯，最重要的原因在于其语言不易理解，甚至在有关经验研究的著述中，他都大量涉及抽象的认识论与方法论反思，这对于习惯了经验主义思维模式的职业史学家而言并不易理解。

　　斯图加特大会上的文章揭示了学界何以对韦伯的工作产生兴趣。于尔根·科卡筹划主持了一次出席人数众多的讨论会，他在会上发言："韦伯对现代史学研究方法论与理论贡献超越了大多数同时代和后来的史学家。"② 科卡认为，以韦伯的思想为指导的历史学某种程度上是"介于历史主义与规律性科学间的学问"。于韦伯而言，人文科学之目的不在于以定律的形式给出公式化的陈述。人文科学的历史性使它不同于探索规律的科学。同大多数史学家一样，韦伯将"活动的人"视为

---

　　① 见伦敦德国历史学院 1984 年 9 月召开的"马克斯·韦伯及其同代人"的会议报告：*Bulletin of the German Historical Institute London*（1985），p. 11；韦伯著作的考订全集由蒙森等人主编，收入了此前不为人知的讲课手稿，目前正在进行过程中。

　　② 下列论文的删节版，见 Congress Stuttgart 1985：*Rapports*，vol. 1，pp. 240 – 281：J. Kocka（Federal Republic of Germany），"Einleitung"；Pietro Rossi（Italy），"Max Weber und die Methodologie der Geschichts – und Sozialwissenschaften"；Wolfgang J. Mommsen（Federal Republic of Germany），"Max Webers Begriff der Universalgeschichte"；Six Moses Finley（U. K.），"Max Weber and the Greek City – State"；Klaus Schreiner（GDR），"Die mittelalterliche Stadt in Webers Analyse und Deutung des okzidentalen Rationalismus"；Yoshinubu Shiba（Japan），"Max Weber's Contribution to the History of Non – European Societies：China"；Surendra Munshi（India），"Max Weber on India"；Wolfgang Küttler/Gerhard Lozek（GDR），"Der Klassenbegriff in der idealtypischen Methode Max Webers und im Marxismus"；Hans – Ulrich Wehler（Federal Republic of Germany），"Max Weber's Klassentheorie und die neuere Sozialgeschichte"。它们的未删节版见 J. Kocka, ed., *Max Weber, der Historiker*（Kritische Studien zur Geschichtswissenschaft，vol. 73）. Göttingen，1986。

真正的认知对象。因此，对于他而言，"理解"的方法至关重要。另
外，他呼吁发展"概念化、甚至在某种程度上理论化的史学"，呼吁
294 将"精准定义、概率模型、各类理想型以及法则性知识（关于合法程
序的知识，其中也包括源于政治经济学的知识）纳为历史学的工具。
与之前的史学家相比，韦伯的法则性概念理论来源于现代经济及社会
中出现的问题，且专为比较研究设计。从这方面说，此理论是一种革
新。此外，韦伯从不叙述历史，他分析历史。然而在本质上，他的分
析还是与历史的个别现象有关。在因果解释方面，韦伯的研究就"不
具法则性"了，汉斯·弗雷耶（Hans Freyer）称，这些研究展现了时
间的序列以及每种历史现象各自的复杂性，因此具有"叙述"的特
质。在我看来，汉斯-乌尔里希·韦勒（Hans-Ulrich Wehler）正确地
概括了韦伯的"实用主义史学"方法的优势：韦伯引导人们"将文
本解读与理解（hermeneutic-understanding）的方法与分析、解释的方
法相结合"。韦伯认识到，"我们已经无法回到历史主义之前的时代，
但同时，他也希望通过系统的方法和理论支持来克服历史发展的片面
性"。①

　　关于马克斯·韦伯的讨论会涉及众多问题，其中之一则是韦伯在史
学史上的地位问题——这也包括了如何定位当代史学思想与历史书写地
位的问题。皮耶特罗·罗西试图厘清韦伯同先前历史主义理论家的关
系。他说，韦伯追溯了狄尔泰的思想，因此也将"理解"这一概念从
"直觉主义认识中解放出来，从而将其与一种指向个性化的因果解释相
协调"。对于新康德主义者而言，"社会科学作为高度概括化的学科，
已成为自然科学的一个分支"，但韦伯则持相反观点，强调一般规律性
因素对于历史认识而言不可或缺。起初他认为这一因素只是辅助工具，
但后来他逐渐认识到与历史学相对照，社会学还是有一定"相对自主
性"的。然而结果却是，学界认为韦伯的认识论与方法论贡献对历史

---

① Congress Stuttgart 1985: *Rapports*, vol. 1, p. 280f.

学的价值高于社会科学。①

　　斯图加特大会对韦伯的一些具体研究领域的评论显示，韦伯在一系列严格构思的问题的指引下独创性地将分散的文化中异质而可比的现象融合进一个概念内核中。在某些领域，韦伯的一些结论在今天依然适用［就像克劳斯·施莱纳（Klaus Schreiner）在评论韦伯对中世纪城市的历史划分时提到了这一点］；而在其他领域，他的理论或被后续研究的发展所超越［例如摩西·芬利爵士（Sir Moses Finley）评价韦伯对城邦的解释时如是说］，或已达到他的理解的极限［苏伦德拉·蒙什（Surendra Munshi）如是评论］。然而，这一切并不能削弱其研究方法对于一般性方法论的贡献。他的分析比较方法是理解世界历史文献资料的一种较有说服力的手段。

　　韦伯是否认识到了历史发展的普遍模式？沃尔夫冈·J. 蒙森探讨 295 了这个问题。他解释道，韦伯对世界历史进行比较的兴趣，源于"通过与其他宗教和文明进行比较来认识某文明的独特性与具体特征"。韦伯在分析西方理性化进程的过程中，探索出了一种"总体历史进程"模式，蒙森将其总结如下：

　　　　在人类已知的历史之初，产生了超自然的世界观以及领袖魅力式或长老式的政治、宗教或意识形态统治，它们在发展过程中不断规范化，随后觉醒，最终转变为现代的、理性的、官僚的统治形式，这种形式运用了理性科学，并以法律体系为基础。在此背景下，我们常会发现一种隐喻，那就是在这个发展进程的尽头，现代理性文明终会迫于不断官僚化施加的巨大压力而僵化灭亡，重蹈古代晚期的覆辙。

随后，韦伯又区分了"形式"与"物质理性"。在这个不再幻想的世界，他想象古代诸神带着超人类的力量在坟墓中觉醒，再度开始了非理

---

　　①　Congress Stuttgart 1985：*Rapports*，vol. 1，p. 253.

性的斗争。韦伯的世界观并不为幻想所羁绊，但他同时又认为"西方个人主义的伟大传统值得不惜一切代价去捍卫，"并由此认为，他有义务在当今世界中，"为保护适度的自由与尊严做出贡献。"①

---

① Congress Stuttgart 1985：*Rapports*，vol. 1，pp. 255 - 257.

第十八章

20 世纪 60 年代至 80 年代的东西论战

西方史学自"二战"起就不断受到马克思历史主义的挑战。后者通过来自那不勒斯法律经济学院的学者在 1903 年罗马大会上第一次登上了国际历史科学大会的舞台。在 1928 年奥斯陆大会与 1933 年华沙大²⁹⁹会上，它通过苏联的马克思主义史学宣告了自身的有效性，并要反对终将灭亡的"资产阶级"历史学。由于思想环境、社会经济史研究、历史地理学以及人类学不断受到马克思主义的新思想、新问题的刺激，历史主义转变为新历史主义。这种挑战是双向的，西方史学研究的创新对东欧的马克思主义史学也产生了影响。新史学的方法论成果，特别是许多与《年鉴》及联邦德国的历史社会科学有关的促进因素，都被有选择地采纳了。很明显，即便这种互动并不普遍，双方似乎都乐于坦诚协商，互相学习。然而双方意识形态上的对立仍然没有改变。

即使是那些愿意接受苏联马克思历史主义方法论影响的学者，也拒绝后者的下述主张：作为一种历史"科学"，它能够为包括未来在内的普遍历史进程描绘一幅客观有效的图景。与此相对，西方也提出了要求，既然苏联史学宣称具有客观有效性，那么它就应说明其解释历史的方法论标准。关于历史学术与历史意识形态在理论上是否存在明确区别的问题，我们是否可能——尽管对此问题有不同答案——划出一个明确的界限，在界限内存在着关于史学研究原则的实用的共识，而在界限外，他者的特性也能得到尊重？国际史学大会为这种争论提供了

300 舞台。

　　在罗马大会上，东西方史学家承诺彼此合作，互相学习，而五年后的斯德哥尔摩大会正是对这一承诺的考验。此时，罗马大会温和的阳光不再闪耀。即便敌对者的会面造成了相当的干扰，但我们仍应穿越意识形态的迷雾，看清一系列具体的学术观点。与此努力相对应的四个议题在斯德哥尔摩大会上引发了生动的讨论：历史断代、古代社会的奴隶主、古代至中世纪的转变与革命的概念。

　　我们首先考虑的是后来任国际历史科学委员会主席的叶甫根尼·M. 朱可夫在斯德哥尔摩大会上做的一篇报告，报告题为《世界史的分期》。[①] 朱可夫是苏联科学院世界历史研究所所长，曾主编十卷世界通史，[②] 他在苏联史学界的地位使他的演讲带有一定的官方色彩。本质上，他只是大略呈现了与会者熟知的马克思列宁主义社会序列构想。但令人惊讶的是，朱可夫对如何为"亚细亚"社会在列宁斯大林主义历史分期中寻找合适位置的难题只字未提（其他的马克思主义研究都热烈地讨论过此问题），而马克思早在《政治经济学批判》序言中就讨论了这个问题。马克思曾提出，"亚细亚"社会的发展特点鲜明，因为它带有"东方专制主义"的双重性质；"东方专制主义"的基础是无产的原始合作经济，而这种原始合作经济在各地社会发展的初期都曾出现。他还相信，这种初级阶段所拥有的要素在亚洲社会僵化不变的历史模式中会重现，尽管他也曾依据起源于希腊的、西方的社会演进模式建立经典的社会发展进步序列并以此解释历史的真实进程。[③]

　　此讨论显然引出了各种历史与政治问题，但由于朱可夫回避了它

---

① Congress Stockholm 1960: *Rapports*, vol. 1.

② *Vsemirnaja istorija* [World History]（Moscow, 1955 – 1965）.

③ 关于这里涉及的解释问题，见 K. D. Erdmann, "Die asiatische Welt im Denken von Karl Marx und Friedrich Engels"（first published 1961）, in Erdmann, *Geschichte, Politik und Pädagogik: Aufsätze und Reden*,（Stuttgart, 1970）, pp. 149 – 182, 其中包括关于魏特夫（K. A. Wittfogel）观念的讨论："The Ruling Bureaucracy of Oriental Despotism: A Phenomenon that paralysed Marx," *The Review of Politics* 15（1953）and Wittfogel, *Oriental Despotism: A Comparative Study of Total Power*（Yale University Press, 1957）.

们，并为马克思主义对历史分期的认识描绘了一幅过于和谐的画面，我们可能会认为：精通亚洲史的朱可夫试图将列宁斯大林主义史观与马克思、恩格斯共同提出的欧洲中心论区别开来，① 尽管他在斯德哥尔摩大会的演讲中也试图将总体上可行的社会发展序列体系与欧洲史的古代、中世纪、现代的传统断代方式相调和。其演讲后续的讨论中指出了这种方法的固有问题。② 最尖锐的批评来自英国史学家彼得·拉斯雷特（Peter Laslett），他认为朱可夫的整篇报告都"令人遗憾"："在我看来，马克思主义社会学的提议已然枯竭。它过时了。我们应该提出更新颖更可靠的建议。"③ 此观点与许多西方媒体的评论相呼应。然而，这种判断忽视了一点：马克思主义的这种简略而生硬的论断及其反对声音实际 301 上指明了各种总体历史解释中仍有待讨论之处。

　　首位起立发言的是不屈不挠的、曾积极参与国际历史科学委员会筹备工作的波兰流亡史学家哈列基（纽约）。他信仰基督教，并明确认为自己的基督教史观与马克思主义史观不同。他的衡量标准不是经济而是精神价值。他无意引用马克思、恩格斯的观点，而是着力寻找历史断代的科学标准。他呼唤一种对道德律令的信仰而非对历史的信仰，并且也质疑了进步观念。他视基督的道成肉身（Christ's incarnation）为历史的核心事件，并提议根据基督教传播的各个阶段为基督教时代做出历史分期。④ 在一群对职业道德极为挑剔的史学家面前，做出如此坚定而去专业化的信仰自白，足以说明哈列基的闲情逸致与公民勇气。

　　与哈列基不同，其他西方史学家都主张将经济生产作为历史断代的

---

① 参见 Erdmann, "Asiatische Welt," pp. 151ff。

② W. Conze, Congress Stockholm 1960: *Actes*, p. 57; T. Yamamoto, ibid. , p. 64; E. Hassinger, ibid. , p. 65, among others, and the "Communication" of B. Djurdjev（Sarajevo）, in Congress Stockholm 1960: Communications, p. 40; 对这个问题更全面的论述, 见 F. Vittinghoff, "Die Theorie des historischen Materialismus über den antiken 'Sklavenhalterstaat,'", 载《时代》杂志为斯德哥尔摩大会出版的专号: *Saeculum* 11（1960）: 89 – 131, esp. pp. 115ff。

③ Congress Stockholm 1960: *Actes*, p. 59.

④ Ibid. , p. 56f.

标准。他们尤其把工业革命视为转折点。根据特奥多尔·席德尔（科隆）的观点，工业革命是现代历史上的一个重要转折点，通过对比，它甚至使资本主义与共产主义这样的社会经济组织形式的重要性也相形见绌。伊曼努尔·盖斯（Imanuel Geiss，汉堡）对此观点做了补充说明，他指出："这是世界历史上的一次彻底的转变，其重要性可与约6000年前农业社会及先进文明的产生相媲美。"从这个角度出发，他认为世界历史有三个重要阶段：前农业社会、农业社会和工业社会。①

当我们探寻"上层建筑"在世界历史进程中的重要性时，历史分期问题又显现出另一番研究视野。许多学者已反复强调，不能从单一因果关系的角度解释历史，既如此，我们为何不像埃里希·哈辛格（Erich Hassinger，弗莱堡）一样，从分期的角度探寻苏联史学家如何定义上层建筑（比如艺术的发展）与经济基础的关系呢？罗伯特·R. 帕尔默（普林斯顿）提出的一个问题仍然倾向于唯心主义的方向，即朱可夫从人类生产食物、衣服、住所的"必要性"中探寻由全人类共享的关于人类生存和发展的基本条件，那么如果我们另辟蹊径，从人类之所以如此的"能力"中探寻此问题，是否更好呢？②

斯德哥尔摩大会讨论的成果如何？朱可夫如何处理抛给他的问题？他大手一挥，将这些问题都清扫到一旁。他说，反对他的学者并不能提出科学的论辩，他们陷入主观主义中，他们不承认历史进程是有规律的，而这意味着消灭历史学。许多史学家都十分关心，在此情形下历史学应如何继续发展。东西方开展学术对话的提议难道就此成为一个幻想吗？在此情况下，许多人都表示放弃，然而意大利马克思主义学者加斯东·马纳科达则更乐观地估计了局势——在我看来，他的估计也更为现实。马纳科达认为，史学家为对世界历史的解释寻求科学基础恰逢其时。尽管学者们在斯德哥尔摩大会上遇到了不小的困难，但他们还是得出了正确的结论：我们有必要在世界历史发展领域开展方法论研究。

---

① Congress Stockholm 1960：*Actes*，p. 65.

② Ibid.，p. 62.

"而适合此研究的最佳领域便是史学史，而不是极具争议的理论构建：此乃这次讨论的精髓。"①

实际上，对关注史学史研究的人而言，真正的进步能够超越对立的意识形态并最终展现出来，这一点在斯德哥尔摩大会上已有明显表现。以此概括在历史断代研究中一个至关重要的问题，即从"奴隶社会"向"封建社会"转变的问题，恰如其分。当然，从教条的马克思列宁主义者的史观来看，"革命"这一概念仅用于描述从罗马帝国的奴隶社会向中世纪的封建社会的转变，"奴隶社会"一词也有其固定用法。但与这些概念相关的理论是不断改变的，且随着东西方研究的进步而变化。论战异常激烈，这一点在齐格弗里德·劳费尔（Siegfried Lauffer，慕尼黑）与弗里德里希·维廷霍夫（Friedrich Vittinghoff，科隆）在斯德哥尔摩大会以及恩斯特·恩格尔伯格（东柏林）② 五年后在维也纳大会上的论文中可以明确体现出来。在维廷霍夫看来，用"奴隶社会"一词来描述古希腊罗马时期的社会经济状况在时间和空间上都是不准确的，更不必说以之概述更大意义上的整个古代史；他将这个术语的使用范围限定在古典时期的雅典以及公元前 12 世纪的晚期罗马共和国内。仅就当前研究而言，他认为问题的实质在于一个无可辩驳（据我所知，无人在此问题上反驳他）的问题："在不同历史时期中，谁是重要的生产领域——农业——的主要生产者？"③ 然而，尽管对"奴隶社会"一词的准确性和适用范围存在不同观点，他对"向历史学提出了内涵丰富的新问题与新答案"的苏联史学观点表示赞同："在古代社会晚期，随着新的所有制形式的产生，奴隶制逐渐消亡，奴隶并未形

①　Manacorda，"L'XI Congresso，" p. 879.

②　S. Lauffer，"Die Sklaverei in der griechisch – römischen Welt，" in Congress Stockholm 1960：*Rapports*，vol. 2；F. Vittinghoff，"Die Bedeutung der Sklaverei für den übergang von der Antike in das abendländische Mittelalter，" in Congress Stockholm 1960：*Communications*；亦见 Vittinghoff，"Sklavenhalterstaat"；E. Engelberg，"Fragen der Evolution und Revolution in der Weltgeschichte，" in Congress Vienna 1965：*Rapports*，vol. 4。

③　Congress Stockholm 1960：*Actes*，p. 91.

成一个统一的革命性的阶级，也不是先进生产方式的动力所在，但是奴隶的法律地位以及他们在真实的社会经济生产中的地位［例如，这是奴隶私产的结果］却大大提高，并且剥削方式也不再那么严酷。"①

这里所用的研究方法，是从马克思主义的观点出发并认真对待其研究成果，这使众人颇为惊异。因此，波兰的一份大会报告提到了维廷霍夫的论文：

在我们学科的许多研究领域，马克思主义学术的代表已习惯于驳斥马克思主义反对者的各类观点……实际上，一些反对马克思主义的清醒之人已改变策略。为了见证这种变化，我们可以阅读联邦德国史学家为大会所作的特刊《小集》第 9 卷第一、第二编（*Sacculum*，Ⅸ，nos. 1—2，1961），它通篇都在陈述苏联史学研究。我们的对手声称自己是真正的马克思主义的支持者，他们仅撷取马恩著作中的只言片语，就想要证明当代马克思主义史学家的研究成果并非马克思主义。这种态度使争论在所难免。然而，它要求对当代马克思主义的本质有足够深入的研究……在大会上，并不是每个参与讨论的人都能做到这一点。②

由于"奴隶社会"一词得以应用于古代晚期，许多西方史学家也提出了"革命"一词用于从罗马时代晚期到早期日耳曼国家成立的社会、政治转变过程是否可行的问题。然而另一些学者指出，这个由奴隶制经济衰退、殖民制度产生，以及最重要的蛮族入侵等不同因素所引发的过程，能否被描述为变革或者革命，最终仅仅是个术语学上的问题。当然，这种质疑马克思主义史学术语中核心概念有效性的声

---

① 　Congress Stockholm 1960：*Communications*，p. 72.

② 　Iza Biezuńska – Małowistowa，"Historia staroż ytna na Kongresie sztokholmskim"［Ancient History at the Stockholm Congress］，*Kwartalnik historyczny* 68（1961）：562f.

音，实际上是为意识形态之争推波助澜。但这是否意味着，根据学术演讲的公正规则，在国际历史科学大会的论坛上提出这样的反对是不合理的？① 即使促进了这些对史学研究核心问题的争论的因素主要来自意识形态冲突，但决定性因素仍在于其是否有利于实证地考察真相。

尽管在术语使用方面存在激烈争论，意识形态解读上也存在极大分歧，但学者们仍然有可能在认识客观事物方面取得实质性的进步，并因此在某种程度上达成一致。这在五年后恩斯特·恩格尔伯格向维也纳大会递交的报告中有明显体现。② 恩格尔伯格从世界历史以及现代革命的角度解读发展与变革的问题。在这篇文章中，他也研究了古代社会末期向中世纪社会的演变。尽管这个过程持续了几个世纪，他仍将这个过程称为一场革命。其报告的显著特点在于理论框架和对事实的历史性陈述间的冲突。就像马克思一样，恩格尔伯格将革命视为"历史的动力"。他这样定义他的理论出发点："在受规律控制的社会形态发展序列中，革命是一个重要的节点。它是阶级斗争发展到高潮的产物。社会革命（经常是暴力的）与政治革命往往联系在一起。"③

---

① 芬利在他的著作［*Ancient Slavery and Modern Ideology*（Cambridge，1980）］中对斯德哥尔摩大会上关于奴隶制的争论进行了评论，他对西德历史学家提出了批评，因为他们在进行辩论时带着"蓄意的论战意图"（p. 73）。不可否认，争论各方还带有政治动机，不过，辩论受政治意识形态驱动是否合理、在多大程度上合理，对这一问题的考量只涉及一件事，那就是：在一次自命为科学性的大会上，影响提问方式的政治关怀能否转换为可以验证的学术论证。芬利对维廷霍夫的批评受到巴迪安和普列科特的反批评：E. Badian，"The bitter history of slave history，" *New York Review of Books* 22（1981），and H. W. Pleket，"Slavernij in de Oudheid：'Voer' voor oudhistorici en comparatisten，" *Tidschrift voor Geschiedenis* 95（1982）：1 – 30. 斯德哥尔摩大会十五年后，英国马克思主义史学家霍布斯鲍姆向旧金山大会提交了一份有关"革命"的报告。他将分析和比较基本限定在近代时期，并参考最近苏联历史研究的发展提出警告：不要把这个概念运用于各个相距遥远的历史时期。"可以肯定，将'改变制度'的革命运用到过于遥远的过去，这个做法并不可靠。有一种看法认为，从经典的古代向封建主义的过渡是因为'奴隶'革命，马克思和列宁有时也不支持这个看法，如今它已经被抛弃，这便是个例证"（Congress San Francisco 1975：*Rapports*，vol. 1，p. 268）.

② "Fragen der Evolution und Revolution in der Weltgeschichte，" Congress Vienna 1965：*Rapports*，vol. 4.

③ Ibid.，p. 22.

　　很明显，这些术语来源于当代的阶级革命。然而，由于恩格尔伯格不能将古代奴隶社会向封建社会的转变描述成由自下而上的阶级斗争引发的剧烈的社会与政治变革，他只能以"历时几个世纪的封建社会的形成过程是政治革命的特殊形式"这样的理论来自圆其说。但同时，他也正确地指出，"在整个奴隶社会，没有哪个阶级明确地提出了自己的斗争目标"。在这几个世纪的时间中，尽管"意欲从悲惨生活的镣铐中自我解放的人们不断地聚集在一起"，却没有诞生一场像法国或俄国那样真正意义上的革命。因此，他认为"那些部族秩序正在瓦解的蛮族，主要是日耳曼人与斯拉夫人，就被安排去承担这个使命（我们要问，这是谁安排的呢？）。"但为什么在这个过程中蛮族结束了奴隶社会，他们又为什么在自己的国家中建立起了封建的统治秩序，而不是根据历史逻辑由部落秩序演进到下一个社会发展阶段？马克思主义历史理论对此有多种解释。它灵活有效地预见到，某些社会发展阶段可能会被忽略（朱可夫曾在斯德哥尔摩大会关于世界史断代的演讲中提到过这一点），并且外部军事干涉很可能是社会发生革命性变革的动力。这种灵活的解释迎合了苏联势力范围下的干涉与入侵的合法性要求。然而，恩格尔伯格并不满足于只把蛮族的革命性入侵视为古代与中世纪划分标准的观点。他认为古代与中世纪间出现分水岭是规律使然，因此也是符合逻辑且不可避免的，他将他所谓的"历史规律"定义如下："从世界历史发展的角度来看，只有当现有社会形式处于普遍危机之中，而新的社会发展阶段已经产生或是初具雏形的时候，一个国家或民族才能完成社会结构形式的跳跃。同理，当世界处于一场普遍危机的时候，一场世界史上前所未有的社会形态转变也就随之而来。"①

　　这种概念化和假设性的建构在维也纳大会的讨论中招致多方反对，部分原因在于这种建构将马克思的革命概念与俄国十月革命或当下在苏

---

① "Fragen der Evolution und Revolution in der Weltgeschichte," Congress Vienna 1965: *Rapports*, p. 25 and 26.

联势力范围下发生的若干事件做了批判性比较。与此争论相关的文章是约翰·L. 斯内尔（John L. Snell，新奥尔良）、① 雅各布·L. 塔尔蒙（Jacob L. Talmon，耶路撒冷）② 以及亚当·万德鲁茨卡（Adam Wandruszka，科隆）③ 的论文。恩格尔伯格相信，"自 19 世纪后 30 年以来，辩证思想就在衰落，这在西欧国家尤为显著"，这也特别能解释为什么"关于革命问题的争论与意见分歧"会出现。这是一个非常准确的论断。然而，如果以此反击其批评者仍不具说服力，因为变革与革命的辩证关系的前提显然在于，这两个概念可以明确区分，而这种情况在专业史学家恩格尔伯格对奴隶社会向封建社会转变过程的描述中并不存在。而事实上，这种发展以一种长时期的变革体现出来，并不时被军事事件打断。因此，恩格尔伯格显然受到了苏联人的批评，尽管批评者措辞谨慎。这一点不足为奇。他们同意恩格尔伯格关于革命与变革的辩证关系的论断；然而他们也强调，不能忘记革命是"驱动力，是主导因素"。关于此论点，敏茨举出了美国革命和法国大革命的例子，④ 但问题在于，在古代向中世纪转变的时期，没有一个事件在革命性方面可以与上述二者相提并论。恩格尔伯格在结束发言时说，我们有无数的理由表达"可以产出丰硕成果的批评意见"——在我看来，这种看法是正确的。⑤

在马克思列宁主义史学与新史学领域中，理论性的与经验主义的方法互相补充。恩斯特·恩格尔伯格在旧金山大会所做的题为《历史中

---

① Congress Vienna 1965：*Actes*，pp. 543 – 545.
② Congress Vienna 1965：*Actes*，pp. 546 – 548.
③ Congress Vienna 1965：*Actes*，p. 548f.
④ Congress Vienna 1965：*Actes*，p. 542f.
⑤ Congress Vienna 1965：*Actes*，p. 553. 随后，恩格尔伯格在自己文集［*Theorie, Empirie und Methode in der Geschichtswissenschaft*：*Gesammelte Aufsätze*，ed. W. Küttler and G. Seeber（East Berlin, 1980）］的前言中，再次回到了传统的世界史阶级斗争模式。但是，这并不妨碍他将维也纳大会上那篇问题导向的论文收入这部文集（pp. 101 – 115），他还在一篇很有思想见地的文章中发展了这篇论文的看法："Zu methodologischen Problemen der Periodisierung"（1972，pp. 117 – 162）。

的事件、结构与发展》的报告便是一个有力证明。[①] 其报告前言中的评论证实了我的观点，即非马克思主义史学中尽管存在诸多分歧与冲突，但"仍有一种明确的趋势使历史主义和实证主义，阐释学与新实证主义实现融合。"[②] 对于马克思主义者而言，历史主义与实证主义都受到了主观主义的质疑。即便是对理论性思考持开放态度的新历史主义也是如此。在恩格尔伯格看来，客观性，即历史知识的科学本质，与历史唯物主义中的辩证原理密切相关。因此他提到了结构与事件、理论与经验间关系的问题，也含蓄提到了意识与存在的相互联系这一认识论方面的问题。恩格尔伯格提到了一个方法论上颇为令人信服的罢工研究，以此为例说明事件、结构与发展等诸多观点在对具体事件的研究中，是怎样互相贯通的。他认为，作为一个受时空限制的单一事件，一次罢工只能与经济、社会、政治状况以及特定历史条件下的普遍罢工现象联系起来理解，反过来，典型的罢工运动也只能通过联系单次罢工中短暂的事态发展加以解释。

然而这种研究社会历史对象的手段与方法论在本质上还是一种技巧，并不依赖于各种各样的本体论前提。这种对事件与结构之间关系的洞察，与任何特定的历史哲学无关。它只是当代历史研究中的一般方法。值得一提的是，恩格尔伯格认为，马克思主义对意识与存在的关系理解为"反映"，这在认识论上基本代表了一种不受马列主义局限的现实主义。恩格尔伯格认为知识与认识主体之间的关系是"辩证的"，但同时他又强调主观方面的重要性。他将知识的获取定义为一个过程，这个过程从对认知对象某一部分的"选择性"思想认识开始，认识的结果既"不与现实完全一致"，也不仅是"过去的照片"。一如恩格尔伯格在旧金山大会的报告中所言，他所坚持的"反映"概念以唯物主义本体论为基础，但它对定义为一个过程的历史方法并非必要因素。他在

① E. Engelberg, "Ereignis, Struktur und Entwicklung in der Geschichte," in Congress San Francisco 1975: *Reports*, vol. 3; 重印版见恩格尔伯格, *Theorie*, pp. 59 – 93, 并附补遗（"Nachtrag"），再次介绍了他这次大会上关于方法论的点评。（pp. 94 – 100）。

② Engelberg, *Theorie*, "Nachtrag," p. 94.

一篇探讨历史"对象"转向历史"事实"的路径的文章中指出，知识是在交流的过程中产生的："对物质与精神生活的陈述应当是真实且明确的，亦即此类陈述可以依据一个能够不断改进的收集证据的过程得到验证、核实，进而得到证明。只有在这种时候，物质与精神生活的客观表现形式才能变成事实。"[①]

　　恩格尔伯格将此认知方法划分为多个阶段。于他而言，"第一阶段的历史方法"即"考证史料的一切复杂特质"。[②] 他在此详细展开的认识，是历史主义最优秀的传统。他对量化方法的批判评价则与此前国际史学大会上一些学者的观点相一致。[③] 他的方法论术语包括一些早期历史主义的经典概念，如"理解"和"移情"。他也将"独一无二"一词与"事件"和"个体"联系在了一起。[④]

　　根据恩格尔伯格的观点，认识到实践与个体中的独特性与结构这两层面，即，认清历史联系，是历史研究方法的第二阶段。这种认识是合理的，他就理论对阐明总体背景的作用问题的分析亦然。他将非马克思主义史学完善理论缺陷的努力视为一个深度发展方法论的机会，还强调唯物辩证法乐于接受研究方法新发展中的所有合理因素，这一切都改善了史学家对话的国际氛围。西方史学家将政治、宪政史、经济和社会等领域的多种结构因素，甚至是"从马克思主义处借用的生产力与生产条件概念"加以考虑，对此恩格尔伯格也表示了赞同。[⑤] 然而，这远远不够。他认为，我们最需要的是"建构各结构因素之间的联系"，寻求

---

① Engelberg, "Ereignis," in id. , *Theorie*, p. 65.

② 在旧金山大会上，J. 托波尔斯基对最近的史料问题和史料批评进行了广泛的探讨："The historian in his quest for documentation," in Congress San Francisco: *Reports*, vol. 3。关于托波尔斯基，波兹南学派，以及那里通往开放的、非教条的、容纳西方分析式的认识论（波普尔等）的马克思主义历史方法论运动，见 K. von Ascheraden, "Probleme der Theorie und Methodologie der Geschichtswissenschaft in der Volksrepublik Polen"（Ph. D. diss. , Kiel, 1978）, part 2.

③ 关于这个问题，见上文提到的巴黎和莫斯科大会的论文。p. 211f. and pp. 285 – 288.

④ Engelberg, "Ereignis," in id. , *Theorie*, p. 99.

⑤ Ibid. , p. 80. 在这一点上他引述了很多罗策克的论述："Darstellung, Ereignis und Struktur," in G. Schulz, ed. , *Geschichte heute: Positionen, Tendenzett, Probleme*（Göttingen, 1973）, pp. 307 – 317。

摆脱"结构性混乱"的方法，而这种结构性混乱并不比"奉个体多样性为圭臬的史实混乱"更高明。[1] 他将此视为历史方法的第三亦即最高阶段，他认为："这才是引起学术争论的地方。"[2]

实际上，这正是两大阵营思想分歧的出发点。但争论的焦点是什么呢？恩格尔伯格认为分歧在于"对基本社会结构的理解……我们必须重申那些提出已久的方法"。到达历史启蒙第三阶段最高点后，他的后学在他的指引下将在他们熟知的辩证唯物主义和历史唯物主义概念世界中走到一个十字路口。对于信奉新历史主义的史学家而言，问题就从这里开始。那些概念对恩格尔伯格而言并非无用；诸如生产力、生产条件、生产模式以及恩格尔伯格的核心概念"社会构成"作为新历史主义研究工具的重要组成部分当然是有用的。但这些概念在认识论上的有效性及其在科学上的可信度则是另一个问题。然而对于经验主义史学家以及对史学抱以怀疑态度的哲学家而言，它们作为启示原则、作为既可被证实也可被证伪的假设，是值得讨论的。然而，如果为了马列主义的正统性，在所有不利的历史证据面前为这些概念辩护时，它就毫无讨论价值。这方面的例证颇多，譬如：强行将"革命"一词用于奴隶社会向封建制的转型；[3] 或在旧金山大会上宣称"社会整体的动态结构联系"压倒了"单一因果论"，宣称这是一个总体有效的方法论原则，同时宣称只有经济基础而非"上层建筑中的现象——即便它们十分重要"，才能概括"一个社会的时空结构的本质特征"。[4]

至于在诸多原因分析中，强调生产方式的第一性在认识论上何以可行，恩格尔伯格在旧金山大会的论文没有给出答案。然而如果我的理解正确，对他而言，马列主义史观的有效性并不意味着根据这种史观得出

---

① 恩格尔伯格的这些术语借自里特纳，"Zur Krise der westdeutschen Historiographie," in I. Geiss and R. Tamchina, eds., *Ansichten einer künftigen Geschichtswissenschaft*, vol. 1 (Munich, 1974), pp. 43 – 74。

② Engelberg, "Ereignis," in id., *Theorie*, p. 80。

③ 见中译本页边码第 303—305 页。

④ Engelberg, "Ereignis," in id., *Theorie*, pp. 86ff。

的看法可以等同于那些业由经验证实的论断。也许我们应该指出，这是一种理论假设。这个术语是恩格尔伯格构造的。该理论假设的典型特征是，在马克思列宁主义者看来，它根植于一种对历史实际情况的假设，即阶级斗争是世界历史进程的推动力，驱动历史不断进步并赋予其意义。在此类意识形态问题中，若干基本的人类学观点彼此间是相互冲突的。学者们总会不可避免地提及它们，但如果他们以一种深思熟虑的方式不带任何政治色彩地呈现这些问题时，这就体现了史学家共同体既竞争又联合的特征。然而，借用恩格尔伯格的说法，作为国际历史科学大会生命力的源泉，真正的学术话语是有前提的，这个前提就是在历史认识的前两个阶段中就特定方法论标准取得一致。

在当时，国际政治局势中的冲突总体上呈缓和态势，而史学家在旧金山大会上付出的努力表明，学界就意识形态问题完全可能达成殊为广泛的方法论共识，甚至能超越意识形态达成这种共识，因此国际历史科学委员会主席*继承了学者们在旧金山大会上的努力，在 1980 年布加勒斯特大会上告诫全世界齐聚一堂的史学家，一个史学家共同体应当遵循怎样的根本准则。② 其谈话内容包含对大会的阐释，这些观点也在随后的史学研究中得到确认。因此，这里引用他的部分讲话，并附上一些补充：

> 从当今国际形势来看，来自世界各地的史学家也许代表了最广泛的信仰，他们应该在这个旨在讨论学术问题的论坛上相聚，以实现讨论各类事物的目的，他们讨论的方式不在于交流不同的目的，而在于（用一种优雅而又老生常谈的说法即）相互理解；这一点无疑具有重大意义。但是如何实现这种交流方式呢？这就提出了新历史主义的追随者与历史唯物主义史家之间在历史学家全球共同体的舞台上开展思想交流的内部条件的问题。我在此的关切与一种为

---

*　即卡尔·埃德曼本人。——译者注

②　Erdmann, "Die Ökumene."

实用目的服务的经验主义论点有关。

　　大会经验表明，在这种辩证关系的某些方面，双方都存在进行广泛思想交流的有利条件，而另外一些方面，所有讨论都不可避免地陷入了僵局，对双方发展认识论毫无帮助。后者包括了关于未来历史进程的意义与目标的目的论本质的讨论。由于这种观点既不能被证实也不能被推翻，所以一方认为这是超出了经验知识范畴的谎言，因而也就不在历史学研究范围之内。而另一方坚持认为，基于所谓的社会形态历史序列的规律性，这种目的论观点实际上可以被视为一种科学论断。在此方面，历届大会表明，没有谁的观点可以超越这种立场的分歧。因此尽可能避免这方面的讨论或许是明智之举。

　　这要求在宽广的历史研究领域中开展合作，这种合作业已不断证明其价值，且如今比以往更有必要开展下去。它包括一些从学术话语经验中推断出的理论假设。它们涉及事实、原因以及价值：

　　1. 史学家间的讨论受到历史客观性的规范性观念的约束。这就意味着，我们应当相信从史料中可以就历史事实得出不同主体皆能信服的论断。在不考虑推动学术研究的某些国家、政治和社会利益团体，以及这些团体的意向如何的情况下，这种观点是有效的。客观性原则与党派纷争不一定是互相冲突的，不论这种纷争是基于个人价值选择还是存在于历史规律假设的客观方法之中。当然，也存在另一种极具迷惑性的观点，认为党派纷争会导致一些人粉饰或隐瞒若干令人尴尬的事实。史学交流的学术标准在于，史学家是否乐意提及一些让他们不悦的、极有可能使他们的思想被划归到错误行列的事实。对历史事实的尊重在史学研究中一直是一个实证性要素。这就是为什么亨利·欧萨耶会在 1900 年巴黎的第一届国际历史科学大会上提出那个至今仍有效的论断——"事实，事实，事实，它们就包含在自身的哲理与教训之中。真相，整个真相，我们除真相外一无所有。"① 因此，潘克拉托娃女士谈到她在 1955 年罗马大会的经历时说："学术合作共同基础建立在准确可靠的历史事实之中。"② 苏联史学家在 1965 年维也纳大会上的论文中也写道："事实是科学的养料……经验告诉我们科学与政治视角的不同不能阻碍对科学真相的共同研究。"③ 匈牙利历史学家拉约什·艾勒克斯（Lajos Elekes）在莫斯科大会上公开要求"一致性因素"，甚至提出"事实会替自己说话"。④

2. 事实之后是原因。尽管区分二者作为一种规范性原则对于实际的历史研究以及学术话语方法极为有用，但它们在认识论上还是不可分割的。大会的经验告诉我们，在大会讨论中所呈现的多种视角取决于学者们在对史实的解释中要在总体上认可"多因论"原则。马克思主义史学家对于大会将单因论归结于他们这一误解反复表示抗议。在马克思主义的术语中，他们提到了经济基础与上层建筑的辩证关系，指出了人类活动在后者的范围，也提到社会与经济因素对于历史解释是不可或缺的。⑤ 恩格尔伯格在旧金山大会上对此观点做了最明确的解释："生产方式作为具有内在动力的社会结构联结的基础，完全排除了被强归于马克思主义的单因论。"⑥ 无论何时，我们都要强调经济、社会、政治、文化因素等决定性因

① 参见中译本页边码第 15 页。

② Pankratova, "K itogam."

③ Nechkina, Pashuto, and Chernyak, "Evolution of historical thought in the middle of the XXth century," in Congress Vienna 1965：*Rapports*, vol. 4, p. 65. 关于这种联系，另见罗策克在会议讨论中的评论，Congress Vienna 1965：*Actes*, p. 516。

④ L. Elekes, "Connaissances historiques—conscience sociale," in Congress Moscow 1970：*Doklady*, vol. 1, p. 181.

⑤ J. Kladiva（Prague）and Ž. Kormanowa（Warsaw），Congress Stockholm 1960：*Actes*, p. 47.

⑥ "Ereignis, Struktur und Entwicklung in der Geschichte," in Congress San Francisco 1975：*Reports*, vol. 3, p. 1961. 类似的看法见居特勒，"Wissenschaftssprache, Begriffs - und Theoriebildung in der historischen Forschung und Darstdlung," in Congress Bucharest 1980：*Rapports*, vol. 1, p. 411。

素所形成的整体，任何历史观的差异都会由此产生，任何情况下，探寻原因的研究在原则上的共识总体上向各个方向保持开放。

3. 最后是关于价值的问题。[①] 这个问题也达成一致了吗？通过一个发现规律的过程，历史知识能否具有在逻辑上令人信服的政治与社会价值，还是说这一点根本就不能通过精确的学术研究实现？毫无疑问，这个问题还存在争议。然而，承认历史学也像整个科学一样——而在历史学内部则是国际史学大会——都建立在科学研究前的价值选择之上，可以让我们达成共识。大会的准则就是历史研究应该存在，（用我们的话说）并由"国际合作"推动。此准则建立在与会史学家的共同意愿之上——他们研究的前提和结果以及学术讨论的意见都要符合严格的学术规范。也就是说，这个组织追求的是，在学术信念与表达的自由方面相互妥协的基础上开展共同的史学研究。如果没有践行此准则，国际历史科学大会就会失去其价值。其重要性不必赘言。世界各地的学者以他们的决心，保证了国际历史科学委员会与历史科学大会仍是一个思想自由的论坛。他们在尊重不同意见的前提下，为和平事业服务。

---

① 亦见中译本页边码第288页。

补 遗

在大分裂终结之后

——1985—2000 年的国际史学大会

沃尔夫冈·J. 蒙森

卡尔·迪特里希·埃德曼坚信全世界的史学家组成了一个在原则上
超越了民族情结（national allegiances）与意识形态导向的群体，因此他
呼吁世界各国的史学家相互合作，相互理解。他们都应当追求真理，并
接受史学研究中的若干基本原则。在充满争斗和冲突的世界里，此项道
义要求在各国史学家间实现了学术联系，也建立起他们的个人联系。埃
德曼的国际史学大会与国际历史科学委员会史不断强调两大主题：史学
研究不同理论的论战以及西方史学与马列主义史观的碰撞。这两大主题
的重要性甚至超越了国际历史科学委员会鼓励各国史学家参与其活动的
持续努力。

起初，显著的民族差异阻碍了一个真正的国际历史学术组织的建
立。1914 年前的几十年中，欧洲强国间不断加剧的竞争妨碍了史学家
的国际合作。1918 年后，"一战"带来的苦涩回忆以及民族主义者间的
持续冲突阻碍了前同盟国史学家参与国际史学合作；后来，西方民主国
家、法西斯国家以及向西方资本主义发起挑战的苏联之间产生了日益剧
烈的意识形态冲突，这成为学术合作的障碍。埃德曼详细地描述了这些
阻碍因素。史学家只有尽己所能，才能在某种程度上克服这些困难，并
使国际史学大会的理念重获新生。不顾风险投入此项事业的史学家受着

314 一种信念的激励，那就是：通过促进不同政治意识形态阵营间的理解与学术合作，他们可能会使世界更加和平。

　　埃德曼反复主张，无论各国史学家抱有多么强烈的个人信仰，或更重要的是，无论他们对不同意识形态有多么忠诚，史学界仍可以跨越民族与意识形态的界限来组织成果丰硕的学术活动。这是他呈现给读者的中心主题。他喜欢借用一个描述基督教不同教派间合作的词组来描述这个过程：历史学家的普世共同体。在他看来，历史学家的普世共同体是一种精神群体，这种精神与基督教会的普世精神十分相似，他们在很多问题上存有争议，但在最核心的问题——对基督的崇奉——上，却保持了一致。埃德曼强调，务必邀请苏联史学家参与国际大会，这于大会而言至关重要；否则大会的基本功能，即在充满冲突争斗的世界中寻求和平与理解，将会受到威胁。因此，尽管埃德曼在其著作中着力揭示了史学家间主要的国际争论，尤其是有关方法论的争论，但该书的后半部分仍主要关注于苏联史学家参与国际历史科学大会的问题。

　　这本著作涵盖了直至 1985 年斯图加特国际史学大会的大事件。然而，苏联帝国的瓦解以及其中东欧卫星政权的解体（包括德意志民主共和国）给大会议程带来了巨变。国际史学群体之间的鸿沟，即马克思列宁主义史观与西方历史观念的冲突顿失埃德曼所反复强调的重要性。

　　埃德曼引用了他作为国际历史科学委员会主席在 1980 年布加勒斯特大会上发表的演讲为其作品收尾，这是十分重要的。在文中，埃德曼强调了西方与苏联史学家间开展学术合作的必要性，此外他还列举了国际史学群体合作能够取得丰硕成果的必要条件。第一，埃德曼主张必须避免所有关于历史的进程及其最终目标的目的论，因为史学家们在这些问题上还未达成一致。在他看来，仅是发表关于社会形态序列与历史进程支配规律的争议性观点毫无意义。相反，他要求史学家接受对所有历史进程而言皆至关重要的多因论。他在不同史学家，尤其是来自马列主义阵营的史学家的著作中寻找支持此观点的论据。此外，埃德曼主张史学话语必须坚持客观原则。即便在指导史学家判断的基础价值观方面达成一致意见希望渺茫，这一要求仍殊为可取。通过援引马克斯·韦伯的方法论原则，埃德曼强调，虽然史学家在讨论经验事实或提出不同历史 315
解释时可能怀有极为不同的世界观，然而只要所有合作伙伴尊重他人的科学信仰自由，就有可能实现理性讨论。这是埃德曼传递给国际史学家群体的最后信息。

卡尔·迪特里希·埃德曼对自 20 世纪 60 年代以来西方史学阵营中的分裂和冲突做了明确的描述。他详细地介绍了年鉴学派与传统史学研究之间的争论，以及政治史与新社会史（在德意志联邦共和国被称为"历史社会科学"）之间的持续论战。对于埃德曼而言，他主张一个相对中立的观点，即"新历史主义"，该理论部分基于马克斯·韦伯的方法论。同样，他关注此领域中的多种新方向，例如计量史学或性别史。然而，马列主义者与西方史学家间持续的争论此起彼伏，这才是他叙述 1960 年至 1985 年间大会历史的主线。出于此原因，此补遗不能仅仅在埃德曼停笔处继续他所讲述的故事。苏联马列主义与西方多元史学研究之间的长期冲突已经消解，就历史研究的主题和方法而论，史学界本身也已发生了巨大的实质性转变。

东西方再度携手：1990 年马德里大会

1990 年第十七届国际历史科学大会在马德里举办。大会筹备工作深受 1989 年以前国际格局的持续影响，至少在其最初阶段确实如此。苏联及中东欧国家的众多史学家在大会筹备工作中起到了重要作用，在选择大会议题方面他们表现尤为突出。1987 年 9 月 25 日，在国际历史科学委员会执行委员会会议上，委员会对即将举行的马德里大会的学术议程进行了细致地讨论。在卡尔·迪特里希·埃德曼与卡尔·N. 戴格勒（Carl N. Degler，美国）的影响下，与会者达成一致意见：大会的一个"主要议题"应对"现当代史的革命与改革"进行比较分析。此举符合埃德曼为东西方学者间的交流架构桥梁的设想。此建议得到了国际历史科学委员会执行委员会两位马列主义史学代表的同意，他们分别是苏联的谢尔盖·莱奥尼多维奇·齐赫文斯基（Sergei L. Tikhvinsky）与德意志民主共和国的约阿希姆·赫尔曼（Joachim Herrmann）。两位代表提出了有关马列主义史观的建议，这些议案也得到了卡尔·迪特里希·埃德曼的支持。正如我们所见，埃德曼十分注意维持并加强马列主义者与西方史学家之间的对话。这也与当时总体的政治气候相适应，当时，苏联集团与西方之间的冲突正在逐渐消退。

316 　　无论如何，委员会提供给马列主义为指导的史学家极大的空间以寻求他们中意的主题。东西方之间的对话将以三次主要讨论会继续进行。最重要的一次讨论会以"革命与变革对社会史的影响"为主题，将由约阿希姆·赫尔曼与卡尔·N. 戴格勒联合主持。史学界希望这次会议可以引导东西方之间的对话。此外，东欧史学家在"劳工组织"讨论会上颇有出彩言论，约阿希姆·赫尔曼同样主持了此讨论会，佩雷·莫拉斯·里巴尔塔（Pere Molas Ribalta，西班牙）则是另一位主持者。令人颇为惊讶的是，东欧史学家在圆桌会议"历史传记"上也有突出表现。该讨论会是为向民主德国史学家恩斯特·恩格尔伯格致敬而举办的，他当时刚出版了关于俾斯麦的权威传记。民主德国史学家高度赞扬了该传记，认为其是一次重大突破。事实上，这本书在某种程度上并未严格遵循的马克思主义史观解读俾斯麦及其时代；联邦德国的出版社也颇为欢迎这部著作。除此之外，在关于希特勒德国与苏联于1939年8月23日签署的那份著名的"互不侵犯条约"的问题上，圆桌会议"二战前夜及其进程中条约研究的新成果"也为维护正统的苏式观点提供了便利。这些数目众多的议题为苏联史学家及其同盟伙伴提供了在国际听众面前就众多争议性历史问题发表自己看法的机会。

　　东欧史学家在国际历史科学委员会中颇有影响力，他们要求全会应当效仿五年前的斯图加特大会的决议宣布一项公开声明，支持世界性大国的共存状态与缓和关系。然而国际历史科学委员会并不愿意在公共平台上发表此声明，他们认为这似乎与苏联官方宣传工作步调一致。经过长时间的谈判后，大家一致同意宣布一项措辞相对温和的声明，并在下一期的《公报》上发表。《公报》颇为冷僻，不会引起媒体的诸多反响。此项决议意在反对"无休止的军备竞赛",要求所有史学家努力维护和平。由于"对历史的研究与运用"令史学家对威胁世界和平的因素有了"更深入的理解",他们有权利督促"所有具有责任感的人维护人类的价值观"。[1]

然而,国际历史科学委员会显然没有准备在此方向上自始至终地走下去。其重要成员希望回避这些带有意识形态偏见的史学。他们在雅典会议上呼吁一种可以超越相对狭隘的马列主义对垒自由民主式的、比过去宽广得多的研究方法。提奥·C.巴克尔建议追求一种新的全球性的计划,即探讨特大城市的政治、社会与文化的重要性;换言之,即探讨历史上的大都市区。这是并不限于某个年代或地区的"专题史"。我们可以认为,此主题,不仅会讨论不同的时代,而且还会讨论人类历史上不同的大陆与文化。"大城市"乃是政治经济中心、文化宗教中心,是 317 大国之都,它们代表了"人类历史过去三千年中的巨大范本"。它更能代表比其他任何事物都具有说服力的世界历史。[2] 此话题在马德里大会上被选作"主要议题"进行讨论,后来证实该议题确实是一次巨大的成功。

担任国际历史科学委员会秘书长的埃琳娜·阿尔维勒女士更坚定地认为,大会应当向全球史方面的主题开放。在娜塔莉·泽蒙·戴维斯(Natalie Zemon Davis)支持下,阿尔维勒建议马德里大会将欧洲人发现美洲这一事件作为主要议题进行讨论。原因之一就是即将到来的著名的哥伦布美洲航行 400 周年纪念,然而最重要的是,此议题将为大会纪要拓宽对欧洲以外地域的记录提供一个绝佳机会。这将会给大会纪要带来全新的、世界性导向的推动力,特别是促进非欧洲国家与拉丁美洲国家融入大会,而不是继续大会早期以欧洲为主导的局面。此举符合大会长

---

[1] ICHS, *Bulletin d'information*, no. 14(1987), General Assembly, p. 115. 但是,在 *Bulletin d'information* 结尾处并没有发表决议。关于 1985 年大会,参见第 333 页注释[1]。

[2] 参见 A. Sutcliffe, "Introduction: The Giant City as Historical Phenomenon," in Th. C. Barker and A. Sutcliffe, eds., *Megapolis: The Giant City in History* (Basingbroke, 1993), pp. 4f.。该著作是马德里大会提交论文的选集。

久以来的要求，即国际历史科学委员会应彻底克服其以欧美为主导的传统模式。这些主张得到了大家的一致同意。因此，"欧洲人发现美洲大陆及其结果"被选为第一主要议题并由国际历史科学委员会主席厄内斯托·德·拉·托雷·比拉尔（Ernesto de la Torre Villar）主持，这一举动显示了此次讨论会的特殊地位。

值得一提的是，雅典全会上，不少委员会成员希望委员会能进一步拓宽经典的方法论议题，依照传统，该议题是大会议程的必要部分。这些成员包括了匈牙利的格里高利·兰基（György Ránki）与美国的娜塔莉·泽蒙·戴维斯。他们指出，大会议程应给予历史人类学与社会学足够的讨论空间。全体会议结束时，大会安排了一场由格里高利·兰基和瓦列里·A. 蒂什科夫（Valerii A. Tishkov）主持的"人类学与社会文化史"会议，后者是苏联史学界重要人物之一。兰基作为国际历史科学委员会副主席在马德里大会筹备工作中起到了重要作用。他于1988年逝世，伊万·T. 贝伦德（Ivan T. Berend）接受执行委员会邀请接任此职务。[①]

在历届大会上有着特别重要地位的方法论讨论会，如今至少已部分地开始突破传统的欧洲中心论史学的界限，关注更多的问题。三宅正树（Masaki Miyake）建议，"主要议题"应致力于讨论历史上不同文化对"时间"的认识，此建议得到大家的一致欢迎。史学界在年代讨论会应做出更多努力来解决非欧洲世界的历史问题，此项建议也得到与会者的一致同意。在其他议题中，与会者建议组织以"奥斯曼帝国的衰落"为主题的讨论会，因为奥斯曼帝国涉及了三个大洲的历史。撒提什·钱德拉（M. S. Chandra）进一步建议举行关于"亚非国家的民族意识、统一与人民运动"的讨论会。另一个重要性略逊一筹的讨论会则涉及伊

---

① 兰基在分会场的作用被尤里安·弗拉迪米洛维奇·布罗姆利代替。参见 XVIIe Congrès International des Sciences Historiques, Madrid 1990. 2 vols. （Madrid, 1990），vol. 1: Grandsthèmes. Méthodologie. Sections chronologiques 1: Rapports etabrégés, p. 175 [以下简称 Congress Madrid 1990: Rapports]。

曼纽尔·沃勒斯坦（Imannuel Wallerstein）关于"中心与外围"的理 318
论，它能够为 19 世纪与 20 世纪殖民扩张与帝国主义剥削提供一种解释
模式。同样，在年代讨论会上，大量有关非欧洲世界的议题占据了重要
地位。可以说，尽管有许多史学家要求考虑其他议题，其中包括性别史
与科学的起源和传播，但雅典全会以及随后于 1988 年 5 月 27 日至 28
日在马德里、1989 年 9 月 21 日至 24 日在维也纳召开的执行委员会会
议都维持了非欧洲世界的主线。

然而，组织结构与财政困难部分地阻碍了拓宽即将到来的马德里大
会议程范围与开放总体史与非欧洲历史话题的努力。而且存在一个根本
问题：国际历史科学委员会中非西方国家学者的代表相对较弱，甚至在
与这些地区的问题直接相关的讨论会中，这些学者仍占少数。此问题在
马德里大会之前的执行委员会会议上被反复提及，更不必说执行委员会
为改变这种局面做过多少努力了。然而，许多第三世界国家缺乏足够制
度化的国家委员会，而根据大会章程，这些委员会应当单独指派参加大会
的学者。即便国际历史科学委员会设法从联合国教科文组织以及其他基金
会中得到一些资助，许多非西方国家史学家仍因资金匮乏不能参加大会。

毋庸置疑，执行委员会尤其是秘书长的任务是艰巨的。至 1989 年
9 月，执行委员会收到了来自不同国家委员会不少于 700 份的论文提
案，委员会分别附属于各个组织机构，这些提案必须经过细致审核。①
1989 年 9 月 24 日在维也纳一次会议中，秘书长埃琳娜·阿尔维勒指出
参会代表对大会的强烈兴趣标志着国际历史科学委员会的活力，她对此
非常满意。在此场合，阿尔维勒女士同时告知执行委员会，在即将到来
的五年任期中，她将不会担任秘书长这一职务。阿尔维勒任命弗朗索
瓦·贝达里达（François Bédarida）教授作为她的继任者，与会者一致
接受了此项提议。选择贝达里达作为继任者是非常幸运的。他此前任伦
敦的不列颠法国研究院研究员，此后成为牛津大学法国研究所主任。因

---

① 维也纳会议上的秘书长报告和备忘录载 ICHS，*Bulletin d'information*，no. 16 (1989)：
163f. 。

此，他对英国的学术氛围十分熟悉。贝达里达于巴黎法国国家科学研究中心（CNRS）任职期间的当代史研究使他成为著名学者，其就史学方法论不同方面发表的专著也使他声名日隆。他可以流利地讲几种语言，待人友好亲切、性格直率，这些毫无疑问是他开展新工作的有利条件。贝达里达教授是一位颇有才华的管理者，是技巧娴熟的谈判高手。最重要的，他工作勤奋努力。很快，他在管理国际历史科学委员会事务中成为关键人物。

319　　　至于未来大会的组织程序，国际历史科学委员会明确授权报告人，让他们谨慎组织每一场会议的讨论。这旨在避免阅读那些冗长的论文。由于大会只允许呈现总结性质的内容，此举为气氛活跃的讨论会节省了时间。过去学者们抱怨，国际大会从来没有给与会者提供足够的时间提问，由此，执行委员会努力对此进行补救。此外，组织松散的圆桌会议意在使讨论会变得活跃。提奥·C. 巴克尔建议，在大家普遍感兴趣的问题的特殊讨论会上，大会应为杰出学者提供机会，由他们选择邀请6—7 位年轻学者，这样可以使会议进程更为活跃，同时也可以使与会者更加年轻化。然而，此项提议并没有促成任何后续结果。这样的会议程序将会削弱多个国家委员会在议程上的主导影响力，也会减少发言人在大会上的议题选择。或许也应这样理解，巴克尔告诫执行委员会，大会应尽可能地向外界敞开大门。他尤其强调，执行委员会应该邀请媒体代表特别是电视代表参加大会，并令他们关注国际历史科学委员会的活动，这样就加强了公众对于历史的兴趣。因此，出于这些目的的考虑，组织委员会付出许多努力以确保在大会开幕会议上有足够多的新闻媒体。

1990 年 8 月 26 日，第十七届国际历史科学大会在马德里大学医学院拉蒙与卡哈尔露天剧场庄严开幕。西班牙国王任此届大会名誉主席。米盖尔·安赫尔·拉德罗·圭萨达（MiguelAngel Ladero Quesada）发表了题为《克里斯托弗·哥伦布时期的西班牙环境》的开幕报告。此报告提醒 3000 余名史学家，哥伦布在 400 年前发现了美洲，因此为这个崭新的世界向欧洲开放迈出了第一步。

总体政治环境很大程度上影响了马德里大会的进程。那时，国际环境已经发生了巨变。苏联已经失去领导中东欧的霸主地位，共产主义政权已让位于正在建设民主统治体制的新政权。迄今为止，国际历史科学委员会的机构安排还未受到这些重大事件的影响；委员会在组织方面的事务一仍其旧。随后几年，国际历史科学委员会则不得不调整其成员规则以适应新的东欧领土划分，但委员会这时候并不着急处理此事。执行委员会与国际历史科学委员会代表以及由旧政权中国家委员会选择的独立讨论会的发言人仍照常工作，仿佛什么事都没有发生。而事实上，马德里大会上来自马列主义阵营国家的史学家比往届大会更多。

如前所述，在 1987 年雅典全体会议上，国际历史科学委员会的重要成员希望回避一些带有意识形态偏见的主题，他们呼吁用一种全球性的视角处理有关过去的问题，以超越狭隘的马列主义对峙自由民主的问题。因此，"革命与变革"讨论会在大会议程中位列第三。首次全体会议由国际历史科学委员会主席厄内斯托·德·拉·托雷·比拉尔主持，题为"欧洲人发现美洲大陆及其结果"。选择此议题为大会拉开帷幕颇为合适：1492 年到 1498 年间以及后来的发现立即产生了巨大的影响，而其长期影响更为深远，延续至今。在大会记录中，布莱恩·蒂尔尼（Brian Tierney，美国）明显参考了约翰·洛克（John Locke）的观点，洛克曾把美洲视为"人权"观念的发源地；蒂尔尼也提到了新大陆上的印第安土著，他说："世界的开端在美洲"。① 对于殖民制度发展最重要者有二，其一是欧洲与其在非洲的殖民属地的交换，其二则是欧洲与美洲的交换。

第二次全体会议上，提奥·C. 巴克尔发起了一次具有真正普遍意义的研究项目，即历史上大城市的政治、社会与文化重要性。此话题不仅涉及许多古今历史时期，而且涉及历史上不同的大陆与文化。毫无疑问，此次讨论会获得巨大成功。巴克尔之前就成功组织各国著名学者形成了一个规模很大的专家团队，而在会上呈现的历史全景不仅有对古代罗马与君士坦丁堡的研究，也包括圣彼得堡和纽约，最后也涉及像上海

---

① Congress Madrid 1990：*Rapports*，p. 24.

以及圣保罗这样的城市。毫无疑问，这一研究极具吸引力。此后这些论文分别以专著形式出版。①

　　"革命与改革"全体会议也为许多此前马列主义阵营的史学家提供了捍卫他们观点的机会，然而相关讨论的热情已经消退。很多来自西方国家的史学家感觉自己不再有责任对此议题发表言论。会议中，马列主义阵营的史学家占多数，他们几乎专门谈论革命的作用或是现当代史中的革命。他们美化了革命，尤其是被恩斯特·恩格尔伯格所称的各种"社会或总体革命"——这令人匪夷所思。约阿希姆·赫尔曼重提了马克思、恩格斯的革命理论，但他也承认革命不仅如正统马克思主义者所见因客观经济条件而起，也可能由于主观因素而产生。紧随其后则有观点认为，有必要将时间与环境作为革命爆发的考虑因素。"历史唯物主义认为，只有通过全面的历史科学分析才能评估事件的起因、内容、过程与革命的结果。社会存在的客观因素（首先是生产条件）与个人观念所体现的主观因素之间的冲突起到了最重要的作用。"② 帕维尔·V.沃洛布耶夫（Pavel V. Volobuev）和 N·A. 西蒙娜（N. A. Simona，苏联）以一种更灵活的方式发表了他们的观点，他们乐于承认当代史中存在不同的革命类型。然而，1917 年俄国十月革命是不同的，它是世界史中独一无二的事件。"毋庸置疑，伟大的俄国十月社会主义革命是20 世纪中的重大革命事件。正是这次革命给世界历史进程带来了巨大变化，它标志着新型社会经济形态的开始。十月革命与后来的革命一起代表了世界社会革命的主流，将消除剥削阶级社会的任务提到议程上来。"③ 另一方面，沃洛布耶夫和西蒙娜也承认，即使在社会主义国家，革命性的改革也是必要的。曼弗雷德·科索克（Manfred Kossock，民主德国）也做了陈述，这是讨论会上唯一一篇清醒而与众不同的解读。科索克就 1789 年法国大革命后的欧洲与拉丁美洲革命向听众呈现了有

321

---

① Barker and Sutcliffe, *Giant City.*

② Congress Madrid 1990：*Rapports*, p. 60.

③ Ibid., p. 102.

趣的分析结果。耶日·托波尔斯基（Jerzy Topolski，波兰）提出了"革命神话"这个有意思的新概念。这个概念是指，一些史学家意图夸大历史上特定的社会或政治变革，并因此创造出给政治进程带来巨大影响的神话。

此次全体讨论会另一位主持人卡尔·戴格勒在介绍发言中对讨论会上的报告表示了不满，即其本意在于对革命与改革进程进行比较，但这些报告都未抓住主旨。"所有论文都没有跨越民族或时代对改革进行比较，也没有比较改革式的革命，尽管这些是比较研究暗含的目标。"此外，美国革命几乎没有受到与会者的关注。[①] 会议中，来自共产主义国家的史学家的稿件占了大多数。某种程度上，此次争论已经是正统马列主义史学的绝响，至少这种史学在苏联的分支已然绝迹。讨论会最后的发言人是中国的金冲及，他更为不偏不倚地表达了其观点。他表示，中国革命与改革相互交织，如今革命性的改变已让位于"激进的转型"。

"二战前夜及其进程中条约研究的新成果"讨论会促使与会者就德、苏两国 1939 年 8 月 23 日签订的互不侵犯条约的历史背景展开了热烈讨论。唐纳德·C. 沃特（Donald C. Watt，英国）就关于战争前夜与战争第一阶段外交谈判所做的深入研究引发了激烈争论。亚历山大·O. 丘巴扬与米哈伊尔·M. 纳林斯基（Mikhail M. Narinsky）认为，由于波兰拒绝与苏联结盟，苏联迫于无奈只能与国社党掌控的德国签订不详的互不侵犯条约。此外，莫斯科方面如此行事的前提假设是，同盟国正积极组织反苏武装干预。苏联认为这些国家、而非德国，才是反革命的主要力量。丘巴扬和纳林斯基坚持认为，根据大部分苏联史学家的观点，苏德互不侵犯条约不能被视作"二战爆发决定性的一步"。另外，他们严厉而尖锐地批评了斯大林，因为斯大林曾认为希特勒是"相比法国、英国更值得依赖的伙伴"。争论中，克劳斯·希尔德布兰德（Klaus Hildebrand，联邦德国）与其他与会者澄清了这些问题真相。据

①　Congress Madrid 1990：*Rapports*，pp. 61f.

说这些争论消除了各方的许多偏见。然而，随着苏联帝国在 1989 年覆灭，学界也就不像此前组织者所预想的那样急迫地深究此问题了。这种结果可能会使卡尔·迪特里希·埃德曼满意，但不幸的是他已经逝世，没能出席这次讨论会。

讨论会"战争已去，和平向前"由 L. N. 涅金斯基（L. N. Niejins-ki）主持，遵循的也是基本相同的路数。会议之前曾计划提供相关历史证据证明，战争如今已被不同国家之间的和平竞争取代。当然，如今大家已经形成了共识："人为发动一场战争的行为不再正当。"① 此论题在"一战"结束后就曾讨论过，而如今它看起来似乎毋庸置疑。除少数例外，没有哪位参会者不认同涅金斯基的观点："战争正退化为一种制度，这并不是由于它不再可能发生或不再现实，而是因为发达世界中的领袖和人民越来越觉得战争令人厌恶、愚蠢荒唐，并非明智之举，而之前它在发达国家间是那么流行。"然而，瑞士学者格奥尔格·克莱斯（Georg Kreis）谨慎地警告与会者，战争将逐步完全消失的预言实际上是起源于 19 世纪残余的进步理念的余音。我们不能认为这是对未来的有效预测。

第一次方法论讨论会专用于讨论"欧亚历史著作中的时间观念"。讨论跨度极大的时代与文化传统中的历史时间观念十分有趣，这些讨论涉及古代西方、古代中国哲学、印度早期的宇宙结构学、欧洲中世纪、弗里德里希·尼采以及奥斯瓦尔德·斯宾格勒和阿诺德·汤因比的欧洲思想。讨论的出发点是，尽管在古代，历史思想由历史循环论为主导，但是历史主义的出现使历史时代的线性发展观成为普遍接受的观点。然而除耶日·托波尔斯基和恩斯特·舒林（Ernst Schulin，联邦德国）的文章外，此次讨论会并没有走得更远，仅仅是列举了对历史时间的不同认识。托波尔斯基讨论了史学家著述中涉及"时段"的三种时间概念，而舒林则指出，关于历史时期的史学观念实际上回到了启蒙运动时代的"结构化的线性时间"概念中。

---

① Congress Madrid 1990：*Rapports*，Section chronologique，p. 449.

关于人类学与民族学的讨论会则收获更多。有人可能会期待，以人类学或民族学方法处理过去的历史以探讨非西方历史问题会产生丰硕成果。几位报告人在其报告中对人类学研究的发展状况似乎没有得出什么结论。汉斯·梅迪克（Hans Medick，哥廷根）与娜塔莉·泽蒙·戴维 323 斯的论文十分有趣，他们详述了历史学以"深描"方法仔细探查小群体所处社会环境的潜力。与会者已接受了"叙事史的回归"这种既成事实，认为它是社会史著作的重要部分。唐·尼赫伊斯（Ton Nijhuis，荷兰）精心开展了理论探索，为人类学研究与历史主义传统间架设桥梁。他强调，我们并不能如历史主义者那般仅从历史进程中的人的自我认识中提取意义。历史叙述只有以观察者的角度写作时才会有意义。而观察者事实上预想了某一事件序列的最后结局。

这些讨论会以一系列其他集会作为补充，此处对其讨论议程不再赘述。马德里大会共举行 26 场不同分会，分会也时常在时间和基本内容方面有所重叠。总之，这些讨论会代表了给人印象深刻的国际史学研究的全貌。此外，大会为加强不同国家与不同研究领域学者间的交流提供了大量机会。在国际历史科学委员会准备的讨论会外，还有 15 个附属委员会与 6 个"内部委员会"组织的讨论会。传统的安排是，为附属与内部委员会留出两天时间。这种安排导致许多会议大量重叠。马德里大会取消了这种做法，这是很有帮助的。取消了旧有的安排后，马德里大会的议程内容十分丰富、所涉领域非常宽广。一些委员会努力使其议程紧扣大会总体议程的主题。史学史委员会以"西方史学与非西方史学的碰撞"为主题的一次会议，探寻了 19 世纪及 20 世纪早期"第三世界"史学研究的产生与发展。此项议题符合国际历史科学委员会执行委员会宣布的意图，即超越传统的欧洲中心导向并赢得全世界史学家的参与。然而，这又一次证明邀请非欧洲国家的学者有多么困难。这不仅是由于紧迫的财政困难。在参加大会的非欧洲国家学者中，张芝联就"中国史学与西方"做了报告；苏米特·萨卡尔（Sumit Sarkar）讨论了印度史学；萨托诺·卡托迪尔约（Sartono Kartodirdjo）讨论了印度尼西亚当代史学。A. A. 杜里（A. A. Duri）和塔里夫·卡利迪（Tarif Khalidi）对阿拉伯史学发表了看法，埃比格贝里·J. 阿拉格阿（Ebiegberi J. Alagoa）、穆姆班扎·姆瓦·巴维勒（Mumbanza mwa Bawele）与 A. J. 特穆（A. J. Temu）则探讨了现今的非洲史学。[①]

毫无疑问，马德里大会取得了成功。整个大会进程中有来自 56 个国家的 2500 名史学家出席。会议涉猎话题十分广泛。大会证明了国际史学学术形势大好，富有活力。在最近几十年中它惊人地拓宽了对于过去的研究方法。令人遗憾的是，将大会转变为世界性集会的目标没有能够全部实现，这很大程度上是因为一些困难超出了国际历史科学委员会执行委员会控制范围。即使这样，历史学界给自身呈现了国际群体的雏形。马克思列宁主义与西方史学家之间的分歧已不再重要。其他的一些问题则成为前沿热点，尤其是南北冲突、工业化国家与相对欠发达的地区间冲突的问题。然而也可以这样说，此前卡尔·迪特里希·埃德曼作为国际历史科学委员会主席时提出了史学界"全球共同体"的主导思想，而如今史学家们已向此目标迈出了一大步。

1990 年 8 月 23 日召开的国际历史科学委员会全会必须解决不同的组织问题。即将着手的第一件事就是选择下届大会的会址，几个国家委员会正在竞争申办权。经过长期的激烈争论，蒙特利尔、东京、格拉斯哥和耶路撒冷赢得了第一轮票选。最后，蒙特利尔以 38 票对 15 票的优势击败了东京。下届执行委员会会议于 1991 年在柏林举行，而下届全体会议则于 1992 年在布拉格举行。新一届执行委员会成员的选举结果在人们的意料之中。执行委员会建议改善国际代表方面的问题。然而，这与德国和苏联已发生的政治变革没有关系。提奥·C. 巴克尔当选为主席，伊万·T. 贝伦德和埃洛伊·贝尼托 – 鲁阿诺（Eloy Benito Ruano）当选为副主席。阿兰·迪布瓦（Alain Dubois）成为司库，弗朗索瓦·贝达里达被选为新一任秘书长。娜塔莉·泽蒙·戴维斯，J. 卡拉扬诺普洛斯（J. Karayannopoulos）、三宅正树和 S. 努鲁尔·哈桑（S. Nurul Hasan）当选或再次当选为执行委员会成员。亚历山大·O.

---

① 会议日程中包含多数论文，发表于 *Storiadella Storiografia* 19（1991）：11 – 156 特刊。

丘巴扬当选并替代谢尔盖·L. 齐赫文斯基。担任德意志民主共和国史学家国家委员会主席的约阿希姆·赫尔曼也又一次当选为执行委员会成员，虽然德国代表团此前因民主德国已不存在而希望他辞职。鉴于即将在柏林举行会议，执行委员会有意调查民主德国历史学界的情况。

　　第二次全会于 1990 年 9 月 2 日在马德里大会行将结束时召开。提奥·C. 巴克尔和伊万·T. 贝伦德此前就未来大会进程共同提出了潜在的改革措施，而委员会此时决议将这一问题延后处理。巴克尔与贝伦德提出改革建议，可能是因为圆桌会议太多，不是总能准备得很好。同样，有人建议应当废除术语"Grand Thèmes"（主要议题），由"全体会议"替代。更重要的是，大会一致同意改变提名委员会未来的人员组成。迄今为止，执行委员会新成员常常通过增选而不是公开选举而选出。因此，有人认为应当增加外部成员的数量。

　　1990 年 9 月 2 日下午，提奥·C. 巴克尔在欢乐的气氛中结束了马　325
德里大会最后一次会议。他对所有帮助大会成功举办的人表达了深深的谢意，尤其是对西班牙国家委员会以及国际历史科学委员会执行委员会表示感谢。同样，巴克尔对过去十年担任秘书长的埃琳娜·阿尔维勒表示谢意。他唤起人们对卡尔·迪特里希·埃德曼的回忆，埃德曼在其八十寿辰之后不久于 1990 年 6 月 23 日逝世。巴克尔温暖人心的话语使与会者想到了埃德曼在国际历史科学委员会以及对整个史学界的杰出贡献。

新的方法论起点：1995 年蒙特利尔大会

　　执行委员会此前反复声明全球史学家在国际历史科学委员会的代表数并不公平。的确，在马德里大会筹备期间这是一个主要问题。毋庸置疑，马德里大会的议程比以前任何一届大会都更具有普遍性。然而，国际历史科学委员会成员和大会参与者中以欧美国家为主导的现象不是一夜之间就能改变的。执行委员会决心努力推动欧洲与北美以外国家的史学家积极参与到国际历史科学委员会活动中来。追寻此目标的一个重要因素是，大会中规模较小的会议安排通常与执行委员会和大会的常规性会议有所联系。执行委员会希望了解委员会中代表极少、甚至没有代表的地区的史学发展情况以拓宽其视野，所以做出了如此安排。

主张突破每五年举办大会的组织方式以扩大国际历史科学委员会活动的主要是提奥·C. 巴克尔。然而，秘书长弗朗索瓦·贝达里达对此计划并不十分热心。准备这些活动将会使他与其规模较小的办公团队增加负担，只有玛丽安娜·朗松（Marianne Ranson）是他唯一的长期助手。鉴于国际历史科学委员会资金来源匮乏，这些努力也将会受到限制。而且为此事业向外界寻求资金也绝非易事。司库阿兰·迪布瓦强烈支持贝达里达，他也不情愿遵照巴克尔的提议。后来规定，国际历史科学委员会只能与愿意作为此类活动主办方的国家委员会开展合作。但是在某些国家，这样的委员会尚未建立或因财政困难不能举办这样的集会。出于这种原因，将国际历史科学委员会活动扩大到非洲、亚洲和拉丁美洲的计划最初遇到了相当多的困难。

1996 年 8 月 30 日至 31 日，国际历史科学委员会执行委员会在斯德哥尔摩召开会议，再次详细探讨了这一问题。大家一致认为，在大会召开间隔之际举行小型会议基本上有利无害，至于国际历史科学委员会是否应该干涉个别国家的历史学术事宜的问题则仍存在争论。或许国际历史科学委员会应限制自身的活动，仅鼓励探讨重大的新问题，同时将组织权力交到各个国家委员会手中。贝达里达强调，任何活动中的每位成员组织皆可随时掌握主动权。[1] 然而更重要的是资金问题。不可否认，国际历史科学委员会的资金来源实在没有保障。它主要来源于各个国家委员会及附属的国际委员会上缴的年费。然而担任司库的皮埃尔·迪克雷（Pierre Ducrey）指出，由于多数国家委员会资金短缺，年费难以再次上涨。很多国家委员会仍处于欠费状态，而个别成员的年费更是难以获取。此外，国际历史科学委员会通过其附属机构以及国际

---

① ICHS, *Bulletin d'information*, no. 23 (1997): 51.

哲学与人文科学理事会从联合国教科文组织处获得的资助微薄且毫无保障。①

然而，与将国际历史科学委员会的活动扩展至各大洲不同区域相比，此刻中东欧的问题更显紧迫。上文已提及，国际历史科学委员会执行委员会接受了联邦德国国家委员会及德国史学家协会的邀请，将下一次执行委员会会议安排在 1991 年 9 月 12 日至 15 日于柏林古耐沃德区（Berlin-Grunewald）舒适的高级研究所举行。因此，委员会的成员有机会直接了解前民主德国的发展情况。他们当中自然有很多人担心联邦德国对民主德国进行所谓的"殖民化"，尤其是在历史研究领域。为了探讨东德目前的史学状况，这次会议之外又召开了一场小型会议，与会者是来自前民主德国的史学家，包括来自独立史学家协会的弗里茨·克莱因（Fritz Klein）和伯恩德·弗洛拉特（Bernd Florath）。该协会由一群前民主德国的年轻史学家于 1988 年创立，与前民主德国官方历史协会。会议上，温弗里德·舒尔策（Winfried Schulze）代表联邦德国宣读了一篇关于前民主德国目前历史研究状况的报告。柏林市长为委员会举行的招待会为该次会议画上了颇为得宜的句号。② 这次小型会议内容翔实，也显然深受欢迎。③ 它消除了大家对前民主德国在统一之后的史学研究

---

① ICHS, *Bulletin d'information*, no. 23 (1997): p. 50.

② 约阿希姆·赫尔曼当时刚刚失去德意志民主共和国国家历史学家委员会主席的职务，他曾经计划建立德意志联邦共和国科学院出版社的办事处，这是联邦德国官方机构，其前身是普鲁士科学院。但是这个计划被贝达里达阻止了，他意识到西德史学家有可能视此行为是挑衅行为。参见 letter to Barker, 10 July 1991, Archives Nationales, Fonds du CISH, cote 105, AS 272, correspondence Bédarida：关于赫尔曼……情况很棘手，他要是参与柏林会议的组织，就不能不把我们卷入其中（我已经从好几个德国历史学家那里收到对他十分不利的反馈）。不管怎样，我觉得按赫尔曼的倡议组织一个招待会非常不合适，常年作为柏林科学院的出版社将因此成为权力和体制的传送带。CISH 无意卷入德国人内部的纷争。

③ 参见 1991 年 9 月 26 日巴克尔致 W.J·蒙森（时任德国历史学会主席）信："我们非常感谢这样的讨论……关于德国历史学家的地位。我希望在重新属于东方的区域出现更多的像弗洛拉特博士这样的学者。他令人印象深刻，十分真诚。"1991 年 9 月 19 日，贝达里达写道：1991 年 9 月 19 日，贝达里达写道："今天的德国史学会议让我觉得很振奋。我们都充分意识到重新统一带来的思想和学术问题的范围，但我们都认为，尽管存在各种困难，还是存在各种复苏的迹象，我们祝愿你们在重建前东德的历史学的过程中一帆风顺。"

"性别史"。针对此主题的讨论十分热烈，最后不得不分为四个小主题。第三个"主要议题"与第一个有一丝联系：对居住在"移民社群"中的各民族人民的命运进行历史记录。其他的"主要议题"后来变成"专门议题"，包括"权力与自由：历史研究的出版自由"以及一个全新的话题"老龄与老龄化"。过去的大会常充斥着东西方之间的争吵，这次在柏林大会提出的专门议题中，这一冲突尽管已经淡化，但仍然存在。以"从历史角度重新评价俄国革命：1917"为主题的会议议案彻底从大会议程上消失，这一事实意义重大。以社会史而非政治举措为重点的世界性主题获得胜利，成为大会主题。这些决定意味着大会重点从"事件史"转移到以比较意图探讨社会结构或心态的长期变化上。

在布拉格全会开幕前两天，即 1992 年 8 月 31 日与 9 月 1 日，国际历史科学委员会以"1945 年以来的东西方史学：比较、结果与展望"为主题组织了一场会议。这场会议旨在帮助捷克史学家重新了解西方史学，并使执行委员会成员了解苏联政权瓦解后中东欧的史学研究现状。执行委员会中向会议投稿的学者数量相当惊人。亚历山大·吉耶茨托就 20 世纪 50 年代以来的东西方中世纪史学研究发言；娜塔莉·泽蒙·戴维斯就妇女史发言；弗朗索瓦·贝达里达以"历史、记忆和认同"为题发言，亚历山大·O. 丘巴扬就欧洲的过去与未来发言；沃尔夫冈·J. 蒙森（Wolfgang J. Mommsen）就关于帝国主义的理论和现实做了报告；来自布拉格的玛丽－伊丽莎白·迪克勒（Marie-Elisabeth Ducreux）就文化史发表了讲话。会议最后，位于首都布拉迪斯拉发的斯洛伐克科学院历史研究所所长杜桑·科瓦奇（Dusan Kovác）就捷克和斯洛伐克民族以及斯洛伐克最终决定脱离捷克斯洛伐克而成立独立民族国家的原因发表了讲话。在这一发言中，他直截了当地阐明了文化民族性的经典原则。对于这一出人意料的会议转折，执行委员会成员除了接受别无他法。同样，另一个以"中欧"（或者更准确地说，中东欧）为主题的圆桌会议成功举行，会议充满生气，卓有成效。

1992 年 9 月 3 日，布拉格全会开幕，捷克斯洛伐克科学院副院长维克托·克纳普（Viktor Knapp）与捷克科学院当代史研究所所长维勒姆·普列坎（Vilém Prečan）在会上发言。普列坎回忆了在共产主义专政下开展史学研究的艰难岁月，并为 1975 年国际史学界在旧金山对不同阵营的捷克斯洛伐克史学家提供帮助而表示感谢。另外，大会组织了一场以"捷克斯洛伐克史学研究重建：问题与展望"为主题的圆桌会议，普列坎和科瓦奇也做了发言。捷克共和国和斯洛伐克境内对史学研究自由的长期压制已经结束，与会者普遍为此感到宽慰。然而，随着两国的分裂，捷克与斯洛伐克人民也开始分裂，这就需要重新定义两国的历史。在全体大会前最后的会议上，科瓦奇的发言就体现了这一点。

在全体大会上，弗朗索瓦·贝达里达向大家报告了执行委员会在柏林通过的意见。这位秘书长的报告的语调从过去的严肃转向乐观。贝达里达强调，国际历史科学委员会秘书处的活动一直遵循执行委员会在 1990 年到 1991 年发出的指令，追求"传统与创新的结合"，它有三个最重要的目标：与时俱进；恢复活力，为大会注入新鲜血液，增强代际延续；增加大会期间以及两届大会之间的信息交换和传播。他明确提及巴克尔和贝伦德的备忘录，并对国际历史科学委员会组织结构的积极变化表示满意，这些变化为国际历史科学委员会成为真正的国际组织提供了新的契机："不仅东西方的对话再次变得活跃而有创造性，全世界的史学家都因统一的科学要求和标准而联合起来。"[1]

事实上，秘书长做了大量的工作，以求增强全球范围内的史学家在组织之间和个人之间的联系。他指出，在国际历史科学委员会各个活动中反复提及的《公报》已变得更加吸引大众；近期的任务是要把 20 世纪 20 年代以来关于委员会历史的信息丰富的文章囊括其中。[2] 此外，贝达里达也指出了令国际历史科学委员会真正成为国际组织的巨大障碍。东欧的发展形势日新月异，这就需要委员会与新成立的国家委员会建立联系，包括斯洛文尼亚和波罗的海诸国；而克罗地亚和乌克兰也准

---

[1] ICHS, *Bulletin d'information*, no. 19（1993）.

[2] ICHS, *Bulletin d'information*, no. 23（1997）：57 – 80；no. 24（1998）.

330　备就绪，意欲加入国际历史科学委员会的大家庭。由于非洲和阿拉伯国家没有成立永久国家委员会，这些国家的形势更加艰难，拉丁美洲亦是如此。

此外，全体大会一致通过了修改后的国际历史科学委员会章程。宪章由司库阿兰·迪布瓦修订，旨在更加有序地管理未来的事务。宪章对委员会"通过国际合作促进史学研究"的任务定义得比以往任何时候都要清晰：委员会要保护言论自由，确保学者之间沟通顺畅。即"必须保证史学研究领域的思想和表达自由，确保成员遵循专业道德标准"。① 另外，宪章规定了大会附属委员会和内部委员会的投票程序，以及执行委员会新成员的提名程序。提名委员会之外的成员人数稍有增加，这将提高提名程序的透明度，同时确保执行委员会提名委员的提议自由。② 外部成员人数增加至 5 人，比执行委员会代表多 1 人。

1993 年 5 月 19 日在蒙特利尔举行的执行委员会会议主要讨论在即将到来的第十八届大会筹备工作中遇到的技术性问题。秘书长指出，执行委员会不得不从 550 个提案中选出供会议各个程序讨论的主题，并从 60 个提案中选出圆桌会议的议题，这远远超出了大会的容量。此外，会议再次指出扩大参与国范围的必要性和艰巨性。执行委员会的各个成员做了大量的工作，以求把南非、中国和韩国纳入国际历史科学委员会的大家庭，并和一些拉丁美洲国家（尤其是巴西）保持良好合作。至于与苏联成员国建立联系，形势并不明朗；波兰代表亚历山大·吉耶茨托承诺为此努力，搜集必要的信息。这次执行委员会会议与另一个主题为"加拿大史学近来的研究动向"的特别会议于 1993 年 5 月 19 日在魁北克大学联合举行。③

1994 年 9 月 8 日至 11 日在洛桑举行的执行委员会会议上，委员会主席提奥·C. 巴克尔对即将举行的蒙特利尔大会表达乐观态度；大会

---

① 　ICHS, *Bulletin d'information*, no. 19（1993）：9，Art. 1。参见下文附录 IVc。

② 　同上，Art. 5 第二段。

③ 　参见 ICHS, *Bulletin d'information*, no. 19（1999）：115 – 157。

已经吸引了一批前程无量的学者来参加各阶段会议和相当数量的圆桌会议。然而，他再一次表达了困惑：目前为止大会的各项活动仍未收到国际社会应有的反响，而在他看来这种反响是必须的。出人意料的是，他提议打破一直以来的传统：秘书处不该永久设于法国；且秘书长的职责 331 也许应部分分配到行政秘书身上，而秘书长则主要负责协调大会和其他国家重要的史学家之间的沟通，以求建立起全球网络。然而，这些提议被认为不切实际。

此前数月中，提奥·C. 巴克尔和弗朗索瓦·贝达里达因对蒙特利尔大会的开幕式意见不一而关系紧张。巴克尔认为应该播出一部影片，展示20世纪的历史及其对现在的影响，以求为大会的各项活动吸引更多的观众。贝达里达对这一提议并不感兴趣。他怀疑史学家们对这种"20世纪全景式拼凑"毫无兴趣；从一个特定的视角切入主题也许会更好，比如展现政客谱写历史的方式。① 最后，执行委员会决定播放一段影片，世界著名的公众人物在影片中接受采访，谈论自己对历史和史学行业的理解。最初计划的采访名单包括法国总统弗朗索瓦·密特朗（François Mitterand），经济学家、英国政府长期顾问亚历山大·凯恩克劳斯爵士（Sir Alec Cairncross），波兰史学家和政治家布隆尼斯拉夫·格勒梅克（Bronislaw Geremek）和南非共和国总统纳尔逊·曼德拉（Nelson Mandela）。② 贝达里达成功使密特朗接受采访，而巴克尔也成功联系了凯恩克劳斯。贝达里达还给格勒梅克写了一封热情洋溢的信，征求他的同意："您既有记录历史的经历，也有创造历史经历，没有任何人比您更适合在蒙特利尔大会向来自世界各地的两千多位史学家提出一流的见解……您将会是唯一一位来自前共产主义世界的、集学术与实践于一身的发言者。"③ 在亚历山大·吉耶茨托的帮助下，格勒梅克同

① Letter to Berend, 30. Sep. 1994, Archives Nationales, Fonds du CISH, cote 105, AS 277, correspondence Bédarida.

② 娜塔莉·泽蒙·戴维斯提名曼德拉。

③ Letter of 2 Aug. 1995, Archives Nationales, Fonds du CISH, cote 105, AS 276, correspondence Bédarida.

意为大会录制视频，但并非像计划那样接受采访，而是发表声明。由于同曼德拉的洽谈并未成功，贝达里达决定转而采访联合国教科文组织部长费德里科·梅耶（Federico Mayor）。最初执行委员会决定视频将以采访加上小组讨论的形式展现。① 后来，小组讨论的内容与采访分离，它将从史学家的角度讨论 20 世纪的重要意义。

提奥·C. 巴克尔对这次开幕式寄予厚望，他希望能亲自剪辑这段影片。但贝达里达并不同意，他也不准备接受巴克尔将全权负责开幕式这一事实。而另外，该影片将大大增加大会对公众的影响力，但巴克尔怀疑这位秘书长并没有尽全力去完成这一宏大的拍摄项目。两位领导者的关系出现了严重裂痕，后来在伊万·T. 贝伦德的调解下才得以和解。巴克尔做出让步并向秘书长道歉，② 贝达里达最终也冰释前嫌，因为伊万·T. 贝伦德和阿兰·迪布瓦都站在他这一边。③ 巴克尔和贝达里达的冲突本质上反映了两种矛盾的观点：国际历史科学委员会面对公众应该扮演什么样的角色：贝达里达一直寻求尽可能高效地组织大会，而不追求长远的目标；巴克尔则希望将大会作为开拓公众历史思维的工具。

1995 年 8 月 27 日，第十八届国际历史科学大会在蒙特利尔的皇宫酒店（Palais de Congrès）举行。国际历史科学委员会秘书长弗朗索瓦·贝达里达提议，大会议程应该遵循三个基本原则：普世性、责任和真理。他反对仅把历史研究作为一种说教，也反对向"现实政治"看齐的马基雅维利式史学研究。"历史学是一门人文学科，其性质不得改变。"④ 与当前一些把历史研究变为"虚构杜撰"的潮流相反，大会必须始终坚持追求真理的原则，因为只有这样才能保持历史作为一个科学

---

① Barker to Bédarida, 9 May 1995, Archives Nationales, Fonds du CISH, cote 105, AS 461.

② 巴克尔在全体大会上发表的告别演说中，也表达了妥协和解的想法。

③ 由贝达里达挑起的冲突的详细记录写于 1995 年 6 月 27 日，载 Archives Nationales, Fonds du CISH, cote 105, AS 461, AS180 发表了有所删减的记录。

④ ICHS, *Bulletin d' information*, no. 22 （1996）：129.

学科的基本功能。

在大会开幕式上，经历过种种争论最终成形的采访视频在屏幕上播出。弗朗索瓦·贝达里达采访弗朗索瓦·密特朗，提奥·C.巴克尔采访亚历山大·凯恩克劳斯爵士，还有对费德里科·梅耶的采访以及布隆尼斯拉夫·格勒梅克的声明。[1]

总统密特朗虽然态度模糊，但他使用了十分友好的措辞形容史学家。他详细讲述了历史在他成长过程中和政治生涯初期发挥的作用，并同意贝达里达关于现今世界史学家责任的看法，"史学家的理论对人类有重要的影响，正如它对我有重要的影响一样"。在人类社会中，史学家的地位类似于"宗教骑士团团长"（意指史学家享有无上的权威）。[2]

亚历山大·凯恩克劳斯爵士强调，尽管历史知识并不会为人类提供未来成功的秘诀，但它首先提供的是一种视角意识："作为一个学科，历史对政治顾问是无价的……如果你是一名政治顾问，不知道世界发生了什么事而只是进行空谈是毫无用处的。在提出建议时，你必须回首看看事态的发展情况。"[3] 接下来凯恩克劳斯和提奥·C.巴克尔围绕一个问题展开辩论：为何尽管在决策过程中历史定位十分重要，政府却很少询问史学家的建议。凯恩克劳斯辩护道，史学家通常并没有紧跟时代的发展。

费德里科·梅耶的声明提供了更多的信息："历史对我们制订未来的计划意义重大。"史学家"是历史的守卫者，我们需要他们的帮助以开创一个更加和平的未来世界"。[4] 这些声明也许并未达到巴克尔和贝达里达的预期。最精彩的是布隆尼斯拉夫·格勒梅克传达的信息。追求真理的基本原则不仅影响了他早期的历史研究，也影响了他的政治生涯。在参与反对当局的团结公会运动过程中，尤其是在那著名的格但斯克罢工过程中，他清楚地感受到历史，或"真正的历史"的力量。历

---

[1] ICHS, *Bulletin d'information*, no. 22（1996）: pp. 131 – 150.

[2] Ibid., p. 137.

[3] Ibid., p. 141.

[4] Ibid., 143.

333 史的真相可以拥有、也的确拥有颠覆某些意识形态和极权统治的潜力。此外，研究历史的经历也令这位活跃的政治家在面对政治，尤其是当今政治家采取的行动时更加谦卑。"史学家也许并不会为我们带来希望，因为通常他们也陷于巨大的骗局中，但历史的教训却给我们带来希望。"①

这些展示过后，一个小组讨论紧随其后，主题是关于国际历史科学委员会的功能和未来。小组组长为提奥·C. 巴克尔，成员包括伊万·T. 贝伦德、伊达·布罗姆（Ida Blom，挪威）、于尔根·科卡（Jürgen Kocka）和尤金·韦伯（Eugène Weber）。毫无疑问这次开幕式十分成功。②

在蒙特利尔大会中，"衰落"和"颓废"，而非"现代化"与"进步"成为主要的分析范式，这也许是史学界文化氛围变化的表现之一。越来越多的史学家打算摆脱过去的政治热情，用冷静的方式观察历史。当然，他们并未冷落政治问题，但大多时候仅以超脱的姿态对之进行讨论，这在以往历届大会中从未发生过。而对比的视角也变得十分重要。

会议第一阶段主要针对"民族主义和民族国家"展开宽泛的分析，并针对"移民社群中的少数民族"做陈述，并就"帝国的衰落"进行反思。大会围绕性别史和男性与女性的关系这一"主要议题"展开，并从方法论的角度、将其作为历史探究的真实对象进行讨论。同时，"口述史"的现状也充分吸引了与会者的注意。在方法论方面，往届大会上极其强调的政治史和社会史的二分法仿佛不再重要。而历史记录中的"虚构"和"神话"问题，及与之相关的历史记录的"客观性"也被提上议程。只有关于"权力、自由和史学家的工作"讨论会稍微延续了往届大会上马克思列宁主义者和西方史学家之间的讨论，但这一讨论以追溯的形式展开。很多曾生活在极权体制下的史学家开展了自我批评，尽管并不十分严厉。大家一致认为，在极权统治之下，正如亚历山

---

① ICHS, *Bulletin d'information*, no. 22 （1996）: pp. 147, 150.

② 介绍文章发表于 ICHS, *Bulletin d'information*, no. 22 （1996）: 127 – 150.

大·O. 丘巴扬报告中所说，"大量的史学研究者自愿为该政权服务，并以史学作品来取悦当局"。①但他也提及在史学家中较为普遍"软性盲从"特点，即史学家随时准备适应政治状况。"尽管他们不愿意公开为权力服务，但他们善于谨慎地琢磨上层统治者的心理和态度。"然而，西方史学也未能免于这一批评，特别是美国大学管理局实施的正统政治政策和"政治正确"战略。除此之外，大会讨论了各种各样的社会史主题，例如关于"老年与老龄化"的主要议题和"历史上的儿童"这样吸引各类听众的讨论会。最后，"环境史"作为新开拓的研究领域吸引了大家的注意力，这主要是因为它为回归宏大历史（macrohistory）开辟了道路。

　　弗朗索瓦·贝达里达和尼古拉·鲁塞利耶（Nicolas Roussellier，法国）介绍了第一个主要议题"国家、民族和国家形式"，他们针对在不同历史时期，世界不同地区的人们对"国家""民族""民族国家"和"民族身份"这些概念的不同理解和情绪展示了宽泛的论文成果。报告人强调，随着冷战结束、苏联解体和殖民主义帝国瓦解，民族国家在一定程度上又稳定起来。史学家和政治家普遍认为民族国家的时代已经结束，而新的联邦制国家正在崛起。但他们不禁要问：到处都在谈论民族国家的痛苦，为何民族仍是政权最稳定的支柱？

　　这一问题早在第一个单一民族国家诞生时便被提起。难道这如埃里克·霍布斯鲍姆和厄内斯特·盖尔纳所说，是属于 19 世纪和 20 世纪的现象吗？还是其根源至少可追溯到中世纪中期？贝达里达与鲁塞利耶引用的会议论文中清晰表明，中世纪和现代初期，现代意义的民族与民族

① Alexander O. Chubaryan, "Le pouvoir et la liberté de la recherche historique et ses moyens de diffusion / Power, Liberty, and the Work of the Historian: The Implications of Political, Economic, and Cultural Controls on the Organization of Historical Research and Publication," in *XVIIIᵉ Congrès International des Sciences Historiques*, *du 27 août au 3 septembre 1995. Actes: rapports, résumés et présentations des tables rondes. 18ᵗʰ International Congress of Historical Sciences, from 27 August to 3 September 1995. Proceedings: reports, abstracts and introductions to round tables.* Claude Morin ed. (Montreal, 1995), p. 139.

主义并不存在。然而，受特定文化传统，尤其是语言和宗教的启发和影响的民族身份在历史进程中有诸多变种，不仅是在西方，在世界其他地区亦是如此。在这些论文的基础上，贝达里达和鲁塞利耶熟稔地分析了在不同政治和文化背景下的各种"民族"概念。他们选出两个极其重要的代表：以种族和文化标准定义的中欧"民族"概念，和以国家为中心的西欧"民族"概念，其中后者在厄内斯特·勒南（Ernest Renan）的作品中有经典的解释。贝达里达与鲁塞利耶接着表示，尽管多种族大国显然必将瓦解，但这并不意味着民族国家的崛起。相反，民族国家并不会因多种族帝国的瓦解而更加稳定。贝达里达和鲁塞利耶引用了一向稳定的民族国家比利时瓦解的例子，也给出了拥护联邦制的加拿大的例子，加拿大相信联邦制能在同一个国家给予多元化和各个民族实体更多的空间；换言之，传统的民族国家也会像多民族帝国一样瓦解成不同的民族，甚至是不同的民族国家。他们从这些事实出发得出结论，即民族身份在不同的社会和政治条件、不同的社会层面皆存在，它由各种因素构成，而种族不一定是最主要的因素。

335　　　第二个主要议题"性别史"主要围绕历史上男性与女性的关系，分为四个讨论会。在方法论讨论会上，约朗德·科昂（Yolande Cohen，加拿大）坚决认为，在意识形态大帝国瓦解后不久，性别研究取代传统的、以意识形态为中心的政治史研究适时崛起，因为性别史学家正在使用与传统国家史研究不一样的全新的方法论。性别史代表着离研究对象更近的史学研究，它与人们的生活、工作和日常事务都有关系。因为移情作用，性别史学家比传统史学研究者更能获知研究对象的真相。科昂甚至表示，大家必须明白，她在讨论会中展示的论文是希望通过性别史研究为史学革新做贡献。

　　性别史学认为不存在客观的真实，所谓"客观的真实"仅仅是多元化的史学理解，这一点与后结构主义理论相近。不少投稿者，例如狄波拉·格蕾·怀特（Deborah Gray White）、埃琳·鲍里斯（Eileen Boris，美国）和玛丽·奥多德（Mary O'Dowd，北爱尔兰）都证实性别史远远不只是"女性史"。这一观点在由弗朗茜斯卡·德·哈恩（Francisca de Haan，荷兰）引入的第三场讨论会中有更严格的讨论。她的出发点是下述断言：目前"性别"已被认可为"史学的基本类别之一"。哈恩准确地指出，传统观点聚焦于历史事件对女性生活和心理的塑造作用，而克服、超越此观点意义重大。这一分会的事例分析与传统分析不一样，旨在探求女性在何种方面大大影响了历史进程，尤其旨在探讨工业化对家庭农场的影响、福利国家体系中女性的角色、民族身份形成过程中的母系家庭。史学家们对此观点大不相同，他们不仅纠结于细节，甚至要求以女权主义者的角度彻底"重写传统历史"。另外，大家一致认为，"只有同时思考和探究关于男性作为历史主体的问题，性别研究分析的最大潜力才能得以发挥"。① 在针对 1806 年到 1815 年普鲁士反拿破仑的研究中，凯伦·哈格曼（Karen Hagemann）就探究了男性问题：她的成果表明，在普法战争中对男权主义的崇拜是德国民族主义萌芽的重要组成部分。

费利佩·茹塔尔（Philippe Joutard，法国）执笔的关于"口述史的新发展"的报告中，相关争论就少得多了。他针对口述史对当代史的贡献开展了一项卓有成效的研究。然而，口述史学家相信他们的文献具有直接性，而部分其他的史学家则希望对这些作品进行严格的科学审查，两者之间争论不休。强有力的口述史作品，例如大屠杀的证词，在传统史学中到底是见证并进一步确认了历史事件，还是对常规史学研究的破坏？这在公众心中的确是一个开放性问题。

以"虚构性、叙事性、客观性"为主题的讨论会探讨了史学理论，以回应海登·怀特（Hayden White）的挑战，探讨了文学中所谓的"语言学转向"。历史研究作为一种记叙必须遵循受文学艺术的现有原则。也就是说，历史叙述的特征由不同个案中的语言表现形式决定。由于多种语言形式在理论上都可被采用，如何还能实现科学客观性？不同的人有不同的回答，但他们一致认为，接受虚构是所有记叙形式的基本要素这一事实，并不意味着历史研究与客观对象之间的联系就被完全切断。

---

① Marilyn Lake, "Family, Sex, and Power," in ibid., pp. 91, 100.

338   大的作用。在这一层面上，文化与战争以另一种十分人性的方式相连，它对那些在战争中存活下来、企图将这一经历告知后世的人们的生活和记忆有着深刻的影响。

在蒙特利尔大会闭幕式上，波兰学者兼联合国教科文组织代表耶兹·克洛佐夫斯基（Jerzy Kloczowski）就"史学家与文化"做了发言。① 他鼓励国际历史科学委员会继续进行其在"一战"之初开展的工作，即提升世界各国之间的共识。在 1928 年的奥斯陆大会和 1933 年的华沙大会上，与会的史学家深知现代战争可摧毁世界，于是他们决心为人类的良心发言，用国际法反对正在崛起的民族主义趋势。他们的英勇行为值得敬畏，也值得让今天的史学家继承发展。我们必须去除传统历史研究中的战争、暴力和民族主义元素，以开创新的人类历史，一部真正的全球史：包括在世界各地出生的不同种族与信仰的男男女女。②

即将离职的国际历史科学委员会主席提奥·C. 巴克尔绝对有理由将蒙特利尔大会称为巨大的成功，大会期间充满了生气与活力。1995年 8 月 31 日于蒙特利尔举行的国际历史科学委员会全会第二次会议解决了一些重要的问题；紧跟蒙特利尔大会之后，1995 年 9 月 3 日举行的执行委员会会议也处理了一些重要事宜，大会主席还对国际历史科学委员会的工作现状进行了全面的描述。在其告别演说中，巴克尔大大赞赏了大会秘书长的成就，但同时他也像之前一样，为国际历史科学委员会未能在大会之前就历史话题举行"一些曝光率高的小组辩论"以提高公众对史学的兴趣，而表示遗憾。另外，他表示，国际历史科学委员会的各项活动应在使用法语的同时也使用英语，法语在大会中的主要地位似乎意味着国际历史科学委员会仍以欧洲为中心。

大会秘书长弗朗索瓦·贝达里达的报告则是另一种音调。他指出，尽管很多非西方地区的国家仍未加入国际历史科学委员会，但委员会的各项活动都大大加强了，阵容不断扩大。司库阿兰·迪布瓦支持这一观

---

①　ICHS, *Bulletin d'information*, no. 22（1996）: 151 – 155.

②　Ibid., p. 154.

点。他的财务报告显示，国际历史科学委员会的财务状况大有改善。尽管还有很多国家委员会仍然欠款，但他以一向谦虚的态度表示，目前大会的财政状况比以前"稍微宽松了点儿"。迪布瓦因多年来为国际历史科学委员会尽责工作而受到赞赏。

　　最后，关于"大会使用英语取代法语"这一充满争议的话题仍旧没有定论，而关于"秘书长是否应该始终为法国学者"这一棘手的议题甚至无人公开提起。最重要的是在提名委员会的提名基础上选出新一届的执行委员会。伊万·T. 贝伦德（匈牙利/美国）当选为国际历史 339 科学委员会主席，娜塔莉·泽蒙·戴维斯和亚历山大·丘巴扬（俄罗斯）当选为副主席，弗朗索瓦·贝达里达留任，继续担任秘书长。皮埃尔·迪克雷（瑞士）担任司库。新的评审员包括吉罗拉莫·阿纳尔迪（Girolamo Arnaldi，意大利），于尔根·科卡（德国）、拉文德·库玛（Ravinder Kumar，印度）、二宫宏之（Hiroyuki Ninomiya，日本）、伊娃·奥斯特贝里（Eva Österberg，瑞典）与让－克劳德·罗贝尔（Jean-Claude Robert，加拿大）。根据委员会一直以来的传统，厄内斯托·德·拉·托雷·比拉尔（墨西哥）和离职的执行委员会局长提奥·C. 巴克尔将继续担任顾问，亚历山大·吉耶茨托（波兰）担任名誉顾问。

　　尽管在新一届的执行委员会中非西方国家代表仍旧不多，但其已尽可能地国际化。伊万·T. 贝伦德在担任第一副局长期间已经对委员会的活动十分熟悉，因此此次选举结果确保了委员会工作的延续性。作为就职于加州大学洛杉矶分校的匈牙利学者，贝伦德是国际学者的楷模。他在布达佩斯的罗兰大学开始自己的学术生涯，潜心研究中东欧的经济史，由此声誉日隆。更重要的是，早在苏联解体之前，他就同格里高利·兰基一起与西方学术界建立了紧密的联系，因此为匈牙利学术界在西方赢得很大的声誉。他凭自己的研究获得了牛津大学圣安东尼学院和万灵学院的研究员席位，成为大量国际学术组织中的一员，且加入了欧洲科学院。总而言之，他是研究中东欧经济社会史的世界顶尖专家。

在激烈的辩论过后，奥斯陆击败耶路撒冷和北京，成功申办了
2000 年国际历史科学大会。耶路撒冷和北京最终双双落败是因为大多
数人认为在这些地方举行国际性的大会仍存在很多障碍。国际历史科学
委员会准备开始新一轮的工作，正如弗朗索瓦·贝达里达所言，大会国
际性活动的进一步扩展态势良好。他应该十分满意，因为媒体对蒙特利
尔大会的报道十分正面，并指出法国学者对此发挥了重要作用。①

2000 年奥斯陆大会（Oslo 2000）

　　1996 年 9 月 30 日至 31 日执行委员会在斯德哥尔摩再次召开会议。
同时，执行委员会收到了来自加拿大组委会关于蒙特利尔大会的详细报
告，秘书长弗朗索瓦·贝达里达称其"无论对国际历史科学委员会的
历史还是未来的大会组织者而言都是一个无价的参考和辅助工具"。在
此基础上，执行委员会对蒙特利尔大会做了评估。大会在一定程度上实
现了"大会复兴"的目标。然而，邀请来自亚洲、中东和非洲史学家
的尝试并不太成功。更重要的是，执行委员会对大会议程进行了评价。
秘书长的评价相对比较严厉，他指出，尽管大会议程有着 274 页的翔实计
划，却"缺乏理论思想"。未来工作应着重于增加大会的认识论与理论方面
的内容。执行委员会一些成员认为，部分圆桌会议并未达到国际历史科学
委员会的标准，仅仅与专题会议相似，因此大会应减少圆桌会议。

　　国际历史科学委员会到底是否应该为了吸引世界不同地区（尤其
是非西方国家）的兴趣和支持而在大会之前举行小型会议？委员会就
此进行了激烈的辩论。成员们一致认为有必要在大会之前举行小型会
议。然而，学界对国际历史科学委员会对各国史学活动的干涉表示了
怀疑。也许国际历史科学委员会应限制自身的活动，仅负责激发个别
国家或地区对重要新事宜的讨论，而将组织相应小型会议的责任留给
各个国家委员会。贝达里达反对组织小型会议，尤其是在海外国家；

---

① 例见 *Le Monde*, 8 Sep. 1995 报告。

作为秘书长，他只有"有限的能力，无论如何都无法组织这么多会议"。[①] 此外，他强调，委员会必须尊重成员组织的权利，成员在任何情况下皆可便利行事。[②] 凯瑟琳·科奎丽·维德洛维奇（Catherine Coquery-Vidrovitch）则怀疑这些小型会议是否能克服委员会以欧洲为中心这一缺陷。

另外，迪克雷出于财政考虑也反对举行小型会议。事实上，国际历史科学委员会的财务状况岌岌可危。它的资金主要来源于各个国家委员会及附属的国际委员会上缴的年费。国际历史科学委员会通过其附属机构以及国际哲学人文科学理事会从联合国教科文组织处获得的资助微薄而朝不保夕。然而，提奥·C. 巴克尔并不因此而让步。"他认为应该用尽一切办法获取外界资金支持以举行小型会议。"[③]

另一个更重要的问题是，到底国际历史科学委员会是应该自己提出会议主题和提名发言人，还是应该通过低效而臃肿的国家委员会机制做出决定。讨论之后，大家一致认为传统的做法基本上不应改变。然而，在执行委员会局长伊万·T. 贝伦德的提议下，由弗朗索瓦·贝达里达、于尔根·科卡和伊娃·奥斯特贝里组成了选择委员会，负责筛选所有提出的议案。该委员会挑起了重担，要在提交到秘书处的各种议案的基础上为下一届大会设计出科学的举办计划。1997 年 3 月，第一次遴选委员会会议在巴黎举行，会议起草了一份关于下一届全体大会的议程和大会发言者的临时清单。下一届国际历史科学委员会全体大会将于 1997 年 9 月 1 日至 2 日在意大利斯波莱托举行。

在斯波莱托举行的国际历史科学委员会全体会议详细讨论了委员会选出的议案。一些成员认为选择主题和发言者的过程主要是"从上至下"进行的，因此他们对此表示反对：国家委员会和附属委员会在此举足轻重，而普通成员国（组织）提出的议案却鲜有机会能被接受。

---

① 　ICHS, *Bulletin d'information*, no. 27（2001）：51.

② 　Ibid.

③ 　Ibid.

此外，成员提出应该增加国际历史科学委员会管理层的女性学者数量。在激烈的争论后，大家一致认为应支持国际历史科学委员会现有的规定；然而，执行委员会宣布，以后将提前通过网络公开议题，以尽可能多地考虑各成员国（组织）提出的议案。在此附带条款下，选择委员会提出的议案在接受少许改动后获得通过。众人希望选择委员会继续工作，在充分考虑主题和地区性平衡的基础上和挪威组委会通力合作，列出大会主题和发言者的清单。

奥斯陆组委会主席埃文·朗日（Even Lange）针对奥斯陆的举办计划进行了详细的报告，并描绘了可预见的大会议程框架。大会应包括不多于三个"主要议题"会议和二十个专题会议，圆桌会议应限制在二十个以内。大会议程应该以更灵活的方式推进，发言人数量应减少为三至四个，而不是像以前一样有七到八个。大家认为选择委员会有权直接邀请个别学者向特定的会议投稿，而不需要通过各个国家委员会进行沟通。最重要的是，委员会需要寻找一流的学者担任大会每个讨论会的主持人，授权他们直接与各个发言人沟通。

首先遇到的问题是，国家委员会很少及时回应秘书长的要求；他们中很多会超时提交主题议案，或忽视主题议案提交的最后期限。贝达里达讽刺道："不幸的是，我们的成员并不具备纪律的意识。"[①] 选择委员会［贝达里达有时候称之为"三人组（Troika）"］正努力为下一届大会设计出一份清晰的议案清单。1997 年 11 月 23 日，贝达里达、奥斯特贝里和科卡在巴黎召开很紧凑的工作会议，其任务是"在世界国家和地区之间掌握平衡"，尝试增加与会年轻学者和女性学者的数量。[②] 更艰难的是他们要从多达 465 份提案中精心挑选出可行的主题清单。选择委员会希望尽可能多地囊括国家委员会提出的话题，于是有时候他们会将相似的话题合并为一，但这一策略会导致对有争议的话题进行模糊

---

① Letter to Natalie Zemon Davis, 8 Jan. 1997, Archives Nationales, Fonds du CISH, cote 105, AS 278.

② 参见贝达里达手写稿，Archives Nationales, Fonds du CISH, cote 105, AS 467。

处理。由格奥尔格·伊格尔斯（Georg Iggers）主持的关于历史研究的讨论会便是一个例子，他除了要主持讨论史学问题以外，还要讨论解决贝达里达中意的"史学家的责任"问题。同样，在大会筹备阶段委员会还要决定讨论会主持人、协调人、召集人和发言人、评论人。选择委员会可随意脱离现有的提案，在选择"主要议题"主持人的问题上尤其如此，因此在某些情况下委员会成员必须依靠自身在该领域的判断和知识。会议的结果令人十分满意；会后贝达里达起草了一份由选择委员会一致通过的主题清单。① 几天后贝达里达致信贝伦德称："上周日我和伊娃、于尔根忙了整整一天，从 480 多份提案中选出了组织者和发言人、评论人。"② 1998 年 3 月，选择委员会再次举行会议，最终敲定了组织者和商讨者的名单。

有人可能认为，选择委员会的成立将削弱国家委员会和附属委员会的影响，在此之前他们的代表有提议主题、选择组织者和发言人的专属权利。然而，选择委员会的提案需要获得全会的通过，全会对提案的修改也不会很多。从大量的质量参差不齐的提案中选出一系列有可能被采纳的主题以供全体大会有序地抉择，这是个了不起的成就，绝不可能是一个人的功劳！③ 此外，贝达里达有一小圈朋友，包括私人朋友和同事（有的是执行委员会成员），他总是在准备执行委员会会议和全体会议时听取他们的意见。按照规定，他让娜塔莉·泽蒙·戴维斯给讨论中的主题定下正确的英文标题，在其他问题上他也听取她的建议。在东欧问题上他总是请教吉耶茨托，或者后来请教萨沙*·丘巴扬。凯瑟琳·科奎丽·维德洛维奇在非洲问题上为他提供信息和帮助。无疑，贝达里达

---

①　1997 年 12 月 9 日，贝达里达给奥斯特贝里和科卡的回信，Archives Nationales，Fonds du CISH，cote 105，AS 278。

②　1997 年 12 月 25 日，同上。

③　在 Archives Nationales，Fonds du CISH，cote 105，AS 462（1991）and AS 468（1997）中，发表了贝达里达手写的众多的有可能列入的会议议题的草稿，形象地描绘了贝达里达为制定合理的计划而做出的事无巨细努力。

*　这应当是对丘巴扬的爱称。——译者注

很高兴能和于尔根·科卡与伊娃·奥斯特贝里进行顺利而高效的合作。这个"临时委员会"（最初在文件中的名称）成为大会常设机构，帮助减轻秘书长的负担，为大会选择主题和发言人进行前期准备。另外，在准备工作中，关键性问题并不如上届大会那么有争议；大会议程显示，政治也不如20世纪80年代那么重要了。

由于选择委员会和挪威组委会的高效合作，至1998年6月20日至22日的执行委员会会议，奥斯陆大会的议程已经几乎确定下来，准备进行展示了。奥斯陆大会定于2000年8月6日至13日举行。挪威组委会计划在大会之前将所有文件（包括发言人删节后的会议论文）以光盘或纸质形式发到与会者手中。组委会使用了互联网这一方便快捷的工具与有疑问的史学家们进行了频繁的通信。然而，这种通信也存在着摩擦：北美史学家想整体地发送他们的议案；另外一些成员怀疑，在真正寄出论文之前提前两年就发送论文摘要是否可行。尽管组委会努力避免论文迟交的情况，但很多论文仍旧没有及时提交，所以未能提前印刷，但总体而言一切都很顺利。

这些活动大大增加了秘书长的工作量，弗朗索瓦·贝达里达指出："世界正在变化，科学生活的机制和技术也在变化。我们已经从米歇尔·弗朗索瓦（Michel François）的手工艺时代向前进步了不少。"[1]1997年以来，秘书处的信件翻了两番。的确，国际历史科学委员会已经不再是那个由一小群学者管理的名誉机构，也不再在很大程度上依赖于他们在学术界的私人关系。如今贝达里达也开始接受这一想法：应该由一位学者辅助秘书长，负责与海外史学家进行日常联系。国际历史科学委员会变成了一个需要永久设立的学术机构。然而，它的资金有限，目前仅靠国家委员会和附属委员会上缴的年费和通过其附属机构以及国际哲学人文科学理事会从联合国教科文组织处获得的津贴维持机构运营。

由于拥有良好的人际关系，贝达里达成功创立了国际历史科学委员

---

① ICHS, *Bulletin d'information*, no. 24（1998）：100.

会和联合国教科文组织的联合委员会，由耶兹·克洛佐夫斯基担任主席，贝达里达、科卡和凯瑟琳·科奎丽·维德洛维奇担任国际历史科学委员会代表。这是关键的举措。联合委员会将组织一系列区域性会议，讨论某些地区因古代或近代冲突而被掩埋的历史，包括非洲黑人地区的历史、中东欧史和拉丁美洲史。最初，委员会组织了两次会议，每次有10 至 12 位专家到会。第一次会议在 1998 年 10 月 23 日至 25 日于波兰卢布林（Lublin）举行，主题为东欧的"国界：国家和国土"；第二次会议在 1999 年 3 月 14 日至 21 日于马里共和国首都巴马科（Mamako）举行，主题为"非洲国界：现实和观念"。其他的会议也紧随其后，尤其是在拉丁美洲。这些举措间接满足了执行委员会这些年来的要求，即通过在大会前举行地区性会议激发不发达国家对大会的兴趣。①

在奥斯陆大会之前，国际历史科学委员会执行委员会仍有两个会议，一个是 1999 年 1 月 9 日在巴黎举行的为期一天的会议，另一个是 1999 年 8 月 27 日至 28 日在莫斯科举行的为期两天的会议。在这些会议上，奥斯陆大会的计划经过修改，最终敲定。大家认为在大会开幕式的官方庆典过后，应该组织一个小组讨论会，由三位顶尖的国际学者罗米拉·塔帕（Romila Thapar，新德里）、汉斯 – 乌尔里希·韦勒（比勒菲尔德）与罗杰·夏蒂埃（巴黎）参加，执行委员会局长伊万·T. 贝伦德主持。闭幕式包括一个以"新世纪的历史展望"为主题的小组讨论，挪 344 威电视台将会对此进行转播。至此，执行委员会通过了即将举行的奥斯陆大会的最终计划，并随后将之传送到国家委员会和附属委员会手中。

2000 年 8 月 6 日，第 16 届国际历史科学大会在奥斯陆音乐厅（Oslo Concert Hall）隆重开幕。挪威国会议长克里斯蒂·科勒·格隆达尔（Kirsti Kolle Grondahl）致开幕词后，弗朗瓦斯·贝达里达对与会者表示欢迎。来自 67 个国家的两千多位史学家齐聚奥斯陆。大会议程包括三个"主要议题"全体会议，20 个专题讨论会和超过 25 个圆桌讨论会。

---

① 贝达里达在 1999 年 8 月 27 – 28 日莫斯科执行委员会会议上的报告载 ICHS, *Bulletin d'information*, no. 25（1999/2000）：51 – 62。

此外，很多在附属委员会中有过合作的史学家也来到大会，互相见面，参与各自研究领域的会议。总体而言，大会见证了国际历史学者的情谊。

以"历史与史学家眼中的 20 世纪"为主题的小组讨论会主要以不同的角度评价过去的一个世纪。伊万·T. 贝伦德引用埃里克·霍布斯鲍姆的话，称 20 世纪是"极端的世纪"。他指出，20 世纪也许是人类有史以来最残酷的世纪，两次世界大战、一系列所谓的区域性战争和内战、有计划的大屠杀等，其残暴在近代历史中无可比拟。但与此同时，我们在 20 世纪也见证了前所未有的经济增长，人们生活水平大幅度提高。人类平均预期寿命翻了一番，儿童教育高歌猛进。世界平均生产力是以前的三十倍，尽管全球利润分配严重不均，但贸易已扩展到前所未有的规模，因而国际经济体系诞生，为进一步的经济增长和社会进步铺平了道路。之前彼此对立的国家团结起来创立了欧盟，这是一个希望，带领人类通往更光明的未来。最后，贝伦德引用狄更斯的名言结束了他那略显矛盾意味的评价："这是最好的时代，这是最坏的时代；这是光明的季节，这是黑暗的季节。"①

夏蒂埃则从不同的角度发表观点。由于史学家所生活和研究的社会历经了影响深远的变革，因而史学本身也会经历大的动荡甚至另起炉灶。对史学家来说，19 世纪激励着他们的自信已经消失，那种紧依史料研究现实的信心已然逝去。导致这些变化的原因有很多，包括：有史学研究价值的领域一直在扩展；人们发现史学记载受制于语言模式，这意味着每一个历史记录都含有虚构成分；审美观的改变使得公众期待历史以不同的方式呈现出来；微观史正在崛起；同样重要的是对"历史主要关于国家大事和政治"这一传统观念的挑战。尽管史学家们仍然遵循传统的史学研究标准，但他们不再确定自己的记载是否是客观的。

---

①　此处以及之后所有有关奥斯陆大会日程的引用内容全部来自 *Papers for the 19th International Congress of Historical Sciences in Oslo 2000*, ed. Even Lange et al. （CD – ROM）. Commemorative volume （Oslo, 2000）。

他们在一些问题上也不再观点一致；一些此前在史学研究领域举足轻重的完善的学术流派如今分裂为不同的分支，都宣称自己是在诉说历史真相。

从这个角度看，20世纪代表着传统史学的结束或是根源深刻的一场危机。传统史学不再自信，也不再在公众舞台和教育体系中占据主要地位。另外，史学家也开始明白他们的作品及其所传达的信息有可能出于政治或其他目的而被政治势力或其他不轨者滥用。唯一令人感到安慰的是，史学研究不一定只取悦于当权者，它也可以用来帮助受压迫、生活在底层、被羞辱的人们。夏蒂埃的发言以谨慎乐观的话语结束："史学界可以手足情深。"尽管史学界由于不同的国家和文化而隔膜重重，但他们仍认为有必要遵循启蒙运动留下的传统，共同合作，为全人类社会做贡献。

在"历史长河中的20世纪"为主题的发言中，汉斯-乌尔里希·韦勒有关20世纪的观点与霍布斯鲍姆的认识相左。霍布斯鲍姆认为20世纪始于第一次世界大战，在苏联解体时结束，十分短暂。韦勒认为，尽管共产主义和法西斯主义（包括国家社会主义）是"现代化"的产物，但这两股巨大的反动力量阻碍了20世纪现代化的进程和立宪民主政府的建立。韦勒也提出了20世纪的两大成就：法治原则和"福利国家"。稳步增长的市场经济使得传统的工人阶级和阶级言论逐渐消失，取而代之的是"市场阶级"（指的是马克斯·韦伯假想的一种理想阶级类型），福利政策减轻了阶级矛盾。但史学家不能忽视"市场经济"胜利带来层出不穷的后果，例如推进工业化带来的生态环境破坏问题。关于"21世纪世界的主流思想"，韦勒预测民族主义思想将会淡出历史舞台，人们将会越来越少关注民族国家。

对于一个旨在全面回顾世界史学发展的大会而言，这是一个不错的开幕式。2000年8月6日下午，全体大会在国际历史科学大会期间召开了第一次例行会议，会议除了要宣布新一届执行委员会成员的提名外并无其他大事。这比平常多了点争议，因为需要选一位新的秘书长，但 346 大家不知道是应再选一位法国学者担此重任，还是也考虑来自别国的候

选人。此外，一些新的国家委员会（尤其是来自智利和秘鲁的代表）
加入了国际历史科学委员会。最重要的问题是，弗朗索瓦·贝达里达即
将退休，他已 74 岁高龄，无法继续挑起秘书长的重担。[①] 他在国际历
史科学委员会任职十年，如今作为秘书长最后一次向大会宣读报告。尽
管报告提及了一些重要事宜，但实际上那是一份"告别演说"。贝达里
达一向谦虚，他在大会召开之前就把告别演说发给了每一位与会成员；
于是在大会上，他仅概括了一下自己的报告。然而，这无疑是一份有重
要影响的文件，在德语说来就是一份"经典之作"，它回顾了大会的过
去，也展望了大会的未来。[②]

贝达里达回顾了国际历史科学委员会的诞生及其早期阶段。他提及
1920 年代委员会"奠基人"提出的基本原则，并总结说国际历史科学
委员会很好地满足了这些期望。贝达里达引用了亨利·皮雷纳 1932 年
在布鲁塞尔大会上说的话，即只有用对比研究的方法才能保证客观精
神，使得史学摆脱偏见。同样，他也引用了马克·布洛赫著名的准则，
即国际历史科学委员会必须"比较欧洲各民族的历史"。这一直是执行
委员会组织大会所遵循的重要思想。同时，大会一直与国际史学研究的
新发展保持一致。

一定程度上，国际历史科学大会是一面完美的镜子，它忠实地
反映了史学的起伏。知识正以更快的速度积累；同时，三大变化正
改变着现今史学家的研究。这三大变化是：史学家研究手段的变
化、研究领域的扩展和史学研究的全球化。关于史学家，其职责在
于继续"挖掘真相"。这既是他的天职，又是他存在的理由。希罗
多德认为，顶尖的史学家应展示他的研究成果，让时间无法抹去人
们的功绩，让伟大的成就留在人们心中。但在这些古老的格言背后

---

① 仅仅一年后，2001 年 9 月 16 日，弗朗索瓦·贝达里达去世。讣告由让－克劳德·罗
贝尔撰写，发表在 ICHS，*Bulletin d'information*，no. 27（2001）：213f. 。

② 发表于 ICHS，*Bulletin d'information*，no. 27（2001）：27－37，附有英文译本，笔者在
本文引用此译本；部分含义略显模糊的段落由笔者翻译自法文原文。

发生着翻天覆地的变化。几年前，布罗代尔指出："上半个世纪史学家这个职业发生了极大的变化，过去发生的事情和问题使得他们彻底改变。当然，他们还对此表示怀疑，但史学家这一名称的意义已经变了。"

使史学家紧密相连的网络诞生后，史学家这一职业逐渐专业化，因而全球开始采用更一致的学术标准，并且普遍使用批判的方法。同时，史学家的责任也大大加强了。人们希望史学家建立一种人类的"社会记忆"（尽管这样做有使得史学沦为工具的危险）。这意味着"史学家要为记忆服务，尽管这样会遮掩过去与未来的关系"。贝达里达欢迎"叙事"的回归，并很高兴人们重新重视偶然性事件，而不是仅仅关注统计数据。历史研究摆脱了宿命论，阐释在史学记录中重新占据重要地位，贝达里达对这一切表示满意。

贝达里达认为第二大变化便是历史研究领域在时间尺度两端的巨大拓展。我们获取的关于史前的知识大大增多了，如今这一增长仍在高速进行着。一些貌似永恒的事物如今也进入了历史研究领域；甚至连人类生理进化过程也被纳入历史分析范畴。此外，现代史学在过去二十年间，突飞猛进。过去人们认为史学家不应研究开放式的问题，因为这可能会遮挡他们的视野，但如今这一传统说法不再流行。相反，见证者的证词、史学家研究结果与当代辩论及其背景的关联性使得史学阐释大大地生动起来。

第三大变化是历史研究的全球化。这并不是一个新现象；事实上，国际历史科学委员会的设立便是为了通过令史学研究制度化以推进其全球化。"但在今日的世界，这已变成一股大潮流，在不同文明和地区之间穿梭。它使得史学家的研究方法、手段、措施、探讨步骤和学术话语统一起来。由于有些人在国际历史科学委员会中担当重任，他们是机构运作的中心，因此他们也在过去十年中首先受到这种变化的冲击。很明显，正如马歇尔·麦克卢汉（Marshall Mcluhan）25年前预言的那样，我们正走在通往地球村的道路上。"

　　贝达里达指出，布赖斯勋爵 1913 年引为理想的"世界历史的统一"已然成为事实："尽管民族特色和文化特色各不相同，世界上的史学家正走向一致。"国际历史科学委员会从创立之初便奉行的史学家道德准则"明显开始开花结果"。1921 年亨利·皮雷纳提出的吁求已经实现，即"没有德国、英国、美国、资产阶级或社会主义史学，史学只有一种"。在贝达里达担任秘书长的十年间，他的"创新"和"复兴"政策总体上很成功，对此他表示满意。然而，尽管经过秘书长和执行委员会成员的不懈努力，第三个目标，即克服"国际历史科学委员会总是以美国或欧洲为中心"的弊病，仅部分取得成功，主要是因为大部分非西方国家的史学研究的制度化程度仍待提高。国际历史科学委员会的会员大大增加，然而分布仍然不均。到底目前与联合国教科文组织联合举办的活动能否带动亚洲、非洲和拉丁美洲的史学研究，从而改变这一令人不满的局面？我们尚未得知。

　　最后，贝达里达向在大会之后即将正式接管执行委员会的新成员提出了一个新任务：全面调查世界不同地区史学研究的现状，分析它们的特殊成就和发展趋势，找出其缺陷和错误。其次，

　　　　评估对历史的利用状况。如果一些国家和社会未将历史当作工具而行善或作恶，那么人们是如何利用历史来教学、传播知识和呈现——不论是真实的还是虚构的——过去呢？在 21 世纪前夕，关于 20 世纪下半叶的深入历史分析，也许还没能表明 20 世纪改变了地球：使其从一个充满确定性的有限世界变为一个充满疑虑和疑问的无限世界。无论如何，历史永远是一项重要的工具，帮助我们更好地理解文化和精神价值观多元化的未来。

　　贝达里达对奥斯陆大会的组织和其高质量的举办表示满意，这不无道理。的确，大会全面调查了世界不同的史学研究趋向，并紧扣其主题：全球史。在技术层面，组委会应用了足够多的通信技术，收集大量的论文摘要，但更重要的是精心安排了小型会议和圆桌讨论会（旨在

把不同国家的专家聚集起来讨论某个话题）。选择委员会与挪威组委会和一些国家委员会的通力合作显然十分成功。

奥斯陆大会的精彩部分无疑包括以"全球史视角"为主题的讨论会。这次会议并没有收集不同地区关于种种差异的论文，相反，它尝试以真正全球的综合形式展现不同问题。[①] 帕特里克·奥布莱恩（Patrick O'Brien，英国）挑战了"普遍史"是否可能这一难题。在小组其他成员详细报告的基础上，他全面分析了研究世界史的不同手段。奥布莱恩从希罗多德出发，勾勒了一些启蒙时代的思想家进行全球史或世界史研究的经典场面，并指出，19 世纪初以来，世界史开始变得不入流；大多数史学家都在民族框架内记录世界史。此外，他们猜测，欧洲一直是动态历史进程的核心，或者说在 18 世纪后期变成了动态历史进程的核心，这一进程已在现代工业体系中停滞了。因此，他们倾向于低估或完全忽略非欧洲文化的成就，对中国尤其如此［加拿大的格里高利·布鲁（Gregory Blue）信息极其丰富的论文证明了这一点］。只有在两次世界大战中遭受到文化冲突后，西方世界史学家才收敛起他们的"文化自豪感"，清醒地接受欧洲文明或西方文明在全球历史中的地位。奥斯瓦尔德·斯宾格勒、阿诺德·汤因比、迪米特里·索罗金（Dimitrii Sorokin）和 H. G. 韦尔斯（H. G. Wells）在作品中证明了这一点。然而，在经验层面，这些阐释并没有给专业记载全球史的史学家设下框架。20 世纪 60 年代联合国教科文组织编纂了一部合著的多卷本世界史，旨在提倡世界史研究，此举也没有成功。在这方面，美国知名大学关于西方文明的课程也不尽如人意。真正有所成就的是史学家马歇尔·霍奇森（Marshall Hodgson）与威廉·麦克尼尔（William McNeill）的学术研究，尤其是麦克尼尔的著作《欧洲史的形态》[②]，在其中我们可以找到关于

349

---

① 修订版为 "The Status and Future of Universal History," in *Making Senseof Global History*: *The 19th International Congress of the Historical Sciences*, *Oslo 2000*. Commemorative volume. Ed. for the Organizing Committee by S. Sogner（Oslo, 2001），pp. 15 - 70（以下简称 Congress Oslo 2000: Global History）。

② W. H. McNeill, *The Shape of European History*（Oxford, 1974）.

"欧洲文明在世界不同文明中的地位"的中肯描述。

随着现代工业体系的崛起，世界市场经济发展势不可当，这进一步加强了传统观念：世界史实际上是欧洲史的大写。尽管很多边缘民族开始接受西方技术和商业模式，但东西方的差距比任何时候都要大。这使得西方更加自信。他们认为西方现代化之路理所当然是光明的，而其他文化太过守旧，甚至正在慢慢通向死亡。奥布莱恩反对这一观点，他发现如今的年轻一代真正对其他文化感兴趣。在他看来，全球史的复兴是"对启蒙时代的研究进行再发现，而不是回到罗马时代的傲慢或维多利亚时代的必胜信念"。①

奥布莱恩并未对世界史的研究方法缺陷视而不见。但他坚称，无论微观史研究多么受欢迎，都不应该把对狭隘界定的研究领域进行"深描"作为现代史学研究的唯一方法。他表示，世界历史将朝一个方向前进，这种重新构建的全球史的方法并不令人满意。从研究世界史过程中反复抽出单一的内在原则（例如"理性"或"竞争"）显得毫无说服力。在单一而普遍的技术增长或经济增长方面（据说仅源自18、19世纪的欧洲），奥布莱恩也反对目前流行的记录全球史的方法。相反，他提议应采取谨慎、描述性的手段，令人们关注文化和随机因素的多样性。

并非所有讨论者都同意奥布莱恩的实用主义。格雷姆·唐纳德·斯诺克斯（Graeme Donald Snooks，澳大利亚）引用了奥古斯特·孔德的经典分析模式，他陈述了一篇精心撰写的论文，旨在揭示惯常发生的历史事件背后潜藏的普遍规律，换句话说，他要揭示决定历史进程的社会行为模式，而在此行为模式中，他特别提到人类的"贪婪天性"。但他的反对意见对奥布莱恩并无太大影响。由克里斯托弗·劳埃德（Chris-

---

① P. O'Brien, "Perspectives on Global History: Concepts and Methodology / Mondialisation de l'histoire: concepts etméthodologie," in *XIXe Congrès International des Sciences Historiques*, *Université d'Oslo*, *6 - 13 août 2000. Actes*: *rapports*, *résumés etprésentations des tables rondes. 19th International Congress of Historical Sciences*, *University of Oslo*, *6 - 13 August 2000. Proceedings*: *reports*, *abstracts and round table introductions*, ed. A. Jølstad and M. Lunde (Oslo, 2000), p. 11 （以下简称 Congress Oslo 2000: *Proceedings*）。

topher Lloyd，澳大利亚）引入讨论的新达尔文式分析模式似乎更具说服力。他借助此模式来解释"全新世"（即从公元前 12000 年人类起源到如今的人类史）并将之纳入历史研究范畴。他认为不应从传统的角度，而应从新达尔文主义的角度研究人类历史。经过讨论，参会者开始明白史学家应认真研究人类发展的前期阶段，而不应直接将其忽略为所谓的停滞阶段。同样，生物因素在人类史前阶段发挥着极大的作用。由于生物因素在很多方面推动着历史进程，因此世界史学家不能继续把它们仅仅视为边缘话题，或者认为它们仅仅与自然科学相关。

以欧洲为中心的传统世界史在另一个角度也受到了攻击——这方面的批评集中于 15 世纪以来欧洲与其他大陆间的文化与技术转移进程。杰里·H. 本特利（Jerry H. Bentley，美国）指出对世界史的传统认识存在大量缺陷，列奥波德·冯·兰克（Leopold von Ranke）和格奥尔格·威廉·弗里德里希·黑格尔（Georg Friedrich Wilhelm Hegel）的观点尤其如此。这两位史学家认为世界史主要在于思想和技术上的进步，而亚洲文化是停滞不前的，因而沦为边缘文化。[①] 一次以"几世纪来各大陆间的文化碰撞"为主题的特殊讨论会表明，这些传统观念都是由史学家以个体为单位、特别是以民族为单位的思考习惯而产生的。由于这些原因，人们并没有过多关注大陆间重要的文化和经济传播进程。欧洲与土耳其帝国之间的交流常被误认为是独裁统治的一种体现；事实上，这一交流与太平洋海岸诸国的友好来往一样重要。然而，另一个问题是大陆间的生物性交流，这一过程所经历的时间则更长。在这种情况下，要为这些跨国性或全球性的进程找到统一的标准显然相当困难，甚至不可能。因此，凯瑟琳·科奎丽·维德洛维奇指出，传统的"深描"模式不适用于全球史。史学家需要从不同角度记叙多个故事，这样才能解释不同的发展轨道和超越"例外主义"的发展路径，从而将研究成果纳入国际史学框架中。

---

① 修订版：J. H. ，"Cultural Encounters between the Continents Over the Centuries，" in Congress Oslo 2000：*Global History*，pp. 89 – 105。

大会第二个主要议题是"新千年、时间和历史"。这个主要议题在
351 马德里大会上曾有讨论，其内容是：在不同时代、不同地域中，各文化
对时间的认识究竟有多大差异。① 考察不同的历史时间观念可推测世界
不同地区之间的文化差异。按照规律，历史时间的观念取决于宗教传
统；人们认为神是历史的主宰，因此神学推论在佛教、印度教和基督教
中都十分重要。另外，有的文化也习惯于将时间与特定的朝代或统治者
关联起来，例如中国和日本。令人意外的是，没有人提及法国大革命时
期的计时方式，也无人提及法西斯独裁期间为宣传而引入的新时间表。
这次讨论会证明了世界历史文化差异的维度。中华人民共和国在第二次
世界大战之后，才因实际原因采用公元纪年法。

更复杂的是，哲学家与史学家之间也有着多样的时间概念。这些概
念取决于他们在历史发展方面的世界观。弗朗索瓦·多斯（François
Dosse，法国）做了一次精心准备的、远超"评论"水准的发言，他在
发言中就展现了这一点。他在大范围提及各种研究手段的基础上提出，
每一位史学家都具有自己的时间观念。②举一个例子：费尔南·布罗代
尔将"长时段"和快速发生却流于表面的"历史事件"区分开来。报
告人本应给予主题的这一方面更多的关注，但只有朱塞佩·里库佩拉蒂
（Giuseppe Ricuperati，意大利）撰写了此方面的论文，研究了近代早期
欧洲史学思想中的时间观与年代划分，以及哲学思想中的时间观与年代
划分的关系。当然，这一论点并不新鲜。在莱因哈特·科塞勒克（Re-
inhart Koselleck）之后，如今的史学家都十分清楚"不同时的同时性"
是历史现实的普遍现象。

大会第三个主要议题为"历史的利用和滥用及史学家的责任"。这
一主题在多数大会中皆以不同的形式讨论过，但过去由于史学家分裂为
不同的意识形态阵营，有时候讨论并不坦诚。史学家在面对史料时应尊

---

① 参见中译本页边码第 322 页。
② F. Dosse, "The Modes of Historicity as Experiential Traces," abstract in Congress Oslo 2000：
Proceedings, p. 64. Extended version in Congress Oslo 2000：Global History, pp. 219 – 246.

重客观性和忠实性原则，这一要求反复被提起；格奥尔格·G. 伊格尔斯再次讲起这样的故事：19 世纪，在德国和其他地区，历史记录受制于各种民族主义的独裁统治。[①] 然而，关于客观性的问题并没有简单的解决方案。伊格尔斯并不否认这一点，事实上他强调，史学家总会受到他生活时代的风尚和价值观念的影响，他们的智慧活力也源于环境。但是，史学家应保持独立，不应沦为当权者或国家的奴隶。伊格 [352] 尔斯总结道，尽管史学家无法做到像兰克说的那样还原历史的真相，他至少可以告诉大众什么不是真相。从理论上说，客观性的反向定义不尽如人意；它并没有回答这样一个问题：到底史学家相对主义的观点是否使得他们无法在有争议的历史问题上彻底地分辨对错。然而，在旨在摆脱近代历史意识形态观念的历史研究中，客观性仍是重要原则。

弗朗索瓦·贝达里达的评论更加务实。尽管历史可以被、也总是被政权利用，但这并不意味着史学家的职责就减少了。史学家的责任有三重属性：学者责任属性、公民责任属性与道德责任属性。首先，这种责任拥有独立的地位，尊奉权贵的史学仍然受到猜疑。其次，这种责任需要自由的思想。再次，史学家必须坚持历史的真相。他必须尊重事实。在一定程度上，就像保罗·利科（Paul Ricœur）所说的，史学家必须"忠实于史料"。另外，史学家绝不能向绝望的相对主义或不受控制的主观主义投降。然而，这绝不意味着客观性要求等于中立。

关于这点，有人列举了一系列关于历史被政治或意识形态利用的典型例子。汉斯－魏纳·戈茨（Hans-Werner Goetz，德国）论证了 11、12 世纪的中世纪史学很大程度上由政治控制；史学为统治者、城邦管治和宗教机构提供了合法依据。[②] 谢尔盖·朱拉甫列夫（Sergei Zhuravlev，

---

① 修订版：G. G. Iggers, "The Uses and Misuses of History: The Responsibility of the Historian. Past and Present," in Congress Oslo 2000: *Global History*, pp. 311 – 319。

② H. – W. Goetz, "Historical Consciousness and Institutional Concern in European Medieval Historiography: Eleventh and Twelfth Centuries," in Congress Oslo 2000: *Global History*, pp. 350 – 365.

俄罗斯）的报告称，在斯大林的积极干预下，马克西姆·戈尔基（Maxim Gorky）与他的同事曾尝试创作一部多卷本苏俄史，为斯大林独裁统治提供合法依据，同时尽可能抹去俄罗斯社会的资产阶级历史。[1]客观性确实显得像一个"高尚的梦想"［彼得·诺维克（Peter Novick)]，但为了今日史学研究的利益，人们无疑将会发现更多对史实的歪曲。

显然，人们也可以找到相反的措施，即为了帮政治实体卸下历史的重担并创造一种新的民族或文化身份而对历史事件进行批判性评估。而这种评估也将对政治实体产生深远影响。一个以"记忆和身份"为话题的小组讨论会在一系列典型事例的基础上详细讨论了这一问题。其中最令人震撼的是南非真相与和解委员会的活动，南非史学家布伦特·哈里斯（Brent Harris）详细报告了这些活动。在主教戴斯蒙德·图图（Desmond Tutu）的领导下，南非真相与和解委员会通过详细分析种族隔离期间的各种暴行，以期为增进南非各社会阶层（尤其是非洲民族会议和白人民族主义者）之间的国家共识奠定基础。

弗朗索瓦·阿尔托格（François Hartog，法国）在他的陈述《证人与史学家》中提供了另一个有力的例子。[2]他在开头描述了这样一个现状：那些亲自见证或亲身经历历史事件的证人越来越占据重要地位，逐渐取代了史学家的分析及客观史料。一些媒体（尤其是电影或电视）越来越依赖于这些证人的证词，认为他们的报告或传递的信息就是真相，却忽略了或沮丧且愤怒地听取史学家的批判评论，或是对这些评论很沮丧甚至恼火。而通常史学家才更清楚证人的性质和可靠性。媒体认为因为证人本身通常就是受害者，所以他们的报告本质上是真实可信的。光影媒介常把证词中蕴含的情绪当作一种优点，但史学家认为情绪很可能是歪曲事实的因素。在一些极具争议性、人们带有极强情绪的话

---

[1]　S. Zhuravlev, "Creating a Stalinist Model of Russian History in the 1930s. Maxim Gorky's Historical Initiatives," in Congress Oslo 2000: *Global History*, pp. 366 – 372.

[2]　F. Hartog, "The Witness and the Historian," in Congress Oslo 2000: *Global History*, pp. 320 – 337.

题上尤其如此，例如第二次世界大战期间的大屠杀或同盟国进行的轰炸。

阿尔托格表示，证人与史学家之间的矛盾由来已久：证人声称自己亲眼看到、亲耳听到事情的经过，而史学家则在从文字材料或口头沟通中获取信息的基础上记录历史事件。这种矛盾存在于古代史、基督教传统（尤其是教会史）和中世纪史料中。当时史学家似乎不是扮演编纂者的角色；其地位比证人和历史人物要低。直到 19 世纪这一关系才被扭转。阿尔托格在研究的结尾提出了一个开放性的问题，即史学中悠久的"证人、证词模式"的史学是否会复兴。

目前，史学研究专业化的进程正在全球推进，这也是由罗尔夫·托斯坦达尔（Rolf Torstendahl，瑞典）主持的第一个专题讨论的主题。阿尔托格等人的研究质疑专业化进程究竟能否令史学更客观。另外，史学家的职业实践逐渐遍布全球，它令史学研究日益服从于现今普遍接受的研究规范，终将形成一个历史学家的全球共同体，卡尔·迪特里希认为这是国际历史科学委员会的最终目的。①

对"主要议题"的考察表明，奥斯陆大会主要关注史学在 21 世纪初的理论状态。经久不衰的关于方法论问题的辩论，尤其是关于史学研究取向的辩论显示出在当前这个关键时刻潜藏的史学危机。传统的源于政治和意识形态元素的争论在苏联和西方民主国家的对峙结束后便平息下来。民族国家明显已在其历史长河中达到最高峰，无法再继续代表史 354 学家的研究成果。然而，人们还没找到取而代之的全球史学参照点，以便记录真正的世界史。

另外，奥斯陆大会还寻求向与会者报告一些分支学科的发展状况，例如环境史、人口分布和迁移研究、旅游史、"性别"史。其中"性别"史进一步拓展到"男人"史（而不是"男性"史），这在大会上备受关注，而此前却一直被忽视；他们挑战了一个极敏感的话题："男

---

① 这个单元的文章发表在 R. Torstendahl, ed. , *An Assessment of Twentieth - Century Historiography*: *Professionalism*, *Methodology*, *Writings* (Stockholm, 2000) 增补版中。

子气概"。一直以来，大型战争都能催生"男子气概"，但似乎德国社会民主的文化环境也有助于培养男子气概。尽管如此，我们不能仅仅从延续男性主导地位的角度看待"一战"之后的历史记忆（最近成为史学研究的全新主题）。对于深受"一战"影响的人们而言，他们在堑壕战中经历了无数生离死别，也承受了巨大痛苦。而战后的历史记忆对于他们而言，就是处理鲜活的战争记忆的一个痛苦过程。

在以"前现代和现代的权力，暴力和大规模死难"为主题的讨论会中，大家讨论了 14 世纪到 20 世纪间历史上的战争和大屠杀。讨论不仅集中于战争、死亡，还涉及流行病与饥荒导致的大规模死难。以长远的视角讨论这一主题收获颇丰。以大灾难来定义这些事件是可行的，因为它们包含着大规模、跨国界的受难和死亡。史学研究后来证明，14 世纪中期在欧洲肆虐的"黑死病"并非在人们控制范围之外的全球大灾难；至少从长期来说，应对措施十分有效。普通人经历战争就像经历"黑死病"或其他流行病一样：他们十分无助，只能承担毁灭性的后果。在欧洲三十年战争期间，劫掠和暴力无处不在，且战事破坏了大量财产，尤其是庄稼，因此战争总是与饥饿和极度贫困相连。约翰·赫伊津哈在半个世纪前坚称，在中世纪时期社会精英曾拥护贵族式生活，以求一定程度上使战争平息。这一观点至今饱受争议。战争在 18、19 世纪被理想化，随后民族国家开始进一步塑造战争的良好形象；人们高歌颂扬那些为国捐躯的英勇行为。

尽管如此，第一次世界大战仍是一件关键的历史事件。杰伊·温特说："战争与大规模阵亡、大规模征兵密不可分。"同样，安托万·普罗斯特（Antoine Prost）写道："1918 年后，死亡是战斗的核心特征。交战不再是俘虏囚徒、攻占城市或征服领土；交战就是杀戮与被杀戮。"[1] 第二次世界大战证实了这种说法。战争初期，阵亡士兵人数并不如"一战"多，但在攻打苏联的战役中，战争的毁灭本质开始凸显，

---

① A. Prost，*"Representations of War and the Cultural History of France,"* p. 11，J. Winter in Congress Oslo 2000：*Proceedings*，p. 415 引用。

欧洲有六百万犹太人遭到杀戮。如今有人尝试宣传"纯净战争"，这种战争只会造成少许附带的伤害。到底未来的史学家是否能接受这种做法，我们尚未可知。

在这里无法详细谈论奥斯陆大会的所有主题。事实证明组委会不可能总是遵循大会的总目标而选出具有全球史意义的主题；但他们已依照规定优先考虑具有全球维度的话题。由于尔根·科卡主持、以"不同时空中变动的工作范围及其定义"为主题的讨论会便是一个很好的例子。该会议尽量涉及了在世界历史上不同地区不同种类的"工作"，但似乎这个话题过于宽泛，大家仅能描述世界范围内各种工作的定义。"市场经济"对工作的定义受到一定的认可：为了赚取工资而受雇用。然而，凯伦·哈格曼（德国）倾向于把"工作"的概念与更宽泛领域中的活动联系起来。她认为应把女性在家庭和社会中的角色完整地包含在工作的定义中。埃里克·范豪特（Eric Vanhaute，比利时）则认为"劳动"在不同的经济背景下会彻底改变自身的意义；在城市工业资本主义的条件下，它退化为雇佣关系，其他形式的活动都不包含在内。另外，"工作"在特定社会体系的中心和边缘有着不同的意义。范豪特认为"劳动"的狭隘定义是社会不同群体的斗争武器，因此在学术论述中应避免这一定义。

在筹备奥斯陆大会过程中，国际历史科学委员会遴选委员会前所未有地独自组织特别会议，商讨未被国家委员会提及的历史研究新领域。他们邀请弗兰茨－约瑟夫·布吕根梅耶（Franz-Josef Brüggemeier，德国）组织一场以"环境史新发展"为主题的讨论会，讨论会提供了大量信息，但这一主题之前一直被大会议程忽视。布吕根梅耶总体介绍了这一学科的新发展，他指出，如今这一学科已日渐成熟，不再边缘化。尽管如此，关于自然和人类的主题仍十分宽泛，一份报告无法尽述。与会者提交的文章提供了各种各样的案例，包括18世纪普鲁士的东进运动、瑞士的山脉和低地、中国对自然的各种掠夺，和非洲殖民化对环境的影响。这些研究说明环境史的发展能够破除一些广为流传的关于环境问题的猜测（例如"森林滥伐"），同时从长远的角度看，环境史还能合理地评估人类对自然的影响。像其他讨论会（例如"从古至今读与写的社会实践"讨论会或"科学发现的传播"讨论会）一样，此讨论会为一个不再边缘化的史学研究新主题找寻到可贵的方向。

由于奥斯陆大会必须集中关注全球史，关于非西方问题的会议相对较少，非西方国家的代表更是为数不多，令人遗憾。由雅尔·西蒙森（Jarle Simensen，挪威）主持、以"传教、现代化、殖民化和非殖民化"讨论会则是个例外。众所周知，基督教传教士在早期的殖民扩张中扮演着重要的角色。这场讨论的论文提供了珍贵的个案分析，对西方殖民侵略早期基督教文化与土著文化的碰撞历史进行了新解释。以"穆斯林社会"为主题的讨论尽管只是一个大型研究项目的初期活动，但却十分有趣，深得众心。然而，关于这一重要的主题它仅提供了一些破碎的信息。大家希望在未来的大会上能够更深入地探讨这一话题。

奥斯陆大会议程的最后，即 2000 年 8 月 10 日，举行了国际历史科学委员会全体会议，会议旨在商讨未来五年委员会活动的事宜。会议一致通过悉尼为下届国际历史科学大会举办城市，这满足了大家长久以来的夙愿：将国际历史科学委员会活动扩展至欧洲和北美洲以外的地区。

全会更重要的议程是选举新一届执行委员会成员。提名委员会于1999 年 8 月 30 日组织的一次争论不休的会议为选举奠定了基础，在这次会议上，执行委员会三位成员的投票不再具有决定性意义。会议开始时大家意见不一，尤其是因为执行委员会卸任成员有权提名继任者的老传统还没彻底消失。另外，与会者将从国际历史科学委员会未来发展的眼光审视被提名者。国际历史科学委员会的重中之重是它的国际地位。有人指出，如今东西方的对立已结束，南北问题对于国际历史科学委员会来说更加重要；因此，在选举执行委员会新成员时应更多地考虑这方面的因素。① 然而，不久之后与会者便就向全体大会递交的候选人名单达成一致意见；后来执行委员会成员和提名委员会通过邮件进一步交换意见。

---

① 对于这次会议，贝达里达有一些言辞比较犀利的记录，参见 Archives Nationales, Fonds du CISH, cote 105, AS 177。

全体大会举行投票后，一切问题有了结果。于尔根·科卡（德国）当选国际历史科学委员会主席；伊娃·奥斯特贝里（瑞典）及罗米 357 拉·塔帕（印度）当选副主席。让－克劳德·罗贝尔（加拿大）在蒙特利尔大会上作为加拿大组委会主席证明了自己优秀的组织能力，因而当选为秘书长，接替弗朗索瓦·贝达里达。国际历史科学委员会秘书处自成立以来一直设在巴黎，不少大会成员对秘书长不再由法国学者担任表示担心。从这个疑虑出发，由说法语的加拿大人让－克劳德·罗贝尔担任秘书长是个不错的选择。新的评审员包括格里高利·邦加德－列文（Gregorii Bongard-Levin，俄罗斯）、凯瑟琳·科奎丽·维德洛维奇（法国）、迈克尔·海德（Michael Heyd，以色列）、切斯特·威廉·乔丹（William Chester Jordan，美国）、桦山纮一（Koichi Kabayama，日本）和何塞·路易·佩塞特（José Luis Peset，西班牙）。司库一职再次由皮埃尔·迪克雷担任。伊万·T. 贝伦德（匈牙利/美国）和亚历山大·吉耶茨托（波兰）继续担任执行委员会顾问。这一领导队伍并非焕然一新，但已在很大程度上注入了活力，代表着新一代的学者。

于尔根·科卡（生于 1941 年）曾受业于马尔堡、维也纳、北卡罗来纳大学（美国）与柏林自由大学。1972 年完成授课资格论文后，他的前程一路畅通无阻。1973 年，他在比勒费尔德大学担任通史与社会史教授，并很快成为《历史与社会》编委会的核心成员，该期刊在联邦德国开启了一种"历史社会科学"的新形式。他潜心研究白领工作者的历史和 19、20 世纪的德国与欧洲资产阶级历史，并因这些前沿性的研究成果而声名鹊起。他曾在美国开展研究，作为访问教授访问海外大学，并任国际知名学术组织的研究职位，这些经历使他能够胜任国际历史科学委员会主席。作为柏林社会科学研究中心主任，他在联邦德国的学术界举足轻重。

新任秘书长让－克劳德·罗贝尔生于 1943 年，曾就读于蒙特利尔大学，并于 1977 年在高等社会科学研究院（巴黎第一大学）完成了博士学位。自 1975 年以来，他在魁北克大学蒙特利尔分校任教，

1992 年成为高等社会科学研究院合作研究项目主任。他发表了多篇关于加拿大社会历史和魁北克文化的文章，并在众多加拿大科学研究机构中任职。

大会结束后，新一届执行委员会于 2000 年 8 月 13 日召开了第一次例行会议。于尔根·科卡列出了国际历史科学委员会在未来几年要举办的活动。① 作为一个以机构为成员的组织，国际历史科学委员会的首要任务是维系机构成员之间的紧密沟通，保护史学家的思想和言论自由不受侵犯。其次，委员会要与澳大利亚组委会通力合作，筹备下一届悉尼大会。再次，要扩展和深化国际史学家网络，尤其是在那些史学研究组织仍不成形的国家。在有限资金和机构资源的允许下，委员会亦将举办一些地区会议和研讨会，以求促进史学研究，并在委员会代表稀少的地区打下宣传基础。由弗朗索瓦·贝达里达、凯瑟琳·科奎丽·维德洛维奇和于尔根·科卡参与的、与联合国教科文组织联手合作的项目应尽可能持续下去。这意味着在新一届执行委员会的领导下国际历史科学委员会活动的大方向基本不变；但他们将会为活动注入新的活力。

2001 年 8 月 25 日，执行委员会会议于普林斯顿举行。会上于尔根·科卡在发言中进一步阐述了上述计划。② 国际历史科学委员会的目标基本上保持不变，与 1926 年创会时一致，然而当今形势的变化需要学会"改变行动模式"。委员会"应覆盖更广的范围"。这不仅意味着扩充会员，也意味着采用新观点、新话题和新方法。要想覆盖更广的范围，历史学必须进一步开阔自身的眼界。而且委员会应在大会前组织特别会议。"在很多地方我们需要提出宽泛的问题，想出全面的方法，在理论上进一步自我反省；在国际历史科学委员会也是如此。"要做到这点，需要世界各地史学家的积极参与。

国际历史科学委员会及其大会的未来显得十分光明。卡尔·迪特里

---

① ICHS, *Bulletin d'information*, no. 27（2001）: 87 – 94.

② Ibid. , pp. 104 – 120.

希·埃德曼曾预测，要建设史学家的"全球共同体"，就必须建设具有道德力量、超越意识形态差别而互相尊重的国际学者术共同体。尽管新的研究领域和学术潜力使得这一目标更加宏大遥远，如今这一目标已接近实现。

附　　录

一　国际历史科学委员会执行委员会
成员名单（1926—2000）

362	1926	主席	哈尔夫丹·科特（Halvdan Koht）	奥斯陆
		副主席	阿尔封斯·多普施（Alfon Dopsch）	维也纳
			亨利·皮雷纳（Henri Pirenne）	根特
		秘书长	米歇尔·莱里蒂埃（Michel Lhéritier）	巴黎
		司库	瓦尔多·利兰（Waldo G. Leland）	华盛顿
		助理委员	卡尔·布兰迪（Karl Brandi）	哥廷根
			布隆尼斯拉夫·邓宾斯基（Bronisław Dembiński）	波兹南
			加塔诺·德·桑克蒂斯（Gaetano De Sanctis）	都灵
			哈罗德·W. V. 坦普利（Harold W. V. Temperley）	剑桥
	1928	主席	哈尔夫丹·科特（Halvdan Koht）	奥斯陆
		副主席	布隆尼斯拉夫·邓宾斯基（Bronisław Dembiński）	波兹南
			阿尔封斯·多普施（Alfon Dopsch）	维也纳
		秘书长	米歇尔·莱里蒂埃（Michel Lhéritier）	巴黎
		司库	瓦尔多·利兰（Waldo G. Leland）	华盛顿
		助理委员	卡尔·布兰迪（Karl Brandi）	哥廷根
			加塔诺·德·桑克蒂斯（Gaetano De Sanctis）， 到 1931 年	都灵
			约瑟夫·苏斯塔（Josef Šusta）	布拉格

哈罗德·W. V. 坦普利（Harold W. V. Temperley）　　剑桥

1933	主席	哈罗德·W. V. 坦普利（Harold W. V. Temperley）	剑桥
	副主席	布隆尼斯拉夫·邓宾斯基（Bronisław Dembiński）	波兹南
		卡尔·布兰迪（Karl Brandi）	哥廷根
	秘书长	米歇尔·莱里蒂埃（Michel Lhéritier）	巴黎
	司库	汉斯·纳布霍尔茨（Hans Nabholz）	苏黎世
	助理委员	佩雷·希波利特·德勒哈耶（P. Hippolyte Delehaye）	布鲁塞尔
		亚历山大·桑德尔·多玛诺夫斯基（Sándor Domanovsz-ky）	布达佩斯
		唐·路易·尼古拉·德·奥威尔（Don Luis Nicolau d'Olw-er）	巴塞罗那
		维森佐·乌萨尼（Vincenzo Ussani），到1936年	罗马
	顾问	哈尔夫丹·科特（Halvdan Koht）	奥斯陆
		瓦尔多·利兰（Waldo G. Leland）	华盛顿

363

1938	主席	瓦尔多·利兰（Waldo G. Leland）	华盛顿
	副主席	尼古拉·伊奥尔加（Nicolae Iorga）	布加勒斯特
		汉斯·纳布霍尔茨（Hans Nabholz）	苏黎世
	秘书长	米歇尔·莱里蒂埃（Michel Lhéritier）	巴黎
	司库	厄内斯特·列维林·伍德沃德（Ernest L. Woodward）	牛津
	助理委员	弗朗索瓦－路易·冈绍夫（François L. Ganshof）	根特
		马塞利·汉德尔斯曼（Marceli Handelsman）	华沙
		罗伯特·霍尔茨曼（Robert Holtzmann）	柏林
		乔阿奇诺·沃尔佩（Gioacchino Volpe）	罗马
	顾问	哈尔夫丹·科特（Halvdan Koht）	奥斯陆
		哈罗德·W. V. 坦普利（Harold W. V. Temperley）	剑桥

| 1948 | 主席 | 汉斯·纳布霍尔茨（Hans Nabholz） | 苏黎世 |
| | 副主席 | 查尔斯·韦伯斯特爵士（Sir Charles Webster） | 伦敦 |

	罗贝尔·福蒂耶（Robert Fawtier）	巴黎
秘书长	夏尔·莫拉泽（Charles Morazé）	巴黎
司库	安东·拉加德（Anton Largiadér）	苏黎世
助理委员	阿克塞尔·林德瓦尔德（Axel Lindvald）	哥本哈根
	唐纳德·麦凯（Donald Mac Kay）	剑桥，马萨诸塞州
	卡列尔·斯特卢卡尔（Karel Stloukal）	布拉格
顾问	哈尔夫丹·科特（Halvdan Koht）	奥斯陆
	瓦尔多·利兰（Waldo G. Leland）	华盛顿

1950	主席	罗贝尔·福蒂耶（Robert Fawtier）	巴黎
	副主席	查尔斯·韦伯斯特爵士（Sir Charles Webster）	伦敦
		尼尔斯·阿恩伦德（Nils Ahnlund）	斯德哥尔摩
	秘书长	米歇尔·弗朗索瓦（Michel François）	巴黎
	司库	安东·拉加德（Anton Largiadér）	苏黎世
	助理委员	唐纳德·麦凯（Donald Mac Kay）	剑桥，马萨诸塞州
		弗兰斯·范·卡尔肯（Frans Van Kalken）	布鲁塞尔
		海因里希·菲利克斯·施米德（Heinrich F. Schmid）	维也纳
		西尔维奥·扎瓦拉（Silvio Zavala）	墨西哥
		路易吉·萨尔瓦托雷里（Luigi Salvatorelli），到1952年	罗马
		费德里科·夏博德（Federico Chabod）（1952—55）	罗马
	顾问	哈尔夫丹·科特（Halvdan Koht）	奥斯陆
		瓦尔多·利兰（Waldo G. Leland）	华盛顿
		汉斯·纳布霍尔茨（Hans Nabholz）	苏黎世

364	1955	主席	费德里科·夏博德（Federico Chabod）	罗马
		副主席	查尔斯·韦伯斯特爵士（Sir Charles Webster）	伦敦
			尼尔斯·阿恩伦德（Nils Ahnlund），到1957年	斯德哥尔摩
			托瓦尔德·霍耶尔（Torvald Höjer）（1957—60）	斯德哥尔摩
		秘书长	米歇尔·弗朗索瓦（Michel François）	巴黎
		司库	路易斯·茹诺（Louis Junod）	洛桑

助理委员	唐纳德·麦凯（Donald Mac Kay）	阿默斯特，马萨诸塞州
	伊扎克·J. 布鲁格曼（Izaak J. Brugmans）	阿姆斯特丹
	格尔哈德·里特（Gerhard Ritter）	弗赖堡
	海因里希·菲利克斯·施米德（Heinrich F. Schmid）	维也纳
	安娜·米哈伊洛娃·潘克拉托娃（Anna M. Pankrato-va），到1957年	莫斯科
	亚历山大·A. 古贝尔（Aleksandr A. Guber）（1957—60）	莫斯科
顾问	哈尔夫丹·科特（Halvdan Koht）	奥斯陆
	瓦尔多·利兰（Waldo G. Leland）	华盛顿
	汉斯·纳布霍尔茨（Hans Nabholz）	苏黎世
	罗贝尔·福蒂耶（Robert Fawtier）	巴黎

1960	主席	海因里希·菲利克斯·施米德（Heinrich F. Schmid）（1963年去世）	维也纳
	副主席	托瓦尔德·霍耶尔（Torvald Höjer），到1962年	斯德哥尔摩
		格尔哈德·里特（Gerhard Ritter）	弗赖堡
		亚历山大·A. 古贝尔（Aleksandr A. Guber）	莫斯科
	秘书长	米歇尔·弗朗索瓦（Michel François）	巴黎
	司库	路易斯·茹诺（Louis Junod）	洛桑
	助理委员	拉蒙·加朗德（Ramon Carande）	塞维利亚
		保罗·阿尔森（Paul Harsin）	列日
		厄内斯特·雅各布（Ernest F. Jacob）	牛津
		格尔哈德·里特（Gerhard Ritter），到1962年	弗赖堡
		拉菲洛·摩尔根（Raffaello Morghen）（1962—65）	罗马
		伯伊德·卡利瑟·沙菲尔（Boyd C. Shafer）	圣保罗，明尼苏达州
		高桥幸八郎（Kohachiro Takahashi）	东京
	顾问	罗贝尔·福蒂耶（Robert Fawtier）	巴黎

| 1965 | 主席 | 保罗·阿尔森（Paul Harsin） | 列日 |

	副主席	亚历山大·A. 古贝尔（Aleksandr A. Guber）	莫斯科
		伯伊德·卡利瑟·沙菲尔（Boyd C. Shafer）	圣保罗，明尼苏达州
	秘书长	米歇尔·弗朗索瓦（Michel François）	巴黎
	司库	路易斯·茹诺（Louis Junod），到 1967 年	洛桑
		让－夏尔·比欧代（Jean－Charles Biaudet）（1967—70）	洛桑
	助理委员	弗里德里希·恩格尔－雅诺西（Friedrich Engel－Janosi）	维也纳
		亚历山大·吉耶茨托尔（Aleksander Gieysztor）	华沙
		厄内斯特·雅各布（Ernest F. Jacob）	牛津
365		拉菲洛·摩尔根（Raffaello Morghen）	罗马
		吉尔吉奥·塔迪奇（Jiorjio Tadić）	贝尔格莱德
		高桥幸八郎（Kohachiro Takahashi）	东京
	顾问	罗贝尔·福蒂耶（Robert Fawtier）	巴黎
1970	主席	亚历山大·A. 古贝尔（Aleksandr A. Guber）（1971 年去世）	莫斯科
		叶甫根尼·M. 朱可夫（Evgenii M. Zhukov）（1972—75）	莫斯科
	副主席	伯伊德·卡利瑟·沙菲尔（Boyd C. Shafer）	图森，亚利桑那州
		卡尔·迪特里希·埃德曼（Karl D. Erdmann）	基尔
	秘书长	米歇尔·弗朗索瓦（Michel François）	巴黎
	司库	让－夏尔·比欧代（Jean－Charles Biaudet）	洛桑
	助理委员	高桥幸八郎（Kohachiro Takahashi）	东京
		亚历山大·吉耶茨托尔（Aleksander Gieysztor）	华沙
		佩雷·米盖尔·巴特罗里（P. Miguel Batllori）	梵蒂冈
		米哈伊·贝尔萨（Mihai Berza）	布加勒斯特
		刘易斯·赫茨曼（Lewis Hertzman）	多伦多
		福尔克·林德伯格（Folke Lindberg）	斯德哥尔摩
	顾问	保罗·阿尔森（Paul Harsin）	列日

1975	主席	卡尔·迪特里希·埃德曼（Karl D. Erdmann）	基尔
	副主席	亚历山大·吉耶茨托尔（Aleksander Gieysztor）	华沙
		戈登·A. 克莱格（Gordon A. Craig）	斯坦福
	秘书长	米歇尔·弗朗索瓦（Michel François）	巴黎
	司库	让－夏尔·比欧代（Jean－Charles Biaudet）	洛桑
	助理委员	佩雷·米盖尔·巴特罗里（P. Miguel Batllori）	梵蒂冈
		米哈伊·贝尔萨（Mihai Berza）（1978 年去世）	布加勒斯特
		刘易斯·赫茨曼（Lewis Hertzman）	多伦多
		撒提什·钱德拉（Satish Chadra）	新德里
		卡尔·D. 托内森（Kåre D. Tønneson）	奥斯陆
		多米尼哥·德马科（Domenico Demarco）	那不勒斯
	顾问	保罗·阿尔森（Paul Harsin）	列日
		叶甫根尼·M. 朱可夫（Evgenii M. Zhukov）（1980 年去世）	莫斯科

1980	主席	亚历山大·吉耶茨托尔（Aleksander Gieysztor）	华沙
	副主席	戈登·A. 克莱格（Gordon A. Craig）	斯坦福
		多米尼哥·德马科（Domenico Demarco）	那不勒斯
	秘书长	埃琳娜·阿尔维勒（Hélène Ahrweiler）	巴黎
	司库	阿兰·迪布瓦（Alain Dubois）	洛桑
	助理委员	撒提什·钱德拉（Satish Chadra）	新德里
		卡尔·D. 托内森（Kåre D. Tønneson）	奥斯陆
		提奥·C. 巴克尔（Theodore C. Barker）	伦敦
		厄内斯托·德·拉·托雷·比拉尔（Ernesto de la Torre Villar）	墨西哥
		格里奥吉·兰基（György Ránki）	布达佩斯
		谢尔盖·莱奥尼多维奇·齐赫文斯基（Sergei L. Tikhvinsky）	莫斯科
	顾问	卡尔·迪特里希·埃德曼（Karl D. Erdmann）	基尔
		米歇尔·弗朗索瓦（Michel François）（1981 年去世）	巴黎

366

1985	主席	厄内斯托·德·拉·托雷·比拉尔（Ernesto de la Torre Villar）	墨西哥
	副主席	格里奥吉·兰基（György Ránki）（1988 年去世）	布达佩斯
		提奥·C. 巴克尔（Theodore C. Barker）	伦敦
	秘书长	埃琳娜·阿尔维勒（Hélène Ahrweiler）	巴黎
	司库	阿兰·迪布瓦（Alain Dubois）	洛桑
	助理委员	埃洛伊·贝尼托－鲁阿诺（Eloy Benito Ruano）	马德里
		卡尔·纽曼·戴格勒（Carl N. Degler）	华盛顿
		赛义德·努鲁尔·哈桑（Saiyid Nurul Hasan）	加尔各答
		约阿希姆·赫尔曼（Joachim Herrmann）	东柏林
		三宅正树（Masaki Miyake）	茅崎市，日本
		谢尔盖·莱奥尼多维奇·齐赫文斯基（Sergei L. Tikhvinsky）	莫斯科
	顾问	卡尔·迪特里希·埃德曼（Karl D. Erdmann）（1990 年去世）	基尔
		亚历山大·吉耶茨托尔（Aleksander Gieysztor）	华沙
1990	主席	提奥·C. 巴克尔（Theodore C. Barker）	伦敦
	副主席	伊万·T. 贝伦德（Ivan T. Berend）	布达佩斯／洛杉矶
		埃洛伊·贝尼托－鲁阿诺（Eloy Benito Ruano）	马德里
	秘书长	弗朗索瓦·贝达里达（François Bédarida）	巴黎
	司库	阿兰·迪布瓦（Alain Dubois）	洛桑
	助理委员	娜塔莉·泽蒙·戴维斯（Natalie Zemon Davis）	普林斯顿
		约阿希姆·赫尔曼（Joachim Herrmann）	柏林
		扬尼斯·卡拉扬诺普洛斯（Joannis Karayannopoulos）	雅典
		三宅正树（Masaki Miyake）	茅崎市，日本
		赛义德·努鲁尔·哈桑（Saiyid Nurul Hasan）（1993 年去世）	加尔各答

	撒提什·钱德拉（Satish Chandra）（1993—95）	新德里
	亚历山大·O. 丘巴扬（Alexander O. Chubaryan）	莫斯科
顾问	亚历山大·吉耶茨托尔（Aleksander Gieysztor）	华沙
	厄内斯托·德·拉·托雷·比拉尔（Ernesto de la Torre Villar）	墨西哥

1995	主席	伊万·T. 贝伦德（Ivan T. Berend）	洛杉矶
	副主席	娜塔莉·泽蒙·戴维斯（Natalie Zemon Davis）	普林斯顿
		亚历山大·O. 丘巴扬（Alexander O. Chubaryan）	莫斯科
	秘书长	弗朗索瓦·贝达里达（François Bédarida）	巴黎
	司库	皮埃尔·迪克雷（Pierre Ducrey）	洛桑
	助理委员	吉罗拉莫·阿纳尔迪（Girolamo Arnaldi），到 1998 年	罗马
		罗萨里奥·维拉利（Rosario Villari）（1998—2000）	罗马
		于尔根·科卡（Jürgen Kocka）	柏林
		拉文德·库玛（Ravinder Kumar）	新德里
		1998 年后，罗米拉·塔帕（Romila Thapar）	新德里
		二宫宏之（Hiroyuki Ninomiya）	东京
		伊娃·奥斯特贝里（Eva Österberg）	隆德，瑞典
		让 – 克劳德·罗贝尔（Jean – Claude Robert）	蒙特利尔
	顾问	提奥·C. 巴克尔（Theodore C. Barker）	伦敦
		厄内斯托·德·拉·托雷·比拉尔（Ernesto de la Torre Villar）	墨西哥
	荣誉顾问	亚历山大·吉耶茨托尔（Aleksander Gieysztor）（1999 年去世）	华沙

367

2000	主席	于尔根·科卡（Jürgen Kocka）	柏林
	副主席	伊娃·奥斯特贝里（Eva Österberg）	隆德，瑞典
		罗米拉·塔帕（Romila Thapar）	新德里
	秘书长	让 – 克劳德·罗贝尔（Jean – Claude Robert）	蒙特利尔
	司库	皮埃尔·迪克雷（Pierre Ducrey）	洛桑
	助理委员	格里高利·邦加德 – 列文（Gregorii Bongard – Levin）	莫斯科

	凯瑟琳・科奎丽・维德洛维奇（Catherine Coquery – Vidrovitch）巴黎	
	迈克尔・海德（Michael Heyd）	耶路撒冷
	切斯特・威廉・乔丹（William Chester Jordan）	普林斯顿
	桦山纮一（Koichi Kabayama）	东京
	路易・何塞・佩赛特（José Luis Peset）	马德里
顾问	伊万・T. 贝伦德（Ivan T. Berend）	洛杉矶
	提奥・C. 巴克尔（Theodore C. Barker）（2001 年去世）	法弗舍姆，英国

二　国际历史科学委员会成员国名录（1926—2003）

（一）国家委员会

下表依据 1926—1939 年、1953—2003 年的国际历史科学委员会《公报》和大会秘书长让－克劳德・罗贝尔整理的 1985—2003 年的成员国名单。该表显示了至 1939 年为止，每届全体大会召开时隶属于国际历史科学委员会的各个国家委员会；1953—1986 年的名录则根据每期《公报》出版当年的情况列出；从 1987—2002 年，《公报》和罗贝尔编纂的成员国名单完整地提供了每一年的成员国信息，新加入的成员国在最右栏中专门列出，加入年份在小括号中注明。1926 年、1948 年和 2003 年的名录完整地记录了当时的所有成员国，其他年份只列举新加入的成员。

368 **1. 1926—1939**

1926	1927	1928	1929	1930	1931	1932	1933	1938	1939
阿根廷	阿尔及利亚/突尼斯								
奥地利[1]									
比利时									
巴西									
保加利亚									
捷克斯洛伐克		智利	加拿大					中国	
丹麦	但泽								
法国	爱沙尼亚					埃及	厄瓜多尔		
德国	芬兰								
英国	希腊								
意大利	匈牙利			印度			印度支那	爱尔兰	
日本				拉脱维亚	立陶宛 马耳他 墨西哥				卢森堡

续表

1926	1927	1928	1929	1930	1931	1932	1933	1938	1939
荷兰									
挪威									
波兰									
葡萄牙									
罗马尼亚									
瑞典									
瑞士									
西班牙									
	土耳其								
		乌拉圭	乌克兰						
美国									
苏联²									
	南斯拉夫								
								梵蒂冈	

注释：

1. 1938 年并入德意志帝国的国家委员会。

2. 1926 年获邀前往日内瓦并被承认为成员国，但只是在 1928 年才开始积极参与委员会各项事务。

2. 1948—1954

参加 1948 年和 1950 年的全体会议的成员国名录（出处：1948 年 4 月 5—6 日
巴黎会议记录，纳布霍尔茨书信文件集；1950 年 8 月 28 日至 9 月 3 日巴黎会议记
录，国际历史科学委员会档案，第 26 盒）。有些国家委员会是否具有确切成员资格
直到 1952、1953 年才确定。1939 年的成员组成原则上至此时仍然有效。然而，到
1952 年仍未与国际历史科学委员会重启常规合作的国家委员会并未被列入 1953 年
出版的《公报》第一期中。这些国家委员会后来通过一个获允重新加入的环节加入
国家委员会名录中。关于德国、奥地利、意大利与日本等国的问题，见正文页边码
第 191 和 202 至 204 页。华沙集团各国的信息见本表注 2 以及 1954 及 1955 年两栏。
1953 年才成为列入成员名单的委员会以斜体显示。

1948	1950	1953	1954
	阿尔及利亚/突尼斯[3]		
奥地利	阿根廷[4]		
比利时			
加拿大			
捷克斯洛伐克[2]			捷克斯路伐克[2]
丹麦			
	埃及[5]		
法国	芬兰		
希腊[1]		德国[13]	
英国			
匈牙利[2]			
意大利	印度[6]		
	爱尔兰[7]		
	以色列[8]		
卢森堡			
	墨西哥[9]		
荷兰			
挪威			
波兰[2]	葡萄牙		波兰[2]
瑞典	西班牙[10]		

续表

1948	1950	1953	1954
瑞士			
	土耳其[11]		
美国			
	梵蒂冈[12]	南斯拉夫[14]	梵蒂冈[12]

注释：

1. 1956 年再度加入。

2. 直到 1949、1950 年才加入委员会。就像苏联与其他华约国家一样，不再行使其国家委员会的各项权利、也不再承担相关义务。波兰与捷克斯洛伐克在 1954 年的委员会《公报》中重新被列为成员；匈牙利、苏联和罗马尼亚在 1955 年重新加入；1956 年保加利亚加入。在捷克斯洛伐克解体后，捷克共和国与斯洛伐克成为了国际历史科学委员会的成员国（见下表 1993 年一栏）。

3. 1956—1957 年以后，不再作为一个成员国列出。1990 年突尼斯重新加入委员会。

4. 1974 年以前一直断断续续地作为成员国参与委员会活动，1954 – 1964 年不在成员国名单中。

5. 由在开罗的教育部代表参与委员会事务。1959 年起以"阿拉伯联合共和国"的名义参与相关事务，见下表 1959 年至 1985 年的部分。

6. 1957 年后不再作为成员国列出。1960 年被重新接纳为成员国。

7. 这里延续了 1945 年以前的惯例，爱尔兰国家委员会代表了爱尔兰共和国与北爱尔兰。

8. 在 1950 年 9 月 3 日的全体大会上被接纳为新成员国。

9. 1968 年再度加入。

10. 1950 年再度加入。

11. 1957 年再度加入。

12. 1954 年再度加入。根据委员会 1954 年第 2 期《公告》，梵蒂冈在 1938 年和 1950 年就被认定为成员国，出席了 1950 年全体大会，1954 年 3 月最终确定加入委员会。

13. 德国历史学家协会 1951 年获允重新加入国际历史科学委员会，在 1970 年以前一直在委员会中代表东西德开展工作。

14. 1993 年以前一直名列成员国名录。南斯拉夫解体后的相关成员国，见 1986—2002 年的表格。

3. 1955 – 2002

371

1955	1957	1959	1961	1964	1968	1973	1976	1985	1986 – 2002
巴西[3]	保加利亚[4]			澳大利亚	阿尔巴尼亚[1]			安道尔[2]	白俄罗斯（1989）
									巴西1（1989）[5]
	希腊			塞浦路斯	哥伦比亚[6]			中国[7]	智利（2001）
					古巴[8]				克罗地亚（1996）
						埃塞俄比亚[9]		埃及[10]	捷克（1993）
匈牙利[12]						联邦德国[11]			格鲁吉亚（2002）
			印度[14]			民主德国[1]			几内亚1990（1）[13]
						朝鲜[16]	伊拉克[15]		冰岛（1989）
日本			蒙古[20]		墨西哥			肯尼亚[17]	拉脱维亚（1996）[18]
						韩国[6]			立陶宛（1996）[18]
									摩洛哥（1998）
马耳他[19]					巴拉圭[6]			尼日利亚[17]	秘鲁（2001）
									俄罗斯（1992）[21]
									斯洛伐克（1993）
									斯洛文尼亚（1996）
罗马尼亚[12]									南非1996[22]
	土耳其								突尼斯（1989）[23]

续表

1955	1957	1959	1961	1964	1968	1973	1976	1985	1986－2002
苏联[12]	乌拉圭[24]	阿酋[25]							乌克兰（1997）[26]
									乌拉圭（1990）[27]
									越南（1990）
				委内瑞拉[28]			扎伊尔		

注释：

1. 然而，直到 1980 年才列为成员国参与委员会的事务。

2. 2001 年后不再列为成员国。

3. 1969 年后以后与委员会失去联系，不再列为成员国。1989 年获允为成员国。

4. 见 1955 年注释 12.

5. 见 1955 年注释 3.

6. 与委员会失去联系，1985 年后不再作为成员国列出。

7. 1938 年获允加入，1945 年至 1980 年与委员会失去联系。此后直至 1999 年以前，中国与委员会的联系仍旧不够紧密，但委员会仍然保留中国的成员国资格。

8. 直到 1982 年才作为成员国参与委员会事务。1986 年后与委员会失去联系，1992 年后不再列入成员国名录。

9. 1974 年后与委员会失去联系，1985 年后不再列入成员国名录。

10. 1973 年 "阿拉伯联合共和国" 解散，此后该国在 1980 年重新获允加入。1992 年后与委员会失去联系，不再列入成员国名录。

11. 由于东德于 1970 年加入国际历史科学委员会，原先代表两德的联合委员会，1990 年两德统一后，东西德委员会合并。

12. 见 1948 年注释 2。1955 年罗马大会前，苏联和华约集团国家（除保加利亚，见下表 1957 年一栏）既未脱离委员会，也没有被委员会除名；罗马大会时这些国家重新参与委员会工作。1992 年，苏联的资格被俄罗斯国家委员会取代。相关信息来自秘书长书的汇总信息。见 ICHS, Bulletin d'information, no. 27 (2002)：32.

13. 仍然在成员国名录中，虽然并未参与任何活动。

372

14. 见 1950 年注释 6。

15. 不再作为成员国参与委员会事务，1985 年不再作为成员国列出。

16. 起初委员会坚持分裂的国家只有一个代表，因此拒绝朝鲜 1957 年以来的成员国申请。1970 年允许朝鲜和韩国分别作为成员国参与委员会事务。1974—1980 年和 1989－2002 年，朝鲜没有参与委员会联系，2001 年后不再作为成员国列出。

17. 与委员会失去联系，1992 年后不再作为成员国列出。

18. 1930－1931 年允许加入，1945 年后不再列入成员国名录（见下面，第 196 页。）

19. 由教育部代表，1969 年以后不再作为成员国列出。

20. 1991 年后与委员会失去联系，2002 年后不再作为成员国列出。

21. 代替苏联。

22. 虽然 1998 年没有说明原因就退出了，但依然位列成员国中。2001 年，再度表示参与委员会相关事务的兴趣。

23. 见 1950 年注释 3。但 2001 年前，"该国成员国资格不过是一纸空文"，但委员会一致格它列为独立成员国。[据委员会秘书长报告，《公报》（2001 年第 27 期，第 32 页）]

24. 与委员会的联系时断时续。1965 年后不再作为成员国列出。1990 年获允再度加入。

25. 代替埃及，由开罗教育部代表（见 1950 年）；1973 年后不再作为成员国列出。

26. 1929 年获允许加入，但其自身没有开展活动。1945 年后不再作为成员国国被列入成员国名单。1997 年后不再与委员会的联系不甚理想。

27. 见 1957 年，1990 年失去联系，2001 年后不再参与委员会的事务；2002 年退出。

28. 直到 1975 年才参与委员会事务。

4. 2003

阿尔巴尼亚	克罗地亚	匈牙利	墨西哥	南非
阿根廷	塞浦路斯	冰岛	摩洛哥	西班牙
澳大利亚	捷克	印度	荷兰	瑞典
奥地利	丹麦	爱尔兰	挪威	瑞士
比利时	芬兰	以色列	秘鲁	突尼斯
巴西	法国	意大利	波兰	土耳其
保加利亚	格鲁吉亚共和国	日本	葡萄牙	乌克兰
白俄罗斯	德国	韩国	罗马尼亚	美国
加拿大	英国	拉脱维亚	俄罗斯	梵蒂冈
智利	希腊	立陶宛	斯洛伐克	越南
中国	几内亚	卢森堡	斯洛文尼亚	

（二）附属国际委员会名录（International Commissions）

国际委员会列表依据 1926 至 1939 年的《国际历史科学委员会公报》及 1953 年至 2003 年的《公报》列出。本表 1939 年以前的内容，依据全体会议召开时的名单列出；1953 年起的内容，则按照每期《公报》记录的信息列出。1927、1928、1948 与 1953 年中，当年所有附属的国际委员会全部列出，其他年份，则只列出新成立、新加入的委员会。英文斜体表示该委员会目前仍在运转。根据委员会《章程》1992 年修订版第 2 条，新加入的内部委员会将在 10 年内转为国际附属组织。1995 年蒙特利尔大会上的国际历史科学委员会全体会议作出决议，要求 1992 年以前成立的内部委员会全部转型为国际附属组织；至 2002 年，绝大多数相关的内部委员会都已完成转型。

1. 1926－1939

年份	内部委员会（INTERNAL COMMISSIONS）	外部委员会（EXTERNAL COMMISSIONS）
1926	史学文献目录筹备委员会（Comm. de bibliographie pour la préparation de l'Annuaire int. de bibliographie historique）	
1927	国际史学刊物筹备委员会（至 1928 年止）[Comm. pour le projet d' une Revue internationale d' histoire （until 1928）] 历史教学特别委员会（Comm. spéciale pour l' enseignement de l'histoire）	
1928	史学文献目录委员会（Comm. pour l'Annuaire int. de bibliographie historique）	科学史委员会（Comm. d'histoire des sciences）
	出版委员会（Comm. de publication）	近现代文学史委员会（Comm. d'histoire littéraire moderne）
	历史教学委员会（Comm. pour l' enseignement de l'histoire）	历史地理学委员会（1931 年转为内部委员会）[Comm. de géographie historique （1931 internal commission）]
	外交史委员会 [Comm. pour la liste des diplomates （Comm. d'histoire diplomatique）]	历史人口学委员会 [Comm. de démographie historique （comparée）]
	宪政史委员会 [Comm. pour le recueil des constitutions （Comm. d'histoire constitutionnelle）]	金融史委员会 [Comm. pour l'histoire de la banque]
	印刷史委员会 [Comm. pour la bibliographie retrospective de la presse （Comm. d'histoire de la presse）]	开明专制委员会（Comm. du despotisme éclairé）

续表

年份	委员会
	大航海与地理大发现委员会（Comm. des grands voyages et des grandes découvertes）
	编年史委员会（Comm. de chronologie）
	图像史料委员会（Comm. d'iconographie）
	梵蒂冈档案馆研究合作委员会（1932 年转为外部委员会）［Comm. pour la coordination des recherches aux Archives Vaticanes（1932 external commission）］
1930	档案委员会（Comm. des Archives）
1931	历史地理学委员会（Comm. de géographie historique）
	缩略语委员会（Comm. pour les abréviations）
1932	反战主义文献委员会（Comm. pour la bibliographie du pacifisme dans l'histoire）
	社会运动史委员会（Comm. pour l'histoire des mouvements sociaux）
	殖民史委员会（Comm. d'histoire coloniale）
	梵蒂冈档案国际委员会（Comm. internat. des Archives Vaticanes）

374

续表

1934	钱币学委员会（Comm. de numismatique）
1936	国家议会机构委员会（Comm. pour l'histoire des assemblées d'états）
1938	中东委员会（Comm. du Proche – Orient）
	远东史委员会（Comm. pour l'histoire de l'Extrême – Orient）
	军事史委员会 Comm. d'histoire militaire
	波罗的海历史委员会（Comm. pour l'histoire de la Baltique）
	教会史委员会（Comm. d'histoire ecclésiastique）

2. 1948 – 2003

年份	内部委员会（INTERNAL COMMISSIONS）	国际附属组织（INTERNATIONAL AFFILIATED ORGANIZATIONS）
1948[1]	文献委员会（1953 年设为内部委员会）[Comm. de Bibliographie (1953 internal commission)] 外交官名录委员会（1951 年止）[Comm. pour les listes diplomatiques (until 1951)]	拜占庭研究协会（Association int. des Etudes Byzantines） 奴隶史研究委员会（Comm. Int. des Etudes Historiques Slaves） 专名学国际委员会 [Comm. int. des sciences onomastiques (until 1985)] 泛美地理学与历史学研究会（Instituto Panamericano de Geografia y Historia）
1953	国际文献目录委员会（至 1996 年止）[Comm. de Bibliographie internationale (until 1996)] 外交史委员会（至 1965 年止）[Comm. d'histoire diplomatique (until 1965)] 钱币学国际委员会（1958 年转为国际附属组织）[Comm. Int. de Numismatique (1958 int. aff. organization)] 国家议会机构国际委员会（1972 年转为国际附属组织）[Comm. Int. pour l'histoire des Assemblées d'Etats (1972 int. aff. organization.)] 比较军事史国际委员会（1972 年转为国际附属组织）[Comm. Int. d'histoire Militaire Comparée (1972 int. aff. organization)] 教会史国际委员会（1982 年转为国际附属组织）[Comm. Int. d'histoire Ecclésiastique (comparée) (1982 int. aff. organization)]	

续表

社会运动史国际委员会（1957 年更名：社会运动与社会结构史国际委员会；1965 年转为国际附属组织）［*Comm. Int. d'histoire des Mouvements sociaux*（after 1957：*et des Structures sociales*；1965 int. aff. organization）］	
历史人口学国际委员会［*Comm. Int. de Démographie Historique*（2000 int. aff. organization）］	
图像史料委员会（1955 年止；1960 年至 1969 年期间再度设立）［*Comm. d'Iconographie*（until 1955；renewed 1960 – 69）］	
金融与货币交换史委员会（至 1955 年止）［*Comm. d'histoire de la Banque et des Changes*（until 1955）］	
梵蒂冈档案委员会（1955 年止）［*Comm. des Archives du Vatican*（until 1955）］	
城市史史料委员会（至 1955 年止，新发展见 1968 年一栏）［*Comm. des sources de l'histoire des villes*（until 1955；see 1968 below）］	
地理大发现与殖民史委员会（至 1954 年止）［*Comm. d'histoire des découvertes et de la colonisation*（until 1954）］	
编年史委员会（1954 年止）［*Comm. de chronologie*（until 1954）］	

续表

年份	
1955	罗马艺术史与考古学研究会国际联盟（后更名：罗马历史学与艺术史研究会国际联盟）Unione Int. degli Istituti di Archeologia e Storia dell' Arte in Roma（later：… Storia e Storia dell' Arte in Roma）
	人文主义与文艺复兴协会（至 1957 年止，后并入人文艺复兴史研究会国际联盟）[Association《Humanisme et Renaissance》（until 1957；then continued in the Fédération int. des Instituts d'histoire de la Renaissance）]
1957	文艺复兴史研究会国际联盟（1959 年后更名：文艺复兴史协会与研究会国际联盟）Fédération int. des Instituts d'histoire de la Renaissance（after 1959：… des Sociétés et Instituts pour l'étude de la Renaissance）
1959	钱币学委员会（过去是内部委员会）Comm. Int. de Numismatique（previously internal Commission）
1961	经济史国际委员会（1964 年后更名：经济史国际协会）[Comm. int. d'histoire Economique（after 1964：Association int.…）]
	印刷史国际委员会（至 1969 年止）[Comm. int. d'histoire de la presse（until 1969）]

续表

年份	名称
1964	海洋史国际委员会（1965 年后转为国际附属组织）[Comm. Int. d'histoire Maritime（1965 int. aff. organization）]
	大学史国际委员会（1977 年后转为国际附属组织）[Comm. Int. pour l'histoire des Universités（1977 int. aff. organization）]
	国际法制史协会 Association Int. d'histoire du Droit et des Institutions
1968	城市史国际委员会（1977 年后转为国际附属组织）Comm. Int. pour l'histoire des Villes（1977 int. aff. org.）
	国际东南欧研究协会 Association Int. d' Etudes du Sud - Est Européen
	社会运动与社会结构史国际委员会（过去是为内部委员会；2002 年后更名社会史国际委员会）Comm. Int. d'histoire des Mouvements Sociaux et des Structures Sociales（previously internal commission；after 2002：Int. Social History Comm.）
	海洋史国际委员会（过去是内部委员会）Comm. Int. d'histoire Maritime（previously internal commission）
	二战史国际委员会（Comm. Int. d'histoire de la Deuxième Guerre Mondiale）
1973	代议制与议会机构国际委员会（过去是内部委员会）[Comm. Int. pour l'histoire des Assemblées d'États/Int. Comm. for the History of Representative and Parliamentary Institutions（previously internal commission）]
	外交史国际委员会（Comm. Int. de Diplomatique）

续表

1976	历史计量学国际委员会（Comité Int. pour la Métrologie Historique）	比较军事史国际委员会（过去是内部委员会）[Association Comm. Int. d'histoire Militaire Comparée（previously internal commission）]
	法国大革命史国际委员会（2001年转为国际附属组织）[Comm. Int. d'histoire de la Révolution Française（2001 int. aff. organization）]	非洲史学会（1989年后转为内部委员会）[Association des Historiens Africains（1989 internal commission）]
1977	历史研究与教学视听媒体应用国际协会 [Int. Association for Audiovisual Media in Historical Research and Education（after 1995: . . . for Media and History）]	大学史国际委员会（过去是内部委员会）[Comm. Int. pour l'histoire des Universités（previously internal commission）]
		城市史国际委员会（过去是内部委员会）[Comm. Int. pour l'histoire des Villes（previously internal commission）]
	国际史学史委员会（1980年加入、1985年转为国际附属组织）[Comm. Int. d'histoire de l'Historiographie（admitted in 1980; 1985 int. aff. organization）]	阿拉伯史学家联合会（Union des Historiens Arabes[2]）[Int. Association of
1986		犹太史研究会国际联盟（1980年加入）Historical Societies for the Study of Jewish History（admitted in 1980）]
	历史学计量方法应用国际委员会（1980年加入、至1999年止）[Int. Comm. for the Application of Quantitative Methods in History（admitted in 1980; until 1999）]	比较教会史国际委员会（1982年前是内部委员会）[Comm. int. d'histoire Ecclésiastique Comparée（internal commission until 1982）]

续表

	国际关系史国际委员会（1982 年加入；1997 年转为国际附属组织）[Comm. Int. d'histoire des Relations Internationales（admitted in 1982；1997 int. aff. organization）]	欧洲当代史国际委员会（1980 年加入）[Association Int. d'histoire Contemporaine de l'Europe（admitted in 1980）]
	十月革命史国际委员会（1983 年加入；1997 年更名：俄国革命国际委员会）[Comm. Int. pour l'histoire de la Révolution d'Octobre（1997：... de la Révolution Russe；admitted in 1983）]	历史教学国际协会（1982 年加入）[Int. Gesellschaft für Geschichtsdidaktik / Int. Society for the History of Didactics（admitted in 1982）]
	十字军与拉丁东方史研究会（1980 年加入；2001 年转为国际附属组织）[Société pour l'histoire des Croisades et de l'Orient latin/Society for the Study of the Crusades and the Latin East（admitted in 1980；2001 int. aff. organization）]	国际史学史委员会（1985 年以前是内部委员会；1996 年后更名：国际史学史与史学理论委员会）[Comm. Int. d'histoire de l'Historiographie（internal commission until 1985；after 1996：Comm. Int. pour l'histoire et la Théorie de l'Historiographie）]
		拉丁美洲史学家国际委员会（1985 年加入；至 1993 年止）[Comm. Int. des Historiens Latino – Américanistes（admitted in 1985；until 1993）]
1988	当代史史料保存与出版委员会 [Comm. pour la Conservation et la Publication des Sources Contemporaines（until 1999）]	
	妇女史研究国际联盟（Fédération Int. pour la Recherche en Histoire des Femmes）	

续表

年份	
1989	非洲史学会（过去是国际附属组织）[*Association des Historiens Africans*³（Previously int. aff. org.）]
1991	历史教学永久国际论坛 [*Int. Standing Conference for the History of Education*（2001 int. aff. organization）]
	拉丁古文字学国际委员会（*Comité Int. de Paléographie latine*）
	主权研究会 [*Majestas*（*Etudes de la Souveraineté*）]
	和平史研究委员会（1994年后更名：和平史协会）[*Council on Peace Research in History*（*after 1994：Peace History Society*）]
	反历史篡改协会（*Association contre la Manipulation de l'histoire*）
1998	史学期刊国际委员会（*Int. Comm. for Historical Journals*）
	国际关系史国际委员会（过去是内部委员会）[*Comm. Int. d'histoire des Relations Internationales*（previously internal commission）]
	妇女史研究国际联盟（过去是内部委员会）[*Fédération Int. pour la Recherche en Histoire des Femmes*（previously internal commission）]

续表

2001	国际冷战史研究委员会（Commission Int. pour l'étude de la Guerre froide）
	历史人口学国际委员会（过去是内部委员会）[Comm. Int. de Démographie Historique（previously internal commission）]
	体育运动与体育教育史国际协会 [Int. Society for the History of Physical Education and Sport]
	法国革命史国际委员会（过去是内部委员会）[Comm. Int. d'histoire de la Révolution Française（previously internal commission）]
	历史教学永久论坛（过去是内部委员会）[Int. Standing Conference for the History of Education（previously internal commission）]
	十字军与拉丁东方史研究会（过去是内部委员会）[Society for the Study of the Crusades and the Latin East（previously internal commission）]
2002	旅游史国际委员会（Comm. Int. pour l'histoire du Voyage et du Tourisme）

注释：

1. 表中数据依据第一次国际历史科学委员会全体会议（1948 年 4 月 5－6 日）的相关信息，会议纪要见书霍布豪尔表书信文件集，3 月 28 日。

2. 总部在伊拉克，1999 年以来，与委员会设有联系，但仍在成员国之列。

3. 仍然作为成员，虽然没有开展重要活动，1999 年，秘书长贝达里达曾尝试促使它积极参与相关活动。（《秘书长报告》，委员会《公报》1999 年第 25 期）

三　各国参会情况表（1898—2000）

（一）演讲、报告与宣读论文

表中数据 * 是实际提交大会的稿件数量，其来源都是关于在大会实际宣读论文最可靠的材料，它们包括：现存 1898—1903 年、1923—1965 年历届大会的官方报告与大会纪要；1908 年的数据来自于当时出版的大会议程；1913 年的数据也来自当年的大会议程，出处在 Koht papers，Ms. Fol. 3668：3；1970 年的数据来自大会纪要中宣读的文章；1975 年的数据来自当年出版题为《大会纪要》的议程；1980、1985 年的数据来自当年大会议程中提交的论文；1990、1995 和 2000 年的数据则来自于该年大会议程，由委员会秘书长罗贝尔为本书英文版专门收集）。相关材料见引用文献第 3 条。

　　* 下表数据不包括以下内容：讨论发言；"专家点评"以及在国际大会框架下各个国际委员会独立举办的讨论会中的文章。若一篇文章由多国史学家合作完成，则依据合作者的实际人数计算。

1. 1898－1938

国家[1]	海牙 1898[2]	巴黎 1900	罗马 1903	柏林 1908	伦敦 1913	布鲁塞尔 1923	奥斯陆 1928[3]	华沙 1933[3]	苏黎世 1938[3]
阿尔巴尼亚									1
阿尔及利亚							(1)	1	1
奥地利[4]			5	15	7		8	4 (5)	7
比利时	1	4	1	5	5	86	10	8 (9)	8
巴西					1				
保加利亚							1		1
加拿大					1			1	
中国									1
哥伦比亚							1		
捷克斯洛伐克						3	8	10	13
格但斯克							2	1	1
丹麦				3		3	3	1	1
厄瓜多尔			1						
埃及			2	4		2	1	1	2
爱沙尼亚								1	1

续表

国家[1]	海牙	巴黎	罗马	柏林	伦敦	布鲁塞尔	奥斯陆	华沙	苏黎世
芬兰				2		1	3	2	3 (2)
法国	18	44	28	15[13]	15	121	77	51	53 (50)
德国	8	6	18	69	28		42 (43)	23	13[9]
英国	1	1	5	12	91	40	13 (14)	10 (9)	14
希腊		2	2	4		4	1	1	
冰岛							1		
印度					4	1		2	5
爱尔兰			1		2				
意大利	3	8	188	20	3	10	15	39	26 (27)
日本	2								
匈牙利[5]	2	5	1	1	1	3	3 (2)	13 (11)	13 (14)
拉脱维亚								1	
立陶宛		1							
卢森堡									3
马耳他								1	1
摩纳哥						2			1

378

续表

国家[1]	海牙	巴黎	罗马	柏林	伦敦	布鲁塞尔	奥斯陆	华沙	苏黎世
荷兰	3	1		5	3	10	8 (5)	2	2
朝鲜							2		
挪威				2	2	2	24	3 (4)	
波兰						18	33 (34)	73	28
葡萄牙		1					2		2 (1)
罗马尼亚		2				3	12 (11)	11 (13)	9 (8)
俄罗斯/苏联	4	6	5[6]	4	16[7]	9[8]	10	6 (10)	
塞尔维亚	1		2						
南非			1				1		
西班牙		3	2	2	1	7	1	3	1
瑞典	1	5	1	3	1	3	7		3
瑞士	1	3	1	6	2	5	3	3 (4)	19 (18)
叙利亚				1					1
土耳其									2
美国	1	1	2	7	8	15	14 (16)	12 (10)	11

2. 1950－2000

国家¹	巴黎 1950	罗马 1955	斯德哥尔摩 1960	维也纳 1965	莫斯科 1970	旧金山 1975	布加勒斯特 1980	斯图加特 1985	马德里 1990	蒙特利尔 1995	奥斯陆 2000
阿尔及利亚	1										
阿根廷									1	5	7
澳大利亚							1		3	16	17
奥地利	2	7	3	7	1		2	2	8	7	6
巴林									1		
比利时	22	5	4	3	2		3	3	5	13	11
贝宁									1	1	
玻利维亚											
巴西									1	4	7
文莱										1	1
保加利亚					2	1	1	2	11	1	1
布基纳法索								2			
布隆迪											
喀麦隆		1								1	1
加拿大					3	1	6	9	16	62	14

379

续表

国家[1]	巴黎	罗马	斯德哥尔摩	维也纳	莫斯科	旧金山	布加勒斯特	斯图加特	马德里	蒙特利尔	奥斯陆
智利									1		3
中国									9	5	7
哥伦比亚								1			
科特迪瓦								1		1	
塞浦路斯				1	1	1	3	1	2		4
捷克斯洛伐克/捷克			4	2	2	3	4	3	11	6	4
丹麦	4	3	2		1	1	5	5	6	4	9
埃及									3		1
埃塞俄比亚										1	
芬兰		1	2	1	2	4	4	4	7	7	5
法国	72	49	17	13	15	4	9	10	19	51	40
德国/联邦德国[11]	[1][12]	22	14	7	7	9	12	14	25	49	37
德国/民主德国		1	1	4	4	3	8	8	33		
英国	43	25	18	10	2	2	5	16	34	61	42
希腊							3	4	2	1	
中国香港									1		1
匈牙利	1	1	3	1	3	5	7	3	17	7	10

续表

国家[1]	巴黎	罗马	斯德哥尔摩	维也纳	莫斯科	旧金山	布加勒斯特	斯图加特	马德里	蒙特利尔	奥斯陆
冰岛									2	3	5
印度								4	6	5	13
爱尔兰			2			1	1	1	3	4	6
以色列	2						2				8
意大利	48	33	12	6		1	1	3	19	22	22
牙买加					7	5	10	6	9	36	1
日本			4	3	4	2	7	6	19	30	21
朝鲜								2	7	1	3
韩国						1	1	2	1	2	1
拉脱维亚				4							
黎巴嫩											
马拉维										3	
马来西亚				1							
马里		1				1			1		
墨西哥							1			1	1
蒙古								2	11	2	2
摩洛哥										1	

续表

国家[1]	巴黎	罗马	斯德哥尔摩	维也纳	莫斯科	旧金山	布加勒斯特	斯图加特	马德里	蒙特利尔	奥斯陆
莫桑比克									1		
荷兰	7	4	4		1	1	2	1	4	14	15
新西兰							1			2	2
尼日利亚									1	2	4
北爱尔兰										1	1
挪威	2	1	3			1	3	2	14	3	33
巴基斯坦											
秘鲁										3	1
菲律宾											1
波兰	[2][10]	48	5		4	5	8	6	22	19	8
葡萄牙								1		2	2
罗马尼亚			4	3	3	3	10	5	16	7	
俄罗斯联邦									2	36	19
沙特阿拉伯							2				
塞内加尔										1	1
斯洛伐克											2
斯洛文尼亚											1

381

续表

国家[1]	巴黎	罗马	斯德哥尔摩	维也纳	莫斯科	旧金山	布加勒斯特	斯图加特	马德里	蒙特利尔	奥斯陆
南非											
西班牙	8	8	7	2	2	2	6	6	39	2	9
瑞典	8	5	8		2	2	2	2	1	20	9
瑞士	8	7	3		1	1	4	4	10	13	14
叙利亚										9	10
中国台湾										1	1
坦桑尼亚									1	1	1
突尼斯									1		
土耳其	1		2	1		1	3			1	
阿拉伯联合酋长国											
乌克兰		1									
乌拉圭									1	1	
美国	17	24	16	7	11	8	10	16	74	101	81
苏联		11	13	6	12	7	9	17	29		
梵蒂冈		2	1			1	6	1	2	3	
委内瑞拉							2		3	1	
越南										1	

续表

国家[1]	巴黎	罗马	斯德哥尔摩	维也纳	莫斯科	旧金山	布加勒斯特	斯图加特	马德里	蒙特利尔	奥斯陆
南斯拉夫		4	7	2	1	2	4	4	6		
扎伊尔								3		1	
赞比亚										1	
津巴布韦										3	
国籍不明/独立学者									13	1	
总计	255	220	159	84	93	75	158	182	535	666	522

注释：

1. 表中每个国家参会数据应当理解为当届大会召开时来自该国领土范围内的学者数量，若此后该国发生领土变更，则仍以当年数据为准。

2. 除了此处列出的国家，还有一篇论文来自哥斯达黎加（通过驻巴黎的大使馆递交），但哥斯达黎加在其他各届大会上未提交论文。

3. 1928年、1933年和1938年，各个组织委员会对参加者和论文进行了统计。见委员会《公报》（1929/30）第2期；第21页；1935年第7期；1939年第11期第469页。基于大会进程情况，统计数字有所不同（数字见括号内）

4. 在1918年以前，为内来塔尼亚（奥匈帝国中的奥地利部分—译者注），包括布拉格、克拉科夫（波兰南部—译者注）和隆堡（波兰地区—译者注）。1908年安排了一位来自隆堡的发言者，1913年有两位发言人来自塔尼亚。

5. 当时是外来塔尼亚，包括阿格拉姆（克罗地亚萨格勒布旧名—译者注），1913年该地大学的一位学者作为代表发言。

6. 包括四位来自波兰的发言人。

7. 包括三位来自波兰的发言人。

8. 旅居国外的史学家除外，他们被算入所在大学的国家里。

9. 不包括奥地利历史学者，虽然德国吞并奥地利后之后他们被包括在德国国家委员会中。

10. 论文在大会召开前有提交，在大会议程中有显示，有些作者，虽然已经注册，但最终没有参加。

11. 1990 年以指联邦德国，包括西柏林；1990 年后，包括前东德。

12. 一篇来自德国萨尔州一位史学家的来函。

13. See p. 45f. Above.

（二）大会参会者数据（Congress Participants）

本节数据是各国在历届大会的参会者人数，数据来源见本段后。表中数据意指每届大会的注册人数，然而各国实际参会人数可能与注册人数有所出入。

数据来源：

1898：Congress The Hague 1898：*Annales*，no. 1，pp. XI – XX（list of participants）. In parentheses：information on actual participation from *Historisk Tidskrift*（Stockholm，1898），270.

1900：Congress Paris 1900：*Annales*，vol. 1，pp. IX – XLIV（list of participants）.

1903：Congress Rome 1903：*Atti*，vol. 1，pp. 33 – 63（list of participants）.

1908："Mitglieder – Liste. Internationaler Kongreß für Historische Wissenschaften Berlin. 6. – 12. August 1908."Supplement to *Kongreß – Tageblatt*，Nr. 6，11 August 1908.

1923：Congress Brussels 1923：*Compte rendu*，pp. 495 – 522（list of participants）.

1928：ICHS，*Bulletin* 2：20（figures from organizing committee）.

1933：ICHS，*Bulletin* 7：139（figures from organizing committee）.

1938：ICHS，*Bulletin* 11：467f.（figures from organizing committee，separated according to registered and，in parentheses，actually attending persons）.

1950：Congress Paris 1950：*Rapports*，pp. 305 – 324（list of participants）.

1955：According to the files of the Giunta Centrale per gli Studi Storici，Rome，figures collected for this publication by its secretary – general，Prof. G. Vitucci. Considerably conflicting figures，based on a printed list ofparticipants，in Mac Kay，"Tenth International Congress，" p. 504；see pp. 221 and 240，note 3，above.

1960："XI" Congrès International des Sciences Historiques Stockholm，21 – 28 Août 1960. Supplément：Listes des Membres. Circulaire Générale No. 4"（Rijksarkiv，Stockholm，files on the Stockholm Congress）.

1965："Douzième Congrès International des Sciences Historiques Vienne，29 Août – 5 Septembre 1965：Liste des participants" and "Liste des participants（Annexe）"（Vienna，1965）；both made available from the files of the Austrian national committee by Dr. L. Mikoletzky.

1970: Information based on files of the national committee of the USSR, made available by Prof. S. L. Tikhvinsky.

1975: Congress San Francisco 1975: *Proceedings*, pp. 153 – 231 (list of participants).

1980: "Quinzième Congrès international des Sciences historiques: Liste des participants" [Bucharest, 1980] and "Liste des Participants, Supplément nos. 1 – 2" (Bucharest, 1980), made available from the files of the Romanian national committee by Prof. D. Berindei.

1985: "16. Internationaler Kongreß der Geschichtswissenschaften, Stuttgart 25. August – 1. September 1985: Teilnehmerliste" and "1. Nachtragsliste" (Stuttgart, 1985). In parentheses: figures from a list of participants made during the Congress according to nations, status of 27 Aug. 1985.

1990: Published list of participants. In parentheses, figures reported by the organizing committee.

1995: Partial list of registered participants, in "Report of the Organising Committee," pp. 38 – 39. In parentheses, final figures from "Report of the Organising Committee," p. 24.

2000: Computerized address list of participants. In parentheses, final figures from the "Report of the Organising Committee," p. 10 (figures for 1990 – 2000 made available by secretary – general Jean – Claude Robert).

383 1. 1898 – 1938

国家[1]	海牙 1898	巴黎 1900	罗马 1903	柏林 1908	伦敦 1913[8]	布鲁塞尔 1923	奥斯陆 1928	华沙 1933	苏黎世 1938
阿富汗									1
阿尔巴尼亚									1
阿尔及利亚		1	1				3	2	4 (2)
阿根廷		1	1				1	1	1 (1)
澳大利亚		1	1					7	2 (2)
奥地利	3 (1)	10[15]	85[16]	30[17]	[25][10]		23	33	56 (31)
比利时	34 (10)	31	27	16		422	15	2	1 (1)
巴西		10		1			3		
保加利亚							1		
加拿大						3	2	2	1 (1)
智利		1	1	1			2		2 (2)
中国									1 (1)
古巴		2							
捷克斯洛伐克						9	12	35	46 (31)
格但斯克							5	6	6 (5)
丹麦		1	4	12		1	34	12	22 (17)

续表

国家¹	海牙	巴黎	罗马	柏林	伦敦	布鲁塞尔	奥斯陆	华沙	苏黎世
多米尼加共和国		2							
埃及	1		8	7		3	1	3	5 (4)
爱沙尼亚						1	5	3	7 (6)
芬兰							10	8	7 (4)
法国	118 (31)	540	194	22²⁴	22	222	132	108	109 (67)
德国	46 (22)	21	358	710	65	137	121	59	109 (67)
英国	7 (3)	17	74	33	450		56	51	83 (44)
希腊	1 (1)	3	8	4		4	3	3	7 (1)
危地马拉									1 (1)
匈牙利⁶	6 (2)	11²¹	12²²	13²³	[25]¹⁰	3	9	26	37 (25)
印度			3			2		3	10 (7)
伊朗	1	1							1 (-)
爱尔兰		1	4	3		5	2	1	10 (8)
冰岛							1		
以色列/巴基斯坦									1 (1)
意大利	9 (2)	42	1144	57		34	28	86	89 (44)
日本	2 (5)	1		4		6	2		1 (1)
拉脱维亚							1	10	5 (2)

394

续表

国家[1]	海牙	巴黎	罗马	柏林	伦敦	布鲁塞尔	奥斯陆	华沙	苏黎世
黎巴嫩				1		1			
利比亚		1							1 (1)
列支敦士登						2			5 (3)
立陶宛									3 (3)
卢森堡	2 (1)	3							3 (2)
马耳他								2	
墨西哥		2						1	
摩纳哥		1				1		1	1 (1)
荷兰	75 (15)	43	4	10		33	21	9	29 (21)
挪威			6	7		2	273	14	9 (4)
秘鲁			2						
波兰[4]						20	40	600	99 (87)
葡萄牙	4	5	9	2		1	2	1	2 (2)
罗得西亚	4								
罗马尼亚	8 (1)	12	12			4	18	25	
俄罗斯[5]/苏联	6 (2)	26[18]	47[19]	43[20]	30	2	15	8	46 (21)
圣马力诺			2						
塞尔维亚	1 (1)	2	1						

续表

国家[1]	海牙	巴黎	罗马	柏林	伦敦	布鲁塞尔	奥斯陆	华沙	苏黎世
南非		1		1			1		2 (1)
西班牙	3	8	8	2		1	2	14	17 (9)
瑞典	3 (2)	14	13	30		18	12	7	9 (8)
瑞士	8 (3)	12	16	14		5	30	10	204 (147)
叙利亚						18	8		1 (1)
突尼斯			1						
土耳其		2					1	3	5 (5)
乌拉圭	1						1		2 （-）
美国	23 (12)	34	14	19	20	35	51	47	49 (30)
梵蒂冈[27]								2	
委内瑞拉		1							
南斯拉夫						4	4	5	9 (5)
总计[7]	360 (115)[11]	864	2060	1042	[680]	999	950	1210	1206
	(c. 150)	(100-200)	(1500-1800)	(c. 1000)	(1000-1100)	(500)	(950)	(1031)	(770)

2. 1950－2000

国家[1]	巴黎 1950	罗马 1955	斯德哥尔摩 1960	维也纳 1965	莫斯科[9] 1970	旧金山 1975	布加勒斯特 1980	斯图加特 1985	马德里 1990	蒙特利尔 1995	奥斯陆 2000
阿尔巴尼亚				3			4	4（4）	4	2	
阿尔及利亚	4								1	1	1
安道尔									2		
阿根廷	2	1	3	3		6	16	7（8）	5	18	17
澳大利亚			5	3		6	6	13（13）	12	22	27
奥地利	15	49	26	168		16	26	33（35）	17	15	20
孟加拉国								1（1）		1	1
巴巴多斯						1					
比利时	96	53	32	43		18	37	30（31）	24	26	29
贝宁							1				
玻利维亚						1		2（2）		1	1
巴西	4			7		6	7	4（5）	5	15	15
文莱										1	
保加利亚		1	3	22	160	19	109	5（41）	2	9	5
布基纳法索							1				
布隆迪							3				

385

续表

国家[1]	巴黎	罗马	斯德哥尔摩	维也纳	莫斯科[9]	旧金山	布加勒斯特	斯图加特	马德里	蒙特利尔	奥斯陆
白俄罗斯											1
喀麦隆	10						3	2 (2)		1	4
加拿大			8	18	35	55	36	34 (37)	24	445	50
中非共和国										1	
智利			3	5		1		2 (2)		2	3
中国							14	25 (22)	2	24	23
哥伦比亚			1	1		1				1	
刚果								2 (2)			1
哥斯达黎加										1	
科特迪瓦											
克罗地亚									1	1	
古巴		1	1	1	2		7	(3)		4	
塞浦路斯					1	2	14	3 (3)	2	1	
捷克											
捷克斯洛伐克	2[14]	7	34	74	91	11	57	53 (51)	17	10	9
丹麦	34	54	45	48	43	13	25	19 (18)	19	10	74
多米尼加共和国		1	1			1		1 (1)			
厄瓜多尔							1	1 (1)			

续表

国家[1]	巴黎	罗马	斯德哥尔摩	维也纳	莫斯科[9]	旧金山	布加勒斯特	斯图加特	马德里	蒙特利尔	奥斯陆
埃及	34		1				1	6（6）	1	1	1
爱沙尼亚										1	1
埃塞俄比亚											2
芬兰[2]	6	8	21	8	16	3	23	37（38）	21	17	23
法国	327	320	159	282	173	83	132	83（92）	73	81	64
冈比亚											1
格鲁吉亚											5
德国/联邦德国	14[12]	150[13]	132	301	117	77	65	473（534）	117	75	97
德国/民主德国		14[13]	61	56	130	22	86	61（61）			5
加纳						1	1				
英国	115	212	142	202	19	31	57	80（84）	49	95	
希腊		4	4	10		3	18	28（30）	4	2	
格陵兰										1	
危地马拉			1			3		1（1）			1
中国香港[6]											1
匈牙利		5	15	46	110	20	86	80	41	34	19
印度	6	2	2	4		4	7	8（10）	4	6	14
印度尼西亚						1			1		
伊朗						2	2				

续表

国家[1]	巴黎	罗马	斯德哥尔摩	维也纳	莫斯科[9]	旧金山	布加勒斯特	斯图加特	马德里	蒙特利尔	奥斯陆
伊拉克							2				
爱尔兰	5	15	6	13		2	8	6 (6)	7	12	11
冰岛		3	1			9	1	5 (5)	6	6	11
以色列	13		7	10		6	8	17 (16)	16	24	25
意大利	138	318	130	187	97	72	73	100 (111)	103	123	120
牙买加											1
日本	1	4	16	26	84	78	101	104 (111)	113	108	100
约旦						1	1				1
肯尼亚							1		1		
朝鲜						1	6				
韩国			3	1		27	26	28 (28)	2	2	12
科威特	4								1		
拉脱维亚											
黎巴嫩						3	7				3
利比亚	1	1								1	2
列支敦士登											
立陶宛											2
卢森堡	1	3	2	4			1	2 (2)	1	4	2

续表

国家[1]	巴黎	罗马	斯德哥尔摩	维也纳	莫斯科[9]	旧金山	布加勒斯特	斯图加特	马德里	蒙特利尔	奥斯陆
马拉维											
马来西亚						2					2
马里											
马耳他										1	2
毛里求斯										1	
墨西哥	3	1	5	1	11	20	8	2 (2)	7	9	15
摩纳哥			2	1				(1)			
蒙古			1	2			6				
摩洛哥	5					3	3	1 (1)		3	2
荷兰	52	42	38	65	63	39	29	41 (40)	36	35	41
新西兰		1	1			1			1	5	2
尼加拉瓜						2					2
尼日利亚				1		2	5			1	3
挪威	12	24	39	28		16	25	32 (32)	33	30	318
巴基斯坦			1								
巴拉圭		1				1					
秘鲁	1					1	1			1	
菲律宾						1					2

397

续表

国家[1]	巴黎	罗马	斯德哥尔摩	维也纳	莫斯科[9]	旧金山	布加勒斯特	斯图加特	马德里	蒙特利尔	奥斯陆
波兰	4	12	14	35	162	22	77	65 (74)	13	22	19
葡萄牙	10	5	8	8		2	4	6 (6)	16	11	6
波多黎各						2			3		
罗得西亚											
罗马尼亚		27	18	51	79	14	794	45 (57)	20	27	21
俄罗斯										39	37
沙特阿拉伯							1				
塞内加尔					1	2				2	1
斯洛伐克										5	3
斯洛文尼亚										2	3
南非				3		3		(1)		5	14
西班牙	21	33	34	50	82	54	95	53 (60)	568	48	30
斯里兰卡						1					
苏丹				1							
瑞典	40	40	192	49	68	43	83	51 (53)	45	53	144
瑞士	64	48	26	52	13	20	27	39 (42)	30	21	25
叙利亚				1				1 (1)		1	
中国台湾						5		3 (5)		1	2

续表

国家[1]	巴黎	罗马	斯德哥尔摩	维也纳	莫斯科[9]	旧金山	布加勒斯特	斯图加特	马德里	蒙特利尔	奥斯陆
坦桑尼亚								1（4）	1	1	
特立尼达和多巴哥											1
突尼斯	2			3		2	3	3（31）	1	2	
土耳其	7	10	12	21	15	5	16	22（25）	1	1	1
阿拉伯联合酋长国									3		
乌克兰			1	1		1				2	1
乌拉圭		1							1	2	
美国	74	80	167	153		488	126	104（117）	91	202	208
苏联		13	48	58	1283	82	125	5（68）	6		
梵蒂冈[27]											
委内瑞拉		3	2	1		3	4	5（5）	11	5	
越南						2	4			6	2
南斯拉夫		68	31	67	119	23	68	27（35）	3	1	
扎伊尔						1	2	8（6）	2	1	
津巴布韦										2	
总计[7]	1126（c. 1400）	1633（c. 1500）	1509（1523）	2189（c. 2250）	3305	1465（1473）	2713[26]（2713）	1878（2150）	1590（2380）	1754（2109）	1838（2109）

388

注释：

1. 表中每个国家参会数据应当理解为当届大会召开时来自该国领土范围内的学者数量，若此后该国发生领土变更，则仍以当年数据为准。

2. 1918年以前计入俄国代表团。见俄国相关栏目。

3. 在1918年以前，为内莱塔尼亚（奥匈帝国中的奥地利部分一译者注）。

4. 在1918年以前，计入奥地利或奥匈代表团。见相关栏目。

5. 在1918年以前，包括波兰和芬兰。

6. 在1918年以前，为外莱塔尼亚（奥匈帝国中匈牙利王国的部分一译者注）。

7. 总计不包括1913年和1970年，括号内的数据源于本文献中关于参与者的记载（不包括随行人员）。

8. 表格数据来源：Jameson, "International Congress," p. 682。詹姆森统计的数据来源于一份较早文献的临时成员名单，上面有680名参会者。（实际与会者1000—1100人）

9. 根据国家委员会的信息，55个国家参加了大会。然而，国家委员会文件主要根据25国家的统计数据。至于只有少数人参加的第三世界国家（社会主义国家除外），相关信息阙如。

10. 奥匈帝国没有被单列出（见注释8）。

11. 除了此处列出的国家，还有一篇论文来自哥斯达黎加（通过驻巴黎的大使馆递交），但哥斯达黎加在其他各届大会上未提交论文。

12. 包括居住在西德的两名非德国籍学者和两名来自萨尔州的参会者。东德没有学者参加。

13. 此处所用数据（见上表1955年）是东西德的总人数，相关数据源见 Haun, "Der X. Internationale Historikerkongre?," pp. 303 and 306f.

14. 据文献没有参加者。

15. 7位奥地利学者，2位波西米亚学者，1位波兰学者。

16. 61位奥地利学者，11位波西米亚/摩拉维亚学者，12位波兰学者，1位达尔马西亚学者。

17、19. 8位奥地利学者，8位波西米亚/摩拉维亚学者，2位波兰学者，1位达尔马西亚学者。

18. 22位俄罗斯学者，1位波兰学者，2位芬兰学者。

19. 24 位俄罗斯学者，16 位波兰学者，7 位芬兰学者。
20. 35 位俄罗斯学者，8 位芬兰学者。
21. 9 位匈牙利学者，2 位南斯拉夫学者。
22. 只有 1 位匈牙利学者。
23. 11 位匈牙利学者，2 位斯洛伐克学者。
24. 见上文，第 56 页，注释 18.
25. 包括奥地利。
26. 加蓬、科威特、巴拿马共和国、苏丹和安道尔共和国各有 1 位参加者。
27. 梵蒂冈的代表被包含在各自国家的代表团中。

四　《国际历史科学委员会章程》的发展与
演变，1926—2000 年①

从 1926 年至今，《国际历史科学委员会章程》皆以法文撰写。自 1987 年起，389
国际历史科学委员会《公报》（*Bulletin d' information*）中的《章程》法文文本后
附一英译本，但注明："法文文本为唯一官方文本。"下文中，这份英译本将用以呈
现 1977 年以来委员会《章程》的发展变化；在委员会历史上，这份 1977 年修订版
《章程》沿用至 1987 年。1926 年至 1975 年的章程使用法文官方版本。1926、1960
与 1977 年的《章程》全文收录，其他年份仅收录修订文本。1977 年修订版《章
程》在 1992 年又作修订，此后沿用至今，并收录在每期《公报》中。

1. 1926—1957

1926 年 5 月 14 日章程[1]	1933 年修订[2]	1950 年修订[3]	1957 年修订[4]
序言：下述国家中致力于历史科学的学者团体和机构的签字代表，根据 1923 年 4 月 15 日大会通过的决议，于第五届国际历史科学大会执行委员会聚会，决定成立国际历史科学委员会，并附如下章程。		序言：致力于历史科学的学者团体及机构的代表，在日内瓦第五届国际历史科学大会执行委员会的召集下，依据 1923 年 4 月 15 日布鲁塞尔大会通过对决议，决定成立国际历史科学委员会，并附如下章程：	

---

① 译者注：由于《章程》官方文本为法文，1977 年后的英译本仅作参考、仍以法文官方版
本为准，为呈现法文官方版本与英译本的异同，《章程》文本不译，保留相关法文与英文原文。

390	1926 年 5 月 14 日章程[1]	1933 年修订[2]	1950 年修订[3]	1957 年修订[4]
	第一条　委员会的宗旨——国际历史科学委员会之创立，乃致力于通过开展国际合作来促进历史科学之发展。 它将组织国际历史科学大会。它将设定大会规章，发表报告；它将确定每次大会的地点和届期，每届大会都将鼓励组建国家委员会，并与该委员会一起拟订大会纲领。			
	第二条　委员会的组成——委员会由所有准予享有代表权的国家的代表组成。每个国家具有投票权的代表不得超过两人，但他们可以有代表助理。 国家一词既可指主权国家，也可指非主权国家，如自治领、保护国、殖民地、托管地；每个非主权国家享有投票权的代表均为一名。	删除第二条第二段	第二条　委员会的组成——委员会由所有准予享有代表权的国家的代表组成，代表中亦可包括致力于历史研究的国际组织以及历史科学领域的出版业的代表，这些组织可在执行委员会提议下，由大会决定其加入国际历史科学大会。每个会员国和参会组织享有投票权的代表不得超过两人，但他们可以有代表助理。	

1926 年 5 月 14 日章程[1]	1933 年修订[2]	1950 年修订[3]	1957 年修订[4] 391
第三条　代表选举——希望加入该委员会的代表，应由各国致力于历史科学的学者团体和机构选举。代表选举议程应知会委员会，后者保留对可疑问题的评估权，但这一权利完全从学术考虑出发。		第三条　希望加入该委员会的代表，应由各国致力于历史科学的学者团体和机构选举。国际历史科学大会的机构组织会员的代表由其组织选出。代表选举议程……	
第四条　委员会会议——委员会每年至少召开一次全体会议，会议地点为上届会议选定的城市。国际历史科学大会召开之际，应同时在同一城市召开全体会议。	第四条　委员会至少每三年应召开一次全体会议……		
第五条　委员会的投票——委员会一半成员国代表到场时，其全体会议达到法定人数。		第五条　——委员会一半成员国和机构会员的代表到场时，其全体会议达到法定人数。	

1926 年 5 月 14 日章程[1]	1933 年修订[2]	1950 年修订[3]	1957 年修订[4]
全体会议上,首轮投票按人进行。若无法获得四分之三之多数,次轮投票按国家进行,每个国家的票数与其享有投票权的代表数相等。按国表决三分之二多数即通过。 紧急情况下,应执行委员会之请求,投票可在会外、以通信方式进行。此时投票按人进行,且应达到总代表数的三分之二多数。若达不到,次轮投票达到投票者简单多数即通过,但这个多数应代表半数以上的成员国。		全体会议上,首轮投票按人进行。若无法获得四分之三之多数,次轮投票按国家和机构进行,每个国家和机构的票数与其享有投票权的代表数相等。按国家和机构表决三分之二多数即通过。	
		紧急情况下,应执行委员会之请求,投票可在会外、通信方式进行。此时投票按人进行,且应达到总代表数的三分之二多数。若达不到,次轮投票达到投票者简单多数即通过,但这个多数应代表半数以上的成员国和机构会员。	

392

续表

1926 年 5 月 14 日章程[1]	1933 年修订[2]	1950 年修订[3]	1957 年修订[4]
第六条　委员会执行委员会——委员会执行委员会包括一名主席，两名副主席，四名助理，一名秘书长和一名司库。 国际历史科学大会召开之际，委员会全体会议选举产生执行委员会。它将履职至下届大会。执行委员会至少包括五个国家的代表。 每次选举大会均应更换主席和其他三名执行委员会成员。执行委员会内部出现空缺时，执行委员会可安排增补选举。 执行委员会准备委员会会议日程，并提前两个月通知代表。它可在会议间隔期间采取最紧迫的措施，必要时可召集代表召开特别会议，并可以通信获取代表们的投票。执行委员会监督委员会资金之管理，并每年向委员会提交资金使用报告和年度预算计划。执行委员会负责起草关于委员会工作的年度报告。 执行委员会可通过其代表或代理人为委员会进行诉讼。它可接受遗产和捐赠，它将根据规章负责各种法律事务。		第六条　第一部分：委员会执行委员会包括一名主席，两名副主席，五名助理，一名秘书长和一名司库。	第六条……两名副主席，六名助理……

1926 年 5 月 14 日章程	1933 年修订	1950 年修订	1957 年修订
393　第七条　会费与捐助——委员会有两份预算，一份是行政预算，另一份为学术预算。 　对于行政预算，每个国家每年缴纳同等数额的会费。学术预算将在行政预算准许的情况下从中提取，并通过特别认缴、捐赠、资助和遗赠来提供。		第七条第二段　对于行政预算，每个国家每年和机构缴纳同等数额的会费。	
第八条　委员会所在地——为法律文件、资金管理和档案存放计，委员会所在地暂定于华盛顿。	第八条　委员会的所在地位于国际历史科学委员会资金存放地。		
第九条　章程修改——执行委员会或三个不同国家的代表可提出修改建议；修改意见应在会议开始前两个月通知委员会成员，以列人会议日程。		第九条　……列人会议日程。在大会讨论章程修改时，只有国家成员有投票权。	
第十条　委员会的解散——当会员国数量降至五个以下，委员会应宣布解散。			

注释：

1. 国际历史科学委员会会《公报》第 1 卷（1929），第 24—26 页。

2. Adopted on 20 Aug. 1933. ICHS, *Bulletin* 7（1935）：68f.

   1933 年 8 月 20 日通过，国际历史科学委员会会《公报》第 7 卷（1935），第 68 页 f。

3. Adopted on 3 Sept. 1950. ICHS, *Bulletin d' information*, no. 1（1953）：5 – 7.

   1950 年 9 月 3 日通过，国际历史科学委员会会《公报》（1953）第 1 期，第 5—7 页。

4. Adopted on 19 June 1957. ICHS, *Bulletin d' information*, no. 4（1957）：7 – 9.

   1957 年 6 月 19 日通过，国际历史科学委员会会《公报》（1957）第 4 期，第 7—9 页。

2. 1960—1975

1960 年新版（修改部分以斜体表示）[1]	1975 年修订[6]
第一条　委员会执行委员会——根据 1923 年 4 月 15 日布鲁塞尔历史科学大会通过的决议，国际历史科学委员会（CISH）于 1926 年 5 月 14 日在日内瓦成立，它是一个非政府组织，按照瑞士民法典第 60 条及随后条款，采取协会形式，其创立乃致力于通过开展国际合作来促进历史科学之发展。它主要与主办国的历史学会一起组织五年一届的国际历史科学大会，并确定会议地点和日期，决定会议日程。此外，它将具有普遍意义的工作委托给在其内部专门成立的委员会，并负责发表工作文件。	
第二条　委员会的组成——委员会的成员包括： a）代表各自国家历史研究机构的国家委员会； b）完全致力于严格的学术意义上的历史学研究和出版的国际组织会员。 两类会员加入国际历史科学委员会，应根据第四条规定的具体方式，由大会根据执行委员会提议并由大会决定。任何入会申请应在年度大会前六个月提交执行委员会。[2]	

394

续表

1960 年新版（修改部分以斜体表示）[1]	1975 年修订[6]
第三条　委员会会议——委员会至少应每三年举行一次全体大会。*每届国际历史科学大会前夕和闭幕之后都应即刻召开委员会大会，执行委员会可在必要时召集委员会特别大会。*	
第四条　委员会投票——CISH 的每个会员国和国际组织会员，均只有一位享有投票权的正式代表，*他可以有一名代表助理，后者没有投票权；但当正式代表缺席时，代表助理可代替，此时他有投票权。* 当 CISH 一半以上的成员国和国际组织的享有投票权的代表与会时，会议达到法定人数。[3] 　　接纳新成员、排除现成员、修改章程时，表决应达到三分之二多数；根据第九条第二段的规定，大会商议章程修改时，只有国家会员有投票权。其他付诸表决的问题为简单多数通过。	
395　紧急情况下，除非是上段中提到的三种情形，可应执行委员会要求举行大会外投票，投票以通信方式进行。这种情况下，每个会员国和国际组织会员的主席——若他们有困难，这些组织可授权其他人——应参加投票。简单多数票可通过。	

1960 年新版（修改部分以斜体表示）[1]	1975 年修订[6]
第五条　委员会执行委员会——委员会执行委员会包括一名主席，两名副主席，六名助理，一名秘书长和一名司库。执行委员会由国际历史科学大会五年届期中的*两届委员会大会中的第一届大会选举产生；执行委员会将在该次历史科学大会结束时履职，直至下届大会闭幕。*[4]执行委员会成员可以连任，但每次正式选举必须改选主席和其他三名成员。执行委员会内部出现空缺时，可以由执行委员会安排补缺选举。 *CISH 前任主席可以顾问名义担任执行委员会成员，但其投票仅具咨询意义，任职期限为十年，从其主席任职结束之日起计。十年任期结束时，前任主席继续担任荣誉顾问，但不再是执行委员会成员。*执行委员会负责 CISH 活动之运转和协调。它筹备委员会大会的日程，并提前两个月知照委员们。在委员会大会间隔期间，它可采取最为紧急的措施，必要时可召集特别大会，以通信方式征求各会员国和国际组织会员的投票。 执行委员会负责委员会资金之管理；每年向委员会大会提交资金使用报告和预算计划。 执行委员会可通过主席或代理，代表委员会进行诉讼。可接受遗赠或捐赠，并根据章程负责各种法律事宜。	第五条　委员会执行委员会——委员会执行委员会包括一名主席，*一名第一副主席，一名第二副主席*，六名助理，一名秘书长和一名司库。执行委员会由国际历史科学大会五年届期中的两届委员会大会中的第一届大会选举产生；执行委员会将在该次历史科学大会结束时履职，直至下届大会闭幕。执行委员会成员可以连任，但每次正式选举必须改选主席和其他三名成员。*70 岁以上的代表不再有参选或连任资格。*执行委员会内部出现空缺时，可以由执行委员会安排补缺选举。*当主席因故不能履职至任期届满，第一副主席将担任主席，直至届满；当第一副主席不能履职至届满，第二副主席将担任主席至届满。* CISH 前任主席可以顾问名义担任执行委员会成员，其投票只有参考意义，*没有任何年龄限制，*任职期限为十年，从其主席任职结束之日起计。十年期结束时，前任主席继续担任荣誉顾问，但不再是执行委员会成员。 执行委员会负责 CISH 活动之运转和协调。它筹备委员会大会的日程，并提前两个月知照委员们。在委员会大会间隔期间，它可采取最为紧急的措施，必要时可召集特别大会，以通信方式征求各会员国和国际组织会员的投票。 执行委员会负责……

续表

1960 年新版（修改部分以斜体表示）[1]	1975 年修订[6]
第六条　会费与捐助——每个会员国和国际组织会员每年缴纳会费，其数额由委员会大会确定，但所有会员国和国际组织会员的数额相等。委员会学术活动经费将在行政预算准许的情况下从中提取，并通过特别认缴、捐赠、资助和遗赠来提供。	
第七条　辞会和排除[5]—任何会员国或国际组织会员，若连续三年未认缴会费，不再享有投票权。会员国和国际组织会员若连续五年如此，则被视为实际上的辞会。 　　此外，任何会员国或国际组织会员，若公开违背章程第一条和第二条，从而严重违反国际合作之原则，将根据前述第四条第二款排除出 CISH.	
第八条　委员会所在地——委员会所在地为国际历史科学委员会资金存放的城市。	
第九条　章程修改——执行委员会或三个不同国家的代表可提出修改建议；修改意见应在会议开始前两个月通知委员会成员，以列入会议日程：修改建议须得到三分之二多数票方能通过。 　　只有委员会的会员国有权参与章程修改大会。 　　任何有关章程的冲突均应提交委员会所在地的法官裁决。	
第十条　[5]内部规章——所有涉及 CISH 运转、但现有章程中没有涉及的问题，将由内部规章来处理，内部规章由执行委员会向委员会大会提出，以简单多数通过。	
第十一条　委员会的解散。——当成员国数量不足五个时，委员会应宣布解散。这种情况下，委员会将任命来自不同国家的三名清算人，其资产将托付给委员会选定的学术机构。	

396

注释：

1. 1960 年 8 月 16 日通过，*Bulletin d' information*，no. 7（1962 - 1964）：7 - 9.

2. 旧版本第三条（代表选举）删去。

3. 旧文本第五条第二段关于其他选举方式的规定删去。第四条第二段是加进去的，但第九条第二段（新旧版本）中的规定除外。

4. 删去：（执行委员会）应包括至少来自五个国家的代表。

5. 第七条和第十条在旧版本中没有对应。

6. 1975 年 8 月 21 日通过。ICHS，*Bulletin d' information*，no. 10（1974 - 1976）：17 - 19.

3. 1977—2000

1977 年新版[1]	1992 年修订[5]
第一条　委员会执行委员会——根据 1923 年 4 月 15 日布鲁塞尔历史科学大会通过的决议，国际历史科学委员会（CISH）于 1926 年 5 月 14 日在日内瓦成立，它是一个非政府组织，按照瑞士民法典第 60 条及随后条款，采取协会形式，其创立乃致力于通过开展国际合作来促进历史科学之发展。它主要与主办国的历史学家国别委员会一起组织五年一届的国际历史科学大会，它确定会议地点和日期，决定会议日程。此外，它将负责发表各个专门成立的内部委员会所完成的、具有普遍意义的工作报告。	第一条　第一句　*其创立目的在于推动历史科学。* 第三句　*它可安排并资助具有普遍意义的报告之出版，组织学术研讨会或其它促进历史思想和知识之传播的活动。它可将此类工作委托给其成员或为此建立的国际委员会。它将捍卫历史研究领域内的思想和表达自由，确其成员尊重职业伦理标准。[6]*

397

续表

1977 年新版[1]	1992 年修订[5]
第二条　委员会的组成——委员会的成员包括： a）代表各自国家的历史研究机构的国家委员会； b）完全致力于严格的学术意义上的历史学研究和出版的国际组织会员。 委员会亦可授权在专门的兴趣领域建立内部委员会。 两类会员申请加入国际历史科学委员会，应根据第四条规定的具体方式，由大会根据执行委员会提议并由大会决定。任何入会申请应在年度大会前六个月提交执行委员会。	第一条第一段　……b）致力于历史研究和历史研究领域之学术出版的国际组织会员。 委员会可设立内部委员会，安排后者遂行学术计划或组织学术会议。新的国际协会如在其领域内追求与国际组织会员同样的目标，委员会可承认其为内部委员会，为期不超过十年，且将来可接纳其为国际组织会员。 两类会员……
第三条　委员会会议——委员会至少应每三年举行一次全体大会。每届国际历史科学大会前夕和闭幕之后都应即刻召开委员会大会，执行委员会可在必要时召集委员会特别大会。	

1977 年新版[1]	1992 年修订[5]
第四条　委员会投票——CISH 的每个成员国和国际组织会员，均只有一位享有投票权的正式代表，他可以有一名代表助理，后者没有投票权；但当正式代表缺席时，代表助理可代替，此时他有投票权。当 CISH 一半以上的会员国和国际组织的正式代表与会时，大会达到法定人数。会员国与国际组织会员在所有投票中均享有同等地位。 　　接纳新成员、排除现成员、修改章程，应取得三分之二多数票；大会其他问题只要求简单多数。[2] 　　紧急情况下，除非是上段中提到的三种情形，可应执行委员会要求举行大会外投票，投票以通信方式进行。这种情况下，每个会员国和国际组织会员的主席——若他们有困难，这些组织可授权其他人——将以其组织的名义投票。简单多数票可通过。	第四条第一段　……会员，均有一名代表——他可以有一名替代者——和一个投票权。会员国与国际组织会员在所有投票中均享有同等地位。ICHS 至少三分之一的代表——或其替代者——到会时，会议达到法定人数。

续表

1977 年新版[1]	1992 年修订[5]
399	

第五条　委员会执行委员会——委员会执行委员会包括一名主席，两名副主席，六名助理，一名秘书长和一名司库。执行委员会由国际历史科学大会五年届期中召开的两届委员会大会中的第一届大会选举产生；执行委员会将在该次历史科学大会结束时履职，直至下届大会闭幕之时。执行委员会成员可以连任，但每次正式选举必须改选主席和其他三名成员。年龄达到七十岁者，不再参选和连任。执行委员会内部出现空缺时，执行委员会可安排补缺选举。

当主席因故不能履职至任期届满，第一副主席将担任主席，直至届满；当第一副主席不能履职至届满，第二副主席将担任主席至届满。

CISH 前任主席可担任执行委员会顾问成员，但不享有投票权，任期十年，没有年龄限制。十年期满后，前任主席将成为荣誉顾问。[3]

执行委员会负责 CISH 活动之运转和协调。准备委员会大会的日程，并提前两个月知会委员们。在委员会大会间隔期间，它可采取最为紧急的措施，必要时可召集特别大会，以通信方式征求各会员国和国际组织会员的投票。

执行委员会负责负责委员会资金之管理；每年向委员会大会提交资金使用报告和预算计划。

执行委员会可通过主席或代理，代表委员会进行诉讼。可接受遗赠或捐赠，并根据章程履行各种必要的法律事宜。

第五条第一段第一句　之后……一名司库。执行委员会之选举，先由一个七人提名委员会筹备，其中三人属于执行委员会。执行委员会在国际历史科学大会届期的第一次委员会大会上提出其成员。其他提名委员会的成员可在第二次委员会大会上由各会员国或国际组织提出。委员会大会然后进行提名委员会的选举。若这一程序未能进行，应参照该章程第四条第三段进行通信投票。执行委员会候选人可由各会员国、国际组织会员和执行委员会提出，期限为提名委员会组成之后的十二个月内；在国际历史科学大会五年届期中召开的两次委员会大会中的第一次大会上，提名委员会将提出其候选名单。第一次和第二次委员会大会上可提交反建议。反建议应有五个会员国委员会或国际组织会员签名才被接受。执行委员会将在国际历史科学大会五年届期中召开的两届委员会大会中的第二届大会选举产生。执行委员会成员可连任，但每次正式选举必须改选主席和其他三名成员。年龄达到七十岁者不再参选和连任。执行委员会如在其任期内出现空缺，可提出一名增补者，并在下届委员会大会或以通信形式组织补缺选举，后一种情形应参照第四条第三段。

当主席……

第五条第五段　执行委员会…向委员会大会提交司库报告，自上届大会以来的财务报告以及来年的预算计划。执行委员会对其他年份的预算自行负责。

续表

1977 年新版[1]	1992 年修订[5]
第六条　会费和捐赠——每个会员国委员会和国际组织每年缴纳会费，其数额由委员会大会确定，但所有会员国和国际组织会员的数额相等。委员会学术活动经费将通过预算拨付、特别认缴、捐赠、资助和遗赠来提供。	第六条　每个会员国委员会和国际组织会员每年缴纳会费，其数额由委员会大会确定。各会员国委员会的数额相等。各国际组织会员的会费数额也相等，但低于会员国委员会的数额。特别情况下，执行委员会可进行某些具有正当理由的减免。会费资金应首先安排为 CIHS 的管理经费，然后用于学术活动。但学术活动应首先依靠特别认缴、资助、赠礼和遗赠。
第七条　辞会和排除——任何会员国或国际组织会员，若连续三年未缴纳会费，不再享有投票权。会员国和国际组织会员若连续五年如此，则被视为实际上的辞会。 此外，任何会员国或国际组织会员，若公开违背章程第一条和第二条，从而严重违反国际合作之原则，将根据前述第四条第二段排除出 CISH.	第七条　第一段　……三年未缴纳会费，不再享有投票权。五年未缴纳会费，则…
第八条　委员会所在地—委员会所在地为国际历史科学委员会资金存放的城市。	第八条　……为 CISH 资金存放的瑞士城市。
第九条　章程修改——执行委员会或三个不同会员国的代表可提出修改建议；修改意见应在委员会大会前两个月通知各会员国，以列入大会日程。修改建议须得到三分之二多数票方能通过。[4] 任何有关章程的冲突均应提交委员会所在地的法官裁决。	第九条　第一段　——执行委员会、三个不同会员国或国际组织会员的代表可提出修改建议；修改意见应在委员会大会前两个月通知各会员国与国际组织会员……

400

1977 年新版[1]	1992 年修订[5]
第十条　附则—所有涉及 CISH 运转、但现有章程中没有涉及的问题，将由附则来处理，附则由执行委员会向委员会大会提出，以简单多数通过。	
第十一条　委员会的解散。——当成员国数量不足五个时，委员会应宣布解散。这种情况下，委员会将任命来自不同国家的三名清算人，其资产将托付给委员会选定的学术机构。	

注释：

1. 1977 年 7 月 28 日通过，ICHS, *Bulletin d' information*，no. 11（1977 - 1980）：7 - 9，法文正式版。In ICHS, *Bulletin d' information*，no. 14（1987）：9 - 13；法文版后附英文版，并附注"非正式英文译本"。1987 年后的所有《通报》（*Bulletin d' information*）都采用这种方式。

2. 第四条第二段中的限定（章程修改和参照第九条第二段）删去。

3. 第五条第二段第二局中的限定"非执行委员会成员"删去。

4. 第九条第二段（关于章程修改的限定）删去。见注 2。

5. 1992 年 9 月 4 日通过，ICHS, *Bulletin d' information*，no. 19（1993）：9 - 13. 法语文本和英文翻译，附注："法文版为唯一正式版本。"

6. 2005 年 7 月，执行委员会向 ICHS 马德里大会对这句话提出如下修改："将捍卫历史研究和教学领域内的思想自由和表达自由，*反对滥用历史*，并以一切合适的方式确保其成员遵守职业伦理标准。"

参考文献

一 档案资料

卡尔·D. 埃德曼所引用的文献依据该书 1987 年德文版列出。部分文献的收藏 401
地点已经发生变更，或已进行了重新分类。这种情况尤其适用于以下文献（以星号
标示）：（1）1926 年至 1945 年国际历史科学委员会档案，现存洛桑大学和洛桑州
图书馆，文献编号为 IS 4728；（2）1950 年至 1980 年国际历史科学委员会档案，现
分几处存放在巴黎的法国国家档案馆，至今还未正式登记，目前列入国际历史科学
委员会基金会，文献编号为 105AS；（3）民主德国的国家档案，原位于梅尔泽葆和
波茨坦，在两德统一后被移至柏林的联邦档案馆。埃德曼所参考的那些他个人拥有
的文献，在他去世后被收入埃德曼书信文件集，现存放于科布伦茨的联邦档案馆。
埃德曼书信文件集包括他关于国际历史科学委员会的大量书信，以及有关国际历史
科学大会历史的大量材料。

（一）国家档案

Bundesarchiv Koblenz

R153/162　　Publikationsstelle des Preußischen Geheimen Staatsarchivs, Berlin – Dahlem

R 153/723

R 153/755

R1131

R43/1, 559　　Reichskanzlei, Akten betreffend Internationale Kongresse bzw. Internationale Wissenschaft

R 43/1, 817, vol. 1

R 73/19　　Notgemeinschaft der Deutschen Wissenschaft, Internationale Kongresse

R 73/52

R 73/47 - 48

Politisches Archiv des Auswärtigen Amtes, Bonn

　　Kulturabteilung, VI B: Kunst und Wissenschafi

　　　- Nr. 583 adh. I　　Boykottierung der deutschen Wissenschaft, vols. 1 - 4

　　　- Nr. 607　　Wiederaufnahme der Zusammenarbeit der internationalen Wissen -

　　　　　schaft, vols. 1 - 2

402　　　- Nr. 607, VI w　　　Wissenschaft. Institute und Vereinigungen. Die Internationale

　　　　　　　Historische Kommission (1923 - 1913), vol. 1.

　　　　　　　Akten der ehemaligen Deutschen Botschaft in Paris,

　　　　　　　1940 - 1943

Zentrales Staatsarchiv, Dienststelle Merseburg *

　　(Preußisches) Ministerium der geistlichen, Unterrichts - und Medizinalangelegenhe-

　　iten, Unterrichts - Abteilung

　　- Rep. 76 V c, Sect. 1, Tit. 11, Teil VI: Acta betr. die intern. Ausstellungen und

　　Congresse des In - und Auslands, vol. 7: oct. 1897 until dec. 1899

　　- Rep. 76 V c, Sect. 1, Tit. 11, Teil VI, no. 13: Die Historiker - Kongresse,

　　1900 - 1934

Zentrales Staatsarchiv, Potsdam *

　　49. 01　　　Reichsministerium für Wissenschaft, Erziehung und Volksbildung

　　2842　　　Intern. Kongreß Zürich 1938

　　3089　　　Intern. Historische Vereinigung, 1930 - 1939

　　3190 and 3191　　Intern, wissenschaftliche Verbände, Institute, Vereinigungen

　　　　usw. , 1939 - 1943

Algemeen Rijksarchief, Den Haag

　　Family archive Asser, nos. 148 and 149

Archive of the Ministerie van Buitenlandse Zaken, Den Haag

　　A^1　　Congres van diplomatieke geschiedenis te s'Gravenhage in 1898

　　　　Archives Nationales, Paris

　　F^{17} 3092 ^{11}　　　　Congrès des historiens français

　　70 AJ 159 and 160　　Comité français des Sciences historiques

　　105 AS　　　　Fonds du Comité International des Sciences Historiques (CISH)

Archivio Centrale dello Stato, Rome

　　Presidenza del Consiglio dei Ministri, 1929, fasc. 14/3, no. 3432

Bibliothèque de l' Unesco, Division des archives et des Services de documentation, Paris

　　Holdings of the Institut international de Coopération Intellectuelle, DD XI, 3

Library of Congress, Washington, D. C.

　　Archives of the American Council of Learned Societies

　　- A 6 Union Academique Internationale, 1919 - 1927

　　- A 9 Admission of German Academies

　　- A 61 Intern. Commission of Historical Sciences

（二）其他机构文献

Institute of Historical Research, University of London

　　Papers of the British national committee

Deutsches Historisches Institut, Rome

　　Registratur No. 1, 1 - 217

　　No. 68

Giunta Centrale per gli Studi Storici, Rome

Comitato Internazionale di Scienze Storiche

Comitato Nazionale di Scienze Storiche, 1926 – 1945

Zurich（1938）

Paris（1950）

Rome（1955）

403 Historisches Archiv der Stadt Köln, Cologne

Akten des Verbandes deutscher Historiker

Rockefeller Archive Center, Hillcrest, Pocantico Hills, North Tarrytown, N. Y.

The Rockefeller Foundation Archives（cited as RFA）

– Boxes 88 und 89, Series 100 R：Intern. Committee of Historical Sciences

Laura Spelman Rockefeller Memorial（cited as LSRM）

– Series III, Sub. 6：American Historical Association, Intern. Committee

– RF, RG2—1950/100：Intern. Congress, Paris 1950

（三）国际历史科学委员会档案

1. 1926 – 1945, files of secretary – general Michel Lhéritier, deposited in the Archives cantonales vaudoises, Lausanne *

2. Files from the years 1945 – 1950 in Archives Nationales, Paris, 70 AJ 159 and 160, under the title：Comitéfrançais des Sciences historiques（tenure of Robert Fawtier, Albert Depréaux, Charles Morazé）

3. 1950 – 1980, files of secretary – general Michel François, deposited in the Archives Nationales, Paris *

4. 1980 – 2000：see above, Archives Nationales（files of secretary – general François Bédarida）

（四）个人书信文件集

AUBIN, HERMANN（Bundesarchiv, Koblenz）

BRACKMANN, ALBERT（Geheimes Staatsarchiv Preußischer Kulturbesitz, Berlin）

BRANDI, KARL（Niedersächsische Staats – und Universitätsbibliothek, Göttingen）

BRANDI, KARL："Aus 77 Jahren. Lebensgeschichte und wissenschaftliche Entwicklung."

Typescript of memoirs, made available for the purposes of this study with the approval of Diez Brandi by Dr. Sabine Krüger, Max – Planck – Institut, Göttingen. Chapters 6 – 10, including the comments on the International Historical Congresses, collected after Brandi's death from his burned diaries and from the material in his private papers by Sabine Krüger.

DELBRÜCK, HANS (Bundesarchiv, Koblenz)

DE SANCTIS, GAETANO (Material on the subject of this study made available by Prof. Silvio Accame, Istituto Italiano per la Storia Antica, Rome)

DOMANOVSZKY, SANDOR (Manuscript department of the library of the Hungarian Academy of Sciences, Budapest. Material on the subject of this study made available by Prof. Ferenc Glatz)

DOPSCH, ALFONS (Material on the subject of this study made available by Prof. Erna Patzelt, Vienna)

ERDMANNSDÖRFFER, BERNHARD (Zentrales Staatsarchiv, Potsdam *)

FRIIS, AAGE (Rigsarkivet, Copenhagen)

HANDELSMAN, MARCELI (Archivum PAN, Warsaw [Polish Academy of Sciencess], III – 10;

Material on the subject of this study made available by Prof. A. Gieysztor)

JAMESON, JOHN FRANKLIN (Library of Congress, Washington, D. C.)

IORGA, NICOLAE (Library of the Academy of the Socialist Republic of Romania, Bucharest)

KOHT, HALVDAN (Universitetsbiblioteket, Oslo)

LAMPRECHT, KARL (Universitätsbibliothek, Bonn)

LELAND, WALDO G. (Library of Congress, Washington, D. C.)

MEINECKE, FRIEDRICH (Geheimes Staatsarchiv Preußischer Kulturbesitz, Berlin)

NABHOLZ, HANS (Zentralbibliothek, Zurich)

ONCKEN, HERMANN (Niedersächsisches Staatsarchiv, Oldenburg)

PIRENNE, HENRI (made available by Comte J. – H. Pirenne, Brussels, in the family 404 archive in Hierges)

POLLARD, A. F. (University Library, London)

RITTER, GERHARD (Bundesarchiv, Koblenz)

ROTHFELS, HANS（Bundesarchiv, Koblenz）

SHOTWELL, JAMES T.（Columbia University Libraries, New York）

VILLARI, PASQUALE（Biblioteca Vaticana）

WEBSTER, SIR CHARLES（British Library of Political and Economic Sciences［London School of Economics and Political Science］, London）

二　国际历史科学委员会出版物

　　不包括国际历史科学委员会附属国际机构的出版物，部分出版物是在国际历史科学委员会的指导下出版。

1. *Bulletin of the International Committee of Historical Sciences*. Edited by Michel Lhéritier, secretary – general of the ICHS. 47 issues in 12 volumes. Paris, 1926 – 1943（vols. 1 – 5, nos. 1 – 21, 1926 – 1933, with Washington, D. C., as an additional place of publication）.

   Bulletin d'information. Edited by Michel François, secretary – general of the ICHS. Nos. 1 – 11. Paris, 1953 – 1980.

   Lettre d'information. Edited by Hélène Ahrweiler, secretary – general of the ICHS. Nos. 1 – 2. Paris, 1982 – 1983.

   Bulletin d'information, nos. 12 – 16（Série "Lettre d' information," nos. 3 – 7）. Edited by Hélène Ahrweiler, secretary – general of the ICHS. Paris, 1985 – 1989.

   Bulletin d'information, nos. 17 – 26. Edited by François Bédarida, secretary – general of the ICHS. Paris, 1991 – 2000.

   Bulletin d'information, nos. 27 – 29. Edited by Jean – Claude Robert, secretary – general of the ICHS. Montreal, 2001 – 2003.

2. *International Bibliography of Historical Sciences*. Published by the ICHS, compiled by abibliographical commission in collaboration with the national committees.

   Vols. 1 – 14, for the years 1926 – 1939. Paris, 1930 – 1941.

   Vol. 15, for 1940 – 1946, did not appear.

   Vols. 16 – 44, for 1947 – 1975. Paris, 1949 – 1979.

Vols. 45 – 61, for 1976 – 1992. Munich/New York/London/Paris, 1980 – 1996. Continued with vols. 62 – 69 (for 1993 – 2000) by the same publishing company (K. G. Saur, München, 1999 – 2004) under the direction of Massimo Mastrogregori without involvement of the ICHS (despite the formulation "published under the auspices of the ICHS" on the title page).

3. *Catalogus mapparum geographicarum ad historiam pertinentium Varsoviae 1933 exposita-rum.* The Hague, 1934.

4. *Bibliographie internationale des travaux historiques publiés dans les volumes de "Mélanges."*

Vol. 1: 1880 – 1939. Edited under the direction of Hans Nabholz by Margarethe Rothbar-thand Ulrich Helfenstein. Paris, 1955.

Vol. 2: 1940 – 1950. Edited under the direction of Gerhard Ritter by Th. Baumstark. Paris, 1955.

5. *Excerpta Historica Nordica.* Edited by Povl Bagge et al. 2 vols. Copenhagen, 1955 – 1959.

6. *Repertorium der diplomatischen Vertreter aller Länder seit dem Westfälischen Frieden (1648).*

Vol. 1: 1648 – 1715. Edited by Ludwig Bittner and Lothar Groß. Oldenburg, 1936.

Vol. 2: 1716 – 1763. Edited under the direction of Leo Santifaller by Frederic 405 Haussmann. Zurich, 1950.

Vol. 3: 1764 – 1815. Edited under the direction of Leo Santifaller by Otto – Friedrich Win-ter. Vienna, 1965.

三　国际历史科学大会纪要（演讲与讨论）

1898：*Annales internationales d'histoire*, *Congrès de La Haye*, *les 1ᵉʳ*, *2*, *3 septembre 1898.*〔Edited by René de Maulde – La Clavière, M. Boutry, and Comte de Tarade〕, 6 issues. Paris, 1899.

1900：*Annales internationales d'histoire*, *Congrès de Paris 1900*, 7 vols. Paris, 1900. Reprint in 2 vols. by Kraus Reprint（Nendeln/Liechtenstein, 1972）. In this book, cited according to the reprint.

Congès International d'histoire comparée, *tenu à Paris du 23 au 28 juillet 1900*, *Procès – verbaux sommaires*. Published by Ministère du Commerce, de l'industrie, des Postes et des Télégraphes. Paris, 1901.

1903：*Atti del Congresso Internazionale di Scienze Storiche*, *Roma 1 – 9 aprile 1903*, 12 vols. Rome, 1907. Reprint in 6 vols. by Kraus Reprint（Nendeln/Liechtenstein, 1972）. In this book, cited according to the original edition.

1908：*Programm des Internationalen Kongresses für historische Wissenschaften*, *Berlin 6. bis 12. August 1908.* Berlin, 1908.

Kongreß – Tageblatt：*Internationaler Kongreß für Historische Wissenschaften*, *Berlin6. – 12. August 1908*, nos. 1 – 6. Published by the organization committee of the Congress. Berlin, 5 – 12 Aug. 1908. Contains lectures and speeches from the opening meeting and a brief report on the proceedings.

1913：*International Congress of Historical Studies*, *London 1913*：*Presidential Address by the Right Hon. James Bryce with suppl. remarks by A. W. Ward.* Oxford, 1913.

Naval and Military Essays, *being papers read in the Naval and Military Section of the International Congress of Historical Studies*, *1913.* Edited by J. S. Cobett and H. J. Edwards. London, 1913.

Essays in Legal History read before the International Congress of Historical Studies. Edited by Paul Vinogradoff. London, 1913. Reprint of both volumes in one by Kraus Reprint（Nendeln/Liechtenstein, 1972）.

1923：*Compte rendu du Vᵉ Congrès International des Sciences Historiques*, *Bruxelles 1923.* Edited by Guillaume Des Marez and François – Louis Ganshof. Brussels, 1923.

La Pologne au Ve Congrès International des Sciences historiques, Bruxelles 1923. Published by Comité National Polonais du Ve Congrès d'histoire, with assistance by the Ministry of Public Education of Poland. Warsaw, 1924.

1928: " VIe Congrès International des Sciences Historiques, Oslo 1928: Rapports présentés au Congrès. " ICHS, *Bulletin* 1 (1929): 559 – 753.

——. *Résumés des Communications préséntées au Congrès*. Oslo, 1928.

Reprint by Kraus Reprint (Nendeln/Liechtenstein, 1972) .

"Compte rendu du VIe Congrès International des Sciences Historiques. " *Bulletin* 2 (1931): 25 – 211.

Rapports présentés au Congrès International des Sciences Historiques, publiés par Historisk Tidsskrijt. Oslo, 1928.

La Pologne au VIe Congrès International des Sciences Historiques, Oslo 1928. Publisehd by the Société polonaise d'histoire. Warsaw/Lemberg (Lvov) , 1930.

La nationalitéet l'histoire: Ensemble d'etudes par Halvdan Koht, Louis Eisenmann, Marcel Handelsman, Hermann Oncken, Harold Steinacker et T. Walek – Czernecki. Paris, 1929. Also in ICHS, *Bulletin* 2 (1931): 217 – 320.

1933: " VIIe Congrès International des Sciences Historiques: Rapports présentés au Congrès de Varsovie. " ICHS, *Bulletin* 5 (1933) .

——. *Résumés des Communications présentées au Congrès, Varsovie 1933*, 2 vols. Edited by Tadeusz Manteuffel. Warsaw, 1933. Reprint in 1 vol. by Kraus Reprint (Nendeln/Liechtenstein, 1972) .

"Procès – Verbal du Septième Congrès International des Sciences Historiques, Varsovie 1933. " ICHS, *Bulletin* 8 (1936): 361 ff.

La Pologne au Vll^e Congrès International des Sciences Historiques, Varsovie 1933, 3 vols. Edited for the Société polonaise d'histoire by Oscar Halecki. Warsaw, 1933.

1938: "Eighth International Congress of Historical Sciences, Zürich 1938, Scientific Reports, I – II: Communications presentées au Congrès de Zürich, 1938. " ICHS, *Bulletin* 10 (1938): 145 ff. (Apparently identical with the 2 vols. Of "Résumés" referred to in the proceedings cited below, which are not available.)

" VIII. Internationaler Kongreß für Geschichtswissenschaften, 28. August – 4. September 1938 in Zürich: Protokoll. " ICHS, *Bulletin* 11 (1939): 275 ff.

1950: *Comité International des Sciences Politiques* [*sic*] *—International Committee of Historical Sciences. IXᵉ Congrès International des Sciences Historiques*, Paris, *28 août – 3 septembre 1950. I. Rapports.* Paris, 1950. *II. Actes.* Paris, 1951. Reprint of both parts in one vol. by Kraus Reprint (Nendeln/ Liechtenstein, 1972)

1955: *Comitato Internazionale di Scienze Storiche. X Congresso Internazionale di Scienze Storiche, Roma 4 – 11 settembre 1955. Vols. 1 – 6*: *Relazioni*, *Vol. 7*: *Riassunti delle Communicazioni.* Florence, [1955] .

——. *Atti delX Congresso Internazionale*, *Roma 4 – 11 settembre 1955.* Rome, [1957] .

1960: *Comité International des Sciences Historiques. XIᵉ Congrès International des Sciences Historiques*, *Stockholm 21 – 28 août 1960.*

——. *Rapports*, vols. 1 – 5. Uppsala, 1960.

——. *Résumés des Communications* Uppsala, 1960.

——. *Actes du Congrès.* Uppsala, 1962.

1965: *Comité International des Sciences Historiques. XIIᵉ Congrès International des Sciences Historiques*, *Vienne 29 août – 5 septembre 1965.*

——. *Rapports*, vols. 1 – 4. Vienna, [1965] .

——. *Bilan du monde en 1815. Rapports conjoints.* Paris, 1966.

——. *Actes.* Vienna, [1968]

1970: *XIII Meždunarodnyj kongress istori českich nauk. Moskva*, *16 – 23 avgusta 1970 goda.*

Doklady Kongressa I, vols. 1 – 7. Moscow, 1973. Contains the presentations for the Congress as well as speeches and lectures at the opening and closing sessions. An intended second part with the discussion contributions did not appear.

1975: *Proceedings*: *XIV International Congress Of The Historical Sciences.* New York, 1976. Contains speeches and lectures of the opening and closing sessions, alongside the program and a list of participants.

Reports: *XIV International Congress Of The Historical Sciences.* Vols. 1 – 3. New York, 1977.

1980: *Comité International des Sciences Historiques. XVᵉ Congrès International des Sciences Historiques*, *Bucarest*, *10 – 17 août 1980.*

——. *Rapports*, vols. 1 – 3. Bucharest, 1980.

——. *Actes*, vols. 1 – 2. Bucharest, 1982.

1985: *Comité International des Sciences Historiques. XVIᵉ Congrès International des Sciences Historiques, Stuttgart, du 25 août au 1ᵉʳ septembre 1985.*

——. *Rapports*, vols. 1 – 2. Stuttgart, 1985.

——. *Actes.* Stuttgart, 1987.

1990: *Comité International des Sciences Historiques. XVIIᵉ Congrès International des Sciences Historiques, Madrid 1990: Rapports et abrégés*, vols. 1 – 2. Madrid, 1990. 407

1995: *XVIIIᵉ Congrès International des Sciences Historiques, du 27 août au 3 septembre 1995. Actes: rapports, résumés et présentations des tables rondes. 18th International Congress of Historical Sciences, from 27 August to 3 September 1995. Proceedings: reports, abstracts and introductions to round tables.* Edited by Claude Morin. Montreal, 1995.

2000: *XIXᵉ Congrès International des Sciences Historiques, Université d'Oslo, 6 – 13 août 2000. Actes: rapports, résumés et présentations des tables rondes. 19th International Congress of Historical Sciences, University of Oslo, 6 – 13 August 2000. Proceedings: reports, abstracts and round table introductions.* Edited by Anders Jølstad and Marianne Lunde. Oslo, 2000.

Papers for the 19th International Congress of Historical Sciences in Oslo 2000. Edited by Even Lange et al. (CD – ROM). Commemorative Volume. Oslo, 2000.

Making Sense of Global History: The 19th International Congress of the Historical Sciences Oslo 2000. Commemorative Volume. Ed. for the Organizing Committee by Solvi Sogner. Oslo, 2001.

XIXᵉ Congrès International des Sciences Historiques, mercredi 9 août. Table ronde: armée et pouvoir dans l'Antiquité. 19th International Congress of Historical Studies Oslo, Wednesday August 9. Round – table discussion: army and power in the ancient world. Oslo, 2000.

四 其他出版物

这里不包括报刊文章、专业期刊上的简短报导（未曾被引用），以及只是简要提及的那些著述。编者添加了近来出版的、涉及本书主要议题的成果。

Académie Royale de Belgique：*Bulletin de la Classe des Lettres et des Sciences Moraleset Politiques 1919*. Brussels，1919.

Amouroux，Henri. *La grande histoire des Français sous l'occupation*，vol. 3：*Les beaux jours des collabosjuin 1940 – juin 1942*. Paris，1979.

Ascheraden，Konstanze von. "Probleme der Theorie und Methodologie der Geschichtswissenschaft in der Volksrepublik Polen." Ph. D. diss. ，University of Kiel，1978.

Bacha，Eugène. *La Loi des Créations*. Brussels/Paris，1921.

Bariéty，Jacques. *Les relations franco – allemandes après la première guerre mondiale*. Paris，1977.

Barker，Theo C，and Anthony Sutcliffe. *Megapolis*：*The Giant City in History*. Basingbroke，1993.

Bauer，Stefan. "Ludo Moritz Hartmann." *Neue Österreichische Biographie 1815 – 1918*，Abt. 1，vol. 3. Vienna，1926，pp. 197 – 209.

Bauerfeind，Alfred，et al. "Der XIV. Internationale Historikerkongreß in San Francisco." *Zeitschrift für Geschichtswissenschaft* 24（1976）：442 – 467.

Becker，Gerhard. "Der XV. Internationale Historikerkongreß in Bukarest 1980." *Zeitschrift für Geschichtswissenschaft* 29（1981）：507 – 537.

Becker，Gerhard，and Ernst Engelberg. "Der XII. Internationale Historikerkongress in Wien." *Zeitschrift für Geschichtswissenschaft* 13（1965）：1309 – 1322.

Becker，Gerhard，Manfred Krause，and Dieter Lange. "Der XIII. Internationale Historikerkongress in Moskau." *Zeitschrift für Geschichtswissenschaft* 19（1971）：165 – 179.

Bednarski，Ks. St. "VII MiedzynarodowyKongres Nauk Historycznych"［VIIth International Congress of Historical Sciences］. *Przeglą̨d. Powszechny* 190（1933）.

Behrendt，Lutz – Dieter："Die internationalen Beziehungen der sowjetischen Historiker（1917 bis Mitte der dreißger Jahre）：Zur internationalen Wirksamkeit der sowjetischen Geschichtswissenschaft in ihrer ersten Entwicklungsphase." Ph. D. diss. ，Univ. of Leipzig，1977.

——. "Zu den internationalen Beziehungen der sowjetischen Historiker in den zwanziger und dreißger Jahren." In Erich Donnert，Hans – Thomas Krause，and Hans – Werner

Schaaf, eds. , *Die sowjetische Geschichtswissenschaft*: *Leistungen und internationale Wirksamkeit*, *part*4. Halle, 1979, pp. 29 – 37.

Below, Georg von. *Probleme der Wirtschaftsgeschichte*: *Eine Einführung in das Studium der Wirtschaftsgeschichte*. Tübingen, 1920.

Bémont, Charles. "Chronique: Le troisième congrès international d'histoire. " Revue historique 113 (1913): 216 – 218.

Berger, Stefan, Heiko Feldner, and Kevin Passmore, eds. *Writing History*: *Theory and Practice*. London. 2003.

Bernheim, Ernst. *Lehrbuch der historischen Methode und der Geschichtsphilosophie*. Munich/Leipzig 1889, 6 th ed. 1908.

Berr, Henri. "Sur notre programme. " *Revue de synthèse historique* 1 (1900): 1 – 8.

——. "Le Ve Congrès international des sciences historiques (Bruxelles, 8 – 15 avril) et la synthèse en histoire. " *Revue de synthèse historique* 35 (1923): 5 – 14.

——. "Les réfexions sur l'histoire d'un historien combattant. " *Revue de synthèsehistorique* 36 (1923): 1 – 11.

——. "Quelques réflexions sur le VIe Congrès international des sciences historiques Oslo, 14 – 18 août 1928. " *Revue de synthèse historique* 46 (1928): 5 – 14.

——. *La Synthèse en histoire*. New ed. Paris, 1953.

Berza, Mihai. "Nicolas Iorga, Historien du Moyen Âge. " In *Nicolas Iorga*, *l'homme et l'œuvre*. Bucharest, 1972.

Bie ż uńska – Maiowistowa, Iza. "Historia staro ż ytna na Kongresie sztokholmskim" [Ancient History at the Stockholm Congress] . *Kwartalnik historyczny* 68 (1961): 561 – 563.

Blänsdorf, Agnes. " Methodologie und Geschichte der Geschichtswissenschaft. " In "Bericht über den 16. Internationalen Kongreß für Geschichtswissenschaften in Stuttgart (25. 8. – 1, 9. 1980) . " *Geschichte in Wissenschaft und Unterricht* 37, no. 2 (1986): 81 – 87.

Bloch, Marc. "Pour une histoire comparée des sociétés européennes. " *Revue de synthèse historique* 56 (1928): 15 – 50. Reprint in Bloch, *Mélanges historiques*. Paris, 1963, pp. 16 – 42.

——. *Les Rois Thaumaturges*. Paris, 1924.

——. *La Société féodale*, 2 vols. Paris, 1939/40.

——. *L'Étrange Défaite. Témoignage écrit en 1940. Avant – propos de G. Altman.* Paris, 1946.

——. *Apologie pour l'histoire ou métier d'historien.* Edited by Lucien Febvre. Paris, 1949.

Boia, Lucian. "Nicolae Iorga si congressele internationale de istorie," *Revista de istorie* 31 (Bucharest, 1978): 1825ff.

Brackmann, Albert, ed. *Deutschland und Polen: Beiträge zu ihren geschichtlichenBeziehungen.* Munich, 1933.

——. "Über den Plan einer Germania sacra: Bericht über zwei Vorträge von P. Kehr und A. Brackmann gehalten auf dem Internationalen Kongreß für historische Wissenschaften in Berlin." *Historische Zeitschrift* 102 (1909): 325 – 334.

Brandi, Karl. "Karl V: Die Regierung eines Weltreiches." *Preußische Jahrbücher* 214 (1928): 23 – 31.

——. *Kaiser Karl V.* 2 vols. Munich, 1937, 1941.

Braudel, Fernand. *La Méditerrannée et le monde méditerranéen à l'époque dePhilippe II.* Paris, 1949.

——. "Stockholm 1960." Annales: *Économies—Sociétés—Civilisations* 16 (1961): 497ff.

[Bryce, James]. *International Congress of Historical Studies, London 1913: Presidential Address by the Right Hon. James Bryce with suppl. remarks by A. W. Ward.* Oxford, 1913; also in *Proceedings of the British Academy* 6, 1913/14 (Oxford, 1920): 121 – 128.

Cantimori, Delio. "Epiloghi congressuali." In Cantimori, *Studi di Storia.* Torino, 1959.

Carbonell, Charles – Olivier. *Histoireet historiens: Une mutation idéologique des historiens français 1865 – 1885.* Toulouse, 1976.

Carbonell, Charles – Olivier, and Georges Livet, eds. *Au Berceau des Annales: Le milieu strasbourgeois. l'histoire en France au début du XXe siècle.* Toulouse, 1983.

Castelli, Clara. "Internazionalismo e Storia: Gli Storici Sovietici ai Congressi Internazionali di Scienze Storiche 1928 – 36." *Storia Contemporanea* 12 (1981).

Chakrabarty, Dipesh. *Provincializing Europe: Postcolonial Thought and Historical Difference.* Princeton, 2000.

The Congress of Vienna 1814 – 15 and the Conference of Paris 1919. 1. A comparison of their organization and results ... By Professor C. K. Webster. 2. Attempts at international Gov-

ernment in Europe; *the period of the Congress of Vienna*, *1814 – 15*, *and the period since the Treaty of Versailles*, *1919 – 1922*. By H. W. V. Temperley, Historical Association, Leaflet no. 56. London, 1923.

Coutau – Bégarie, Hervé: *Le phénomène "Nouvelle Histoire"* : *Strategie et idéologic desnouveaux historiens*. Paris, 1983.

Craig, Gordon A. *Der Historiker und sein Publikum*. Münster, 1982.

Croce, Benedetto. "l'histoire ramenée au concept général de l'Art." *Academia Pontaniana*, vol. 23 (1893) .

——. *Materialismo storico ed economia marxista*. Bari, 1901; French edition *Matérialisme historique etéconomie marxiste*: *Essais critiques*. Paris, 1901.

——. "Les Études relatives à la théorie de l'histoire en Italie durant les quinze dernières années." *Revue de synthèse historique* 5 (1902) .

——. *Lineamenti di una logica come scienza del concetto puro*. Naples, 1905.

——. *Ciò che è vivo e ciò che è morto della filosofia di Hegel*. Bari, 1907. German edition: *Lebendiges und Totes in Hegels Philosophie*. Heidelberg, 1909.

——. *Randbemerkungen eines Philosophen zum Weltkriege*. Zurich/Leipzig/Vienna, 1922.

——. "Entstehung und Erkenntnisse meiner Philosophie." *Universitas* 7 (Stuttgart, 1952): 1009 – 1020.

Dehio, Ludwig. "Der internationale Historikerkongreß in Paris (IX. congrès international des sciences historiques) ." *Historische Zeitschrift* 170 (1950): 671 – 673.

"Den tredje internationella kongressen för historiska studier i London 1913 ," signed L. S. *Historisk tidskrift* (Stockholm, 1913): 97 – 104.

De Sanctis, Gaetano. *Ricordi della mia vita*. Edited by Silvio Accame. Florence, 1970.

Diels, Hermann. "Die Einheitsbestrebungen der Wissenschaft." *Internationale Wochenschrift für Wissenschaft*, *Kunst und Technik* 1 (1907): 3 – 10.

Dilthey, Wilhelm. *Texte zur Kritik der historischen Vernunft*. Edited by Hans – Ulrich Lessing. Göttingen, 1983.

Donnan, Elisabeth, and Leo F. Stock, eds. *An Historian's World*: *Selections from the Correspondence of John Franklin Jameson*. Philadelphia, 1956.

Dopsch, Alfons. *Die Wirtschaftsentwicklung der Karolingerzeit vornehmlich in Deutschland*. 2 vols. Weimar, 1912, 1913.

——. *Wirtschaftliche und soziale Grundlagen der europäischen Kulturentwicklung aus der Zeitvon Cäsar bis auf Karl den Großen.* 2 vols. Vienna, 1918, 1920.

——. "Alfons Dopsch." In Sigfried Steinberg, ed., *Geschichtswissenschaft der Gegenwart in Selbstdarstellungen.* Leipzig, 1925, pp. 51 – 90.

——. "Naturalwirtschaft und Geldwirtschaft in der Weltgeschichte." *Archiv für Rechts – und Wirtschaftsphilosophie* 22/23 (1929), reprinted in Dopsch. *Beiträge zur Sozialgeschichte: Gesammelte Aufsätze, zweite Reihe.* Vienna, 1938, pp. 85 – 94.

——. *Naturalwirtschaft und Geldwirtschaft.* Vienna, 1930.

Dudzinskaia, E. A., *Meždunarodnye nau čnyesvjazi sovjetskich istorikov* [International scientific relations of Soviet historians]. Moscow, 1978.

Dufour, Alain. "XIᵉ Congrès des Sciences Historiques." *Bibliothèque d'Humanisme et Renaissance* 23 (Geneva, 1961): 157 – 169.

Dupront, Alphonse. "Federico Chabod." *Revue historique* 85, no. 225 (1961): 261 – 294.

Düwell, Kurt. *Deutschlands auswärtige Kulturpolitik 1918 – 1932: Grundlinien und Dokumente.* Cologne, 1976.

Engelberg, Ernst. "Fragen der Evolution und Revolution in der Weltgeschichte" (1965), in Engelberg, *Theorie*, pp. 101 – 116.

——. "Ereignis, Struktur und Entwicklung in der Geschichte" (1975), in Engelberg, *Theorie*, pp. 59 – 93.

——. *Theorie, Empirie und Methode in der Geschichtswissenschaft: Gesammelte Aufsätze.* Edited by Wolfgang Küttler and Gutav Seeber. East Berlin, 1980.

Engel – Janosi, Friedrich. *. . . aber ein stolzer Bettler: Erinnerungert aus einer verlorenen Generation.* Graz, 1974.

Enteen, George M. "Marxists versus Non – Marxists: Soviet Historiography in the 1920s." *Slavic Review* 35 (1976): 91 – 110.

Erdmann, Karl Dietrich. "Geschichte, Politik und Pädagogik: Aus den Akten des Deutschen Historikerverbandes." *Geschichte in Wissenschaft und Unterricht* 19 (1968): 2 – 21.

——. "Die asiatische Welt im Denken von Karl Marx und Friedrich Engels" (1961), in Erdmann, *Geschichte, Politik und Pädagogik: Aufsätze und Reden.* Stuttgart, 1970, pp. 149 – 182.

——. "Fünfzig Jahre 'Comité International des Sciences Historiques': Erfahrungen und Perspektiven. " *Geschichte in Wissenschaft und Unterricht* 27 (1976): 524 – 537.

——. "Die Ökumene der Historiker: Rede des Präsidenten des Comité International des Sciences Historiques zur Eröffnung des 15. Internationalen Historikerkongresses in Bukarest. " *Geschichte in Wissenschaft und Unterricht* 31 (1980): 657 – 666. French text in Congress Bucharest 1980: *Actes*, vol. 1.

——. "Internationale Schulbuchrevision zwischen Politik und Wissenschaft. " *Internationale Schulbuchforschung* 4 (Braunschweig, 1882): 249 – 260.

——. "Il contributo della storiografia italiana ai Congressi Internationali di Scienze Storiche nella prima metà del XX secolo. " In Vigezzi, *Federico Chabod.*

——. "A History of the International Historical Congresses: Work in Progress. " *Storia dellaStoriografia* 8 (1985): 3 – 23, German translation: "Zur Geschichte der Internationalen Historikerkongresse: Ein Werkstattbericht. " *Geschichte in Wissenschaft und Unterricht* 36 (1985): 535 – 553.

——. "Genèse et débuts du Comité International des Sciences Historiques, fondé le 15 mai 1926. " In ICHS, *Bulletin d'information* 13 (1986).

Febvre, Lucien. *La terre et l'évolution humaine: introduction géographique à Vhistoire.* Paris, 1922.

——. *Combats pour l'histoire.* Paris, 1953.

Fellner, Günter. *Ludo Moritz Hartmann und die österreichische Geschichtswissenschaft.* Vienna/ Salzburg, 1985.

Fester, Richard. *Die Säkularisation der Historie.* Leipzig, 1909.

Finley, Moses J. *Ancient Slavery and Modern Ideology.* Cambridge, 1980.

Firth, Charles H. A Plea for the Historical Teaching of History: *Inaugural Address.* Oxford, 1905.

——. "The study of modern history in Great Britain. " *Proceedings of the British Academy* 6, 1913/14 (Oxford, 1920): 139 – 151.

Fischer, Fritz. *Deutschlands Griff nach der Weltmacht: Die Kriegszielpolitik deskaiserlichen Deutschland 1914 – 18.* Düsseldorf, 1961

Fling, Fred Morrow. "Historical Synthesis. " *American Historical Review* 9 (1903): 1

– 22.

François, Michel. "Cinquante ans d'histoire du Comité International des Sciences Histo-riques." In ICHS, *Bulletin d'information*, no. 10 (1976): Iff.

Ganshof, François Louis. "Le Congrès historique international d'Oslo." *Revue beige de philologie et d'histoire* 4 (Brussels, 1928): 1685 – 1692.

Gay, Harry Nelson. "The International Congress of Historical Sciences," *American His-torical Review* 8 (1902/03): 809 – 812.

Geiss, Imanuel. "Außereuropäische Geschichte." In "Bericht über den 16. Internation-alen Kongreß der Geschichtswissenschaften in Stuttgart (25. 8. – 1. 9. 1980)." *Ge-schichte in Wissenschaft und Unterricht* 37, no. 2 (1986): 105 – 115.

Gierke, Otto von. *Das deutsche Genossenschaftsrecht*. 4 vols. Berlin, 1868 – 1913.

411 Gieysztor, Aleksander. "Zagadniena archeologiczne na rzymskim kongresie historików" [Archaeological questions at the Historical Congress in Rome]. *Kwartalnik historyczny* 63, no. 3 (1956): 221 – 227.

——. "O kongressach historycznych nauk" [On the Historical Congresses]. *Kwartalnik historyczny* 73, no. 2 (1966): 481 – 495.

Glénisson, Jean. "L'historiographie française contemporaine: Tendances et réalisations." In *La recherche historique en France de 1940 à 1965*. Published by Comité français des sciences historiques. Paris, 1965.

Goldstein, Doris S. "The Professionalization of History in Britain in the Late Nineteenth and Early Twentieth Centuries." *Storia della Storiografia* 3 (1983): 3 – 27.

Gooch, George P. *History and Historians in the Nineteenth Century*. London 1913, 3rd ed. 1961.

Gothein, Eberhard. *Die Aufgaben der Kulturgeschichte*. Leipzig, 1889.

Grigulevich, Iosif R., Zinaida V. Udalcova, and Alexander O. Chubaryan, "Problemy novoj i novejšejistorii na XV Meždunarodnom kongresse istori českichnauk" [Problems of modern and recent history at the 15th International Historical Congress]. *Novaja iNovejšajaIstorija* 25, no. 4 (1981).

Grille, Dietrich. "Der XIII. Internationale Historikerkongreß in Moskau. Bericht und Kom-mentar eines Teilnehmers." *Deutsche Studien* 32 (Lüneburg, 1970): 406 – 416.

Guber, Aleksandr A. "Nekotorye problemy novoj inovejšejistorii na XI Meždunarodnom

Kongresse istorikov v Stokgol'me" [Problems of modern and recent history at the XIth International Historical Congress in Stockholm]. *Novaja i NovejšajaIstorija*, no. 1 (1961).

——. XIII *Meždunarodnom kongresse istori českichnauk v Moskve* [XIIIth International Historical Congress in Moscow]. *Voprosy istorii* 46, no. 6 (1971): 3 – 16.

Hajnal, St. "Über die Arbeitsgemeinschaft der Geschichtsschreibung kleiner Nationen." In Imre Lukinich, ed. *Archivum Europae Centro – Orientalis*, vol. 9/10. Budapest, 1943/1944, pp. 1 – 82.

Halecki, Oskar. *La Pologne de 963 à 1914: Essai de synthèse historique*. Paris, 1932.

——. "V Miżdzynarodowy kongres historyczny" [5th International Historical Congress]. *Kwartalnik historyczny* 37 (Lvov, 1923).

——. "VI Miżdzynarodowy kongres nauk istoryczny" [6th International Congress of Historical Sciences]. *Przegląd Powszechny* 180 (1928).

Hallgarten, George W. F. *Imperialismus vor 1914: Theoretisches, soziologische Skizzen der außenpolitischen Entwicklung in England und Frankreich, soziologische Darstellung der deutschen Außenpolitik bis zum ersten Weltkrieg*. Munich, 1951. 2nd rev. ed. under the title *Imperialistnus vor 1914: Diesoziologischen Grundlagen der Außenpolitik europäischer Großmächte vor dem ersten Weltkrieg*. 2 vols. Munich, 1963.

——. *Als die Schatten fielen: Erinnerungen vom Jahrhundertbeginn zur Jahrtausendwende*. Frankfurt a. M. / Berlin, 1969.

Harnack, Adolf von. "Vom Großbetrieb der Wissenschaft." *Preußische Jahrbücher* 119 (1905): 193 – 201.

——. "Der vierte Internationale Kongreß für historische Wissenschaften zu Berlin." *Internationale Wochenschrift für Wissenschaft, Kunst und Technik* 2 (1908): 512 – 519.

Harper, Samuel N. "A communist view of historical studies." *Journal of Modern History* 1 (Chi cago, 1929): 77 – 84.

Hartmann, Ludo Moritz: *Über historische Entwickelung: Sechs Vortäge zur Einleitung in eine historische Soziologie*. Gotha, 1905.

Haskins, Charles H. "The International Historical Congress at Berlin." *American Historical Review* 14 (1908): 1 – 8.

Hassel, Peter. "Marxistische Formationstheorie und der Untergang Westroms." *Geschichte in Wissenschaft und Unterricht* 32 （1981）: 713 – 725.

Hattenauer, Hans. *Die geistesgeschichtlichen Grundlagen des Rechts.* 2nd ed. Heidelberg, 1980.

Haun, Horst. "Der X. Internationale HistorikerkongreC 1955 in Rom und die Geschichtswissenschaft der DDR. " *Zeitschrift für Geschichtswissenschaft* 34 （1986）: 303 – 314.

412 Hauser, Henri. "A propos d'un congrès. " *Revue internationale de l'enseignement* 33, no. 2 （Paris, 1913）: 2ff.

Heiber, Helmut. *Walter Frank und sein Reichsinstitut für Geschichte des neuen Deutschlands.* Stuttgart, 1966,

Heimpel, Hermann. "Internationaler Historikertag in Paris. " *Geschichte in Wissenschaft und Unterricht* 1 （1950）: 556 – 559.

Helmolt, Hans. "Nachrichten: Der IV. Internationale Kongreß für Historische Wissenschaften: Berlin, 6. – 12. August 1908. " *Historisches Jahrbuch derGörresgesellschaft* 30 （1909）: 218 – 222.

Herre, Paul. "Bericht über den Internationalen Kongreß für historische Wissenschaften in Berlin, 6. – 12. August 1908. " *Historische Vierteljahrschrift* 11 （1908）: 417 – 426.

Hexter, Jack H. "The rhetoric of history. " *History and Theory* 6 （1967）: 3 – 13.

Hill, David Jayne. "Ihe Ethical Function of the Historian. " *American Historical Review* 14 （1908）: 9 – 20.

Hobsbawm, Eric J. "The revival of narrative: some comments. " *Past and Present*, no. 86 （1980）: 3 – 8.

Hofer, Walther. "IXe Congrès International des Sciences Historiques. " *Schweizer Monatshefte* 30 （1950/51）: 457 – 461.

Höjer, Torvald. " Den internationelle Kongressen för historiska vetenskaper i Berlin 1908. " *Historisk tidskrift* （Stockholm, 1908）: 145 – 169.

Hübinger, Paul Egon, ed. *Bedeutung und Rolle des Islam beim Übergang vomAltertum zum Mittelalter.* Darmstadt, 1968.

——, ed. *Kulturbruch oder Kulturkontinuitdt im Übergang von der Antike zum Mittelalter.* Darmstadt, 1968.

——, ed. *Zur Frage der Periodengrenze zwischen Altertum und Mittelalter.* Darmstadt, 1969.

——, ed. Spätantike und frühes Mittelalter: *Ein Problem historischer Periodenbildung.*

Darmsatdt, 1972.

Hüffer, Hermann Joseph. *Lebenserinnerungen.* 2nd ed. Berlin, 1914.

Iggers, Georg G. "The 'Methodenstreit' in International Perspective: The Reorientation of Historical Studies at the Turn from the Nineteenth to the Twentieth Century. " *Storia della Storiografia*, no. 6 (1984): 21 – 32.

——. "Historicism (A Comment) . " In Mommsen, "Narrative History,', pp. 131 – 144.

——. *Historiography in the Twentieth Century: From Scientific Objectivity to the Postmodern-Challenge.* Hanover, N. H. , 1997; 2nd rev. ed. 2004.

Ihering, Rudolf von. *Der Kampf ums Recht.* Vienna, [1872] .

——. *Der Geist des römischen Rechts.* 4 vols. 1852 – 1865.

Iorga, Nicolae. *Essai de synthèse de l'histoire de l'humanité.* 4 vols. Paris, 1926 – 1929.

——. *1. Les bases nécessaires d'une nouvelle histoire du moyen – âge. 2. La survivance byzantinedans les pays roumains.* Bucharest/Paris, 1913.

——. "Les permanences de l'histoire" *Revue historique du Sud – Est européen* (Bucharest, 1938): 205 – 222.

Jäckel, Eberhard. "Der XI. Internationale Historikerkongreß in Stockholm. " *Geschichte in Wissenschaft und Unterricht* 11 (1960): 700 – 705.

Jameson, John Franklin. " Ihe International Congress of Historical Studies, held at London. " *American Historical Review* 18 (1913): 679 – 691.

Jedruszczak, Tadeusz. " Sprawy niemieckie na XII Kongresie Nauk Historycznych" [German affairs at the Xllth Historical Congress] . *Kwartalnik historyczny* 73 (1966): 496 – 501.

——. "Z prac Komitetu Nauk Historycznych" [From the work of the Committee of Historical Sciences] . *Kwartalnik historyczny* 83 (1976): 476 – 480.

Kellermann, Hermann, ed. *Der Krieg der Geister: Eine Auslese deutscher und ausländischer Stimmen zum Weltkriege 1914.* Dresden, 1915.

Keylor, William R. *Academy and Community: The Foundation of the French Historical Profession.* Cambridge, Mass. , 1975.

Kocka, Jürgen, ed. *Max Weber, der Historiker* (*Kritische Studien zur Geschichtswissenschaft*, vol. 73) . Göttingen, 1986.

——. "Theory Orientation and the New Quest for Narrative: Some Trends and Debates in-

413

West Germany. " In Mommsen, "Narrative History," pp. 170 – 181.

——. "Comparison and Beyond. " *History and Theory* 42 (2003): 39 – 44

——. "Losses, Gains and Opportunities: Social History Today. " *Journal of Social History* 37 (Fall 2003): 21 – 28.

Koht, Halvdan. "Le problème des origines de la Renaissance. " *Revue de synthèse historique* 37 (1924): 107 – 116.

——. "The Importance of the Class Struggle. " *Journal of Modern History* 1 (Chicago, 1929): 353 – 360.

——. "Aus den Lehrjahren eines Historikers. " *Die Welt als Geschichte* 13 (1953): 149 – 163. German – language exerpts from Koht. *Historikars laere*. Published by the Norwegian Historical Association. Oslo, 1951.

——. *The Origin and Beginnings of the International Committee of Historical Sciences: PersonalRemembrances*. Published by the ICHS. Lausanne, 1962.

Kormanowa, Žanna. "Na marginesie obrad XI Miżdzynarodowego Kongresu Nauk Historycnych" [On the margins of the discussions of the Xlth International Historical Congress], *Kwartalnik historyczny* 68, no. 1 (1961): 268 – 271.

Kosáry, Domokos. Introduction to *Études historiques hongroises publiées à l'occasion du XVIe Congrès International des Sciences Historiques*. Budapest, 1985.

——. "1815: Remarques sur son historiographie. " In *Nouvelles Etudes Historiques, publiées à l'occasion du XIIe Congrès International des Sciences Historiques par la Commission Nationale des Historiens Hongrois*. 2 vols. Budapest, 1965, vol. 1.

Koselleck, Reinhart. Introduction to*Geschichtliche Grundbegriffe: Historisches Lexikon zur politischen Sprache in Deutschland*. Edited by Otto Brunner, Werner Conze, and Reinhart Koselleck. Vol. 1. Stuttgart, 1973.

——. "Darstellung, Ereignis und Struktur. " In Gerhard Schulz, ed. , *Geschichte heute: Positionen, Tendenzen, Probleme*. Göttingen, 1973, pp. 307 – 317.

Kramer, Lloyd, and Sarah Maza, eds. *A Companion to Western Historical Thought*. London, 2002.

Kuhn, Thomas S. *The Structure of Scientific Revolutions*. Chicago, 1962.

Lamprecht, Karl. *Deutsche Geschichte*. 2nd ed. Berlin, 1895.

——. "Die kultur – und universalgeschichtlichen Bestrebungen an der Universität Leipzig:

Vortrag gehalten auf dem Internationalen Historikerkongreß zu Berlin am 11. August 1908. " *Internationale Wochenschrift für Wissenschaft, Kunst und Technik* 2 (1908): 1142 - 1150.

Lavollée, René. "Les unions internationales. " *Revue d'histoire diplomatique* 1 (1887): 333 - 362.

Le Goff, Jacques. "l'histoire nouvelle. " In Le Goff, ed. , *La Nouvelle Histoire.* Paris, 1978, pp. 210 - 241.

Leland, Waldo G. "The International Congress of Historical Sciences, held at Brussels. " *American Historical Review* 28 (1922/23): 639 - 655.

Leuilliot, Paul. "Aux Origines des ' Annales d'histoire économique et sociale, ' (1928): Contribution à l'historiographie française. " In *Méthodologie de l'histoire et dessciences humaines: Mélanges en l'honneur de Fernand Braudel.* Toulouse, 1973, pp. 317 - 324.

Lhéritier, Michel. "Henri Pirenne et le Comité International des Sciences Historiques. " In *Henri Pirenne, Hommages et Souvenirs*, vol. 1. Brussels, 1938, pp. 88 - 89.

Lorenz, Chris. "Comparative Historiography: Problems and Perspectives. " *Historyand Theory* 38 (1999): 25 - 39

Lübbe, Hermann. *Geschichtsbegriff und Geschichtsinteresse.* Basel, 1977.

Lukinich, Imre. *Les éditions des sources de l'histoire hongroise, 1854 - 1930.* Budapest, 1931.

Lyon, Bryce. Henri Pirenne: *A biographical and intellectual study.* Ghent, 1974.

——. "The letters of Henri Pirenne to Karl Lamprecht (1894 - 1915) . " *Académie Royale de Belgique, Bulletin de la Commission Royale d'histoire* 132 (1966): 161 - 231.

Lyon, Bryce and Mary, "Maurice Prou, ami de Henri Pirenne. " *Le Moyen Age* 71 414 (1965): 71 - 107.

Maccarrone, Michele. "L'apertura degli archivi della Santa Sede per i pontificati di Pio X e di Benedetto XV (1903 - 1922) . " *Rivista di Storia della Chiesa in Italia* 39 (Rome, 1985): 341 - 348.

Manacorda, Giuliano. "Le Correnti della storiografia contemporanea al decimo Congresso di scienze storiche. " *Rinascita 13*, no. 9 (Rome, 1955); Russian translation in *Voprosy Istorii* 31, no. 2 (1956): 214 - 219.

——. "L'XI Congresso internazionale di scienze storiche. " *Studi Storici* 1, no. 4 (Rome,

1959/1960）．

Mac Kay, Donald C. "Tenth International Congress of Historical Sciences. " *American Historical Review* 61 （1955/56）：504 – 511.

McNeill, William H. *The Shape of European History.* Oxford, 1974.

"XI Meždunarodnyj kongress istori českich nauk v Stokgol'me" ［The XIth International Historical Congress in Stockholm, no author］, *Voprosy istorii* 35, no. 12 （1960）：3 – 29.

Marcks, Erich. *Bismarck: Eine Biographie.* Vol. 1: *Jugend.* Stuttgart, 1909.

Marrou, Henri – Irénéé. *De la connaissance historique.* Paris, 1954.

Meinecke, Friedrich. *Vom Weltbürgertum zum Nationalstaat* (vol. 5 of Meinecke. *Werke.* Edited by Hans Herzfeld et al. 8 vols. Stuttgart, 1957 – 1969）．

——. *Zur Theorie und Philosophie der Geschichte.* Stuttgart, 1959 (vol. 4 of Meinecke. *Werke.* Edited by Hans Herzfeld et al.)

——. *Ausgewählter Briefwechsel.* Edited by Ludwig Dehio and Peter Classen. Stuttgart, 1962.

Merkle, Sebastian. *Die katholische Beurteilung des Aufklärungszeitalters* (*Kultur und Leben*, vol. 16）．Berlin, 1909.

——. *Die kirchliche Aufklärung im katholischen Deutschland: Eine Abwehr und zugleich ein Beitrag zur Charakteristik* "*kirchlicher*" *und* "*nichtkirchlicher*" Geschichtsschreibung. Berlin, 1910.

Meyer, Arnold Oskar. "Charles I and Rome. " *American Historical Review* 19 （1913/14）：13 – 26.

Michael, W. "Kongreß 1913," *Historische Zeitschrift* 111 （1913）：464 – 469.

Mints, Isaac I. "Marksisty na istori českoj nedele v Berline i VI Meždunarodnomkongresse istorikov b Norvegii" ［Marxists at the historical week in Berlin and at the VIth International Historical Congress in Norway］. *Istorik Marksist* 9 （Moscow, 1928）：84 – 85.

Mommsen, Hans. "Der Internationale Historikertag in Moskau im Rückblick. " *Geschichte in Wissenschaft und Unterricht* 22 （1971）：161 – 173.

Mommsen, Wolfgang J. *Geschichtswissenschaft jenseits des Historismus.* Düsseldorf, 1971.

——, ed. "Narrative History and Structural History: Past, Present, Perspectives. " *Storia dellaStoriografia*, no. 10 （1986）：1 – 194.

Monod, Gabriel. "Avant – propos. " *Revue historique* 1 (1876): 1f.

———. "Bulletin historique: Italie. " *Revue historique* 82 (1903): 357 – 362.

———. "Bulletin historique: Le congrès historique de Berlin. " *Revue historique* 99 (1908): 298 – 307.

Morazé, Charles. *Les méthodes en histoire modeme (Congrès historique du Centenaire de la Revolution 1848)* . Paris, 1948.

Neck, Rudolf. "Alfons Dopsch und seine Schule. " In Wolfgang Frühauf, ed. *Wissenschaft und Weltbild. Festschrift für Hertha Firnberg.* Vienna, 1975.

Neufeld, Karl Heinrich. "Adolf von Harnack. " In Hans – Ulrich Wehler, ed. , *Deutsche Historiker* , vol. 7. Göttingen, 1980, pp. 24 – 38.

"Niektore spostrze čenia i wniowski z X Kongresu Nauk Historycznych w Rzymie" [Some comments and conclusions concerning the Xth Congress of the Historical Sciences in Rome], no author, *Kwartalnik historyczny* 63 no. 1 (1956): 3 – 11.

Nipperdey, Thomas. "Historismus und Historismuskritik heute. " In Eberhard Jaeckel and Ernst Weymar, eds. *Die Funktion der Geschichte in unserer Zeit.* Festschrift for K. D, Erdmann. Stuttgart, 1975, pp. 82 – 95.

Oestreich, Gerhard. " Die Fachhistorie und die Anfänge der sozialgeschichtlichen Forschung in Deutschland. " *Historische Zeitschrift* 208 (1969): 320 – 363.

Pais, Ettore. *Storia di Roma.* Vol. 1: *Critica della tradizione fino alla caduta del Decemvirato.* Vol. 2: *Critica della tradizione dalla caduta del Decemvirato all'intervento di Pirro.* Turin, 1898, 1899.

Pankratova, Anna M. "K itogamMeždunarodnova kongressa istorikov" [On the results of theInternational Historical Congress] . *Voprosy Istorii* 31, no. 5 (1956): 3 – 16.

———. "Unsere ruhmvolle Geschichte—wichtige Quelle des Studiums. " In *Diskussionsreden auf dem XX. Parteitag der KPdSU 14. – 25. Februar 1956.* East Berlin, 1956, pp. 364 – 375.

Pastor, Ludwig Freiherr von. *1854 – 1928: Tagebücher, Briefe, Erinnerungen.* Edited by Wilhelm Wühr. Heidelberg, 1950.

Petke, Wolfgang. "Karl Brandi und die Geschichtswissenschaft. " In Hartmut Boockmann and Hermann Wellenreuther, eds. *Geschichtswissenschaft in Göttingen.* Göttingen, 1987, pp. 287 – 320.

Pirenne, Henri. "Die Entstehung und Verfassung des Burgundischen Reichs im XV. und XVI. Jahrhundert. " *Jahrbuch für Gesetzgebung, Verwaltung und Volkswirtschaft* 33 (1909): 33 – 63. English translation: "The Formation and Constitution of the Burgundian State (Fifteenth and Sixteenth Centuries). " *American Historical Review* 14 (1909): 477 – 502.

——. "Stages in the Social History of Capitalism," *American Historical Review* 19 (1914): 494 – 515; completed French version in Pirenne, *Histoire économique*, pp. 15 – 50.

——. *Souvenirs de captivité en Allemagne: Mars 1916 – Novembre 1918. Brussels*, 1920.

——. "De l'influence allemande sur le mouvement historique contemporain. " *Scientia: RivistaInternazionale di Sintesi Scientifica* (Bologna, 1923): 173 – 183.

——. "Un contraste économique: Mérovingiens et Carolingiens. " *Revue beige de Philologie etd'histoire* 2 (1923): 223 – 235. Completed version in Pirenne, *Histoire économique*.

——. "L'expansion de l'lslam et le commencement du Moyen – Age" (1928), in Pirenne, *Histoire économique*.

——. *Histoire économique de l'occident médiéval*. Edited by Emile Coornaert. Bruges, 1951.

Pleket, H. W. "Slavernij in de Oudheid: 'Voer' voor oudhistorici en comparatisten. " *Tidschrift voor Geschiedenis* 95 (1982): 1 – 30.

Pokrovsky, Mikhail N. "Doklad o poezdke v Oslo" [Report on the trip to Oslo]. *Vestnik Kommunisticeskoj Akademii* [Bulletin of the Communist Academy] 30, no. 6 (Moscow, 1928): 231 – 237.

Pollock, Frederick. "Die Kommissionsverwaltung in England. " *Jahrbuch für Gesetzgebung, Verwaltung und Volkswirtschaft im Deutschen Reich* 33 (Leipzig, 1909): 65 – 87.

Première Conférence Internationale d'histoire Économique. Août 1960, Stockholm, vol. 1: *Contributions*, vol. 2: *Communications*. Paris/La Haye, 1960.

Rachfahl, Felix. "Alte und neue Landesvertretung in Deutschland. " *Jahrbuch für Gesetzgebung, Verwaltung und Volkswirtschaft im Deutschen Reich* 33 (Leipzig, 1909): 89 – 130.

Raphael, Lutz. *Geschichtswissenschaft im Zeitalter der Extreme: Theorien, Methoden, Tendenzen von 1900 bis zur Gegenwart*. Munich, 2003.

Rauch, Georg von. "Der deutsch – sowjetxsche NichtangriffFspakt vom August 1939 und die sowjetische Geschichtsschreibung. " *Geschichte in Wissenschaft und Unterricht* 17 (1966): 472 – 482.

Renouvin, Pierre. "l'histoire contemporaine des relations internationales: Orientation de recherches. " *Revue historique* 211 (1954): 233 – 255.

Rhode, Gotthold. "Historiker am Pazifik—ganz unter sich. " *Geschichte in Wissenschaft und Unterricht* 27 (1976): 420 – 435.

Rickert, Heinrich. *Die Grenzen der naturwissenschaftlichen Begriffsbildung.* 2 vols. Tübingen, 1896, 1902.

——. *Kulturwissenschaft und Naturwissenschaft.* 5th ed. Tübingen, 1921.

Riezler, Kurt [under the pseudonym of J. J. Ruedorffer] . *Grundzüge der Weltpolitik in der Gegenwart* (Berlin, 1914) .

Ritter, Gerhard. *Der Oberrhein in der deutschen Geschichte* (*Freiburger Universitätsreden* 25) . Freiburg i. Br. , 1937.

——. *Zur politischen Psychologie des modernen Frankreich* (*Lehrbriefe der Philosophischen Fakultät der Universität Freiburg* 2) . Freiburg i. Br. , 1943.

——. "Zum BegifF der Kulturgeschichte: Ein Diskusionsbeitrag. " *HistorischeZeitschrift* 171 (1951): 293 – 302

——. "Der X. Internationale Historikerkongreß in Rom, 4. – 11. September. " *Historisch-eZeitschrift* 180 (1955): 657 – 663.

——. *Ein politischer Historiker in seinen Briefen.* Edited by Klaus Schwabe and Rolf Reichardt. Boppard, 1984.

Ritter, Gerhard A. , "Internationale Wissenschaftsbeziehungen und auswärtige Kulturpolitik im deutschen Kaiserreich," *Zeitschrift für Kulturaustausch* 31 (1981): 5 – 16.

Rothbarth, Margarethe. "Die deutschen Gelehrten und die internationalen Wissenschaftsorganisationen. " In Heinrich Konen and Johann Peter Steffes, eds. *Volkstum und Kulturpolitik* (Festschrift for Georg Schreiber) . Cologne, 1932, pp. 143 – 157.

Rothberg, Michael D. " 'To set a standard of workmanship and compel men to conform to it' : John Franklin Jameson as editor of the American Historical Review. " *American Historical Review* 89 (1984): 957 – 975.

Rüsen, Jörn. "Zur Kritik des Neohistorismus. " *Zeitschrift für philosophischeForschung* 33

（1979）：243 - 263.

——. "Narrative und Strukturgeschichte im Historismus." In Mommsen, "Narrative History," pp. 145 - 152.

——, ed. *Western Historical Thinking*: *An Intercultural Debate*. New York, 2002.

Sakharov, Anatolii M. , "O nekotorych metodologi českichvoprosachnaXIV Mež." Indnom kongresse istorikov: zametke delegata" [On some methodological problems at the XlVth International Historical Congress: notes of a delegate] . *Vestnik Universiteta Moskovskovo*, no. 3 （1976）：3 - 22.

Sakharov, Anatolii M. , and Semen S. Khromov, "XIVMeždunarodnyi kongress istori českich nauk" [XlVth International Historical Congress] . *Voprosy istorii* 51, no. 3 （1976）：14 - 32.

Schäfer, Dietrich. "Das eigentliche Arbeitsgebiet der Geschichte" [1888] , in Schäfer, *Aufsätze, Vorträge und Reden*, vol. 1. Jena, 1913, pp. 264 - 290.

——. "Geschichte und Kulturgeschichte: Eine Erwiderung" [1891] , ibid. , pp. 291 - 351.

——. *Mein Leben*. Berlin, 1926.

Scheel, Otto. "Der Volksgedanke bei Luther." *Historische Zeitschrift* 161 （1940）：477 - 497.

Schieder, Theodor. "Der XI. Internationale Historikerkongreß in Stockholm: Ein Nachbericht." *Historische Zeitschrift* 193 （1961）：515 - 521.

Schleier, Hans. "Narrative Geschichte und strukturgeschichtliche Analyse im traditionellen Historismus." *Zeitschrift für Geschichtswissenschaft* 34, no. 2 （1986）：99 - 112.

Schmid, Heinrich Felix. "Zum Thema: ' Möglichkeiten und Grenzen west - östlicher Historikerbegegnung. "' *Geschichte in Wissenschaft und Unterricht* 10 （1959）：114 - 119.

Schröder - Gudehus, Brigitte. "Deutsche Wissenschaft und internationale Zusammenarbeit 1914 - 1928: Ein Beitrag zum Studium kultureller Beziehungen in politischen Krisenzeiten. " Ph. D. diss. , University of Geneva, 1966.

Schumann, Peter. "Die deutschen Historikertage von 1893 - 1937: Die Geschichte einer fachhistorischen Institution im Spiegel der Presse. " Ph. D. diss. , University of Marburg, 1974.

Schwabe, Klaus. *Wissenschaft und Kriegsmoral*: *Die deutschen Hochschullehrer und die politischen Grundfragen des Ersten Weltkriegs*. Göttingen, 1969.

Sée, Henri. "Remarques sur l'application de la méthode comparative à l'histoire économique et sociale." *Revue de synthèse historique* 36 (1923): 37 – 46.

Shteppa, Konstantin F.: *Russian Historians and the Soviet State.* New Brunswick N. J. , 1962.

Siegel, Martin. "Henri Berrs 'Revue de synthèse historique'" *History and Theory* 9 (1970): 322 – 334.

Silberschmidt, Max. "Wirtschaftshistorische Aspekte der neueren Geschichte: die atlantische Gemeinschaft." *Historische Zeitschrift* 171 (1951): 245 – 261.

Simiand, François. "Récents congrès internationaux: le Congrès historique de Berlin," [417] *Revue de synthèse historique* 17 (1908): 222 – 223.

Slonimsky, A. G. "Učastie russijskich u čënych v Meždunarodnych kongressach istorikov" [The participation of Russian historians at the International Historical Congresses]. *Voprosy istorii* 45t no. 7 (1970): 95 – 108.

Spahn, Martin. "Die Presse als Quelle der neueren Geschichte und ihre gegenwärtigen Benutzungsmöglichkeiten." *Internationale Wochenschrift für Wissenschaft, Kunst und Technik* 2 (1908): 1163 – 1170, 1202 – 1211.

Steinberg, Hans – Joseph. "Karl Lamprecht." In Hans – Ulrich Wehler, ed. *Deutsche Historiker*, vol. 1. Göttingen, 1971, pp. 58 – 68.

Stock, Leo F. "Some Bryce – Jameson Correspondence." *American Historical Review* 50 (1944/45): 261 – 298.

Stone, Lawrence. "The revival of narrative: reflexions on a new old history," *Pastand Present*, no. 85 (1979): 3 – 24.

Stuchtey, Benedikt, and Eckhardt Fuchs. *Writing World History* 1800 – 2000. Oxford, 2003.

Stupperich, Robert. "Die Teilnahme deutscher Gelehrter am 200jährigen Jubiläum der Russischen Akademie der Wissenschaften, 1925." *Jahrbücher für Geschichte Osteuropas* 24 (Wiesbaden, 1976): 218 – 229.

Thieme, Karl. "Möglichkeiten und Grenzen west – östlicher Historikerbegegnung: Zu den "Akten" des internationalen Historikerkongresses (Rom 1955) ." *Geschichte in Wissenschaft und Unterricht* 8 (1957): 593 – 598.

Tikhvinsky, Sergei L. , and Valerii A. Tishkov. "Problemy novoj i novejšej istorii na

XIVMeždunarodnom kongress istori českich nauk" ［Problems of modern and recent history at the XIVth International Historical Congress］. *Novaja i Novejšaja Istoria* 20, no. 1 (1976).

——. "XV Meždunarodnom kongress istori českich nauk" ［XVth International Historical Congress］. *Voprosy istorii* 55, no. 12 (1980): 3 – 23.

Thompson, F. M. L. "The British Approach to Social History." In Mommsen, "Narrative History," 162 – 169.

Torstendahl, Rolf, ed. *An Assessment of Twentieth – Century Historiography*: *Professionalism*, *Methodology*, *Writings*. Stockholm, 2000.

Troeltsch, Ernst. "Der Krieg und die Internationalität der geistigen Kultur. " *Internationale Monatsschriftfür Wissenschaft*, *Kunst und Technik* 9 (1 Oct. 1915): 51 – 58.

Tout, Ihomas F. "The present state of medieval studies in Great Britain. " *Proceedings of the British Academy* 6, 1913/14 (Oxford, 1920): 139 – 151.

Tymieniecki, Kazimierz. "VII Miedzynarodowy kongres historyczny" ［VIIth International historical congress］. *Roczniki Historyczne* 9 (1933).

Union Académique Internationale. Compte rendu de la Conference préliminaire de Paris. Statuts proposés par le Comité des Délégués, 15 et 17 mai 1919. Paris, 1919.

——. *Compte rendu de la seconde Conférence académique, tenue à Paris les 15 – 18 octobre1919.* Paris, 1919.

——. *Comptes rendus des sessions annuelles du Comité*, nos. 1 – 15. Brussels, 1920 – 1934.

Valota Cavalotti, Bianca. *Nicola Iorga.* Naples, 1977.

Vigezzi, Brunello, ed. *Federico Chabod e la " Nuova Storiografia " italiana.* Milan, 1984.

Vittinghof, Friedrich. " Die Theorie des historischen Materialismus über den antiken ' Sklavenhalterstaat. ' " *Saeculum* 11 (1960): 89 – 131.

Volpe, Gioacchino. *Storici e Maestri.* 2nd ed. Rome, 1966.

Vom Brocke, Bernhard. "Hochschul – und Wissenschaftspolitik in Preußen und im Deutschen Kaiserreich 1882 – 1907: Das ' System Althoff. " ' In Peter Baumgart, ed. *Bildungspolitik in Preußen zur Zeit des Kaiserreichs.* Stuttgart, 1980, pp. 9 – 118.

——. "Der deutsch – amerikanische Professorenaustausch: Preußische Wissenschaftspolitik, internationale Wissenschaftsbeziehungen und die Anfänge einer deutschen Kulturpolitik vor dem Ersten Weltkrieg. " *Zeitschrift für Kulturaustausch* 31 （1981）: 128 – 182.

———. "Wissenschaft und Militarismus. Der Aufruf der 93 ' An die Kulturwelt! ' und der-Zusammenbruch der internationalen Gelehrtenrepublik im Ersten Weltkrieg. " In William M. Calder III. , Hellmuth Flashar, and Theo Lindken, eds. *Wilamowitznach 50 Jahren.* Darmstadt, 1985.

Von Salis, Jean Rudolf. *Grenzüberschreitungen. Ein Lebensbericht. Erster Teil*: 1901 – 1939. Frankfurt, 1975.

Wang, Q. Edward, and Georg G. Iggers, eds. *Turning Points in Historiography*: *A Cross Cultural Perspective.* Rochester, 2002.

Ward, Adolphus W. "International Congress of Historical Studies, London 1913: Introductory words" and "Closing remarks on the speech by J. Bryce. " *Proceedings of the British Academy* 6, 1913/14 （Oxford, 1920）: 113 – 121; 129 – 132.

———. "The Study of History at Cambridge. " In Ward, *Collected Papers*, vol. 5. Cambridge, 1921.

Wegeler, Cornelia. ". . . Wir sagen ab der internationalen Gelehrtenrepublik. " *Altertumswissenschaft und Nationalsozialismus*: *Das Göttinger Institut für Altertumskunde 1861 – 1962.* Vienna/Cologne/Weimar, 1996.

Wehler, Hans – Ulrich. *Historisches Denken am Ende des 20. Jahrhunderts.* München, 2001.

Westrin, Th. , "Den första diplomatisk – historiske kongressen i Haag den 1 – 4 September 1898 ," *Historisk tidskrift* （Stockholm, 1898）: 267 – 275.

Westrin, Th. , W. Sjögren, and E. Wrangel. " Den internationella Kongressen för jämförande historia: I Paris den 23 – 28 juli 1900. " *Historisk tidskrift* （ Stockholm 1900）: 309 – 328.

Why We Are at War: *Great Britain' s Case.* By Members of the Oxford Faculty of Modern History. Oxford, 1914.

Wiese – Schorn, Luise. " Karl Lamprechts Pläne zur Reform der auswärtigen Kulturpolitik. " *Zeitschrift für Kulturaustausch* 31 （1981）: 27 – 42.

Wilamowitz – Moellendorff, Ulrich von: *Erinnerungen 1848 – 1914.* Leipzig, 1928.

———. " Der Krieg und die Wissenschaft. " *Internationale Monatsschrift fürWissenschaft*, *Kunstund Technik 9* （15 Oct. 1914）: 101 – 106.

Windelband, Wilhelm. "Geschichte und Naturwissenschaft. " In Windelband, *Präludien*: *Aufsätze und Reden zur Philosophie und ihrer Geschichte*. 2 vols. Tübingen, 1919.

Xenopol, Alexandru. *Les principes fondamentaux de l'histoire*. Paris, 1899; 2nd ed. : *La Theórie de l'histoire*. Paris, 1908.

Zöllner, Erich. "Bericht über den 12. Internationalen Historikertag. " *Mitteilungen des Instituts für Österreichische Geschichtsforschung* 73 （1965）: 437 – 445.

索　引①

---

① 索引中所注页码，均为英文版原书页码。另外，原书各章注释采用尾注，但考虑到中文的阅读习惯，我们将尾注一律调整为脚注。因此，在正文注释中出现的人名，其所在页码与索引中的注释页码会有出入。——译者注

译后记

该译本所依据的底本是经德文转译成英文的。相比于一般欧美史学家的学术著作，这个底本在语法结构和语言逻辑上均复杂得多，加之由此而致使的一些颇具思辨性的抽象语言，给该书的翻译工作带来了极大挑战。

翻译讲求"信达雅"，三者均做到更非易事。仅译本中文书名之推敲一事，也着实曾令课题组颇费斟酌。除全部翻译原英译本正文之外，课题组对文中（包括索引）已发现的若干讹误，如学者姓名、个别拼写错误及前后不一致等问题，均详加核实订正。而且，在能获取确凿资料的前提下，课题组也为若干具体内容编写了译注。初稿形成后，又先后经过四次增删修订方成定稿。

翻译工作前后历时近两年，终能在第 22 届国际历史科学大会召开之际得以付梓，深感欣慰。撰此后记，一是对本书的翻译工作做简单说明，二是对在翻译过程中做出重大贡献和提供帮助的师友深表感谢。

工作分工如下：

一、初稿：

张烨凯（英译本序、作者自序、第一章、第二章、第三章、第六章、第十二章、附录）；张彪（第四章、第五章）；戴舒（第七章、第十八章）；滕菲（第七章）；张睿君（第八章、第九章、补遗）；刘亚男（第八章、第十七章）；仲夏（第十章）；刘成（第十一章、第十六章）；杨立琳（第十三章、附录）；何蔓（第十四章）；项里雯（第十五章）。

二、第一次修订：

张烨凯（英译本序、作者自序、第四章、第六章、第九章、第十章、第十二章、第十三章、第十五章、补遗、附录）；项里雯（第一章、第二章、第三章、第五章、第十六章）；刘亚男（第七章、第十四章、第十七章、第十八章）；黄嘉颖（第八章）；仲夏（第十一章）。

三、第二至四次修订及审校：

张烨凯负责了本译稿的第二、三、四次修订，及序言、译者注的撰写和索引工作；杨立琳做了页边码整理和每章注释的录入工作；山东大学历史文化学院孙一萍副教授做了精心的审校工作。

感谢孙一萍副教授在审校过程中提出的意见与建议，她细致的工作对完善译稿提供了很大帮助。感谢中国社会科学院世界历史研究所张旭鹏、高国荣、黄艳红、王超、张艳茹、李桂芝等学者，他们都参与了本书专业术语的审定。高国荣通读了译稿，黄艳红翻译了附录中的国际历史科学委员会《章程》。感谢张旭鹏对全书的专有名词翻译作了修订和统一。感谢厦门大学人文学院韩宇、厦门大学外文学院李素英、北京联合大学应用文理学院崔鲜泉、中国社会科学院世界历史研究所黄艳红、刘健、吕厚量、高国荣等学者参与翻译本书注释中的说明性文字。感谢中国社会科学出版社郭沂纹副总编辑对工作的大力支持，感谢吴丽平编辑与课题组进行的大量沟通和辛勤付出。感谢武汉大学刘成在山东大学交流期间参与的相关工作，感谢中国人民大学邓博文、对外经贸大学吴桐在若干德语问题上提供的帮助。特别感谢山东大学历史文化学院院长方辉教授、副院长杨加深教授为本书编辑和出版过程中所做的组织协调工作。

限于课题难度和译者水平，个别疏漏和错误仍恐在所难免，尚请学界方家不吝赐教。

山东大学课题组

2015 年 8 月 15 日